Gertrud M. Backes | Wolfgang Clemens
Lebensphase Alter

Grundlagentexte Soziologie

Herausgegeben von
Martin Diewald | Klaus Hurrelmann

Der Juventa Verlag hat eine lange Tradition in der Publikation sozialwissenschaftlicher Texte. Bereits in den 1960er Jahren wurden mit der Reihe „Grundfragen der Soziologie“ (hrsg. von Dieter Claessens) programmatische Akzente gesetzt. Die Reihe hatte einen prägenden Einfluss auf die damals noch in den Anfängen stehende Disziplin Soziologie.

Die Reihe „Grundlagentexte Soziologie“ knüpft an diese Tradition an. Die Soziologie hat sich seitdem in Deutschland als theoretisch und empirisch reichhaltiges wissenschaftliches Fach etabliert. Es fehlt ihr aber an Einführungstexten und Übersichtsbänden für den Lehrbetrieb in Universitäten, Fachhochschulen, Fachschulen und anderen Bildungseinrichtungen.

Dieser Herausforderung stellt sich die Reihe „Grundlagentexte Soziologie“. Von fachlich gut ausgewiesenen Wissenschaftlerinnen und Wissenschaftlern werden Texte vorgelegt, die die wichtigsten theoretischen Ansätze des Faches, methodische Zugänge und gesellschaftswissenschaftliche Analysen präsentieren. Die Bände sind so zugeschnitten, dass sie sich als Basislektüre für Vorlesungen, Seminare und andere Lehrveranstaltungen mit einführendem Charakter eignen, dabei aber gleichzeitig auf der Höhe der aktuellen Entwicklung des Faches sind.

Die Reihe „Grundlagentexte Soziologie“ wird gemeinsam herausgegeben von Martin Diewald (Universität Bielefeld, Fakultät für Soziologie) und Klaus Hurrelmann (Hertie School of Governance, Berlin).

Gertrud M. Backes, Wolfgang Clemens

Lebensphase Alter

Eine Einführung in die sozialwissenschaftliche Alternsforschung

4., überarbeitete und erweiterte Auflage

BELTZ JUVENTA

Die Autoren

Gertrud M. Backes, Jg. 1955, Dr. phil., ist Professorin für „Altern und Gesellschaft" und Direktorin des „Zentrums Altern und Gesellschaft" (ZAG) an der Universität Vechta.

Wolfgang Clemens, Jg. 1946, Dr. rer. pol., war bis 2011 Professor für Soziologie am Institut für Soziologie der Freien Universität Berlin.

Bibliografische Information der Deutschen Nationalbibliothek

Die Deutsche Nationalbibliothek verzeichnet diese Publikation in der Deutschen Nationalbibliografie; detaillierte bibliografische Daten sind im Internet über http://dnb.d-nb.de abrufbar.

1. Auflage 1998
2., überarbeitete und erweiterte Auflage 2003
3., überarbeitete Auflage 2008
4., überarbeitete und erweiterte Auflage 2013

www.beltz.de · www.juventa.de
Druck und Bindung: Beltz Druckpartner GmbH & Co. KG, Hemsbach
Printed in Germany

ISBN 978-3-7799-2603-0-2

Vorwort zur 4., überarbeiteten Auflage

Eine Einführung in das Thema „Lebensphase Alter" muss so vielfältig gestaltet werden, wie sich das Alter in der heutigen Zeit in seiner ganzen Vielfalt zeigt. Dem Anspruch versuchen wir gerecht zu werden, ohne einzelne Aspekte dieser zeitlich sehr langen und facettenreichen Lebensphase umfassend darstellen zu können. In diesen Fällen werden entsprechende Hinweise auf weiterführende Literatur gegeben. Im Zentrum der Darstellung stehen soziogerontologische, soziologische oder soziologisch fundierte theoretische Konzepte und empirische Ergebnisse zur Lebensphase Alter.

Seit ihrem ersten Erscheinen im Jahr 1998 hat die „Lebensphase Alter" eine anhaltend erfreuliche Nachfrage und Resonanz gefunden. Da sich seither das Thema Alter(n) in der öffentlichen und wissenschaftlichen Diskussion stark weiterentwickelt hat und eine beträchtliche Zahl neuer Publikationen, weiterer Forschungsergebnisse und aktueller demographischer Prognosen zu verzeichnen sind, haben wir uns zu einer teilweisen Überarbeitung und Ergänzung der dritten Auflage von 2008 entschlossen. Überarbeitungen beziehen sich vor allem auf die Informationen zur Demographie, zur Einkommenssituation, zu Veränderungen des Pflegegeschehens und zur Sterblichkeit sowie zu sozialrechtlichen Änderungen, auch das Kapitel zu Alter(n)stheorien wurde um neuere Ansätze ergänzt. Außerdem wurde in allen Kapiteln die entsprechende neuere Literatur berücksichtigt.

Im Text wird (vor allem in den *Kapiteln 4 und 5*) zur Bezeichnung von Personengruppen überwiegend die „männliche" Form gewählt. Wo *nur* die männliche *oder* weibliche Form gemeint ist, wird besonders darauf hingewiesen. Für diese Entscheidung sind ausschließlich Gründe der Lesbarkeit verantwortlich; sie darf daher nicht als Versuch der heimlichen Diskriminierung missverstanden werden.

Berlin und Vechta, im Herbst 2012
Gertrud M. Backes
Wolfgang Clemens

Inhalt

Kapitel 3
Theoretische Konzepte zur Analyse der Lebensphase Alter 122

Kapitel 1: Einleitung

Alter ist als Begriff inzwischen vielschichtiger und unbestimmter denn je. Er wird in sehr unterschiedlichen Kontexten benutzt und beinhaltet eine Vielzahl gesellschaftlicher und kultureller Deutungen. So sagte der italienische Skiläufer Alberto *Tomba* (31 Jahre alt) bei der Ankunft zu den olympischen Spielen in Nagano zu Journalisten: „Zu schnell geht die Jugend dahin, dann kommt das Alter. Ich bin jetzt 31, ich bin müde." (*Die Zeit* Nr. 9, 1998: 68) Dem Begriff „Alter" werden in der „Leistungsgesellschaft" zentrale Bedeutungen im Sinne einer Abgrenzung oder als Gegenteil zu „Jugend" zugeschrieben: Alter als Phase der eingeschränkten Leistungsfähigkeit, des Nicht-mehr-mithalten-Könnens, des Ausrangiertwerdens, aber auch als Phase des Zurückblickens auf die erbrachte Lebensleistung, des verdienten Lebensabends und der „späten Freiheit" (*Rosenmayr*). In der Regel werden Merkmale menschlichen Daseins bereits nach der Lebensmitte mit „älter" oder „alt" gekennzeichnet: wie z.B. ältere Arbeitnehmer ca. ab dem 50. Lebensjahr, in manchen Berufen auch schon früher. Als kulturelles Muster des Eintritts in die „Lebensphase Alter" hat sich aber seit etwa 100 Jahren der Übergang in den Ruhestand nach Beendigung des Erwerbslebens herausgebildet. Begründet wurde die Lebensphase Alter durch sozialstaatliches Handeln: zunächst der Pensionssysteme der Beamten zu Beginn und der Bismarckschen Rentenversicherung zu Ende des 19. Jahrhunderts. Zu einer „Volksversicherung", die der breiten Masse der Altersbevölkerung einen sozial gesicherten Ruhestand ermöglichte, kam es in der Bundesrepublik Deutschland allerdings erst Mitte des 20. Jahrhunderts. Inzwischen gilt der Ruhestand als Bürgerrecht, als Bestandteil unserer Zivilisation.

Als zentrale „Statuspassage" verknüpft der Übergang in den Ruhestand die Grundorientierung der Arbeitsgesellschaft mit biographischen Perspektiven und markiert gesellschaftlich den Beginn des Alters (*Göckenjan/Hansen* 1993: 725). Mit der Statuspassage des Renteneintritts wird dabei auf der einen Seite die Verknüpfung des individuellen Lebens mit der Gesellschaft und ihren Institutionen gewährleistet (Makroperspektive), auf der anderen Seite geht damit die subjektive Perspektive der Bewältigung des Übergangs durch den einzelnen und sein soziales Umfeld einher (Mikroperspektive). Seine heutige Bedeutsamkeit als eigenständige Lebensphase konnte das Alter erst durch die ausreichende finanzielle Absicherung und die völlige Abkehr von verpflichtender Erwerbsarbeit erlangen: „Diese Lebensphase ist ökonomisch scharf abgegrenzt durch die gesellschaftlich organisierte Freistellung von Erwerbsarbeit und durch die einhergehende Verfügbarkeit über bedarfsdeckende und statussichernde Lohnersatzleistungen. Normativ und kulturell impliziert die Statuspassage den Austritt aus den verpflichtenden und legitimierenden Wertungen der Arbeitsgesellschaft aufgrund einer Altersgrenze oder vorhergehender Erwerbsunfähigkeit, wodurch zugleich die folgende Lebensphase als Ruhe und Erholung determiniert ist.“ (*Göckenjan/Hansen* 1993: 726) Auch wenn diese soziale Konstruktion auf den Idealtypus der „männlichen Normalbiographie“ zugeschnitten ist, so werden auch alle Personen mit abweichenden Lebens- und Arbeitsformen – vor allem Hausfrauen oder erwerbstätige Frauen mit diskontinuierlicher Erwerbsbiographie – nach dem 65. Lebensjahr als im „Ruhestandsalter“ befindlich normiert.

Allerdings bedeutet heute der Beginn des Ruhestands nicht mehr den klaren Einstieg in die Lebensphase Alter. Ruhestand wird als Definition für ältere Menschen kollektiv zunehmend widersprüchlich (*Walker* 1993: 3), denn die berufliche Altersgrenze ist in den letzten Jahrzehnten „zerfasert“ – durch zahlreiche Frühverrentungen, Vorruhestandsprogramme und zunehmende Arbeitslosigkeit älterer Menschen. Die mit der Rentenreform 1992 erfolgte Festlegung auf 65 Jahre als allgemeines Rentenzugangsalter hat diesen Trend zur „Unübersichtlichkeit“ aufgehalten (vgl. *Clemens u. a.* 2003). Die im Jahr 2007 vollzogene politische Entscheidung zur Erhöhung des Rentenzugangsalters auf 67 Jahre in mehren Schritten ab dem Jahr 2012 wird den Beginn der Lebensphase Alter weiter verschieben. Der Übergang in den Ruhestand bleibt individuell ein wichtiges Ereignis in der Fremddeutung und Deutung des eigenen Alters (*Niederfranke u. a.* 1999: 16). Gleichzeitig bedeutet Verrentetsein heute nicht automatisch, alt zu sein. Die „Leistungsgesellschaft“ offeriert für den Ruheständler (mindestens) zwei Deutungsmuster: einerseits nicht mehr gebraucht zu werden, zum „alten Eisen“ zu gehören, „ausrangiert“ zu sein (*Backes/Clemens* 1987). Andererseits vermittelt der gesellschaftlich akzeptierte Ruhestand die Gewissheit, dem Leistungsdruck und der Arbeitsbelastung „entkommen“ zu sein, die „späte Freiheit“ genießen zu können. Doch dieses Modell des verdienten, sozial gesicherten Ruhestands gerät zusehends unter Legitimationszwänge und ist in Zukunft – aufgrund veränderter Erwerbsbiographien – nur noch für eine Minderheit realisierbar.

Mit der Entwicklung zur Rentenversicherung war die Lebensphase Alter etabliert und alterspolitisch reguliert. Doch diese frühe Regulation ist inzwischen brüchig geworden, denn historisch gesehen hat es eine Entwicklung vom gesellschaftspolitisch „regulierten“ über das „unbestimmte“ zum „disponiblen“ Alter gegeben (*v. Kondratowitz* 1998). Disponibel meint, dass der aktuelle Altersdiskurs sich in seiner normativen Prägung gewandelt hat. Es werden verschiedene Tendenzen sichtbar, „das höhere Lebensalter als jene Phase wieder stärker zur Disposition zu stellen, die zukünftig die gesellschaftliche Wirklichkeit mit ihren Bedürfnissen und Anforderungen prägen wird. Mit anderen Worten: die gerade offensichtlich gewordene Pluralisierung des Alters und seine damit verbundene ‚normative Dissoziation', wie sie im Begriff der ‚Unbestimmtheit' einzufangen versucht wurde, werden nun einer, wenn man so will, neuen ‚gesellschaftlichen Rahmung' ausgesetzt, deren Leitkriterien mit ‚gesellschaftlicher Verpflichtung', ‚gesellschaftlicher Selbstlegitimation' und ‚Remoralisierung' umschrieben werden können." (*v. Kondratowitz* 1998)

Doch soweit sind wir noch nicht, noch befinden wir uns in der Phase des „pluralen Alterns" und der „Unbestimmtheit". Dazu war es nach der ersten Phase des sozialpolitisch „regulierten Alters" gekommen. Die früher übliche Einteilung des Lebens in Altersstufen wurde dabei durch eine Konstruktion von „Altersphasen" abgelöst. Die Sicht auf einzelne Lebensalter in der Betrachtung als Auf- und Abstieg auf der „Lebenstreppe" hat sich im Laufe der Industrialisierung des 19. Jahrhunderts gewandelt, nachdem sich Kindheit und Jugend als Vorbereitungsphase entwickelte und der Ruhestand sich als eigenständige Lebensphase mittels sozialstaatlicher Innovation etablierte. Erst damit – und durch ihre steigende Zahl – wurden ältere und alte Menschen als soziale Gruppe mit eigenen Normen und Werten seit Beginn des Jahrhunderts gesellschaftlich relevant und „Alter" zum gesellschaftlichen Strukturmerkmal. Altersgruppen und Lebensphasen sind – historisch gesehen – Ergebnis von sozialer Strukturierung und Destrukturierung (*Rosenmayr* 1996: 28). Abgegrenzt werden Lebensphasen aus soziologischer Sicht häufig durch die Übernahme bestimmter Rollenverpflichtungen, Veränderungen im Selbstkonzept und in Identitätsvorstellungen.

Mit der gesellschaftlichen Modernisierung hat sich inzwischen die Sichtweise von Lebensphasen und Alter als abgegrenzte soziale Gruppen teilweise überlebt, und sie ist inzwischen durch die prozessuale Sichtweise der biographischen Bedingtheit des Lebenslaufs (*Kohli*) oder der „Sozialstruktur des Lebensverlaufs" (*Mayer*) ergänzt worden (vgl. *Clemens* 1998a). Letzterer Ansatz sieht Alter als letzte Phase des Durchlaufens der Sozialstruktur, die bereits im früheren Leben durch Herkunft und Bildungssystem geprägt wird. Ist damit aber eine Betrachtung von Alter als eigenständige Lebensphase obsolet geworden, löst sich alles im Lebenslauf oder im Verhältnis der Generationen auf? Die Frage kann ohne Umschweife mit „nein" beantwortet werden, ohne bereits die Gewissheit zu vermitteln, Alter sei eine eigenständige, deutlich konturierte Lebensphase. Dazu ist zumindest die Abgrenzung zum mittleren Lebensalter inzwischen zu unscharf, hat Alter quantitativ eine zu große Ausdehnung erfahren und zu viele verschiedene Lebensstile ausgeprägt. Außerdem hat sich die Lebensphase sozialstrukturell und von den funktionalen Fähigkeiten und Fertigkeiten der verschieden alten Alten her zu sehr differenziert. Auch daraus ergibt sich eine Unsicherheit der Gesellschaft in Hinsicht auf das Alter. Heute lässt sich von einer „normativen und instrumentellen Unbestimmtheit des gesellschaftlichen Umgangs mit Alter(n)“ (*Backes* 1997a) sprechen.

Zu einer genaueren Analyse der Rolle des chronologischen Alters für eine Einordnung und Klassifizierung der heute älteren und alten Menschen in der Lebensphase Alter muss zunächst der Prozess des Alterns in Augenschein genommen werden. Altern als Prozess umfasst körperliche, psychische, soziale und gesellschaftliche Aspekte. Auch wenn diese Funktionsbereiche assoziiert sind, können Menschen in diesen einzelnen Bereichen einen verschiedenartigen Alternsprozess durchlaufen, sodass ihr „Alternsstatus“ sich aus den Entwicklungen der verschiedenen Funktionsbereiche ergibt. Menschen altern also interindividuell unterschiedlich, und zwar in Abhängigkeit von ihren genetischen Anlagen sowie sozial ungleichen und individuell unterschiedlichen Lebensbedingungen. „Die kalendarische Variable Alter, die aus dem Geburtsdatum abgeleitet wird, ist in der Sozialforschung ... eine der Variablen, die besonders trügerisch und irreführend verwendet werden können.“ Und: „Altern verläuft nicht nur nach genetischen, sondern auch nach sozialen und ökonomischen Vorbedingungen variabel. Die Pfade des Alterns sind vom finanziellen und kulturellen Aufwand abhängig und durch diesen gestaltbar.“ (*Rosenmayr* 1996: 50)

Altersgruppen und die heutige Lebensphase Alter können nicht nur als statisches Moment gesellschaftlicher Realität gesehen werden. Man muss die Gruppen als Kohorten oder Generationen im soziohistorischen Kontext und unter den jeweiligen normativen, politischen, ökonomischen und kulturellen Bedingungen ihrer Lebensphasen sehen. Die Geburtskohorten der heutigen Alten weisen eine gemeinsam durchlaufene Lebensgeschichte auf, bei aller sozialen Differenz innerhalb der Kohorten hatten sie gleiche gesellschaftliche Bedingungen zu unterschiedlichen Zeiten der jüngeren Geschichte, die durch Politik, Ökonomie, kulturelle Muster, Werte und Normen, kurz: den gesellschaftlichen Entwicklungsstand geprägt waren. Verbunden damit waren Gelegenheitsstrukuren hinsichtlich Bildung, Ausbildung, beruflicher Chancen und sozialer Positionierung, die sich allerdings sozialstrukturell gruppen- bzw. individuenbezogen unterschiedlich verteilten. Diese Strukturen wirken bis heute auf das Leben im Alter, z.B. die in jungen Jahren erfahrenen Bildungsnachteile und beruflichen Beschränkungen der heute alten Frauen, die im Ergebnis als geringe eigene Renten die materielle Lebenslage im Alter bestimmen. Die Lebensphase Alter ist allgemein als Ergebnis gesellschaftlicher Dynamik und Entwicklungsgeschichte zu verstehen. Ihre soziale Differenzierung entwickelte sich zeitbezogen, klassen- und geschlechtsspezifisch. Entsprechend den sich ändernden gesellschaftlichen Bedingungen wird sich die Lebensphase Alter zukünftig für die dann betroffenen Kohorten deutlich wandeln.

Das Verhältnis der Generationen zueinander hat im Zeitverlauf eine veränderte Bedeutung erfahren und wird sich weiter wandeln. Gruppen verschiedenen Alters treten zueinander in Beziehung, kooperieren oder haben

Konflikte. Das Verhältnis von Jung und Alt prägt sich in den verschiedenen gesellschaftlichen Teilbereichen anders aus: in der Familie anders als im Beruf oder im politischen Verteilungskampf (*Rosenmayr* 1996: 51). Während familiäre Beziehungen als überwiegend enge und gefühlsmäßig bestimmte beschrieben werden, die von einem hohen Ausmaß und Zuverlässigkeit gegenseitiger Hilfe bestimmt sind (vgl. *Kohli u.a.* 2005; *Backes* 2007), wird auf der gesellschaftlichen Ebene vom Generationenkonflikt bis hin zum „Krieg der Generationen" (*Gronemeyer* 1989; kritisch: *Wolf/Kohli* 1998) gesprochen, wenn es um politischen Einfluss oder die Verteilung knapper Ressourcen zwischen Jung und Alt geht. Konfrontationen zeigen sich auf allen gesellschaftlichen über institutionelle bis hin zu individuellen Ebenen – allerdings in unterschiedlicher Form. Das Verhältnis von Alter und Generationenbeziehungen entwickelt sich im Spannungsfeld von öffentlichem und privatem Leben (*Ehmer* 2000).

Mit den Jahren hat sich vor allem auch die innere Struktur der Lebensphase Alter gewandelt. Dabei darf nicht vergessen werden, dass neben schichten- und milieuspezifischen Unterschieden insbesondere die ethnische und geschlechtsspezifische Prägung das Alter als Lebensphase deutlich verändert haben. Das Alter wird zunehmend multikulturell. Viele der ersten Generation von Arbeitsmigranten, die seit Anfang der 1960er Jahre nach Deutschland kamen, erreichen inzwischen immer häufiger das Ruhestandsalter und bleiben hier. Der bisher deutlich geringere Anteil älterer Ausländer an der Altersbevölkerung wird in den nächsten Jahrzehnten überproportional steigen und den quantitativen Abstand zu den deutschen Alten verkürzen.

Bereits seit längerer Zeit sind Frauen in der Gruppe älterer und alter Menschen deutlich in der Überzahl. „Das Alter ist weiblich", diese mittlerweile gängige Aussage stimmt zunächst, wenn quantitative Maßstäbe zugrunde gelegt werden. So sind zwei Drittel der Menschen im Alter über 60 Jahre Frauen, im Alter von über 75 Jahren sogar drei Viertel. Frauen bestimmen so auch in qualitativer Hinsicht die Altersphase: ob in den Einrichtungen und Angeboten der Altenhilfe, in der Pflege als Abhängige von ambulanten und stationären Einrichtungen oder als „arme Alte", denn auf sie entfällt immer noch der größte Teil der Altersarmut.

Hat die noch immer bestehende gesellschaftliche Abwertung des Alters, die sich in gesellschaftlichen Altersbildern zeigt, vor allem mit der Überrepräsentanz der Frauen im Alter zu tun? Die Frage scheint in Anbetracht weiterhin bestehender negativer Altersklischees angebracht. Um diesen entgegenzutreten, wurde in der gerontologischen Debatte zwischenzeitlich dem Negativbild eines „Defizitmodells" des Alters ein „Kompetenzmodell" des Alters entgegengestellt. Dieses beinhaltet nicht nur die positiven Seiten des Alters als Freiheit von Verpflichtungen und Arbeitsbelastungen, das Bild von Vitalität, Konsum und Ungebundenheit, wie sie sich im Konstrukt der „neuen Alten" finden. Gezeigt wird auch die „Kompetenz" des Alters, die Möglichkeiten, bei – gegenüber früheren Zeiten – besserer Gesundheit auch im Alter noch belastbar und lernfähig zu sein sowie Fähigkeiten und Fertigkeiten für ein zufriedenstellendes, selbstbestimmtes Leben zu erhalten oder zu entwickeln. So wird dann auch von weitreichenden gesellschaftlichen „Potenzialen des Alters" gesprochen, von Beiträgen zur Gesellschaft, die bisher kaum genutzt ihrer Verwendung harren. So wurde im Jahr 2005 der 5. Altenbericht der Bundesregierung dem Thema „Potenziale des Alters in Wirtschaft und Gesellschaft" gewidmet und als „Beitrag älterer Menschen zum Zusammenhalt der Generationen" deklariert (vgl. *BMFSFJ* 2005). Damit will und kann sich das Alter aus der vermeintlich einseitigen – und für viele, insbesondere Jüngere, heute bereits nicht akzeptablen – Rolle des Nehmens herausentwickeln. Der verbreitete eingeengte Blick jüngerer Generationen von Erwerbstätigen auf die Höhe der Rentenversicherungsbeiträge einerseits und die finanzielle Ausstattung der Rentnerhaushalte andererseits übersieht allerdings die beträchtlichen materiellen Zuwendungen von Älteren an die Kinder- und Enkelgeneration, schon bevor der Erbfall eintritt. Der primär als Basis der Rentenversicherung betonte „Generationenvertrag" hat so zusätzliche, allerdings weniger kodifizierte Vertragsbestandteile.

Nicht übersehen werden darf allerdings, dass das Vererben und Erben auch der sozialstrukturell bedingten sozialen Ungleichheit im Alter weiteren Ausdruck verleiht. Denn die Möglichkeiten zur Übertragung materieller Güter zu Lebzeiten oder durch Erbschaft sind sozial so ungleich verteilt wie Einkommen und Vermögen im Alter (*Kohli u.a.* 2005a). Lebenslagen und materielle Handlungsspielräume im Alter sind geprägt durch eine Verlängerung der in früheren Lebensphasen erreichten Positionierung in der sozialen Hierarchie. Herkunft, Ausbildung und erreichte berufliche Position bestimmen letztlich auch im Alter die materielle Lebenslage. Die Geschlechtszugehörigkeit und weitere „horizontale Dimensionen" sozialer Ungleichheit (*Hradil*) differenzieren die soziale Lage im Alter zusätzlich. Mit dem Geschlecht sind Frauen über die Lohnzentriertheit des sozialen Sicherungssystems zeitlebens und im Alter benachteiligt, da sich die Modellvorstellung der Rentenversicherung an der männlichen „Normalbiographie" mit lückenloser Erwerbstätigkeit bis zum Ruhestand orientiert. Auch die Rentenreform 1992 hat daran grundsätzlich nichts geändert, da sie für Frauen „am modernen Leben vorbei" (*Veil u.a.* 1992) konzipiert wurde. Im Alter chronifizieren sich Formen sozialer Ungleichheit, die sich über den Lebenslauf entwickelt haben (*Kohli*).

Die materielle Ausgestaltung des Alters hat sich – trotz weiterbestehender sozialer Ungleichheit – allgemein seit Jahrzehnten verbessert, auch die Alten haben am Zugewinn gesellschaftlichen Reichtums partizipiert. Damit wurden auch die materiellen Voraussetzungen zur Bewahrung und Entwicklung von Fähigkeiten und Fertigkeiten als Kompetenz im Alter geschaffen. Mit dem „Kompetenzmodell" des Alters ist allerdings die heute eher im hohen Alter vorfindbare Phase der Krankheit, Gebrechlichkeit, Hilfe- und Pflegebedürftigkeit nicht verschwunden (vgl. *Backes/Clemens* 2003). Die Grenze zu dieser Phase ist durch die Entwicklung der letzten Jahrzehnte für viele Alte im Lebenslauf weiter nach hinten gerückt worden, manche Alte bleiben bis ins hohe Alter vital und selbständig. Durch die demographisch zu beobachtende quantitative Ausweitung der Kohorten im Alter von über 75 oder 80 Jahren haben Alterskrankheiten, Multimorbidität, psychische und hirnorganische Erkrankungen – wie Demenzen – eine zunehmende Ausweitung erfahren. Damit sind eine Reihe weiterer Merkmale der Lebensphase Alter verbunden:

- Hierzu gehört die Zunahme von Pflegefällen, die stärker auf öffentliche Einrichtungen zurückgreifen müssen, da unmittelbare familiäre Pflegeleistungen tendenziell schrumpfen;
- damit verbunden ist eine weitere Belastung der Sozialbudgets der Gemeinden durch Sozialhilfekosten, da die Pflegeversicherung nur einen Teil der Pflege-, aber nicht die „Hotelkosten" trägt;
- hinzu kommen steigende Kosten durch die Kranken- und Pflegeversicherung, die die „Lohnnebenkosten" der versicherungspflichtig Beschäftigten in die Höhe treiben und (angeblich) den Wirtschaftsstandort Deutschland gefährden.

Doch Krankheiten und Hilfebedürftigkeit im Alter repräsentieren nicht das Alter schlechthin; insgesamt wird heute mit der Lebensphase Alter eine individuelle, soziale und kulturelle Vielfalt verbunden. Für die Zukunft werden plurale Alterskulturen in einem „System pluraler Lebenswelten" prognostiziert, der alte Mensch als Muster eines „modernen Menschen" stilisiert (*Mader* 1995). Heute befinden wir uns noch in einem Entwicklungsstadium gesellschaftlicher Unbestimmtheit des Alters, die Elemente einer altersintegrierten wie auch altersdifferenzierten Gesellschaft enthält: In Hinsicht auf Institutionen, Lebenslauf und Sozialpolitik ist sie weiterhin alterssegregiert, in Hinsicht auf Kultur, Konsum, Lebensstile etc. bereits teilweise altersintegriert (vgl. *Tews* 1999: 159).

Der sich mit dem Alter beschäftigenden Wissenschaft – der Gerontologie – wird deshalb ihr Gegenstand in absehbarer Zeit nicht abhanden kommen, auch wenn manche Gerontologinnen und Gerontologen – wie Bernice L. *Neugarten* – in letzter Zeit mit Blick auf die prognostizierte Entwicklung des Alters in der Gesellschaft von einem Dahinschwinden der Gerontologie sprechen. Ideen, wie die der Auflösung von Alter als Strukturmerkmal oder der Eingliederung der Gerontologie" in ein Gesamtkonzept des Lebenslaufs, dürften in absehbarer Zukunft wohl kaum praktisch-empirische Relevanz erfahren. Sicher zu konstatieren sind dagegen die zunehmende Pluralität und Heterogenität des Alters sowie eine durch das sich in die Gesellschaft öffnende Alter erzeugte „Buntheit der Gesellschaft", die *Rosenmayr*

(1996) dem Begriff der „ergrauten Gesellschaft" gegenüberstellt. „In einer ‚bunten Gesellschaft' regen die hinzugewachsenen Anteile älterer und alter Menschen Änderungen in Einstellungen, Verhaltensweise und Normen der Gesamtgesellschaft an." (*Rosenmayr* 1996: 11)

Wegen dieser Vielfalt und zunehmenden Integration von Alter in den Lebenslauf ist „Alter" heute aus sozialwissenschaftlicher Sicht keine aussagekräftige Kategorie mehr (*Klingemann* 1996); eine seriöse Analyse der „Lebensphase Alter" hat dem Rechnung zu tragen. Das hier vorliegende Buch wird als „Einführung in die sozialwissenschaftliche Alternsforschung" sowohl die unterschiedlichen Facetten des Alterns und Alters im Überblick darstellen als auch das neben der Verschiedenheit existierende Gemeinsame und Verbindende individueller, sozialer und gesellschaftlicher Aspekte der „Lebensphase" herausarbeiten. Letztlich geht es auch um die sich wandelnde Positionierung des Alters in der Gesellschaft und den Bezug zu jüngeren Generationen.

Die Vielfalt der Lebenssituationen älterer und alter Menschen in unserer Gesellschaft soll im Folgenden durch das Konzept der „Lebenslage" (*Weisser* 1966; *Amann* 1983; *Clemens* 1994; *Clemens/Naegele* 2004) beschrieben und analysiert werden, um das Verhältnis zwischen Individuen und Institutionen angemessen erfassen zu können.

> „Der Kern des Lebenslagenkonzeptes (*Amann* 1983) ist die dialektische Beziehung zwischen ‚Verhältnissen' und ‚Verhalten'. Diese Beziehung wird als eine gleichzeitig zweiseitig bestimmte erfasst: als eine bedingte und strukturierte und zugleich als eine bedingende und strukturierende. Dabei ist der Fehler der traditionellen Auffassungen zu vermeiden, der auf einen Dualismus zwischen dem beharrenden Charakter der Institutionen und dem unsteten der Individuen hinausläuft. Lebenslagen sind also die historisch entstandenen und sich entwickelnden Strukturbeziehungen, die sich aus den äußeren Lebensbedingungen ergeben, die Menschen im Ablauf ihres Lebens vorfinden, sowie die mit diesen äußeren Bedingungen in wechselseitiger Abhängigkeit sich entwickelnden Wahrnehmungen, Deutungen und Handlungen, die diese Menschen hervorbringen. Lebenslagen sind dynamisch in der Perspektive ihres dauernden sozialen, ökonomischen und kulturellen Wandels, sie sind beharrend in der Perspektive ihrer nur durch Anstrengungen veränderbaren Zustände. Lebenslagen sind Ausdruck gesellschaftlich produzierter Ungleichheitssysteme …" (*Amann* 2000: 57f.)

Die Lebenslage einzelner Menschen und Gruppen im Alter sind somit Ausdruck gesellschaftlicher Ungleichheit, die sich über den ganzen Lebenslauf ausbildet, wobei Start- und Entwicklungsbedingungen in der Gesellschaft sehr verschieden verteilt sind. Diese hängen unter anderem ab von der soziohistorischen Positionierung unterschiedlicher Geburtskohorten. Die heute älteren und alten Menschen haben in bestimmten Lebensphasen ganz andere politische, kulturelle und soziale Strukturen und subjektive Bedingungen vorgefunden als jüngere Kohorten. Diese Voraussetzungen präg(t)en die „Lebensphase Alter" jeweils spezifisch aus. Das wird bei der Darstellung einzelner Lebensbereiche älterer Menschen (insbesondere in *Kap. 4*) deutlich. Es dürfen aber auch nicht die unterschiedlichen Voraussetzungen und Folgen des kognitiven Alterns übersehen werden, die über eine jeweils individuelle, subjektive Sicht spezifische Einstellungen zu eigenen und fremden Alternsprozessen erzeugen.

Die *disziplinäre Grundlagen dieses Einführungswerkes* bilden im weitesten Sinne die sozialwissenschaftlich orientierten Alters- und Alternswissenschaften, insbesonders die Soziologie des Alter(n)s und die Soziale Gerontologie. Allgemein kann die Alter(n)ssoziologie bisher als spezielle oder „Bindestrich-Soziologie" bezeichnet werden, die vorrangig anwendungsorientiert arbeitet. Ihre soziale und kognitive Identität wird einerseits durch etablierte Fachgrenzen beschnitten, ihre theoretische Fundierung andererseits durch Theorieanleihen aus der allgemeinen Soziologie geprägt (*Amann* 1993: 102; *Clemens* 1998a). Soziale Gerontologie wird verstanden als

> „ein Sammel- und Integrationsbereich von Fragestellungen und ‚Forschungsprogrammen' (Lakatos 1974) aus verschiedenen Disziplinen der Human-, Sozial-, Kultur- und Geisteswissenschaften. Sie befasst sich damit, wie das handelnde Subjekt im sich wandelnden sozialen und kulturellen Kontext zu den biologischen, durch den Lebenslauf bedingten Veränderungen des (eigenen) Organismus sich einstellt und verhält. Ausgehend davon sind auch das altersbedingte Gruppenverhalten und sind die gesellschaftlich (arbeitsteilig, versorgungsstaatlich) organisierten Verhaltensweisen, dadurch auch das kulturelle und politische Verhältnis der Generationen zueinander Gegenstand der Sozialgerontologie wie die Bereiche, die sich mit Hilfe, Dienstleistungen, sozialer und kultureller Konfliktbearbeitung von Alters- und Generationendifferenzierung befassen." (*Rosenmayr* 1991: 530)

Gerontologie vereint als „Querschnittswissenschaft" verschiedene Disziplinen in sich und weist die Merkmale Multidisziplinarität – mit dem Ziel der Interdisziplinarität – und Anwendungsbezug auf. Als selbständige Disziplin mit interdisziplinärer Ausrichtung, die verschiedene Systemebenen integrieren kann, ist die Soziale Gerontologie bisher nicht gefestigt (*Amann* 1993: 104). Dazu muss sie soziologische, sozialpsychologische, psychologische, pädagogische, ökonomische und ökologische Perspektiven in sich binden und theoretisch-konzeptionell fundieren. Die Darstellung in diesem Buch folgt dem bisherigen Stand wissenschaftlicher Entwicklung in der auf Alter(n) bezogenen Soziologie wie auch der Sozialen Gerontologie.

Zunächst wird im *2. Kapitel* die historische und aktuelle Entwicklung der „Lebensphase Alter“ in den wichtigsten Aspekten beschrieben. Im Mittelpunkt der Darstellung steht die Frage, ob und inwiefern es sich bei „Alter“ um eine eigenständige und in sich weiter zu differenzierende Lebensphase handelt, wie sie historisch entstanden ist und sich bis heute demographisch entwickelt hat. Es werden soziale Kriterien für die Abgrenzung der Lebensphase untersucht und diese in einen lebenszeitlichen Verweisungszusammenhang gestellt. Eine differenzierte Betrachtung der Lebensphase Alter führt zu wichtigen sozialen, körperlichen und psychischen Determinanten der Lebenssituation in den letzten Phasen menschlichen Lebens. Schließlich sind auch Krankheiten im Alter und Todesursachen als Merkmale vorzustellen, die den letzten Lebensabschnitt maßgeblich prägen.

Im *3. Kapitel* werden die theoretischen Konzepte der Soziologie und weiterer Sozialwissenschaften dargestellt, die Alter und Altern generalisierend erfassen und empirische Analysen anleiten. Hier wird implizit unterschieden zwischen eher „klassischen“ Konzepten aus der ersten Entwicklungsphase von Alter(n)ssoziologie und Sozialer Gerontologie und neueren Ansätzen, die vor allem die Einbindung der Altersphase in den Lebenslauf und die Dynamik von gesellschaftlichen und individuellen Alternsprozessen hervorheben. In diesem Zusammenhang ist die Frage nach der Angemessenheit theoretischer Konzepte hinsichtlich der Heterogenität von Lebenslagen im Alter zu stellen.

Im *4. Kapitel* sollen einzelne Lebenslagenbereiche, die im Alter von besonderer Bedeutung sind, näher beleuchtet werden. Ein zentraler Fokus ist dabei die Vielfältigkeit sozialer Lagen und auch sozialer Probleme, die diese Lebensphase in unserer Gesellschaft zeitigt und ältere und alte Menschen auch gegen Personengruppen abgrenzt, die sich heute in jüngeren Stadien des Lebenslaufs befinden. Neben zentralen Dimensionen der Lebenslage – wie Einkommen, Gesundheit, soziale Kontakte und Netzwerkbeziehungen – kommt auch dem Wohnen im Alter eine verstärkte Bedeutung zu, da Wohnung und Wohnumwelt zum zentralen Lebensraum werden. Auch die spezifischen Alternsbedingungen und Lebenslagen der in Deutschland lebenden älteren Ausländer bedürfen einer gesonderten Darstellung.

Das *5. Kapitel* stellt die Vielzahl der Bereiche dar, in denen ältere und alte Menschen soziale Unterstützung erfahren. Der mehr oder weniger hohe Bedarf resultiert aus den differenzierten und teilweise defizitären Bedingungen der Lebenslage, die sich in dieser Lebensphase ergeben. Hierbei wird zentral nach formellen und informellen Unterstützungssystemen unterschieden, denn trotz des Ausbaus sozialstaatlicher Systeme mit vielfältigen institutionellen Regelungen haben die familiären und weiteren privaten Formen sozialer Unterstützung einen weiterhin hohen Anteil an den insgesamt erbrachten Unterstützungsleistungen. Soziale Unterstützung im Alter umfasst natürlich auch gesundheitliche Problemlagen, da diese nicht isoliert zu sehen sind, sondern immer auch sozial relevant werden.

Die Zusammenfassung des *6. Kapitels* soll abschließend die differenzierten Lebenslagen und den Wandlungsprozess der Altersstrukturen darstellen. Hier wird sich zeigen, welch wachsende Bedeutung die Lebensphase Alter im Lebenslauf erfahren hat und wie Alter und Altern zunehmend einen Strukturwandel in der gesamten Gesellschaft befördern. In diesem Kontext wird es aber immer schwieriger, eine „Lebensphase“ abzugrenzen, da sich inzwischen eine teilweise Integration von Alter in die Gesellschaft einerseits und in den Lebenslauf andererseits vollzogen hat.

Kapitel 2
Die Altersphase im menschlichen Lebenslauf

2.1 Was ist das „Alter" – eine oder mehrere Lebensphasen?

Es wird zunehmend schwerer, die Lebensphase Alter als Teil des Lebenslaufs genau abzugrenzen. Das Ende des Lebens ist mit dem Tod klar begrenzt, doch der Übergang vom mittleren zum höheren Erwachsenenalter – und damit ins „Alter" – ist immer schwieriger zu bestimmen. Der Eintritt des Ruhestands, der früher und noch bis in die 1970er Jahre klar als Schritt ins Alter gewertet wurde, hat einen Teil seiner determinierenden Wirkung verloren: Vorruhestand, gleitender Übergang in den Ruhestand, Erwerbsminderung sowie Arbeitslosigkeit älterer Arbeitnehmer haben einerseits den Zeitpunkt des faktischen Austritts aus dem Erwerbsleben auf durchschnittlich etwas über 60 Jahre gedrückt. Andererseits sind zwischen Berufsaustritt und „offiziellem" Rentenbeginn zunehmend Wartezeiten entstanden, in denen die Betroffenen weitgehend mit einer Art „rollenloser Rolle" (*Burgess*) leben müssen. Waren sie im Erwerbsleben stark auf die Berufsrolle fixiert, so fällt anschließend die Orientierung und Selbstvergewisserung schwer. Außerdem sind auch nach dem Beginn des Ruhestands die Rentnerinnen und Rentner oder Pensionäre immer seltener bereit, sich selbst als „alt" zu definieren. Untersuchungen haben gezeigt, dass in den letzten Jahrzehnten eine subjektive „Verjüngung des Alters" (*Tews* 1993: 23ff.) stattgefunden hat: Dies geht mit positiven Effekten einher, indem z.B. die Alten sich als jünger einschätzen, aber auch mit negativen Effekten, wenn z.B. ältere Arbeitslose aus Altersgründen nicht mehr eingestellt werden und diese Altersgrenze deutlich nach unten gerückt ist.

Neben der unsicheren Terminierung des Beginns der Lebensphase „Alter" erschweren auch die zunehmenden Pluralisierungstendenzen der Lebensformen und weitere Merkmale einer zunehmenden Differenzierung des Alters die Beantwortung der Frage nach Struktur und Qualität dieser Lebensphase. Zunächst bereitet bereits die quantitative Ausdehnung Probleme: Die „Phase" kann bis zu 50 Jahre dauern, wenn ein frühzeitiger Ruhestand und ein hohes Sterbealter zusammenkommen! Für viele ist sie zumindest – nach dem mittleren Erwachsenenalter – die zweitlängste zusammenhängende Lebensphase. Innerhalb des „Alters" als komplexe „Großphase" des Lebenslaufs, die eine Altersspanne vom 60. bzw. 65. Lebensjahr bis in das Alter von über 105 Jahre umfasst, existieren durchaus abgrenzbare Teilphasen, die i.d.R. chronologischen Altersgruppen zugeordnet werden, besser aber durch Teilgruppen funktionalen Alters beschrieben werden sollten (vgl. *Kruse/Lehr* 1999).

So geht *Laslett* (1995: 277) nach einer breiten Analyse eines dritten Alters schließlich von einer Unterscheidung zum vierten Alter aus. Üblicherweise werden damit Altersphasen von 50 bis 74 Jahre und 75 Jahre und älter bezeichnet (*Walker* 1993: 3). Auch *Mayer u.a.* (1996) plädieren nach den Ergebnissen der „Berliner Altersstudie" dafür, die Lebensphase Alter wegen der damit verbundenen, jeweils unterschiedlichen Bedingungen und Anforderungen um ein viertes Lebensalter zu ergänzen. *Rosenmayr* (1996: 35) dagegen unterscheidet zwischen einem chancenreichen dritten, einem eingeschränkten vierten und einem häufiger schon abhängigen fünften Lebensabschnitt als Produkt des Lebenslaufs in der heutigen Gesellschaft. Werden die Lebensphasen als ordnungspolitische Aufgabe sozialer Institutionen verstanden, so wird noch stärker differenziert (vgl. *Buttler u.a.* 1988: 16ff.): „Junge Alte" verfügen danach über die Fähigkeit, Leistungen für andere (welcher Art auch immer) zu erbringen. Wenn diese Fähigkeit verloren geht, aber die Fähigkeit zur Selbstkompetenz erhalten bleibt, wird von den „Alten" gesprochen. Wenn auch die Selbstkompetenz eingeschränkt ist und fremde Hilfe (z.B. ambulante Pflege) notwendig wird, ist die Phase der „alten Alten" erreicht. In der vierten Phase folgt dann letztlich der Verlust der Selbstkompetenz, der in die Pflegebedürftigkeit und die absolute Abhängigkeit einer oftmals stationären Pflege führt.

Die wichtigsten Kriterien zur Einteilung von Alternsstadien in diesen Modellen orientieren sich nicht am kalendarischen Alter, sondern an den jeweils noch vorhandenen Fähigkeiten in körperlichen, psychischen, sozialen und gesellschaftlichen Funktionsbereichen. Danach prägen sich allgemein unterschiedliche Alternsformen für Teilgruppen der Alten aus, manche Menschen altern langsam, andere sind „vorgealtert". Außerdem können Alternsprozesse in einzelnen Funktionsbereichen unterschiedlich schnell verlaufen, sodass das funktionale Alter nur differenziell zu bestimmen ist. Deutlich wird dadurch eine Vielfalt von Alternsprozessen und Alternsstadien innerhalb des Lebenslaufs, und damit auch von Ausprägungen von Alter innerhalb des Bevölkerungssegments von über 60-Jährigen.

Im Grunde müsste zu einer Analyse von Alter als soziologischer Grundkategorie vom Begriff der „Lebensphasen im Alter" ausgegangen werden, da Alter als einzelne Phase zu heterogen ist in Hinsicht auf Übernahme bestimmter Rollenverpflichtungen, Veränderungen im Selbstkonzept und entwickelter Identitätsvorstellungen. Gemäß dem Verständnis in diesem Buch wird unter seinem Titel Alter als umfassender Begriff verstanden: Es löst sich in seinen gesellschaftlichen Facetten nicht in Hinsicht auf einzelne Individuen auf, sondern ist durch unterschiedliche „Lebenslagen im Alter" in Teilgruppen und Teilphasen zu differenzieren. Insofern handelt es sich bei der hier gewählten Darstellungsform um „Lebensphasen und Lebenslagen im Alter“.

Der in der wissenschaftlichen Sozialpolitik und der soziologischen Sozialstrukturforschung verwendete Begriff der „Lebenslage“ (vgl. *Clemens* 1994, *Backes* 1997b; *Clemens/Naegele* 2004) umfasst sowohl objektive wie subjektive Dimensionen, die sich als Handlungsspielräume zur Lebensgestaltung abbilden lassen. Gerade für die nur noch indirekt von früheren Berufspositionen beeinflusste Stellung innerhalb der Sozialstruktur eignet sich „Lebenslage“ als Analysekonzept besser als die traditionellen Schichten- und Klassenkonzepte, da es neben den vertikalen auch die „neueren“ horizontalen Merkmale sozialer Ungleichheit, wie Geschlecht, Ethnie, Arbeits-, Wohn- und Freizeitbedingungen, berücksichtigt und diese in einen biographischen Verweisungszusammenhang des Lebenslaufs stellt (vgl. *Hradil* 1987; *Berger/Hradil* 1990).

2.2 Historische Entwicklung: Die Differenzierung der Lebensphase Alter

Die Entwicklung von „Alter“ zur eigenständigen Lebensphase und die Etablierung von Älteren und Alten als sozialstrukturell bestimmbare gesellschaftliche Gruppe mit vergleichbaren Merkmalen sind historisch gesehen ein Ergebnis der Industrialisierung. Zwar gab es schon lange vor dieser Zeit alte Menschen und auch „Ruhestand“ als Lebensphase, allerdings im Kontext vergleichsweise größerer Unsicherheit und Unberechenbarkeit von Lebensläufen und damit seltener. Vor dem 20. Jahrhundert „erscheint das Altern als biologischer Prozeß, als stufenweise erfolgender Verlust der körperlichen und geistigen Kräfte bis hin zu völligem Verfall und schließlich zum Tod“ (*Ehmer* 1990: 11). Diese biologischen Vorgänge zogen in vielen Fällen soziale Veränderungen für die Arbeitskraft, die Stellung in Haushalt, in Familie oder Öffentlichkeit nach sich, ohne zu einer kollektiven sozialen Erfahrung des Alters zu führen.

Heute dagegen wird die Lebensphase Alter sozial bestimmt: über die Bedingungen des Arbeitsmarktes und Regelungen der Alterssicherung. Dies hat, so die Soziologie, zu einer Institutionalisierung des Lebenslaufs (*Kohli* 1985) geführt, zu einer Chronologisierung und Dreiteilung des Lebenslaufs in industrialisierten Gesellschaften. Damit werden die Beziehungen der Individuen zur und ihre Positionierung in der Gesellschaft bestimmt, einzelne Lebensphasen und ihre Übergänge werden so normiert. Die Lebensphase Alter wird in diesem Ansatz als „drittes Alter“ bezeichnet, gelegentlich wird die Altersphase noch zusätzlich um ein „viertes Alter“ – die Phase der Gebrechlichkeit und Hilfebedürftigkeit – ergänzt (vgl. z.B. *Laslett* 1995).

Um die Herausbildung, Struktur und Funktionsweise des bislang praktizierten und tradierten Vergesellschaftungsmodells des Alter(n)s – als Lebensphase Alter über sozial gesicherten Ruhestand, „späte Freiheit“ sowie familiale Integration und Versorgung – zu verdeutlichen, sollen dessen wesentliche Entwicklungszüge und Kennzeichen kurz vorgestellt werden. Die genannten Elemente des Modells liegen i.d.R. als „Idealtypus“ (M. *Weber*) bzw. Ideologie vor, als Bild der gewünschten Wirklichkeit. Nicht alle alten Menschen sind gleichermaßen familial integriert und versorgt, ausreichend sozial gesichert und ab einem gesetzlichen Rentenalter frei von der Notwendigkeit der Erwerbsarbeit; nicht alle verfügen über einen „normalen“ Erwerbsarbeitsverlauf als Grundlage für die soziale Sicherung im Alter. Doch im Prinzip gelten diese Elemente des bisherigen Vergesellschaftungsmodells für die Lebensphase Alter als gewährleistet.

Die Herausbildung von Alter als eigenständige Lebensphase stellt sich im Zusammenhang mit der gesellschaftlichen Integration und Funktionalität der verschiedenen Altersgruppen in allen Gesellschaften dar. In den Jahrhunderten, als die Lebenserwartung noch deutlich niedriger lag als heute, waren die Lebenstreppen noch Ideal, nicht aber von der Mehrheit erreichte Normalität (vgl. *Imhof* 1984). In diesen „Lebenstreppen“ wurde der menschliche Lebenslauf in klar abgegrenzte Lebensalter als Stufen skizziert, die bis zur Mitte des (möglichen) Lebens zu einem Höhepunkt aufsteigend, danach absteigend dargestellt waren. Gleichwohl stellte sich auch damals schon die Aufgabe der gesellschaftlichen Integration des Alters. Die ältesten Menschen – häufig in ihren körperlichen, zum Teil auch psychischen und sozialen Möglichkeiten eingeschränkt – wurden dabei sehr verschieden wahrgenommen, eingeschätzt und behandelt. Das Spektrum reicht von Ausgrenzen aus der Gesellschaft, dem Zurücklassen und sich selbst- und dem Tod-Überlassen bis hin zur Versorgung in familialen und nachbarschaftlichen Bezügen (vgl. *Borscheid* 1987).

In diesen Zeiten war Alter in Deutschland weder quantitativ noch qualitativ ein gesellschaftliches oder ein soziales Problem (*Backes* 1997a). So lag hier die durchschnittliche Lebenserwartung bis 1650 bei ca. 29 Jahren, bis 1800 bei 33 Jahren, bis 1870/80 bei 37 Jahren. Erst ab Beginn dieses Jahrhunderts stieg sie kontinuierlich bis heute auf ca. 74 Jahre für Männer und über 80 Jahre für Frauen (vgl. *Ehmer* 1990: 202). Entsprechend gering war bis 1850 der Anteil von über 60-Jährigen mit 6-7%, um von der Jahrhundertwende (8%) auf heute 25,6% (2009; vgl. *Tab. 3*) zu steigen. Alter trat also früher vereinzelt auf, und entsprechend wurde bezogen auf einzelne alte Individuen damit umgegangen. Alter war noch kein Bestandteil kollektiver Lebenserfahrung, und alte Menschen wurden nicht als soziale Gruppe definiert und behandelt. Gemeinschaftliche, familiale oder öffentliche Hilfen zeigten sich als rein individuenzentrierte Bewältigungsformen von Notlagen. Das Alter war im weitesten Sinne auf die individuelle Biologie bezogen: Wer arbeiten konnte, sorgte für sich und andere. Wer es nicht mehr konnte, war auf die Bedingungen und Möglichkeiten der umgebenden

Gemeinschaft angewiesen. Alter war noch keine strukturell einheitliche und kollektiv erfahrbare Lebensphase.

Entsprechend vielfältig stellten sich im vorindustriellen Deutschland Lebensläufe und Lebensformen im Alter dar. Den unterschiedlichen körperlichen und sonstigen Möglichkeiten gemäß gab es eine breite Palette von Sozialformen im Alter und verschiedene Lebensformen bei gleichem kalendarischen Alter. Es zeigen sich insbesondere regionale Unterschiede in der Ausbildung von Zäsuren im Lebenslauf, die als Übergänge in eine besondere Altersphase angesehen werden können. Bedeutsam dafür wurden der sozialökonomische Entwicklungsstand und die soziale Differenzierung der einzelnen Regionen, das jeweils vorherrschende Familien- und Verwandtschaftssystem und die soziale Schicht, dem das Individuum bzw. der einzelne Haushalt angehörten (*Ehmer* 1990: 19). Besondere Unterschiede waren in den situativen Bedingungen von Stadt und Land sowie nach materiellen Voraussetzungen der verschiedenen Berufsgruppen festzustellen (*Borscheid* 1992: 50ff.).

Zunächst waren die „Trennung des Alters von der individuellen Biologie und seine soziale Definition ... die Voraussetzung dafür, dass wir heute aus dem Prozess des Alter(n)s eine strukturell einheitliche und kollektiv erfahrbare Lebensphase ‚Alter' abgrenzen können" (*Ehmer* 1990: 12). Obwohl diese Prozesse bereits in den vorangehenden Jahrhunderten angelegt waren, fanden sie vor allem im Verlaufe des 19. Jahrhunderts statt. Erste Ansätze einer normierten Altersphase gehen auf Pensionssysteme der absolutistischen Staaten und der Großindustrie zurück; eine konsequente Fortsetzung finden sie dann in der „Sozialen Frage" des 19. Jahrhunderts. Bis dahin war lebenslange Arbeit für die große Masse der Bevölkerung eine unabdingbare Notwendigkeit und damit Selbstverständlichkeit. Die Entstehung des Ruhestands steht in Verbindung mit dem Aufbau neuer und allgemeingültiger Formen der Altersversorgung, mit einer zunehmenden Rationalisierung des gesamten Lebens und einem steigenden Lebensstandard (*Borscheid* 1992: 55). Verbunden mit dieser Entwicklung sind die Herausbildung von Pensions- und Rentensystemen, die Etablierung eines Ruhestandsalters und letztlich die Standardisierung des Lebenslaufs als Institution und Muster der gesellschaftlichen Struktur. Es entwickeln sich soziale Mechanismen, die eine eigenständige Lebensphase Alter – mit besonderer „Statuspassage" und eigenen Lebensformen – von den vorhergehenden Phasen abgrenzen. Sie sind begründet in den Veränderungen bürokratischer Organisationsformen von Staat und Wirtschaft, von Arbeitsprozessen und Arbeitsmärkten, Haushalten und Familien sowie demographischer Regimes (*Ehmer* 1990: 12).

Eine Verallgemeinerung der Lebensphase Alter entwickelt sich mit den damals beginnenden sozialen Sicherungssystemen des späteren Wohlfahrtsstaates, wenn auch zunächst bezogen auf die Absicherung von Invalidität im Alter und nur einen kleinen Teil älterer Menschen betreffend (vgl. *Gö-*

ckenjan/Hansen 1993). Entwicklungsprozesse der Herausbildung einer allgemeineren Lebensphase nach der Erwerbsarbeit spiegeln sich auch in einer Vereinheitlichung der Strukturen von Familie und Haushalt (vgl. *Ehmer* 1990: 155ff.). Seit der Industrialisierung entwickelt sich Alter immer mehr von einer vormals individuellen Problematik, die vereinzelt auftritt und nicht gesellschaftlichen Ursachen zugeschrieben werden kann sowie individuell-gemeinschaftlich bearbeitet wird, zu einem sozialen Problem. Es wird erkennbar, dass die individuellen Probleme des Alters systematisch und gehäuft auftreten, dass sie gesellschaftliche Ursachen haben: Industrialisierung, Verschleiss der Arbeitskraft bei gleichzeitiger struktureller Veränderung vor allem familialer Netze und Gemeinschaftsformen, die für die Versorgung kranker/alter Menschen zuständig sind (vgl. *Backes* 1997a: 283).

Deutlich wird zu dieser Zeit auch, dass eine ausbleibende gesellschaftliche Bearbeitung der Probleme des Alters Folgeprobleme für die Gesellschaft mit sich bringt, z.B. Legitimations- und Loyalitätsprobleme der kapitalistischen Wirtschafts- und Gesellschaftsweise. Folglich bedürfen die mit dem Alter verbundenen Defizite einer gesellschaftlichen Bearbeitung (vgl. *Ehmer* 1990: 64ff.). Die Vergesellschaftung der Lebensphase Alter über einen zeitlich und sozial weitgehend normierten Ruhestand mit öffentlicher, d.h. staatlicher oder betrieblicher Versorgung wird erst erforderlich, als eine Subsistenzwirtschaft zurückgedrängt wird und die Existenzsicherung – vor allem seit der Industrialisierung – zunehmend über den Verkauf der Arbeitskraft und über Lohnarbeit erfolgt. Die Beamten des Ancien régime, für die erste Pensionssysteme eingeführt worden waren, sind demnach Vorreiter einer neuen Entwicklung der sozialen Sicherung im Alter. Diese Entwicklung basiert auf einer Ausbreitung des „doppelt freien Lohnarbeiters" (*Marx*), der keinen Besitz hat und vom Verkauf der Arbeitskraft abhängt. Damit verbunden ist die Trennung von Leben und Arbeiten in der unterschiedlichen Lokalisation von Familie, Wohnen und Arbeitsplatz. Haus und Familie sind nicht mehr lebens- und generationenübergreifende Orte von Produktion und Reproduktion, von Arbeit und Konsum und verlieren damit ihre grundlegende Bedeutung als Grundlage sozialer Sicherung (*Ehmer* 1990: 40ff., 51).

Die Entwicklung der Alterssicherung als wesentliches Element der Entwicklung eines staatlich organisierten Wohlfahrtssystems und die Institutionalisierung des Lebenslaufs hängen eng zusammen (vgl. *Guillemard* 1991): Spätestens seit Beginn der Industrialisierung werden Vergesellschaftungsmodelle des Alterns und der Lebensphase Alter als gesellschaftliche Konstruktionen zu Merkmalen der Sozialstruktur. Sie definieren Lebensalter in Anbetracht der konkreten Verwertungsmöglichkeiten und des Bedarfs von Arbeitskraft, weisen die Position zum Erwerbsprozess zu und regeln eine relativ zuverlässige Versorgung auf legitimationsfähigem, allerdings geringerem Niveau für die Personen, die nicht in den Erwerbsprozess integriert sind – insbesondere für alte Menschen. Im Zuge dieser Entwicklung kristallisierte sich Ende des 19. Jahrhunderts die Institutionalisierung des – an das chronologische Alter gekoppelten – Ruhestands heraus, mit dem eine Versorgung im Rahmen einer sozialen Alterssicherung verbunden ist. Die Altersversorgung wird von der individuellen Erwerbsfähigkeit getrennt. Es entstehen Altersgrenzen, mit denen eine automatische, und damit erzwungene, Pensionierung verbunden ist, wenn auch nur für einen geringen Teil der – noch überlebenden bzw. arbeitsfähigen – Erwerbsbevölkerung. Schließlich kristallisiert sich zu Beginn des 20. Jahrhunderts die gesetzliche Rentenversicherung als Instrument der Arbeitsmarktpolitik heraus (*Ehmer* 1990: 78ff., 108ff.).

Mit dem Prozess der Ausgliederung aus dem Erwerbsleben und einer institutionalisierten „Lebensphase Alter" bleiben für einen größeren Teil der Altersbevölkerung zunächst soziale Unsicherheit und Gefährdung als soziale Probleme bestehen. Die „sozialen Probleme" bestehen in dem im Vergleich zum Durchschnitt der Erwerbsbevölkerung geringeren Versorgungsniveau und sozialer Unsicherheit. Im Vergleich zur sonstigen Erwerbsbevölkerung ist die materielle Lebenslage eines größeren Teils der Altersbevölkerung beeinträchtigt oder sogar bedroht, und es wird zur gesellschaftlichen Aufgabe, ihr Absinken in gesellschaftlich nicht mehr legitimierbare soziale Not zu verhindern. Diese soziale Problematik ist solange gesellschaftlich kontrollierbar – und Betroffene entsprechend disziplinierbar –, wie ihr Versorgungsniveau nicht unter einen sozial vertretbaren Standard absinkt oder hierfür individuelle Gründe – z.B. Unregelmäßigkeiten in der Erwerbsbiographie – verantwortlich gemacht werden können (vgl. *Backes* 1997a: 284). Der sozial gesicherte und frei gestaltbare Ruhestand wird als institutionalisierte „Lebensphase Alter" – auch in ihren Abweichungen – zu einer sozial kontrollierbaren und disziplinierbaren Entwicklungsaufgabe für die Gesellschaft.

Bei der Normierung der Altersgrenze und der sozialen Absicherung des Alters ging es keineswegs primär um die Betroffenen, sondern vor allem um die Möglichkeit einer sozialen Kontrolle. Dies bedeutete in mehrfacher Hinsicht auch Disziplinierung, Diskriminierung und Steuerung als klassische Funktionen sozialer Sicherung (vgl. *Sachße/Tennstedt* 1986): So mussten vor allem der Zugang zu und Abgang aus Erwerbspositionen klar und transparent geregelt werden, um einen einigermaßen kontinuierlichen Fluss der erforderlichen Arbeitskräfte und Qualifikationsprofile zu ermöglichen. Die gesellschaftliche Integration und wirtschaftliche Leistungsfähigkeit waren nur über einen geregelten, sozial abgefederten Austausch der Arbeitskräfte ab einem bestimmten Alter zu gewährleisten. Um sich als Arbeitskraft auf den Status der Lohnabhängigkeit und die damit einhergehende Freisetzung von traditionalen Bezügen der Sicherung einzulassen, musste den Betroffenen eine zumindest halbwegs zuverlässige Perspektive hinsichtlich ihrer Versorgung im Alter vermittelt werden (*Backes* 1997a: 284).

Die Bedingungen staatlicher Legitimations- und Loyalitätssicherung bilden die wesentliche Grundlage der Entwicklung einer sozialen Sicherung im Allgemeinen und der Alterssicherung und gesetzlichen Altersgrenze als Voraussetzung einer institutionalisierten Altersphase im Besonderen. Eine soziale Problematik entsteht in diesem Ansatz durch die Gruppe von Menschen am Rand der kapitalistischen Erwerbsgesellschaft, die sich nicht über den Verkauf ihrer Arbeitskraft reproduzieren können, weil sie nicht mehr, noch nicht oder nicht ausreichend erwerbsfähig sind. Zur Durchsetzung der kapitalistischen Produktions- und Arbeitsformen auf breiter Ebene musste die Gesellschaft einerseits Kontroll- und Disziplinierungsmechanismen entwickeln, die andererseits die Absicherung sozialer Probleme ermöglichten. Eine sozial gesicherte und strukturell eigenständige Lebensphase „Alter" war somit eine „Begleiterscheinung" von wirtschaftlichen und gesellschaftlichen Entwicklungen, die zur Moderne führten, nicht deren Hauptziel: „Die Motive der historischen Akteure waren in der Regel nicht so sehr auf das Alter selbst gerichtet als auf soziale Kontrolle und Disziplinierung, auf bürokratische Effizienz, ökonomische Rationalität und anderes mehr. Die Lebensphase ‚Alter' stand und steht in vielfältigen Wechselbeziehungen zu den ökonomischen und sozialen Strukturen der kapitalistischen Gesellschaften insgesamt." (*Ehmer* 1990: 13)

Gesellschaftliche Disziplinierung und Kontrolle der sozialen Alter(n)sproblematik sind somit Teil des tradierten Vergesellschaftungsmodells der Lebensphase Alter. Zur Modifizierung dieses Vergesellschaftungsmodells, die der demographische Umbruch und ein Strukturwandel des Alter(n)s erzwingen, werden diese Mechanismen in gewandelter, zeitgemäßer Form sicherlich mit einzubeziehen sein und die Lebenslage im Alter zukünftig gegenüber heutigen Alterskohorten nachhaltig verändern (vgl. *Borscheid* 1987; *Göckenjan/v. Kondratowitz* 1988; *Ehmer* 1990).

Fast einhundert Jahre nach dem Beginn der Industrialisierung hat sich die Lebensphase Alter historisch verspätet zu Beginn des 20. Jahrhunderts im Lebenslauf differenziert bzw. herausgebildet. Eine *(sozial)wissenschaftliche Reflexion* der entstehenden Lebensphase Alter findet dann mit einer weiteren Verzögerung statt. So handelt es sich im Unterschied zu ihrem Gegenstand bei der Soziologie des Alter(n)s um einen relativ jungen Teilbereich einer Disziplin, die mit dem Projekt der Aufklärung entstand (vgl. *Clemens* 1998a). Zwar gab es historisch früh bereits eine philosophische, literarische und künstlerische Beschäftigung mit dem Alter. Doch erst das 20. Jahrhundert brachte durch demographische Veränderungen, durch eine generell gesicherte Ausgliederung der Älteren aus dem Produktionsprozess und die damit verbundenen Probleme und Phänomene des Selbstgefühls eine (sozial)wissenschaftliche Hinwendung zum höheren Alter (*Rosenmayr* 1976: 225). Vorformen einer soziologischen Betrachtung des höheren Lebensalters finden sich – im Gegensatz zu Jugend und Familie – kaum. Lediglich in Verbindung mit anderen sozialen Phänomen – wie z.B. als Auswirkungen langfristiger Industriearbeit auf ältere Arbeiter (Alfred *Weber*), als Altersklassen (Heinrich *Schurtz*) oder Generationenfolge (Karl *Mannheim*) – wird das höhere Lebensalter thematisiert, ohne dass es einer systematischen Analyse unterworfen wird (vgl. *Clemens* 1998a).

Gründe einer vormals fehlenden soziologischen Thematisierung sind nach *Rosenmayr* (1976: 220) die demographischen Bedingungen, die sich als geringer Anteil der Altersbevölkerung äußerten, und die bis zu Beginn dieses Jahrhunderts fehlende Differenzierung der alten Menschen als gesellschaftliche Teilgruppe mit eigenem Wertesystem. Erst die mit Etablierung der Rentenversicherung beginnende Institutionalisierung der nachberuflichen Altersphase markiert eine stärkere Abtrennung vom mittleren Lebensalter (vgl. z.B. *Ehmer* 1990; *Göckenjan/Hansen* 1993). Eine Hinwendung der heute als „Gerontologie“ mit „Alter“ befassten Wissenschaften erfolgt aber erst mit deutlicher Verzögerung, wobei zunächst die auf das Individuum bezogenen Wissenschaften Biologie, Medizin (Geriatrie) und Psychologie aktiv wurden.

Innerhalb der deutschsprachigen Soziologie entsteht eine eigenständige Thematisierung des Alters und Alterns erst mit dem Aufschwung dieser Disziplin nach dem Zweiten Weltkrieg: „Erst ab 1950 beginnt die soziologische Altersforschung rasch zu wachsen, und seit etwa 1960 kann man von einem eigenen ... Forschungsbereich sprechen.“ (*Rosenmayr* 1976: 219) Zunächst besteht noch große Skepsis gegenüber dem Thema „Alter“ in der Soziologie. Leopold *v. Wiese* sieht noch 1954 mit einem gewissen Unbehagen Alter als Modethema. Er prognostiziert, das Thema werde in zehn Jahren ausgeschöpft sein (*v. Wiese* 1954: 29). Doch bis Ende der 1950er Jahre etabliert sich „Alter“ als Thema soziologischer Analyse, denn auch die Soziologie konstatiert zwei in gegensätzlicher Richtung verlaufende Altersphänomene: die rasche Zunahme der Altersbevölkerung bei gleichzeitiger Reduzierung der gesellschaftlichen „Nützlichkeit“ und der sozialen Stellung der alten Menschen (*Pollock* 1966: 113). Mit Hinweis auf die Gefahr einer „Überalterung“ werden bereits zu dieser Zeit die Auswirkungen des demographischen Wandels für das Wirtschafts- und Sozialsystem beschrieben (*Bolte/Tartler* 1958; *Kaufmann* 1960). Entsprechend wandelt sich Alter für die Soziologie in den 1950er Jahren „von einer mehr individuellen und sozialfürsorgerischen zu einer allgemein sozialen und strukturellen Altersproblematik“ (*Tartler* 1961: 16).

Insgesamt zeigt sich, dass die mit der industriellen Entwicklung einhergehende Institutionalisierung der „Lebensphase Alter“ bereits im 19. Jahrhundert einsetzt und diese sich vor allem durch die Etablierung der Alterssicherungssysteme um die Jahrhundertwende im Lebenslauf differenziert. Die wissenschaftliche Thematisierung setzt allerdings erst mit der Verzögerung von mehr als einem halben Jahrhundert ein, und zwar zu der Zeit, als Alter sich zu einem „sozialen Problem“ entwickelt (vgl. *Backes* 1997a).

2.3 Die demographische „Revolution" – Zur Entwicklung von Altersstrukturen und Altersgruppen

Die Entwicklung der Lebensphase Alter wurde in den letzten Jahrzehnten durch zwei zentrale Determinanten gesellschaftlicher Veränderungen bestimmt: einerseits durch sozialstrukturelle Veränderungen in der Gruppe älterer und alter Menschen, bezeichnet als „Strukturwandel des Alters" (vgl. z.B. *Naegele/Tews* 1993), andererseits durch den demographischen Wandel, der zu einer sogenannten „Alterung der Gesellschaft" geführt hat (*Schwarz* 1997; *Höpflinger* 1997; *Höpflinger/Stuckelberger* 1999). Beide Entwicklungen hängen zusammen und haben dazu beigetragen, dass das Alter als Lebensphase zunehmend auf gesellschaftliche Strukturen insgesamt und auf die soziale Lage der jüngeren Altersgruppen einwirkt. Gesellschaftliche Erscheinungsformen und Diskussionsformen dieses Phänomens betreffen vor allem Auswirkungen des demographischen Wandels: sozialpolitische Diskussionen zur Renten-, Pflege- und Gesundheitspolitik auf der Grundlage der sog. „Solidargemeinschaft" der Versicherten, intergenerationelle Gerechtigkeit und das Verhältnis der Generationen zueinander, Altern der Arbeitsgesellschaft, Anwachsen der ausländischen Wohnbevölkerung usw.

In diesem Kapitel werden die demographischen Veränderungen der Lebensphase Alter in Vergangenheit, Gegenwart und Zukunft dargestellt. Zunächst wird die langfristige Entwicklung der Bevölkerungsstruktur in den vergangenen ca. 100 Jahren behandelt (*Kap. 2.3.1*), dann die Struktur der heutigen Altersbevölkerung (*Kap. 2.3.2*) und die zukünftige Entwicklung anhand von Prognosen (*Kap. 2.3.3*). Anschließend werden die bisherigen und zukünftigen Auswirkungen sich verändernder Altersstrukturen für die Gesellschaft (*Kap. 2.3.4*) diskutiert. Mit diesen Aspekten lässt sich verdeutlichen, weshalb bei dem beschriebenen Phänomen von einer „demographischen Revolution" gesprochen werden kann.

2.3.1 Langfristige Entwicklungstendenzen der Altersstruktur

Wird die Entwicklung der Altersstruktur der Bevölkerung über einen langen Zeitraum verfolgt, so ergibt sich das Bild einer kontinuierlichen Ausdehnung der Alterspopulation. Veränderungen im Bevölkerungsaufbau werden überdeutlich, wenn die sog. „Alterspyramide" zu Beginn des 20. Jahrhunderts (1910) mit der aktuellen (2010) und der für das Jahr 2060 prognostizierten verglichen wird (vgl. *Abb. 1*). Aus der Pyramidenform zu Beginn des Jahrhunderts, bei der noch (fast) jede jüngere Altersgruppe stärker besetzt war als die nächst ältere, wird bis zum Jahr 2060 eine „Urnen- oder Pilzform" als graphische Darstellung des Altersaufbaus der Bevölkerung entstehen (vgl. *Statistisches Bundesamt* 2011).

Als Ursachen des demographischen Wandels lassen sich folgende Entwicklungen ausmachen (vgl. *Höhn* 1992; *Grünheid/Schulz* 1996; *Tews* 1999):

- Demographische Auswirkungen politischer Ereignisse, z.B. Geburtenausfälle während der beiden Weltkriege und der Weltwirtschaftskrise, Gefallene und sonstige Opfer der Kriege;
- Fortschritte der Medizin, die zur Senkung der Sterblichkeit, vor allem von Säuglingen und älteren Menschen, geführt haben, sowie medizinische Möglichkeiten zur Empfängnisverhütung;
- Veränderungen der sozialen und wirtschaftlichen Bedingungen, in deren Folge sich die Geburtenhäufigkeit entscheidend verringerte; und das
- Wanderungsgeschehen gegenüber dem Ausland.

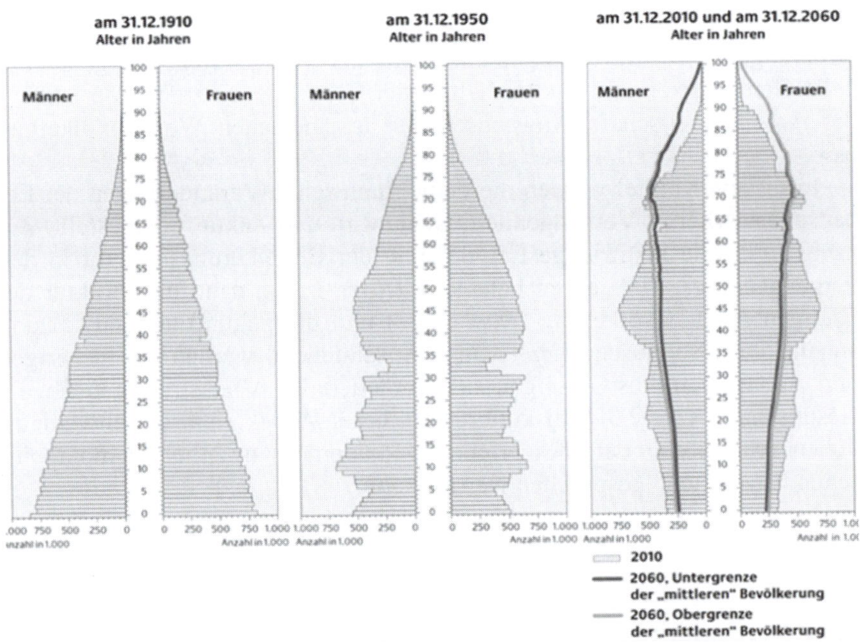

Quelle: Statistisches Bundesamt (2009, 2011)

Abb. 1: Altersaufbau der Bevölkerung in Deutschland in den Jahren 1910, 1950, 2010 und 2060

Entscheidende Bestimmungsgründe für die vergangene und zukünftige Entwicklung, die als „Alterung der Bevölkerung“ bezeichnet wird (*Schwarz* 1997), sind also das Sterblichkeitsniveau, die Geburtenhäufigkeit, Zahl und Struktur der Wanderungen sowie die bisherige Entwicklung der Bevölkerung. Der Einfluss der Sterblichkeit wurde lange unterschätzt, weil die größten Fortschritte bei der Bekämpfung der Frühsterblichkeit erzielt wurden. Letztere wirkte sich in einer Verlangsamung des Geburtenrückgangs aus. Heute beruht die weitere Steigerung der Lebenserwartung fast nur noch auf bedeutenden Fortschritten in der Verringerung der Alterssterblichkeit. Die Geburtenhäufigkeit hat für die Altersstruktur einer Bevölkerung eine überragende Bedeutung. Sie ist bisher die Hauptursache für den zunehmenden Anteil älterer Menschen. Bei einem Geburtenniveau, das gerade für den Generationenersatz ausreicht, würde sich der ansonsten noch höher zu erwartende Anteil der über 60-Jährigen in Deutschland auf 25 bis 30% stabilisieren (*Schwarz* 1997: 354). Zuwanderer mit ausgeglichener Altersgliederung können zwar einen stärkeren Bevölkerungsrückgang verhindern, die Alterung der Bevölkerung aber nur abschwächen.

Tab. 1: Entwicklung der Altersstruktur in Deutschland [1]) von 1900 bis 2060: Anteil der jeweiligen Altersgruppe an der Gesamtbevölkerung (in%)

Jahr	0-6 J.	6-15 J.	15-20 J.	20-45 J.	45-65 J.	65 + J.
1900	15,5	19,3	9,4	35,6	15,3	4,9
1910	14,5	19,7	9,7	35,9	15,3	5,0
1925	11,4	14,3	10,5	38,8	19,2	5,8
1939	10,0	13,3	8,7	39,1	21,1	7,8
1950	7,9	15,3	7,3	34,5	25,4	9,7
1960	9,4	12,2	6,9	33,2	26,8	11,6
1970	9,1	14,0	6,8	34,0	22,2	13,8
1980	6,2	12,0	8,5	36,0	21,8	15,5
1990	6,7	9,5	5,5	38,0	25,4	14,9
2000	5,7	9,9	5,6	36,3	25,9	16,7
2010	5,0	8,4	5,1	32,2	28,8	20,6
2020	5,0	7,6	4,5	29,4	30,2	23,3
2030	4,7	7,7	4,4	27,7	26,8	28,8
2040	4,4	7,2	4,4	26,1	25,8	32,1
2050	4,0	6,6	4,2	26,0	25,4	33,1
2060	4,4	7,1	4,1	26,1	24,3	34,0

1) Bis 1939 Deutschland in den jeweiligen Grenzen, ab 1950 Gebiet der alten BRD und früheren DDR insgesamt; ab 2010 Modellrechnung (12. koordinierte Bevölkerungsvorausberechnung, Variante 1-W1). Quelle: Statistisches Bundesamt (2009)

Für Prognosen bis zum Jahr 2060 (vgl. *Statistisches Bundesamt* 2009; vgl. auch *Kap. 2.3.3*), die von gleichbleibend niedriger Geburtenhäufigkeit und Kindersterblichkeit sowie einer sich weiter erhöhenden Lebenserwartung ausgehen, bleibt die Zuwanderung aus dem Ausland ein unsicherer Faktor. Als wahrscheinlichste Variante wird von einer – auf dem neuen, restriktiveren Asylrecht basierenden – Modellrechnungsvariante 1-W1 ausgegangen (Zuwanderungssaldo: +100.000 jährlich; vgl. *Kap. 2.3.3*). Deutlich wird vor allem eine fast stetige Steigerung des Anteils älterer Menschen, wie der Tabelle 1 zu entnehmen ist:

Die demographischen Veränderungen zeigen ein deutliches Absinken des Anteils von Kindern und Jugendlichen (unter 20 Jahren). Ihr Anteil an der Gesamtbevölkerung hat sich vom Beginn des Jahrhunderts bis heute mehr als halbiert: von 44,2% im Jahr 1900 auf 18,5% im Jahr 2010. Zukünftig wird er auf ca. 15,6% im Jahr 2060 weiter sinken. Entsprechend hat sich der Anteil der 65-Jährigen und Älteren von 4,9% (1900) auf 20,6% (2010) mehr als vervierfacht und wird bis zum Jahr 2060 (nach der Prognose-Variante 1-W1) voraussichtlich auf 34% steigen (*Statistisches Bundesamt* 2009).

Der die „Lebensphase Alter“ besonders bestimmende demographische Faktor ist die Sterblichkeitsentwicklung und die damit verbundene *Lebenserwartung* in der Bevölkerung (vgl. auch *Kap. 2.8*). Sowohl in Ost- als auch in Westdeutschland hat sich die Lebenserwartung seit Mitte der 1980er Jahre kontinuierlich erhöht. Sie lag in den Jahren 2008/10 insgesamt für neugeborene Jungen bei 77,5 Jahren und für neugeborene Mädchen bei 82,6 Jahren (vgl. *Statistisches Bundesamt* 2011a). In den Jahren 1991/1993 war die Lebenserwartung bei Geburt in den neuen Ländern bei Jungen um 3,2 Jahre und bei Mädchen um 2,3 Jahre geringer als im früheren Bundesgebiet. Nach der Wiedervereinigung erhöhte sich die Lebenserwartung in den neuen Ländern, sodass sich der Unterschied zum früheren Bundesgebiet für 2004/06 auf 1,4 Jahre bei Jungen und 0,3 Jahre bei Mädchen reduziert hat (*Statistisches Bundesamt* 2007a) und für das Jahr 2020 mit einer völligen Angleichung gerechnet wird.

Letztlich entscheidend für den demographischen Alterungsprozess ist heute, wie viele Menschen über 60 Jahre und älter werden (vgl. *Roloff* 1996: 5). Nach den Sterblichkeitsverhältnissen von 1871/1881 erreichten damals nur rund 31% der Männer und 36% der Frauen das 60. Lebensjahr. Entscheidenden Einfluss hatte die hohe Kindersterblichkeit: Das fünfte Lebensjahr konnten zu dieser Zeit nur ca. 65% der Jungen und 68% der Mädchen erreichen. Nach den Sterblichkeitsverhältnissen in 2008/2010 sind es hingegen schon 88,9% Männer und 94,0% Frauen, die das 60. Lebensjahr erleben können. Das fünfte Lebensjahr erreichen heute rund 99,5% der Jungen und Mädchen. Die Hälfte aller Männer bzw. Frauen erreicht heute im Durchschnitt sogar ein Alter von 80 bzw. 85 Jahren (*Statistisches Bundesamt* 2011a).

Über die durchschnittliche Lebenserwartung Neugeborener geht die fernere Lebenserwartung bereits älterer Menschen deutlich hinaus. So hatten in Deutschland 2008/10 60-jährige Frauen (Männer) eine fernere Lebenserwartung von 24,9 (21,2) Jahren, 80-jährige immerhin noch eine von 9,1 (7,7) Jahren. In den neuen Bundesländern waren zu dieser Zeit auch diese Werte im Vergleich zu den alten geringer (vgl. *Statistisches Bundesamt* 2011a). Bis zum Jahr 2060 rechnen Experten mit einer weiteren Zunahme der Lebenserwartung in der deutschen Bevölkerung.

Der demographische Wandel – als „Alterung der Bevölkerung“ beschrieben – vollzieht sich in den letzten Jahrzehnten auf unterschiedlichen Ebenen. *Tews* (1999: 138ff.) bezeichnet die Entwicklung mit Hinweis auf die Bevölkerungsstatistik als „dreifaches Altern“ unserer Gesellschaft: Die *absolute Zahl* älterer Menschen nimmt mit steigender Tendenz zu. Lebten im Jahr 1900 im Deutschen Reich 2,76 Mio. über 65-Jährige (4,9%), so waren es im Jahr 2000 im vereinigten Deutschland bereits 16,7% der Bevölkerung von 81,8 Mio. Im Jahre 2060 werden nach der 12. koordinierten Bevölkerungsvorausberechnung des Bundes und der Länder zwischen 21,98 Mio. (34,0%) (Variante 1-W1) und 22,88 Mio. (32,6%) (Variante 1-W2) Menschen von 65 Jahren und älter zu erwarten sein (vgl. *Statistisches Bundesamt* 2009; Variante 1-W1: Zuwanderungssaldo 100.000 Personen im Jahr, Variante 1-W2: 200.000 Personen im Jahr). Damit einhergehen werden mannigfaltige Auswirkungen, z.B. auf Rentenversicherung und Gesundheitssystem (vgl. *Kap. 2.3.4*). Bei einem Vergleich der Entwicklung des Verhältnisses von Jungen und Alten zeigt sich das *relative Wachstum des Anteils älterer und alter Menschen*. Ein sog. „Lastenquotient“, der zwischen Jugend-, Alten- und Gesamtquotient unterscheidet, soll das zahlenmäßige Verhältnis von Kindern und Jugendlichen (< 20 Jahre) und Älteren (> 65 Jahre) zur erwerbsfähigen Bevölkerung – und damit einen Lasten- bzw. Unterhaltsaspekt – ausdrücken. Die im Jahr 2000 gegenüber den über 64-Jährigen noch deutlich größeren Gruppe von unter 20-Jährigen wird bis zum Jahr 2060 im Vergleich auf weniger als die Hälfte schrumpfen (vgl. *Tews* 1999: 139; *Statistisches Bundesamt* 2009). Die Entwicklung des Jugend- bzw. Altenquotienten in Deutschland von 1900 bis 2060 zeigt Tabelle 2:

Tab. 2: Entwicklung des Jugend- und Altenquotienten in Deutschland1) von 1900 bis 2060

Jahr	Jugendquotient	Altenquotient	Jahr	Jugendquotient	Altenquotient
1900	86,8	9,6	1990	34,2	23,6
1910	85,7	9,8	2000	33,9	27,4
1925	62,4	10,0	2010	30,0	33,6
1939	53,2	13,0	2020	28,6	39,2
1950	50,8	16,3	2030	30,7	52,8
1960	47,3	19,3	2040	30,8	61,9
1970	53,4	24,6	2050	30,0	64,4
1980	46,3	26,9	2060	30,9	67,4

1) vgl. Anmerkung zu Tab. 1., Quelle: Statistisches Bundesamt (2009)

Langfristige demographische Faktoren haben zu einem ähnlichen Altersaufbau im früheren Bundesgebiet und der ehemaligen DDR geführt (vgl. *Grünheid/Schulz* 1996: 405; *Mai* 2003); verschiedene gesellschaftliche Entwicklungen bedingten aber auch wesentliche Unterschiede in der demographischen Entwicklung. Die Altersstruktur in der DDR war geprägt von

Abwanderungen durch die Ausreisepolitik, während im Westen die Altersstruktur durch Zuwanderungen überwiegend jüngerer Menschen (wie Übersiedler, ausländische Arbeitnehmer) positiv beeinflusst wurde. In der DDR lag der Anteil der Kinder und Jugendlichen über dem der alten Bundesrepublik, der Altenquotient in der DDR lag nur bis Mitte der 1970er Jahre deutlich über dem Niveau des früheren Bundesgebietes. Der 1990 in den neuen Bundesländern deutlich geringere Anteil von 65-Jährigen und Älteren (13,5 zu 15,7% in den alten) übertrifft inzwischen durch Abwanderung Jüngerer in den Westen den entsprechenden Anteil Älterer in den alten Bundesländern (22,2 zu 20,0%) (*Statistisches Bundesamt* 2009; vgl. auch *Mai* 2003: 94ff.).

Als dritte Form des Alterns bezeichnet *Tews* (1999: 140) die *Zunahme der Hochaltrigkeit.* Als Hochaltrige wurden früher bereits die über 75-Jährigen, heute i.d.R. die über 80-Jährigen bezeichnet (vgl. *Backes/Clemens* 2003). Der Begriff „Hochaltrigkeit" verweist zudem auf einen wachsenden Anteil sehr alter Menschen innerhalb der Gruppe der über 60- bzw. 65-Jährigen, die häufig in sozialstatistischen Erhebungen nicht weiter differenziert wird.

Deutlich wird die Zunahme alter und sehr alter Menschen in der Bevölkerung bei einem Vergleich der Zuwachsraten verschiedener Gruppen Älterer zwischen 1953 und 2000 – bei einer gesamten Zunahme der Bevölkerung in Deutschland um 17% (vgl. *BMFSFJ* 2002: 55):

60 Jahre und älter ....+ 78%
80 Jahre und älter ....+ 275%
90 Jahre und älter ....+1521%

Die Entwicklung der Hochaltrigkeit (bis 1990 für das Gebiet der alten Bundesländer) zeigt ein Vergleich der Anteile der 60- bis 80-Jährigen und über 80-Jährigen an der Bevölkerung:

Tab. 3: Anteil der 60- bis 80-Jährigen und der über 80-Jährigen an der Bevölkerung (1910 bis 1990: Gebiet alte Bundesrepublik, danach Deutschland) (in %)

Jahr	60 J. u.älter	Männer		Frauen		Insgesamt	
	Insgesamt	60-80	80 u. älter	60-80	80 u. älter	60-80	80 u.älter
1910	7,9	6,7	0,4	8,0	0,6	7,4	0,5
1950	14,6	12,9	0,9	14,1	1,1	13,6	1,0
1990	20,4	13,5	2,2	19,4	5,3	16,6	3,8
2009	25,6	19,9	3,3	21,7	6,8	20,8	5,1
2060	40,5	26,4	11,9	26,7	16,0	26,5	14,0

Quelle: Statistisches Bundesamt (2009), 2060: 12. koordinierte Bevölkerungsvorausberechnung, Variante 1-W1.

Deutlich wird der zwischen 1910 und 2009 mehr als verdreifachte Anteil der über 60-Jährigen an der Bevölkerung, wobei die Zunahme der Hochaltrigen überproportional verlaufen ist. Diese Entwicklung wird sich bis zum

Jahr 2060 fortsetzen. Zu erkennen sind auch geschlechtsbezogene Unterschiede: Frauen weisen einen wesentlich höheren Anteil sowohl an den 60- bis 80-Jährigen, insbesondere an den Hochaltrigen auf (vgl. auch *Kap.* 2.3.2).

Diese Unterschiede zeigen bereits, dass es sich bei der Bevölkerungsgruppe der Alten keineswegs um eine homogene Gruppe handelt. Deshalb soll die „Lebensphase Alter" im Folgenden nach wesentlichen soziodemographischen Merkmalen differenziert werden.

2.3.2 Zusammensetzung der Altersbevölkerung

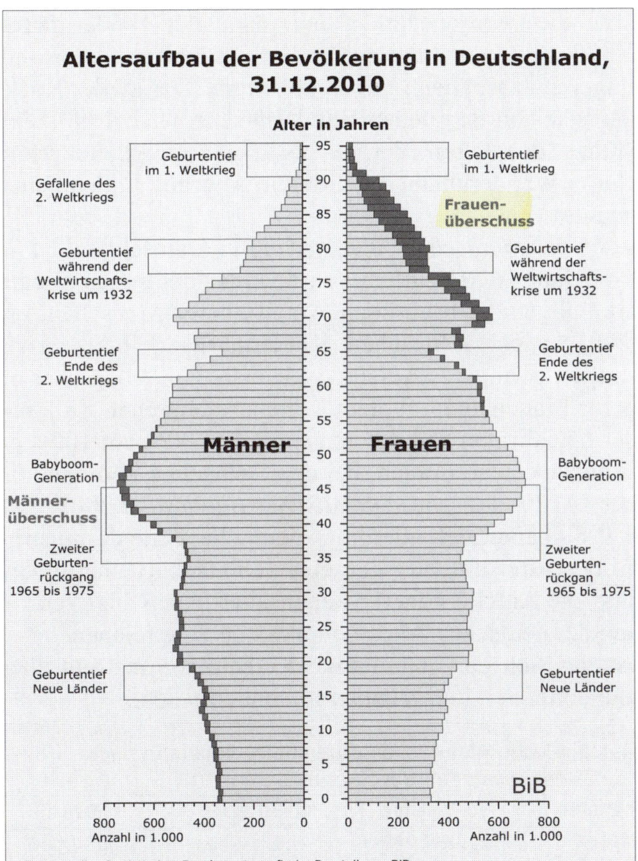

Abb. 2: Altersaufbau der Bevölkerung in Deutschland, 31.12.2010
Quelle: Statistisches Bundesamt, grafische Darstellung: BiB

Die Lebenslage des Teils der Bevölkerung in der „Lebensphase Alter" wird unter anderem maßgeblich von ihrer soziodemographischen Positionierung in der Gesamtbevölkerung bestimmt. Deshalb soll im Rahmen der Darstellung der aktuellen Feinstrukturierung der Altersbevölkerung ein Blick auf den nach Geschlecht gegliederten Altersaufbau der Gesellschaft geworfen werden. Hierin dokumentieren sich vergangene und gegenwärtige Entwicklungen im Geburten, Wanderungs- und Eheschließungsverhalten sowie in der Sterblichkeit (vgl. *Grünheid/Schulz* 1996: 374).

Erkennbar wird in der Form des *Altersaufbaus* hinsichtlich der höheren Altersklassen in Deutschland ein deutlicher Frauenüberschuss, der auf die Übersterblichkeit der Männer zurückgeht. Damit hängt auch der wesentlich größere Anteil an Witwenschaft unter den älteren Frauen zusammen. Einschnitte im Bevölkerungsaufbau resultieren aus den Gefallenen der beiden Weltkriege und kriegsbedingten Geburtsausfällen. Die größten „Ausbuchtungen“ dokumentieren die geburtenstarken Jahrgänge der 1960er Jahre. Unterschiede zwischen den alten und den neuen Bundesländern finden sich vor allem bei den jüngeren Jahrgängen bis ca. 40 Jahre. Der starke Rückgang der Geburtenhäufigkeit in den neuen Bundesländern nach 1990 zeigt sich an der „Einbuchtung“ des Anteils der 10- bis 15-Jährigen („Geburtentief“). Damit – und durch Wanderungen – wurde die Alterung in den neuen Ländern stark beschleunigt.

Der *Altersaufbau der ausländischen Bevölkerung* in Deutschland (*Abb. 3*) weicht auch noch im Jahr 2010 deutlich von dem der deutschen Wohnbevölkerung ab. Merkmale sind ein geringer Anteil älterer Menschen, ein hoher Anteil 20- bis 40-Jähriger, schwächere Kinderjahrgänge bis zum 11. Lebensjahr, ein wesentlich geringerer Anteil der Altersbevölkerung über 65 Jahre und ein geringerer Frauenanteil ab dem 7. Lebensjahrzehnt. So kommen in der Gruppe der 65-Jährigen und Älteren (im Jahr 2006) auf 100 ausländische Männer 82 ausländische Frauen, bei den Deutschen kommen dagegen auf 100 Männer 141 Frauen (vgl. *Statistisches Bundesamt* 2008: 32). Gegenüber dem Jahr 1980 haben sich allerdings deutliche Veränderungen – v.a. am Fuß und Kopf des Altersaufbaus – ergeben: Die Geburtenhäufigkeit hat sich verringert, und die Anteile höherer Lebensalter haben sich vergrößert, ohne den Umfang der deutschen Altersbevölkerung zu erreichen.

Im Jahr 2010 gestaltet sich das quantitative Verhältnis von Deutschen und Ausländern für die höheren Altersgruppen folgendermaßen:

Tab. 4: Deutsche und ausländische Wohnbevölkerung in Deutschland nach Altersgruppen – 2010 (in % der jeweiligen Bevölkerungsgruppen)

	50-64 Jahre	65-79 Jahre	ab 80 Jahre	Gesamt
Deutsche	15.094.377 20,2 %	11.964.969 16,0 %	4.175.942 5,6 %	74.552.656
Ausländer/innen	1.250.050 17,4 %	572.655 8,0 %	130.727 1,8 %	7.198.946
Gesamt	16.344.427 20,0 %	12.537.624 15,3 %	4.306.669 5,3 %	81.751.602

Quelle: Statistisches Bundesamt (2011), Schimany/Baykara-Krumme (2012: 56)

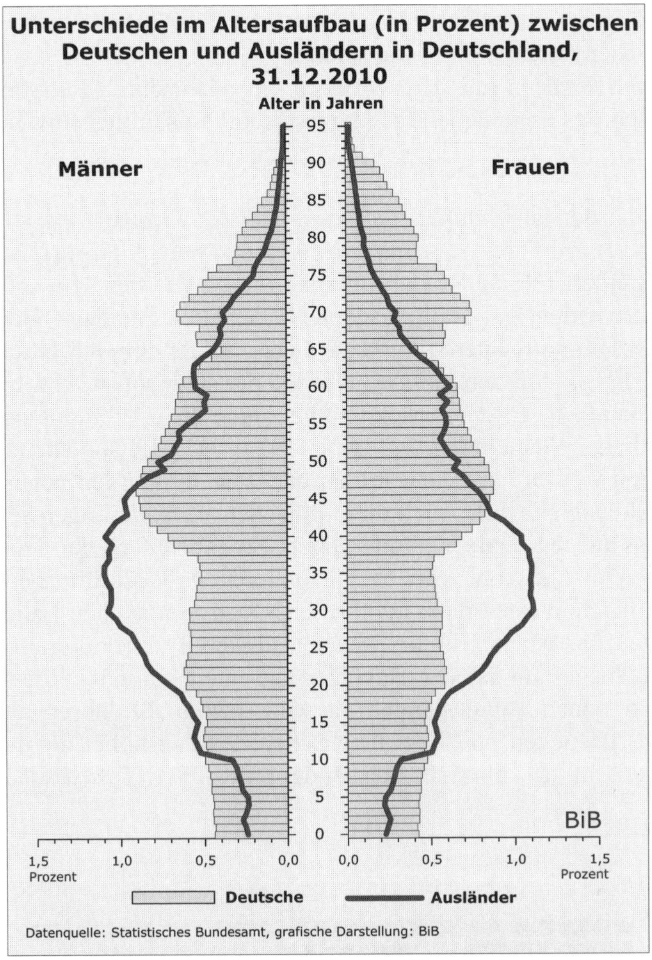

Abb. 3: Unterschiede im Altersaufbau (in Prozent) zwischen Deutschen und Ausländern in Deutschland, 31.12.2010 (in %)
Quelle: Statistisches Bundesamt, grafische Darstellung: BiB

Es zeigt sich mit steigendem Alter ein größerer Anteil deutscher Altersgruppen. Der geringere Ausländeranteil bei den Älteren erklärt sich vor allem dadurch, dass die vor 35 bis 45 Jahren zugewanderten Ausländer nur in geringerem Maß dieses Alter erreicht haben. Am ehesten steigt der Anteil älterer Ausländer unter den Nationalitäten, die relativ früh als „Gastarbeiter" in die Bundesrepublik Deutschland gekommen und dort geblieben sind: Griechen, Italiener, Spanier und Kroaten, während Türken in größerer Zahl später kamen (vgl. *Roloff* 1997: 79). Nach Prognosen ist davon auszugehen, dass in den nächsten Jahren der Anteil über 60- bzw. 65-Jähriger an der ausländischen Bevölkerung ebenfalls deutlich zunehmen wird (vgl. *Kap. 2.3.3*). Dennoch wird die ausländische Wohnbevölkerung aller Wahrscheinlichkeit nach den allgemeinen Altersdurchschnitt und die Anteile der älteren und alten Menschen noch längerfristig senken.

Regionale Unterschiede in der Altersstruktur entstehen durch Reaktionen auf Bedingungen des Arbeitsmarktes, durch Suburbanisierung, Zuwanderung von ausländischen Arbeitnehmern, aber auch durch „Altenwanderungen" (vgl. *Tews* 1999: 141ff.; zu regionalen Analysen vgl. *Mai u.a.* 2007). Allgemein hat der jahrzehntelange Drang aus den Großstädten und Ballungsgebieten in das Umland – als Suburbanisierung – die Altersstruktur dieser Gebiete verändert. Noch ist der Bevölkerungsanteil der über 60-Jährigen in den Kernstädten der Ballungsgebiete (der alten Bundesländer) am größten und im hochverdichteten Umland dieser Städte deutlich geringer (*BMFuS* 1993: 77f.). Von den jungen Familien der städtischen Abwanderer bleiben in Zukunft die Eltern zurück und bewirken die „Alterung" der Umland- oder ländlichen Gemeinden (vgl. *Tews* 1999: 142). Entsprechende ländliche Gemeinden weisen heute und in den nächsten Jahren den höchsten Zuwachs des Altenanteils auf. Auch die politischen Veränderungen seit 1990 hatten Einfluss auf regionale Veränderungen: So haben nach der deutschen Vereinigung Umzüge von vorwiegend jüngeren Arbeitskräften aus den neuen Ländern nach Westen dazu geführt, dass sich in manchen Landgemeinden im Osten die Altersstruktur zu einer stärkeren „Überalterung" hin entwickelt hat. Insgesamt ist der Bevölkerungsanteil der 65-Jährigen und Älteren in den neuen Bundesländern in den letzten 20 Jahren auf 23,5% (Ende 2009) gestiegen und liegt inzwischen deutlich höher als der entsprechende Anteil in der alten Bundesländern (20,1%) (*Statistisches Bundesamt* 2011).

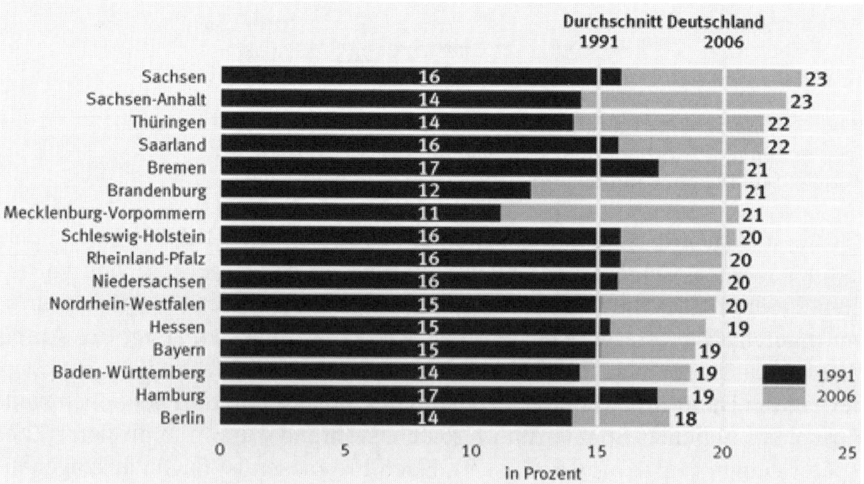

Abb. 4: Anteil der 65-Jährigen und Älteren nach Bundesländern, 1991 und 2005 (in %)
Quelle: Statistisches Bundesamt, BiB

Den höchsten Bevölkerungsanteil an 65-Jährigen und Älteren weisen im Jahr 2006 Sachsen und Sachsen-Anhalt mit je 23%, Thüringen und das Saarland mit je 22% sowie Bremen, Brandenburg und Mecklenburg-Vorpommern mit jeweils 21% Anteil auf. Im „Mittelfeld" befinden sich Schleswig-Holstein, Rheinland-Pfalz, Niedersachsen, Nordrhein-Westfalen und Brandenburg mit jeweils 20%, während Hessen, Bayern, Baden-Württemberg und Hamburg mit 19% bereits unter dem Bundesdurchschnitt liegen. Den geringsten Anteil Älterer weist Berlin mit 18% auf (vgl. *Statistisches Bundesamt* 2007: 43). Bei einem Vergleich mit 1991 zeigt sich der bereits angesprochene Trend der überdurchschnittlichen Alterung der neuen Bundesländer, wobei Mecklenburg-Vorpommern (+10 Prozentpunkte) sowie Brandenburg und Sachsen-Anhalt (+9) die größten Sprünge vollzogen haben. Dies wird besonders deutlich, wenn die Zunahme des Durchschnittsalters in den Bundesländern zwischen den Jahren 1991 und 2005 betrachtet wird (vgl. *Abb.* 5).

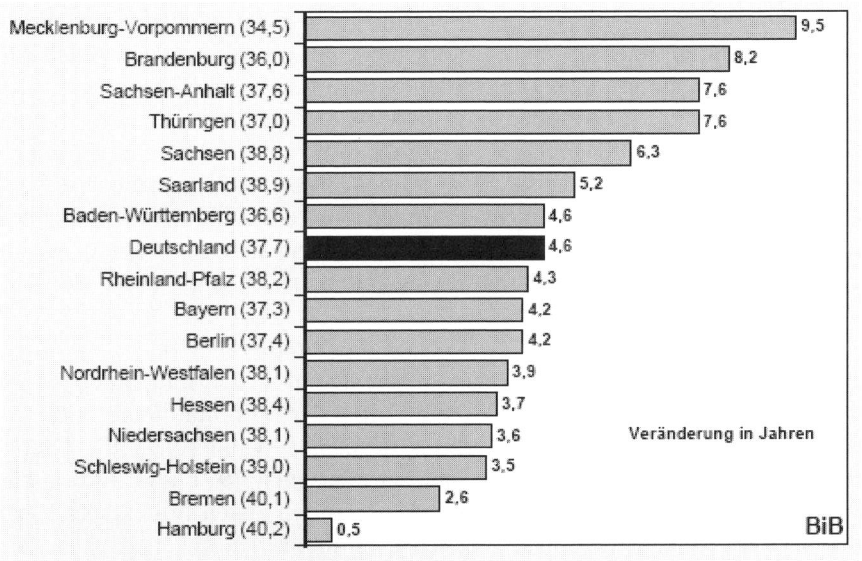

Abb. 5: Zunahme des Durchschnittsalters der Bevölkerung in den Bundesländern zwischen 1991[1]) und 2005 (in Jahren)
Quelle: Statistisches Bundesamt, Roloff (2007: 27), 1) in Klammern: Durchschnittsalter 1991

Noch wichtiger für Unterschiede im regionalen Altersaufbau der Bevölkerung ist das zahlenmäßige Verhältnis der Generationen als *Altenquotient*, z.B. die Generation ab dem 65. Lebensjahr bezogen auf 100 Personen der Generation der 20- bis unter 65-Jährigen. Künftig wird der Osten Deutschlands der Vorausberechnung nach viel stärker von der fortschreitenden Alterung tangiert sein als der Westen (vgl. *Mai u. a.* 2007; *Statistisches Bun-*

desamt 2009; vgl. auch *Kunde/Ortmann* 2011). Dies wirkt sich nicht nur in der schnell ansteigenden Zahl der Älteren aus, sondern auch im Rückgang des Erwerbspersonenpotenzials. Heute (2010) liegt der Anteil der Bevölkerung im Erwerbsalter (von 20 bis unter 65 Jahren) an der Gesamtbevölkerung in den neuen Ländern mit 62,4% noch höher als in den alten (60,1%). Das Erwerbspersonenpotenzial wird jedoch in den neuen Ländern schneller schrumpfen als im Westen Deutschlands und im Jahr 2060 – bei einer Altersgrenze von 67 Jahren – bei 51,0% liegen. In den alten Ländern werden im Jahr 2060 53,3% der Bevölkerung im erwerbsfähigen Alter erwartet. Der Altenquotient wird in den neuen Ländern schneller ansteigen als in den alten. Er wird sich vom Jahr 2008 mit 35,6 bis zum Jahr 2060 auf 73,5 mehr als verdoppeln, bei einer Altergrenze von 67 Jahren (AQ 67) auf 66,4 steigen. Der Westen Deutschlands weist bereits zurzeit einen etwas niedrigeren Altenquotienten von 33,2 auf. Dieser wird etwas langsamer als im Osten Deutschlands ansteigen und im Jahr 2060 bei 66,3 liegen (AQ 67 = 58,1).

Deutlichere Unterschiede im Altersaufbau zeigen sich auf Kreis- und Gemeindeebene. Neben der Geburtenhäufigkeit weist auch die Lebenserwartung kleinräumige regionale Unterschiede auf – bei einem Vergleich der 440 Stadt- und Landkreise Deutschlands ergibt sich eine Spannweite von 69,7 bis 77,9 Jahre für Männer bzw. 76,8 bis 83,2 Jahre für Frauen (Zahlen für 1999, vgl. *Birg* 2004). Dabei ist jedoch zu beachten, dass eine hohe Lebenserwartung, beispielsweise im Voralpengebiet, nicht einfach als Ausdruck gesundheitsfördernder Lebens- oder Umweltbedingungen in der betreffenden Region interpretiert werden darf. Denn in jeder Region ist ein Teil der Bevölkerung aus anderen Landesteilen zugewandert (vgl. *Mai u. a.* 2007).

Binnenwanderungen und Umzugsbewegungen älterer Menschen werden inzwischen als „Altenwanderungen“ zunehmend bedeutsam, auch wenn über 65-jährige Menschen nur etwa ein Drittel der Mobilität jüngerer Gruppen der Bevölkerung aufweisen. Die Anzahl der Wanderungsfälle älterer Menschen innerhalb Deutschland hat sich zwischen 1991 und 2005 nicht grundsätzlich erhöht (*Friedrich* 2008: 186). In den ersten fünf Jahren nach der Wiedervereinigung kam es zunächst zu einem deutlichen Anstieg des Wanderungsvolumens, dessen Niveau bis Anfang des 21. Jahrhunderts anhielt, um seit 2003 sich wieder deutlich zu verringern. Untersuchungen zur Altenmobilität zeigen besonders die Großstädte, vor allem in den altindustrialisierten Zentren des Ruhrgebiets, als Abwanderungsregionen (*BMFSFJ* 1998: 199). Deutliche Überschüsse an Zuwanderungen älterer Menschen verzeichnen demgegenüber die verdichteten Umlandkreise der Großstädte und Naherholungsgebiete der Ballungsregionen. Außerdem werden die landschaftlich reizvollen und ökologisch weniger belasteten Küstenregionen der Nord- und Ostsee sowie Alpenrandregionen bevorzugt, insbesondere von wohlhabenden Älteren nach Beendigung des Erwerbslebens (vgl. *Friedrich* 1994b; *Tews* 1999: 143; *Kap. 4.6*). So haben im Jahr 1992 von den über 55-Jährigen 8,3% ihren Wohnort gewechselt, davon zwei Drittel im Umkreis von 50 km. 43% aller Umzüge waren familienbedingt, 40% durch äußere Anlässe (z.B. berufliche Veränderungen, Kündigung der Wohnung) hervorgerufen. Die Umzüge in landschaftlich reizvollere Gebiete machten dagegen nur 17% aus (vgl. *Friedrich* 1994b: 414). Die zurückgelegten Wanderungsdistanzen schrumpfen seit Beginn der 1990er Jahre kontinuierlich: So fanden z.B. 1997 noch 65% der Binnenwanderungen der älteren Menschen im gleichen Bundesland statt, im Jahr 2005 waren es bereits 73% (*Friedrich* 2008: 186).

Strukturelle Veränderungen des Alters in unserer Gesellschaft werden seit längerer Zeit als „Strukturwandel des Alters" charakterisiert (vgl. *Tews* 1993; *Clemens/Backes* 1998). Zunächst sollen kurz quantitative Entwicklungen beschrieben werden, qualitative Veränderungen werden ausführlicher in den folgenden Kapiteln dargestellt. Merkmale des Strukturwandels sind neben „Hochaltrigkeit" vor allem die Konzepte „Verjüngung/Entberuflichung", „Feminisierung" und „Singularisierung" des Alters (vgl. auch *Tews* 1999: 147ff.):

Entberuflichung des Alters betrifft die faktische Senkung des Eintrittsalters in den Ruhestand. Durch den seit Ende der 1970er Jahre andauernden „Frühverrentungstrend" hat sich praktisch eine Vorverlegung des Ruhestandsalters – als ein wichtiges Merkmal zur Abgrenzung der „Lebensphase Alter" – vollzogen (vgl. *Jacobs/Kohli* 1990; *Clemens* 1997). So war das mittlere Rentenzugangsalter in den 1990er Jahren in der Arbeiterrentenversicherung auf ca. 59 Jahre und in der Angestelltenversicherung auf ca. 61 Jahre gesunken. Mit den Rentenreformen 1992 und 1999 wurde die Regelgrenzen für den Rentenzugang auf 65 Jahre für Männer und Frauen angehoben, und bisher bestehende „Pfade" in Frührente wurden z.T. versperrt. Dies hat zu einer leichten Erhöhung des Rentenzugangsalters geführt: 2010 lag das durchschnittliche Rentenzugangsalter in Deutschland für Männer und Frauen bei 60,7 Jahren, in den neuen Bundesländern im Schnitt fast zwei Jahre niedriger als in den alten (vgl. *Deutsche Rentenversicherung Bund* 2011: 118). Werden die Renten wegen verminderter Erwerbsfähigkeit (Beginn im Durchschnitt bei Männern mit 50,9 Jahren, bei Frauen mit 49,8 Jahren) nicht berücksichtigt, ergibt sich für Männer ein erstmaliger Bezug von Altersrenten mit durchschnittlich 63,8 Jahren, für Frauen mit 63,3 Jahren. Das durchschnittliche Austrittsalter aus der Berufstätigkeit liegt für Männer und Frauen allerdings deutlich niedriger, da vor dem Rentenbeginn häufig unterschiedliche „Zwischen- und Wartezeiten" durchlaufen werden. Zu diesen Zeiten sind betriebliche und gesetzliche Vorruhestandsregelungen und Arbeitslosigkeit zu rechnen. Die faktische Beendigung des Arbeitslebens als Übergang in die „Lebensphase Alter" beginnt so bereits deutlich vor Vollendung des 65. Lebensjahrs.

Trotz einer „Entberuflichung des Alters" zeigen sich in den letzten Jahren zwei Phänomene: Einerseits nehmen seit Ende der 1990er Jahre die Erwerbsquoten der älteren beschäftigten Männer wieder zu, während die der Frauen weiter steigen. Andererseits wird zunehmend *Arbeit im Ruhestand* als betriebliche Nutzung der Arbeitskraft von Rentnerinnen und Rentnern praktiziert (vgl. z.B. *Wachtler/Wagner* 1997; *Engstler* 2006). Der Frühverrentungstrend hatte zu einer enorm verringerten Erwerbstätigkeit in der Gruppe der 60- bis 65-Jährigen geführt, die allerdings in den letzten Jahren wieder angestiegen ist: Im Jahr 2001 lag ihre Erwerbsquote bei 27,2% (Männer 32,9%, Frauen 14,9%), im Jahr 2010 für Männer dieses Alters bereits bei 53,4% und für Frauen bei 35,4% (vgl. *Statistisches Bundesamt* 2002: 99, 2011: 90). Ebenso gibt es weiterhin Personen, die über das 65. Lebensjahr hinaus erwerbstätig bleiben. So hat die Zahl der sog. „Minijobber" (auf der Basis geringfügiger Beschäftigung für 400€/Monat) seit 2002 um fast 260.000 auf ca. 761.000 im Jahr 2012 zugenommen – davon sind ca. 120.000 75 Jahre oder älter. Auch die Zahl versicherungspflichtiger Beschäftigter über 64 Jahre ist in diesem Zeitraum um mehr als 45.000 auf über 154.000 gestiegen (*www.sueddeutsche.de* 2012). Die statistischen Erwerbsquoten dieser Gruppe werden mit 5,6% für Männer und 2,7% für Frauen angegeben (vgl. *Statistisches Bundesamt* 2011: 90). Der Umfang erwerbsförmiger Beschäftigung im Alter bewegt sich weiterhin auf niedrigem Niveau, nimmt aber tendenziell zu und hat vor allem in Hinsicht auf eine zu erwartende Destandardisierung der Lebensarbeitszeit perspektivische Elemente.

Im Jahr 2001 gehörten die über 64-jährigen Erwerbstätigen nach der Stellung im Beruf überwiegend zu Selbständigen (Männer 54%, Frauen 28%), mithelfende Familienangehörigen (Männer 10%, Frauen 20%) und abhängig Beschäftigten (Männer 36%, Frauen 52%) (*Statistisches Bundesamt* 2002). Ältere Erwerbstätige konzentrieren sich (nach dem Mikrozensus 2010) auf wenige Berufe: Überproportional sind sie in den Bereichen Gebäudereinigung, Hotel und Gaststätten, Ärzte/Apotheker, Dienst- und Wachberufe, Unternehmensberatung, Landwirtschaft und als mithelfende Familienangehörige tätig (*Statistisches Bundesamt* 2011b: 85ff.). In den Erwerbsquoten der 50-Jährigen und Älteren lassen sich deutliche Unterschiede zwischen der deutschen und ausländischen Wohnbevölkerung erkennen: Für 2004 lag die Quote bei den ausländischen Beschäftigten mit 48% niedriger als bei den deutschen dieses Alters (54%) (*Brenke* 2007: 344). Weitere Aussagen über Art und Umfang der Tätigkeit, Höhe der Einkommen etc. sind der amtlichen Statistik nicht zu entnehmen.

Mit *Feminisierung des Alters* werden die Ungleichgewichte in der Geschlechterverteilung des Alters bezeichnet. Die heutige Altersgesellschaft besteht bei den über 60-Jährigen zu ca. 56% aus Frauen, bei den über 80-Jährigen sogar zu über zwei Drittel (*Statistisches Bundesamt* 2011: 44). Nach Daten des *Statistischen Bundesamtes* (2011: 44) zeigt sich die Überrepräsentanz von Frauen mit steigendem Alter in *Abb. 6*.

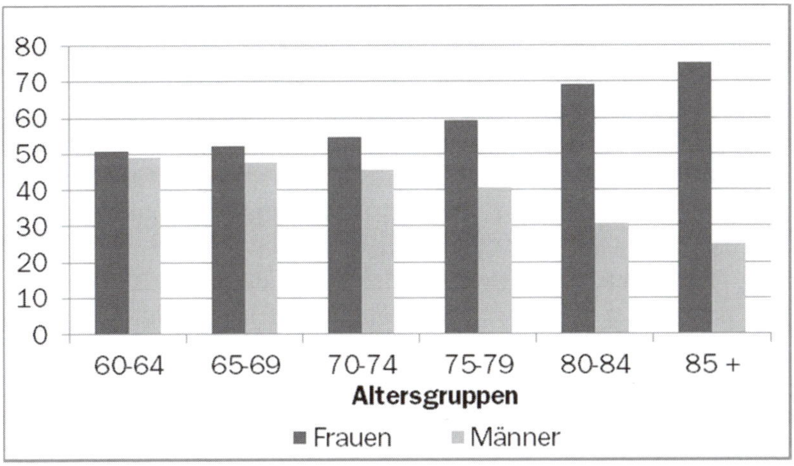

Abb. 6: Männer- und Frauenanteil der Bevölkerung in Altersgruppen – 2009 (%)
Quelle: Statistisches Bundesamt (2011: 44)

Die Gründe für die im Alter immer größer werdenden Unterschiede zwischen Männer- und Frauenanteil sind unter anderem in Verlusten des Zweiten Weltkriegs zu sehen, die durch eine höhere Sterblichkeit der Männer noch verstärkt werden. Bis zum Jahr 2040 werden sich nach den Bevölkerungsprognosen die Geschlechterproportionen auch im höheren Alter stärker angleichen. Nur für die Altersgruppe der über 80-Jährigen wird ein deutliches Übergewicht von Frauen bestehen bleiben (vgl. *Grünheid/Schulz* 1996: 420; vgl. *Kap. 2.3.3*).

Tab. 5: Familienstand von Personen ab 60 Jahre nach Geschlecht – 31.12.2009 (in %)

Altersgruppe	Von der Bevölkerung waren							
von ... bis unter	männlich				weiblich			
... Jahren	ledig	verh.	verw.	gesch.	ledig	verh.	verw.	gesch.
60-65	8,3	76,0	3,5	12,1	5,2	69,5	12,7	12,6
65-70	7,0	78,0	5,7	9,3	4,6	64,7	19,5	10,5
70-75	5,7	78,7	8,9	6,6	4,9	56,5	30,6	6,6
75-80	4,7	75,7	14,8	4,8	5,8	42,0	46,0	6,2
80 und älter	4,8	60,7	30,4	4,0	8,7	20,6	65,3	5,4
Σ 60 und älter	6,4	74,9	10,8	7,9	5,8	49,2	35,0	8,4

Quelle: Statistisches Bundesamt (2011: 43)

Mit *Singularisierung* werden Veränderungen im Familienstand in den höheren Altersgruppen (im Vergleich zu jüngeren) charakterisiert. Insgesamt nehmen mit steigendem Lebensalter der Anteil Alleinstehender und die Anzahl von Einpersonenhaushalten zu. Doch auch hier zeigen sich zwischen Männern und Frauen – analog zur Geschlechterproportion – zentrale Unterschiede: Der überwiegende Teil älterer Männer ist verheiratet, der größte

Teil der Frauen über 60 Jahre ist verwitwet oder geschieden. In allen Gruppen finden sich mehr verwitwete Frauen als Männer, besonders hoch ist ihr Anteil bei den über 70-jährigen Frauen – bedingt durch die höhere Lebenserwartung von Frauen und das höhere Heiratsalter von Männern. Eine genauere Verteilung des Familienstands älterer Menschen zeigt Tabelle 5.

Eine deutliche Steigerung des Anteils verwitweter Männer tritt erst jenseits des 80. Lebensjahres ein. Der Anteil lediger älterer Frauen überwiegt gegenüber dem der ledigen Männer deutlich, ebenso der Anteil geschiedener Frauen. Obwohl mit zunehmendem Alter bei beiden Geschlechtern – ob ledig, geschieden oder verwitwet – die Heiratfreudigkeit sinkt, findet sich diese bis ins hohe Alter bei Männern deutlich häufiger als bei Frauen, bei geschiedenen eher als bei verwitweten älteren Personen (*Roloff* 2006: 9). Im Jahr 2005 heirateten von 1.000 der geschiedenen 60- bis 79-jährigen Männer 16 und von 1.000 hochbetagten Männern drei wieder. Dagegen betrug die Heiratsquote der geschiedenen Fauen dieses Alters nur 6,5‰ bzw. 0,19‰. Und 0,6% der 60- bis unter 80-jährigen Witwer heirateten erneut, dagegen nur 0,04% der gleichaltrigen Witwen. Zu einer bedeutenden Lebensform hat sich auch im Alter die nicht eheliche Lebensgemeinschaft entwickelt – zumindest für Männer über 60 Jahre mit seit Jahren steigender Tendenz (vgl. *Roloff* 1996: 10, 2006: 9). So lebten im Jahr 2005 14,5% der 60- bis 79-jährigen Männer nicht verheiratet mit einer Partnerin zusammen, hingegen nur 5,3% der gleichaltrigen Frauen mit einem Partner. Von den Hochbetagten praktizieren 2005 immerhin noch 5,3% der Männer, dagegen nur 0,95% der Frauen diese Lebensform. Gleichgeschlechtliche Partnerschaften im Alter werden bisher statistisch nicht erfasst.

Eng verbunden mit der Familienstruktur gestaltet sich die *Haushaltsstruktur* älterer Menschen. Die überwiegenden Haushaltsformen sind die Ein- und Zweipersonenhaushalte, wobei Frauen überwiegend in Einpersonen-, Männer überwiegend in Zweipersonenhaushalten leben. Ältere Frauen – das wurde bereits angesprochen – sind häufiger Witwe und heiraten seltener als Männer wieder nach einer Scheidung. Insgesamt ist in den letzten Jahrzehnten eine überproportionale Zunahme von Seniorenhaushalten zu beobachten. Dies zeigt ein Vergleich der Zunahme der Personen über 60 Jahre und der Zahl der Haushalte älterer Menschen (vgl. *Grünheid/Schulz* 1996: 421): Hat sich die Zahl älterer Menschen zwischen 1950 (100%) und 1995 in Deutschland auf 170% erhöht, so stieg im gleichen Zeitraum die Zahl der Haushalte dieser Altersgruppen auf 213%; darunter die Zahl von Einpersonenhaushalten auf 340%! Insgesamt ergibt sich folgende unterschiedliche Verteilung von Männern und Frauen nach Haushaltsgröße:

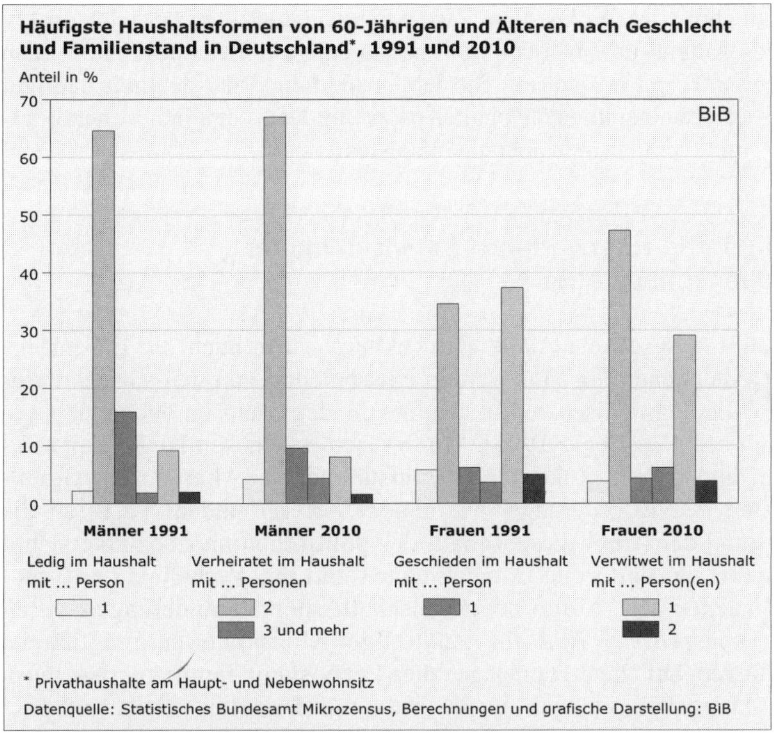

Abb. 7: Häufigste Haushaltsformen von 60-Jährigen und Älteren nach Geschlecht und Familienstand, 1991 und 2010
Quelle: Statistisches Bundesamt Mikrozensus, Berechnungen und grafische Darstellung: BiB

Im Jahr 2010 lebten von den 60-jährigen und älteren Männern (in Privathaushalten) ca. 18% in Einpersonenhaushalten und knapp 70% in Zweipersonenhaushalten. Im Vergleich zu 1991 ist der Anteil älterer Männer, die in Zweipersonenhaushalten leben, auf Kosten der Ein- und Dreipersonenhaushalte leicht gestiegen. Entsprechende Frauen lebten 2010 zu ca. 40% allein und zu über 50% mit einer anderen Person zusammen. Mit höherem Alter steigt bei Männern und Frauen der Anteil, der in einem Einpersonenhaushalt lebt, von den 80-jährigen und älteren Frauen leben bereits fast 70% allein. Die Alleinlebendquote hochbetagter Frauen übertrifft so die Quote gleichaltriger Männer deutlich. Insgesamt gesehen zeigen sich folgende Trends: Die Gesamtzahl der Haushalte (ausschließlich) von Personen im Alter von 65 und mehr Jahren hat zwischen 1991 und 2010 von 7,0 Mio. auf 9,8 Mio. zugenommen (vgl. *Statisches Bundesamt* 2011d). In weiteren 2,4 Mio. Haushalten lebten 2010 Ältere mit Jüngeren zusammen. Die Zahl der Einpersonenhaushalte nimmt stetig zu. Der größte Teil der Einpersonenhaushalte besteht aus Frauen. Mit zunehmendem Alter steigt der Anteil von Frauen in Einpersonenhaushalten. Der Trend zeigt für Männer eine leichte Zunahme des Wohnens in Zweipersonenhaushalten bei leichter Abnahme des Anteils in Ein- oder Mehrpersonenhaushalten, während Frauen ein stärkeren Trend ausweisen: Sie lebten im Jahr 2010 deutlich häufiger als 1991 in Zweipersonenhaushalten – wenn auch deutlich seltener als Männer – und weniger in Einpersonenhaushalten.

2.3.3 Zukünftig zu erwartende Entwicklung der Lebensphase Alter

Die zukünftige gesellschaftliche Entwicklung – wie auch die Lebenslage künftiger Altengenerationen – werden entscheidend von den sozialstrukturellen und demographischen Entwicklungen der nächsten Jahrzehnte geprägt sein (vgl. *Höpflinger* 1997). Mit der sich bereits seit langer Zeit vollziehenden und sich in Zukunft noch verstärkenden „Alterung der Gesellschaft" sind Herausforderungen vielfältiger Art verbunden – z.B. an die Umgestaltung der Arbeitsgesellschaft, des politischen und Sozialversicherungssystems, an kulturelle Entwicklungen und das Verhältnis der Generationen zueinander. Aufgrund gesellschaftlicher Veränderungen durch den Alterungsprozess sind für zukünftige Alterskohorten individuelle Auswirkungen auf die Lebenslage, den Lebenslauf, familiäre Beziehungen und Alternsbedingungen zu erwarten, mit denen materielle und psychosoziale Entwicklungsaufgaben verbunden sein werden.

Zentrale Merkmale künftiger Entwicklungen sind die demographischen Veränderungen der Altersstruktur. Zu diesem Zweck werden in regelmäßigen Abständen Modellrechnungen durchgeführt. So werden mit der 12. koordinierten Bevölkerungsvorausberechnung der statistischen Ämter des Bundes und der Länder (vgl. *Statistisches Bundsamt* 2009) – getrennt für das frühere Bundesgebiet und die neuen Länder, für Deutsche und Ausländer – für die drei Komponenten Geburtenniveau, Sterblichkeit und Wanderungen Prognosen formuliert. Unter mehreren Modellannahmen werden als wahrscheinlichste formuliert:

- *Variante 1-W1*: konstante Geburtenhäufigkeit von 1,4 Geburten je Frau; Lebenserwartung im Jahr 2060: Jungen 85,0 Jahre, Mädchen 89,2 Jahre; Außenwanderungssaldo +100.000/Jahr ab 2014.
- *Variante 1-W2*: Geburtenhäufigkeit und Lebenserwartung wie Variante 1; Anstieg des Außenwanderungssaldos +200.000/Jahr ab 2020.

So zeigen die Varianten 1-W1 und 1-W2, wie sich die Bevölkerung verändern wird, wenn es nicht zum Bruch der langfristigen Trends kommt (vgl. *Statistisches Bundesamt* 2009). Diese beiden Varianten bilden die Ober- und Untergrenze eines Korridors, in dem sich diese Entwicklung vollziehen würde. Sie werden für die Beschreibung einer „mittleren" Bevölkerung herangezogen. Daneben werden weitere Varianten gerechnet, die von steigenden (3-W1/3-W2) (auf 1,6 Geburten/Frau) bzw. (auf 1,2) fallenden (5-W1/5-W2) Geburtenzahlen ausgehen. Außerdem werden noch Varianten mit einer noch stärker steigenden Lebenserwartung und weitere Modelle gerechnet. Nach den Prognosen der *Modellvariante 1-W1* wird der Bevölkerungsstand von ca. 82 Mio. (2008) auf 64,7 Mio. im Jahr 2050 sinken (*Modellvariante 1-W2*: 70,1 Mio.). Wanderungssalden und der Zuzug von Ausländern bestimmen die Entwicklung des zukünftigen Ausländeranteils an der Bevölkerung mit. So ist der Wanderungsüberschuss in den letzten Jahren auf ca. 100.000 Personen/Jahr gefallen. Bei Berechnungen des Bundesministeriums des Innern (*BMI* 2000) wurden drei Modelle (A, B, C) unterschieden, die sich vor allem nach niedrigen (+100.000), mittleren (+200.000) und höheren (+300.000) Zuwanderungssalden unterscheiden. Außerdem wurden Einbürgerungen von Ausländern unterschiedlich prognostiziert (*BMI* 2000: 9). Der Ausländeranteil wird nach diesen Berechnungen im Modell A von 8,9% (2000) auf 12,2% (2050) steigen, im Modell B auf 17,1% und im Modell C auf 21,4% (*BMI* 2000: 28).

Die Veränderungen in der Altersstruktur der Bevölkerung sehen unter diesen Modellannahmen in Deutschland vom Jahr 1871 bis zum Jahr 2060 folgendermaßen aus (Variante 1-W1):

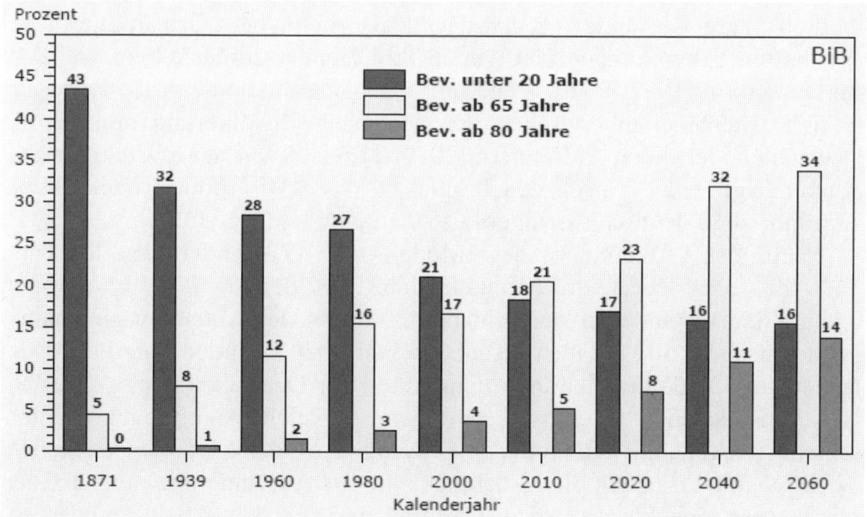

Abb. 8: Entwicklung der Bevölkerung unter 20, ab 65 und ab 80 Jahren in Deutschland von 1871 bis 2060, (ab 2020: 12. koordinierte Bevölkerungsvorausberechnung, Variante 1-W1)
Quelle: Statistisches Bundesamt (2011), BiB

Deutlich sichtbar schwindet die Zahl der unter 20-Jährigen von 21% im Jahr 2000 über 18% (2010) auf 16% im Jahr 2060, während der Anteil der 65-

Jährigen und Älteren von 17% im Jahr 2000 über 21% (2010) auf 34% steigen wird. Der Anteil des „produktiven" Alters zwischen 20 und 65 Jahren wird entsprechend in seinem Anteil von 61% (2010) auf 50% sinken (vgl. auch *Kap. 2.3.1*). (Daran wird auch die Anhebung des Rentenalters auf 67 Jahre nicht viel ändern, da das tatsächliche Eintrittsalter in den Ruhestand immer deutlich unter dem gesetzlichen liegt.) Der daraus zu errechnende Altenquotient (Personen von 65 Jahren und älter je 100 Personen von 20 bis unter 65 Jahren) wird von 33,6 (2010) auf 67,4 (2060) steigen (vgl. *Tab. 2*). Bei gleichbleibendem Fertilitätsniveau in den kommenden Jahrzehnten wird erst etwa ab dem Jahr 2060 wieder mit einem – nach heutigen Vorstellungen – „ausgewogenen" Altersaufbau der Bevölkerung zu rechnen sein – allerdings bei deutlich reduziertem Umfang der Bevölkerung (vgl. *Roloff* 1996: 8).

In Hinsicht auf die Altenpopulation wird sich zukünftig auch das Zahlenverhältnis zwischen älteren Menschen deutscher und ausländischer Herkunft verändern, indem verstärkt die heute überproportional starken Jahrgänge jüngerer Menschen in die Altersphase eintreten werden. Zudem lässt sich unter den in Deutschland lebenden Ausländern im arbeitsfähigen Alter (20 bis unter 60 Jahre) eine insgesamt geringere Sterblichkeit feststellen – in dieser Gruppe starben 1994 von 1000 Deutschen 2,9 und von 1000 Ausländern 1,2 (vgl. *Roloff* 1997: 94). Hauptgrund dürfte allerdings nicht die durchschnittlich bessere Gesundheit sein, sondern die Tatsache, dass vermutlich ältere Ausländer (überwiegend als ehemalige „Gastarbeiter") bei ernsthaften Erkrankungen häufiger in ihre Heimat zurückkehren und dort sterben (*Roloff* 1997: 96f.). Insgesamt wird sich die heute große Differenz in den Altenanteilen zwischen der deutschen Bevölkerung und den in Deutschland lebenden Ausländern (2010: 21,6 zu 9,8% der 65-Jährigen und Älteren, vgl. *Tab.* 4) nach den Prognosen des *BMI* (2000, Modell B) bis zum Jahr 2050 deutlich verringern (36,9 zu 34,0%) (vgl. *Abb. 9*).

Nach den Annahmen des Modells A (Zuwanderungssaldo von +100.000; ohne *Abb.*) wird bereits im Jahr 2040 der Anteil der 65-jährigen und älteren Ausländer in Deutschland mit 30,5% den Anteil der gleichaltrigen Deutschen (30,5%) übertreffen. Im Jahr 2050 wird der Anteil der Ausländer mit 33,8% deutlich über dem Anteil der Deutschen liegen (30,4%). Aus verschiedenen Prognosen geht hervor, welche signifikanten Unterschiede in Abhängigkeit von den jeweiligen Modellannahmen entstehen. Wichtig sind dazu auch die Annahmen, wieviel Ausländern in den nächsten Jahrzehnten eingebürgt werden. Diese hängen von den entsprechenden gesetzlichen Regelungen ab (vgl. *BMI* 2000: 22f.).

Die Zusammensetzung der zukünftigen Altersbevölkerung nach Geschlecht wird sich in den nächsten Jahrzehnten tendenziell ausgeglichener gestalten, ohne dass sich die heute starke Überrepräsentanz von Frauen (vgl. *Kap. 2.3.2*) ganz abbauen wird. Allerdings wird sich das Niveau in den Altersgruppen bis ca. 75 Jahre nach den vorliegenden Prognosen stark annähern, während bei den über 80-Jährigen – trotz deutlicher „Zugewinne" der Männer – die Frauen als Gruppe weiterhin quantitativ dominieren werden (vgl. *Abb. 10*).

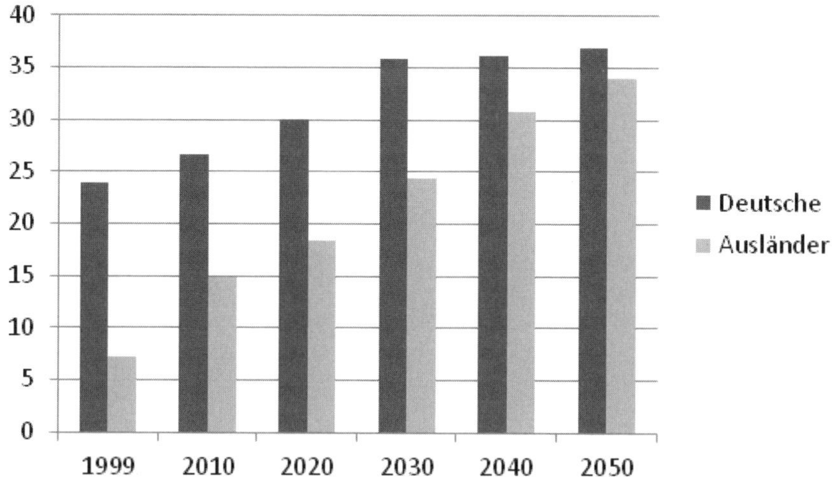

Abb. 9: Anteil der 60 Jahre und Älteren an der deutschen bzw. ausländischen Bevölkerung in der Bundesrepublik 1999 bis 2050 (Modell B) (in %)
Quelle: BMI (2000: 29, 41)

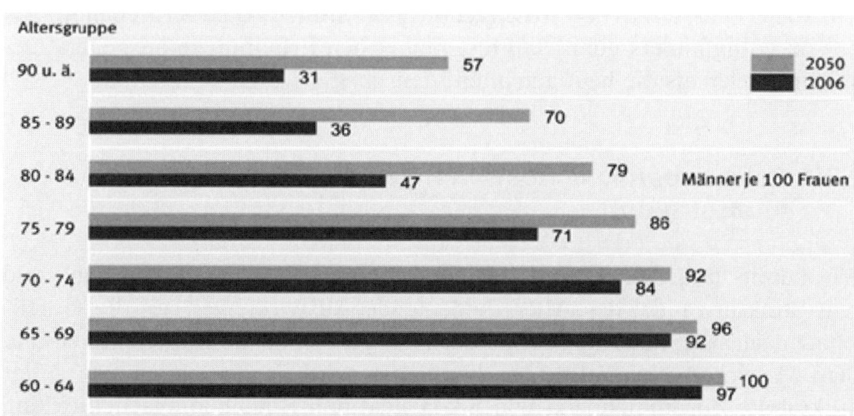

Abb. 10: Geschlechterproportion ab dem Alter 60, 2006 und 2050
Quelle: Statistisches Bundesamt, für 2050: 11. koordinierte Bevölkerungsvorausberechnung, Variante 1-W1 (*Statistisches Bundesamt* 2006)

Mit der prognostizierten Bevölkerungsentwicklung in Deutschland, die in den Mitgliedsländern der Europäischen Union und anderen hochindustrialisierten Ländern ähnlich verlaufen wird, werden auch Veränderungen der Familien- und Haushaltsstrukturen einhergehen. Ausgehend von der Annahme, dass sich der seit Jahren bestehende Trend einer sinkenden Heiratsneigung und einer steigenden Zahl von Ehescheidungen in Zukunft weiter fortsetzt, wird die Zahl der alleinstehenden älteren Menschen anteilsmäßig steigen (vgl. *Roloff* 1996: 10; *Statistisches Bundesamt* 2011e). Damit wird sich auch der Trend zum Einpersonenhaushalt verstärken, da dies die vorherrschende Lebensform alleinstehender Frauen und Männer im Alter ist. Diese Einpersonenhaushalte werden auch in Zukunft überwiegend Frauenhaushalte sein. *Roloff* (1996: 10) schätzt für das Jahr 2040 einen Frauenanteil von ca. 79% an allen Einpersonenhaushalten der Personen, die dann 60 Jahre und älter sein werden. Von diesen alleinlebenden Frauen werden im Jahr 2040 ca. 72% Witwenhaushalte bilden.

Überhaupt wird der Status „alleinstehend“ auch in weiterer Zukunft überwiegend die älteren, insbesondere die hochbetagten Frauen treffen: Im Jahr 2040 werden nach weiteren Vorausschätzungen von *Roloff* (1994: 76ff.) ca. zwei Drittel der über 60-jährigen Frauen alleinstehend sein, Männer dieses Alters werden dagegen zu ca. 74% verheiratet. Selbst die über 75-jährigen Männer werden noch zu ca. 60% verheiratet sein – hingegen lediglich 4% der Frauen in dieser Altersgruppe. Doch diese Prognosen sind mit einiger Unsicherheit behaftet. Schwer schätzen lässt sich z.B. der sicherlich steigende Umfang von nichtehelichen Lebensgemeinschaften, darunter auch gleichgeschlechtlichen Partnerschaften (vgl. *Kap. 2.4.4*), und von Altenwohngemeinschaften (vgl. *Schachtner* 1990; *Schulz-Nieswandt u.a.* 2012; *Gierse/Wagner* 2012), da die zukünftigen Alten ihr Leben im Alter von völlig anders geprägten biographischen Erfahrungen ausgehend gestalten werden als die heutigen alten Menschen.

2.3.4 Gesellschaftliche Auswirkungen der veränderten Altersstruktur

Wie bereits angedeutet, sind mit der „demographischen Revolution“ und dem Strukturwandel des Alters bedeutende Auswirkungen auf die Gesellschaft insgesamt und die Gruppe der heutigen und zukünftigen älteren und alten Menschen verbunden. Am häufigsten wird in den letzten Jahren der strukturelle Zusammenhang von Sozialstaat und Bevölkerungsentwicklung thematisiert, häufiger werden inzwischen auch die Folgen für den Arbeitsmarkt und für die Qualifikationsentwicklung der Beschäftigten, für Familienstrukturen, die Zukunft der Familienpflege etc. angesprochen (vgl. z.B. *Höpflinger/Stuckelberger* 1999). Die Hauptsorge verantwortlicher Sozialpolitiker (und auch der jüngeren Generationen) gilt seit Jahren der Sicherheit gegenwärtiger und zukünftiger Renten, die bei einer Verdoppelung des Altersquotienten bis zum Jahr 2030 alles andere als „sicher“ erscheinen. Bei einem Erwerbsniveau des Jahres 1993 (rd. 42% der Bevölkerung erwerbstätig) würden im Jahr 2040 100 Erwerbstätige für 83 Senioren aufkommen müssen; 1993 waren es 48. Bei der mit der Rentenreform beschlossenen Verlängerung der Lebensarbeitszeit durch Anhebung der Rentengrenze für alle auf 65 Jahre wären noch 68 Senioren auf 100 Erwerbstätige zu erwarten (vgl. *Roloff* 1996: 8). Durch die Anhebung der Altersgrenze auf 67 Jahre ab dem Jahr 2012 wird sich diese Relation noch verringern.

So stand die Diskussion um die Rentenreform 1992 – und in ihrer Ergänzung die von 1999 – ganz im Zeichen der Folgen des demographischen Wandels für Politik und Gesellschaft (vgl. *Nullmeier/Rüb* 1993). Im härter werdenden globalen Wettbewerb und mit der Diskussion um den „Standort Deutschland" gilt der demographische Wandel nicht mehr nur als ein Kostenfaktor neben anderen, sondern ist zu einer Überlebensfrage des deutschen Sozialstaats insgesamt geworden (vgl. *Leisering* 1996: 13). Für einen Teil der sozialpolitischen Akteure scheinen die Institutionen der sozialen Sicherung nicht mehr reformierbar. Sie plädieren für einen Rückbau auf eine Mindestsicherung mit ansonsten privater Absicherung sozialer und gesundheitlicher Risiken (vgl. kritisch: *Backes* 1998a).

In Hinsicht auf die Alterssicherung (vgl. *Bäcker/Ebert* 1996: 75ff.; *Rolf/Wagner* 1996) wird darauf verwiesen, dass deren langfristige finanzielle Entwicklung außer von der soziobiologischen Bevölkerungsdynamik (Geburtenhäufigkeit und Sterblichkeit) und den internationalen Wanderungen von weiteren Faktoren abhängt, die zudem noch in Wechselbeziehung stehen: vom Erwerbspersonenpotenzial, von dessen Ausschöpfung auf dem Arbeitsmarkt, dem Umfang der Frühinvalidität, den Altersgrenzen und ihrer Inanspruchnahme, der durchschnittlichen Rentenhöhe sowie vom Beitragssatz und der Höhe des Bundeszuschusses (vgl. *Bäcker/Ebert* 1996: 77f.). Deutlich wird, dass vor allem gesellschafts- und beschäftigungspolitische Maßnahmen zur „Entschärfung" der demographischen Herausforderung gefragt sein werden. Nicht die „Überalterung" der Gesellschaft wird per se die prognostizierten Probleme der Alterssicherung zeitigen, sondern die Entwicklung der Zahl der Beschäftigten und der Beitragszahler wird entscheidender sein (vgl. *Rolf/Wagner* 1996: 24).

Reimer *Gronemeyer* (1989) hat in den 1980er Jahren die Diskussion um die demographische Alterung der Gesellschaft als Generationenkonflikt – im Sinne eines drohenden „Kriegs der Generationen" – pointiert dargestellt. Ein Anwachsen der Gruppe der älteren und alten Menschen und deren (angeblicher) Interessengegensatz zu Jüngeren werden von ihm als Verteilungskampf stilisiert. Die bereits genannte Problematik der Rentenfinanzierung in einer Solidargemeinschaft weist auf den grundlegenden „Generationenvertrag" hin, der durch die demographische Entwicklung bei wachsender Knappheit der Ressourcen in Frage gestellt wird. Erweitert wird dieses Thema um die Frage nach der politischen Macht der Älteren und die Befürchtungen einer konservativen Durchdringung der Gesellschaft. Differenziertere Analysen gehen zwar von einem Konfliktpotenzial zwischen den Generationen aus, sehen dies allerdings durch starke Solidaritätsbeziehungen verringert (vgl. *Kohli u.a.* 1999; *Wolf/Kohli* 1998; *Mahne/Motel-Klingebiel* 2010: 209ff.). Trotzdem ist die Politik gefordert, die mit der demographischen Verschiebung entstehenden Konflikte wahrzunehmen und zu bearbeiten (vgl. auch *Kap.* 4).

Veränderte Haushaltsstrukturen der Zukunft werden eine Reihe von wirtschaftlichen und gesellschaftlichen Veränderungen provozieren: Hierbei muss z.B. gedacht werden an Änderungen in der Wohnraumversorgung, da mit dem Trend zur „Individualisierung" und „Singularisierung" bereits in den letzten 20 Jahren der Bedarf an kleineren Wohnungen stark gestiegen ist (und sich bei der Volkszählung 1987 ein überraschend hoher Fehlbedarf zeigte!). Mehr Einpersonenhaushalte der Alten werden künftig einen erhöhten hauswirtschaftlichen Hilfebedarf hervorrufen, sofern nicht z.B. bei Menschen mit Behinderungen durch neue Haushaltstechnologien erhebliche Erleichterungen erreicht werden können (vgl. *Rückert* 1999: 411; *Mollenkopf u.a.* 2004; *Claßen* 2012).

Weitere Auswirkungen der veränderten Altersstruktur und Generationenverhältnisse sind im Bereich von Pflege zu beobachten (vgl. *Deutscher Bundestag* 2002: 512ff.; *Statistisches Bundesamt* 2008a; auch *Kap. 5.3* und *5.4.5*). Durch ein verändertes quantitatives und qualitatives Verhältnis zwischen mittlerer und älterer Generation wird von familiärer Seite immer häufiger gefragt: „Wer pflegt uns im Alter?" (*Kytir/Münz* 1991). Da bisher der überwiegende Teil der Pflege vor allem Hochbetagter im familiären Rahmen erbracht wird und zudem die Kosten öffentlicher Pflege – trotz Pflegeversicherung – ständig steigen, wird eine potenziell nachlassende Bereitschaft und Fähigkeit zur häuslichen Pflege mit Sorge betrachtet. Vor allem das „Töchter-Pflegepotenzial" (*Rückert* 1999: 412) geht seit langer Zeit zurück und wird nach dem Jahr 2020 stärker sinken. Beachtenswert ist auch die unterschiedliche geschlechtsspezifische Betroffenheit von der veränderten Altersstruktur in Hinsicht auf häusliche Pflege (vgl. *Backes u.a.* 2008): Während ein Großteil der männlichen Pflegebedürftigen, die noch überwiegend verheiratet sind, von ihren Frauen versorgt werden (können), sind diese Frauengenerationen, wenn sie selbst später pflegebedürftig werden, auf das schrumpfende Pflegepotenzial eigener Kinder angewiesen. Hier muss dann immer häufiger auf öffentliche Pflege in Heimen zurückgegriffen werden. So sagen z.B. Prognosen des zukünftigen Hilfe- und Pflegebedarfs von 1995 bis 2020 eine Steigerung des Bedarfs von ca. 43% voraus, wobei der Pflegebedarf in Heimen überproportional zunehmen wird (vgl. *Rückert* 1999: 410).

Als ein weiteres Merkmal demographischen Wandels kann für die Zukunft von einem veränderten Bildungsniveau zwischen den Geschlechtern auch im Alter ausgegangen werden, wenn sich der mit der Bildungsreform in den 1960er Jahren initiierte „Nachholbedarf" der Frauen auswirken wird (*Roloff* 1996: 11). Die heute über 70-jährigen Frauen hatten in Kindheit und Jugend wesentlich schlechtere Bildungschancen als Angehörige gleichaltriger männlicher Kohorten. Nach dem traditionellen Verständnis von Geschlechterrollen waren für Frauen dieser Jahrgänge die Hausfrauen- und Mutterrolle vorgesehen und eine schulische oder berufliche Bildung überwiegend von sekundärem Interesse. So haben nur 3% der heute alten Frauen das Abitur, während sich im Prognosejahr der Anteil mehr als verdreifacht haben wird. Entsprechend – wenn auch nicht in diesem Umfang – wird die berufliche Qualifikation der Frauen ebenfalls zunehmen, ohne beruflichen Abschluss wird dann nur noch ein Viertel sein (heute die Hälfte der älteren Frauen). Der Anteil von Frauen im Alter mit einem Hochschulabschluss wird von jetzt 2% auf ca. 10% steigen (*Roloff* 1994, 1996: 11).

Ein weiteres wichtiges Merkmal gesellschaftlicher Veränderung durch den demographischen Wandel betrifft das quantitative Verhältnis zwischen Ausländern und Deutschen nach Altersgruppen, denn dieses wird durch die sich entwickelnde Altersverteilung beider Gruppen in Zukunft modifiziert. Allgemein wird durch Zuwanderung und unterschiedliches generatives Verhalten der Anteil von Ausländern an der Bevölkerung steigen, je nach Prognosemodell von 8,9% (2012) auf 13,4 bis 18,2% im Jahr 2040. Veränderungen werden sich damit auch in der Zusammensetzung nach Altersgruppen für die Zukunft ergeben. Der Anteil älterer Ausländer wird zwar in den nächsten Jahrzehnten auch steigen, der Zuwachs von 60- bzw. 65-Jährigen und Älteren (an der Gesamtbevölkerung) soll nach Prognosen aber geringer ausfallen als bei der deutschen Bevölkerung. Da auch die Altersstruktur der zukünftigen Zuwanderer als durchschnittlich jünger zu erwarten sein wird, muss mit Verschiebungen im Altersaufbau zwischen der deutschen und ausländischen Wohnbevölkerung gerechnet werden – mit allen sozialen, gesellschaftlichen und infrastrukturellen Auswirkungen. Ebenso ist eine Fortschreibung des Ungleichgewichts der Geschlechterverteilung zwischen Ausländern und Deutschen – bei einer Konvergenz erst in einigen Jahrzehnten – zu erwarten.

Insgesamt gesehen berühren die sich weiter verändernden Altersstrukturen die gesellschaftliche Stellung der gesamten Gruppe Älterer. Ihr politisches Gewicht wird größer, wenn die bisher als „latent“ bezeichnete Altenmacht sich manifestieren kann – was bislang in Frage gestellt wird (vgl. *Wolf/Kohli* 1998). Damit können sich auch Austauschbeziehungen zwischen den Generationen quantitativ und qualitativ verändern, und zwar in unterschiedlichen Formen: einerseits z.B. durch die von der Kindergeneration (noch) wahrgenommene häusliche Pflege, deren Bedingungen sich erschweren werden, andererseits z.B. durch das wachsende Potenzial des Vererbens (vgl. *Kohli u.a.* 2005a). Überlegungen zur Reformulierung des „Generationenvertrags“ als Basis des Systems der gesetzlichen Rentenversicherung werden seit längerer Zeit wegen des steigenden Altenquotients angestellt. In diesem Zusammenhang sind „alle möglichen Formen sozialer Demagogie“ durch die „präjudizierenden Begriffe wie ‚Altenberg‘, ‚Überalterung‘ oder ‚Belastungsquote‘“ entstanden (*Ehmer* 1990: 205). Es stellt sich die Frage, ob es überhaupt eine „optimale" Zusammensetzung der Bevölkerung gibt. Da auch Bevölkerungswissenschaftler diese Frage verneinen und die meisten in diesem Zusammenhang gebräuchlichen Begriffe ausgesprochen negativ bewertet sind, sollte z.B. von einer „Überalterung" der Bevölkerung nicht gesprochen werden. Der Begriff der „alternden Gesellschaft" hingegen ergibt durchaus Sinn (vgl. *Tews* 1999: 141); er bedeutet die Beschreibung eines demographischen Wandels, ohne den „normalen" demographischen Aufbau der Bevölkerung normativ bestimmen zu wollen, den es per se nicht gibt. Ein Altern der Gesellschaft macht lediglich eine Neuorientierung hinsichtlich gesellschaftlicher Altersrollen und institutioneller Regelungen notwendig.

Daher stellt sich mit dem gesellschaftlichen Altern eine „Entwicklungsaufgabe" für die Gesellschaft (*Backes* 1997a): Für Wirtschaft, Arbeitsmarkt, Politik, für die Entwicklung von Normen und Werten wie auch in Hinsicht auf Generationen- und Gruppenbezüge sind Strukturen zu schaffen, die den veränderten demographischen Bedingungen entsprechen. Demographischer Wandel ist als „Politik" zu gestalten (vgl. *Leisering* 1996). Es greift zu kurz, ausgehend von quantitativen demographischen Prognosen Gesellschaftsentwicklung – z.B. mögliche Generationenkonflikte – zu prognostizieren. Es sind vielmehr auch die zu erwartenden ökonomischen Veränderungen, wie die Produktivitätsentwicklung, soziale und gesundheitliche Entwicklungen, in die Prognosen und Überlegungen für die Gesellschaft der Zukunft mit einzubeziehen, um den damit gegebenen politischen Gestaltungsspielraum zu nutzen (vgl. *Rosenmayr* 1996: 52f.).

Mit der vorhergehenden Darstellung ist nur ein Teil von möglichen Auswirkungen einer veränderten Altersstruktur der Zukunft aufgezeigt, wobei Vollständigkeit wohl kaum zu erreichen sein dürfte. Weitere Aspekte gesellschaftlichen Wandels durch demographische Veränderungen und Altersstrukturwandel sind den folgenden Abschnitten zu entnehmen.

2.4 Soziale Kriterien zur Abgrenzung der Lebensphase Alter

2.4.1 Gesellschaftliche Bestimmungsfaktoren für Alter

Im Zuge der Entwicklung hin zu einer ergrauten Gesellschaft (*DZA* 1987) oder lebensweltlich gefärbten „bunten Gesellschaft" (*Rosenmayr*) fällt es zunehmend schwer, eindeutige und abgrenzende Bestimmungsfaktoren für „Alter" zu benennen. Außerdem wirken die Abkehr vom „kalendarischen Alter" hin zum „funktionalen Alter" sowie fortschreitende Individualisierung und zunehmende Pluralisierung von Lebensformen in der Gesellschaft auf eine „neue Unübersichtlichkeit" (*Habermas*) hin, die neben der Analyse der Sozialstruktur allgemein auch die Abgrenzung von Alter als soziologischem Strukturmerkmal erschweren. So sprechen manche statt von „altersloser“ oder „alternder Gesellschaft“ perspektivisch von einem „System pluraler Lebenswelten mit pluralen Alterskulturen“ und sehen im Alten den „Prototyp des modernen Menschen“ (vgl. *Mader* 1995). Diese Einschätzungen können nicht darüber hinwegtäuschen, dass in unserer heutigen Gesellschaft weiterhin offene und subtile Formen der normativen Bestimmung und Zuschreibung von „alt“ oder „Alter“ existieren, auch wenn diese nach Sozialstruktur, gesellschaftlichen Subsystemen oder Geschlecht variiert werden. Deshalb erscheint es sinnvoll, zunächst von den bisher gebräuchlichen, traditionellen Variablen auszugehen und zu fragen, inwieweit diese im Zuge einer wachsenden normativen Unverbindlichkeit in der Gesellschaft (*Rosenmayr* 1996: 55) noch als Bestimmungsgrößen für Alter taugen.

Eine zentrale gesellschaftliche Zuschreibung von „alt“ bzw. „Alter“ ist in unserer „Leistungsgesellschaft“ mit der Einschätzung von vorhandener oder nachlassender körperlicher und psychischer Leistungsfähigkeit in der Arbeitswelt verbunden. Zwar werden in empirischen Untersuchungen keine oder nur geringe Einbußen in der Arbeitsproduktivität älterer Arbeitnehmer festgestellt. Trotzdem verbinden weiterhin viele Arbeitgeber mit älteren Arbeitnehmern einen schlechteren Gesundheitszustand, ebenso ein geringeres berufliches Engagement, geringere Leistungsmotivation, größeren Widerstand gegen technologische Veränderungen sowie eine geringere Flexibilität und nachlassende Bereitschaft zur Weiterbildung (*vgl. Clemens* 2001; *Brauer/Clemens* 2010). Entsprechend sehen Bevölkerungsumfragen eine Diskriminierung älterer Beschäftigter in Deutschland, in Hinsicht auf Einstellung 77,6%, Beförderung 54,7%, Fortbildung 63,4% und Status 36,7% Und ca. 58% der Bevölkerung sind bereits 1993 der Meinung, dass gesetzliche Regelungen zur Vermeidung von Altersdiskriminierung eingeführt werden sollten (vgl. *Walker* 1993: 26).

Die Gliederung des Lebenslaufs als institutionalisierte Form hat zur Ausbildung von drei großen Lebensphasen geführt: Vorbereitungsphase, Erwerbsphase und Ruhestand (vgl. *Kohli* 1985). Kindheit und Alter sind als soziale Konstrukte historisch erst durch staatliche Sozialpolitik geschaffen worden (vgl. *Kap. 2.2*). Der Sozialstaat hat so die zeitlich umfassendste Rahmung von Lebensläufen – und damit auch Lebensphasen – gestaltet (vgl. *Leisering* 1996). Der „Ruhestand“ als Lebensphase nach der Erwerbsarbeit ist dabei jüngeren Datums: Die Invaliditäts- und Rentenversicherung wurde (zunächst für Arbeiter) als letzter Zweig der *Bismarck*schen Sozialversicherungen 1889 gegründet, aber erst mit der Rentenreform 1957 in der Bundesrepublik auf die große Mehrheit der Erwerbstätigen ausgedehnt und nach dem Prinzip der Einkommenssicherung im Alter umgestaltet. Erst seit dieser Zeit kann allgemein von einem sozial gesicherten Ruhestand als „Altersphase“ gesprochen werden, wenn auch – in Folge der Lohnzentriertheit des Rentensystems – nicht alle vormals Erwerbstätigen ausreichende Ansprüche im Laufe des Arbeitslebens erwerben konnten.

Aufgrund der Bedingungen der Arbeitsmärkte und von Arbeits- und Produktionsprozess hat sich seit Ende der 1970er Jahre mit dem Frühverrentungstrend ein deutlich gesunkenes Austrittsalter aus dem Erwerbsleben (auf durchschnittlich unter 60 Jahre) und ein früherer Rentenbezug ergeben. Damit war eine früher einsetzende und stärker differenzierende Alterszuschreibung verbunden, vor allem eine Ausdehnung der Gruppe der „jungen Alten", auch wenn das Berufsaustrittsalter wieder steigt. *Tews* (1993) spricht von „Entberuflichung" und „Verjüngung des Alters". Trotz tendenzieller Auflösung von starren Altersgrenzen und Pluralisierung von Statuspassagen in die nachberufliche Phase sowie der Ausweitung nachberuflicher Tätigkeitsfelder (vgl. *Kohli/Künemund* 1996; *Künemund* 2001, 2006) hat die Formel von „Ruhestand gleich Altersphase" noch immer eine gewisse Relevanz (vgl. *Kap. 2.4.3*).

Neben dem sozial gesicherten Ruhestand existieren eine Reihe weiterer Phänomene, die als gesellschaftliche Bestimmungsgrößen für Alter zu sehen sind. So prägen auf Alter bezogene grundsätzliche gesellschaftliche Normen und Werte das Bild vom alten Menschen, das sich Gesellschaftsmitglieder – auch alte Menschen von sich selbst – machen. In früherer Zeit war das Bild der Gesellschaft vom Alter vor allem an nachlassender körperlicher und psychischer Leistungsfähigkeit, an Gebrechlichkeit, Krankheit und Tod orientiert. Daraus speiste sich das „Defizitmodell des Alters", das inzwischen als weitgehend widerlegt gilt und höchstens für eine Gruppe der Hochbetagten als relevant angesehen wird (vgl. *Lehr* 2007). Entsprechend entstanden gesellschaftlich normative Regelungen zum Schutz des Alters, wie Entpflichtung von Erwerbsarbeit, Rentenversicherung, Alters- und Pflegeheime. Aus der gesellschaftlichen Stellung des Alters entwickelten sich Tendenzen der Aufwertung und Abwertung, wie z.B. das Senioritätsprinzip oder die sog. „späte Freiheit" (*Rosenmayr* 1983) als Aufwertung sowie Konsequenzen tatsächlich oder vermeintlich sinkender körperlicher Attraktivität und Leistungsfähigkeit sowie Entpflichtung aus dem Erwerbsleben als Abwertung. Normative Vorstellungen und Überzeugungen beeinflussen das Verhalten einzelner oder von Gruppen den älteren und alten Menschen gegenüber. Damit bewirken sie die gesellschaftliche Positionierung älterer Menschen bis hin zur Planung und Ausgestaltung sozialer Institutionen für diese Gruppe (vgl. *Niederfranke u.a.* 1999: 27; *Schmitt* 2004, 2006). Ein Ergebnis dieser öffentlichen normativen Zuschreibung sind Altersbilder und Altersstereotype, die sich z.B. in Medien, Literatur und Lesebüchern wiederfinden (vgl. *Kap. 2.4.2*).

Eine weitere Form gesellschaftlicher Bestimmung von Alter sind Prozesse der Generationenfolge bzw. des Generationentauschs, die auch dem sozialgerontologischen Konzept der „Ausgliederung" bzw. des „Disengagement" zugrunde liegen (vgl. *Kap. 3.2.2*). Hierbei wird der durch Alter herbeizuführende Austausch von Erwerbstätigen, Parlamentariern, Funktionsträgern in ehrenamtlichen Positionen etc. zur Aufrechterhaltung der

Leistungsfähigkeit und Funktionalität von Organisationen als notwendig angesehen und gesellschaftlich eingeleitet (vgl. *Göckenjan* 2009). Häufig sind diese Wechsel sozial bzw. sozialrechtlich abgepuffert, wie z.B. durch die Altersrente. Mit diesen Formen der Ausgliederung sind Alterszuschreibungen verbunden, die die gesellschaftliche Stellung der Alten beeinflussen. So verlieren sie Einfluss und Macht und werden in die Kategorie „Versorgungsempfänger" geschoben. Nachdem die Älteren aus zentralen Formen der Vergesellschaftung „entlassen" sind, und dies immer häufiger geschieht, müssen neue, altersgemäße Formen der Vergesellschaftung entwickelt werden (vgl. *Backes* 1997a: 273ff.).

Im Folgenden sollen zentrale gesellschaftliche Bestimmungsgründe für Alter etwas ausführlicher dargestellt werden: Altersbilder (*Kap. 2.4.2*), berufliche Ausgliederung (*Kap. 2.4.3*), familiäre Veränderungen (*Kap. 2.4.4*) und Veränderungen sozialer und generationaler Beziehungen (*Kap. 2.4.5*).

2.4.2 Altersbilder

Altersbilder sind „bildhafte Vorstellungen", die in vereinfachter Form Informationen, Meinungen und Vorstellungen über alte Menschen vermitteln, die sich in einer Kultur zu einer bestimmten Zeit vorfinden und die sich meist auf alle Lebensbereiche beziehen (*Schmitt* 2004, 2006; *Kruse/Schmitt* 2005; *Amrhein/Backes* 2007). Um Altersstereotype handelt es sich, wenn Menschen aufgrund ihres Lebensalters bestimmte Eigenschaften, Verhaltens- und Rollenerwartungen zugeschrieben werden, ohne die betreffenden Personen genauer nach ihren Wahrnehmungen, Bewertungen und konkreten Verhaltensweisen zu betrachten. Alterskonzepte umfassen Vorstellungen, Wertungen, Bilder des Alters. Nach *Göckenjan* (2000a, 2000b, 2009) sind Altersbilder Kommunikationskonzepte, die als Idee, als Deutungsmuster und soziale Praktiken die Sichtweise des Alters prägen.

Im sechsten Altenbericht der Bundesregierung (*BMFSFJ* 2010; *Berner u.a.* 2012, 2012a) werden vier Erscheinungsformen von Altersbildern unterschieden, die sich auch wechselseitig beeinflussen können:

1. *Altersbilder als kollektive Deutungsmuster* (z.B. Thematisierung der sozialen Stellung der älteren Menschen in öffentlichen Diskursen über das Alter).
2. *Organisationale und institutionelle Altersbilder* (z.B. gesetzlich festgeschriebene Altersgrenzen).
3. *Altersbilder als Elemente der persönlichen Interaktion* (beispielsweise werden bestimmte Eigenschaften einer älteren Person als überraschend gut für ihr Alter herausgestellt, wobei ein tendenziell negativ getöntes Altersbild fester Bestandteil solcher Einschätzungen ist und somit für das Fortbestehen negativer Altersbilder sorgt).

4. *Individuelle Altersbilder* (hiermit sind individuelle Vorstellungen, Einstellungen, Überzeugungen oder Wissensbestände über das Alter, über ältere Menschen und über das Älterwerden gemeint).

Die gesellschaftlichen Quellen der Altersbilder basieren auf den subjektiven bzw. „Alltagstheorien" über das Altern. Damit sind zweierlei Vorstellungen verbunden (vgl. *Niederfranke u. a.* 1999: 27):

- normative Überzeugungen zur allgemeinen Entwicklung des Alterns und zu alten Menschen, und
- selbstbezogene Überzeugungen, was man in Hinsicht auf das eigene Altern und Alter denkt und erwartet.

Normative Überzeugungen orientieren sich an gesellschaftlichen Vorgaben zu Lebensereignissen, wie z.B. dem Übergang in die Rente. Verbunden damit sind Vorstellungen von „typischen" Entwicklungen beim alternden Menschen, die z.B. mit sinkender Leistungsfähigkeit, Vergesslichkeit oder „Altersstarrsinn" verbunden sind. Solche Vorstellungen werden zu Altersstereotypen, wenn älteren und alten Menschen entsprechende Eigenschaften generalisierend zugeschrieben werden, ohne die Differenziertheit und Vielfalt von Äußerungsformen des Lebens im Alter zur Kenntnis zu nehmen. Entsprechende Stereotype werden zur Stigmatisierung (*Goffman*), wenn mit dem Merkmal „kalendarisches Alter" weitere gesellschaftlich gering bewertete Eigenschaften verbunden werden (vgl. *Kap. 3.4*). Entsprechend kann es auch zu einer positiven „Stigmatisierung" kommen, wenn z.B. durch Wissenschaftler, insbes. Sozialgerontologen, zur Widerlegung eines „Defizitmodells des Alters" ein „Kompetenzmodell des Alters" entwickelt und undifferenziert für das Alter generalisiert wird (vgl. *Kap. 2.7.2* und *3.9.4*; vgl. die Kritik bei *Dieck/Naegele* 1993: 59f.). So geht das „Defizitmodell des Alters" von folgenden Alterszuschreibungen aus:

- nachlassender Leistungsfähigkeit und fehlender gesellschaftliche Nützlichkeit;
- eingeschränkter Gesundheit, häufigeren, oftmals chronischen Erkrankungen;
- sich verändernden Psychostrukturen, die sozial wirksam werden, wie Rigidität und Misstrauen.

In Studien werden von allen Altersgruppen die Entwicklung positiver Eigenschaften als „Gewinne" den jüngeren, die Entwicklung negativer Eigenschaften als „Verluste" den älteren Altersgruppen zugeschrieben. Ältere Menschen selbst urteilen differenzierter: So werden positive Seiten des Alters, wie mehr Freiheiten und Freizeit, Unabhängigkeit, Entspannung, Selbstakzeptanz und Familienbezug, den negativen Seiten, wie verminderte

Gesundheit, eingeschränkte Aktivitäten, Isolation und Einsamkeit, Angst vor Abhängigkeit, Vergesslichkeit und wirtschaftliche Probleme, gegenübergestellt (vgl. *Tews* 1991; *Niederfranke u.a.* 1999). Außerdem differenzieren sich langsam – zumindest von Seiten der Älteren – die Sichtweisen über das Alter.

Selbstbezogene Überzeugungen orientieren sich an Hoffnungen oder Befürchtungen in Hinsicht auf das eigene zukünftige Leben im Alter (vgl. *Niederfranke u.a.* 1999: 28ff.). Diese hängen mit den normativen Überzeugungen, aber auch mit subjektiven Erfahrungen im eigenen Lebensraum zusammen. So differieren die Einschätzungen, wann ein Mensch als „alt" anzusehen ist, geschlechtsspezifisch: Frauen werden früher für alt gehalten als Männer. Zwischen dem 50. und 60. Lebensjahr wird dem Altern hin zum Alter eine stärkere gesellschaftliche Bedeutung beigemessen, denn die soziale Umwelt vermittelt den Menschen im 6. Lebensjahrzehnt die Vorstellung, dass sie altern und auf den „Ruhestand" zugehen (*Tews* 1991). Diese Vorstellungen entwickeln sich im Zusammenhang mit Überlegungen zur „Normalbiographie" und zu strukturierten Lebensläufen. Allerdings hat die Ruhestandsgrenze als Übergang in die Altersphase an klaren Konturen verloren (vgl. *Kap. 2.4.3*).

Vorstellungen über das „Altsein" von älteren Menschen differieren stark zwischen dem „generalisierten" und dem „selbstbezogenen" Altersbild (*Filipp/Mayer* 1999). Während im generalisierten Altersbild Negativzuschreibungen dominieren, ist das selbstbezogene Altersbild eher positiv oder neutral gefärbt. Die Selbsteinschätzungen von älteren Menschen als „alt" haben sich in den letzten Jahrzehnten deutlich auf das hohe Alter verlagert: Haben sich Ende der 1960er Jahre noch die Mehrheit der über 70-Jährigen als „alt" bezeichnet, so waren es (1989) bei einer Untersuchung in Schleswig-Holstein nur noch 26% der 70- bis 75-Jährigen (vgl. *Tews* 1993: 24). Es wird in allen entsprechenden Untersuchungen deutlich, dass zwischen Fremd- und Selbstwahrnehmung des Alters eine deutliche Diskrepanz entstanden ist.

Die gesellschaftliche Vermittlung von Bildern über das Alter erfolgte früher primär über Märchen und Sagen, heute in zeitgemäßer Vermittlung über Medien und Werbung (vgl. *Tews* 1991; *Niederfranke u.a.* 1999: 35ff.; *Thimm* 2009). In der Tendenz sind ältere Menschen in den Medien unterrepräsentiert und in der Werbung auf einige wenige Muster eingeschränkt. Nach empirischen Studien gibt es im Fernsehen zwar einzelne Serien mit einem angemessenen Anteil Älterer, insgesamt gesehen sind sie allerdings weniger präsent. Vor allem wird nicht die Vielfalt des Alters abgebildet; so sind z.B. häufiger alte Männer als alte Frauen zu sehen, die Männer werden dabei häufig als weiter berufstätig, die Frauen in der Familienrolle gezeigt. In Nachrichten und Magazinsendungen erscheinen Ältere und Alte als Opfer, Kranke und Sterbende und kommen insgesamt seltener zu Wort als andere Altersgruppen. In Zeitungen und Zeitschriften liegen die Schwerpunkte auf Heimversorgung (Bauen, Wohnen), Pflege und Altenhilfe, außerdem auf „jungen“ und „aktiven“ Alten, die ein „neues Alter“ propagieren.

In der Werbung dominiert die Darstellung jugendlicher Lebensformen: Fitness, Attraktivität, Unkonventionalität. Die Werbung hat aber auch maßgeblich Einfluss auf die Darstellung der „neuen Alten“ genommen, sie als wirtschaftlich potent, vital, aktiv, konsum- und reisefreudig und den sonstigen Freuden des Lebens nicht abgeneigt („Genießer“) gezeichnet. So wird der Typ „junge“ bzw. „neue“ Alte in der Diskussion gegen Ende der 1980er Jahre überwiegend als Produkt der Medien und Werbewirtschaft eingeschätzt. In der Lebensrealität entspricht diesem Muster der aktiven „neuen Alten“ lediglich eine Minderheit von 25% der 55- bis 70-Jährigen (vgl. *Infratest Sozialforschung u.a.* 1991: 86).

Bei der Frage nach den (Aus-)Wirkungen von Altersbildern sind die individuelle und gesellschaftliche Ebene zu unterscheiden (*BMFSFJ* 2010). Altersbilder können sich direkt oder indirekt auf die Spielräume individuellen Erlebens und Verhaltens auswirken, wie z.B. in den Möglichkeiten zur sozialen Teilhabe oder in der Entwicklung und Nutzung von Stärken und Potenzialen. Undifferenzierte Altersbilder können dazu führen, dass von Älteren die eigenen Fähigkeiten unterschätzt werden oder von außen Möglichkeiten vorenthalten werden. Es besteht die Notwendigkeit zur individuellen wie auch gesellschaftlichen Reflexion von Altersbildern. Gesellschaftliche Strukuren, die Spielräume für individuelle körperliche, geistige und soziale Entwicklung vorgeben, sind anzupassen, da undifferenzierte Altersbilder sonst zur Etablierung und Verfestigung unangemessener institutioneller Praktiken – wie z.B. in der gesundheitlichen Versorgung – beitragen können (vgl. *BMG* 2012: 20).

Als gesellschaftliche Bestimmungsfaktoren für Alter sind Altersbilder vor allem danach zu hinterfragen, wie sie sich auf die gesellschaftliche Stellung älterer Menschen auswirken. Dazu gibt es keine eindeutigen Aussagen (vgl. *Niederfranke u.a.* 1999: 44). Mehr Erkenntnisse gibt es über die Wirkung von Fremdbildern auf das Selbstbild älterer Menschen. So bestimmt das generalisierte Altersbild weitgehend das Selbstbild Älterer, allerdings in sehr selektiver Weise. In Abhängigkeit vom eher negativ oder eher positiv getönten Selbstbild werden entsprechend gleichgerichtete Elemente des Altersstereotyps übernommen, die das jeweilige persönliche Altersbild verstärken (vgl. *Schmitt* 2006: 45). Die Bedeutung von Altersbildern für die gesellschaftliche Position Älterer und für die Sicht auf ältere Menschen ist inzwischen auch von der Politik erkannt worden: So befasst sich der *sechste Altenbericht der Bundesregierung* mit dem Thema „Altersbilder“ (*BMFSFJ* 2010).

2.4.3 Berufliche Ausgliederung in Rente oder Pension

Trotz einer gewissen normativen Abschwächung symbolisieren das Verlassen des Erwerbslebens im Alter und der Übergang in den Ruhestand als dritte Lebensphase noch immer die stärkste gesellschaftliche Zuschreibung von „Alter". Der Ruhestand ist im vorigen Jahrhundert zu einem wesentlichen Charakteristikum der modernen Organisation des Lebens geworden. Damit wurde ein Recht verbürgt, nach der Berufstätigkeit – frei von deren Belastungen – die Altersphase selbstbestimmt leben zu können. Damit konnte sich der Ruhestand als biographische Zäsur und zu einer Lebensphase in einem sozialpolitisch organisierten modernen Lebenslaufregime entwickeln. Der Übergang in den Ruhestand stellt eine zentrale Statuspassage dar, der „die Grundorientierungen der Arbeitsgesellschaft mit biographischen Perspektiven verknüpft und gesellschaftlich den Beginn des Alters markiert. Ruhestand ist in der Perspektive der Arbeitsgesellschaft die letzte Lebensphase, die sich bis zum Tod hinstreckt." (*Göckenjan/Hansen* 1993: 725 f.)

Der Übergang in den Ruhestand ist seit Jahrzehnten ein zentrales Thema der Sozialen Gerontologie. Sozialwissenschaftliche Analysen haben sich vorwiegend mit den Bedingungen der Verrentung von Männern beschäftigt. Während die sozialpsychologische und sozialgerontologische Forschung in der Bundesrepublik ab den 1950er Jahren die krisenhafte Anpassung von Männern an den Ruhestand untersucht haben („Pensionstod", „Pensionierungsschock", „Pensionierungsbankrott" etc.; vgl. *Naegele* 1992: 224), häufen sich in der empirischen Sozialforschung in den letzten Jahren betriebliche Fallstudien zu der Frage, wie Rentengesetzgebung und Betriebsvereinbarungen das Arbeitsende von Personen bestimmen (vgl. z.B. *Klammer u.a.* 2012). Eine wachsende berufliche Orientierung von Frauen (in den alten Bundesländern), die Verstetigung weiblicher Erwerbsbiographien und eine wachsende Erwerbsbeteiligung älterer Frauen verweisen auf die (zumindest quantitativ) zunehmende Bedeutung des Verrentungsprozesses in weiblichen Biographien (vgl. *Clemens* 1997: 193; *Clemens* 1998b). Mit dem „Strukturwandel des Alters" (*Tews* 1993; *Clemens* 1993) beschriebene quantitative und qualitative Veränderungen der „Entberuflichung" und der „Verjüngung des Alters" treffen in zunehmendem Maße auch Frauen.

Vor allem die vorzeitige Verrentung stellt einen bedeutsamen und einschneidenden Vorgang dar, der die biographische Phase des Älterwerdens im Beruf und des Übergangs in den Ruhestand prägt. Nach *Amann* (1990: 181) wird diese Statuspassage durch das Verhältnis von drei Lebensbereichen zueinander bestimmt, aus denen Verpflichtungen und Erwartungen, aber auch Angebote und Dispositionsmöglichkeiten erwachsen: Berufs- und Arbeitswelt, Partnerschaft/Familie und „freie" soziale Beziehungen. Wahrnehmungs- und Handlungsweisen sind untrennbar mit den Handlungsspielräumen und Optionen verbunden, die in den drei Bereichen institutionalisiert sind. Die Vermittlung zwischen diesen Bereichen, die *Amann* als „Balance-Arbeit" bezeichnet, wird strukturell von erlernten Dispositionsspielräumen organisiert, die durch externe Bedingungen und innere Autonomie eröffnet werden.

Der Übergang in den Ruhestand wird von den Betroffenen auf sehr unterschiedliche Weise erlebt und bewältigt. Er wird durch eine Reihe von Faktoren, wie berufsbiographischer Verlauf, gesundheitliche Disposition, finanzielle Bedingungen, Qualifikation und Berufsbezug, aber auch von familiären und sonstigen sozialen Faktoren bestimmt (vgl. z.B. *Kohli u.a.* 1989; *Clemens* 1997: 227ff., 2012: 219f.; *Behrend/Frerichs* 2004). Geschlechtsspezifisch zeigen sich keine gravierenden Unterschiede in der Anpassung an den Ruhestand: Bei Männer wie Frauen gibt es leichte und krisenhafte Verläufe – je nach individuellen Voraussetzungen (vgl. *Niederfranke* 1992; *Clemens* 1997: 244ff.).

Eine historische Rückschau zeigt, dass die moderne Altersphase „Ruhestand" als finanziell gesicherte, von Verpflichtungen freie Lebensphase erst relativ spät im industriellen Deutschland Gestalt annahm (vgl. *Kap. 2.2*). Die mit der gesetzlichen Rentenversicherung 1889/91 eingeführte Regelaltersgrenze belief sich zunächst auf das Alter von 70 Jahren, das zu Beginn des 20. Jahrhunderts aus dem Erwerbsleben heraus nur von einer kleinen Zahl der Versicherten erreicht wurde. Die heutige Rentenversicherung wurde zunächst als Alters- und Invaliditätsversicherung konzipiert, die auch eine Altersrente bei Nachweis der lohnabhängigen Vollerwerbstätigkeit vorsah. „Alter" war allerdings in den Zielsystemen der *Bismarck*schen Sozialpolitik nicht als eigener Versicherungsfall gedacht (*Göckenjan/Hansen* 1993: 727). Alter wurde als Unterkategorie eines breiten Spektrums von Invalidität aufgefasst. Man ging zu dieser Zeit noch von Erwerbsarbeit bis in den Lebensabend aus und dachte zunächst weniger an die soziale Absicherung einer eigenständigen arbeitsfreien Lebensphase Alter. Die Bedeutung der Altersrente war zunächst gering, sie stieg erst 1916 mit der Senkung der Altersgrenze auf 65 Jahre für Männer und Frauen.

Das heutige Ruhestandskonzept entstand im Grunde erst mit der Rentenreform 1957 durch faktische Rentenerhöhungen und deren Anbindung an die Entwicklung der Einkommen. Seit dieser Zeit haben in der Bundesrepublik unterschiedliche Rentenregelungen für Frauen und Männer die Entwicklung zum frühen Ruhestand geschlechtsspezifisch geprägt (vgl. *Naegele* 1992: 230ff.; *Allmendinger u.a.* 1992: 95). Mit der Rentenreform 1957 wurde die sog. „Frauenaltersgrenze" mit 60 Jahren eingeführt; sie sollte für Frauen einen lebenszeitlichen Ausgleich zur Doppelbelastung durch Beruf und Familie schaffen. Auch die Rentenreform 1973 brachte Änderungen mit humanisierungs- und gesundheitspolitischen Wirkungen. Diese kamen aber eher Männern zugute: die flexible Altersgrenze mit 63 Jahren und ein früherer Rentenzeitpunkt für anerkannte Schwerbehinderte, Berufs- und Erwerbsunfähige. Entsprechend vorgezogene Rentenregelungen waren bezogen auf die Problemsituationen älterer Arbeitnehmer, auf Frühinvalidität und Arbeitslosigkeit. Gedacht waren sie für die gesundheitlich besonders beeinträchtigten älteren Arbeitnehmer der „Kriegsgeneration“. Sie können auch als Reaktion auf die gesundheitlichen (Spät-)Folgen der gestiegenen physisch-psychischen Arbeitsplatzanforderungen und -belastungen interpretiert werden und als Versuch, die in dieser Zeit steigenden Frühinvaliditätsquoten wegen Berufs- und Erwerbsunfähigkeit zu kompensieren (vgl. *Naegele* 1992: 231). So hatten sich seit den 1950er Jahre eine Reihe unterschiedlicher „Pfade“ aus dem Erwerbsleben herausgebildet, die zu früherem Ausstieg aus dem Erwerbsleben und einer gesellschaftlichen „Verjüngung des Alters“ führten (vgl. *Bäcker* 1999: 70ff.).

Dieser Trend zum vorzeitigen Ruhestand setzt bereits Anfang der 1970er Jahre ein. Obwohl zu dieser Zeit noch immer das Alter von 65 Jahren als Regelaltersgrenze für Männer *und* Frauen galt, fand seitdem faktisch eine kontinuierliche Vorverlegung des Übergangs in den (vorzeitigen) Ruhestand statt. Maßgeblich bewirkte diesen Trend die seit 1973/74 angespannte Arbeitsmarktlage mit steigender Arbeitslosigkeit (vgl. *Kohli/Rein* 1991: 11; *Naegele* 1992: 242ff.). Unter diesen gesellschaftlichen Bedingungen etablierte sich auf der Grundlage des Rentenversicherungssystems eine Reihe von vorzeitigen Pfaden aus dem Erwerbsleben, die von arbeitsmarkpolitischen Regelungen flankiert wurden. Bereits existierende Rentenregelungen zum vorzeitigen Ausscheiden wurden extensiver genutzt und um weitere Möglichkeiten durch gesetzliche Modifizierungen erweitert (vgl. *Jacobs/Kohli* 1990; *Bäcker* 1999).

Bei einer Analyse der dieser Entwicklung zugrundeliegenden Faktoren wird deutlich, dass der Trend zum frühen Ruhestand „zum Instrument beinharter Arbeitsmarktpolitik geworden (war)“ (*Rosenmayr* 1996: 38). In Erklärungsansätzen für den Frühverrentungstrend, der allerdings mit der Rentenreform von 1992 bei einer Anhebung der Regelaltersgrenze auf wieder 65 Jahre für Männer und Frauen gestoppt werden sollte (vgl. *Kap. 2.3.4*), werden im Wesentlichen drei „Global“-Faktoren unterschieden (*Rehfeld* 1994: 26):

- Die individuelle, gesundheitliche Lage des Versicherten, wobei hierzu auch Familie, Auswirkungen der Arbeit und der im Zeitablauf veränderte Gesundheitszustand zählen.
- Den zweiten Faktor bildet das Recht, das ... durchaus einen erheblichen Einfluss auf die Entwicklung der Frühberentung hatte.
- Schließlich wird als dritter Faktor die konkrete Arbeitssituation im Zusammenspiel zwischen Arbeitsplatz und individuellem Arbeitsvermögen des Versicherten, Unternehmen und Konjunkturlage genannt.

Der Trend zum früheren Ruhestand zeigte sich in der seit mehr als zwei Jahrzehnten sinkenden Erwerbsbeteiligung älterer Arbeitnehmer in der Bundesrepublik ab den 1970er Jahren, während sich die Entwicklung bei älteren Arbeitnehmerinnen anders darstellt (s.u.). Generelle Trends zeigten sich in einer kontinuierlich mäßigen Abnahme der Erwerbsbeteiligung der 55- bis 59-jährigen Männer und in einer starken Reduzierung der Erwerbsquote der 60- bis unter 65-jährigen Männer seit 1970 sowie in einer stetigen Zunahme bei den 50- bis 54- und 55- bis 59-jährigen Frauen wie auch der Abnahme der Quote 60- bis unter 65-Jähriger auf dem Arbeitsmarkt in der (alten) Bundesrepublik. In den neuen Ländern hatte sich im Zuge der vereinigungsbedingten Restrukturierung der Wirtschaft eine extreme Ausdünnung der 1990 über 55-jährigen Arbeitnehmer beiderlei Geschlechts vollzogen. Durch Vorruhestandsregelungen, die mit dem Bezug eines Vorruhestands- oder Altersübergangsgeldes verbunden sind, sowie durch einen sich schnell durchsetzenden Trend zur Frührente wurde das durchschnittliche Berufsaustrittsalter für Männer und Frauen im Osten rasch abgesenkt (*Behrend* 1998: 145ff., 2001).

In Abwägung der verschiedenen Einflüsse auf die Verkürzung der Lebensarbeitszeit – wie demographische und Gesundheitsentwicklung, Arbeitsmarkt, betriebliche Rahmenbedingungen, Rechtsprechung – sind diese Faktoren unterschiedlich gewichtet worden. Erörterungen über das Frühverrentungsgeschehen haben zu unterschiedlichen Erklärungsansätzen und -thesen geführt (vgl. *Clemens* 1997: 206ff.). Zusammenfassend kann gesagt werden, dass es sich beim Frühverrentungstrend gesellschaftlich um eine stillschweigende „große Koalition“ der Beteiligten (Arbeitgeber, Arbeitnehmer, Gewerkschaften und Betriebsräte) gehandelt hat (vgl. z.B. *Rosenow/Naschold* 1994; *Bäcker* 1999: 75), hinter der sich ganz heterogene Interessenlagen und Begründungsmuster verbargen. Frührente wurde in diesem Sinne als Beschäftigungspolitik für Jüngere verstanden (*Rosenmayr* 1996: 69). Nachdem mit den Rentenreformen seit 1992 verschiedene „Pfade“ in den vorzeitigen Ruhestand erschwert wurden, hat seit Mitte der 1990er Jahre die Vorruhestandsregelung diese Funktion übernommen.

In den Jahren seit 1995 stagnierten die Erwerbsquoten der rentennahen Altersgruppen (60 bis 65 Jahre) auf niedrigem Niveau von etwa 30% bei Männern und um die 10% bei Frauen (vgl. *Clemens u.a.* 2003), sie sind nach 2000 allerdings wieder deutlich gestiegen (2010 auf 53,5% für Männer und 35,3% für Frauen in den alten Bundesländern, 52,7% für Männer und 35,7% für Frauen in den neuen Bundesländern, vgl. *Bundesagentur für Arbeit* 2012: 62f.). In der Altersgruppe der 55- bis unter 60-jährigen Männer schrumpfte die Erwerbsquote in Westdeutschland von 1970 bis 2000 um ca. 10 Prozentpunkte auf 77,9%, um dann bis 2010 auf 84,8% zu steigen. In den neuen Ländern ist sie zwischen 1992 von einem Tiefpunkt mit 44% – als Ergebnis des Vorruhestands – auf 83,0% im Jahr 2010 gestiegen und hat fast die Quote der alten Bundesländern erreicht. Entgegen dem zeitweiligen Abwärtstrend bei Männern zwischen 55 und 60 Jahren steigt die Erwerbsbeteiligung bei Frauen dieser Altersgruppe seit langer Zeit kontinuierlich an, allerdings von einem sehr niedrigen Niveau aus: im Westen von 35,7% im Jahr 1970 bis auf 67,9% im Jahr 2010. Die traditionell hohe

Erwerbsquote der Frauen zu Zeiten der DDR war 1992 für die Altersgruppe 55 bis unter 60 Jahre durch Vorruhestand auf 27,1% gesunken (sie lag bis 1989 bei fast 90%), seither ist sie bis zum Jahr 2010 wieder auf 77,6% gestiegen und liegt damit fast 10 Prozentpunkte höher als im Westen. Die Frauenerwerbsquoten variieren aber stark nach Familienstand und Region. So lagen die Erwerbsquoten verheirateter Frauen dieser Altersgruppe im Jahr 2010 bei 68,3% und die lediger Frauen gleichen Alters bei 77,0%, auch hier mit deutlichen Unterschieden nach West und Ost (*Statistisches Bundesamt* 2011c).

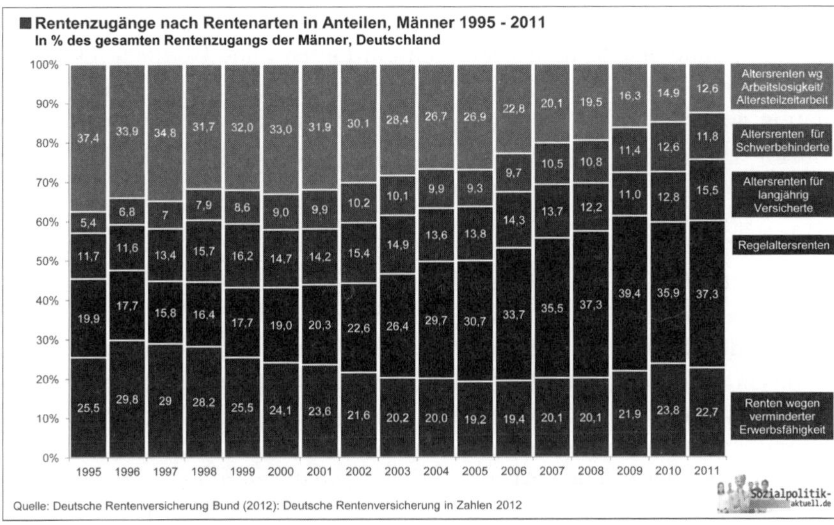

Abb. 11: Rentenzugänge nach Rentenarten in Anteilen, Männer, 1995-2011
Quelle: Deutsche Rentenversicherung Bund (2012): Deutsche Rentenversicherung in Zahlen 2012

Die Struktur des Rentenzugangs hat sich seit Mitte der 1990er Jahre deutlich verändert (vgl. *Abb. 11; Deutsche Rentenversicherung Bund* 2011: 51ff., 2012): Für Männer hat die Bedeutung der Regelaltersgrenze (2011: 37,3%) zugenommen, während Altersrenten wegen Arbeitslosigkeit (12,6%) und Erwerbsminderung (22,7%) gegenüber 1995 an Bedeutung verloren haben, aber noch immer von wichtiger Größenordnung sind. Bei Frauen (keine *Abb.*) beträgt im Jahr 2010 der Anteil der Regelaltersgrenze 36,4%, der Altersrenten für Frauen 32,9% und der Renten wegen verminderter Erwerbsfähigkeit 18,5%. Altersrenten wegen Arbeitslosigkeit sind mit 1,5% fast bedeutungslos. Zwischen den alten und neuen Bundesländern zeigen sich nach dem Zugang zu verschiedenen Rentenarten bedeutsame Unterschiede: So ist der Anteil von Erwerbsminderungsrenten im Jahr 2010 in den neuen Ländern bei Männern mit 30,5% und Frauen mit 21,7% merklich höher als in den alten (22,5% bzw. 18,5%). Außerdem überwiegen die Renten bei Arbeitslosigkeit für Männer im Osten (21,0%) die der im Westen (13,6%), während Frauenaltersrenten im Osten mit 53,4% (Westen: 27,8%) das Verrentungsgeschehen der Frauen dominieren.

Allgemein lässt der bestehende Umfang vorzeitigen Verrentungsformen oder zu Vorruhestandsregelungen auch eine weitgehende Bereitschaft der älteren Beschäftigten feststellen, vor dem normalen gesetzlichen Verrentungsalter das Erwerbsleben zu verlassen (vgl. auch *Engstler* 2006). Die oben benannte Interessenkoalition beruht von Seiten der betroffenen Beschäftigten allerdings auf widersprüchlichen Prämissen: Einerseits fühlen sie sich aus unterschiedlichen Gründen gedrängt, möglichst früh ihre Stelle zu räumen, andererseits wird aber auch ein Leben ohne Berufstätigkeit gewünscht. Diese „Push-" und „Pull-Faktoren" bedingen sich in der konkreten Situation gegenseitig, so dass eine genaue Begründung für den vorzeitigen Berufsaustritt schwer zu geben ist. Die wichtigsten subjektiven Motive betreffen (*Naegele* 1992: 300ff.; *Bäcker* 1999: 76):

- gesundheitliche Gründe, vor allem bei stark belastenden Tätigkeiten, z.B. körperlicher Schwerarbeit, Schicht- und Nachtarbeit, Arbeitsumgebungsbelastungen im industriellen Bereich;
- steigende körperliche, geistige, psychische und qualifikatorische Leistungsanforderungen und Belastungen, die aus technischen und organisatorischen Veränderungen und der Einführung neuer Technologien resultieren;
- Gefahr von beruflichen Abstufungen, Dequalifizierungsprozessen, Statusverlusten und Einkommenseinbußen in den letzten Lebensjahren;
- Unzufriedenheit und Enttäuschung über betriebliche Aufstiegs- und Karrieremöglichkeiten;
- Zukunftsängste, z.B. vor neuen Technologien oder Arbeitsplatzverlust.

So gaben bei einer Untersuchung (*Isforth* 1997: 22) 51% der Befragten an, am Ende des Berufslebens körperliche Probleme gehabt zu haben, 43% berichteten über technische bzw. qualifikatorische Probleme. Unterschiede ergaben sich nach der beruflichen Position: Arbeitnehmer in ausführender Funktion hatten zu 59% körperliche und zu 48% technische Probleme, Arbeitnehmer in verantwortlicher Funktion zu 49 bzw. 43% und in leitender zu 37 bzw. 24% Die betriebliche Position korreliert in hohem Maße mit körperlichen und technischen Problemen vor dem Übergang in den Ruhestand: Arbeitnehmer in höheren Positionen fühlen sich allgemein leistungsfähiger als solche mit niedrigerem Status. Deshalb kann die Bereitschaft zur vorzeitigen Verrentung auch als Absage an die sich verschlechternden betrieblichen Arbeits- und Beschäftigungsbedingungen verstanden werden. Der Übergang in die nachberufliche Phase erfolgt bisher überwiegend abrupt und wird von den Beschäftigten auch so gewünscht. Formen gleitenden

Übergangs oder Teilrentenmodelle waren bisher wenig erfolgreich (*Bäcker/Naegele* 1993; *Isforth* 1997: 52). Auch bei der Vorruhestandsregelung wird das sog. „Blockmodell" (Weiterarbeit mit voller Stundenzahl bis zum vorzeitigen Ausstieg) dem „Teilzeitmodell" vorgezogen.

Mit der Rentenreform 1992 wurden die Altersgrenzen für vorzeitige Pfade aus dem Erwerbsleben erhöht und ein vorzeitiger beruflicher Ausstieg vor der Regelaltersgrenze von 65 Jahren nur bei deutlichen Abzügen (3,6% pro Jahr) von der Rente ermöglicht. Mit Hinweisen auf die demographische Entwicklung und die künftige Alterung des Erwerbspersonenpotenzials ist in der Verrentungspolitik inzwischen eine Trendwende „eingeläutet", die z.B. in der Erhöhung des Anteils älterer Beschäftigter und der Anhebung der Altersgrenze auf 67 Jahre politisch Ausdruck findet. Ausgehend von der Rentenreform 1992 kann deshalb inzwischen von einem „Paradigmenwechsel" in der Arbeitsmarktpolitik gesprochen werden (vgl. *Frerichs/Naegele* 2001; *Clemens* 2001, 2004). Gegenwärtig findet ein Umdenken in Politik, Wirtschaft und Gesellschaft hinsichtlich geeigneter Maßnahmen für den Verbleib älterer Arbeitnehmer im Beschäftigungssystem statt (vgl. *Behrens u.a.* 1999; *Deutscher Bundestag* 2002; *Behrend* 2012). Auswirkungen in Form eines deutlich steigenden Anteils Älterer unter den Arbeitnehmern – und eines späteren Renteneintritts – haben sich bisher aber nur bedingt gezeigt, da die meisten Betriebe weiterhin auf Externalisierungsstrategien setzen (vgl. *Brauer/Clemens* 2010). Der Trend hin zu einer durchschnittlich späteren Berufsaufgabe hat allerdings inzwischen – wenn auch eher verhalten – eingesetzt. Ob sich damit die Alterszuschreibung im Lebensalter weiter nach hinten schieben lassen wird, ist aber fraglich. Künftig wird sicherlich eine größere Flexibilität der Altersgrenze gesellschaftlich notwendig (*Bäcker/Naegele* 1993; *Rürup/Sesselmeier* 1993; *Klammer u.a.* 2012), um den unterschiedlichen Bedürfnissen der Beteiligten gerecht werden zu können. Hinweise dazu sind bereits in der Rentenreform 1992 angelegt (vgl. *Frerichs/Naegele* 1997: 77ff.).

Mit dem Trend zum vorzeitigen Übergang in den Ruhestand waren in Hinsicht auf Alterszuschreibung mehrere Effekte verbunden: Die Zuschreibung als „alt" erfolgte für immer jüngere Kohorten, wobei die Altersphase – bei gleichzeitiger Ausdehnung nach hinten – insgesamt länger wurde. Damit verbunden war die Entwicklung zu einer stärkeren Unterteilung der Phase des Alters in jüngere, mittlere und alte Alte, und es entwickelte sich eine „Ausfransung" der Statuspassage zum Alter hin, die zu einer Beschleunigung der De-Institutionalisierung des Lebenslaufs beigetragen hat (vgl. *Kohli u.a.* 1993: 28). Auch die zunehmende Bedeutung von nachberuflichen Tätigkeiten wird zu einer normativen Aufweichung der mit dem Ruhestand verbundenen Alterszuschreibung führen (*Rosenmayr* 1996: 58; *Kohli* 1996). Diese Entwicklungen verwässert zwar die früher klarere gesellschaftliche Bestimmung des Alters durch den Ruhestand, aber sie wird heute – wie vieles in Hinsicht auf die Lebensphase Alter – differenzierter angewendet, ohne obsolet geworden zu sein.

2.4.4 Familiäre und partnerschaftliche Veränderungen

In Familie und Partnerschaft kommt es in der Lebensphase Alter zu mannigfaltigen Veränderungen. Diese äußern sich in der ganzen Länge dieser Phase in Abhängigkeit vom Familienzyklus und Lebenslauf sehr unterschiedlich, da die Phase eine Spanne von mehr als 40 Jahren umfassen kann. Bereits die sog. „nachelterliche Gefährtenschaft" (*Imhof* 1981) und Großelternschaft sind allgemein mit fortgeschrittenem Lebensalter und der Lebensphase Alter assoziiert. Hier zeigen sich aber durchaus unterschiedliche Einschätzungen nach Geschlecht: Für Frauen werden die Lebensbedingungen im mittleren Lebensalter – wie der Auszug der Kinder und das Klimakterium – bereits als Umorientierung im Lebenslauf und Bestimmungsgrößen von Alter verstanden und damit auf individuelle und familiäre Veränderungen bezogen. Währenddessen wird beim Mann der Bezug zu Alter viel stärker über berufliche Veränderungen oder Verrentung hergestellt, auch wenn er von familiären und partnerschaftlichen Umstellungen betroffen ist. Im Vergleich zu früher (z.B. zum 19. Jahrhundert) hat sich der Zeitraum, in denen (Ehe)Partner nach Auszug der Kinder allein im Haushalt leben, sehr stark ausgedehnt. Dies gründet sich im gewandelten generativen Verhalten: Frauen bekommen im Durchschnitt weniger Kinder und sind bei der Geburt des letzten Kindes in der Regel jünger als in früheren Zeiten. Die stark gestiegene Lebenserwartung eröffnet am anderen Ende der ausgedehnten „nachelterlichen Gefährtenschaft" mehr gemeinsame Lebenszeit ins Alter hinein.

Familiäre Lebensformen im Alter werden stark durch *demographische Faktoren* bestimmt (vgl. *Kap. 2.3.2*). So haben sinkende Geburtenraten und steigende Lebenserwartung zur geschwisterarmen sog. „Bohnenstangen"-Familie (*Rosenmayr* 1996: 54) geführt: Sie symbolisiert die Gleichzeitigkeit von mehreren, nicht im gleichen Haushalt lebenden und kulturell divergierenden Generationen. Familie und Partnerschaft im Alter werden aber hauptsächlich vom quantitativen Ungleichgewicht zwischen Männern und Frauen bestimmt. Da von den 60- bis 79-Jährigen über 53 %, in den Altersgruppen darüber sogar über 68 % der jeweiligen Bevölkerung Frauen sind (vgl. *Abb. 6*), prägen sich auch die Familienstandsformen im Alter geschlechtsspezifisch aus. Dies hängt damit zusammen, dass Frauen im Durchschnitt mehr als zwei Jahre jünger als ihre Partner sind und eine durchschnittlich über fünf Jahre höhere Lebenserwartung aufweisen.

So sind Anfang 2010 über 60-jährige Männer überwiegend verheiratet (74,9%), Frauen dieser Altersgruppen dagegen nur zu 49,2% und zu 35,0% bereits verwitwet (vgl. *Statistisches Bundesamt* 2011: 43). Von den 70- bis 75-jährigen Männern waren 2010 (vgl. *Tab. 5*) noch 78,7% verheiratet, Frauen dieser Altersgruppe schon zu 30,6% verwitwet. Und von den über 80-jährigen Frauen waren Anfang 2010 bereits 65,3% verwitwet, von den über 80-jährigen Männern hingegen immerhin noch 60,7% verheiratet. Von den über 60-jährigen Frauen sind im Durchschnitt 5,8% ledig, dagegen 6,4% der Männer dieser Altersgruppe (vgl. *Statistisches Bundesamt* 2011: 43). Der Anteil geschiedener Frauen übersteigt den der Männer im Alter, da Männer nach einer Scheidung wesentlich häufiger wieder heiraten als Frauen (vgl. *Kap 2.3.2*).

Die *nichteheliche Lebensgemeinschaft* stellt heute eine – im Vergleich zu jüngeren Altersgruppen – noch weniger praktizierte partnerschaftliche Form des Zusammenlebens im Alter dar. Im Jahr 2009 lebten ca. 200.000 ältere Paare ohne Trauschein zusammen, 2% der Frauen und 3% der Männer über 65 Jahre (*Statistisches Bundesamt* 2011d: 19). Die Lebensform wird allerdings überwiegend von älteren Männern praktiziert. So lebten 1993 10% der nichtverheirateten Männer über 60 Jahre, aber nur 2,1% der gleichaltrigen nichtverheirateten Frauen in einer Partnerschaft zusammen (vgl. *Roloff* 1996: 10). Bis 2005 stieg der Anteil der 60- bis 79-jährigen nichtverheirateten Männer in nichtehelicher Lebensgemeinschaft auf 14,5%, von den noch Älteren (80+) waren es immerhin noch 5,3%. Die Anteile der jüngeren Altersgruppen der Frauen stiegen auf 5,3% bzw. knapp 1% in der Gruppe der 80-Jährigen und Älteren (*Roloff* 2006: 9). Nichteheliche Lebensgemeinschaften älterer und alter Menschen haben in den letzten Jahren im Vergleich zu denen jüngerer Altersgruppen überproportional zugenommen: Während diese Lebensform zwischen 1991 und 1995 im Durchschnitt aller Altersgruppen (über 18 Jahre) einen Zuwachs von 24,9% zu verzeichnen hatte, betrug dieser bei den 55-Jährigen und Älteren 34,7% und bei den 18- bis 35-Jährigen nur 22% (*Grünheid/Mammey* 1997: 436). Für die Zukunft wird das nichteheliche Zusammenleben auch im Alter weiter an Bedeutung gewinnen (*BMFSFJ* 2001: 219).

Aus diesen demographischen Daten lassen sich die Familienstandsformen in der Lebensphase Alter rekonstruieren: Männer leben im Alter (60 Jahre und mehr) zum größten Teil bis zu ihrem Tod mit ihrer Partnerin zusammen, nur ein geringerer Teil (18,7%) ist verwitwet oder geschieden. Frauen überleben i.d.R. ihre Männer und leben bis zu ihrem Tod in Witwenschaft. Diese unterschiedlichen Bedingungen des Familienstands nach Geschlecht haben auch Einfluss auf die Wohnformen und Pflegebedingungen im Alter (vgl. *Kap. 4.2, 4.6* und *5.2.3*). Männer leben überwiegend bis zu ihrem Tod in der eigenen Wohnung und werden von ihrer (Ehe)Partnerin gepflegt, Frauen verbringen wesentlich häufiger ihr Lebensende in Alten- oder Pflegeheimen oder werden von den eigenen Kindern in Pflege und Versorgung abhängig (vgl. *Naegele/Reichert* 1998; *Backes* 2007: 157f.). Entsprechend der demographischen Verteilung gestaltet sich im Alter auch die Haushaltsgröße: Es überwiegen Ein- und Zweipersonenhaushalte. Von den 80-jährigen und älteren Personen lebten 2005 nur 28,7% der Männer, aber 69,4% der Frauen in Einpersonenhaushalten (vgl. *Roloff* 2006: 10).

Ein bedeutendes, mit Alter assoziiertes Merkmal familiärer und partnerschaftlicher Veränderung stellt die *Verrentung bzw. Pensionierung* von einer Person im Partnerschafts- oder familialen System dar. Haben bis dahin i.d.R. die Kinder bereits den Haushalt verlassen, so wird bei der Verrentung des Ehemannes häufig eine generelle Umorientierung in der partnerschaftlichen Beziehung erforderlich. Weitgehend sind die Umstellungen, wenn sich die Frauen bezüglich ihrer eigenen Verrentung oder auch durch Kündigung auf den Zeitpunkt der Pensionierung des Partners ausrichten (vgl. *Allmendinger* 1990; *Gather* 1996). Die notwendigen Anpassungsleistungen sind weniger gravierend, wenn die Frauen über den Zeitpunkt der Verrentung des Mannes hinaus weiterarbeiten. Doch bei beiden Varianten entsteht mehr (zeitliche) Gemeinsamkeit. Deshalb müssen Ehepartner, die vorher einen größeren Teil des Tages unabhängig voneinander verbracht haben, für die vermehrte gemeinsame Zeit Sinn stiften und neue räumlich-zeitliche Arrangements treffen (vgl. *Schäuble* 1989). Eventuell werden häusliche Aufgaben anders verteilt. Für stärker familienzentrierte Frauen kann dabei das Problem entstehen, dass der Ehemann in Bereiche eindringt, die sie bisher weitgehend selbständig und unabhängig gestalten konnten (vgl. *Gather* 1996; *Clemens* 1997: 253). Weitere psychosoziale Herausforderungen entstehen, wenn bei einem Partner (oder sogar bei beiden) die Anpassung an den Ruhestand einen krisenhaften Verlauf nimmt. So müssen z.B. Ehefrauen Krisenbewältigung betreiben, wenn der Mann Probleme mit dem (vorzeitigen) Abschied vom Erwerbsleben hat (vgl. die Fallstudien bei *Backes* 1987).

Empirische Studien über partnerschaftliches Leben in der ersten nachberuflichen Zeit berichten von hohen Zufriedenheitswerten in Ehebeziehungen, die erst mit steigendem Alter auf Seiten der Frauen etwas nachlassen (vgl. *Clemens* 1997: 252ff.). Gesundheitliche Probleme und Behinderungen eines Partners wirken selten destabilisierend, sondern führen Paare häufiger enger zusammen. Dies kann auf den weitgehend ausgeglichenen Umfang gegenseitiger sozialer Unterstützung und Vertrauens zwischen Ehepartnern zurückgeführt werden. Hier zeigt sich eine Kontinuität gegenseitiger sozialer Unterstützung vom Erwerbsleben bis in den Ruhestand. Allerdings findet eine Ausweitung emotionaler Beziehungen bei vorher geringerer Ausprägung i.d.R. später nicht mehr statt.

Ein wichtiger Aspekt partnerschaftlichen Arrangements betrifft die Verteilung häuslicher Aufgaben und deren Veränderung im Ruhestandsprozess. Bei einem großen Teil der heutigen Ehen und Partnerschaften existiert eine traditionelle Rollenteilung, wobei die Frau weitgehend für Haushalts- und Familienaufgaben zuständig ist. Diese Konstellation trifft für ältere Ehen in noch stärkerem Maße zu. Mit der Berufsaufgabe beider Partner verschieben sich die Zuständigkeiten im Haushalt nur unwesentlich. Männer verstärken ihr Engagement hauptsächlich in den auch vorher von ihnen wahrgenommenen Aufgabenbereichen, wie Reparaturen, Gartenarbeit und Besorgungen. Einige Studien berichten von schichtenspezifischen Unterschieden in der Verteilung der Hausarbeit: In mittleren Sozialschichten beteiligen sich Männer im Ruhestand eher im Haushalt als in unteren Schichten. In der Mehrzahl der Untersuchungen wird davon ausgegangen, dass sich während des Erwerbslebens praktizierte traditionelle Rollenmuster im Ruhestand fortsetzen.

Aus weiteren Untersuchungen gibt es Hinweise, dass sich geschlechtsspezifische Unterschiede in der Arbeitsteilung im Haushalt im Laufe des Ruhestands tendenziell verringern (vgl. *Gather* 1996). Männer übernehmen demnach häufiger traditionell weibliche Aufgaben, wie Putzen und Waschen, als vorher. Diese Tätigkeiten der Männer haben aber den Charakter von „Mithelfen“ und stellen die traditionelle Arbeitsteilung kaum in Frage. Nach dem Übergang in den Ruhestand verändern sich familiäre soziale Netzwerke in ihrer Grundstruktur nur unwesentlich, sie gewinnen aber eine andere Qualität. Die Beziehungen zu den eigenen Kindern und Enkelkindern werden von den meisten untersuchten Frauen nach den Studien von *Niederfranke* (1992: 182f.) und *Clemens* (1992) intensiviert, und sie erleben diese mit vergrößerten Freiheitsspielräumen. Das Ausmaß der inneren Anteilnahme und die persönliche Motivation zur Unterstützung der Eltern oder Schwiegereltern verändern sich nicht. Das Gefühl einer mehr selbstbestimmten Gestaltung der Beziehung entsteht auch hier.

Die Rolle als Tochter alternder Eltern (vgl. *Wand* 1986) verändert sich bei den älteren Frauen. Besuche, Hilfeleistungen oder Pflegetätigkeiten werden häufiger und intensiver gestaltet (*Niederfranke* 1992: 184; *Wurm/Tesch-Römer* 2006). Die Übernahme der Verantwortung für hochbetagte Eltern kann allerdings zu einem möglichen Konfliktpunkt in der ehelichen Beziehung der „nachelterlichen Gefährtenschaft“ werden. Infolge der „vertikalisierten“ Familienstruktur (vgl. *Kap. 4.4*) wächst die Wahrscheinlichkeit, dass einzelne Familienmitglieder – häufig die Frauen – für längere Zeit instrumentelle und emotionale Hilfen zu leisten haben oder die Pflege chronisch kranker und betagter Angehöriger übernehmen müssen (vgl. *Bengtson/Schütze* 1992: 503; *Backes u. a.* 2008). Männer und Frauen an der Schwelle zum eigenen Alter zeigen häufig eine innere moralische Verpflichtung zur Verantwortung für alte Eltern, selbst wenn die Beziehung zu ihnen nicht durch innere Bindung geprägt ist (vgl. *Schütze/Wagner* 1991). Wenn die Eltern oder ein Elternteil in die Familie aufgenommen werden (müssen), kann für die pflegende Person allerdings ein Zwiespalt zwischen Hinwendung zum Partner einerseits und Befriedigung konkreter und emotionaler Bedürfnisse der Eltern andererseits entstehen (vgl. *Wand* 1986: 102). Die Ehe kann in eine Krise geraten, oder es kann auch zur Entfremdung zwischen den Partnern kommen, da die Gefahr eines allmählichen Verlusts gemeinsamer Interessen, Aktivitäten und emotionaler Verbundenheit besteht. Frauen tragen als Töchter bzw. Schwiegertöchter den größten Teil der Arbeitslast und sind in solchen Situationen besonders gefährdet. Selbst bei

Hilfe durch die Kinder oder eine Sozialstation kann die Pflegebelastung für ältere Töchter alter Eltern zum kritischen Lebensereignis werden, zur Gefahr für psychophysisches Wohlergehen und eigenes Älterwerden (*Wand* 1986: 146).

Über die Entwicklung alter Ehen und die Qualität von Partnerschaft im Alter gibt es bisher nur wenige Untersuchungen. Kulturhistorisch haben sich zwei Muster herausgebildet, die sich in neueren empirischen Studien wiederfinden (vgl. *Fooken* 1999: 223):

- Die eine Beziehungsform betrifft die vollkommene eheliche Eintracht und das Zusammenwachsen alter Paare.
- Die andere Beziehungskonstellation thematisiert das Machtgefälle in ehelichen Beziehungen, das sich im Alter häufig zugunsten der Frau entwickelt.

Studien zeigen in vielen Fällen einen U-förmigen Verlauf der Zufriedenheit mit der Ehe im Lebensverlauf, bei der zu Beginn ein Höhepunkt besteht, die im mittleren Lebensalter – wenn die Kinder noch in der Familie leben – einen Tiefpunkt erreicht und sich später wieder auf ein höheres Niveau hin entwickelt.

Eine größere Variationsbreite von möglicher Entwicklung in alten Partnerschaften zeigen die von *Rosenmayr* (1992: 468ff.) skizzierten (ideal)typischen Beziehungskonstellationen, die allerdings nicht empirisch überprüft sind:

- „Ein singularisiertes psychosoziales Klima“, das sich als ein Nebeneinander von zwei „Autisten“ oder in „Festungspaaren“ äußert, die nach außen Einigkeit, nach innen wechselseitige Grabenkämpfe und Schuldzuweisungen praktizieren.
- „Ein ambivalentes, kompensatorisches Verhältnis zwischen Partnern im späten Leben“, bei dem Zuwendung und Abwendung, Liebe und Hass zusammenfallen. Das jeweils vorherrschende Erleben – Ausbruch oder Beharren – wird zu kompensieren versucht.
- „Entwicklung von Intimität bei gleichzeitig vorhandener Abgrenzungsfähigkeit“. Es gelingt den Partnern, ambivalente Verhältnisse zu verarbeiten, die Ambivalenz von Intimität und Distanz wird bewusst und kontrollierbar; es kann eine „geglückte Dualität“ entwickelt werden.

Das im Laufe der Partnerschaft entwickelte Konstrukt der Intimität ist ein prozessuales Geschehen, in dessen Verlauf emotionale Verbundenheit und Verbindlichkeit, Gegenseitigkeit und Akzeptanz sowie Bereitschaft zur Offenheit gegenüber den Bedürfnissen des anderen erwachsen.

Eng verbunden mit der Frage entwickelter Intimität wird in der Gerontologie in den letzten Jahren *Sexualität im Alter* öfter thematisiert (vgl. *Foo-*

ken 1990; *Rosenmayr* 1992, 1996; *Schultz-Zehden* 2004). Bei den heutigen Alten existieren häufig noch Vorbehalte diesem Thema gegenüber, während zukünftige Altersgenerationen damit vermutlich offener umgehen werden. Allgemein gilt für die heute älteren und alten Menschen, dass die partnerschaftliche Sexualität weitgehend von den Bedürfnissen und Möglichkeiten des Mannes geprägt wird (vgl. *Fooken* 1999: 224f.). Frauen leben dabei ihre Bedürfnisse seltener aus als Männer, obwohl deren sexuelle Reaktionsformen stärker den Alterseffekten unterliegen. Liebesbeziehungen im höheren Alter werden häufig von den Veränderungen des Körpers und der (gegenseitigen) Attraktivität bestimmt, die eine Anpassung an die sich mit dem Altern wandelnden Voraussetzungen erforderlich machen. Überforderungen treten z.B. in Fällen von Pflegebedürftigkeit und beginnenden Demenzen ein.

Trennungen und Scheidungen im Alter haben in den letzten Jahrzehnten deutlich zugenommen. Zwischen 1960 und 1990 vervierfachte sich in der Bundesrepublik Deutschland die Zahl der Scheidungen bei mehr als 25 Jahre währenden Ehen (*Rosenmayr* 1996: 74f.). Seither haben sich die Scheidungsraten unter älteren Ehepaaren ständig erhöht: So hat der Anteil der Scheidungen nach der „Silberhochzeit" an allen Scheidungen zwischen den Jahren 2001 und 2009 von 9,4% auf 12,5% zugenommen (*Statistisches Bundesamt* 2003: 75, 2011: 62). In der wenigen dazu vorliegenden Literatur benennt man als Gründe eine schleichende Entfremdung und Desillusionierung zwischen den Ehepartnern. Ein zentrales Problem einer gestörten Partnerschaft im Alter sieht *Fooken* (1999: 226) in der verbreiteten Unfähigkeit, sich über Bedürfnisse, Erwartungen und Gefühle auszutauschen. So haben z.B. die Maßstäbe des jungen Erwachsenenalters bei der Partnerwahl im späteren Leben an Bedeutung verloren oder sind anderen Ansprüchen gewichen. Die individuelle Entwicklung der Partner kann zudem verschiedenartig verlaufen und wird nicht ausreichend bearbeitet. Das Scheidungsrisiko ist vor allem bei traditionellen Rollenmustern der geschlechtsspezifischen Arbeitsteilung höher als bei unkonventionellen. Die für Scheidungen im höheren Alter am häufigsten genannte Begründung ist – wie in jüngeren Beziehungen – das „Fremdgehen" eines Partners. Scheidungen in alten Ehen wirken sich auch auf die sozialen Beziehungen zu Kindern aus und können zu höheren Suizidrisiken, sozialer Isolation, finanziellen Problemen, Depressionen, Schuld- und Rachegefühlen sowie Selbstwerteinbußen führen (*Fooken* 1999: 226).

Im Gegensatz zur Trennung oder Scheidung im Alter stellt die Lösung der Ehe durch *Verwitwung* einen „normalen" Vorgang dar. Verwitwung ist als ein zentrales „kritisches Lebensereignis" (vgl. *Filipp* 1999: 116ff.) zu verstehen, das durch die demographisch höhere Überlebenswahrscheinlichkeit überwiegend Frauen trifft. Wenn Frauen ihre Männer überleben, tritt der Bezug von Witwenrente (2010) durchschnittlich im Alter von 70,6 Jahren ein. Verheiratete Männer dagegen beziehen in einem durchschnittlichen

Alter von 72,5 Jahren Witwerrente (vgl. *Deutsche Rentenversicherung Bund* 2011: 125). Die Bewältigungschancen sind bei einem antizipierbaren Tod des Partners bzw. der Partnerin recht gut, insbesondere wenn soziale Unterstützung und Integration in soziale Beziehungen bereits vor der Verwitwung bestanden und damit Kontinuität existiert (vgl. *Kap. 2.4.5* und *4.4*). Eine günstige Voraussetzung besteht auch in Folge von sozialer Kompetenz in der Partnerschaft, die bereits während der Ehezeit entwickelt worden ist – wie Kommunikation und Fähigkeit zur Konfliktbewältigung. Für Frauen spielen auch die in später Erwerbstätigkeit erworbenen oder vertieften sozialen Fähigkeiten eine bedeutende Rolle in der Bewältigung der Trauerphase. Partnerverlust kann – nach psychogerontologischem Ansatz – auch grundsätzlich eine Entwicklungschance bedeuten, indem durch die Anbahnung neuer Beziehungen selbstbestimmte Kompetenzen und neue Lebensperspektiven entwickelt werden (vgl. *Fooken* 1999: 227.).

Im Laufe der Lebensphase Alter ändern sich neben den partnerschaftlichen auch die darüber hinausgehenden familiären Beziehungen. Die Familienbeziehungen der „jungen" Alten sind durch deren Stellung in der Generationenfolge bestimmt. So können noch hochbetagte Eltern oder Väter bzw. Mütter leben, zu denen soziale Beziehungen in quantitativer und qualitativer Hinsicht bis in das hohe Alter unverändert bestehen bleiben (*Wagner u.a.* 1996: 307ff.). Es überwiegen allerdings die Beziehungen zu den eigenen Kindern, vor allem bei älter werdenden (Ehe)Paaren. Die Beziehung zwischen der alten Eltern- und der Kindergeneration wird häufig durch die Begriffe „Intimität auf Abstand" oder „Innere Nähe bei äußerer Distanz" (*Rosenmayr*) charakterisiert. Damit soll betont werden, dass von alten Menschen eine Eigenständigkeit mit möglichst langer Selbständigkeit angestrebt wird. Dieses drückt sich im Wohnverhalten und den Wohnbedingungen alter Menschen aus (vgl. *Kap. 4.6*).

Neben der räumlichen „Distanz" sind die persönlichen Beziehungen zur Verwandtschaft, insbesondere zu den eigenen Kindern durch weitgehende Nähe gekennzeichnet (vgl. *Kohli u.a.* 2005: 206), aber auch nicht unproblematisch, wenn durch Pflege ungewollt direkte Nähe und Abhängigkeiten entstehen (vgl. *Kap. 4.2*). Familiäre Beziehungen sind überwiegend intensiv, zumal der größte Teil der Kinder regional im Umkreis der alten Eltern lebt (vgl. *Schütze/Wagner* 1991). So wurde durch den „Alterssurvey" ermittelt, dass von den 70- bis 85-Jährigen, die mindestens ein lebendes Kind haben, lediglich 8,8% mit diesem im gleichen Haushalt zusammenleben (*Kohli u.a.* 2005: 186). Im getrennten Haushalt, aber unter einem Dach leben bereits 26,7%, im gleichen Haus oder in der Nachbarschaft 44,5%. Und von 90,6% der Befragten wohnt mindestens ein Kind in einer Entfernung von maximal zwei Stunden. In den zwei späteren Wellen des Alterssurveys von 2002 und 2008 zeigt sich ein Anstieg der Wohnentfernung zwischen Erwachsenen und ihren alten Eltern – als Ergebnis des „sozialen Wandels" (*Mahne/Motel-Klingebiel* 2010: 196).

Ein besonderes Problem fehlender Sozialbeziehungen im Alter zeigt sich in der „Berliner Altersstudie“, die einen hohen Anteil von Kinderlosigkeit unter den über 85-Jährigen feststellt, auch wenn dieser in erster Linie als Kohorteneffekt interpretiert werden muss (*Wagner u.a.* 1996: 301). Insgesamt haben in dieser Studie von den 70-jährigen und älteren Männern 77%, von den gleichaltrigen Frauen 70% mindestens ein Kind. Die Bezüge zu den Kindern bilden für alte und sehr alte Menschen die häufigsten Rollenbeziehungen, wobei häufig ein direkter, in den meisten Fällen auch enger Kontakt besteht (*Wagner u.a.* 1996: 307; *Kohli u.a.* 2005: 206). In den letzten Jahrzehnten hat die Kinderlosigkeit deutlich zugenommen, v.a. bei Frauen in den alten Bundesländern (*Statistisches Bundesamt* 2012: 28; vgl. *Kap. 4.4*). Eigene Kinder stellen für die Alten auch den generationalen Kontakt zu Enkeln und Urenkeln her, während alte Menschen ohne Kinder Verwandte in direkter Linie nur in der eigenen Generation haben können – die sich mit zunehmendem Alter immer mehr ausdünnt.

2.4.5 Veränderungen sozialer und generationaler Beziehungen

Soziale Beziehungen und soziale Netzwerke gestalten sich im Alter in Abhängigkeit von der Familiengestalt und den Möglichkeiten, außerfamiliale Kontakte bis ins hohe Alter lebendig zu halten. Zwar treten nach dem Auszug der Kinder aus dem Elternhaus, dem Ausscheiden aus dem Erwerbsleben und der Verwitwung bedeutende Rollenverluste ein, die nur im „jungen“ Alter teilweise, später kaum noch kompensiert werden können. Andererseits können bei eigenen Kindern, Enkeln und Urenkeln generationale die schwindenden außerfamilialen Beziehungen ersetzen. Es wird angenommen, dass im höheren Alter ein intensiverer Kontakt zu Menschen entsteht, denen sich die Älteren besonders verbunden fühlen. Ein funktionierendes soziales Netzwerk ist im Alter von besonderer Bedeutung, da häufiger Hilfe- und Pflegebedürftigkeit auftreten und soziale sowie generationale Beziehungen unterstützend wirken.

Wichtige Determinanten für entsprechende Beziehungen sind Familienstruktur, die Größe des Freundes- und Bekanntenkreises wie auch die regionale Erreichbarkeit der alten Menschen. Eine stark veränderte Relation zwischen den einzelnen Altersgruppen hat im Laufe der Jahrzehnte zu einer Ausdünnung möglicher Kontakte geführt: Kamen vor ca. 100 Jahren auf einen über 75-Jährigen noch 79 jüngere Personen, waren es 1950 noch 35, so sind es heute noch gerade gut 10 Personen (*vgl. Statistisches Bundesamt* 2011). Einem Rückgang der Drei- und Zweigenerationenhaushalte steht die Zunahme von Eingenerationen- und Einpersonenhaushalten gegenüber (vgl. *Kap. 2.3.2*). Der generationale Aufbau wird durch das Bild der „Bohnenstangen-Familie“ (*Rosenmayr* 1996: 14) symbolisiert: Die soziale Generationenvielfalt wächst, wobei die jeweiligen Generationen nur einen kleinen

Umfang haben. Das haushaltsmäßige Zusammenleben als familiäre Wohngemeinschaft nimmt hingegen ab, während neuere nicht-familiäre Wohnformen – wie Wohngemeinschaften oder Mehrgenerationenhäuser – mehr Zuspruch finden (vgl. *Schulz-Nieswandt u. a.* 2012; *Gierse/Wagner* 2012).

Zwar haben Familie und Verwandtschaft im höheren Alter unter den sozialen Beziehungen Priorität, doch auch Freunde, Nachbarn und Bekannte spielen in sozialen Netzwerken eine bedeutsame Rolle. Dabei bietet ein differenziertes soziales Netzwerk die besten Voraussetzungen für soziales Leben und Hilfen im Alter (vgl. *Lang* 1994; *Fooken* 1999: 237):

- *Familiäre und verwandtschaftliche Beziehungen* sind wichtig für länger währende und physisch belastende Unterstützungsleistungen;
- *Freundschaftsbeziehungen* vermitteln vorrangig soziale Anerkennung und helfen, Gefühle auszutauschen und die Freizeit zu gestalten;
- *Nachbarn* sind für kleinere Hilfen und Austausch im häuslichen Bereich wichtig;
- *Bekannte* und Vereinszugehörigkeit nehmen für rüstige ältere Menschen eine wichtige Funktion hinsichtlich der Sozialkontakte und Freizeitaktivitäten wahr.

Die *Berliner Altersstudie* hat untersucht, welche sozialen Beziehungen im höheren Alter (70 Jahre und mehr) außer zu den Kindern zu Geschwistern, entfernten Verwandten, Freunden und Nachbarn bestehen (vgl. *Wagner u. a.* 1996: 306 ff.). So haben fast die Hälfte aller alten Männer und Frauen mindestens einen lebenden Bruder oder eine lebende Schwester. Mit steigendem Alter nimmt diese Relation allerdings stark ab: Von den über 94-Jährigen haben nur noch 15% Geschwister. Besuchskontakte finden im Durchschnitt alle drei Wochen statt. Entfernte Verwandte nehmen einen hohen Stellenwert im sozialen Netzwerk alter Menschen ein. In der Berliner Altersstudie war dies bei zwei Drittel der Befragten der Fall, fast ebenso viele (64%) der Alten haben mindestens einen Freund. Die Hälfte (49%) haben Bekannte, und 29% rechnen mindestens einen Nachbarn zum Netzwerk (*Wagner u. a.* 1996: 309). Nach den Kontakten zu den eigenen Kindern nehmen Freunde im Alter eine wichtige soziale Funktion wahr. Die Anzahl persönlicher Bekannter nimmt mit zunehmendem Alter tendenziell ab. Die sozialen Beziehungen äußern sich als Hilfeaustausch, wobei eine entwickelte Reziprozität besteht oder angestrebt wird. Es handelt sich dabei sowohl um emotionale Unterstützung als auch um finanzielle und materielle Transfer-Leistungen (*Fooken* 1999: 235). Freundschaftsbeziehungen im Alter haben einen hohen Stellenwert für das subjektive Wohlbefinden. Insbesondere alleinstehende ältere Frauen, aber auch Paare sehen darin ergänzende und unterstützende Sozialbeziehungen vor allem auch emotionaler Art.

In Hinsicht auf das Verhältnis der Generationen zueinander stellt sich die Frage, ob die als „Generationenkonflikt" bis hin zum „Krieg der Generationen" (Kontrahentengeneration) (vgl. *Gronemeyer* 1989; kritisch: *Wolf/Kohli* 1998) postulierten Interessengegensätze sich auf familiärer-generationaler Ebene (Abstammungsgeneration) wiederfinden. Dem scheinen die Ergebnisse empirischer Studien zu widersprechen. Zwar müssen durchaus Generationenkonflikte konzidiert werden, und die Generationenbeziehungen sind Belastungen ausgesetzt, doch auf familiärer Ebene ist eine differenzierte Betrachtung angezeigt. So weisen die Ergebnisse des Alterssurveys nach, dass die These von den Beziehungsverlusten zwischen Eltern und erwachsenen Kindern falsch ist: „Der Alters-Survey belegt in beeindruckender Weise, dass erwachsene Kinder und Eltern a) sich emotional eng miteinander verbunden fühlen, b) häufig miteinander in Kontakt stehen und c) sich gegenseitig mit finanziellen Transfers und immateriellen Hilfeleistungen unterstützen." (*Kohli u.a.* 2005: 206, vgl. auch *Mahne/Motel-Klingebiel* 2010) Die engsten Beziehungen bestehen zwischen Müttern und Töchtern, die geringsten zwischen Vätern und Söhnen. In Ostdeutschland sind die Beziehungen der Generationen zueinander etwas enger als in Westdeutschland, Ausländer haben etwas engere Beziehungen zueinander als Deutsche.

Eine Analyse von materiellen Transfers und instrumentellen Hilfen im Alters-Survey zeigt überraschende Ergebnisse (vgl. *Kohli u.a.* 2005: 191ff.): Neben Erbschaften spielen materielle Transfers – Geld- und größere Sachgeschenke sowie regelmäßige finanzielle Unterstützung – von älteren und alten Menschen zu Lebzeiten eine bedeutende Rolle. Finanzielle Transfers fließen überwiegend von der älteren zur jüngeren Generation. So haben von den 70- bis 85-Jährigen im letzten Jahr zu 24,1% ihre Kinder und zu 14,7% ihre Enkel finanziell bedacht, haben aber nur zu 2,9 bzw. 0,2% von diesen materielle Unterstützung erfahren. Bei den instrumentellen Hilfen ist die Richtung umgekehrt: So haben die 70- bis 85-Jährigen zu 21,9% Hilfen von Kindern und zu 7,1% von Enkeln erhalten, selber aber nur zu 6,7 bzw. 0,5% gegeben. Diese Ergebnisse können als austauschbezogene Kompensation interpretiert werden. Auch im Jahr 2008 (3. Welle Alterssurvey) fließen Geld- und Sachtransfers weiterhin vor allem von älteren zu jüngeren Familienmitgliedern, während instrumentelle Hilfen besonders von jüngeren für ältere familiale Generationen geleistet werden (*Mahne/Motel-Klingebiel* 2010: 204; vgl. auch *Deindl* 2011). 40- bis 54-Jährige sind besonders „transferaktiv", etwa 20% von ihnen mit lebenden Eltern unterstützen diese durch Hilfen im Haushalt, ein knappes Drittel gibt finanzielle Transfers an erwachsene Kinder. Fast jeder Zehnte der 40- bis 54-Jährigen erhält selbst von seinen Eltern Geld- und Sachleistungen, 4% auch von den Großeltern.

Zwar können entsprechende – meist quantitativ ermittelte – empirische Ergebnisse nur wenig über die Qualität sozialer und generationaler Beziehungen aussagen. Es zeigt sich aber einerseits, dass es ein breites, auch mit dem Alter wenig abnehmendes Potenzial von Beziehungen, sozialer Unterstützung und Hilfen im Alter gibt. Rollenbeziehungen wandeln sich mit zunehmendem Alter, wenn auch einzelne Beziehungen – wie zu Kindern, Bekannten und Nachbarn – stabil bleiben können. Freundschaften und Verwandtschaftsbeziehungen aus der eigenen Generation nehmen in späteren Jahren quantitativ allerdings deutlich ab. Auf der anderen Seite existieren auch Problemgruppen – wie Kinderlose oder Heimbewohner – mit vergleichsweise wenigen sozialen Beziehungen und kumulierenden Problemlagen im Alter (vgl. *Kap. 4.5*). Hier treten eher soziale Isolation und Einsamkeit auf (*Wagner u.a.* 1996: 317). Deutlich wird in empirischen Studien, dass soziale und generationale Beziehungen im Alter sehr differenziert betrachtet werden müssen, dass sehr unterschiedliche Stadien in der langen Altersphase eintreten und Beziehungen vielfältiger Art bestehen. Im Alter kann deshalb nicht generell von sozialen Problemlagen – wie Isolation und Einsamkeit – ausgegangen werden.

2.5 Lebens(ver)lauf und Lebensphase Alter

Der Lebenslauf hat sich im Zuge der industriellen Entwicklung als Organisation des individuellen Lebens gesellschaftlich verstetigt. Er wird von *Kohli* (1985) als „soziale Institution" beschrieben, in der das chronologische Alter zur Bezugsgröße für die Ausbildung einer „Normalbiographie" wird. Als Bedingungen für die „Institutionalisierung des Lebenslaufs" werden gesehen

- die gestiegene Lebenserwartung mit der historischen Entwicklung von der „unsicheren zur sicheren Lebenszeit" (*Imhof*),
- die Entwicklung eines standardisierten Familienzyklus und
- die Differenzierung von drei Phasen des Erwerbslebens in Vorbereitungs-, Aktivitäts- und Ruhephase.

Diese Institutionalisierung ist um das Berufsleben herum organisiert und wird gesellschaftlich durch das Bildungs- und Sozialversicherungssystem ausgeprägt. Inzwischen wird die Konstruktion eines „modernen Lebenslaufs" in Form einer historischen Generalisierung als zu allgemein und der Gesellschaftsstruktur nicht angemessen kritisiert, außerdem wird seit den 1960er Jahren ein Trend zur De-Institutionalisierung konzidiert (*Kohli u.a.* 1993: 28). Die Auswirkungen einer „Institutionalisierung" werden seit längerem – inzwischen auch hinsichtlich der Altersphase – kontrovers diskutiert: Hat der moderne Lebenslauf zu einer Ausweitung individueller Handlungsspielräume und Entbindung aus gesellschaftlichen Verpflichtungen und sozialen Netzwerken geführt, kurz: zur Individualisierung mit dem Zwang zur subjektiven Lebensführung und zur eigenverantwortlichen Gestaltung des Lebenslaufs in Form einer „Bastelbiographie“ (*Beck*)? Oder sind die sozialstrukturellen und sozialstaatlichen Voraussetzungen maßgebend für institutionell und positional zu unterscheidende Handlungsrationalitäten, die als Ausdruck von Gesellschaftsstruktur Individuen lebensgeschichtlich prägen? Aber sowohl im Ansatz der „Institutionalisierung des Lebenslaufs“ wie auch einer „Sozialstruktur des Lebensverlaufs“ (*Mayer*) findet sich Alter als eigenständige Lebensphase, die allerdings eingebunden und als Produkt von gesamtgesellschaftlichen, soziohistorisch geprägten Lebens(ver)läufen verstanden wird (vgl. *Kap. 3.6*).

Menschen handeln im Lebenslauf unter zwei verschiedenen Einflusssphären:

- Sie handeln unter strukturellen Bedingungen der Gesellschaft und von Organisationen. Diese werden bestimmt z. B. durch Ökonomie, Beschäftigung, Arbeitsbedingungen, Geschlecht, Alter, Nationalität und Wohnbedingungen.
- Außerdem handeln sie über die individuelle Sphäre der Persönlichkeit, Charakterzüge, Ziele, Verantwortlichkeiten, Definitionen der Situation unter Bedingungen der Gesundheit, Zeitdimension, Lebenserfahrung, Werte und Einstellungen etc.

Danach erfolgt die Vergesellschaftung im Lebenslauf einerseits auf der gesellschaftsstrukturellen Ebene – als Positionssequenz oder institutionelle Karriere –, andererseits auf der Ebene individueller Existenz unter biographischer Perspektive vor dem Hintergrund lebenszeitlicher Verlaufsformen.

Die Lebensphase Alter ist als letzte Phase des Lebenslaufs zudem in mehrfacher Hinsicht durch die Altersstrukturen in der Gesellschaft und damit auch durch die demographische Entwicklung bestimmt. Die Lebenslage im Alter wird durch einen entwicklungsdynamischen und einen aktuellen Faktor geprägt: Der dynamische Aspekt betrifft die Entwicklungssequenzen des Lebensverlaufs als prozessuale Struktur. Hier werden, lebensgeschichtlich ausgehend von Gesellschafts- und Klassenstrukturen, individuelle Lebenschancen und Entwicklungen im Kontext von Kollektivbedingungen unterschiedlicher Kohortenlagen ermöglicht. Diese Kollektivbedingungen werden durch die Verortung von Kohorten im soziohistorischen Zusammenhang – den jeweils historisch politischen, wirtschaftlichen und sozialpolitischen Rahmenbedingungen – ausgebildet und ändern sich von Generation zu Generation. Zu den Kollektivbedingungen unterschiedlicher Kohortenlagen zählen die jeweilige demographische Größe, damit verbundene Ausbildungs- und Berufschancen sowie familiäre Beziehungsformen individueller Lebensgeschichten (vgl. *Mayer* 1987: 62). Andererseits wird die Lebenslage im Alter durch einen aktuellen demographischen Faktor (mit)bestimmt: Durch die Altersstruktur der Gesellschaft und das (zahlenmäßige) Verhältnis von Altersgruppen zueinander (ausgedrückt z. B.

im Jugend- und Altenquotient, vgl. *Kap. 2.3.2*) werden über gesellschafts- und sozialpolitische Maßnahmen und Regelungen Lebenslagen verteilt und ausgestaltet. Als Beispiel kann die gegenwärtige Diskussion um die Zukunft der Rentenversicherung herangezogen werden (vgl. *Kap. 2.3.4*).

Der lebenszeitlichen Prägung der Altersphase und damit auch lebenslanger demographischer Auswirkungen liegt der Ansatz des „Life-course" oder der „Sozialstruktur des Lebensverlaufs" (vgl. z.B. *Mayer* 1990) zugrunde. Zentrale Annahmen des „Life-course"-Ansatzes gehen z.B. aus von

- immanenten Entwicklungsprozessen im Lebensverlauf, Transformationen und Integration lebensgeschichtlich vorausgegangener Ereignisse;
- Beziehungen zwischen individuellen Entwicklungsprozessen und soziohistorischem Wandel, wobei letzterer auch die demographischen Bedingungen der Kohorten und deren Entwicklung einschließt.

Zentrale Annahmen der Lebensverlaufforschung verdeutlichen den Zusammenhang von individuellen Entwicklungsprozessen, die in der Lebensphase Alter münden, und den jeweils gesellschaftshistorischen – und damit auch demographischen – Bedingungen (vgl. *Mayer* 1990: 10f.):

- Der Lebensverlauf wird verstanden als „endogener Kausalzusammenhang". Spätere Lebensbedingungen sind – wie auch Zielsetzungen und Erwartungen – aus Bedingungen, Entscheidungen, Ressourcen und Erfahrungen der vorausgegangenen Lebensgeschichte zu verstehen und zu erklären.
- Phasen und Abschnitte des Lebensverlaufs müssen in einem Zusammenhang gesehen werden. Verhalten und Handlungspotenziale werden stärker durch die vorangegangene Lebensgeschichte bestimmt als durch bloße Zugehörigkeit zu einer Altersgruppe;
- der Lebensverlauf wird primär durch das Abbild gesellschaftlicher Differenzierung innerhalb und zwischen Institutionen geprägt, weniger von Altersnormen und Normalbiographie;
- die vorausgegangene Lebensgeschichte prägt nicht nur jeweilige Zugangschancen, sondern wirkt verzögert auch auf spätere Übergänge;
- Binnenverläufe innerhalb institutionalisierter Lebensbereiche (wie Erwerbsarbeit, Familie) können nicht unabhängig von Bedingungen und Verläufen außerhalb des Bereichs betrachtet werden.

Mayer (1987: 61) bezieht sich auf eine strukturtheoretische Perspektive des Lebensverlaufs. Individuen werden danach durch institutionell und positional differenzierte Handlungsrationalitäten geprägt, die sich in ihren biographischen Deutungen als gesamtgesellschaftliche Struktur- und Ablaufmuster niederschlagen. Staatliche Interventionen in Institutionen und das soziale Sicherungs- und Steuerungssystem zeigen dabei prägende Wirkungen. Strukturen werden durch folgende gesellschaftliche Bedingungen und Wirkungszusammenhänge ausgeformt:

- „Karrieren" des Bildungs- und Erwerbssystems bilden eigenständige Regelungsgefüge, die
- kodifiziert, z.T. integriert werden durch Auswirkungen staatlicher Eingriffe, insbesondere bei den Übergängen zwischen Ausbildung, Erwerbstätigkeit und Leistungen im Rahmen sozialer Sicherheit,
- Kontingenzen, die frühere Entscheidungen und Lebensbedingungen für den späteren Lebensverlauf besitzen, und
- Kollektivbedingungen unterschiedlicher Kohortenlagen, wie z.B. demographische Größe, Ausbildungs- und Berufschancen oder familiäre Beziehungsformen individueller Lebensgeschichten.

Insgesamt wird deutlich, dass dem Staat und gesellschaftlichen Institutionen eine zentrale Rolle für die Festigung sozialer Differenzierung und die damit einhergehenden Integrationserfordernisse der institutionellen Teilbereiche zugeschrieben wird.

Die Verteilung von Lebenschancen obliegt sicherlich nicht allein dem demographischen Wandel, sie wird auch stark von Arbeitsmarktbedingungen und Beschäftigungsstand bestimmt (vgl. *Rolf/Wagner* 1996). Trotzdem wird deutlich, dass aufgrund soziohistorischer Bedingungen, zu denen Strukturbedingungen – unter anderem die demographische Größe von Geburtskohorten – mit den entsprechenden Gelegenheitsstrukturen gehören, über den Lebenslauf vermittelt Lebenschancen im Alter verteilt werden, allerdings in sozialstrukturell und geschlechtsspezifisch sehr unterschiedlicher und ungleicher Weise (vgl. *Clemens* 1997). Demographische Bedingungen wirken über staatliche Maßnahmen und gesellschaftliche Institutionen auf die Lebenslage der derzeitigen und zukünftigen Altersbevölkerung. Dies wird z.B. deutlich in der Diskussion um die Zukunft des Sozialstaats und bei der (sozial)politischen Bewältigung der demographischen Herausforderung (vgl. *Bäcker/Ebert* 1996; *Bäcker u.a.* 2008b). Hier wird ordnungspolitischer Gestaltungsspielraum gesehen, der allerdings Wertentscheidungen staatlicher Politik erforderlich macht und den demographischen Wandel als „Politik" und nicht als „Sachzwang" versteht (vgl. *Leisering* 1996: 21).

Am Beispiel der heutigen und zukünftigen Rentnergeneration lässt sich der Zusammenhang von demographischem Wandel und Lebenslageentwicklung verdeutlichen: Die Geburtskohorten 1940-45, die noch zu den „jungen Alten" und zur jüngeren Rentnergeneration zählen, hatten durch die Wirtschafts- und Arbeitsmarktentwicklung der Nachkriegszeit die einzigartige Chance, ein kontinuierliches Erwerbsleben mit langen Beitragszeiten zur Rentenversicherung zu realisieren – soweit sie nicht durch Frühausgliederung ihr Erwerbsleben vorzeitig beenden mussten. Durch die Erwerbsbezogenheit der Rentenversicherung sind vor allem Männer und seltener die Frauen dieser Jahrgänge bei hoher biographischer Kontinuität materielle Nutznießer in Form der Altersversorgung. (Und sie werden es in den nächsten Jahren auch bleiben, da eine Absenkung des Rentenniveaus erst später wirken wird.) Ältere Geburtskohorten (z.B. 1920-25) hatten durch Kriegsteilnahme, Arbeitslosigkeit, Arbeitsdienst etc. weniger Kontinuität und geringere rentenwirksame Beschäftigungszeiten, durch die Anrechnung von Ausfall- und Ersatzzeiten sowie bruttolohnbezogene Rentenerhöhungen aber eine vergleichbar hohe Rente bzw. Pension. Zukünftige Rentnergenerationen werden durch häufigere Brüche in der Erwerbsbiographie, mehr Arbeitslosigkeit, eventuelle Teilzeitarbeit und unbezahlte Unterbrechungen der Erwerbsbiographie auf der einen sowie demographisch (mit)bedingte Senkung der Rentenhöhe und Streichung von Anrechnungszeiten auf der anderen Seite künftig eine deutliche Senkung der materiellen Handlungsspielräume in ihrer Lebensphase Alter hinnehmen müssen. So wird bereits seit längerem (z.B. von der OECD) vor einer neuen „Armut im Alter“ gewarnt, während die Politik in Deutschland erst 2012 dieses Thema aufgreift (vgl. *Kap. 4.1.3* und *5.1.2*).

Aus diesen Ausführungen wird deutlich, dass für den (einkommensbezogenen) Zusammenhang von Lebenslauf und Altersphase sowie für die Lebenslage im Alter einerseits die Erwerbsarbeit im Lebenslauf und andererseits die sozialpolitische Ausgestaltung von Lebenslaufregimes maßgeblich sind. Hieraus leiten sich klassen- und geschlechtsspezifische Ungleichheiten ab, die bereits den Lebenslauf prägen und sich im Alter verfestigen. Die Möglichkeiten zum Erreichen einer beruflichen Position und damit verbundener Einkommen im Lebenslauf prägen – über die Lohnzentriertheit unseres Rentensystems – die materielle Lebenslage im Alter. Damit wirken sich z.B. geschlechtstypische berufliche Nachteile von Frauen ebenso wie die Folgen geschlechtsspezifischer Rollen und Arbeitsteilung in Form niedrigerer Renten von Frauen im Alter aus (vgl. *Allmendinger* 1994; *Clemens* 1997: 64f.). Allerdings greift die „Leitkategorie Beruf“ zur Erklärung von sozialer Ungleichheit im Alter zu kurz: Neben berufs- und klassenspezifischen Bedingungen müssen vielfältige sozio-kulturelle, wohlfahrtsstaatliche und gesundheitliche Einflussfaktoren berücksichtigt werden. So hängen auch unterschiedlich verteilte gesundheitliche Risikofaktoren im Lebenslauf mit dem Gesundheitsstatus im Alter zusammen (*Hurrelmann* 1994). Somatische, psychische und soziale Risikofaktoren treten dabei sowohl im Arbeitsleben als auch in privaten Lebensbereichen in Verhältnissen und Verhaltensweisen auf.

Neben den materiellen sind auch andere im Erwerbsverlauf entwickelte psychosoziale Kompetenzen für ein Leben im Alter wichtig: so z.B. Handlungsstrukturen aus sozialen Beziehungen und Dispositionsspielräume. Der berufliche Sozialisationsprozess fördert die persönliche Entwicklung und vermittelt Befriedigung über den Einsatz und die Steigerung eigener Fähigkeiten im Arbeitshandeln. Die im Arbeitsbereich erworbenen Handlungskompetenzen werden auf andere Lebensbereiche übertragen, haben Einfluss auf das Verhalten in Familie und Freizeit und wirken weit über den Zeitpunkt der Pensionierung hinaus. Die Bedeutung dieser Verklammerung von Lebenslauf und Altersphase erweist sich als im besonderen Maße wichtig in Hinsicht auf Erwerbstätigkeit von Frauen, die diese eher zur Bewältigung des sozialen Alternsprozesses befähigt (vgl. *Backes* 1998c).

Der Zusammenhang von Lebensverlauf und Altern wird auch mit der Frage nach Kontinuität bzw. Diskontinuität diskutiert. Der „Kontinuitätsansatz" (vgl. zusammenfassend *Tokarski* 1989: 250 ff.; *Clemens* 1997: 224; *Kap. 3.2.3*) geht – in Anlehnung an die Aktivitätstheorie (vgl. *Kap. 3.2.1*) – davon aus, dass die Lebenszufriedenheit älterer Menschen umso höher ist, je mehr die Alterssituation der Lebenssituation im mittleren Lebensalter ähnelt. Bei alternden Menschen entsteht ein interner Druck zur Kontinuität, der sich in einem grundlegenden Bedürfnis nach Stabilität äußert. Dabei werden eine interne Kontinuität (Beibehaltung der kognitiven Struktur) und eine externe Kontinuität (Beibehaltung der Umweltstruktur) unterschieden (vgl. *Tokarski* 1989: 254). Kontinuität liegt dann vor, wenn nur wenige schwerwiegende Änderungen eingetreten sind. Als Faktoren der Diskontinuität werden z. B. eine nachlassende Gesundheit, die Aufgabe der Berufsrolle und ein Verlust der Mutterrolle bei der Frau, eine Reduktion von Freizeitaktivitäten und der Verlust von Sozialkontakten identifiziert. Die Kontinuitätsthese berücksichtigt das unterschiedliche Anspruchsniveau einzelner Personen, das sich im Lebenslauf sehr unterschiedlich entwickelt. Aktivere sind im Alter danach nur dann zufrieden, wenn sie einen relativ großen Wirkungskreis haben. Während des Lebenslaufs weniger Aktive sind auch schon bei geringeren Aktivitäten im Alter zufrieden.

Die „Berliner Altersstudie" hat Kontinuität anhand von drei Merkmalen untersucht: gesellschaftliche Beteiligung, subjektives Lebensinvestment (selbsteingeschätztes Ausmaß des Denkens und Tuns in zehn zentralen Lebensbereichen) und ökonomische Ressourcen einer Person (*Maas/Staudinger* 1996). Danach herrscht Kontinuität in Verhaltensweisen und Eigenschaften vor, aber es zeigen sich auch diskontinuierliche Prozesse. Letztere hängen vor allem mit altersbedingten Einbußen in der körperlich-geistigen Funktionsfähigkeit im hohen Alter zusammen, weniger mit externen sozialstrukturellen Merkmalen, wie z. B. Bildungsniveau, Schichtzugehörigkeit, Umzüge, Arbeitslosigkeit. Deutliche Auswirkungen auf Diskontinuität der ökonomischen Situation von Frauen im Alter hat eine Scheidung (vgl. auch *Kap. 4.1*). Persönlichkeitsmerkmale und geistige Fähigkeiten wirken – so die Ergebnisse – stärker auf Kontinuität hin als sozialstrukturelle Merkmale.

Allgemein ist die Institution des Lebenslaufs – wie einzelne Lebensphasen – einem fortschreitenden Wandlungsprozess unterworfen, denn seit den

1960er Jahren sind in Familienstrukturen und Berufsverläufen De-Institutionalisierungstendenzen zu erkennen (*Kohli u. a.* 1993: 28). Das heute noch weitgehend gültige Modell der drei Phasen des Lebenslaufs mit einer Altersphase, die frei von (Erwerbs)Arbeit als nachberufliche Phase sozial gesichert ausgestaltet ist, wird sich in Zukunft wandeln (müssen). So werden z.B. aus dem demographischen Wandel Forderungen nach einer flexiblen Regelung der Lebensarbeitszeit abgeleitet (*Rürup/Sesselmeier* 1993). Darin sind auch Optionen auf eine längere Lebensarbeitszeit und eine andere Verteilung von Erwerbsarbeit auf den Lebenslauf enthalten. Entsprechende Überlegungen stellen i.d.R. gedankliche Bezüge zur zukünftigen Finanzierung sozialstaatlicher Leistungen her.

Die bisher altersdifferenzierten Strukturen und Rollen einer herkömmlichen Gliederung des Lebenslaufs in Ausbildung, Berufstätigkeit und Ruhestand haben zu Altersgrenzen und Altersbarrieren geführt (*Tews* 1999: 158). Ansatzpunkte für eine Überwindung dieser Strukturen bietet die Kritik an der „strukturellen Diskrepanz" des Alters, die zwischen den wachsenden Kompetenzen älterer Menschen und den eingeschränkten Möglichkeiten, diese gesellschaftlich einzusetzen, entstanden ist (*Riley/Riley* 1992). Führende Sozialgerontologinnen und Sozialgerontologen (wie W.M. *Riley*, U. *Lehr*, H.P. *Tews*) sehen es als gesellschaftliche Aufgabe an, diese Barrieren zu durchbrechen und verstärkt altersintegrierte Strukturen zu schaffen. Bildung, Arbeit und Freizeit sollen sich parallel durch alle Altersphasen ziehen und in jeweils lebensphasenspezifischer Konstellation kombiniert werden, statt wie bisher auf die entsprechende Lebensphase begrenzt zu bleiben.

2.6 Alter(n), soziale Ungleichheit und Geschlecht

Wie bereits mehrfach betont wurde, handelt es sich bei den älteren und alten Menschen keineswegs um eine homogene soziale Gruppe. Vielmehr setzen sich Muster sozialer Ungleichheit der Gesellschaft im Alter fort, wobei sie sich allerdings altersspezifisch ausprägen. Durch die Geschlechtszugehörigkeit werden sowohl die Lebensphase Alter als auch soziale Ungleichheit im Alter in jeweils spezifischer Weise ausgeformt. So war Armut im Alter in den letzten Jahrzehnten vorwiegend eine problematische Lebenslage, von der Frauen betroffen waren, und dieses soziale Problem ist auch heute noch nicht beseitigt. Außerdem lassen die demographischen Bedingungen, wie kriegsbedingte Ausfälle in den männlichen Kohorten und die wesentlich höhere Lebenserwartung von Frauen, die Aussage: „Das Alter ist weiblich" zu (vgl. *Kap. 2.3.2*). Im Folgenden sollen Entstehung, Formen und Folgen sozialer Ungleichheit wie auch geschlechtsspezifischer Verteilung von Lebenslagechancen im Alter genauer beleuchtet werden.

2.6.1 Soziale Ungleichheit im Alter

Sozialstrukturelle Unterschiede im Alter sind das Resultat lebenslang wirkender Formen sozialer Ungleichheit, die sich aus den klassischen (vertikalen) Merkmalen – wie Herkunft, Beruf und Stellung im Erwerbsleben, Einkommen und Sozialprestige – ableiten lassen. Wichtig werden in diesem Zusammenhang auch die Institutionen der sozialen Sicherung, die über rentenrechtliche Regelungen eine stärkere Differenzierung von – vor allem geschlechtsspezifischer – Ungleichheit im Alter hervorrufen (vgl. *Allmendinger* 1994; *Clemens* 1997: 64). Andererseits wirken im Alter selbst inzwischen die neuen (horizontalen) Merkmale sozialer Ungleichheit, wie unterschiedliche Umweltbedingungen, Wohn- und Wohnumweltbedingungen, Gelegenheitsstrukturen für soziale und kulturelle Partizipation, Kontakt- und Unterstützungschancen, immer stärker (vgl. *Hradil* 1987). Soziale Ungleichheit im Alter bedeutet somit mehr als Unterschiede im Einkommen, und Armut hat im Grunde neben der materiellen auch eine immaterielle Ausprägung (vgl. *Kap. 4.1*). Zwar stellt der Versorgungs- und Einkommensspielraum im Konzept der Lebenslage die zentrale Dimension zur möglichen Versorgung mit Gütern und Diensten dar und bildet die Grundlage für weitere Handlungsspielräume hinsichtlich sozialer Kontakte, Mobilität, Wohnen, Wohnumwelt etc. (vgl. *Clemens* 1997: 40; vgl. auch *Kap. 3.8.2*). Aber erst im Zusammenhang mit sehr unterschiedlichen subjektiven Dimensionen – wie soziale Beziehungen, Verwendungsformen oder Persönlichkeitsfaktoren – kann der „Wirkungsgrad" von Einkommen auf die subjektive „Lebensqualität" als Dimension sozialer Ungleichheit relevant werden.

Zur Analyse sozialer Ungleichheit und objektiver und subjektiver Bedingungen der Lebenslage im Alter müssen diese in einen lebenszeitlichen Verweisungszusammenhang gestellt werden. Voraussetzungen, Entwicklungsbedingungen sowie Ausformungen sozialer Ungleichheit sind zudem im soziohistorischen Kontext zu untersuchen. Die aktuellen Lebensbedingungen und der weitere Lebensverlauf älterer und alter Menschen hängen von materiellen und immateriellen Dimensionen der derzeitigen Lebenslage ab, sind aber auch Resultat vorgängiger Lebensbedingungen, biographischer Erfahrungen und Handlungsressourcen (vgl. *Clemens* 1997: 11). Selbst plötzlich und unerwartet eintretende Lebensereignisse werden in ihren Auswirkungen durch Bewältigungsformen geprägt, die biographisch vermittelt sind. *Kohli* (1990) spricht in diesem Zusammenhang von einer notwendigen Biographisierung sozialer Ungleichheit.

Seit den 1980er Jahren haben Veränderungen in der soziologischen Ungleichheitsforschung zu einer angemesseneren Berücksichtigung von Geschlecht und Alter geführt (vgl. zusammenfassend: *Müller* 1992: 19ff.): So sind sich Schicht- und Klassenkonzept immer näher gerückt. Zur Analyse sozialer Ungleichheit wurden „neue" Dimensionen eingeführt, die weniger als Einkommen und Sozialprestige mit der beruflichen Stellung zusammenhängen: z.B. Bedingungen sozialer Sicherheit, Zugang zu Gütern und Dienstleistungen, Freizeitchancen, Wohn- und Wohnumweltbedingungen, regionale Disparitäten, biographische Verlaufsformen und geschlechtsspezifische Optionen (vgl. z.B. *Schweppe* 2000). *Amann* (1993: 101) betont veränderte Prämissen der Ungleichheitsforschung, die für soziale Ungleichheit im Alter bedeutsam sind:

- Strukturen sozialer Ungleichheit sind kompliziert und vielgestaltig. Neben berufs- und klassenspezifischen Bedingungen produzieren *vielfältige sozio-kulturelle und wohlfahrtsstaatliche Einflussfaktoren* Ungleichheit und müssen berücksichtigt werden ...
- Die *Leitkategorie Beruf* ist für benachteiligende oder privilegierende Lebensbedingungen im Allgemeinen und besonders für die Älteren nicht angemessen.
- Vertikalität und Statuskonsistenz in der gesellschaftlichen Hierarchie sind als Leitkategorien für die Beschreibung vielgestaltiger konkreter Lebensbedingungen vor allem im Alter ungeeignet.
- Die bestimmende Kraft der äußeren Bedingungen für individuelles Wahrnehmen, Urteilen und Handeln ist geringer und weniger direkt wirksam, als in den Schicht- und Klassenmodellen angenommen wird (vgl. die „kognitive Theorie des Alterns"; *Kap. 3.9.2*).

Im Alter dominieren die Einkommensquellen nichterwerbsmäßiger Herkunft, die Betroffene mittels Transfereinkommen zur „Versorgungsklasse" (*Lepsius*) machen. Ungleichheit wird hier nicht mehr über den Arbeitsmarkt oder den Beruf analysierbar – es sei denn in der Fortschreibung früherer Berufspositionen im Sinne der „Kontinuitätsthese" (*Kohli* 1990: 391ff.). Es geht um den differenziellen Einfluss des Wohlfahrtsstaates, um Ungleichheiten im Zugang zu sozialpolitischen Transfereinkommen, zu öffentlichen Gütern und Dienstleistungen, also um Ungleichheiten, die durch politische Verteilungsungleichheiten geprägt werden (und vor allem die Frauen benachteiligen) (vgl. *Hradil/Schiener* 2005). Der Rückgriff auf die frühere Erwerbstätigkeit (wie im Konzept der Klassenlage) greift zu kurz. *Kohli* (1990: 399) schlägt deshalb eine biographische Konzeption („Verzeitlichung") sozialer Ungleichheit vor, in der Strukturbedingungen und Prozesse, die Kontinuität bzw. Diskontinuität bedingen, über den Lebenslauf zu bestimmen sind.

In den Ansätzen von *Kohli* (1990) und *Mayer* (1990) wird mit dem Verlaufsaspekt die Entwicklung sozialer Ungleichheit in lebenszeitlicher Perspektive thematisiert. *Mayer/Blossfeld* (1990: 297) betonen eine alters- bzw. phasenspezifische Zuweisung von Ungleichheit, da sich Schichtstrukturen intergenerational reproduzieren und Personen sich während ihres Lebensverlaufs in ganz verschiedenen Klassenlagen unterschiedlich lange aufhalten. Danach variiert der durchschnittliche soziale Status typisch für Altersgruppen. Maßgebliche Determinanten dazu sind die soziale Herkunft, das Bildungssystem und der Arbeitsmarkt, die unter anderem durch Milieus, Altersgruppen, Geschlecht, gesellschaftliche Kontextbedingungen und gesamtgesellschaftliche Entwicklungsaspekte variiert werden. In Abhängigkeit von diesen Determinanten werden die Ungleichheitsphasen des Lebensverlaufs – und im Ergebnis auch soziale Ungleichheit im Alter – als weitgehend „von außen" gesteuert gesehen. *Mayer/Blossfeld* betonen deshalb eine „überwältigende gesellschaftliche Prägung individueller Biographien".

Die Dynamik sozialer Ungleichheit im Lebensverlauf bis zur Lebensphase Alter diskutiert *Kohli* (1990: 399f.) in einer Konzeption, die durch mehr biographische Offenheit geprägt ist. Er betont die Kontinuität bzw. Diskontinuität der Klassenlage als „Analyse der Strukturbedingungen und Prozesse, unter denen Kontinuität aufrechterhalten bleibt oder Diskontinuität entsteht, und der Dimensionen der Lebenslage, die dafür relevant sind" (399). Dazu werden die zeitliche Dauer von Ungleichheitsphasen, Sequenzen von Positionen und Positionsverknüpfungen, z.B. über Mobilität im Lebenslauf, und Verkettung von Lebensereignissen bedeutsam. Schließlich betont *Kohli* (1990: 400) als weiteren Aspekt die *biographischen Perspektiven*, die gelebte Zeit mit Vergangenheits- und Zukunftshorizonten, über die Individuen ihre Position definieren und ihre Handlungen planen. Biographische Elemente werden im Alter wichtig für die Verknüpfung von materieller und immaterieller sozialer Ungleichheit.

Die Gesamtheit der Lebenslagen heute älterer und alter Menschen hat sich – nicht zuletzt auch infolge des „Strukturwandel des Alter(n)s" (vgl. *Kap. 3.7*) – zum Teil verändert und zu einer immer stärkeren Differenzierung der sozialen Lage im Alter geführt. Man kann deshalb weder generalisierend von *den* zu versorgenden, hilfebedürftigen Alten sprechen, noch die Situation der dynamischen, selbständigen und gut situierten Alten („neue Alte"; vgl. *Dieck/Naegele* 1993) verallgemeinern. Zur Realität des Alters – und damit einhergehender Anforderungen an Gesellschaft – gehört das ausgesprochen heterogene, sozialstrukturell und individuell differenzierte Bild des Lebens im Alter mit seinen verschiedenen Alternsphasen.

Allerdings kann in den letzten Jahrzehnten von einer Verbesserung der Lebenslage im Alter bei relativ großen Gruppen alter Menschen ausgegangen werden, was unter anderem mit dem „Fahrstuhleffekt" (*Beck* 1986) einer generellen Lebenslageverbesserung zusammenhängt. Dennoch sind Armut und Not im Alter keineswegs verschwunden. Weiterhin sind Gruppen von Älteren – wenn auch nicht in dem Umfang wie Angehöriger einzelner anderer Altersgruppen – materiell und v.a. immateriell sozial gefährdet; und dies gilt besonders für Frauen und Angehörige unterprivilegierter Gruppen (*Dieck/Naegele* 1993; *Amann* 1993; *Backes* 2007). Inzwischen muss auch von neuen Unsicherheiten für zukünftige Alte ausgegangen werden. Reale Rentenkürzungen der letzten Jahre, weitere Senkung des Rentenniveaus, eine stärkere Verlagerung auf private Absicherung finanzieller Risiken der Lebensphase Alter und eine Zunahme unsteter Erwerbsbiographien werden vor allem sozial gefährdete Gruppen treffen.

In der „Berliner Altersstudie" (vgl. *Mayer/Wagner* 1996) wurden zur Analyse von Lebenslagen und sozialer Ungleichheit im Alter Bildungsstand, berufliche Stellung, Haushaltseinkommen, Wohnbedingungen, Haushaltsformen, soziale Aktivitäten und Medienkonsum sowie Quellen von Hilfe und Pflege der über 70-Jährigen untersucht. In der Verteilung der Schichtzugehörigkeit zeigen sich deutliche Unterschiede nach Altersgruppen: Jüngere Alte weisen eine durchschnittlich höhere soziale Positionierung auf als ältere. Die Schichtzugehörigkeit wird von den Forschern als ein Moment der sozialen Lage am Beginn der Rentenphase bezeichnet. In der materiellen Lage (*Mayer/Wagner* 1996: 261ff.) zeigen sich im Rentenalter durchaus „soziale Abstiege" bei einem Teil der Probanden. Verursacht sind diese durch Lücken im System der Alterssicherung, z.B. bei Selbständigen, die nicht ausreichend versichert waren. Frauen sind in Hinsicht auf Einkommen signifikant schlechter gestellt, eine Folge von Rentengesetzgebung und geringerer im Arbeitsleben erworbener Ansprüche.

Als überraschend und interpretationsbedürftig bezeichnen *Mayer/Wagner* (1996: 273) den geringen Zusammenhang, den die „Berliner Altersstudie" zwischen sozioökonomischen Bedingungen und Indikatoren körperlicher und geistiger Gesundheit findet. Als Erklärung bieten sie an, dass einerseits (in anderen Studien nachgewiesene) höhere Morbiditäts- und Mortalitätsrisiken in sozial schwächeren Gruppen (vgl. *Clemens* 1997: 165ff.; *Lampert/Ziese* 2005: 176ff.; *Lampert* 2009) zu einem „survival of the fittest" geführt haben und die „Überlebenden" sich den sozial besser gestellten Gruppen angleichen. Andererseits könne eine umfassende Krankenversicherung zu einem relativ egalitären Zugang zu medizinischen Leistungen geführt und zusätzliche sozioökonomische Differenzierungen verhindert haben.

Altersbedingte Einflüsse zeigen sich vor allem in Hinblick auf soziale Aktivitäten und gesellschaftliche Beteiligung, die stark vom Gesundheitszustand abhängen. Materielle Ressourcen können die Folgen von gesundheitlichen Beeinträchtigungen nur z.T. kompensieren. Innerhalb der Gruppe der Alten zeigt sich das soziale Altern in der Reduzierung immaterieller Dimensionen. Die gesellschaftliche Beteiligung nimmt in allen Bereichen ab und die gesellschaftliche Autonomie verringert sich: Außerhäusliche Aktivitäten, Medienkonsum, politisches Interesse und Beteiligung an Wahlen verringern sich mit zunehmendem Alter. Bei dem Ausmaß der sozialen Aktivitäten sehr alter Menschen wird der Einfluss des Bildungsstands stärker, bei unteren Sozialschichten sind diese Aktivitäten eindeutig geringer ausgeprägt.

Die Ergebnisse der Studie stützen die These, dass soziale Ungleichheiten, die bereits im mittleren Lebensalter bestehen, sich kontinuierlich bis ins hohe Alter fortsetzen. „Die Position im System sozialer Ungleichheit am Ende des Erwerbslebens prägt die Lebensbedingungen und Lebenschancen im höheren Alter." (*Mayer/Wagner* 1996: 271) Die materielle und soziale Lage ist im Alter deutlich und dauerhaft von der sozialen Schicht geprägt. Die materielle Lebenslage unterscheidet sich durchschnittlich zwischen Alten und Hochbetagten kaum, ebenso finden sich kaum Unterschiede in den Wohnbedingungen (hier besteht allerdings zwischen West- und Ostdeutschland ein Gefälle; vgl. *Kap. 4.6.*) Allerdings zeigen sich in beiden Bereichen nach dem Übergang in ein Alten- oder Pflegeheim deutliche Brüche in der Lebenslage.

2.6.2 Das Alter ist weiblich: Auswirkungen

Rein demographisch betrachtet sind ca. 56% der Bevölkerung im Alter von 60 Jahren und älter Frauen, bei den über 80-Jährigen sind es sogar über zwei Drittel (*Statistisches Bundesamt* 2011: 44; vgl. *Kap. 2.3.2*). Zu Beginn dieses Jahrhunderts war das Geschlechterverhältnis ungefähr ausgeglichen. In den nächsten Jahrzehnten wird sich das quantitative Übergewicht der Frauen fortsetzen. Nach Prognosen werden sich die Proportionen aber langsam annähern, nur in der Gruppe der Hochbetagten (80 Jahre und älter) wird auch im Jahr 2040 und danach aller Voraussicht nach ein deutliches Übergewicht der Frauen bestehen bleiben (vgl. *Grünheid/Schulz* 1996: 420).

Im Vergleich zu gleichaltrigen Frauen sind Männer im höheren Lebensalter einerseits oft eine sozial privilegierte Gruppe, unterliegen andererseits einem höheren Risiko, vorzeitig zu sterben (vgl. *Höpflinger* 2002). Hochaltrige Männer leben in einer vorwiegend von Frauen geprägten Welt, da sie mit steigendem Lebensalter immer mehr zur Minderheit werden. Ältere Männer profitieren sozial und wirtschaftlich von den im Lebensverlauf erworbenen sozialen Vorteilen – wie von höherem Bildungs- und Einkommensniveau (vgl. *Kap. 4.1*) – und weisen deshalb ein geringeres Armutrisiko auf. Die Formen traditioneller Arbeitsteilung haben sich bei älteren Menschen, vor allem bei Hochaltrigen, bis heute erhalten. Ältere Männer können häufiger Pflegeleistungen von Seiten ihrer Partnerinnen erwarten, bleiben aber auch oftmals im Haushalt unselbständig. Diese widersprüchlich Lage älterer Männer – sozial häufiger privilegiert, aber erhöhten Mortalitätsrisiken ausgesetzt – ist charakteristisch für Alternsprozesse von Männern. Charakteristische Unterschiede in der Lebenslage von Männern und Frauen zeigen sich auch in Hinsicht auf regionale Disparitäten, wenn z.B. die Lebenssituation beider Geschlechter in den neuen und alten Bundesländern verglichen wird (*Strüder* 1999; *Backes* 2001) oder zwischen Stadt- und Landregionen (*Schweppe* 2000).

Mit der quantitativ ungleichen Verteilung der Geschlechter im Alter sind eine Reihe weiterer Merkmalsdifferenzen verbunden: In Hinsicht auf Familienstand, Haushaltsstruktur, Wohnform und kritische Lebensereignisse – wie Partnerverlust – bestehen deutliche Unterschiede zwischen alten Männern und alten Frauen (vgl. *Backes* 2001; *Baltes u.a.* 1996). Auf der Grundlage sehr verschiedenartiger Lebensläufe von heute älteren und alten Frauen haben sich für sie auch im Alter plurale Lebenslagen und Lebensstile ergeben, während männliche Biographien wie auch Lebensformen im Alter eine einheitlichere Form aufweisen (vgl. *Clemens* 1997; *Niederfranke* 1999: 10; *Backes* 2007). Entsprechend findet sich bei Frauen im Alter eine größere Pluralität des Familienstands, der Haushaltsstruktur und der Versorgungssituation. Für die Zukunft werden ein Fortbestand der Pluralität bei Frauen und eine entsprechende Zunahme bei Männern prognostiziert.

Bereits die Unterschiede hinsichtlich der Verteilung des *Familienstands* geben Hinweise auf zentrale Differenzen in der Lebenslage von Männern und Frauen im Alter (vgl. *Kap. 2.3.2*). Ende 2009 waren von den 60-jährigen und älteren Frauen 5,8% ledig, 49,2% verheiratet und 43,4% verwitwet oder geschieden. Von den gleichalten Männern waren dagegen 6,4% ledig, 74,9% verheiratet und lediglich 18,7% verwitwet oder geschieden (vgl. *Statistisches Bundesamt* 2011: 43). Frauen bleiben im Alter nach Verwitwung und nach Scheidung länger allein als Männer. Drei Viertel der nach dem 60. Lebensjahr geschlossenen Ehen werden von Männern eingegangen. Auch die Haushaltsformen sind durch die unterschiedliche Verteilung des Familienstands geprägt: Bei den Männern dominiert der Zweipersonenhaushalt, bei den Frauen der Einpersonenhaushalt.

Hinsichtlich des *Einkommens* stellt sich die Lebenslage für Frauen im Alter deutlich schlechter dar als für Männer (vgl. *Infratest* 2008; *Kap. 4.1*). In den alten Bundesländern haben Frauen wesentlich geringere eigene Rentenansprüche, da sie häufiger diskontinuierliche Erwerbsbiographien bei geringeren Löhnen und Gehältern sowie mehr Teilzeitarbeit aufweisen. Begründet liegen die Unterschiede auch in dem geringeren Bildungsstand heute älterer und alter Frauen. Sowohl in der schulischen als auch in der beruflichen Bildung waren Frauen dieser Kohorten benachteiligt. Ihre Lebenslage im Alter wird maßgeblich von den materiellen und immateriellen Folgen typisch weiblicher Erwerbsbiographien bestimmt: von Phasenerwerbstätigkeit, geringer qualifizierten, belastenden und diskontinuierlichen Arbeitsplätzen sowie weniger Freizeit. In den neuen Bundesländern sind die geschlechtsspezifischen Unterschiede aufgrund eher angeglichener Erwerbsbiographien beider Geschlechter bei den Renten sehr viel geringer (*Niederfranke* 1999: 14f.), bei den gesamten Alterseinkommen zeigen sich aber deutliche Unterschiede (vgl. *Kap. 4.1*).

Die Ungleichgewichte in der Geschlechterverteilung zwischen alten Menschen und ihre Folgen werden von *Tews* (1993: 28ff.; 1999: 148f.) als *Feminisierung des Alters* bezeichnet. Aus der höheren Überlebenswahrscheinlichkeit von Frauen ergibt sich eine Reihe von gesellschaftlichen Folgen. Innerhalb des Altersstrukturwandels ist die quantitative Feminisierung eng verbunden mit Hochaltrigkeit und Singularisierung, und diese Dimensionen weisen auf typische soziale Gefährdungsbereiche des Alters hin (*Backes* 1997a: 212). Soziale Probleme im Alter sind de facto zum überwiegenden Teil Probleme alter und hochbetagter Frauen. So weisen sie im Vergleich zu Männern dieser Altersgruppen größere materielle Risiken auf, die aus ihren – mit der sog. „weiblichen Normalbiographie" verbundenen – häufig diskontinuierlichen Erwerbsverläufen und deshalb geringeren Renteneinkünften sowie Benachteiligungen im Rentenrecht zusammenhängen (vgl. *Allmendinger* 1994).

Gleichzeitig stellen Frauen – bis ins hohe Alter hinein – ein ganz wesentliches gesellschaftliches Hilfepotenzial gegenüber alten und hochbetagten wie jüngeren Menschen (vor allem Familien, Kranken, Pflegebedürftigen) dar. (Ältere) Frauen werden deshalb auch als „die heimliche Ressource der Sozialpolitik" (*Beck-Gernsheim*) bezeichnet. Die verfügbaren und tatsächlich zur Verfügung gestellten Ressourcen der alltäglichen informellen Unterstützung bis hin zur Pflege im familialen, verwandtschaftlichen und nachbarschaftlichen Kontext liegen überwiegend bei älteren und alten Frauen, obwohl der Gesundheitszustand von Frauen im Alter häufiger schlechter ist als der der Männer. Alte Frauen nehmen deshalb auch die Leistungen der Gesundheitsversorgung stärker in Anspruch, zumal ihre Lebenserwartung die der Männer deutlich übertrifft (*Tews* 1999: 149 f.).

Die heute durchschnittlich ca. fünf Jahre höhere Lebenserwartung von Frauen und das höhere Alter von Männern in Partnerschaft und Ehe führen zu einem hohen Anteil an Witwenschaft unter Frauen (vgl. *Kap. 2.3.2*). Männer können deshalb zum größten Teil im Prinzip mit Hilfe und Unterstützung durch ihre Frauen rechnen, soweit diese dazu in der Lage sind. Frauen im Alter sind hingegen von dieser Hilfe- und Pflegeproblematik in besonderer Weise negativ betroffen. Ihre Lebenslage im Alter ist in materieller und sozialer Hinsicht besonders gefährdet. Solange sie noch aktiv sind, ist ihre Arbeitskraft gefragt, Alter(n)s- und Pflegeprobleme zu kompensieren. Sobald sie selbst pflegebedürftig werden, sind alte Frauen – ob im eigenen Haushalt oder, erst recht, in Heimen – auf die Hilfe anderer, häufig fremder Menschen angewiesen (*Backes* 1998b). Dabei macht sich die prekäre Lage der öffentlichen Hilfestrukturen bemerkbar. Die Pflegeversicherung hat daran nur unwesentlich etwas geändert. In Hinsicht auf soziale Kontakte im Alter wirken sich sowohl die höhere Lebenserwartung wie auch der größere Anteil von ledigen und geschiedenen Frauen im Alter entsprechend aus (vgl. *Kap. 2.3.2; Tab. 5*). Sie sind stärker als alte Männer auf soziale Unterstützung und soziale Netzwerke angewiesen. Je älter die Frauen sind, um so eher benötigen sie familiäre, geschlechts- und altershomogene Kontakte (*Tews* 1993: 29).

Neben dem quantitativen Übergewicht zeigt sich die „Feminisierung des

Alters“ vor allem auf drei Ebenen auch qualitativ in besonderer Weise (vgl. *Tews* 1999: 149):

- *In Hinsicht auf Partizipation:* So nehmen Frauen Angebote der Altenhilfe überproportional an und prägen diese Angebote. Vor allem kommunikative Angebote werden von ihnen häufiger angenommen als von Männern, sie sind auf Bildungsveranstaltungen und beim Kirchenbesuch überrepräsentiert. Man vermutet, dass zudem das Übergewicht von Frauen, die den Inhalt und Ablauf der Angebote bestimmen, Männer von diesen Veranstaltungen Abstand nehmen lässt.
- *Frauen gehören noch am ehesten zu den armen Alten* (vgl. *Kap. 4.1*). Die „Feminisierung der Altersarmut“ hat zwar tendenziell abgenommen, trotzdem sind besonders die hochbetagten Frauen häufiger „kumulativ benachteiligt“ (*Backes* 1983). Dies hängt mit den biographisch bedingten Merkmalen der Lebenslage zusammen: geringeres Einkommen als Männer im Arbeitsleben oder nach dem Hausfrauenleben ohne eigene Rentenansprüche oder durch Scheidung verarmt. Hinzukommen können Belastungen durch Krankheit, Behinderung und Pflegebedürftigkeit.
- *Gefährdung und Abhängigkeit:* Bei Verlust ihrer Selbständigkeit können verwitwete oder alleinlebende Frauen im Alter ihre Eigenständigkeit nur schwer wahren und sind, häufiger als Männer, von ambulanten oder stationären Hilfen abhängig. Diese Situation kann auch durch eine schlechte oder nicht angepasste Ausstattung der Wohnung hervorgerufen werden. In Heimen wohnen vor allem Frauen, die das Bild dieser Einrichtungen prägen. Innerhalb von Familien wie auch in Heimen werden Hilfe und Pflege überwiegend von Frauen für Frauen geleistet.

Lebenschancen älterer Frauen müssen auch nach Regionen für die alten und neuen Bundesländer unterschieden werden (vgl. *Backes* 2001). Hinsichtlich der Alterseinkommen zeigen sich Nachteile für die Frauen aus dem Osten (vgl. *Kap. 4.1*), obwohl sie durchschnittlich längere Erwerbszeiten in ihren Biographien aufweisen. Ostdeutsche Frauen weisen im Vergleich zu westdeutschen noch immer eine etwas geringere Lebenserwartung auf, obwohl der Unterschied schrumpft. Auch hinsichtlich der Morbidität und Mortalität sind weiter Differenzen zu verzeichnen (vgl. *Kap. 2.9*). Hinsichtlich der Sozialkontakte verfügen ältere Frauen aus den neuen Ländern inzwischen über eine etwa gleich große Zahl außerfamiliärer Sozialbeziehungen wie die in den alten Bundesländern (*Huxhold u. a.* 2010), die gegenüber früheren Zeiten einen tendenziellen Rückgang bedeuten. Familiäre Beziehungen zu jüngeren Generationen und weitere private Netzwerkbeziehungen sind für Ältere und alte Frauen in den neuen Bundesländern allerdings durch Ost-West-Wanderungen vor allem Jüngerer in den letzten Jahren erschwert worden.

Insgesamt zeigt sich ein differenziertes Bild von Frauen im Alter. Bei einem systematischen Vergleich mit Männern im Alter, das zeigt z.B. die „Berliner Altersstudie“, akkumulieren sich auch kleine Unterschiede in manchen Lebensbereichen zu einer „dramatischen Benachteiligung“ älterer Frauen (*Baltes u.a.* 1996: 573). Allgemein wird sich an der Tatsache, dass das Alter weiblich ist, in den nächsten Jahrzehnten wenig ändern. Allerdings sind qualitative Verschiebungen zu erwarten. So ist von einer weiteren tendenziellen Annäherung weiblicher und männlicher Lebensläufe auszugehen, auch wenn Unterschiede bestehen bleiben werden. Eine Annäherung in der Erwerbsbeteiligung, veränderte Rentenregelungen und ein besserer Bildungsstand von heute noch jüngeren Frauen werden künftig die Lebenslage von Männern und Frauen im Alter tendenziell eher angleichen. Trotzdem bleiben geschlechtsspezifische Risiken auf Seiten der Frauen, zu denen „neue Risiken“ durch Individualisierung und Pluralisierung der Lebensformen hinzukommen werden (vgl. *Backes* 2007: 160ff.). Hier sind eine Frauenalter(n)s- und Sozialpolitik gefordert.

2.7 Körperliche und psychische Alternsprozesse

Altern ist gleichzeitig ein körperliches, psychisches, soziales und gesellschaftliches Phänomen, an dessen wissenschaftlicher Bearbeitung in der Gerontologie entsprechend viele Disziplinen beteiligt sind. Der individuelle Alternsprozess weist in den verschiedenen Funktionsbereichen unterschiedliche Verläufe auf. Deshalb kann eine generalisierende Aussage über den Verlauf von Alternsprozessen und das „Alter“ einer Person nicht getroffen werden. Notwendig wird eine differenzierte Betrachtung von Altersentwicklung in einzelnen Lebens- und Funktionsbereichen, um zu individuellen oder gruppenmäßigen Mustern von Altern und Alter zu kommen. Biologische, körperliche und psychische Alternsprozesse sind mit sozialen und gesellschaftlichen in Verbindung zu bringen.

Mit den Begriffen „Altern“ und „Alter“ waren in der Vergangenheit eher negative als positive Merkmale verbunden, es wurden damit Verluste, Abbau und Defizite assoziiert: Verluste von körperlichen Kräften, geistiger Spannkraft und Vitalität, Zerstreutheit, Vergesslichkeit und Einbußen an äußerer Attraktivität. Begleitet werden diese dem Alter zugeschriebenen Abbauerscheinungen von Vorstellungen über Verluste sozialer Rollen und von Angehörigen und Freunden, über Leben in Einsamkeit, Isolation und möglicherweise Depression. Diesem Bild einer „Defizitperspektive des Alterns“ wurde in den letzten Jahrzehnten – vor allem von der Psychogerontologie – das „Kompetenzmodell des Alterns“ unter dem Motto „erfolgreiches Altern“ entgegengesetzt (vgl. *Baltes u.a.* 1989). Es ist deutlich, dass das Bild des Alters sich in diesem Jahrhundert radikal gewandelt hat. Nicht nur der in Folge höherer Lebenserwartung bei gleichzeitigem Geburtenrückgang höhere Anteil älterer Menschen, sondern vor allem die Qualität des Alterns, die sichere Lebenszeit bei weitgehender Eigenständigkeit z.T. bis ins hohe Alter und eine gewisse Angleichung in Konsum und Lebensstil an jüngere Generationen zeigen heute ein bunteres Bild des Alterns (*Rosenmayr*).

Trotzdem bleibt auch das Bild des hochbetagten, hilflosen, dementen und pflegebedürftigen Alten, das z.T. die Altersbilder auch heute noch prägt (vgl. *Kap. 2.4.2*). Diese Bilder zeigen, dass Altern heute ein vielfältiges Geschehen darstellt, Alternsprozesse sehr unterschiedlich verlaufen und sich nicht an ein bestimmtes chronologisches Alter binden lassen. Das Altern des Menschen ist ein vielfältiger Prozess, der biologische, körperliche, psychische, soziale und gesellschaftliche Vorgänge umschreibt, die miteinander verschränkt sind, und die in den einzelnen Funktionsbereichen allerdings auch unterschiedliche Entwicklungen zeitigen. Insofern soll im Rahmen dieses Einführungswerks sozialwissenschaftlicher Alternsforschung, das weitgehend über soziale Alternsprozesse berichtet, auch ein Überblick zu biologischen und psychischen Prozessen des Alterns vermittelt werden.

2.7.1 Biologisch-körperliche Veränderungen

Die gerontologische Grundlagenforschung setzt sich seit etwa 70 Jahren zunehmend mit den Alternsprozessen vor allem auf zellulärer und molekularer Ebene auseinander. Die dem Alternsprozess zugrunde liegenden Vorgänge können allerdings bisher molekularbiologisch nicht über die Aktivität spezifischer „Altersgene“ definiert werden, da „beim Menschen bisher keine ‚Steuerzentralen‘ des Alterns im Organismus oder ‚selektive‘ Gerontogene in den Zellen nachgewiesen worden (sind)“ (*Schachtschnabel/Maksiuk* 2006: 20). Daher gibt bisher unter Experten keine allgemein akzeptierte Definition des Alterns. Das Problem einer allgemeinen Definition beruht z.T. auf den Unterschieden zwischen den einzelnen Individuen und z.T. auf den Unterschieden der einzelnen Arten von Lebewesen (*Danner/Schröder* 1992). Eine Definition des Alterns hat von zeitabhängigen, irreversiblen und vorhersagbaren Veränderungen auszugehen: Beim Menschen arbeiten der Körper und seine Organe im Laufe der Jahre immer schlechter – trotz sehr guter Lebensumstände bei einzelnen, wie ausgewogener Ernährung, guter Arbeitsbedingungen und befriedigender sozialer Beziehungen (vgl. *Dandekar* 1999, 2004). Veränderungen führen zu einem fortschreitenden Funktionsverlust und letztlich zum Tod. Eindeutige Umwelteinwirkungen – wie z.B. Unfälle – sollen dabei ausgeschlossen sein.

In der Biologie wird diskutiert, ob Altern durch ein „genetisches Programm“ bestimmt wird (*Danner/Schröder* 1992: 96). Als Alternative wird ein Prozess aus eher zufälligen Schadensereignissen gedacht. Das Problem bei der Definition eines genetischen Alternsprogramms besteht in der Vielzahl von Genen, die auf sehr verschiedene Weise zum Altern beitragen können. So wird üblicherweise zwischen „Langlebigkeits-Genen", die den Alternsprozess verlangsamen, und „Alterns-Genen", die den Alterungsprozess beschleunigen, unterschieden. Bestimmte Gene vereinen beide Merkmale: Sie können in jüngeren Jahren die Langlebigkeit fördern und später zum Altern beitragen. In der Fachwissenschaft ist eine große Zahl von Alternstheorien entwickelt worden (zur Übersicht vgl. *Schachtschnabel/Maksiuk* 2006: 21), hier soll nur kurz auf zwei Gruppen eingegangen werden (vgl. *Danner/Schröder* 1992: 109ff.; *Dandekar* 1999: 243ff., 2004: 153):

- Alterung durch stochastische (zufällige) Prozesse,
- Alterung durch deterministische (festgelegte) Prozesse.

Stochastische Prozesse hängen damit zusammen, dass im Lebensverlauf dauernd im und am Körper kleinste Verletzungen entstehen. Dies kann z.B. täglich durch Schadstoffe am Arbeitsplatz oder im Essen entstehen, durch ständige Bestrahlung des Körpers mit natürlicher Radioaktivität, durch den ultravioletten Anteil des Sonnenlichts (Ozonloch!) oder durch Nebenprodukte des Stoffwechsels im Körper. Mit der Zeit können sich diese einzelnen Einwirkungen häufen und negativ bemerkbar machen. Starken Anteil an diesen kleinsten Verletzungen haben die sog. „freien Radikale", die als aggressive Moleküle alles in ihrer Nähe angreifen (*Schachtschnabel* 2004: 171; *Schachtschnabel/Maksiuk* 2006: 23). Sie werden in verschiedenen Zellkompartimenten gebildet, am meisten bei der sog. Zellatmung, bei der aus den Nährstoffen unter Sauerstoffzufuhr Energie gewonnen wird. Ohne auf Einzelheiten einzugehen, kann gesagt werden, dass bei diesem Prozess Disregulationen zu freien Radikalen – einem aggressiven Zellgift – führen, das neben Eiweißen und Fetten auch die Erbsubstanz (DNA) schädigt. Als Schutz gegen freie Radikale entwickelt der Körper „protektive Enzyme", die freie Radikale in ungefährliche Verbindungen umwandeln können. Spezifische Enzyme, die zur guten Funktion die Vitamine A, C, E und ähnliche Substanzen benötigen, können die von freien Radikalen angegriffenen Zellbestandteile besser schützen. Freie Radikale bestimmen also als entscheidende Faktoren den Alterungsprozess. Dabei entstehen bei einer kalorienreduzierten, aber abwechslungsreichen Diät weniger freie Radikale im Stoffwechsel, sie wirkt somit lebensverlängernd (*Dandekar* 1999: 250; *Schachtschnabel* 2004: 171).

Neben den freien Radikalen führen weitere umweltbedingte Substanzen zu Schädigungen, die den Alterungsprozess beschleunigen können. Einige Chemikalien schädigen z.B. die Erbsubstanz (DNA) und können Krebserkrankungen auslösen: Formaldehyd, Benzol, Dioxine, aber auch Zigarettenrauch, Autoabgase etc. So kann auch Zucker eine dauernde, krankhafte Verbindung mit Wänden der Blutgefäße eingehen und zu Arteriosklerose und einem beschleunigten Altern führen. Die ständigen kleinsten Schäden durch freie Radikale und andere Stoffe lassen den Körper in allen Lebensphasen altern. Ein besonderes Problem sind Schädigungen an der Erbsubstanz, bei der die Zelle entarten und im schlimmsten Fall zu einer Krebszelle werden kann. Sie kann aber auch ihre Funktionsfähigkeit verlieren und absterben (*Dandekar* 1999: 251). Neben der DNA können auch andere Moleküle geschädigt werden. So z.B. Proteine, die oxidieren und sich in Nervenzellen ansammeln können, um dann zu allmählichen Funktionseinbußen – wie der des Gedächtnisses – zu führen.

Deterministische Prozesse führen zur Alterung durch genetisch festgelegte Programme, die durch „biologische Uhren" die Dauer der einzelnen Lebensphasen eines Individuums bestimmen (vgl. dazu *Lang* 1994: 282; *Dandekar* 1999: 252ff.). Informationen über genetisch gesteuerte Alterungsprozesse wurden durch Versuche mit menschlichen Bindegewebszellen gewonnen. Bei der Untersuchung möglicher Zellteilung – die z.B. bei Narbenbildung auch im hohen Alter noch auftritt – wurde festgestellt, dass sich Bindegewebszellen nur knapp über sechzigmal teilen, und zwar mit zunehmendem Alter immer seltener. So teilen sich die Zellen bei jungen Erwachsenen noch etwa vierzigmal, im hohen Alter dagegen nur noch selten. In den Zellen existiert eine „biologische Uhr", die als „molekulares Zählwerk" die Zellteilungen zählt und nach etwas mehr als 60 Teilungen diese stoppt (*Dandekar* 1999: 252; *Danner/Schröder* 1992). Die genetische Begrenzung führt zu einer Endlichkeit der Lebensspanne. Der Mensch besteht aus unterschiedlich vielen Typen hochspezialisierter Zellen und Zellverbände (Gewebe), die unterschiedliche Funktionen erfüllen – wie Muskel-, Blut-, Nerven- und Abwehrzellen. Wenn im Lebensverlauf zunehmend Zellen durch Schäden, Absterben oder andere Ursachen ausfallen, sind damit Funktionseinbußen verbunden. Diese sind vom Körper nicht mehr zu ersetzen. Dadurch altert der Organismus, und es treten Alterskrankheiten auf – wie die Parkinsonsche und die Alzheimersche Krankheit, Herz-Kreislauf-Krankheiten, Krebs und Osteoporose. „Altern und Tod sind also der (biologische) Preis dafür, ein komplexes, aus hochspezialisierten Zellen und Zellverbänden bestehendes und einzigartiges Individuum zu sein." (*Dandekar* 1999: 243)

Im hohen Alter bestimmen im Wesentlichen vier Organe den eigentlichen Alternsprozess und führen zur Dysfunktion des gesamten Organismus und zum Tod: das zentrale Nervensystem, das Immunsystem, das endokrine und das cardio-vaskuläre System (*Schachtschnabel* 2004: 175ff.). Die Funktionen des cardio-vaskulären und zentral-nervösen Systems werden überwiegend durch pathologische Vorgänge zerstört. Doch trotz deren Verhinderung und der Eliminierung von Tumorerkrankungen kommt es lediglich zu einer geringen Steigerung der Lebenserwartung. Das wirft die Frage auf, wie bei manchen Menschen Fälle von Langlebigkeit zustande kommen. Bestimmte Menschen im hohen Alter scheinen eine besondere Widerstandsfähigkeit gegen typische Alterskrankheiten und Altersleiden zu besitzen, wie z.T. an rüstigen 100-jährigen Menschen zu beobachten ist. Bei ihnen wirken möglicherweise genetische und äußere Faktoren zusammen: Ein im hohen Alter immer noch effektiv funktionierendes Immunsystem ist bei diesen Menschen noch gut in der Lage, Krebszellen und infektiöse Keime zu vernichten. Außerdem ist bei ihnen die genetische Fähigkeit vorhanden, freie Radikale unschädlich zu machen. Es gibt auch ein Langlebigkeits-Gen, das vor der Alzheimer-Krankheit und vor Herzerkrankungen schützt (*Dandekar* 1999: 258, 2004: 164).

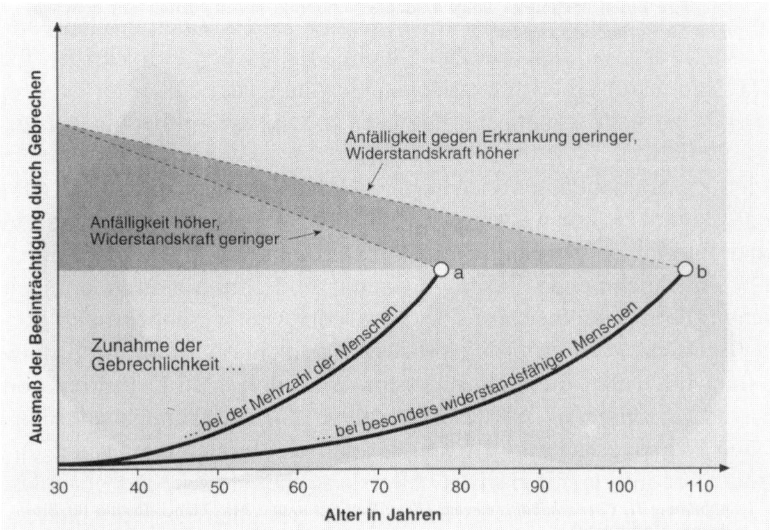

Abb. 12: Vergleich von Veränderungen der Widerstandskraft (obere Kurven) und körperlichem und geistigem Abbau (untere Kurven) zwischen Hochbetagten (b) und der Mehrzahl der Menschen (a)
Quelle: Dandekar (1999: 257)

Letztlich stellt sich die Frage, ob der Alterungsprozess aufgehalten werden kann. Dazu bestehen zunächst die individuellen Möglichkeiten der *Verhaltensprävention*, die vor allem die Ernährungs- und Verhaltensgewohnheiten betreffen (vgl. *Kap. 5.4.1*). Es wird empfohlen, körperlich aktiv zu sein und eine ausgewogene Kost zu wählen, um kein Über- oder Untergewicht entstehen zu lassen. Beides stellt ein gesundheitliches Risiko dar und schmälert die Lebenserwartung. Die Vermeidung von Genussmitteln – wie Rauchen und (stärkerer) Alkoholkonsum – trägt zum individuellen präventiven Verhalten bei. Neben der Verhaltens- kommt auch der *Verhältnisprävention* eine nicht zu unterschätzende Rolle zu. Darunter ist die Verbesserung der Umweltbedingungen von Menschen zu verstehen, z.B. Umweltschutz zur Verringerung von Lärm, der das zentrale Nervensystem schädigt, von Schadstoffen in Luft und Wasser, oder auch Arbeitsschutz im Umgang mit Chemikalien und verbesserte Arbeitsumgebungsbedingungen.

Neben den beschriebenen genetischen Faktoren spielen heute auch immer mehr medizinische Möglichkeiten bei der Lebensverlängerung eine Rolle. Mit dem Einsatz der modernen Intensivmedizin können Körperfunktionen durch Maschinen ersetzt werden (Herz-Lungen-Maschine, Dialyse), oder endgültig geschädigte Organe sind immer häufiger durch Transplantate zu ersetzen. Doch sinnvoller erscheint es, vermeidbaren Alterungsprozessen durch schädigende Einflüsse von außen, durch Arbeitsbedingungen oder Konsumverhalten, und damit Alterskrankheiten entgegenzuwirken. Es gibt inzwischen auch Erfolge bei der Bekämpfung genetisch bedingter Krankheiten, da die Genforschung in den letzten Jahren einen großen Aufschwung erlebt. Insgesamt ist aber bei allen medizinischen Fortschritten für die Zukunft kaum mit einer dramatischen Erhöhung der Lebenserwartung zu rechnen, da zu viele genetische Faktoren das Altern mitbedingen (vgl. *Dandekar* 1999: 265).

Über den Zusammenhang von Alterungs- und Krankheitsprozessen gibt es bis heute kaum exakte wissenschaftliche Erkenntnisse. Aus einer rein körper- und funktionsbezogenen Sicht könnten eine herabgesetzte Anpassungsfähigkeit, abnehmende Reservekapazität und Strukturveränderungen die Entstehung von Krankheit auf der Basis von Altersveränderungen hervorrufen: Organbezogene Alterungsprozesse überschreiten eine bestimmte Schwelle oder Intensität, die nicht mehr mit einer normalen Organfunktion vereinbar sind (*Steinhagen-Thiessen u.a.* 1999: 280). Aber nicht alle morphologischen Organveränderungen führen auch zu Veränderungen der Organfunktionen; es gibt auch „primäre Alterskrankheiten", die auf gegenteiligen Prozessen beruhen (z.B. Zellvermehrung bei gutartiger Prostatavergrößerung). Zum Zusammenhang von Alter und Krankheit sind auch Veränderungen organspezifischer Körperfunktionen zu beachten: So lassen die Funktion von Herz, Niere und Lunge nach, verringern sich der Mineralgehalt der Knochen, die Muskulatur und die Gedächtnisleistung, und es verlangsamt sich die Reaktionsgeschwindigkeit. Außerdem verringert sich die körperliche/kreislaufbezogene Leistungsfähigkeit (vgl. *Steinhagen-Thiessen u.a.* 1999: 281; *Lang* 1994: 283). Zusammenfassend kann gesagt werden, dass eine höhere Morbidität im Alter mit verschiedenen Faktoren zusammenhängt: einerseits mit den biologischen oder „normalen" Alterungsvorgängen des Organismus und seiner Regulationsprozesse, die das Risiko akuter Erkrankungen erhöhen, andererseits mit dem Auftreten „primärer" Alterskrankheiten (wie Prostatavergrößerung, Altersdiabetes und „grauer Star"). Außerdem machen sich auch „mit-alternde" Erkrankungen bemerkbar, die in früheren Jahren erworben wurden und sich z.T. chronifiziert haben. Und letztlich sind die Auswirkungen von Krankheiten, die in jedem Alter auftreten können, im hohen Alter besonders gravierend (z.B. Schenkelhalsbruch).

2.7.2 Psychische Leistungsfähigkeit und Veränderungen im Alter

Psychologischen Alternstheorien ist es bis heute noch nicht gelungen, den komplexen Prozess des Alternsvorgangs in seiner Ganzheit zu beschreiben und zu erklären (vgl. *Kruse* 2006: 31). Es gibt bisher eine Vielzahl theoretischer Ansätze und Modelle, die sich mit Teilaspekten des Alterns auseinandersetzen – wie z.B. mit dem Verlust sozialer Rollen oder dem Abbau geistiger Fähigkeiten im Alter. In der Entwicklung psychologischer Alternstheorien war zunächst das „Defizit-Modell" der geistigen Entwicklung dominierend, das Altern als einen Prozess des Verlustes und als Abbau emotionaler und intellektueller Fähigkeiten beschreibt. Altern wird dabei vor allem als altersbedingte Veränderung geistiger Leistungsfähigkeit verstanden – und damit als pathologische Form des nur bis zum mittleren Erwachsenenalter „normalen" menschlichen Verhaltens. Das Defizitmodell des Alterns gilt heute aufgrund zahlreicher Untersuchungen als widerlegt. Es wird davon ausgegangen, dass es einen generellen altersbedingten Abbau von Fähigkeiten und Fertigkeiten nicht gibt.

Psychische Leistungsfähigkeit im Alter – Kompetenz

Als Gegenentwurf zum Defizitmodell wurde das sog. „Kompetenz-Modell" des Alterns entwickelt, das unter anderem auf der „kognitiven Alternstheorie" von Hans *Thomae* basiert (vgl. *Kruse* 2006: 32f.; *Lehr* 2007). Bei der kognitiven Theorie des Alterns geht es weniger um objektive Voraussetzungen des Alternsprozesses, als um das subjektive Erleben und Interpretieren dieses Prozesses durch betroffene Individuen („kognitive Repräsentanz"). Dabei geht *Thomae* vielmehr von drei Grundannahmen aus:

1. Verhaltensänderungen eines Individuums stehen mit den subjektiv erlebten Änderungen der Umgebung in engerem Zusammenhang als mit den objektiven Veränderungen an sich.
2. Situative Veränderungen werden erlebt in Abhängigkeit von den beherrschenden, teilweise unbewussten Bedürfnissen und Erwartungen der alternden Menschen oder aber abhängig von denen der sie umgebenden Bezugsgruppe.
3. Die entscheidende Voraussetzung für erfolgreiches, zufriedenes Altern ist eine Übereinstimmung von kognitiver Struktur und Bedürfnissen des alternden Menschen, eine Ausgewogenheit zwischen Bedürfnissen und erlebter Realität.

Zentrale empirische Relevanz erfährt oder zeigt dieser Ansatz bei der Beurteilung des eigenen Gesundheitszustands und den damit einhergehenden Auswirkungen auf psychische Stabilität, Verhaltensweisen im täglichen

Leben und Haltungen allgemein. Betont wird die Differenz zwischen objektiver medizinischer Feststellung des Gesundheitszustands und kognitiver sowie motivationaler Verarbeitung. Mit diesen Erkenntnissen entwickelte *Thomae* den Ansatz des „differenziellen Alterns". Darauf basierend gehen neuere psychologische Ansätze zur Analyse des Alterns von den „Formen produktiven Alterns" (vgl. z.B. *Baltes/Montada* 1996) aus, die nicht nur die im Alter noch vorhandenen kognitiven Fähigkeiten betonen, sondern auch die alltagspraktischen Fähigkeiten und Fertigkeiten besonders hervorheben. Damit sind als „Fähigkeiten" alle psychischen Bedingungen gemeint, die zum Vollzug von Tätigkeiten notwendig sind und die Grundlage von Fertigkeiten bilden. Diese Bedingungen werden in der Psychogerontologie mit dem Begriff der „Kompetenz" umrissen, die grundlegend ist für Selbständigkeit im Alltag und zur Bewältigung der verschiedenen Anforderungen des Lebens. Psychologische Kompetenztheorien unterscheiden zwischen objektiven und subjektiven Aspekten der Kompetenz, deren Zusammenwirken einen effektiven Umgang des Menschen mit den umweltbezogenen Anforderungen ermöglicht (vgl. *Kruse/Lehr* 1999: 193):

- *objektive Aspekte* sind kognitive, alltagspraktische, sozialkommunikative und psychologische Fähigkeiten und Fertigkeiten zum Umgang mit Umweltanforderungen;
- *subjektive Aspekte* sind die Erfahrungen effektiven Handelns in spezifischen Situationen – auf der Hintergrundannahme, dass effektives Handeln als Grundbedürfnis in jedem Lebensalter empfunden und besonders befriedigend erlebt wird.

Bei der Analyse von Kompetenz wird eine *personorientierte Perspektive* (über den Lebenslauf entwickelter und im Alter verfügbarer Fähigkeiten und Fertigkeiten) von der *umweltorientierten Perspektive* (spezifischer Anforderungen der Umwelt an den Menschen) unterschieden. Aspekte der Person hängen im Alter maßgeblich zusammen mit der positiven Bewältigung psychosozialer Anforderungen, die sich verändernde Alltagsbedingungen stellen. Beginnend mit der Berufsaufgabe und dem Übergang in den Ruhestand verringern und wandeln sich Aufgaben; Rollen und Verantwortlichkeiten sind neu zu bestimmen. „Kompetenz" orientiert sich an den Fähigkeiten zur Aufrechterhaltung eines persönlich *zufriedenstellenden* und eines *selbstverantwortlichen Lebens* (*Kruse/ Lehr* 1999: 195). Die Aspekte der Umwelt betreffen die Bereiche, aus denen heraus Anforderungen gestellt werden und sich individuelle Fähigkeiten und Fertigkeiten des alternden Menschen formen. Drei Bereiche der Umwelt bestimmen das Maß eines selbständigen sowie selbstverantwortlichen und persönlich zufriedenstellenden Lebens, und damit die Möglichkeiten zur Entwicklung von Kompetenz:

- Die *räumliche Umwelt* umfasst die Mikrosphäre der Wohnung und die Makrosphäre der Wohnumwelt. Beide Bereiche können erschwerende oder aber kompensatorische Bedingungen bieten.
- Die *soziale Umwelt* wird in eine „engere" (Familie, Freunde, Verein) und „weitere" (Gesellschaft, Kultur) unterteilt. Inner- und außerfamiliäre Rollen älterer Menschen sowie gegebene und empfangene Hilfen prägen diesen Bereich.
- Die *institutionelle Umwelt* besteht aus einer Vielzahl von Dimensionen, die ältere Menschen betreffen: politischen Entscheidungen und Gesetzen, wie z.B. das Pflegeversicherungsgesetz, Institutionen, wie stationäre Einrichtungen, und ambulanten Hilfen.

Eine Reihe von Faktoren wirkt als Person- und Umweltmerkmale auf die Fähigkeiten und Fertigkeiten älterer Menschen ein. *Kruse/Lehr* (1999: 197) unterscheiden als *personbezogene Merkmale*:

(a) die biographische Entwicklung mit Bildung, lebenslaufbezogenen Fähigkeiten und Fertigkeiten, Lebensstilen, Gewohnheiten und Interessen, sozialen Aktivitäten und sozialem Engagement;
(b) die psychische Situation in der Gegenwart mit Motivation, Selbstbild, Anwendung und Training von Fertigkeiten, Zufriedenheit, Ausmaß erlebter Belastungen, Übereinstimmung von Erwartetem und Erreichtem sowie wahrgenommenen und genutzten Anregungen;
(c) Zukunftsperspektive als Überzeugungen und Einstellungen zur persönlichen Zukunft und
(d) subjektiver und objektiver Gesundheitszustand mit Art und Grad von Behinderung(en) und Gesundheitsverhalten.

Merkmale der Umwelt als Einflussfaktoren auf die Kompetenz betreffen:

(a) die räumliche Umwelt, wie Wohnqualität, Wohnungseinrichtung, Haushaltsform und Wohnlage;
(b) die soziale Umwelt, wie den Grad der sozialen Integration innerhalb und außerhalb der Familie, Erreichbarkeit von Angehörigen, Freunden und Nachbarn, Art und Umfang aktueller Verpflichtungen, Einstellung und Verhalten der Bezugspersonen;
(c) die institutionelle Umwelt, wie kulturelle und soziale Angebote in näherer Umgebung, medizinische Versorgung und Unterstützung durch institutionelle Dienste;
(d) die materielle Situation.

Diese Faktoren bilden den Hintergrund für Kompetenzen der Alltagsgestaltung und Selbständigkeit im Alter. Damit sind mit steigendem Alter Fragen von Hilfe- und Pflegebedürftigkeit, aber auch von möglichst langer Aufrechterhaltung von Selbständigkeit verbunden. Dies betrifft auch die psychische Belastbarkeit im Alter und den Erhalt psychischer Stabilität in Grenzsituationen. So können z.B. Abhängigkeit, eingeschränkte Beweglichkeit und vor allem Pflegebedürftigkeit zu Überforderung und zum Zusammenbruch psychischer Ressourcen älterer und alter Menschen führen. Vorhandenes Verarbeitungspotenzial der Betroffenen kann nur bei Unterstützung durch die soziale Umwelt aktiviert werden, wozu eine frühzeitige psychologische Betreuung beitragen kann. Die Verarbeitung von kritischen Lebensereignissen und belastenden Situationen im Alter wird stark von den in früheren Lebensphasen erworbenen Fähigkeiten zur Auseinandersetzung mit diesen Belastungen beeinflusst, die auch „Lebenserfahrung" genannt wird (vgl. *Filipp* 1999: 116).

Ältere Menschen unterscheiden sich erheblich in der Fähigkeit, mit belastenden Situationen umzugehen und zu einem neuen psychischen Gleichgewicht, zu weiteren lebenswerten Perspektiven zu gelangen. Folgende Dimensionen wirken dabei (*Kruse/Lehr* 1999: 207f.):

- die Persönlichkeit des Menschen: Grad der Stabilität, Widerstandsfähigkeit, Offenheit;
- im Lebenslauf gewonnene Erfahrungen in der Auseinandersetzung mit Konflikten und Belastungen;
- der Grad sozialer Unterstützung bei Auseinandersetzung mit aktuellen Belastungen;
- das Ausmaß fördernder und einschränkender Lebensbedingungen: soziale Integration, Gesundheit, materielle Ressourcen und Wohnbedingungen.

Abhängig von diesen Einflussfaktoren gelingt auch die Bewältigung krankheitsbedingter Belastungen, wobei unterschiedliche Bewältigungsstile praktiziert werden, z.B. Bemühen um Verbesserung der gesundheitlichen, psychischen und sozialen Situation, Hinnahme oder Annahme der Krankheitsfolgen, Tendenz zur Resignation und Passivität oder gar starke Aggression gegen andere Menschen. Es wird angenommen, dass mehrere Merkmale Einfluss auf unterschiedliche Bewältigungsstile haben: die vor der Erkrankung entwickelte Persönlichkeit, die im Lebenslauf ausgebildeten Verarbeitungstechniken wie auch soziale Umweltmerkmale. Außerdem wird es auch als Hilfe bei der Belastungsverarbeitung angesehen, wenn sich Betroffene mit der Situation anderer belasteter Personen beschäftigen und Mitverantwortung für andere erleben. Diese sozial-konstruktive Form der Belastungsverarbeitung deutet auch auf die gesellschaftlichen „Potenziale des Alters" hin, da ältere und alte Menschen z.B. durch ehrenamtliche Arbeit oder in Selbsthilfegruppen gesellschaftlich einen Beitrag leisten können (*Kruse/Lehr* 1999: 209).

In der „Berliner Altersstudie" (BASE) wurde auch untersucht, welche kognitiven Fähigkeiten und Fertigkeiten im Alter existieren oder noch entwickelt werden können (vgl. *Smith/Baltes* 1996). Dazu wurden die Bereiche geistige Leistungsfähigkeit (Intelligenz), Selbst und Persönlichkeit sowie soziale Beziehungen in die Untersuchung einbezogen. Als zentrales Ergebnis zeigte sich, dass dem chronologischen Alter innerhalb aller drei Bereiche eine unterschiedliche Bedeutung zukommt. So machen in Hinsicht auf Intelligenz die in negativer Weise mit dem Lebensalter zusammenhängenden Unterschiede zwischen den Lebensaltern von 70 und 100 Jahren bis zu 35% der individuellen Differenzen aus. Die geistige Leistungsfähigkeit weist einerseits im Altersspektrum eine deutliche – über die Einzelfähigkeiten der Intelligenz generalisierende – Einbuße auf. Andererseits zeigt sich eine beträchtliche individuelle Heterogenität, trotz eines allgemeinen Leistungsverlusts war die interindividuelle Variabilität in der gesamten Altersspanne und in allen Fähigkeiten sehr groß. So weisen einige sehr alte Menschen (bis 103 Jahre) sehr gute, einige 70- bis 74-Jährige schlechte Intelligenzleistungen auf (*Smith/Baltes* 1996: 226f.). Analysen der BASE legen aber nahe, dass der mit zunehmendem Alter zu beobachtende durchschnittliche Leistungsverfall mit biologischen Abbauprozessen erklärt werden kann.

In den Bereichen Selbst und Persönlichkeit und soziale Beziehungen zeigten sich dagegen nur geringe Altersdifferenzen. Damit werden die dauerhaften Auswirkungen selbstbezogener regulativer und adaptiver Prozesse hervorgehoben. Unter den Persönlichkeitsvariablen prägen sich aber mit zunehmendem Alter stärker weniger wünschenswerte und funktionale Eigenschaften aus, die auf eine weitgehende Ausschöpfung psychologischer Kapazitäten bei Hochbetagten verweisen. Mit einer Klassifizierung der Ausprägung psychologischer Funktionsbereiche ermitteln die Autoren der BASE bei etwa 25% ein psychologisches Profil, das als „erfolgreiches Altern" beschrieben wird. Dagegen werden 35% der untersuchten alten Menschen Teilgruppen zugeordnet, die vergleichsweise stärker durch psychische Dysfunktionalität gekennzeichnet sind, darunter häufiger die Hochbetagten (*Smith/Baltes* 1996: 221).

Psychische Veränderungen

Allgemein wirken sich körperliche und soziale Einschränkungen und Defizite auf Belastbarkeit und Verarbeitungsvermögen alter Menschen jenseits des 75. oder 80. Lebensjahrs aus. Dieses Alter ist geprägt von (vgl. *Bruder* 1999: 319)

- seltener werdender Selbsterfahrung als aktiv und leistungsfähig,
- Einbußen von Anerkennung und Bestätigung,
- Verlusten von Bezugspersonen,

- körperlichen Funktionseinbußen,
- Schmerzen und Beeinträchtigungen.

Zwar haben Menschen bis ins hohe Alter die Fähigkeit, sich mit Verlusten, Trauer und Abschied auseinanderzusetzen und ein neues inneres Gleichgewicht und Stabilität zu finden. Doch die in jüngeren Jahren zur Verfügung stehenden Strategien zur Unterstützung von Anpassungsprozessen sind im Alter nicht mehr in diesem Maß vorhanden; das erschwert die notwendigen Prozesse und macht sie mühsam. Erforderlich werden reflexive Formen der Auseinandersetzung mit Einschränkungen und Verlusten sowie Veränderungen des Selbstbildes, damit das innere Gleichgewicht auf anderem Niveau erneuert werden kann. Misslingt diese Vereinbarung zwischen äußerem Erscheinungsbild und dessen innerer Repräsentanz, so können Konflikte und Enttäuschungen auftreten (*Bruder* 1999: 319). Im Alter zeigt sich deshalb eine sehr intensive Verbindung zwischen Körper und Psyche, bringen Einschränkungen und Erkrankungen eine erhöhte psychische und seelische Verletzlichkeit (Vulnerabilität) mit sich. Umso wichtiger werden psychische Rahmenbedingungen und die Sinnhaftigkeit des Seins, die durch Interessen, soziale Bindungen und sinnvolle Aufgaben gekennzeichnet sind.

Diese alterstypischen Rahmenbedingungen bilden den Hintergrund für die wichtigsten psychischen Alterskrankheiten – Demenzen und depressive Störungen. Entsprechend werden die psychiatrischen Erkrankungen im Alter unterschieden nach (1) organisch bedingten psychischen Erkrankungen und (2) schizophrenen, affektiven und funktionellen psychischen Erkrankungen (zur Symptomatologie, Ätiologie und Pathogenese vgl. *Radebold* 1994; *Werner* 1997; *Adam* 1998; *Weih/Wiltfang* 2006). Bei der *Demenz* werden zwei Hauptformen unterschieden: Bei der Demenz vom Alzheimer Typ (AD, ca. zwei Drittel der Fälle) verändert sich die Hirnstruktur, bei der vaskulären Demenz (VD, ca. 15% der Fälle) treten Funktionsstörungen aufgrund von Durchblutungsstörungen auf (vgl. *Schröder u.a.* 2004: 225). Daneben gibt es unter den etwa 950.000 über 65-jährigen Demenzkranken (mittlere Prävalenzrate: 7,2%) in Deutschland weitere Sonderformen. Das Erkrankungsrisiko an Demenz steigt mit dem Lebensalter. Während für den 65- bis 69-Jährigen eine mittlere Prävalenzrate von 1,2% geschätzt wird, beträgt die Schätzrate für den 80- bis 84-Jährigen 13,3%, für den 85- bis 89-Jährigen 23,9% und für den über 90-Jährigen 34,6% (*Bickel* 2001, vgl. *Kap. 2.8*). Die wichtigsten Symptome der Alzheimer-Erkrankung betreffen (vgl. *Bruder* 1999: 323ff.):

1. Verlust der Merk- und Erinnerungsfähigkeit,
2. Schwächung von Aufmerksamkeit und Konzentration,
3. nachlassende Steuerungsfähigkeit von Stimmungen und Affekten,
4. verminderte Kraft zur Kompromiss- und Ambivalenzarbeit,
5. Verlangsamung und Versagen in komplexen Situationen,

6. Widerspruch zwischen Häufigkeit von Versagen und gestörter Fähigkeit zu dessen Verarbeitung,
7. Schwankungen der Symptomatik.

Weitere Störungen betreffen Sprachstörungen (Aphasien) und Störungen der Handlungsdurchführung, wie beim An- und Auskleiden (Apraxien). Der Krankheitsprozess schreitet langsam über einen Zeitraum von fünf bis zehn Jahren voran, es sind aber auch längere Verläufe dokumentiert. Diese Entwicklung ist für den Erkrankenden mit depressiven Reaktionen und für betroffene Angehörige mit zunehmenden psychosozialen Belastungen verbunden (vgl. *Kap. 4.2* und *5.4.2*).

Depressionen gehören zu den häufigsten psychischen Störungen im Alter (*Adam* 1998; *Seidl u.a.* 2004: 240; *Niklewski* 2006). Die Häufigkeit leichterer Depression ist nicht genau festzustellen, von schweren Depressionen – die häufig nach depressiven Phasen in jüngeren Jahren auftreten – sind etwa 2-3% der alten Menschen betroffen. Im Durchschnitt sind bei etwa 8% der über 65-Jährigen reaktiv- und neurotisch-depressive sowie angsthafte Syndrome zu finden (*Bruder* 1999: 349). Endogene Depressionen sind biologisch begründet, neurotische Depressionen gehen auf prägende Persönlichkeitsfaktoren zurück, und reaktive Depressionen treten als Folge belastender Lebensereignisse auf. Die Symptome überwiegend endogener Depressionen betreffen die Stimmung, das Selbsterleben und den Selbstwert, Beziehungen zu anderen Menschen und zur Außenwelt sowie körperliche Funktionsveränderungen: Niedergeschlagenheit und Traurigkeit, Antriebsminderung und Schuldgefühle sind die Folgen. Im Gegensatz zu endogen Depressiven, bei denen sich das Krankheitsgeschehen verselbständigt und von Lebensereignissen und situativen Merkmalen abgekoppelt hat, ergibt sich bei reaktiv- und neurotisch-depressiven Störungen eher ein lebensbezogener Zugang, der häufig in psychischen Entwicklungen des Lebenslaufs und der Persönlichkeitsentwicklung zu suchen und therapeutischen Bemühungen eher zugänglich ist.

Die „Berliner Altersstudie" hat Art und Häufigkeit psychischer Erkrankungen, somatische wie soziale Prädiktoren und Folgen bei alten Menschen in Berlin (West) untersucht (vgl. *Helmchen u.a.* 1996). Dabei zeigen 44% der 70-Jährigen und Älteren keinerlei psychische Störungen, während knapp ein Viertel (24%) eindeutig psychisch krank ist. Der Rest der Probanden zeigt psychopathologische Symptome ohne Krankheitswert (16%) oder psychische Störungen mit Krankheitswert. Von den psychischen Krankheiten werden am häufigsten *Demenzen* bei 14% der Untersuchungsgruppe diagnostiziert (was umgerechnet einer Prävalenz von 6% der über 65-jährigen Bevölkerung entspricht). In der BASE zeigen sich bei den 70-Jährigen keine, bei 90-Jährigen zu über 40% Demenzerkrankungen. *Depressionen* werden bei 9% der Untersuchten gefunden. Depressionen oder Demenzen sind bei der Altenpopulation vergleichsweise häufig mit körperlichen Erkrankungen verbunden, außerdem finden sich Beziehungen zu sozialen Risikofaktoren – wie häufigere Demenzdiagnosen bei niedrigem sozialen Status. Das Alltagsverhalten wird in unterschiedlicher Weise von den psychischen Erkrankungen beeinflusst: Demenzerkrankte verringern ihre instrumentellen Aktivitäten, verdoppeln ihre Schlaf- und Ruhezeiten und reduzieren die im Freien verbrachte Zeit, während sich bei depressiven alten Menschen kaum vergleichbare Auswirkungen zeigen (*Helmchen u. a.* 1996: 185).

2.8 Hochaltrigkeit

Ein bedeutendes Merkmal der Alterung von Gesellschaften und eines Strukturwandels des Alters stellt die Zunahme der Hochaltrigkeit dar (vgl. *Kap. 2.8*). Die starke Zunahme der Hochaltrigkeit in den letzten Jahrzehnten geht mit einem sich ändernden Bild des hohen Alters einher. Ein chronologisches Alter jenseits des 80. Lebensjahres bedeutet nicht zwangsläufig Krankheit, Abhängigkeit von Anderen, Isolation und Leben im Alters- oder Pflegeheim. Die in den letzten Jahren verstärkte Forschung zu Hochaltrigkeit betont sowohl verbliebene Fähigkeiten als auch weiter bestehende oder neue Risiken (vgl. *Smith/Zank* 2002). Untersucht werden biologische, psychologische, psychiatrische und soziale Bedingungen des hohen Alters im Zusammenhang mit demographischen Veränderungen. Hochaltrigkeit wird gesellschaftlich bedeutsam durch Belastungen, die sich aus den Herausforderungen an die sozialen Sicherungssysteme – wie Renten- und Krankenversicherung – und an familiäre und außerfamiliäre Unterstützungssysteme ergeben (vgl. *Blüher* 2003; *Kap. 5.1* und *5.2*).

Die Definition des Begriffs „Hochaltrigkeit“ basiert auf Differenzierungen der Altersphase in „junge Alte“ und „alte Alte“ oder in ein „drittes“ und „viertes Lebensalter“. Die Verwendung von Altersdefinitionen des „vierten Alters“ in empirischen Untersuchungen verweist auf die überwiegende Festlegung des Beginns mit 80 Jahren, während auch schon höhere Angaben (bis zu 90 Jahre) gemacht werden (*Wahl/Rott* 2002). Die Differenzierungen zwischen drittem und viertem Lebensalter resultieren einerseits aus biomedizinischen und neurobiologischen Forschungsergebnissen, die auf eine erhöhte Verletzbarkeit (Vulnerabilität) und eine reduzierte Anpassungsfähigkeit des Organismus an gesundheitliche Störungen verweisen (vgl. *Pohlmann* 2001: 46). Andererseits zeigen Befunde der neuropsychologischen Forschung eine deutlich verringerte morphologische und funktionale Plastizität der Nervenzellen bei abnehmender Kapazität der Informationsverarbeitung in diesem Lebensabschnitt. Gleichzeitig betonen die Forschungsergebnisse die schon thematisierten individuellen Unterschiede eines körperlichen und seelisch-geistigen Alterns während des gesamten

Alternsprozesses, womit eine differenzielle Perspektive der Entwicklungen im vierten Lebensalter hervorgehoben wird.

Die zunehmende demographische Bedeutung der Hochaltrigkeit zeigt sich, wenn deren Entwicklung über eine längere Zeitspanne verfolgt wird. Während die gesamte Bevölkerung in Deutschland von 1953 bis zum Jahr 2000 um 17,1% zugenommen hat, betrug die Zunahme der 80-Jährigen und Älteren in dieser Zeit ca. 275% und die der 90-Jährigen und Älteren 1.521%! Die Entwicklung der Anteile an der Bevölkerung zeigt folgende Tabelle:

Tab. 6: Entwicklung des Anteils älterer und hochaltriger Menschen, 1953 bis 2060

Alter	Kalenderjahr (jeweils 1. Januar)				
(in Jahren)	1953	1971	2009	2030[1)]	2060[1)]
Bevölkerungsanteil:					
60 Jahre und älter	15,1%	19,9%	25,7%	36,8%	40,5%
80 Jahre und älter	1,1%	2,0%	5,1%	8,3%	10,9%
90 Jahre und älter	0,1%	0,1%	0,6%	1,9%	4,6%
Altenquotient 60[2)]	*27,8*	*39,8*	*46,3*	*79,2*	*93,3*

1) Die Angaben für die Jahre 2030/2060 sind Schätzwerte auf der Grundlage der 12. koordinierten Bevölkerungsvorausberechnung des Statistischen Bundesamtes (Variante 1-W1).
2) Altenquotient 60: Bevölkerung im Alter von 60 und mehr Jahren je 100 20- bis 59-Jährige.
Quellen: BMFSFJ (2002: 55); Statistisches Bundesamt (2009)

Die Alterung der Bevölkerung in Deutschland ist bisher für die deutsche und ausländische Wohnbevölkerung unterschiedlich verlaufen: So beträgt (2010) der Anteil der 65-jährigen und älteren Deutschen an der Gesamtbevölkerung 21,6%, der der ausländischen Bevölkerung in diesem Alter dagegen nur 9,8% (*Schimany/Baykara-Krumme* 2012: 54, 56). In den kommenden Jahren und Jahrzehnten wird der Altenanteil der in Deutschland lebenden älteren Ausländer überproportional anwachsen und sich dem Anteil der Deutschen dieser Altersgruppe angleichen: Nach Prognosen wird er bis zum Jahr 2050 auf 34,0% ansteigen und dem prognostizierten Anteil der deutschen Bevölkerung von 36,9% nahe kommen.

Besonderheiten des hohen Lebensalters zeigen sich in einer Reihe erhöhter Risiken (vgl. zusammenfassend: *Pohlmann* 2001: 47ff.):

- eine Abnahme der Kapazität der Informationsverarbeitung – als verringerte Geschwindigkeit der Informationsverarbeitung, verringerte Umstellungsfähigkeit des Denkens und abnehmende Fähigkeit zur Orientierung in neuartigen kognitiven Problemsituationen,
- eine deutliche Zunahme chronischer körperlicher sowie zerebrovaskulärer Erkrankungen,
- ein exponentieller Anstieg der Prävalenz von Demenzen,
- ein wachsendes Risiko des gleichzeitigen Auftretens behandlungsbedürftiger Krankheiten (Multimorbidität und Polypathie),

- ein erhöhter Pflegebedarf,
- eine Zunahme negativ bewerteter Attribute in der Selbstdefinition, obwohl positiv bewertete Merkmale und Eigenschaften weiter überwiegen,
- ein Zunahme sozialer Verluste – ein sich reduzierendes inner- wie außerfamiliäres Netzwerk sowie
- zunehmende Armutsrisiken – vor allem alleinstehender alter Frauen.

Unter soziologischer Perspektive sind insbesondere Entwicklungen sozialer Selektivität und der Prägung der Gruppe Hochaltriger durch Kohorten- und Alterseffekte zu betrachten. Soziale Selektivität wird zwar auch durch biologische Voraussetzungen, aber vor allem durch soziale (Chancen-)Ungleichheit und unterschiedliche Bedingungen der Umwelt- und Lebensqualität während des gesamten Lebensverlaufs bestimmt (vgl. *Höpflinger* 2001: 7). Besonders wirksam sind zwei Prozesse sozialer Selektivität:

1. Geschlechtsspezifische Unterschiede durch verschieden lange Lebenserwartung zwischen Männern und Frauen
2. Soziale Unterschiede der Lebenserwartung, auch der in relativer Gesundheit verbrachten Lebenszeit („Kompression der Morbidität“, James F. Fries) wobei Angehörige höherer Sozialschichten ein geringeres Sterberisiko aufweisen als die unterer Sozialschichten (vgl. auch *v. Gaudecker/Scholz* 2006).

Geschlechtsspezifische Unterschiede betreffen die unterschiedliche Lebenserwartung von Männern und Frauen (vgl. *Kap. 2.9*), die sich in einem Verhältnis von ca. 1:2,2 (2009) unter den 80-Jährigen und Älteren ausdrückt. In dieser Gruppe existiert ein sehr hoher Anteil verwitweter Frauen, entsprechend leben hochbetagte Frauen zumeist in Einpersonen-, hochbetagte Männer überwiegend in Zwei- oder Mehrpersonenhaushalten (vgl. *Kap. 2.3.2*). Soziale Unterschiede in der Lebenserwartung wirken sich in allen Altersphasen in einem geringeren Sterberisiko von Personen mit höherem Sozialstatus aus, ebenso unterscheidet sich die gesundheitliche Entwicklung im Lebenslauf nach sozialer Schichtzugehörigkeit. Soziale Ungleichheit im Einkommen, beruflicher Stellung und sozialer Sicherheit bedeuten somit unterschiedliche Lebens- und Überlebenschancen bis zur Hochaltrigkeit und auch die Dauer der „gesunden Lebenserwartung“ (*Höpflinger* 2001; *v. Gaudecker/Scholz* 2006; *Böhm u. a.* 2009).

Hochaltrige Menschen sind durch eine lange Biographie und lang zurückliegende Sozialisationserfahrungen geprägt. Sie sind häufiger in traditionell bäuerlichen Milieus oder in Arbeiterkreisen aufgewachsen und durchlebten teilweise eine „harte Jugend“ (*Höpflinger* 2001: 9). Sie haben z.T. Entbehrungen, Armut, Not und Krieg kennengelernt und sind in einem anderen Normen- und Wertesystem (z. B. des Nationalsozialismus) sozialisiert worden. Eine weiterführende (allgemeine und berufliche) Bildung war einem größeren Teil von ihnen in der Jugendzeit verwehrt, insbesondere den heute alten Frauen. Dies wirkte sich in einem – im Vergleich zu jüngeren Kohorten – geringeren Einkommen während der Erwerbsphase und später auch in der Altersversorgung aus. Eine entsprechende Kohortenprägung hochaltriger Menschen trifft zudem auf spezifische Alterseffekte, z.B. was Aktivitäten, Lebensstil und Konsummuster anbelangt (vgl. *Künemund* 2007; *Amrhein* 2008).

In Verbindung mit den bisher genannten Aspekten der Hochaltrigkeit werden gesellschaftliche Auswirkungen des Alterns der Bevölkerung und der zunehmenden Langlebigkeit diskutiert. Bei einer eher ökonomisch-fiskalischen Betrachtung wird nach Kosten und Nutzen hochaltriger Menschen unterschieden, wobei die Problemsicht überwiegt. Im Zentrum der Diskussionen *negativer Aspekte* stehen die Auswirkungen des demographischen Wandels – in Form der steigenden Zahl alter und hochbetagter Menschen – auf die Systeme sozialer Sicherung, auf Renten- und Kranken- sowie Pflegeversicherung. In den letzten Jahren wird auch häufiger auf zukünftige Arbeitsmarktprobleme bei schrumpfenden jüngeren Kohorten verwiesen (vgl. *Clemens* 2001, 2004). Eine *positive Perspektive* bezieht sich auf alte – und auch hochaltrige – Menschen als z.T. noch leistungs- und lernfähige Personen, aber häufiger auf ihre Rolle als Konsumenten und Abnehmer spezifischer Dienstleistungen. Diese Gruppe wird als zunehmend bedeutender Wirtschaftsfaktor gesehen. Ihre in den letzten Jahrzehnten wachsende Kaufkraft und steigenden Bedarfe haben – wie z.B. seit der Einführung der Pflegeversicherung – zur Ausweitung altersspezifischer Sach- und Dienstleistungsangebote sowie zur Entwicklung einzelner Branchen (z.B. ambulante Pflege) und Beschäftigungsfelder beigetragen.

2.9 Lebenserwartung, Krankheiten im Alter und Todesursachen

2.9.1 Lebenserwartung

Die Lebenserwartung gilt als umfassender Ausdruck der Sterblichkeitsverhältnisse. So hat sich neben der Lebenserwartung bei Geburt auch die fernere Lebenserwartung in einzelnen späteren Altersjahren in diesem Jahrhundert beträchtlich erhöht (vgl. *Kap. 2.2* und *2.3.1*). Vor über hundert Jahren wurden 5% der männlichen und 7% der weiblichen Bevölkerung 80 Jahre alt. Heute erreichen (nach der Sterbetafel 2008/10) 51,6% der männlichen und 69,6% der weiblichen Bevölkerung dieses Alter (*Statistisches Bundesamt* 2011a). Das Sterbegeschehen vor dem 60. Lebensjahr ist inzwischen quantitativ unbedeutend und hat für die gesamte Lebenserwartung keine große Bedeutung (vgl. *Casper u.a.* 1995: 7). So betrug die mittlere Lebenserwartung in der Bundesrepublik Deutschland im Jahre 2010 bereits über

80 Jahre, wobei jedoch bedeutsame Unterschiede zwischen einzelnen Regionen und den Geschlechtern sowie geringe zwischen den alten und neuen Bundesländern bestehen (vgl. *Kap. 2.3.1*). Erst seit den Jahren 1975/76 hatten sich diese Unterschiede in Ost und West entwickelt: Während die Lebenserwartung in der Bundesrepublik seit dieser Zeit deutlich anstiegen ist, hatte sie in der DDR nur einen geringen Anstieg zu verzeichnen. Die Differenz in der Lebenserwartung nach Geschlecht hat sich in Ost und West bereits seit 1955 vergrößert: bis zum Jahr 1993 im Gebiet der alten Bundesrepublik von 4,3 auf 6,3 Jahre und im Gebiet der DDR bzw. der neuen Länder von 4,2 auf 7,5 Jahre. In den neuen Bundesländern ist die Lebenserwartung im Durchschnitt seither stärker gestiegen als in den alten Ländern. Zwischen 1993/1995 und 2008/10 hat sich die Differenz in der Lebenserwartung zum früheren Bundesgebiet für Jungen von 2,8 Jahren auf 1,3 Jahre und für Mädchen von 1,7 Jahren auf 0,2 Jahre reduziert (*Statistisches Bundesamt* 2011).

Die steigende Lebenserwartung wirkt sich auch auf ältere Personen aus. So kann nach der aktuellen Sterbetafel 2008/2010 (*Statistisches Bundesamt* 2011a) ein 60-jähriger Mann noch mit einer durchschnittlichen ferneren Lebenserwartung von 21,2 Jahren rechnen. Für eine gleichaltrige Frau ergeben sich noch 24,9 weitere Lebensjahre. Innerhalb von zehn Jahren hat sich die fernere Lebenserwartung 60-Jähriger im Durchschnitt um 1,9 Jahre für Männer und 1,4 Jahre für Frauen erhöht. Auch für 80-jährige Frauen und Männer steigt die fernere Lebenserwartung weiter. Sie beträgt im Jahr 2010 durchschnittlich 7,7 Jahre für Männer und 9,1 Jahre für Frauen. Ursache für die relativ starke Zunahme der Lebenserwartung in Deutschland ist u.a. die weitere Annäherung der in den neuen Bundesländern bisher ungünstigeren Sterblichkeitsverhältnisse an die in den alten Bundesländern.

Zwischen den einzelnen Bundesländern zeigen sich – insbesondere für Männer – regionalspezifische Differenzen in der Lebenserwartung (vgl. *Mai u.a.* 2007: 24ff.). Für die Jahre 2008/10 ist Baden-Württemberg bei beiden Geschlechtern das Bundesland mit der höchsten Lebenserwartung (bei Geburt), es liegt für Männer bei 78,9 Jahre und damit 1,4 Jahre über dem Bundesdurchschnitt, für Frauen mit 83,5 Jahre fast 1 Jahr über dem Bundesdurchschnitt. Die geringste Lebenserwartung findet sich in Sachsen-Anhalt mit 2,0 Jahre unter Durchschnitt bei den Männern und im Saarland 1,0 Jahre bei den Frauen. Insgesamt gesehen liegen vor allem die neuen Bundesländer (außer Sachsen bei den Frauen) unter dem Durchschnitt. Bayern, Baden-Württemberg und Hessen liegen bei beiden Geschlechtern, zusätzlich Sachsen bei den Frauen und Hamburg sowie Rheinland-Pfalz bei den Männern über dem oder im Durchschnitt. Über Gründe für die deutlichen Unterschiede kann nur spekuliert werden, die Differenzen müssen etwas mit dem (früheren) Gesellschaftssystem zu tun haben (*Buttler* 2003: 93). Dafür spricht auch die Beobachtung, dass sich seit der Vereinigung im Jahr 1990 die Werte für die Lebenserwartung in West und Ost bis heute beträchtlich angenähert haben. Im internationalen Vergleich belegt die Bundesrepublik Deutschland einen Platz im vorderen Drittel der europäischen Region. Eine deutlich höhere durchschnittliche Lebenserwartung als Deutschland weisen im Jahr 2010 (nach Daten der *OECD* 2012) z.B. Japan mit 79,6 Jahren für Männer und 86,4 Jahren für Frauen auf, in Europa bei Männern z.B. die Schweiz mit 80,3 Jahren, Schweden und Island mit 79,5 Jahren und Italien mit 79,4 Jahren, bei Frauen Frankreich mit 84,7 Jahren und Italien mit 84,6 Jahren.

2.9.2 Krankheiten im Alter (Morbidität)

Mit dem gesellschaftlichen Wandel und dem medizinischen Fortschritt hat sich in den letzten 100 Jahren sowohl das Spektrum der Krankheiten (Morbidität) als auch der Todesursachen (Mortalität) deutlich gewandelt. Bei den Erkrankungen dominierten zu Beginn des Jahrhunderts akute Erkrankungen, während heute das Spektrum der Krankheiten – vor allem im Alter – von chronisch verlaufenden Krankheitsbildern geprägt ist. Ein Teil dieser chronischen Krankheiten im Alter entwickeln sich unabhängig voneinander, zum Teil bedingen sie sich aber wechselseitig (vgl. *Steinhagen-Thiessen u.a.* 1999: 283). So entsteht die für das Alter typische Form der Multimorbidität als Leiden an mehreren (per Definition an mindestens fünf) gleichzeitig bestehenden körperlichen Krankheiten, die hohe Anforderungen an die Geriatrie und die Medikation im Alter stellen.

Allgemein werden alternde Krankheiten, primäre Alterskrankheiten und Krankheiten im Alter unterschieden (*BMFuS* 1993: 104f.; vgl. *Kap. 4.2*). Als „alternde Krankheiten" werden diejenigen bezeichnet, die den Menschen bereits in früheren Lebensabschnitten treffen und ihn bis ins hohe Alter als chronische Erkrankungen begleiten. „Primäre Alterskrankheiten" treten im Alter erstmals auf und sind in ihrer Quantität eng an das höhere Lebensalter gebunden. „Krankheiten im Alter" bezeichnen die in allen Lebensabschnitten auftretenden, aber im Alter evtl. mit besonderen Komplikationen behafteten Krankheiten. Eine Besonderheit der Epidemiologie somatischer Krankheiten im Alter stellt die Tatsache dar, dass alternde Krankheiten, primäre Alterskrankheiten und Krankheiten im Alter voneinander unabhängig, aber gleichzeitig auftreten können (*BMFuS* 1993: 105).

Hinsichtlich der Genese von Krankheiten im Alter und des Krankheitswertes spezifischer Symptome lässt sich die folgende Typologie aufstellen (*Walter u.a.* 1997):

I: Altersphysiologische Veränderungen mit möglichem „Krankheitswert"
Beispiele sind altersbedingte Veränderungen der Sehfähigkeit, zunehmende arteriosklerotische Gefäßveränderungen, vermehrte Koordinationsprobleme und die Abnahme der Knochendichte (Osteopenie), die im Zusammenwir-

ken mit anderen Lebensumständen (körperliche Belastungen, fehlende soziale Unterstützung etc.) einen Krankheitswert haben. Sie betreffen alle Individuen in unterschiedlich zeitlichem Verlauf und mit unterschiedlicher Ausprägung. Ihre Zuschreibung als Krankheit ist kontextabhängig.

II: (Altersbezogene) Erkrankungen mit langer präklinischer Latenzzeit

Hierzu zählen Erkrankungen, die wegen einer langen Latenzzeit erst im Alter klinisch manifest werden, z.B. Krebserkrankungen und arteriosklerotische Gefäßveränderungen mit pathologischem Verlauf, die das Herz, das zentrale Nervensystem, den Bewegungsapparat oder die Augen betreffen und zum Herzinfarkt, Schlaganfall, intermittierendem Hinken sowie zur Erblindung führen. Für die Latenz sind endogene Prozesse verantwortlich.

III: Erkrankungen mit im Alter verändertem physiologischen Verlauf aufgrund verminderter homöostatischer Regulations- bzw. Reparaturmechnismen

Hierzu zählen Krankheiten, die in jedem Lebensalter auftreten, aber aufgrund der veränderten homoöstatischen Regulation im Alter häufiger, mit stärkerem Schweregrad und öfter mit fatalem Ausgang vorkommen, z.B. Infektionskrankheiten mit überall verbreiteten Erregern. Eine verminderte Adaptionsfähigkeit zeigt sich in schlechterer Wundheilung oder verringerter Immunabwehr.

IV: Krankheiten in Folge langfristiger, mit der Lebenszeit steigender Exposition

Mit längerer Lebenszeit steigt die Wahrscheinlichkeit, dass es aufgrund der Expositionszeit zur Ausbildung von Gesundheitsstörungen oder zur Manifestation von Krankheit kommt. Prinzipiell lassen sich folgende Expositionen unterscheiden: physikalisch/chemische Umwelt, individuelle Verhaltensweisen, psychosoziale Stressoren, sozioökonomische Einflussfaktoren und Exposition durch Krankheiten, die Spuren hinterlassen.

Diese Typologisierung der Krankheiten im höheren Lebensalter berücksichtigt deren Genese und gibt Hinweise auf verursachende Faktoren und gesundheitliche Risiken, die in Verhalten, Lebens- und Arbeitsbedingungen während des Lebenslaufs existieren. Damit sind auch Bezüge zu präventiven Maßnahmen möglich, die ein gesundes und kompetentes Altern ermöglichen sollen (vgl. *Kap. 5.4.1*). Prävention betrifft die Lebensbedingungen und das Gesundheitsverhalten im gesamten Lebensverlauf, hat aber auch in der Lebensphase Alter einen eigenständigen Auftrag und erhebliche Potenziale.

Der Umfang an Morbidität im Alter kann durch epidemiologische Studien festgestellt werden. Er ist abhängig von der Entwicklung der Langlebigkeit und einem sich wandelnden Krankheitenspektrum. Die feststellbaren Krankheiten treten im Alter zum größten Teil gehäuft als Multimorbidität auf. So hat z. B. die Berliner Altersstudie folgende Krankheiten bei 70-Jährigen und Älteren am häufigsten ermittelt (vgl. *Steinhagen-Thiessen/Borchelt* 1999: 284):

Hyperlipidämie (Fettstoffwechselstörung) 76%
Varikosis (Krampfadern) 72%
Zerebral(Gehirn-)arteriosklerose 65%
Herzinsuffizienz (verminderte Pumpleistung des Herzens)...... 57%
Arthrose (degenerative Gelenkerkrankung, „Rheuma") 55%
Dorsopathie (Rückenleiden) 46%
Arterielle Hypertonie (Bluthochdruck) 46%

Zwischen objektiven und subjektiv empfundenen mittel- bis schwerwiegenden Erkrankungen zeigen sich nach der Häufigkeit relevante Unterschiede. Nach subjektivem Beschwerdegrad stehen Arthrosen, Herzinsuffizienz, Rückenleiden und Osteoporose, also Erkrankungen des Bewegungsapparats, im Vordergrund. Erst danach folgen koronare Herzkrankheiten oder Herzkranzverengungen (KHK) und arterielle Verschlusskrankheiten (AVK). Medikamentös behandelt werden allerdings vor allem Herzinsuffizienz, Hypertonie, koronare Herzkrankheiten, Arthrose und arterielle Verschlusskrankheiten, also Herz-Kreislauf-Erkrankungen. Insgesamt wurde bei etwa 98% der untersuchten 70-jährigen und älteren Teilnehmerinnen und Teilnehmer der „Berliner Altersstudie" mindestens eine körperliche Erkrankung diagnostiziert und eine Erkrankung mit deutlichen subjektiven Beschwerden bei 71% (*Steinhagen-Thiessen u. a.* 1999: 285). In Hinsicht auf Multimorbidität zeigen sich deutliche Unterschiede zwischen den objektiven Diagnosen und der subjektiven Beeinträchtigung. Ohne Berücksichtigung des Schweregrads wird geschätzt, dass bei 88 von 100 Personen im Alter von 70 Jahren und älter Multimorbidität besteht. Immerhin 30% dieser Altersgruppe leiden gleichzeitig an mindestens fünf mittel- bis schwergradigen Krankheiten, noch 21% werden auf mindestens fünf Krankheiten hin gleichzeitig medikamentös behandelt. Jedoch nur etwa 6% dieser Altersgruppe fühlen sich subjektiv von mehr als vier Krankheiten betroffen, die mit deutlichen bis erheblichen subjektiven Beschwerden einhergehen (*Steinhagen-Thiessen/Borchelt* 1996: 156). Wichtig wird die subjektive Einschätzung des eigenen Gesundheitszustands im Zusammenhang mit anderen Faktoren, z. B. im Zusammenhang mit Sterblichkeit, funktioneller und kognitiver Kapazität (Körper- und Geistesleistungen) oder allgemeinem Wohlbefinden (vgl. *Perrig-Chiello* 1997; *Kap. 4.2*). Dabei ergibt sich eine eigenständige Bedeutung der persönlichen Gesundheitseinschätzung des alten Menschen, die nicht vom objektiv gemessenen Gesundheitszustand abhängt. So zeigte sich bei schlechterer subjektiver Einschätzung – unabhängig vom objektiven Gesundheitszustand – eine höhere Sterblichkeitsrate.

2.9.3 Todesursachen (Mortalität)

In Abhängigkeit von Multimorbidität im Alter stellt sich die Schwierigkeit, eine eindeutige statistische Zuordnung von *Todesursachen* vorzunehmen. So wird vom Arzt im Leichenschauschein lediglich das den Tod verursachende Grundleiden eingetragen (*Schelhase/Rübenach* 2006: 626). Im Jahr 2010 verstarben in Deutschland 858.768 Menschen, davon 409.022 Männer und 449.746 Frauen (*RKI* 2012). Die Gesamtsterblichkeit ist in Deutschland zwischen 1990 und 2010 bei Frauen und Männern deutlich zurückgegangen, dabei im Osten stärker als im Westen. Bei Männern sank die altersstandardisierte Sterbeziffer von 1119,2 auf 674,3 Todesfälle je 100 000 Einwohner. Bei Frauen dagegen stieg sie von 670,1 auf 770,7 Todesfälle je 100 000 Einwohnerinnen (*RKI* 2012). Männer starben durchschnittlich ca. acht Jahre früher und hatten eine ca. fünf Jahre niedrigere Lebenserwartung. Im Vergleich von Männern und Frauen ergibt sich somit ein widersprüchlicher Zusammenhang zwischen Sterbeziffer und Sterbealter. Das durchschnittliche Sterbealter liegt ca. zwei Jahre unter der mittleren Lebenserwartung. Die Sterblichkeit unterliegt deutlichen regionalen Schwankungen. Lag das durchschnittliche Sterbealter im Jahr 2006 in Mecklenburg-Vorpommern bei 74,1 Jahren, so lag es drei Jahre niedriger als in Baden-Württemberg (77,1). Im europäischen Vergleich liegt Deutschland im Mittelfeld.

Auch bei den *Todesursachen* zeigen sich regionale und geschlechtsspezifische Unterschiede (vgl. auch *Casper u.a.* 1995). Allgemein hatte im Jahr 2009 die größte Bedeutung für Sterblichkeit (in% aller Sterbefälle, vgl. *Statistisches Bundesamt* 2011: 251 f.):

Herz-Kreislauf-Erkrankungen 41,7%
bösartige Neubildungen (Krebs) 25,3%
Krankheiten der Atmungsorgane 7,4%
Krankheiten der Verdauungsorgane 4,9%
nichtnatürliche Sterbefälle 3,7%
Endokrinopathien (Hormondrüsenkrankheiten) 3,3%

Die Unterschiede nach Geschlecht betreffen fast alle Todesursachen. So sind (2009) Herz-Kreislauf-Krankheiten bei Frauen mit 45,8% deutlich häufiger die Todesursache als bei Männern (37,1%), während bei Männern häufiger bösartige Neubildungen (Krebs) (28,8 zu 22,1%) und Krankheiten der Atmungsorgane (8,1 zu 6,7%) zum Tod führten. Im Zeitvergleich zeigen sich folgende Tendenzen (*Statistisches Bundesamt/WZB* 2011: 222): Zwischen 1990 und 2009 ist die Sterblichkeit aufgrund von Krankheiten des Kreislaufsystems um 47% zurückgegangen, bei den Todesfällen durch Krebserkrankungen um 19%. Starke Zuwächse verzeichnet die Sterblichkeit durch bestimmte infektiöse und parasitäre Krankheiten (+56%), durch psychische Störungen und Verhaltensstörungen (+57%) sowie Krankheiten des Nervensystems und der Sinnesorgane (+24%).

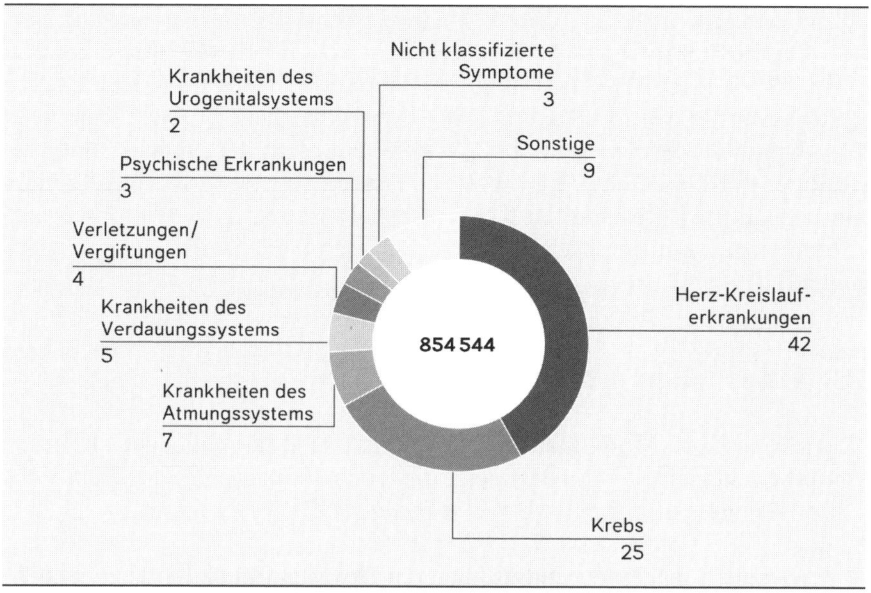

Abb. 13: Krankheitsbedingte Todesursachen 2009, in %
Quelle: Statistisches Bundesamt (Hrsg.) (2011): Datenreport 2011. Ein Sozialbericht für die Bundesrepublik Deutschland. Band 1., S. 222.
Link: https://www.destatis.de/DE/Publikationen/Datenreport/Downloads/Datenreport2011.pdf?__blob=publicationFile

Die Rangfolge der Todesursachengruppen und deren Verteilung nach Geschlecht sind in den alten und neuen Bundesländern grundsätzlich gleich. Zwischen den Bundesländern zeigen sich allerdings z.T. erhebliche Unterschiede beim Vergleich der Häufigkeiten von Todesursachen: Die altersstandardisierten Werte zeigen für das Jahr 2010 z.B. eine höhere Sterblichkeit an Krankheiten des Kreislaufsystems in den neuen Bundesländern (ohne Berlin-Ost) mit 337,8 Verstorbenen je 100 000 Einwohner als in den alten Bundesländern (einschließlich Berlin-Ost) mit 276,5. In Sachsen-Anhalt waren es 374,1 und in Brandenburg 335,0 Verstorbene je 100 000 Einwohner. In Hamburg und Baden-Württemberg starben mit 239,3 beziehungsweise 255,5 Personen je 100 000 Einwohner bundesweit die wenigsten Personen an Krankheiten des Kreislaufsystems. Ähnliche regionale Unterschiede existieren für die anderen wichtigen Todesursachen. Dies wird besonders deutlich, wenn z.B. die Verteilung der Mortalität durch bösartige Neubildungen, Kreislauf- und Atemwegserkrankungen auf Kreisebene verglichen wird.

Die wichtigsten krankheitsbedingten Ursachen führen durchschnittlich in einem sehr unterschiedlichem Alter zum Tod: Krebs in einem früheren und Herz-Kreislauf-Krankheiten in einem deutlich späteren Lebensalter. An Krebs verstorbene Frauen waren (2010) im Schnitt 74,2 Jahre alt und starben durchschnittlich 6,6 Jahre eher als weibliche Sterbefälle insgesamt (80,8 Jahre) bzw. 10,6 Jahre jünger als die an Herz-Kreislauf-Krankheiten gestorbenen Frauen (84,8 Jahre). An Krebs gestorbene Männer waren mit 71,9 Jahren durchschnittlich nur 1,5 Jahre jünger als der Durchschnitt aller männlichen Sterbefälle (73,4 Jahre), doch auch hier bestand mit 3,8 Jahren ein bedeutsamer Abstand zur Todesursache aufgrund von Herz-Kreislauf-Erkrankungen mit durchschnittlich 77,2 Jahren (vgl. *Statistisches Bundesamt* 2011).

2.9.4 Zusammenfassung

In Hinsicht auf Morbidität und Mortalität sind abschließend folgende Hauptgesichtspunkte zu benennen, die auch eine geschlechtsspezifische Differenzierung erlauben (vgl. auch *Clemens* 1997: 97 f.):

- Frauen sind insgesamt und in jüngeren Gruppen (unter 25 Jahre) und älteren Gruppen (über 65 Jahre) öfter von Krankheiten oder Unfallverletzungen betroffen, in den Altersgruppen dazwischen sind es die Männer;
- Frauen haben eine höhere Wahrscheinlichkeit für psychiatrische Leiden (mit Ausnahme der Schizophrenie) und allgemein für Morbidität mit nicht-chronischem ebenso wie mit chronischem Verlauf;
- bei psychischen Erkrankungen sind Frauen von neurotischen und psychosomatischen Störungen doppelt so häufig betroffen wie Männer, Frauen leiden häufiger an depressiven, Angst- und hysterischen Neurosen, nervösen Erschöpfungen und psychogenen Kopfschmerzen;
- an chronisch-degenerativen Erkrankungen treten bei Frauen Krankheiten des Muskel-Skelett-Systems und inzwischen auch Herz-Kreislauf-Erkrankungen häufiger auf;
- insgesamt befinden sich mehr Frauen in ärztlicher Behandlung, und Diagnosen chronischer Erkrankungen sind bei ihnen häufiger;
- nach der Todesursachenstatistik überwiegt der Anteil der Frauen in Sterbefällen bei Herz-Kreislauf-Krankheiten deutlich gegenüber dem der Männer, bei bösartigen Neubildungen und Krankheiten der Atemungsorgane rangieren die Frauen hinter den Männern;
- unter den Todesursachen dominieren Herz-Kreislauf-Krankheiten in den neuen Bundesländern häufiger als in den alten Ländern, während bösartige Neubildungen (Krebs) in den alten Bundesländern etwas häufiger als Todesursache auftritt als in den neuen Ländern. Auch bei den Krankheiten des Atmungssystems (häufiger im Westen) und des Verdauungssys-

tems (häufiger im Osten Deutschlands) zeigen sich regionale Differenzen (vgl. *Statistisches Bundesamt* 2011).

2.10 Alter als eigenständige Lebensphase? Zur Variabilität des Alters

Die Frage, ob es sich bei Alter um eine eigenständige Lebensphase handelt, kann nur bedingt mit „ja" beantwortet werden. Das hängt *auf der einen Seite* damit zusammen, dass sich eine Abgrenzung zur Phase des mittleren Erwachsenenalters immer mehr verwischt und Alter zunehmend häufiger im Kontext des gesamten Lebenslaufs betrachtet wird. Immer öfter wird der Übergang vom Erwerbsleben in den „Ruhestand" nicht mehr als der klare Einstieg ins „Alter" angesehen und deshalb Ruhestand als Synonym für das Alter zunehmend widersprüchlich eingeschätzt. Es bestehen allerdings weiterhin Übergänge zwischen den Lebensphasen, die wie der Übergang in den Ruhestand als zentrale „Statuspassage" sozial gesetzt sind und Anpassungsleistungen erfordern. Und doch haben sich diese Übergänge zur Lebensphase Alter immer stärker differenziert, sowohl im Zeitpunkt als auch in der Form und dazu noch geschlechtsspezifisch unterschiedlich. Zwar wird durch die Rentenversicherung als sozialstaatlicher Zeitgeber für das moderne Lebenslaufregime mit den Rentenreformen seit 1992 versucht, den Übergang in den Ruhestand allgemein auf 65 Jahre hinauszuschieben und zu verallgemeinern, doch es werden gleichzeitig Flexibilisierungen oder gleitende Übergänge in den Ruhestand propagiert. Mit der Anhebung der Altersgrenze auf 67 Jahre ab 2012 ist ein weiterer Schritt zur Verlängerung des Erwerbslebens getan.

Auf der anderen Seite sprechen die zunehmende Pluralität der Formen des Alterns und die Variabilität des Alters gegen die Sichtweise einer homogenen Phase im Lebenslauf, z.T. ist der spezifische Charakter der Phase sogar in Frage gestellt. In Hinsicht auf Institutionen, Lebenslauf und Sozialpolitik ist die Gesellschaft weiterhin alterssegregiert, in Hinsicht auf Kultur, Konsum, Lebensstile zeigt sich bereits teilweise eine altersintegrierte Gesellschaft, womit bislang als zentral angesehene Bestimmungsmomente der Lebensphase Alter fragwürdig werden (vgl. *Amrhein* 2004, 2008). Die gesellschaftlich organisierte Freistellung von Erwerbsarbeit in einem sozial gesicherten „Ruhestand" allein rechtfertigt nur bedingt eine Abgrenzung zu früheren Lebensphasen, da weiterhin – wenn auch in geringerem Umfang – erwerbsmäßig, familial oder auch ehrenamtlich gearbeitet und ein gesellschaftlich relevanter Beitrag geleistet wird. Außerdem spricht der beträchtliche Umfang einer im Alter möglichen Lebensspanne gegen die Konstruktion *einer* Lebensphase, sind doch die körperlichen, psychischen und sozialen Unterschiede zwischen aktiven „jungen Alten" und hilfe- bzw. pflegebedürftigen Hochbetagten gravierend. Die Differenzierung der Lebensphase Alter zeigt sich entsprechend auch in der Vielzahl und Unterschiedlichkeit von marktförmigen Angeboten, die deutlich nach Vitalität und dem Grad der Hilfebedürftigkeit der Zielgruppe zu unterscheiden sind. In diesem marktförmigen Vergesellschaftungstrend und der vorherrschenden Ökonomisierung der Altersphase sieht *Böhnisch* (2005) eine Gefahr der Spaltung der „Altengesellschaft“, wenn keine neuen sozialintegrativen Modelle vom Menschen her entwickelt werden.

„Alter“ ist in diesem Sinne aufgrund der Variabilität zumindest aus sozialwissenschaftlicher Sicht keine aussagekräftige Erklärungskategorie mehr. Dem haben verschiedene Autoren Rechnung getragen, indem sie die Lebensphase Alter in Subkategorien eingeteilt und diese zum einen an das chronologische Alter, zum anderen an funktionelle Fähigkeiten bzw. Beeinträchtigungen gebunden haben. Empirische Analysen zu Lebenslagen im Alter haben dies zu berücksichtigen (vgl. *Backes/Clemens* 2000). Zu einer starken Differenzierung der Lebensphase Alter kam es mit ihrer Ausdehnung, die *Tews* (1993) als „dreifaches Altern“ bezeichnet. So hat die steigende Lebenserwartung bei sinkender Geburtenrate und durchschnittlich jüngeren Zuwanderern zu einer *relativen* Vergrößerung der Gruppe der Alten geführt, aber auch in *absoluten* Zahlen ist sie inzwischen größer als die Gruppe der Kinder und Jugendlichen. Und außerdem werden *die Alten immer älter*, wird die Gruppe der Hochbetagten immer größer. Diese Entwicklung des „Alterns der Gesellschaft“ und der Ausdünnung der Generationen hat im Zusammenhang mit dem allgemeinen Trend gesellschaftlicher Individualisierung eine Reihe von Chancen, aber auch von Problemlagen im Alter entstehen lassen.

Mit der Differenzierung der Lebensphase Alter wurde bereits deutlich, dass nicht das chronologische Alter, sondern das funktionale Alter für eine genauere Bestimmung der Verortung einzelner Mneschen im Alter entscheidend ist. Die zunehmende *Variabilität von Alter* – dokumentiert in differierenden Fähigkeiten, Fertigkeiten, Erlebens- und Verhaltensformen, körperlichen und psychischen Funktionsfähigkeiten – verbietet eine einfache chronologische Zuordnung von Alter. Es zeigt sich aber trotzdem, dass mit steigendem Alter weiterhin Risiken zunehmen: gesundheitliche und psychische Einschränkungen, Abnahme sozialer Beziehungen, Isolierung und Hilfebedürftigkeit, wenn auch die Grenze zur Abhängigkeit lebenszeitlich immer weiter nach hinten geschoben werden konnte. Mit der wachsenden Zahl hochbetagter Menschen hat sich das Morbiditätsspektrum und der Bedarf an Hilfen verändert: Multimorbidität, psychische Krankheiten, Hilfs- und Pflegebedürftigkeit nehmen bei steigendem Alter zu. Familiäre und informelle soziale Netzwerke sind durch „Bohnenstangen-Familie“ und Individualisierung geschrumpf, sodass immer häufiger die Frage gestellt wird, wer uns im Alter pflegen wird (*Kytir/Münz* 1991).

Angesprochen ist damit auch das Generationenverhältnis, das mit Ausdehnung der Lebensphase Alter gesellschaftlich neu überdacht werden muss. Und zwar nicht nur in Hinsicht auf die „Solidargemeinschaft" der Versicherten, sondern allgemein unter den Stichworten „Freiheit und Gerechtigkeit" (vgl. *Backes* 1997a), denen in unserer Gesellschaft weiterhin eine hohe Legitimationskraft zukommt. Generationenkonflikt und (vermeintlich zu erwartende) politische Macht der Älteren fordern auch eine innovative Gesellschafts- und Sozialpolitik heraus. Demographischer und Altersstrukturwandel dürfen demzufolge nicht als „Sachzwang" verstanden werden, sondern sind als „Politik" zu begreifen, indem Wertentscheidungen über die Ausgestaltung der Lebensphasen getroffen werden (*Leisering* 1996). Und: „Eine neue Alters- und Altenpolitik braucht geänderte kulturelle Vorstellungen von den Lebensaltern." (*Rosenmayr* 1996: 39)

Der gesellschaftlich-institutionelle Wandel hat – wo er gestaltbar ist – die zunehmende Variabilität von Alter zu berücksichtigen. In Abkehr vom chronologischen und Hinwendung zum funktionalen Alter sind bisherige alterszentrierte Regelungen zu überprüfen: Die Variabilität sollte auch Auswirkungen auf die Gestaltung institutioneller Regelungen haben, so z. B. bei der Verteilung von Lernen, Arbeit und Freizeit im Lebenslauf, beim Ausstieg aus dem Erwerbsleben und der Flexibilität der Altersgrenze (*Bäcker/Naegele* 1993; *Rürup/Sesselmeier* 1993; *Klammer u. a.* 2012). Ob es damit zu einer „alterslosen" oder „altersintegrierten" Gesellschaft kommen wird, steht dabei in Frage. Sicher ist, dass sich die Variabilität von Alter weiter vergrößern wird, damit werden aber auch soziale Strukturierung und soziale Ungleichheit zunehmen. Es wird immer wichtiger festzustellen sein, was unter „Alter" in verschiedenen Teilbereichen der Gesellschaft, in Wirtschaft und Kultur zu verstehen ist. Von daher bleibt die Aktualität einer „Lebensphase Alter" erhalten, wenn auch deren differenzielle und sozialstrukturell differenzierte Gestalt unter den jeweiligen gesellschaftlichen und individuellen Entwicklungsbedingungen unterschiedliche Formen annimmt und entsprechend zeitbezogen zu analysieren ist.

Kapitel 3
Theoretische Konzepte zur Analyse der Lebensphase Alter

Die „Lebensphase Alter“ kann nur durch den koordinierten Zugang verschiedener Disziplinen beschrieben, analysiert, interpretiert und verstanden werden. Das bedeutet auch einen über die Soziologie als zentralen Fokus hinausgehenden theoretisch-gerontologischen, d.h. multidisziplinären Zugang (vgl. *Kap. 1*). Gerontologie, und hier insbesondere die sozialwissenschaftliche Alter(n)swissenschaft, ist seit ihren Anfängen (den 1930er Jahren in den USA und den 1950er/60er Jahren in Deutschland) durch die Trias von Theorie, Empirie und Anwendung bestimmt. Aus empirischer Beobachtung älterer und alter Menschen in der Gesellschaft, häufig auch aus deren Konfrontation mit kulturell begründeten Alter(n)sbildern und alter(n)srelevanten sozialpolitischen Entwicklungen, haben sich Thesen, theoretische Konzepte und Ansätze zum Verhältnis von älteren und alten Menschen und Gesellschaft, zur Lebensqualität und zu sozialer Ungleichheit im Alter oder zur Lebensphase Alter im Kontext des Lebenslaufs entwickelt. Insbesondere die klassischen gerontologischen Konzepte – wie Disengagement-, Aktivitäts- und Kontinuitätsthesen – lassen eine unmittelbare Koppelung ihres Gegenstandsbereichs mit der Entstehung der „Lebensphase Alter“ als eigenständig im Lebenslauf sich konstituierende, vom sonstigen Erwachsenenalter deutlich abgegrenzte Zeit erkennen.

Zur Beschreibung und Analyse der „Lebensphase Alter“, dem Thema dieses Buches, leisten nicht nur die explizit hierauf ausgerichteten – etwa lebensphasentheoretischen – Ansätze relevante Beiträge, sondern im Prinzip alle auf Alter und Altern – insbesondere aus sozialwissenschaftlicher Sicht – hin fokussierten Konzepte. Deshalb wird es in diesem Kapitel darum gehen, die relevanten *sozialwissenschaftlichen* Alter(n)stheorien und -konzepte auf ihren Beitrag zur Fragestellung „Lebensphase Alter“ hin darzustellen und zu hinterfragen. Dabei handelt es sich überwiegend um soziogerontologische, soziologische oder soziologisch begründete Ansätze, die auf der individuellen und z.T. sozialpsychologischen Ebene durch sozialwissenschaftlich ausgerichtete psychogerontologische Ansätze zu ergänzen sind. Auf die Darstellung biologischer, medizinischer und primär verhaltenswissenschaftlicher Ansätze zu Alter wird hier verzichtet, da diese ihren Fokus nicht primär auf die Lebensphase Alter als soziales und gesellschaftliches Konstrukt hin ausrichten.

3.1 Gerontologie als Alter(n)ssozialwissenschaft und Theorien der Alter(n)ssoziologie im Überblick

Trotz ihrer noch verhältnismäßig jungen Geschichte lässt sich auch in der deutschsprachigen Gerontologie als Alter(n)ssozialwissenschaft auf eine Reihe von Ansätzen zur Analyse der Lebensphase Alter zurückgreifen. Sie sind im Verlauf der letzten 30 bis 40 Jahre insbesondere innerhalb der Gerontologie und der Alter(n)ssoziologie primär aus dem englischsprachigen Bereich (vor allem aus den USA und aus Großbritannien) aufgegriffen, angewandt und zum Teil weiterentwickelt worden:

- So ist etwa das Konzept des *Disengagement*, ein in seinen Grundzügen soziologisch-funktionalistisches Rollenkonzept, in Anlehnung an *Havighurst* (vgl. *Kap. 3.5*) aus den USA übernommen worden. Es gilt bis heute als ein „klassisch" alterssoziologisches oder gerontologisches Konzept. Dabei bleibt es perspektivisch auf die Beschreibung und Erklärung der Lebenssituation des Menschen im Alter hin fokussiert, ohne dass seine implizit gesellschaftsreflexiven Bezüge und entsprechende Entwicklungen des gesellschaftlichen Konstrukts „Lebensphase Alter" explizit hergestellt oder weiterentwickelt würden.
- Ein anderes Beispiel: Auch das Konzept der „Altersschichtung" von *Riley u.a.* (1972) kann wesentliche Hinweise auf die Perspektive einer gesellschaftlich-strukturellen Betrachtung der Lebensphase Alter geben, die aus dem Verhältnis von Alter(n) und Gesellschaft entstanden ist und sich weiter entwickelt. Gesellschaft ist wesentlich über Altersgruppen (und damit Lebensphasen) und über die diesen zugeschriebenen sozialen Funktionen und Positionen strukturiert und damit auch Veränderung unterworfen. Hieran dürfte auch die gesellschaftliche Modernisierung, insbesondere der Trend zur „Individualisierung" (*Beck* 1986), die selbstverständlich auch alte Menschen betrifft, im Grundsatz nichts ändern.

Allerdings bestehen hinsichtlich einer gründlicheren Rezeption der entwickelten alter(n)ssozialwissenschaftlichen und hier insbesondere alter(n)ssoziologischen Ansätze anderer Länder bei uns bislang Grenzen. Die vor allem in den USA und Großbritannien entwickelten primär soziologischen Konzepte zur Lebensphase Alter und zu Altern wurden in der Gerontologie zwar aufgegriffen. Sie erscheinen jedoch hinsichtlich ihres soziologischen Gehaltes hier eher verkürzt, etwa wenn eine präzise Rezeption des kulturgebundenen Aussagegehalts unterbleibt. Dies ist vermutlich nicht zuletzt aufgrund der Tendenz zur soziologischen Abstinenz institutionalisierter deutschsprachiger Gerontologie der Fall, hierauf kann jedoch in diesem Zusammenhang nicht näher eingegangen werden (vgl. ausführlich dazu *Backes* 1997a).

Alter(n)ssozialwissenschaftliche Theorien, insbesondere der mit Alter(n) befassten Soziologie, finden sich – analytisch unterteilt – auf folgenden drei Ebenen. Hier leisten sie jeweils typische Beiträge zur Analyse der Lebenssituation im Alter, der Lebensphase Alter und des Verhältnisses von Alter(n) und Gesellschaft, das unter anderem die Lebensphase Alter bestimmt:

1. *Ansätze der allgemein gesellschaftlichen (strukturellen) Ebene*: Es handelt sich um Gesellschaftstheorien, wie Funktionalismus und „Altersschichtung". Sie widmen sich den Fragen des Alters als „one of the major bases of social organization, shaping the structure of groups and social systems, molding the characteristics and behaviors of individuals, channeling fundamental social processes and even the course of history" (*Riley u.a.* 1988: 243). Gegenstand ist „age as a structural feature of changing societies and groups, as both people and roles are differentiated by age", wie *Riley u.a.* (1988: 243) es beschreiben. Dabei gibt es Ansätze bzw. Konzepte (nicht unbedingt Theorien), die sich eher mit der demographischen Entwicklung und deren ökonomischer oder politischer Bedeutung für die Gesellschaft befassen (vgl. *Kaufmann* 1960; *Pifer/Bronte* 1986). Und es gibt kultursoziologische und strukturfunktionalistische Ansätze, die sich eher für den Wandel der sozialen Altersrollen, deren Inhalte und Funktionszuschreibung und die Verwobenheit mit gesellschaftlichen Normen und Werten wie auch strukturellen Entwicklungen – z.B. Generationenbildung – befassen (vgl. *Mannheim* 1928; *Eisenstadt* 1966). Innerhalb des breiten Theorienspektrums auf dieser Ebene finden sich Ansätze, die schwerpunktmäßig aus der gesellschaftlichen Perspektive auf die „Lebensphase Alter" fokussieren und ihre Entwicklung, ihre gesellschaftliche Bedeutung und Folgen thematisieren.
2. *Ansätze auf der Handlungs- bzw. Interaktions- und individuellen Ebene*: Hier sind es vor allem Ansätze zu Lebensphasen (*Neugarten/Datan* 1978), Lebenslauf (*Kohli* 1978) und deren Vorläufer (z.B. *Bühler* 1969). Gegenstand ist „aging over the life course as a social process", wie *Riley u.a.* (1988: 242) es im Zusammenhang mit der Begründung einer *Kohortenperspektive* nennen. Innerhalb des ebenfalls recht breit gefächerten Theorienspektrums auf dieser Ebene finden sich nominell unmittelbar auf „Lebensphase Alter" bezogene Ansätze sowie deren Vorläufer (frühe Entwicklungspsychologie der Lebensalter) und Weiterentwicklungen (Lebenslaufansätze). Sie fokussieren primär aus interaktioneller und individueller Sicht, etwa auf soziale und individuelle Entwicklungsaufgaben in den einzelnen Lebensphasen, so auch im Alter. Die Verbindung mit gesellschaftlicher Rahmung und Vorgabe der Entwicklungsaufgaben ist mehr oder weniger, meist allerdings implizit, gegeben.
3. Die Integration beider Ebenen – der Mikro- und Makroebene – ist im *„age stratification approach"* angelegt. Hier geht man von folgenden Grundüberlegungen aus: „... these two topics, each clearly distinct and

significant in its own right, are interdependent. Neither can be understood without the other. Aging processes and age structures form a system of interdependent parts that we refer to as an 'age stratification system'." (*Riley u. a.* 1988: 243). Der Ansatz einer „Sozialstruktur des Lebensverlaufs" (vgl. *Mayer* 1990; *Kap. 2.5*) kann ebenfalls zu dieser Perspektive, die Struktur auf der Makroebene und Prozess auf der Mikroebene verbindet, gerechnet werden. Hier wird „Lebensphase Alter" nicht ausschließlich als etwas strukturell Gegebenes oder gar Statisches begriffen, sondern auch in seinem lebenslaufgebundenen Entwicklungsprozess abgebildet bzw. nachgezeichnet.

Die Einschätzung des Spektrums alter(n)ssoziologischer Theorien von *Ferraro* (1990: 124) dürfte auf gerontologische Theorien insgesamt zutreffen:

> „The sociology of aging has contributed much to our understanding of human aging. Yet social thought about aging has tended to focus on either the micro or macro levels of analysis, with little discussion of the link between the two. While research continues to mushroom within each level of analysis, a 'theoretical map' is needed to interpret and appreciate the landscape of findings. ... each theory for studying aging gives only part of the reality."

Ferraro favorisiert als geeigneten Ansatz den „age stratification approach", weil er Mikro- und Makroperspektive anspricht und sich nicht auf eine von beiden begrenzt und zahlreiche Möglichkeiten der Integration mit anderen Theorieansätzen offenhält. Allerdings sieht er: „Age stratification is certainly not the only theory to address this societal dialectic, but it does provide considerable insight into the issue" (*Ferraro* 1990: 124).

Ob die vorhandenen Ansätze zur Bearbeitung der Fragestellungen ausreichen, die heute im Zusammenhang mit der „Lebensphase Alter" anstehen, wird im Folgenden zu prüfen sein. Ob Modernisierungsthese (vor allem in der Tradition der Thematisierung von Familie und Alter), Altersschichtungstheorie, Generationenkonfliktperspektive, Alter als Subkultur oder alte Menschen als Minderheitengruppe: Immer geht es um die Bedeutung, die Position und – damit zusammenhängend – die Lebenschancen, Lebensqualität und Lebensformen älterer und alter Menschen in der Gesellschaft. Implizit werden dabei die Bedeutung der Lebensphase Alter für die Individuen und die Gesellschaft und damit einhergehende Auswirkungen angesprochen (*Backes/Clemens* 1998). Etliche Ansätze, vor allem aus dem relativ neuen Feld der Soziologie des Lebens(ver)laufs, der Lebensalter wie Altersgruppen, enthalten explizit Aussagen zum Verhältnis von Alter(n) und Gesellschaft oder beruhen implizit auf einem Konzept dazu (zur Entwicklung vgl. u. a. *Settersten/Angel* 2011). Zur Identifizierung von Anhalts- und Bezugspunkten einer theoretischen wie deskriptiv-empirischen Analyse der modernen Lebensphase Alter sollen im Folgenden – nach einem einführenden Überblick – ausgewählte relevante Konzepte vorgestellt und auf den Gegenstandsbereich „Lebensphase Alter“ hin geprüft werden.

Deutlich wird bereits an der obigen Auflistung, dass theoretische Konzepte zur Beschreibung und Analyse der Lebensphase Alter nicht nur im Bereich der Lebensphasen-Ansätze zu finden sind. Vielmehr setzt eine schlüssige und nicht selektive Analyse Recherchen auf allen drei skizzierten theoretischen Ebenen voraus. In der hier vorliegenden Arbeit ist es allerdings nicht möglich, eine auch nur annähernd vollständige Darstellung und kritische Würdigung der theoretischen Konzepte zu geben, die (potenzielle) Aussagen zur Lebensphase Alter enthalten oder daraufhin anwendbar wären. Es ist sinnvoll und notwendig, sich auf eine begründete Auswahl relevanter Ansätze zu konzentrieren. Berücksichtigung finden in dieser Einführung vor allem folgende Ansätze:

(a) Strukturfunktionalistische Ansätze, die die Lebensphase Alter aus dem Verhältnis von Alter(n) und Gesellschaft heraus untersuchen, und zwar

- zum einen frühe Konzepte der Alterssoziologie (Aktivitäts-, Disengagement- und Kontinuitätsthesen), die als „klassische gerontologische Ansätze“ heute zwar theoretisch an Bedeutung verloren haben, als Vorläufer heute gängiger Konzepte, insbesondere in der Praxis der Altenarbeit und Altenpolitik, weiterhin jedoch eine nicht unerhebliche Rolle spielen;
- zum anderen soziologische Ansätze der Altersgruppen, Generationen, Altersschichtung (später: Altersstruktur) (*Riley u.a.* 1972), die die Lebensphase Alter aus dem Vergleich oder der Gegenüberstellung verschiedener Altersgruppen, Generationen und Kohorten heraus untersuchen (*Mannheim* 1928 bis *Lüscher/Schultheis* 1993). Sie werden als klassische Vorläuferansätze zu den heute aktuell gebräuchlicheren dynamischen Lebenslauf- und Lebensverlaufansätzen dargestellt.

(b) Als Beispiel für funktionalistisch-ökonomisch und verhaltenstheoretisch ausgerichtete Ansätze die Austauschtheorie (*Blau* 1967; *Dowd* 1975, 1980; vgl. *Rosenmayr* 1976; *Rosenmayr/Rosenmayr* 1978).

(c) Als Beispiel für interaktionistische Theorieansätze das Konzept „Alter als Stigma“ (*Hohmeier/Pohl* 1978); denkbar wäre hier weitergehend auch die Berücksichtigung ethnomethodologisch fundierter Lebensweltansätze (*Langehennig* 1987).

(d) Beispiele für Lebensphasenansätze (*Neugarten/Datan* 1978), Lebenslaufansätze (*Kohli* 1978, 1985) und Lebensverlaufansätze („Sozialstruktur des Lebensverlaufs“ nach *Mayer* 1987, 1990).

(e) Als Beispiele für sozialstrukturelle und Lebenslagekonzepte:

- Sozialpolitisch fundierte Lebenslageansätze, soziale Probleme im Alter und soziale Ungleichheit im Alter und des Alters (*Dieck/Naegele* 1978; *Backes* 1983; *Naegele/Tews* 1993; *Clemens* 1994; *Backes/Clemens* 2000);
- Politische Ökonomie des Alter(n)s (*Townsend* 1981; *Phillipson* 1982; *Phillipson/Walker* 1986; *Estes u.a.* 2001);
- Strukturwandel des Alter(n)s (*Tews* 1993; *Naegele* 1991; *Clemens* 1993).

(f) Als Beispiel für sozialwissenschaftlich orientierte psycho-gerontologische Ansätze:

- Alter(n) als „soziales Schicksal"? (*Thomae* 1983).

(g) Als Beispiel für eher verhaltenswissenschaftlich ausgerichtete psycho-gerontologische Ansätze:

- „Optimierung durch Selektion und Kompensation" (*Baltes/Baltes* 1989a).

Die Vorgehensweise orientiert sich im Folgenden nicht durchgängig explizit an dieser vorgestellten Unterscheidung nach sozialwissenschaftlichen Analyseebenen und nach Typen theoretischer Ansätze. In der Einzelbeschreibung werden die als relevant ausgewählten theoretischen Konzepte in Anlehnung an ihre heutige Bedeutung dargestellt, ausgehend von den als klassisch geltenden, in der sozialgerontologischen (Theorie-)Diskussion kaum noch gebräuchlichen Ansätzen bis hin zu neueren und heute häufiger gebräuchlichen. Sie werden daraufhin geprüft, auf welcher der o.g. Ebenen – der strukturell-gesellschaftlichen, institutionellen und interaktionellen und/oder der individuellen – sie ansetzen und argumentieren, wie sie demzufolge zur Beschreibung und Erklärung von Alter als Lebensphase(n) beitragen, bzw. welche relevanten Hinweise und Ansatzpunkte sie hierfür enthalten. Dabei findet eine Konzentration auf eine relevante Auswahl alter(n)ssozialwissenschaftlicher Ansätze statt. Biologische, tiefenpsychologische oder andere nicht sozialwissenschaftliche Ansätze werden aus Gründen der spezifischen Thematik dieses sozialwissenschaftlichen Einführungswerkes hier nicht weiter rezipiert.

3.2 Aktivitäts-, Disengagement- und Kontinuitätsthesen: Lebensalter als gesellschaftliches und individuelles Strukturprinzip

Bei den immer wieder rezipierten klassischen gerontologischen Konzepten (wie Disengagement-, Aktivitäts- und Kontinuitätsthese) (*Cumming/Henry* 1961; *Tartler* 1961; *Rosow* 1967) handelt es sich originär vor allem um soziologisch begründete Konzepte. Sie gehen von Grundannahmen über das Wechselverhältnis von Alter bzw. älteren und alten Menschen und Gesellschaft aus, die auf strukturfunktionalistischen Gleichgewichtsvorstellungen beruhen. Sie orientieren sich an der Frage nach „erfolgreichem" – im Sinne von befriedigendem und sozial integriertem – Alter(n). Bezugspunkt ist die Ausgliederung der Menschen aus dem Erwerbsleben im höheren Lebensalter, mit der ein Verlust der Erwerbsrolle einhergeht. Darüber hinaus fokussieren sie auch auf die im familiären Bereich mit dem Alter einhergehenden Rollenverluste. Je nach Konzept werden neue Grundlagen für die Stabilisierung des Selbstkonzepts entweder in einem Rückzug vor allem aus gesellschaftlichen Aufgabenfeldern und Kontakten – einem *Disengagement* – gesehen oder in einer größtmöglichen Aufrechterhaltung von *Aktivität* bzw. in einer *kontinuierlichen Fortführung* bisheriger Aufgaben und Beziehungen auf dem bislang praktizierten und gewohnten Aktivitätsniveau.

Dabei abstrahieren die drei Ansätze von den sozialen Rahmenbedingungen und individuellen Besonderheiten des Lebens vor dem sog. Alter, die jedoch darüber entscheiden, ob Aktivität, Disengagement oder Kontinuität möglich, wünschenswert und befriedigend sind. Die Handlungs- und kognitive Ebene fehlen (vgl. dazu *Tews* 1979; *Voges* 1983a: 8). Bevor wir jedoch zu einer Gesamteinschätzung dieser Ansätze hinsichtlich ihrer Aussagekraft zur Lebensphase Alter kommen, soll zunächst etwas ausführlicher im Einzelnen auf sie eingegangen werden.

3.2.1 Aktivitäts- oder Ausgliederungsthese

> „Durch das Nichtstun, durch den Mangel an körperlicher und geistiger Tätigkeit verfällt er (der gesellschaftlich ausgegliederte alte Mensch, d.Verf.) notwendigerweise einem atrophischen Siechtum." (*Thieding* 1965: 34)

Das Aktivitäts- oder auch Ausgliederungskonzept gehört – neben dem als Reaktion hierauf entwickelten Disengagementansatz – noch immer zu den am häufigsten implizit oder explizit verwendeten und diskutierten, aber auch kritisierten Konzepten der Sozialen Gerontologie. Es hat bis heute weitreichende Bedeutung für die Soziale Altenarbeit und findet seine Fortsetzung aktuell in Konzepten und Zuschreibungen, wie „erfolgreiches Altern" (*Baltes/Baltes* 1989b), „Junge Alte", „Aktive Alte" und den dazugehörigen politischen Modellen und Kampagnen des Umgangs mit dem Alter (s. Bundesmodellprogramm „Seniorenbüros", vgl. *Braun/Claussen* 1996; *Braun/Bischoff* 1999).

Vertreter der Theorie sind *Tartler* (1961), *Tobin/Neugarten* (1968) und zum Teil *Havighurst* (1963, 1968). Allerdings macht *Havighurst* auch Aussagen, die zum Disengagementkonzept gehören. Daran wird erkennbar, dass die scharfe Trennung zwischen beiden heute nicht mehr unbedingt aufrechtzuerhalten ist. Das zeigt sich auch daran, dass in der Praxis der Altenarbeit – trotz Bezugnahme auf das Aktivitätskonzept – die Annahme eines im Alter meist doch mehr oder weniger zwangsläufigen Disengagements nicht selten ist (vgl. zum Aktivitäts- und Disengagementkonzept: *Atchley* 1977: 34ff; *Krohn* 1978: 54ff.; *Tews* 1979: 107ff.; *Backes* 1983: 34ff.).

Das Aktivitätskonzept konzentriert sich in seinen Aussagen auf mögliche Bewältigungsformen der Alternsprobleme, die hauptsächlich – so die Annahme – aus Funktionslosigkeit entstehen. Diese wird als Produkt oder Begleiterscheinung des mit der Industrialisierung und Verstädterung sowie den familialen Veränderungen einhergehenden sozialen Wandels gesehen. Die Ausgliederung aus relevanten gesellschaftlichen Funktionszusammenhängen sieht man als von außen aufoktroyierten Zwang an, der den „eigentlichen" Bedürfnissen der Menschen auch im Alter zuwiderläuft. „Erfolgreiches" Alter(n) und Zufriedenheit stellen sich – so das Konzept – nur dann ein, wenn die Aktivitäten der mittleren Lebensjahre aufrechterhalten werden. Da gesellschaftlich bedingte Rollenverluste im Alter nicht ganz zu vermeiden seien, solle man bei zwingenden Veränderungen nach Ersatz suchen. Daraus leiten sich Forderungen nach Beibehaltung beruflicher Positionen oder zumindest Aktivierung und Reaktivierung in organisierten Freizeitprogrammen ab (vgl. *Schneider* 1974: 94).

Abgesehen von biologischen bzw. gesundheitlichen Veränderungen haben Menschen im Alter – so die Prämissen des Konzepts – dieselben psychischen und sozialen Bedürfnisse wie im mittleren Lebensalter. Empirisch feststellbare geringere soziale Kontakte älterer Menschen, physisch-psychische Abbauprozesse und ihr geringeres Engagement in Aktivitäten und Organisationen resultieren aus einem Rückzug der Gesellschaft von den älteren und alten Menschen, der gegen deren Willen erfolge. Das zentrale Element dieses „Rückzugs" stellt die Ausgliederung aus dem sozialen Bezugssystem der Arbeitswelt dar. Nach *Tartler* (1961: 15f.) wird der ältere Arbeitnehmer durch Zuschreibung geringerer Leistungsfähigkeit und eine entsprechende Behandlung mit subtilen Methoden seiner Arbeit entfremdet und bei ihm eine Unzufriedenheit mit dem Arbeitsplatz hervorgerufen. Durch entsprechenden sozialen Druck entledigen sich die Betriebe ihrer vermeintlich nicht mehr voll einsatzfähigen Mitarbeiterinnen und Mitarbeiter. Damit werden – so das Aktivitätskonzept – weitere Funktionsverluste, eine Reduzierung sozialer Aktivitäten und körperliche wie psychische Abbauprozesse eingeleitet. Das Lebensalter, der innerbetriebliche Arbeitsmarkt und betriebsstrukturelle Rahmenbedingungen werden dabei zu den zentralen Variablen zur Erklärung von Verrentung (*Voges* 1994: 64).

In der Aktivitäts- bzw. Ausgliederungs„theorie" wird davon ausgegangen, dass bis zur normalen Rentengrenze die gesundheitlichen Voraussetzungen einer uneingeschränkten Erwerbsfähigkeit erhalten bleiben und eine vermeintliche Leistungsschwäche als Vorwand dazu dient, sich der Älteren zu entledigen. Psycho-physischer Abbau entstehe erst mit dem Entzug der Beschäftigungsmöglichkeiten. *Voges* (1994: 64) stellt zu Recht die Frage, warum die Gesellschaft bzw. der Betrieb älteren Arbeitnehmern eine „diffuse Defizienz“, eine unbestimmte eingeschränkte Handlungsfähigkeit, zuschreibt, um diese durch Frühverrentungen auszugliedern. Vermutlich hänge das mit der Ausklammerung der Produktionsverhältnisse und der Bedingungen zusammen, unter denen die Erwerbstätigkeit ausgeübt und das Leistungsvermögen beeinflusst wird. Außerdem werde von einer Veränderung der physisch-psychischen Konstitution und deren individueller Variabilität nach dem mittleren Lebensalter abstrahiert.

Für die Vertreter des Aktivitätskonzepts ändern sich Normen und Bedürfnisse des Menschen vom mittleren Lebensalter an im Prinzip nicht mehr. Er ist deshalb auch entsprechend zu behandeln. Diese Annahme leitet man aus empirischen Ergebnissen ab, wonach alte Menschen ihr Alter solange wie möglich nicht anerkennen wollen und es als größtes Kompliment werten, wenn man ihnen ihr Alter nicht ansieht. Diese Aussage basiert vor allem auf Angaben weiblicher Untersuchungspersonen (*Atchley* 1977: 35) und dürfte zumindest teilweise eine geschlechtsspezifische Färbung, die Beeinflussung durch entsprechende Geschlechterideale, aufweisen. Die hierauf beruhenden Aufrufe, „to act the age“, können als permanenter Versuch gesehen werden, dem Alter als vermeintlich unausweichlich negativer Lebensphase so lange wie möglich zu entgehen. Die Tätigkeiten und Eigenschaften mittlerer Lebensjahre werden idealisiert, sie gelten als das „Normale“ und von allen Menschen Gewünschte. Aktivität wird mit Normalität und Zufriedenheit gleichgesetzt.

Zur Einschätzung

Die Ausgliederung alter Menschen wird zu Recht als Zwangsausgliederung gesehen, da sie ab einem bestimmten Alter institutionell verfügt wird, ganz gleich, ob sie den Betroffenen und der Gesellschaft damit schadet. Von Seiten der Gesellschaft bestehen auch keine ausreichenden adäquaten Kompensationsmöglichkeiten für alle. Das Aktivitätskonzept unterliegt zumindest in seinen Annahmen nicht den Stereotypisierungen von Alter als einem Abbau von Fähigkeiten und reduziertem Bedürfnis nach Betätigungen, sondern weist darauf hin, dass solche reduzierten Aktivitäten und Interessen oft erst durch gesellschaftlich herabgesetzte Möglichkeiten entstehen. Selbst die am Aktivitätskonzept orientierte Praxis der Altenarbeit und Altenhilfe unterliegt häufig einem negativen Stereotyp von Alter als generellem Abbau von Fähigkeiten und Interessen.

Dieser Erklärungsansatz erlaubt es nach *Voges* (1994: 65), Beschäftigungsprobleme älterer Arbeitnehmer auf Betriebe als gesellschaftliche Instanzen der Ausgliederung aus der Arbeitsgesellschaft zu verlagern. Zur Erklärung geschlechtsspezifischer Differenzen trägt der Ansatz wenig bei, da ein konkreter Gesellschaftsbezug fehlt und soziale Differenzierungen als Ungleichheitsbedingungen nicht berücksichtigt werden (vgl. auch *Krohn*

1978: 56ff.). Auch die historisch geprägten ökonomischen, politischen und sozialstrukturellen wie auch biographischen und interaktionellen Bedingungen der Situation alternder Menschen werden vernachlässigt. Die berufliche Ausgliederung wird als *das* zentrale Ereignis gesehen, vorgängige Erfahrungen werden weitgehend ausgeblendet. Das mittlere Lebensalter wird als Referenz zu undifferenziert positiv gesehen.

Unzulässig ist vor allem die Art der „Bestätigung" der Annahmen: Die gesellschaftlich bedingte Ablehnung des Alters, seine Leugnung und Stigmatisierung, die gerade bei den Älteren zu Verdrängungsmechanismen führen können, werden in subjektiven Äußerungen gemessen. Man stellt diese als Realität dar, ohne ihre gesellschaftlichen Ursachen und sozialstrukturellen Differenzierungen zu erkennen oder darzustellen. Damit trägt der Ansatz selbst direkt zur Bestärkung des Altersstigmas bei. Auch in seinen Thesen wird das Altsein verdrängt bzw. als zu bekämpfendes schicksalhaftes Unglück, als „unnormal" dargestellt. Die angenommenen Ursachen (s. sozialer Wandel) werden nicht auf ihre Veränderung hin untersucht; einziger Orientierungspunkt scheint der Mensch und seine Aktivierung. Man vernachlässigt dabei die mit zunehmendem Alter auftretende Veränderungen, die nicht, schon gar nicht bei allen und nicht vollständig, durch Aktivierung kompensiert werden können (wie z.B. bestimmte, etwa arbeitsplatzbedingte Verschleißerscheinungen). Und man abstrahiert vor allem von sozialen Schicht-, Klassen-, Geschlechter- und Regionalunterschieden, von Generationen- und Kohorteneffekten wie auch kultur- und gesellschaftspolitischen Momenten, um nur die wesentlichen sozialstrukturellen Unterscheidungskriterien zu nennen. Etwas überspitzt formuliert kann das Aktivitätskonzept im Grunde nur auf weiße Mittelschichten in den USA der 1960er Jahre, und hier vor allem Männer, angewandt werden.

Damit sind sowohl Analysefähigkeit als auch praktische Anwendbarkeit in Frage gestellt. Letztere scheitert vor allem an der Festschreibung gesellschaftlich verbreiteter Vorurteile über Zufriedenheit nur bei einem bestimmten Grad an Aktivität. Sowohl menschliche als auch gesellschaftliche Veränderungen bleiben dabei außer Betracht. Die Aktivitätsthesen sind eher Elemente einer ideologisch gefärbten Kampagne gegen „Alter als Verlust". Sie abstrahieren von realen Veränderungen und leisten keine aussagefähige Bedingungsanalyse oder zutreffende Beschreibung der Lebensphase Alter mit ihren Besonderheiten, ihren spezifischen Problemen und Möglichkeiten. Die Frage gesellschaftlicher Bedingungen für Ausgliederung und Verluste im Alter wird nur sehr oberflächlich mit dem Argument der Industrialisierung und dem falschen Hinweis auf die Auflösung der Großfamilie abgetan. Ob die idealisierten Aktivitäten der mittleren Lebensjahre überhaupt, insbesondere für das Alter, erstrebenswert sind, bleibt dahingestellt; der damit verbundene Mangel an Entwicklung im Lebenslauf wird nicht problematisiert. Allerdings kann das Aktivitätskonzept bei Bedarf dazu benutzt werden, verstärktes (Wieder-)Einsetzen alter Menschen, z.B. auf dem Erwerbsarbeitsmarkt oder in unbezahlter sozialer oder sonstiger gesellschaftlich notwendiger Arbeit, zu begründen und mit scheinbar „wissenschaftlichen Argumenten“ zu legitimieren.

3.2.2 Disengagementansatz

> „In unserer Theorie ist Altern unvermeidbarer gegenseitiger Rückzug oder Disengagement, die aus verminderter Interaktion zwischen der alternden Person und anderen des sozialen Systems – dem sie zugehört – resultieren. Der Prozeß kann eingeleitet werden durch das Individuum oder durch andere in der Situation ... Wenn der Alternsprozeß abgeschlossen ist, dann ist das Gleichgewicht, das zwischen Individuum und Gesellschaft existiert hat, durch ein neues Gleichgewicht abgelöst worden, das charakterisiert ist durch eine größere Distanz und durch eine veränderte Art der Beziehung.“ (*Cumming/Henry* 1961: 14f.)

Als Reaktion auf die Idealisierung und Realitätsferne des Aktivitätsansatzes wurde das Disengagementkonzept oder die „Theorie des sozialen Rückzugs“ Anfang der 1960er Jahre von *Cumming/Henry* (1961) nach dem funktionalistischen Handlungsmodell von *Parsons* entwickelt (vgl. auch *Russell* 1989). Der Ansatz stellt das Altsein als eine völlig neue Entwicklungsstufe im menschlichen Leben dar, in der gesellschaftlich und persönlich veränderte Zielsetzungen vorliegen. Das Alter wird nicht gemieden, sondern hat einen eigenen Inhalt: die Vorbereitung auf den unvermeidbaren Tod. Das Disengagementkonzept basiert auf einem „Defizitmodell des Alters“ und auf der Beobachtung, dass ältere Menschen sich zunehmend aus Rollen und Aktivitäten zurückziehen, die das mittlere Lebensalter geprägt haben. Personen verringern ihre Beteiligung an der Arbeitsgesellschaft, weil sie in ihrer physisch-psychischen Konstitution Abbauprozesse beobachten und gleichzeitig eine Reduzierung des Lebensraums und die sich verringernde Lebensenergie als unabänderlich wahrnehmen. „‚Disengagement‘ stellt sich als ein unvermeidbarer Prozess dar, in dem viele Beziehungen zwischen Person und Gesellschaft gelöst werden und bleibende Beziehungen eine Änderung erfahren.“ (*Krohn* 1978: 58)

Dieser Prozess wird sowohl vom Individuum als auch von der Gesellschaft ausgelöst. Danach ist der zurückgezogene ältere Mensch zufriedener und glücklicher, und in der Gesellschaft können alternde Individuen rechtzeitig durch leistungsfähigere ersetzt werden. Somit dient Disengagement Individuum und Gesellschaft. Der soziale Rückzug älterer Menschen wird nach der „Theorie“ des Disengagement als „natürlicher“ Prozess gesehen, da er individuellen Bedürfnissen im Alter entspreche und durch die Perzeption nachlassender Fähigkeiten entstehe. Die Verringerung beruflicher Aktivitäten ist die Voraussetzung „erfolgreichen Alterns“, der ältere Mensch erhofft sich lediglich Anerkennung für frühere Nützlichkeit (z.B. in Form einer angemessenen Rente). Eine Verkleinerung des Lebensraums geht mit der Reduzierung weiterer zentraler Rollen einher, die Qualität der verbleibenden sozialen Kontakte verändert sich.

Das Konzept des Disengagement hat viel weitreichendere theoretische und empirische Konsequenzen als das Aktivitätskonzept, vermutlich insbesondere aufgrund seiner umfassenden Aussagen sowohl zur gesellschaftlichen als auch sozialpsychologischen, interaktionellen und individuellen Seite des Alter(n)s. Diese umfassende Problemsicht hängt damit zusammen, dass die Theorie sich auf das frühe funktionalistische Konzept von Talcott *Parsons* (vgl. z.B. *Parsons/Bales* 1955) stützt, dessen theoretischer Ansatz durch gesellschaftliche, handlungs- und persönlichkeitsspezifische Perspektiven gekennzeichnet ist.

Für die Soziale Gerontologie, die weiterhin mit Erklärungen von Einzeldisziplinen arbeitet, ist die Disengagement„theorie" auch heute noch beispielhaft, obwohl sie inhaltlich eine Reihe von Schwächen aufweist (vgl. *Schneider* 1974: 92). Neben einigen anderen Ausführungen ist wohl die am häufigsten rezipierte und am extremsten formulierte Richtung die von *Cumming* und *Henry* (1961), die wesentlich auf Ergebnissen der „Kansas City Study of Adult Life" (*Cumming/Henry* 1961) beruht. Sie wurde von den Autoren selbst zweimal revidiert und hat eine Vielzahl miteinander kaum zu vereinbarender Kritiken nach sich gezogen. In dieser Darstellung liegt das Schwergewicht weniger auf den sozialpsychologischen und individuen-bezogenen, als auf den gesellschaftlichen und sozialen Argumentationslinien des Ansatzes.

Die „Theorie" geht von einem Prozess wechselseitigen Disengagements von Individuum und Gesellschaft aus. Die sozialen Beziehungen und Rollenverpflichtungen eines im mittleren Lebensalter in der Gesellschaft engagierten Menschen reduzieren sich sukzessive und insbesondere mit dem Eintritt ins sogenannte Alter, dem Ausscheiden aus dem „aktiven Teil des Lebens", womit primär das Erwerbsleben gemeint ist. Der Idealfall liegt vor, wenn Individuum und Gesellschaft gleichzeitig dazu bereit sind. Ist das Individuum jedoch dazu schon bereit, die Gesellschaft jedoch noch nicht oder umgekehrt, kommt es letztenendes doch zum Rückzug, zur Desozialisierung bzw. zum Disengagement. Laut Disengagement„theorie" ist dieses Grundprinzip in allen Gesellschaften gleich, wobei die genaue Ausformung und der Zeitpunkt interkulturell variieren. Nach Beenden des Disengagementprozesses hat das im mittleren Lebensalter zwischen Individuum und Gesellschaft bestehende funktionale Gleichgewicht einem neuen Platz gemacht. Dieses neue Gleichgewicht ist durch größere Distanz und qualitativ andere soziale Beziehungen gekennzeichnet. (An diesen Gleichgewichtsvorstellungen lässt sich der Einfluss des strukturfunktionalistischen Modells von *Parsons* deutlich erkennen: In seiner Sozialisationstheorie beschreibt es den (lebenslangen) Sozialisationsprozess als ein jeweiliges Verändern und

Neueinpendeln des Gleichgewichtes zwischen Mensch und Gesellschaft, das der Lebensphase angemessen ist.)

Anstatt das mittlere Lebensalter zu idealisieren, erkennt der Disengagementansatz das Alter als eigenständige Lebensphase, als eigenständige soziale Realität, an. Er weist auf die Unvermeidbarkeit des Todes als universelles Faktum hin, aus dem für Individuum und Gesellschaft die Notwendigkeit resultiert, sich voneinander zu lösen. Für die Gesellschaft ist dies z. B. aus Gründen der Notwendigkeit ihres Überdauerns und angesichts des Sterbens der einzelnen Mitglieder der Fall. Für das Individuum und seine soziale Umgebung ist Rückzug ebenfalls notwendig, und zwar einmal, um sich auf den Tod vorzubereiten, zum anderen, weil – so das Konzept – zurückgezogene alte Menschen zufriedener sind: Sie nehmen den ihnen verbleibenden Lebensraum als begrenzt wahr, und sie entwickeln laut „Disengagement“ ein „natürliches“ Bedürfnis, sich aus gesellschaftlichen Beziehungen zurückzuziehen.

Einmal führt man den Rückzug von Aktivitäten und Interaktionen – zumindest in abgemilderten Varianten des Disengagement-Konzepts (*Cumming* 1963; *Henry* 1964; *Havighurst* 1963) – auf gesellschaftliche Zwangsausgliederung zurück und nähert sich hier dem Aktivitäts- oder Ausgliederungskonzept an. Man erkennt an, dass Altern in der gegebenen Gesellschaft unabhängig von den menschlichen Bedürfnissen zwangsläufig auch mit Funktionsverlusten einhergeht. (Im Zuge dieser Überlegungen idealisiert man jedoch vorindustrielle Verhältnisse entsprechend als altenfreundlich.) Allerdings gilt bei *Cumming* und *Henry* (1961) der Rückzug der Individuen nicht primär als durch die Gesellschaft verursacht, sondern entspricht den Bedürfnissen und Anlagen im Alter. Diese Position steht der Aktivitätstheorie genau entgegen. Gesellschaftlicher Zwang wird – angesichts der angenommenen eindeutigen Rückzugsbedürfnisse – als weniger relevant angesehen, wenn auch Bedürfnisse der Individuen und Anforderungen der Gesellschaft nicht immer von vornherein übereinstimmten. Denn letztenendes komme es doch zum „natürlichen Prozess“ des Disengagement, dessen Ziel eine gereifte, in sich ruhende Persönlichkeit mit einem Minimum gesellschaftlicher Verpflichtungen sei. Die ihr auf ihre „Einsicht“ in auch gesellschaftliche Notwendigkeit hin gewährte „Freiheit“ wird als Privileg hingestellt: Das Individuum darf frei von Rollenaktivitäten auf den Tod warten.

Für die Arbeitsgesellschaft ist nach diesem Ansatz ein sozialer Rückzug der Älteren notwendig, da in der Regel mit der biologischen und sozialen Alterung auch ein Verfall von Kenntnissen und Fähigkeiten einhergeht und mit leistungsfähigem Ersatz die Konkurrenzfähigkeit der Gesellschaft und Betriebe gesichert wird (*Voges* 1994: 65). Die Übernahme der gesellschaftlichen Erwartungshaltung des Rückzugs vermittelt dem alternden Menschen auch soziale Anerkennung. Nach Qualifikation oder beruflicher Position wird kaum differenziert. Sozialstaatliche altersorientierte Regelungen sichern den Prozess des Disengagements ab. Eine geschlechtsspezifische Differenzierung wird durch Rollenzuschreibungen erzielt: Unterschiede im sozialen Verlauf des Disengagements ergeben sich durch die von Haushalt und Familie geprägte sozioemotionale Frauenrolle und die auf außerhäusige Erwerbsarbeit zentrierte instrumentelle Männerrolle. Damit könne sich die Frau durch „Streckung der Tätigkeit im Haushalt ... bis zum Lebensende sinnvoll betätigen, der Mann ist in der Regel zur völligen Berufsaufgabe gezwungen." (*Krohn* 1978: 59)

Nach diesem Ansatz erklären sich die Beschäftigungsprobleme älterer Arbeitnehmer aus dem erhöhten individuellen Bedürfnis, vorzeitig aus dem Erwerbsleben auszuscheiden, sowie dem betrieblichen Interesse der Substitution „veralterter Leistungsfähigkeit" (*Voges* 1994: 66). Frühverrentung wird danach als selbstgewählter Rückzug interpretiert, der durch die Wahrnehmung einer reduzierten Gesundheit und eingeschränkter beruflicher Leistungsfähigkeit ausgelöst wird. Als zentrale Determinanten des sozialen Rückzugs werden das Lebensalter, gesundheitliche Einschränkungen und institutionelle Regelungen gesehen. Der Verlauf des Rückzugs wird danach nicht durch die Berufsgruppe oder das Qualifikationsniveau bestimmt, sondern im Wesentlichen durch das Geschlecht.

Zur Einschätzung

Die Vorstellungen, dass Ausgliederung im Alter freiwillig und für die Zufriedenheit der Menschen günstig sei, stehen im Widerspruch zur gesellschaftlichen Bewertung von Arbeit und Aktivität (vgl. *Schneider* 1974: 93). Daran wird die Vernachlässigung personaler Belange in Unterschied zu gesellschaftlichen erkennbar. Im Vergleich zum Aktivitätskonzept ist allerdings die mit dem Disengagementkonzept einhergehende Befreiung des Alters von Aktivitätszwang positiv zu sehen. Hierin kann ein Hinweis gesehen werden auf positive Entfaltungsmöglichkeiten auch im verpönten Alter, selbst wenn diese sich nicht auf ein „Warten auf den Tod" konzentrieren werden. Gleichzeitig ist die unterstellte Übereinstimmung zwischen individuellen Bedürfnissen und gesellschaftlichen Erfordernissen – und zwar aufgrund eines gemeinsamen institutionalisierten Wertsystems und gesellschaftlich angepasster individueller Wünsche – kritisch zu sehen. Es wird von Unterdrückungs- und Zwangsmechanismen abstrahiert, die zumindest eine vordergründige Übereinstimmung individueller und gesellschaftlicher Notwendigkeiten bewirken können. Durch eine Definition des Individuums als im Verlaufe des Alterns nach Disengagement strebend können diesbezüglich jeglicher gesellschaftliche Zwang und seine Begleiterscheinungen, wie Segregation und Abwertung, ob unbeabsichtigt oder nicht, verschleiert werden. Laut Disengagementkonzept sorgt die Institutionalisierung der Ausgliederung für eine Abstraktion von sämtlichen individuellen und sozialen gesundheitlichen, leistungsmäßigen, statusbezogenen und sonstigen Differenzen, was jedoch in der Praxis nicht der Fall ist. So besteht gerade in Berufen, die primär Angehörigen höherer sozialer Schichten zugänglich sind (wie bei Selbständigen, Akademikern, Politikern) ein weniger streng institutionalisierter, meist modifizierter Zwang zum Rückzug aus der Tätigkeit.

Empirisch lässt sich das Disengagementkonzept in seiner gesellschaftlich und sozialstrukturell undifferenzierten Form nicht aufrechterhalten: So sieht *Voges* (1994: 67) eine vergleichsweise große Reichweite dieses Ansatzes zur Erklärung von Frühverrentung, da gesellschaftliche Rahmenbedingungen und institutionelle Regelungen theoretisch eingebunden sind. Differierende Arbeitsmarkt- und betriebliche Bedingungen sind allerdings unterbelichtet. Ebenso wird eine unterstellte Interessengleichheit von gesellschaftlichen/betrieblichen und individuellen Vorstellungen über Berufsverlauf und Austritt aus dem Erwerbsleben problematisiert. Weitere zentrale Kritikpunkte an der Disengagementthese sind die einseitige geschlechtsspezifische Rollenzuschreibung, die sich zunehmend differenziert, und der Begriff von altersspezifischer Leistungsfähigkeit, der sozialstrukturell und biographisch – vor allem auch berufsbiographisch – variiert werden muss (vgl. z.B. *Oppolzer* 1994). Außerdem sind die Zweifel an den gesellschaftlichen Grundbedingungen dieses Ansatzes im Zuge des demographischen Alterns der Gesellschaft und der Verlängerung des Ruhestands immer stärker geworden: „Wenn der Ruhestand bereits ein Drittel des Erwachsenenalters ausmacht, so kann er nicht mehr als bloße ‘Restzeit’ verstanden werden.“ (*Kohli* 1992: 236)

Veränderungen im Alter sind keineswegs nur biologisch bedingt oder in anderer Weise „natürlich“; es bestehen erhebliche Unterschiede und Ungleichheiten (nach Gesellschaft, sozialem Status, Geschlecht etc.) im Ausgliederungs- und Rückzugsgeschehen. Außerdem führt Disengagement nicht ohne weiteres zum „glücklichen Alter“, bei vielen eher zum Gegenteil. Die Definition mit dem Alter auftretender Verluste und Regressionserscheinungen als „natürlich“ geht mit der Forderung nach ihrer Akzeptanz als unveränderbar einher. Das kann für eine Alter(n)ssozialpolitik und Altenarbeit äußerst verhängnisvoll sein, indem es zu einer Wirklichkeitskonstruktion im Sinne einer „self-fulfilling prophecy“ beiträgt. Ungleichheits- und Machtverhältnisse, die Lebenslagechancen während des Alterns und im Alter z.T. erheblich beeinflussen, bleiben dem Blick per Definition und durch die unzulässige Verallgemeinerung teilweise zu beobachtender Altersphänomene entzogen.

3.2.3 Kontinuitätsthese

> „An die Stelle der Annahme einer generellen Rollenreduktion im Alter ist eine differenzierende Betrachtung getreten, die den unterschiedlichen Verlauf in einzelnen Lebensbereichen, die Einflüsse von Persönlichkeitsmerkmalen, der sozialen Schicht und der weiteren sozialen Umgebung, wie auch des bisherigen Lebensstils, der wirtschaftlichen Situation und der momentanen Lage berücksichtigt ... Eine generelle Empfehlung, welches Verhalten im Alter die größte Befriedigung garantiert, kann damit nicht gegeben werden." (*Schneider* 1974: 98)

Mehr oder weniger direkt gehen alle Forschungsansätze der Sozialen Gerontologie vom Kontinuitätsprinzip aus (*Tokarski* 1989: 250). In der sog. Kontinuitäts„theorie" (*Rosow* 1963; *Atchley* 1971, 1989) unterstellt man, dass die Kontinuität der Lebenssituation über erfolgreiche bzw. nicht erfolgreiche Anpassung im Alternsprozess entscheidet. Die Lebenssituation wird dabei mit quasi-objektiven sozialen Indikatoren gemessen. Diskontinuitäten zwischen dem mittleren und höheren Lebensalter sind danach grundsätzlich negativ, mit Ausnahme der Aufhebung belastender Lebens- und Arbeitsbedingungen. In Anlehnung an die Aktivitätsthese wird in der Kontinuitätsthese davon ausgegangen, dass die Lebenszufriedenheit älterer Menschen umso höher ist, je mehr die Alterssituation der Lebenssituation im mittleren Lebensalter ähnelt. Der Kontinuitätsansatz ist vom Ursprung her ein primär soziologischer Ansatz, der auch psychologische Elemente integriert. Er baut auf dem Lebenszyklusmodell und dem Ansatz einer kontinuierlichen Sozialisation auf und betrachtet den Verlauf von Verhaltensmustern als Ausdruck der Lebenssituation über verschiedene Lebensphasen hinweg (*Tokarski* 1989: 251). Wichtig erscheint in diesem Ansatz die Fähigkeit, soziale Rollen als lebenslange Erfahrungen auch bei negativen Veränderungen der Umweltbedingungen zur Aufrechterhaltung eines spezifischen Lebensstils beizubehalten.

Atchley (1977: 238) sieht bei alternden Menschen einen internen Druck zur Kontinuität, der in einem grundlegenden Bedürfnis nach Stabilität verankert ist. Er unterscheidet dabei eine interne Kontinuität (Beibehaltung der kognitiven Struktur) und eine externe Kontinuität (Beibehaltung der Umweltstruktur) (vgl. *Tokarski* 1989: 254). Der externe Druck kommt danach durch Umwelteinflüsse und die besonderen Rollenerwartungen zustande, die andere an ein Individuum stellen. Inhaltlich kann der Kontinuitätsansatz auch als eine Art Synthese von Aktivitäts- und Disengagementansatz verstanden werden. Er geht davon aus, dass weder Aktivität noch Disengagement dem Menschen zu einer optimalen Alterssituation verhelfen, sondern die Möglichkeit eines kontinuierlichen Lebens, des Beibehaltens von individuell typischen Aktivitäts- und Rückzugsbestrebungen.

Kontinuität liegt dann vor, wenn nur wenige schwerwiegende Änderungen eingetreten sind. Als Faktoren der Diskontinuität werden z. B. eine nachlassende Gesundheit, die Aufgabe der Berufsrolle und ein Verlust der Mutterrolle bei der Frau, eine Reduktion von Freizeitaktivitäten und der Verlust von Sozialkontakten identifiziert. Die Kontinuitätsthese berücksichtigt das unterschiedliche Anspruchsniveau einzelner Personen, das sich im Lebenslauf sehr unterschiedlich entwickelt haben kann. Aktivere sind im Alter danach nur dann zufrieden, wenn sie einen relativ großen Wirkungskreis haben. Zeitlebens weniger Aktive sind auch schon bei geringeren Aktivitäten im Alter zufrieden.

Diskontinuität prägt sich geschlechtsspezifisch verschieden aus. Männer haben nach diesem Ansatz beim Übergang in den Ruhestand wegen ihrer Berufsrolle größere Anpassungsprobleme, während Frauen weder durch die Berufs- noch die Hausfrauenrolle nennenswerte Diskontinuität erleben und sich auch eher veränderten Lebensverhältnissen anpassen können. Probleme für Frauen entstehen nach diesem Ansatz erst später bei Aufgabe des eigenen Haushalts (Heimeintritt) und angegriffener Gesundheit. Kritik an einer Überbetonung der negativen Auswirkungen von Diskontinuität kommt z. B. von *Atchley* (1971), der sich gegen die These einer Identitätskrise beim Übergang in den Ruhestand wendet. Er verweist auf das Rollenbündel von Individuen und sieht nur für wenige Menschen beim Verlust der Berufsrolle eine Gefährdung der Identität, da dieser Verlust durch die Intensivierung anderer Rollen zu kompensieren sei. Der jeweiligen Rollenorientierung komme eine wichtige Bedeutung zu, da sie Veränderungen antizipiere und damit Verhaltensänderungen auf diese Antizipation hin, z. B. vor dem Eintritt in den Ruhestand, erfolgten und nicht erst während des Ereignisses. Differenzierter und dynamischer analysieren z. B. *Richardson/Kilty* (1991) Kontinuität vs. Diskontinuität im Übergang in den Ruhestand. Neben einem Zeiteffekt differiert für sie die Anpassung in Abhängigkeit von verschiedenen Faktoren, wie Einkommen, Gesundheit, soziale Beziehungen und Freizeitgestaltung.

Im Kontinuitätsansatz wird demzufolge zwar bestimmten Ungleichheitsmomenten Rechnung getragen, allerdings nur als Verlängerung und Verstetigung des mittleren Lebensalters bis in die Altersphase. Gesellschaftliche Ursachen für unterschiedliche Verhaltensweisen im Alter werden zum Teil gesehen, aber nicht in den Kontext einer historisch-konkreten Gesellschaftsanalyse gestellt. Insofern berücksichtigt dieser Ansatz zwar individuelle Differenzen, jedoch keine sozial ungleichen lebenslangen und das Alter prägenden Bedingungen. Damit werden die am Aktivitäts- und Disengagementansatz kritisierten Aspekte durch den Kontinuitätsansatz nur partiell überwunden.

3.2.4 Gesamteinschätzung von Aktivitäts-, Disengagement- und Kontinuitätsansatz

Zusammenfassend lässt sich sagen, dass sowohl Aktivitäts- als auch Disengagementansatz von vereinzelt vorliegenden Verhaltensweisen im Alter ausgehen und diese als für alte Menschen „typisch" generalisieren. So tragen beide – wenn auch inhaltlich in unterschiedlicher Weise – zur Vorurteilsbildung über die Lebensphase Alter bei. Auch die Kontinuitätsthese stellt keine echte Alternative zu den beiden gegensätzlichen Positionen dar, da sie ebenfalls zu undifferenziert argumentiert.

Insgesamt sind diese Ansätze in ihrer Anwendung auf eine segregierte Analyse von Altersgruppen konzentriert, da sich ihr Erklärungswert auf das (höhere) Alter als abgeschlossenen Lebensabschnitt begrenzt. „Die Frage etwa, inwieweit das Alter durch eine Kumulation von im Lebensverlauf erfahrenen Schwierigkeiten und Lebenskrisen sowie sozialstrukturellen und epochalen Einflüssen geprägt ist, kann damit nicht beantwortet werden" (*Voges* 1983a: 9). Deshalb muss Altern eben als vielschichtiger Prozess verstanden werden, der früh im Lebenslauf beginnen kann und das Leben im Alter prozessual prägt. In Anlehnung an das Lebenslagekonzept (vgl. *Clemens* 1994) ist deshalb davon auszugehen, dass alle drei Lebensmodelle der Aktivität, Kontinuität und des Disengagement nur im Zusammenhang mit den bisherigen Lebens- und Arbeitsbedingungen a) lebbar und b) wünschenswert und befriedigend sein können. Die Möglichkeiten und Grenzen der individuellen Reaktion auf objektive Lebensumstände (des Alters) hängen von einem „vielfältigen Geflecht sozialer, biographischer und gesundheitlicher Bedingungen" (*Thomae* 1983: 147) ab. Aus der Diskussion um diese Konzepte lässt sich zusammenfassen,

- dass unterschiedliche Persönlichkeitstypen und Lebensstile „erfolgreiches Altern" unter verschiedenen Bedingungen möglich machen, dass man nicht von *dem* Konzept des befriedigenden Lebens im Alter ausgehen kann,
- dass Zufriedenheit allerdings bei Zurückgezogenen seltener anzutreffen ist als bei den Aktiveren (s. Diskussion um „Junge/Neue Alte", vgl. *Dieck/ Naegele* 1993),
- dass der etablierte/gewohnte Lebensstil das Anspruchsniveau für die Gestaltung des Alters prägt,
- dass eine geschlechtsspezifische Differenzierung durch die traditionellen Rollenzuschreibungen einer sozioemotionalen weiblichen und einer instrumentellen männlichen Rolle erfolgt (vgl. *Krohn* 1978: 59).

Die Perspektive dieser Ansätze ist auf die Funktionalität des Verhaltens alter Menschen und ihre gesellschaftliche Ausgliederung aus dem Erwerbsleben gerichtet. Sie orientiert sich weitgehend an männlichen Lebensbedingungen und Angehörigen der mittleren Sozialschichten. Sie passen zum Zeitpunkt der Konzeptentwicklung zu den damals vorherrschenden gesellschaftlichen Modellen der Alter(n)sintegration, die von einer Ausgewogenheit durch Ersatzrollen oder Rollenreduzierung ausgingen. Nicht berücksichtigt werden gesellschaftliche Bedingungen und Entwicklungen, die dieses Gleichgewicht in Frage stellen, so z.B., wenn es für Alte oder für Gesellschaft nicht mehr funktional ist, sich zu einem bestimmten Zeitpunkt zurückzuziehen und die unterstellte Interessenparallelität zwischen Individuum und Gesellschaft zerbricht.

Aus den strukturfunktionalistischen Ansätzen lassen sich Thesen für eine empirisch-konzeptionelle Analyse der Lebensphase Alter ableiten: Diese Ansätze weisen insbesondere auf einen funktionaler Bezug zwischen Lebensphase Alter und Gesellschaft hin. Zu Problemen in der Lebensphase (wie auch zu gesellschaftlichen Problemen) kann es kommen, wenn das vormals bestehende funktionale Gleichgewicht nicht mehr trägt, allerdings noch kein neues entstanden ist. Für die heutige, demographisch und strukturell auch hinsichtlich der Lebensphase Alter erheblich veränderte und sich weiter verändernde Gesellschaft enthält dieses Modell durchaus eine gewisse Plausibilität. Die derzeitige Situation kann als aus dem Gleichgewicht geratene gesellschaftliche Integration des Alter(n)s beschrieben werden: Die Lebensphase Alter hat ihre vormals relativ klar umschriebenen Konturen verloren, neue kristallisieren sich zwar bereits heraus, sie sind jedoch weniger eindeutig strukturiert. Und sie sind nicht ohne Schwierigkeiten mit bisherigen individuellen Vorstellungen vom Alter und gesellschaftlich institutionalisierten Umgangsweisen damit zu vereinbaren.

Es wird immer deutlicher, dass diese Veränderungen weitaus weniger auf das Alter als auf darüber hinausgehende andere gesellschaftliche Veränderungen (in Sozialpolitik, Familie, Arbeits- und Lebensverhältnissen, Werten etc.) zurückzuführen sind. Entsprechend wird es schwieriger, das Alter als zeitlich und inhaltlich klar konturierte Lebensphase zu definieren und zu behandeln. Die stärkere Rückbindung des Alters an und in den Lebenslauf, der ständig unmittelbar gesellschaftlicher Entwicklung ausgesetzt ist, muss auch theoretisch reflektiert werden. Vormals eher nachvollziehbare Gleichgewichtsmodelle – wie die oben besprochenen Konzepte – finden deshalb heute weniger gesellschaftliche Entsprechung. Sie haben nicht unbedingt in allen Aspekten an nachvollziehbarer Plausibilität verloren. Sie verfügen nur nicht mehr über das theoretische Rüstzeug zur Analyse der modernen, pluralisierten und sozial überaus differenzierten Lebensphase Alter.

Verhaltensweisen, die sowohl der Disengagement- als auch der Aktivitätsthese entsprechen, liegen empirisch zum Teil vor und können durchaus Anhaltspunkte für eine Theorie des Alter(n)s bieten. *Prahl/Schroeter* (1996: 281) sehen sie als „für psychologische und pädagogische Absichten ... auch weiter verwendbar“ an. Für soziologische Analyse dagegen werden sozialstrukturelle Differenzierungen nicht ausreichend berücksichtigt, außerdem operieren sie mit einer empirisch nicht haltbaren Gegenüberstellung von Altersverlusten und Alterskompetenzen. Es sind stattdessen Verknüpfungen mit Lebenslagen und Lebensstilen sowie gesellschaftlichen Verteilungs- und Abgrenzungsmustern zu leisten. Obwohl beide Konzepte die gesellschaftliche Ebene, das Wechselverhältnis zwischen Alter und Gesellschaft, durchaus ansprechen, leisten sie nicht die genannten entscheidenden Schritte einer Analyse der Lebensphase Alter.

In jüngerer Zeit haben einige Autoren versucht, diese Ansätze des „erfolgreichen Alterns" im Lichte der geäußerten Kritik weiter zu entwickeln und auf den gegenwärtigen Stand der Alter(n)ssoziologie und Sozialgerontologie zu bringen. Lars *Tornstam* (2005) reformuliert Argumente der Disengagmentheorie vor dem Hintergrund entwicklungspsychologischer Überlegungen. Er wendet sich gegen die Vorstellung, dass erfolgreiches Altern in einer bloßen Kontinuität von Einstellungen und Aktivitäten des mittleren Lebensalters bestehe. Der Perspektivwandel hin zur „Gerotranszendenz" in späteren Lebensjahren stellt für ihn einen universell angelegten Entwicklungsprozess dar, der gesellschaftlich gefördert oder blockiert werden kann: „(...) the enlightened maturity which, at very best, accompanies the process of aging, or rather the process of living, might be described as a shift in metaperspective – from a materialist and rational perspective to a more cosmic and transcendent one, normally followed by an increase in life satisfaction" (*Tornstam* 2005: 40 f). Die Aktivitätstheorie bzw. -these hat im deutschsprachigen Raum durch Franz *Kolland* und Leopold *Rosenmayr* eine bedeutende Weiterentwicklung erfahren. *Kolland* (1996: 26ff.) sieht anstelle der Lebenszufriedenheit die Persönlichkeitsentwicklung als wichtigstes Kriterium eines gelingenden Alterns an. Dabei sind es vor allem Formen des selbstbestimmten, sinnhaften und kreativen Handelns, mit denen die Veränderungs- und Befreiungspotenziale des Alterns verwirklicht werden können (*Kolland/Rosenmayr* 2007). Schließlich hat Robert C. *Atchley* die von ihm mit begründete Kontinuitätsthese stetig verfeinert und in einer neueren Arbeit auch empirisch umfassend überprüft (*Atchley* 1999). Auffallend ist bei allen genannten Autoren das Bemühen, ursprünglich soziologische Konzepte mit entwicklungspsychologischen Argumenten zu verbinden und zu „gerontologisieren", womit sie allerdings auch eine individualisierende und normative Sicht auf das Alter(n) fördern.

3.3 Austauschtheorie als funktionalistisch-ökonomisch und verhaltenstheoretisch orientiertes Konzept

„Um die Wende zu den siebziger Jahren regten sich erste Versuche, austauschtheoretische Gedanken für die Alterssoziologie fruchtbar zu machen. ... Durch eine soziale Austauschtheorie wird es möglich, das Konzept einer ‚bedingten Aktivitätstheorie', das noch außerordentlich stark auf das Individuum im sozialen Kontext abgestellt und damit psychologisch bzw. sozialpsychologisch zentriert war, in einen im volleren Sinne soziologischen Entwurf einzubauen und auch Ansatzpunkte für Konflikt und Benachteiligung zu ermöglichen." (*Rosenmayr/Rosenmayr* 1978: 51)

Von *Blau* (1967) und *Homans* (1968) als an der Reziprozitätsnorm orientierte Betrachtung sozialen Handelns allgemein entwickelt, wurde die austauschtheoretische Betrachtung des Alters in den 1970er Jahren vor allem von *Rosenmayr* (1976; vgl. auch *Rosenmayr/Rosenmayr* 1978) in die deutschsprachige Gerontologie eingeführt. Wichtige Überlegungen zur „Austauschtheorie" hat zu dieser Zeit auch James J. *Dowd* beigetragen. *Dowd* (1975, 1980) bleibt stärker als die beiden *Rosenmayrs* in der austauschtheoretischen Tradition von *Blau* und *Homans* verankert. Er geht zunächst vom modernisierungstheoretischen Argument eines kollektiven Status- und Machtverlusts der Älteren aus. Dies begründet er über die Behauptung eines wachsenden Abhängigkeitsverhältnisses der älteren Bevölkerung von den jüngeren Gesellschaftsmitgliedern (*Dowd* 1975: 73). Diesen Zusammenhang auf der gesellschaftlichen Makroebene erklärt *Dowd* dann mit der Hypothese einer umgekehrt U-förmigen Beziehung zwischen Lebensalter und sozialen Machtressourcen (Einkommen, Arbeitskraft, Gesundheit, Sozialbeziehungen) auf der gesellschaftlichen Mikroebene. So wie Kinder und Jugendliche befänden sich auch ältere Menschen in einer untergeordneten Position, weil sie relativ weniger Tauschressourcen besitzen und deshalb im sozialen Austauschgeschehen benachteiligt seien.

Die von *Rosenmayr* (1976) in Deutschland eingeführte Perspektive der Austauschtheorie war damals relativ neu und ungewöhnlich. In expliziter Form hat sie dann auch in der Folge kaum Anwendung oder Weiterentwicklung erfahren; implizit ist austauschtheoretisches Denken bis heute zunehmend von Bedeutung hinsichtlich der Frage, ob die Lebensphase Alter als Last und/oder Ressource für die Gesellschaft eingeschätzt werden muss. Die Aktualität dieser im (sozial-)politischen Kontext weiterhin kontrovers geführten Diskussion dokumentiert sich z.B. im Thema des „Fünften Altenberichts der Bundesregierung" aus dem Jahr 2005 („Potenziale des Alters in Wirtschaft und Gesellschaft. Der Beitrag älterer Menschen zum Zusammenhalt der Generationen", vgl. *BMFSFJ* 2005). Insofern erscheint es uns sinnvoll, die zentralen Überlegungen dieses mittlerweile eher als Klassiker gerontologischer Ansätze zu bezeichnenden Konzepts hier kurz zu rezipieren und kritisch zu reflektieren.

Rosenmayr/Rosenmayr (1978: 51ff.) wollen in ihrer Fassung des Austauschkonzepts folgende, bisher in der theoretischen Betrachtung des Alter(n)s vernachlässigten, zumindest nicht zusammen betrachteten, Elemente in ein umfassendes Modell integrieren: Konflikte, Aspekte sozialer Ungleichheit und Benachteiligung, gesellschaftliche/soziale Bewertungen (auch Stereotypisierungen) und Kompensationsprobleme psychischen und sozialen Alter(n)s. Formal sind in dieses Modell alle für eine Alter(n)stheorie relevanten Ebenen einbezogen: intrapersonale Faktoren, interindividuelles (soziales) Handeln, Beziehungen zu Organisationen und auf gesellschaftlicher Ebene (wie Sozialversicherungsleistungen, Berufsstruktur, gesetzliche Bestimmungen).

Da der Mensch in der Lage ist, über den Lebensverlauf zu bilanzieren, vergangene und zukünftige Geben-und-nehmen-Formen in die Bilanz der derzeitigen Situation miteinzubeziehen, werden mit diesem Konzept die vier Ebenen der Problemkonstitution nicht nur in der Lebensphase Alter, sondern in ihrer lebenslangen Entwicklung erfassbar. Sowohl biologische als auch soziologische systemtheoretische Begriffe und Ideen liegen dem Konzept zugrunde: Assimilation (Aufnahme) und Abgabe im Hinblick auf Homöostase sind dabei die zentralen. Ähnlich wie ein biologischer Organismus streben auch soziale und personale Systeme – so die Grundidee – nach der Erhaltung eines homöostatischen Zustands, eines dynamischen Gleichgewichts. Unter ständiger Beachtung von Umwelt-Feedbacks läuft ein Prozess der Selbstregulierung auf eine Zielnorm hin ab. Dies lässt sich – so die Austauschtheorie – etwa auf das Bestreben nach Erreichen und Aufrechterhaltung eines dynamischen Gleichgewichts zwischen den Generationen (und zwar auf verschiedenen Ebenen sozialen Handels) übertragen. (Eine genaue Definition dessen, was unter „dynamischem Gleichgewicht" zu verstehen ist, steht allerdings auch hier – wie bei fast allen systemtheoretisch ausgerichteten Ansätzen – aus, was eine Gefahr zum Konservativismus in sich birgt.)

Soziale und personale Systeme unterscheiden sich in zweifacher Hinsicht von biologischen: Sie können nicht auf ein Maximum an Reife zustreben, von dem aus nur noch Abbau möglich ist; der psychologische, soziale oder gar gesellschaftliche Reifungsbegriff sind prinzipiell offen. Zum anderen bedeutet die Aufschub- und Distanzierungsmöglichkeit des Menschen, dass er über ein reines Geben-Nehmen-Wechselspiel hinausgehen kann. Deshalb fügen *Rosenmayr/Rosenmayr* (1978: insbes. 59ff.) dem gängigen austauschtheoretischen Begriff der „Reziprozitätsnorm" den des „Gewährens" hinzu. Dadurch sind Erwartungen, Strategien, soziale Normen, Werte und Vorstellungen in das Austauschkonzept miteinzubeziehen. So bestehen Vorstellungen über die Quantität und Qualität des „Gewährens", die im Verhältnis zur künftig zu erwartenden, derzeitigen oder früheren Aneignung erwartet werden können. „Soziale Zuwendung", „Verzichts- und Hingabefähigkeit" (*Rosenmayr/Rosenmayr* 1978: 59) sind (in sozialen Systemen) über reine Kosten-Nutzen-Bilanzen des Eigennutzes und der Selbsterhaltung hinaus möglich; sie werden mit dem Begriff der „Überbalancierung" erfasst.

Damit geht man über rein funktionalistische Konzepte hinaus, die den

Wert des Menschen im engeren Sinne am nützlichen Beitrag zu Gruppe und Gesellschaft messen. (Dieses engere Nützlichkeitsdenken steht implizit auch hinter den Annahmen der Aktivitäts- und Disengagementthesen: Menschen fühlen sich am wohlsten, wenn sie einen nützlichen aktiven Beitrag leisten; sie werden entsprechend ihrer Nützlichkeit im gesellschaftlichen Positionsgefüge ein- oder ausgegliedert.) Im *Rosenmayr*schen Konzept wird bei geringerem oder weniger systemfunktionalem Beitrag der alten Menschen „das intergenerative soziale Austauschsystem" durch „moralische Überbalancierung" aufrechterhalten (*Rosenmayr/Rosenmayr* 1978: 55). Und das psychische Gleichgewicht alter Menschen wird durch die Bereitschaft, selbst größeres Leiden und Verluste zu verarbeiten, durch innere Überbalancierung hergestellt. Die soziale Umwelt kann die überbalancierenden Austauschakte positiv oder negativ beeinflussen. Damit lässt sich soziale Ungleichheit erfassen. Nach dieser Theorie ist „soziales Alter" ein „Status, der sich aus akkumulativen und deprivatorischen Prozessen zusammensetzt, die von zielbewusst handelnden Einzelpersonen, Gruppen und Organisationen erlebt und geformt werden" (*Rosenmayr/Rosenmayr* 1978: 57).

Durch eine „Synthese von biologischen Veränderungen und zielbewusst aufgebauten Lernprozessen, Training, kumulativer Erfahrung, selektiver Erinnerung, Akten der Selbstbegrenzung, der Umwertung, Kompensation usw." wollen Hilde und Leopold *Rosenmayr* (1978: 57) Mängel einseitiger Konzepte, vor allem des Aktivitäts- und Disengagementansatzes, beheben. So liegen – gemäß ihres Ansatzes – Aktivität und Zufriedenheit auch vor, wenn alte Menschen z.B. auf Berufstätigkeit verzichten. Gleichzeitig verlagern sich die sozialen Aneignen-Gewährens-Bilanzen hin zu verstärktem Aneignen durch die älteren und alten Menschen. Gesellschaft ist nicht als geschlossen gleichgewichtiges Austauschsystem zu erfassen, sondern muss auch mehr-nehmende Mitglieder (neben alten Menschen z.B. auch Kinder) mit einbeziehen. Dies geschieht, indem sie moralische Überbalancierungen ermöglicht. Allerdings reicht dieses Prinzip in komplexen Gesellschaften zur Sicherung der Integration der Lebensphase Alter und der alten Menschen nicht mehr aus: Ihre Wissensvermittlerfunktion ist verlorengegangen, sodass jeglicher positive Bezug zu den Produktionsverhältnissen fehlt. Frühere Leistungen jetzt alter Menschen sind aktuell nicht mehr genügend in Erinnerung. Hinzu kommt, dass sie aufgrund der demographischen Entwicklung in einer Zahl auftreten, die als belastend und die Überbalancierung erschwerend empfunden wird. Insofern ist das „Lebenschancenprinzip" zur Ergänzung des Prinzips der „Überbalancierung" erforderlich. Es äußert sich in wohlfahrts- bzw. sozialstaatlichen Prinzipien.

So finden sich – anders als bei nicht modifizierten Austauschtheorien (vgl. *Dowd* 1975) – in der *Rosenmayr*schen alterssoziologischen Austauschtheorie etliche für die Lebensphase Alter relevanten Aspekte: Mittels ihres Konzepts der Historizität versuchen *Rosenmayr/Rosenmayr*, psychosoziale, soziale und Interaktionssysteme (etwa in Generationenbeziehungen) über einen Gleichgewichtszustand hinaus zu öffnen und über das Stabilisierungs- und Restabilisierungsbestreben systemtheoretischer und behavioristischer Theorien hinauszugehen. Der Mensch wird als (selbst-)reflexives, intentionales Wesen mit Zeitbezug und Bewertungsmöglichkeit gesehen. Der „Gewährens-“ anstelle des „Assimilations“-Begriffs enthält zeitliche Distanzen sowie moralische Überbalancierungen und wird erweitert durch das Lebenschancenprinzip. Indem sachlich und zeitlich verschiedene Ebenen miteinander verbunden werden, Konflikte, soziale Ungleichheit, Macht und psychische oder soziale Kompensationsprobleme erfassbar sind, stellt dieser Ansatz formal einen sinnvollen Bezugsrahmen für die Analyse spezifischer Probleme in der Lebensphase Alter dar.

Rosenmayr/Rosenmayr (1978: 51) bezeichnen ihr Konzept selbst allerdings eher als „Denkmodus“, denn als „Theorie im vollen Sinne“; aufgrund ihres hohen Allgemeinheitsgrads sei sie kaum zu korrigieren oder zu widerlegen. Damit treffen sie den Kern des Anwendungsproblems dieses Ansatzes: Bezugsrahmen und Bedingungen bleiben inhaltlich abstrakt und somit eher verdeckt, solange das Konzept nicht explizit auf eine historisch konkrete Gesellschaft angewandt wird. So versuchen *Rosenmayr/Rosenmayr* (1978: 71ff.) die Frage nach dem gesellschaftlichen Beitrag bzw. den Funktionen alter Menschen zu beantworten, indem sie auf die Gesellschaft als „Leistungsgesellschaft“ verweisen. Die gesellschaftliche Ideologiefunktion des Leistungsprinzips bleibt damit unhinterfragt, gesellschaftliche Ursachen von Alter(n)sproblemen werden nicht erfasst, denn die Herkunft von Normen und Werten, die z.B. auch in das „Gewährens“-Prinzip mit eingehen, bleibt unklar: Woher kommen bestimmte „Ich-Ideale“ (S. 54) und Erwartungen, welcher „verlorene Input“ (S. 55) wird im Umgang mit alten Menschen bejaht, welche persönlichen Entsagungen sind zu erwarten, welche sind gesellschaftlich aufoktroyiert? Die Beantwortung dieser Fragen erfordert eine historisch-konkrete Gesellschaftsanalyse, sollen die abstrakt theoretischen Aussagen nicht zur Legitimation bestehender Ordnung herangezogen werden können (s. Kritik an systemtheoretischen Konzepten in *Kap. 3.2*).

So kann die Aussage, dass im Alter mehr „Aneignung“ erforderlich sei (S. 58), durchaus als Bestätigung eines Defizitmodells des Alters dienen; alte Menschen werden mit den in unserer Gesellschaft vorherrschenden einseitigen Leistungsmaßstäben gemessen. Die Argumente gleichen denen des Aktivitätskonzepts: Die mittleren Jahre sind demnach die „produktivsten“, die Altersjahre hingegen sind unter moralischen Überbalancierungs- und Lebenschancen-Gesichtspunkten zu betrachten. Der alte Mensch muss zu Kompensation bereit sein, da er nicht mehr so viel Wertvolles zu geben habe. Dabei wird die konkrete Abhängigkeit der Lebenslage im Alter von der vorherigen sozialen und beruflichen Stellung nicht thematisiert. Das Austauschmodell kann trotz seiner begrifflichen Erweiterungen zur Ideologisierung und Verschleierung sozialer Ungleichheit im Alter und zur Bestärkung des Stereotyps vom „weniger nützlichen Alter" beitragen. Nach positiven Funktionen älterer und alter Menschen in der Gesellschaft fragt man im Rahmen dieses Konzepts nicht, obwohl es stimmig wäre, auch diese in die Gesamtbilanzierung einzubeziehen. Man übersieht außerdem, dass gesellschaftlich erzeugte Ungleichheiten mit dafür ausschlaggebend sind, in welchem Ausmaß und in welcher Form physische und psychische Aneignungs-Notwendigkeiten im Alter jeweils bestehen.

Hinsichtlich der Bedeutung des austauschtheoretischen Konzepts zur Beschreibung und Erklärung des Lebensphase Alter lässt sich festhalten: Das auf Alter hin konkretisierte austauschtheoretische Konzept lässt sich als formal brauchbarer Bezugsrahmen ansehen, der jedoch hinsichtlich der konkreten sozialen Verhältnisse im Alter, der Auswirkungen sozialer Ungleichheit und der gesellschaftlichen Machtverhältnisse, die Ausgliederung im Alter erzwingen, relativ oberflächlich bleibt und somit Gefahr läuft, ideologisierende Aussagen zum Alter zu fördern. Hinsichtlich der Bedingungen der Lebenslage in der Lebensphase Alter bleibt das Konzept eher unbefriedigend. Mit *Schneider* (1974: 185) lässt sich resümieren: „Die Anwendung der Austauschtheorie auf Altersfragen hat ... ausschließlich hypothetischen Charakter. Wie die einzelnen Beispiele belegen, lassen sich auf dieser Basis eine Reihe angetroffener Verhältnisse verstehen", aber nicht ursächlich erklären.

3.4 Interaktionistische Theorieansätze: Stigma Alter und Alterssubkultur

> „Einen Zugang zu gesellschaftlichen Konstruktionsprozessen auf der Mikroebene der Lebenswelt geben die Ansätze des Symbolischen Interaktionismus und der Phänomenologie, die sich in ausdrücklicher Abgrenzung vom Funktionalismus – und auch von der positivistischen Forschungspraxis – ausgebildet haben." (*Kohli* 1992: 236)

> „Das Stigma wird zu einem ‚master status', der wie keine andere Tatsache die Stellung einer Person in der Gesellschaft sowie den Umgang anderer Menschen mit ihr bestimmt." (*Hohmeier* 1975: 8)

3.4.1 Symbolischer Interaktionismus und Stigmatisierungsansatz

Ausgangspunkt *interaktionstheoretischer Konzepte* ist nicht die Frage nach gesellschaftlicher Ordnung und Systemerfordernissen, oder wie gesellschaftliche Ordnung überhaupt möglich ist (s. Systemtheorien, insbesondere Strukturfunktionalismus) bzw. wie gesellschaftliche Widersprüche entstehen und wirken (s. materialistische und Konflikttheorien), sondern wie sich Gesellschaft im kommunikativen und reflexiven sozialen Handeln aufbaut. Dabei wird betont, dass ein Problem, etwa in der Lebensphase Alter, erst durch Definitionshandeln, Erwartungen und Machtausübung erzeugt wird und dass hierzu Systemerfordernisse als solche nicht ausreichen, auch wenn ihre Bedeutung zur Erklärung der Hintergründe mit einbezogen wird. Soziale Tatbestände und damit auch soziale Probleme (z.B. des Alter(n)s) sind nicht nur „objektive" Ergebnisse derartiger Systemgesetzmäßigkeiten und dadurch bereits Realität, sondern sie sind subjektiv begründet als intentionale Vorgänge zwischen Individuen und in Gruppen.

Das Hauptinteresse von interaktionstheoretischen Ansätzen ist somit auf die Analyse von Interaktionsprozessen gerichtet, auf die Frage, wie das Handeln der an einer Interaktion Beteiligten aufeinander bezogen ist, wie es dazu kommt und was es bewirkt. Diese Ansätze werden dem Interpretativen Paradigma zugerechnet, d.h. der theoretischen Richtung, in der es darum geht, die ständigen wechselseitigen Interpretationen der miteinander Handelnden soziologisch zu interpretieren und hieraus Konsequenzen für die Interpretation sozialer Tatbestände abzuleiten. Entsprechend haben in der zugrunde liegenden mikrosoziologischen Theorie Interpretationen eine doppelte Bedeutung: zum einen als Grundannahme über menschliches Handeln und Verhalten und zum anderen als wissenschaftliche Methode. Gemäß der Prämisse dieser Ansätze gibt es soziale Wirklichkeit nicht von sich aus, sondern nur durch das wechselseitig aneinander orientierte und interpretierende Handeln von Individuen. Dabei hat menschliches Handeln einen sehr großen subjektiven, interpretations- und situationsgebundenen Anteil (vgl. ausführlicher *Treibel* 2006).

Als Hauptvorzug des symbolisch-interaktionistischen Ansatzes gilt, dass es einer der wenigen, wenn nicht gar der einzige soziologische Ansatz sei, in dem die Individuen aktiv und dynamisch und nicht passiv und determiniert erscheinen. Berechtigte Kritik besteht dann, wenn die zu Strukturen und Verhältnissen geronnenen Folgen von Interaktionen, wie Macht- und Herrschaftsvermögen, der Zwang und Druck, den sie auf die Individuen ausüben, dabei vernachlässigt werden.

Der *Stigmatisierungsansatz* wurde im Rahmen der interaktionistischen Theorie zunächst von Erving *Goffman* (1977) allgemein rollentheoretisch ausformuliert und dann im *Labeling- oder Definitionsansatz* auf abweichendes Verhalten und Ausgliederungsprozesse hin zugeschnitten. Ursprünglich hatte der *Stigma*-Begriff religiöse Bedeutung. Er bezeichnete auserwählte Personen, die z.B. durch körperliche Besonderheiten, wie ein Blutmal im Gesicht, gekennzeichnet waren. Heute wird der Stigma-Begriff meist mit negativen Zuschreibungen in Zusammenhang gebracht. Er bezieht sich jedoch nicht ausschließlich auf negative Merkmale; allerdings werden die zur Stigmatisierung herangezogenen Merkmale meist im Sinne einer negativ wirkenden Verallgemeinerung benutzt. Allgemein gilt heute: Die zur Stigmatisierung benutzten Merkmale wirken erst durch ihre entsprechende Interpretation und selektive Wahrnehmung durch die Umwelt. Das Stigma ist Ergebnis gesellschaftlicher Zuschreibungs- und Bewertungsprozesse, kein biologisches oder wie auch immer „angeborenes" Schicksal. Die Prozesse der Stigmatisierung hängen eng mit den Abgrenzungs- und Überlegenheitsbedürfnissen der stigmatisierenden gesellschaftlichen Gruppen – häufig mit deren Mehrheits- und Machtgruppen – zusammen und bleiben auch hinsichtlich der Selbsteinschätzung nicht ohne Wirkung auf die Stigmatisierten. Dabei werden die Stigmata nur in den seltensten Fällen mehrheitlich gleich eingeschätzt.

In der Soziologie abweichenden Verhaltens beschreibt man mit Hilfe des Stigma-Konzepts den Prozess, durch den Personengruppen mit sozial auffallenden Merkmalen oder Verhaltensweisen (wie Behinderte, Ausländer) zu potenziellen Abweichlern abgestempelt werden und diese Stigmatisierung zum Teil wie eine „self-fulfilling prophecy" wirkt, also zu tatsächlichen Abweichungen beiträgt. Abweichung wird nicht auf biologische oder intrapsychische Merkmale zurückgeführt, auch nicht vor dem Hintergrund gesellschaftlich struktureller Ursachen erklärt, sondern als Resultat konkreter Definitions- und Zuschreibungsprozesse in Interaktionen gesehen – vor allem auch im Umgang mit Institutionen sozialer Hilfe und Kontrolle. Außerdem berücksichtigt man die Situationsproduktion und -interpretation durch die Stigmatisierten selbst.

Stigmatisierung bedeutet: Zuschreibung eines Stigmas, die Kategorisierung einer Person durch gesellschaftlich oder gruppenspezifisch negativ bewertete Attribute, d.h. durch Eigenschaften, die sie sozial diskreditieren. Es sind Prozesse, in denen fast alle Eigenschaften, Erscheinungen und Verhaltensweisen einer Person verbal oder nonverbal mit einem bestimmten Merkmal (dem Stigma) verbunden werden, mit dem sie nicht von sich oder von Natur aus verbunden sind. Ursächlich werden diese Merkmale meist den Betroffenen selbst zugeschrieben. Sie richten sich nach vorherrschenden Normen und Werten, sind also gesellschaftlich bestimmt und veränderbar. Beträchtliche Folgen haben die Stigmatisierungsprozesse meist sowohl für die objektive und subjektive Lebenssituation der Betroffenen als auch für ihre soziale Umgebung.

Stigma ist der Sonderfall eines negativen Vorurteils. Als solches ist es gekennzeichnet durch Komplexität des meist negativen Inhalts, affektive Geladenheit und Klischee, wie formelhafte Ausdrücke und Symbole von besonderer Suggestivkraft. Die Strukturmerkmale der Stigmata lassen sich wie folgt beschreiben (vgl. *Hohmeier* 1975: 8f., 1978: 13):

- Es handelt sich um ein geschlossenes System von Deutungen oder Bewertungen und monokausaler Erklärung. Im Laufe der Zeit gewinnt es zunehmend Eigendynamik, Selbstverständlichkeit und Suggestivcharakter: Der Sinn der habitualisierten Handlungen und Bewusstseinsformen geht als Routinewissen oder typisiertes Wissen in den allgemeinen Wissensvorrat ein. (Die Vermittlung von Stigmata verläuft analog zur Sozialisation; diese besteht ebenfalls in der Wissensvermittlung von Typisierungen, ohne die kein soziales Handeln möglich ist.) Wie die Typisierungen erhalten auch die Stigmata Dingcharakter: Es wird undurchsichtig, dass sie nicht biologisch bedingt sind, sondern erst im interaktiven Handeln entstehen können und entsprechend auch veränderbar und abschaffbar sind. Sie werden zu „objektiven" Tatbeständen, die Einfluss auf die Gestaltung von Alltagsbeziehungen ausüben, oft losgelöst von bewusstem Wollen. Durch den Faktizitätscharakter, die externe Objektivität, können Stigmata Interaktionen normativ beeinflussen: Sie geben an, was gesellschaftlich als „normal" im Gegensatz zum stigmatisierten „Unnormalen" zu gelten hat.

- Stigmatisierungen setzen meist an tatsächlich vorhandenen sichtbaren oder unsichtbaren Merkmalen an (z.B. physischen Behinderungen, Gruppenzugehörigkeit, Lebensbedingungen oder Verhaltensweisen). Typischerweise sind es Merkmale, die von den als „normal" oder für die Mehrheit geltenden abweichen. Bei nicht sichtbaren Merkmalen reichen Verdachtsmomente aus. Das vorhandene Merkmal als solches ist noch nicht negativ, wird aber durch den Prozess der Stigmatisierung meist abwertend definiert oder in verschleiernder Weise idealisiert. Darüber hinaus wird es generalisiert: Über das Stigma-Merkmal hinaus werden den Betroffenen weitere negative Eigenschaften und Verhaltensweisen zugeschrieben; häufig wird die gesamte Persönlichkeit insgesamt negativ im Sinne des Stigmas (als „master status") beurteilt.
- Hinzu kommt meist eine Pathologisierung der betreffenden Eigenschaften und Verhaltensweisen: Sie werden durch monokausalen Rekurs auf biologische oder sonstige „natürliche" Prozesse als im Individuum selbst begründete Abweichung von der Norm erklärt.
- Schließlich findet meist eine Umsetzung der stereotypen Vorstellungen im Selbstkonzept des betreffenden Menschen statt. Da die Zuschreibung in der Umwelt der Betroffenen erfolgt, können diese sich einer zumindest teilweisen Übernahme nur unter sehr günstigen Bedingungen entziehen (vgl. *Krohn* 1978: 71).

3.4.2 Alter als Stigma

Als Kernaussage interaktionistischer Theorieansätze lässt sich festhalten: Gesellschaftliche Realität wird durch handelnde Individuen erzeugt, nicht durch Anpassung an vorgegebene Rollen. In Anlehnung an diese Grundprämisse hat man sich seit den 1970er Jahren damit befasst, wie stark Gesellschaft teilweise am „Defizitmodell des Alters" orientiert ist und wie dies zu einer Stigmatisierung bis hin zur teilweisen gesellschaftlichen Marginalisierung älterer und alter Menschen beiträgt. So wird im Rahmen des definitionstheoretischen Ansatzes bzw. des „labeling approach" das „Stigma Alter" beschrieben (vgl. *Hohmeier/Pohl* 1978): Es geht um die Bedeutung der negativen Altersbilder und Alterszuschreibungen für die (objektiven) Lebensbedingungen und das (subjektive) Befinden älterer und alter Menschen.

Da das Stigma-Konzept für Randständige und Abweichende entwickelt wurde, stellt sich bei seiner Anwendung auf Alter die Frage, ob und inwiefern alte Menschen diese Kriterien erfüllen. Klassische Randgruppen-Merkmale, wie lebenslange Zugehörigkeit, Gruppenorganisation und Gruppenbewusstsein, treffen heute auf ältere und alte Menschen generell nicht (mehr) zu. Allerdings existieren:

- negative Stereotype, die teilweise von älteren und alten Menschen übernommen werden,
- zum Teil altersgemäße und räumliche Segregationstendenzen von Gruppen älterer und alter Menschen, und
- Diskriminierungen als alte Menschen existieren weiterhin – allen positiven Altersbildern zum Trotz – zumindest in Teilbereichen: auf dem Erwerbsarbeitsmarkt, bei der Begründung der Ausgliederung älterer Arbeitnehmer, bei bestimmten medizinischen und therapeutischen Behandlungen, beim Zugang zu etlichen Bereichen des öffentlichen Lebens (z.B. im Straßenverkehr, bei Freizeit- und Bildungsangeboten) oder in bestimmten Alter(n)stheorien und Alltagsbildern (etwa in Schulbüchern) (vgl. *Kap. 2.4.2*).

Allerdings lässt sich zunehmend weniger von *den* Alten als Randgruppe sprechen. Die sozialstrukturelle Differenzierung innerhalb der Gruppe der älteren und alten Menschen hat erheblich zugenommen und nimmt weiter zu. Dadurch sind deren Möglichkeiten, mit den Stigmatisierungen umzugehen, sehr unterschiedlich und vor allem sozial ungleich verteilt. Es wäre allerdings zu oberflächlich, diese Entwicklung als Hinweis auf die sich auflösende Stigmatisierung des Alters zu sehen.

Die Strukturmerkmale eines Stigmas sind bis heute beim Alter zu erkennen, und zwar:

- Generalisierungstendenzen durch Unterordnung aller individuellen Merkmale unter das mit *alt* verbundene Deutungs- und Bewertungssystem;
- Altsein wird weiterhin mit natürlichen Abläufen gleichgesetzt, sodass eine hohe Suggestivkraft der diesbezüglichen Aussagen entsteht;
- die Gleichsetzung von biologischem, sozialem und sonstigem Abbau führt zur Pathologisierung des Alters;

- das Selbstbild älterer und alter Menschen wird durch die negativen Zuschreibungen fast immer beeinflusst, und sei es „nur“, dass sie besondere Anstrengungen unternehmen, dem negativen Altersbild nicht zu entsprechen.

Es wird zum einen so getan, als lägen typische und generalisierbare Altersmerkmale generell im Alter vor und nur im Alter (z. B. Ausscheiden aus der Erwerbsarbeit, graue Haare, körperliche Abbau- und Verschleißerscheinungen), und zum anderen, als hätten diese (primär) individuell endogene Ursachen (z. B. weil der Mensch im Alter „abbaut“, muss er sich spätestens mit 60/65 Jahren aus der Erwerbsarbeit zurückziehen). Vernachlässigt wird die gesellschaftliche Entstehung und Prägung von im Alter häufiger auftretenden Einbußen, Verlusten und Problemlagen, deren gesellschaftliche Funktionalisierung und unterschiedliche Bewertung (etwa je nach Wirtschaftslage) sowie deren erhebliche sozialstrukturelle Differenzierung (Selbständige arbeiten im Alter länger, Arbeiter in der Stahlindustrie deutlich kürzer).

Nach *Hohmeier* (1978: 12) lässt sich (die Lebensphase) Alter mit dem Stigma-Konzept erfassen,

> „weil die Erklärungen in der Regel monokausal ausfallen – die Ursachen werden mehr oder weniger ausschließlich in biologischen Veränderungen gesucht –, weil die Bewertungen fast immer negativ sind – alt zu sein, gilt als unvereinbar mit zentralen gesellschaftlichen Werten – und weil die Definitionen bestimmbare ungünstige Konsequenzen für die subjektive und objektive Situation alter Menschen haben. Die objektiven Folgen sind mit dem Begriff der ‚Ausgrenzung‘ ... erfaßt worden. Das Stigma ‚alt‘ stellt einen Interpretationsrahmen dar, der der Umwelt und den alten Menschen selbst zur Einordnung, Deutung und Bewertung einer Vielzahl individuell sehr unterschiedlich bedingter Erscheinungen dient. Er ermöglicht darüber hinaus die einheitliche Zuordnung von individuell verschiedenartigen Personen zu der Kategorie ‚alte Menschen‘.“

Das heißt nicht, dass objektive – etwa biologische – Veränderungen bzw. Bedingungen des Alters keine Rolle spielten. Sie sind allerdings Auslöser, nicht Ursache oder gar hinreichende Bedingung für das, was typischerweise mit Alter in unserer Gesellschaft verbunden ist. Dies zeigt sich in interkulturell verschiedenen Bewertungen dieser Merkmale. Das Altersstigma hat (nach *Hohmeier* 1978: 13)

> „eine Reihe von Strukturmerkmalen mit anderen Stigmata gemeinsam. Wie die Stigmata von sozialen Randgruppen (z. B. von Behinderten, Nichtsesshaften oder Kriminellen) ist es ein geschlossenes System von

> Deutungen und Bewertungen, innerhalb dessen es auf alle Fragen eine Antwort gibt. Diesem System kommt mit der Zeit seiner Geltung eine zunehmende Selbstverständlichkeit zu, und einzelne seiner Elemente haben durch die Analogisierung mit biologischen Prozessen eine beträchtliche Suggestivwirkung. Ein anderes gemeinsames Merkmal ist die Tendenz zur Generalisierung. Damit ist gemeint, dass die Zuschreibung ‚alt' nicht auf den Ausschnitt beschränkt bleibt, dem das wahrgenommene Alterssymptom (z. B. langsamer Gang) zugehört, sondern tendenziell auf die gesamte Person (z. B. auf ‚langsames Denken') und darüber hinaus auf die Gruppe ausgedehnt wird. Von einem Merkmal wird auf die gesamte Person (als Angehörige einer typisierten Gruppe), auf alle ihre Fähigkeiten geschlossen. Alter wird zu einem ‚master status', der – meist in unzulässig generalisierender Weise – die gesamte Identität eines Menschen festlegt. Ein drittes Charakteristikum, das das Altersstigma mit anderen Stigmata gemeinsam hat, ist die Pathologisierung von Verhaltensweisen. Alter an sich oder bestimmte problematisch erscheinende Verhaltensweisen werden durch den monokausalen Rekurs auf biologische Prozesse als Abweichung von der Norm – entweder von der des Erwachsenen oder der des ‚normalen' alten Menschen – erklärt."

Dabei bündeln sich im Stigma Alter typischerweise Stereotype (Verallgemeinerungen oder Vorurteile), die nicht oder allenfalls partiell empirisch begründet sind. Teilbeobachtungen, eigene Wunschvorstellungen oder Affekte werden zu vermeintlichen Wahrheiten verallgemeinert. Außerdem ist das Altersstigma zweigeteilt: Neben der Vielzahl von negativen Attributen (wie Abbau, Unbeweglichkeit) existiert ein idealisierendes, scheinbar positives Potenzial an Vorstellungen zu Alter (Weisheit, Zufriedenheit, Bescheidenheit, Genießen des Lebensabends etc.). Hierbei handelt es sich um „repressive Idealisierungen" (*Junker* 1973, zit. in *Backes* 1983: 58) mit pejorativem Charakter, denn sie stimmen in der Regel recht wenig mit für andere Altersgruppen geltenden Idealen überein. Sie verschleiern die vielfach mit Alter verbundenen Mängel und thematisieren ihre gesellschaftliche Bedingtheit nicht, sondern beschreiben es als Tugend und erfolgreiches Altern, solche Mängel hinzunehmen. Dies bedeutet, dass man kann trotz der vordergründig doppelten Bewertungsrichtung von einem generell eher negativ geprägten Altersbild sprechen kann; beide Varianten werden als Abweichung gesehen.

In der Geschichte bestanden auch positive Sanktionen gegenüber alten Menschen, die zum Teil bis heute erkennbar bleiben. Hierzu gehören Symbolhandlungen, etwa in der Anrede- und Grußhierarchie, wo alte Menschen vor jüngeren rangieren. Allerdings „kostet" das die Gesellschaft wenig und kann als Art symbolische Ersatzhandlung für relevantere positive Sanktionen gelten.

Betrachtet man *Funktionen, Ursachen und Durchsetzbarkeit des Stigmas Alter*, so lassen sich wiederum die Parallelen zu Vorurteilen erkennen:

Wie diese lenken auch Stigmata von eigenen Problemen der Stigmatisierenden ab und schaffen scheinbare Ordnungen zwischen den vermeintlich Stärkeren (den noch nicht Alten) und den Schwächeren (den alten Menschen). Die eigene Unvollkommenheit, das Bedrohtsein von den Merkmalen, die dem Alter zugeschrieben werden, können so eher verdrängt werden. Allgemein bestehen Orientierungs- und Entlastungsfunktionen für die Stigmatisierenden und Stigmatisierten. Gesellschaftlich tragen Stigmata zu einer System- und Herrschaftsstabilisierung bei, z.B. als Regeln der knappen Güterverteilung zwischen alten und jungen Menschen, Betonen der erwünschten „Normalität" und Legitimation der besonderen Lebenslage im Alter. Entsprechend können sie nur wirksam sein und aufrechterhalten werden, wenn sie sich auf Machtdifferenzen zwischen den stigmatisierenden und stigmatisierten Gruppen gründen.

Anzunehmen ist, dass Stigmatisierungen besonders häufig und ausgeprägt in Gesellschaften auftreten, die auf individuellen Leistungs- und Konkurrenzprinzipien beruhen oder durch starke Spannungen zwischen gesellschaftlichen Gruppen gekennzeichnet sind. Möglichkeiten der Durchsetzung von Stigmata gegenüber älteren und alten Menschen lassen sich in allen Bereichen stärkerer Abhängigkeit aufzeigen. Institutionen sozialer Kontrolle und Hilfe (wie Heime, Sozialamt) spielen dabei eine große Rolle. Die pejorativen Idealisierungen finden sich hier ebenfalls recht häufig, wie z.B. auch in Freizeitangeboten der offenen Altenhilfe. Daneben haben sich neue Stigmata-Inhalte entwickelt, wie etwa die der „gierigen Grufties", die den Jüngeren deren Ressourcen in „egoistischer Manier" wegnehmen und verbrauchen. Stigmata setzen sich um so eher und umfassender durch, je geringer die Macht, der Status und die Bildung der Betroffenen und je höher diese bei den Stigmatisierenden sind. *Folgen des Stigmas* äußern sich für Betroffene auf drei Ebenen: der Teilhabe am gesellschaftlichen Leben, der Interaktion mit Nicht-Stigmatisierten und der Veränderung von Persönlichkeit und Identität.

Zusammenfassende Einschätzung

Im Unterschied zu den bereits besprochenen Alter(n)skonzepten zieht man im Stigma-Konzept nicht nur die Konsequenzen des Altseins selbst als Erklärung der Lebenssituation im Alter heran, sondern leistet eine Analyse auf der Erscheinungsebene der Alltagsinteraktionen. Dabei zeichnet sich der Ansatz durch eine kritische Haltung gegenüber der existierenden Gesellschaft aus (vgl. *Krohn* 1978: 72). Dies wird bereits an dem Grundanliegen deutlich, abweichendes Verhalten oder sonstige sogenannte Randgruppenphänomene nicht mehr durch Rückgriff auf biologische oder psychische Merkmale zu erklären, sondern durch gesellschaftliche Definitionsprozesse, bei deren Durchsetzung sozial ungleiche Macht- und Chancenverteilung von Bedeutung sind. Hiermit einher geht die Kritik an der Leistungs- und Chancengleichheitsideologie und damit implizit an der entsprechenden Gesellschaft. Im Stigma-Ansatz werden nicht nur messbare Handlungs- und Bewusstseinsformen beschrieben, sondern man erfasst auch deren intentionalen Sinn und Zusammenhang mit der jeweils herrschenden Gesellschaftsform. Damit werden sowohl gesellschaftliche Ursachen als auch vor allem die direkte Entwicklung von Altersproblemen in Interaktionen beschrieben und erklärt.

Grundidee ist die Annahme einer relativ einfachen sozialen Konstruktion der Lebensalter. Dabei beinhaltet die Annahme einer „Stigmatisierung" Älterer die Gefahr, „die Wirkung sozialer Ausgrenzung zu überschätzen und die Marginalisierung auf der Ebene der materiellen Ressourcen und der Vergesellschaftungsformen aus dem Blick zu verlieren" (*Kohli* 1992: 237). Dies trifft im besonderen Maß für Frauen zu: Ihr demographisches Übergewicht trägt zum Negativ-Image der alten, insbesondere der hochbetagten Frau entscheidend bei. Pflegebedürftige und auf Unterstützung angewiesene alte Menschen sind zum weitaus größten Teil Frauen. Sie sind es, die gesellschaftlich als Belastung empfunden werden und dies auch zu spüren bekommen, ohne dass die materiellen und sozialen Lebensbedingungen dieser stigmatisierten Gruppe vorrangig thematisiert werden.

Eine Gefahrenquelle besteht in der latent fatalistischen Sichtweise. Falls diese nicht kontrolliert wird, kann das Stigma-Konzept zur Stigmatisierung des Alters selbst beitragen. Wichtig ist die Betonung, dass das Stigma nicht alle Erwartungen an Alter deterministisch bestimmt, sondern bei seiner Realisierung soziale und individuelle Faktoren im Alter und deren Grundlegung im bisherigen Leben eine entscheidende Rolle spielen. Alle Handlungsmuster sind nicht nur gesellschaftlich bestimmt, sondern auch individuell geformt.

Aktuell spielt das Stigma-Konzept in der deutschsprachigen Gerontologie keine bedeutende Rolle. Die Frage nach der Diskriminierung älterer Männer und Frauen (*Rothermund/Mayer* 2009) wird gegenwärtig eher in anderen Forschungskontexten behandelt, vor allem in der psychologisch dominierten Forschung zu Altersbildern (vgl. *Kruse/Schmitt* 2005; *Amrhein/Backes* 2007; *BMFSFJ* 2010). Auch beim Stigma-Konzept zeigt sich die gerontologische Tendenz zur Individualisierung und Psychologisierung von ursprünglich soziologischen Paradigmen wie hier des Symbolischen Interaktionismus.

3.4.3 Subkulturtheorie

Mit Verweis auf Entwicklungen in der amerikanischen Gesellschaft zu Anfang der 1960er Jahre übt *Rose* (1964) Kritik an der Disengagementthese: Er betont das zunehmende Re-Engagement und die Aktivierung der älteren

Bevölkerung, die sich räumlich und sozial enger zusammenschließt. Diese Subkultur der Alten hat sich ein Re-Engagement gerade zur Aufgabe gestellt. Die *Subkulturtheorie* verweist insbesondere auf die gesellschaftliche Isolierung des höheren Alters, die zu einer Tendenz der Entwicklung einer eigenen normativen Realität führt. Dieser Ansatz kann sich aber kaum auf die singularisierten und gesellschaftlich isolierten alten Menschen beziehen, sondern auf subkulturelle „Gesellungsformen" entsprechender Altersgruppen mit intensiver Kommunikation und räumlicher Nähe des Wohnens. Wichtige Elemente zur Bildung von Alten-Subkulturen sind eine gemeinsame Lebenslage und altersspezifische Probleme, die über strukturell bedingte erhöhte Kommunikationsmöglichkeiten eher zu einem altersspezifischen Gruppenbewusstsein führen (*Rose* 1965). Durch enge Kontakte können alte Menschen ein eigenes Wertesystem entwickeln, das ihnen die Beibehaltung oder Wiedergewinnung eines positiven – nicht vom negativen Fremdbild bestimmten – Selbstbildes ermöglicht. Dieses ist durch wechselseitige Hilfe, Solidarität und Entwicklung nicht leistungsbezogener Werte geprägt. Beispiele hierfür finden sich auch in den neuen politischen und gesellschaftlichen Partizipations- sowie Bildungsformen älterer Menschen (vgl. *Kap. 4.3*).

Determinanten subkultureller Entwicklung zeigen sich wie folgt:

- Die Gesellschaft ist stark nach Generationen geschichtet, Kontakte zwischen Jung und Alt werden z.B. durch Schulen, Freizeitangebote und Alteneinrichtungen erschwert. Das Berufsleben macht hier eine Ausnahme.
- Die jüngere Generation gründet früh einen eigenen Hausstand und fördert generationenspezifische Segregation.
- Berufliche Frühverrentung führt zu sinkenden Kommunikationsmöglichkeiten.

Demgegenüber bestehen erweiterte Interaktionsmöglichkeiten innerhalb altershomogener Gruppen:

- Ein zunehmender Anteil gesunder und relativ rüstiger Älterer in der Bevölkerung führt zu größerer altershomogener Interaktion.
- Immer mehr Alte leben allein und sind auf Außenkontakte angewiesen.
- Die räumliche Nähe in Altbauvierteln begünstigt den Kontakt untereinander.

In den letzten Jahren ist die Zunahme entsprechender Tendenzen bei alten Menschen zu verzeichnen, womit einerseits eine emanzipatorische Bewegung, andererseits die Gefahr eines Ausschlusses aus der sonstigen Bevölkerung gegeben sind. Beide Richtungen, die der Emanzipation und die der Segregation, sind seit längerem und zurzeit verstärkt zu beobachten. Dies dürfte vor allem in großstädtischen Ballungsräumen mit sehr hohem Anteil alter und hochbetagter Frauen der Fall sein. Die generationenspezifische Segregation wird durch die geschlechterspezifische ergänzt: Frauen leben mit zunehmendem Alter häufiger allein, ihre häufigsten Kontaktpartner sind – neben den eigenen Kindern bzw. deren Familien – andere alte Frauen. Gerade für alte Frauen dürfte der Trend zu altershomogener, intensiver Kommunikation durch ihre relative Isolierung vor allem in Heimen, aber auch bei Alleinleben in der eigenen Wohnung zu beobachten sein. Die räumliche Nähe in Altbauvierteln und/oder auf diese Gruppen hin ausgerichtete Bildungs- und Freizeitangebote können die Tendenz zu einer Art Subkultur alter Frauen forcieren. Offen bleibt die Frage, inwiefern sich ein entsprechendes Gruppenbewusstsein herauskristallisiert und ob die gemeinsame Lebenslage als solche wahrgenommen und als Basis für Aktivitäten gesehen wird. Ein solches „Wir-Gefühl" dürfte sich eher im Zusammenhang mit gemeinsamen Freizeitaktivitäten oder politischem bzw. sozialem Engagement entwickeln.

Dabei bestehen die Gefahren einer sich verstärkenden weiteren Ausgliederung aus der Gesamtgesellschaft und einer verstärkten Wahrnehmung der Gruppenunterschiede zwischen Jung und Alt. Außerdem kann es zu einer weiteren Diskriminierung und Benachteiligung kommen, insbesondere bei politischer Selbstpräsentation (wie Engagement in Seniorenbeiräten, statt in Beiräten oder Initiativen zu übergreifenden Themen, Mitarbeit bei den „Grauen", statt in einer „Volkspartei"). Aber es bestehen auch Chancen einer Stärkung des Selbstbewusstseins als alter Mensch, eventuell einer Intensivierung des Kontaktes mit jüngeren (z.B. über gemeinsame Themen) sowie einer Verbesserung der Lebensqualität durch befriedigende Kontakte und Möglichkeiten gemeinsamen Engagements, durch Darstellen und Umsetzen von Erlebensansprüchen und -möglichkeiten, und schließlich einer Aufwertung des gesellschaftlichen Bildes, z.B. der alten Frau, durch Vorleben „anderer" Lebens- und Alter(n)smodelle.

Die Frage ist allerdings, wie weitgehend die Subkulturtheorie in der Lage ist, gesellschaftliche Realität abzubilden. So merkt *Kohli* (1992: 236) an, dass es unter bestimmten Bedingungen zur Herausbildung einer Subkultur kommen kann. Aber empirische Untersuchungen zeigen, dass diese Theorie den Grad der Zusammengehörigkeit im Alter weit überschätzt. Darauf deutet auch die gesellschaftlich zu beobachtende weitgehende Differenzierung der Gruppe älterer und alter Menschen nach Lebenslagen hin. Aktuelle Anklänge an die Subkulturtheorie finden sich in den Visionen von *Kolland* und *Rosenmayr* zur Entstehung einer „neuen Kultur des Alterns" (*Kolland/Rosenmayr* 2007). Diese in Analogie zur „Jugendkultur" konzipierte „Alterskultur" wird von ihnen als kreativer Ausdruck der „späten Freiheit" verstanden, die auf die produktive Verwirklichung von sozialen Gestaltungsaufgaben und individuellen Entwicklungszielen gerichtet sein soll (*Kolland* 1996; *Kolland/Kahri* 2004).

Fazit

Einen Beitrag zur Problemanalyse bieten die interaktionistischen Ansätze nur in Teilaspekten: Sie beschreiben die Entwicklung von Verfestigung gesellschaftlicher Abwertungs- und Stigmatierungstendenzen über Stereotypen bei alten Menschen und helfen, deren Wirkung und ggf. Antizipation von außen zu erklären, evtl. sogar eine mit dem demographischen Wandel auftretende Problematisierung von Altenkultur und Altenmacht durch jüngere Altersgruppen. Die Ansätze tragen aber kaum zur Erklärung materieller Bedingungen und struktureller Gesellschaftsentwicklung auf der Grundlage demographischer Prozesse bei. Sie können zur Analyse gesellschaftlicher Definitionsprozesse und zur Erklärung von Zuweisungsprozessen dienen, die sich im Zuge der Entwicklung einer gesellschaftlichen Alter(n)sproblematik vollziehen. Sie tragen damit zur Problemgenese bei, da sich gesellschaftliche Bearbeitungsmechanismen z.B. einseitig auf Alter konzentrieren, ohne die gesamten Bezüge aller gesellschaftlichen Teilsysteme im Auge zu haben und anzugehen.

3.5 Ansätze zur Soziologie der Altersgruppen, Kohorten und Generationen und ihre Entwicklung in der Altersschichtungstheorie

Auch die heute eher aktuellen alter(n)ssoziologischen und alter(n)ssozialwissenschaftlichen Konzepte gehen meist auf klassische Wurzeln zurück. So finden sich die Ursprünge der heutigen Diskussion um Altersschichtung in den Generationen- und Kohortenansätzen der zwanziger Jahre des letzten Jahrhunderts, und die derzeitigen Lebens(ver)lauftheorien gehen auf Lebensphasen- und Lebenszyklen-Ansätze der 1960er und 70er Jahre zurück. Aus Gründen der inhaltlichen Konsistenz werden diese Konzepte jeweils im Kontext der aktuellen Ansätze vorgestellt und diskutiert. Auch die aktuelle, recht breit rezipierte Theorie der Altersschichtung und die ihr zugrunde liegenden klassischen Konzepte der Altersgruppen, Kohorten und Generationen gehen – wie auch die bekanntesten klassischen Alterskonzepte, die Disengagement- und Aktivitäts„theorie“ – auf strukturfunktionalistische und funktionalistisch geprägte gesellschaftstheoretische Modelle zurück.

3.5.1 Altersgruppen, Kohorten und Generationen

Die Beschreibung des Verhältnisses der Altersgruppen oder Generationen gründet bereits in allgemein soziologischen Ausführungen von Emile *Durkheim* und Georg *Simmel*. Diese befassen sich mit der Entwicklung der Gesellschaft in der zweiten Hälfte des 19. Jahrhunderts, wo im Kontext der

Industrialisierung offensichtlich auch Altersgruppen an Bedeutung gewinnen. So weist *Durkheim* (1977: 336ff., zuerst 1893) darauf hin, dass die ehemals für alle Altersgruppen gleiche, tradierte Ortskultur im Zuge der Verstädterung und der Landflucht der Jüngeren in Milieus zerfällt, die sich unterschiedlich schnell sozial wandeln. In städtischen Milieus baut sich der Einfluss der alten Generationen am schnellsten ab. Indirekt wird bereits bei einer Interpretation seiner Ausführungen deutlich: Die Differenzierung von Altersgruppen als gesellschaftlich relevante, da differenzierende und soziale Konflikte mit bedingende, Größe beginnt erst im Zuge der Industrialisierung und der Entwicklung der hochgradig arbeitsteiligen modernen Gesellschaft.

Mit der Entwicklung hin zur „organischen Solidarität" (*Durkheim*) und der damit gegebenen vielschichtigen wechselseitigen Abhängigkeit und Verwobenheit bei großer individueller Unterschiedlichkeit geht ein tiefgreifender sozialer Wandel auch für die Bedeutung der Altersgruppen einher:

> „In der arbeitsteilig spezialisierten, differenziert organisierten Zivilgesellschaft verliert das kollektive Bewußtsein seine Bindung an Personen und Orte; die individuelle Persönlichkeit löst sich von der kollektiven. Gesellschaftliche Differenzierung, Individualisierung und Mobilität schwächen den Einfluß der Alten und damit der Tradition. Wandert die junge Generation vom Land in die Städte, so bricht der Einfluß der Alten auf Tradition und soziale Kontrolle zusammen." (*Weymann* 1994: 345)

In der historischen Folge stehen sich Alte und Junge als Altersgruppen gegenüber, die über unterschiedliche Lebensumstände, Erfahrungen, Regeln und Interessen verfügen. Damit wächst die Entfremdung der Altersgruppen voneinander, und Generationen werden zum Symbol sozialen Wandels in modernen, städtischen Gesellschaften.

Zu dem bei *Durkheim* angelegten Konzept der Differenzierung von Altersgruppen kommen bei *Simmel* (1989, zuerst 1900) weitere generationenrelevante Überlegungen hinzu, indem er einerseits auf die Rolle des Geldes hinweist, die zu einer Individualisierung einzelner aus Gruppenbeziehungen über Tauschbeziehungen führt. Andererseits denkt *Simmel* über Individualisierung und Generationenfolge nach:

> „Die Kontinuität wird nur deshalb nicht zum Problem, weil der Generationenwechsel individuell-sukzessive, nicht altersgruppenweise erfolgt: ... Würden die Generationen sich als geschlossene Altersgruppen ablösen, wäre die Kontinuität moderner Gesellschaften aufgrund der großen Verschiedenheit der Generationen und der starken Individualisierung ihrer Mitglieder gebrochen." (*Weymann* 1994: 347)

Deutlich wird: Theoretisch und empirisch haben Altersgruppen und Generationen die Aufmerksamkeit der Sozialwissenschaften, insbesondere der Soziologie, im Rahmen der theoretischen Erklärung moderner Gesellschaften und gesellschaftlicher Modernisierung gewonnen:

> „Arbeitsteilige Spezialisierung, soziale und kulturelle Differenzierung, persönliche Individuierung und Individualisierung sind universale Merkmale der Modernisierung in westlichen Industriegesellschaften. Über historische Zeitläufe im Längsschnitt betrachtet, zeigt sich eine abnehmende Homogenität und Kontinuität; im Querschnitt zu einem bestimmten Zeitpunkt gesehen, zeigt sich eine komplexer gewordene Sozialstruktur. Beides macht Altersgruppen mit unterschiedlichen Lebenslagen, Lebensstilen und Milieus möglich und unterwirft sie dem Wandel über die Zeit.“ (*Weymann* 1994: 347f.)

Seit den zwanziger Jahren des letzten Jahrhunderts sind Altersgruppen als Fokus sozialer Probleme und damit als soziologisches Thema etabliert. „Mit dem Siegeszug des Parsonsschen Strukturfunktionalismus als dominierende soziologische Theorie in den 1940er und 50er Jahren (*Parsons*, *Merton*) werden Altersgruppen ein Kernstück soziologischer Analyse sozialer Systeme.“ (*Weymann* 1994: 349) *Eisenstadt* (1966) zeigt mit Hilfe der begrifflichen und analytischen Mittel des *Parsons*schen Strukturfunktionalismus in seiner Studie zu Funktion und Dysfunktion von Altersgruppen im interkulturellen und historischen Vergleich, dass Altersgruppen für die Sicherung der Stabilität einer Gesellschaft funktional sind, weil sie zur Kontinuität der Gesellschaft beitragen. Gesellschaften sind für *Eisenstadt* auch nach Alter in einer Weise hierarchisch geschichtet, vergleichbar mit Einkommen, Vermögen, Bildung, Status, Stand und Klasse. Dabei durchlaufen Individuen die Altersschichten in einem Prozess lebenslanger Sozialisation von Altersgruppe zu Altersgruppe. Allerdings hat – so auch *Weymann* (1994: 351) – die „Theorie der Altersgruppen ... als Schwachpunkte das fehlende dynamische Moment der Zeit in Geschichte und Lebensverlauf und das fehlende Moment des individuellen und kollektiven Akteurs“.

Hier setzt der Generationsbegriff der Wissenssoziologie von *Mannheim* (1928) an und füllt in gewissem Maße diese theoretischen Lücken. Denn in diesem Rahmen wird gesehen, dass eine Altersgruppe in eine bestimmte historische Zeit hineingeboren wird. Damit ist eine Altersgruppe dynamisch und aktiv. Er definiert Generationen als Geburtsjahrgänge, die im historischen Strom gesellschaftlichen Geschehens verbunden sind durch eine gemeinsame, „schicksalsmäßig-verwandte Lagerung ... im ökonomisch-machtmäßigen Gefüge der jeweiligen Gesellschaft. ... Man kann die Lagerung nur verlassen im individuellen oder kollektiven Aufstieg oder Abstieg ...“ (*Mannheim* 1928: 171).

Diese wenigen Ausführungen zeigen:

> „Das sozialwissenschaftliche Interesse für Altersgruppen kann sich auf eine lange Tradition stützen. ... Auch heute noch bildet die Absicht, sozialen Wandel und Modernisierung zu erklären und zu verstehen, einen typischen Kontext für die Erforschung von Altersgruppen. Allerdings arbeitet heutige Altersgruppensoziologie mit anderen theoretischen Konzepten und mit anderen methodischen Verfahrensweisen als in früheren Jahrzehnten. Wichtig wurden insbesondere Längsschnittanalysen wie die Kohorten- und Generationsforschung." (*Weymann* 1994: 359)

Die empirische Altersgruppensoziologie richtet sich auf altersspezifische soziale Probleme, vor allem in Kindheit und Jugend, seit den 1970er Jahren verstärkt auch im Alter (materielle Lage, Lebenslage im Alter generell, Pflegebedürftigkeit als aktuelles Thema). Seine Fortsetzung findet dieser Ansatz in der Bundesrepublik bezogen auf Alter als soziales Problem erst seit Mitte/Ende der 1960er Jahre, als Armut oder Wohnen und Gesundheit im Alter oder die Ausgliederung alter Menschen aus gesellschaftlichen Zusammenhängen Thema wurden (vgl. etwa *Blume* 1968; *Rosenmayr* 1976).

3.5.2 Altersschichtung und -strukturierung nach Riley

Von der Rollentheorie ausgehend haben *Riley u. a.* (1972, 1988) eine kohortenzentrierte Perspektive eröffnet, die auch den soziohistorischen Bezug von Altersgruppen herstellt (vgl. auch *Backes/Clemens* 2006: 38) und später in eine Lebenslauf-Perspektive mündet (z. B. *Kohli* 1978). Der Kohortenansatz geht von Lebensalter als Strukturmerkmal aus, das über Grenzen innerhalb des Lebenslaufs bzw. Arbeitslebens- und Familienlebenszyklus eine grundlegende Analyse eines Gesellschaftssystems ermögliche. Alter wird hierbei als Ordnungsprinzip verstanden, das eine gesellschaftliche Stellung qua Position im Lebenslauf zuweist. Verbunden wird damit die Generations- und Kohortenfolge als Mechanismus, über den strukturelle Veränderungen in der Gesellschaft ablaufen. Altersschichtung wird in diesem Ansatz als weitere grundsätzliche gesellschaftliche Dimension von Ungleichheit verstanden.

Zentraler Fokus dieses Ansatzes sind die Unterschiede zwischen Geburtskohorten von Menschen, die zur Quelle struktureller Veränderungen werden. Ausgehend von der Überlegung, dass die Veränderung der Sozialstruktur auch individuelle Alternsprozesse verändert, wird umgekehrt die Veränderung von Alternsprozessen in ihren Auswirkungen auf strukturelle Bedingungen untersucht (*Riley/Riley* 1992: 445). Danach unterscheiden sich Geburtskohorten in Umfang und Charakter, und ihre Mitglieder altern unterschiedlich. Kohorten üben nach *Riley/Riley* einen kollektiven Druck aus, der sowohl die Rollenmöglichkeiten in sämtlichen gesellschaftlichen Teilbereichen als auch altersbezogene Ideen, Wertvorstellungen und Überzeugungen der Menschen verändert (1992: 445 f.). In allen industrialisierten Gesellschaften zeigen sich Unterschiede im Umfang von Kohorten, wobei durch nachlassende Geburtenhäufigkeit die jüngeren Kohorten immer kleiner geworden sind. Daraus – und aus der sich verlängernden Lebenserwartung – resultiert der stetig verlaufende Alterungsprozess unserer Gesellschaft (vgl. *Kap. 2.3.2*), mit dem die älteren Geburtskohorten quantitativ immer bedeutsamer werden. Inwieweit sich damit bisher in unserer Gesellschaft Normen und Werte oder auch politische Machtverhältnisse verändert haben, wird allerdings kontrovers diskutiert (vgl. *Kap. 4.3*).

Ein bedeutender Beitrag zur Altersschichtung bzw. -strukturierung kommt durch die Normenbildung innerhalb einer Kohorte zustande (*Riley* 1986). Mitglieder einer Kohorte teilen gemeinsame historische Erfahrungen und entwickeln damit allmählich gemeinsame Reaktionsmuster, Definitionen und Überzeugungen. Diese verdichten sich zu gemeinsamen Normen und werden in der Sozialstruktur institutionalisiert. Nach dem Ansatz von *Riley* und *Riley* (1992: 446) beinhalten diese Normen auch Alterskriterien für die Rollenzuweisung und Rollenleistung. Für die Situation der älteren Menschen sehen sie die sog. „strukturelle Diskrepanz" als Ungleichheitsmuster. Diese Diskrepanz hat sich zwischen der wachsenden Kompetenz älterer Menschen in vielen Bereichen und den gesellschaftlichen Möglichkeiten gebildet, diese Fähigkeiten und Fertigkeiten einzusetzen. Es wird eine Erweiterung der Rollenmöglichkeiten für ältere und alte Menschen angemahnt, die vor allem durch die Entwicklung koexistierender Rollen für Menschen aller Altersstufen in der Gesellschaft befördert werden sollte. Die alternde Gesellschaft solle nicht nur als ein Bevölkerungsaggregat gesehen werden, bei dem der Anteil älterer Menschen zunimmt, sondern auch als ein auf Alter bezogenes System von Strukturen, Rollen und Beziehungen.

Hauptkritikpunkte am Ansatz der Altersschichtung bzw. -strukturierung setzen nicht nur bei der Übernahme eines funktionalistischen Theorierahmens an, sondern auch an der unreflektierten Orientierung am ethnologischen Ordnungsraster einer naiven Parallelisierung von „primitiver" und spätindustrieller Gesellschaft. Der Entwurf zu einer „Soziologie der Altersschichtung" (*Riley u.a.* 1972, 1988) bleibt für *Kohli* (1992: 238) deshalb „allerdings eigentümlich unhistorisch". Diesen Ansatz sieht er in Hinsicht auf das „Potenzial für die Analyse materialer Probleme spezifischer Gesellschaften" als begrenzt an. Es gelinge dem Ansatz zwar, „die Bedeutung von Lebensalter und Lebenslauf als allgemeine gesellschaftliche Strukturprinzipien und die formale Dynamik von Altersprozessen und Kohortenfolge darzustellen" (*Kohli* 1992: 238), ohne aber historische Veränderungen der Altersorganisation von Gesellschaften in materiellen Bezügen angemessen abbilden zu können.

Zur Einschätzung dieser Ansätze

Strukturfunktionale Ansätze zeigen in Hinsicht auf das Verhältnis von Alter(n) und Gesellschaft die funktionale Verbundenheit von Altersgruppen oder Lebensphasen für die Konstitution von Gesellschaft, allerdings in einem eher ahistorischen und kaum entwicklungslogischen Zusammenhang. Altersspezifisch initiierte Veränderungen der Gesellschaft aufgrund von veränderten materiellen, wirtschaftlichen und sozialen Bedingungen sind mit diesen Ansätzen kaum zu erfassen. Dies ist noch am ehesten mit dem Kohortenansatz möglich. Soziologische Ansätze der Altersgruppen, Altersschichtung und Generationen können aber zur Beschreibung der Entwicklung der Lebensphase Alter und der damit einhergehenden sozialen und indirekt auch der gesellschaftlichen Probleme genutzt werden, zumindest produktive Hinweise geben: Sie beschreiben die Entwicklung des Verhältnisses der Altersgruppen und Generationen bzw. die Altersschichtung im gesellschaftlichen Kontext und in ihrer gesellschaftlichen Bedeutung (Funktionalität) sowie deren Rückwirkung auf das Individuum in den einzelnen Altersphasen.

Allerdings muss berücksichtigt werden, dass alle Ansätze innerhalb der Gerontologie letztlich individualisiert wurden, weil vermutlich die Desintegration des Alters – auch in Gestalt der Entwicklung einer expliziten Lebensphase Alter – nicht als Problem für die Gesellschaft gesehen wurde und quantitativ auch noch eher zu vernachlässigen war. Gesellschaft konnte davon ausgehen, dieses „soziale Problem“ unter Kontrolle zu haben, was sich erst mit seiner rapiden quantitativen und qualitativen Veränderung nicht mehr aufrechterhalten lässt. Das zentrale Defizit der hier zu rezipierenden Ansätze im Hinblick auf die hier vorliegende Thematik ist somit nicht ihr Grundgedanke, sondern die Art und Weise ihrer Anwendung und Beschneidung in Reaktion auf eine spezifische Sicht der Praxis.

3.6 Lebensphasen, Lebenszyklus, Lebenslauf und Altern – der dynamische Ansatz

3.6.1 Lebensphasen und Lebenszyklus

Seit Mitte der 1960er Jahre wird die Betrachtung des Alters als klar abgrenzbare spezifische Altersgruppe mit spezifischen Problemen langsam obsolet. Es setzt sich immer stärker die Erkenntnis durch, dass Alternsprozesse nicht einheitlich oder gar deterministisch ablaufen (vgl. *Kap. 2.7.1*). Die sozialwissenschaftliche Perspektive öffnet sich für die Analyse einer stärkeren Differenzierung im Alter und während des Alterns. Damit entwickelt sich die „Theorie der Lebensphasen“. Sie rückt in den Mittelpunkt einer Alter(n)ssoziologie (vgl. *Neugarten/Datan* 1978; *Rosenmayr* 1976,

1978; *Rosenmayr/Rosenmayr* 1978). Außerdem erweitert sich die Perspektive auf eine Betrachtung des gesamten Lebensablaufs in seinen Auswirkungen auf das Leben im Alter. Nach einer Wiederentdeckung der biographischen Perspektive in der Soziologie werden die Konzepte einer lebenszeitlichen Strukturierung um die „Soziologie des Lebenslaufs" (*Kohli* 1978) ergänzt und damit ausgedehnt.

Das Konzept der „Lebensphasen" geht davon aus, dass im Verlauf des Lebens eine kontinuierliche Folge von regelmäßig auftretenden Phasen existiert, die sich unterscheiden und abgrenzen lassen. Durch sie wird der Lebensablauf zyklisch strukturiert (*Neugarten/Datan* 1978). Die Lebenslage der Individuen kann sich in diesen biographischen Phasen durch unterschiedliche Lebens- und Handlungsbedingungen verschiedenartig ausgestalten. Personen in einer bestimmten Lebensphase (z.B. ältere oder alte Menschen nach Verrentung oder Familienphase) wird eine Reihe gleicher sozialer Merkmale zugesprochen. Dabei wird ihr unterschiedliches chronologisches Alter (möglicherweise) außer Acht gelassen.

Lebensphasen werden aus soziologischer Sicht häufig durch bestimmte Rollenverpflichtungen, veränderte Selbstkonzepte und Identitätsvorstellungen abgegrenzt. Sie sind auch durch institutionelle Vorgaben bestimmbar, vor allem von Seiten der Arbeitssphäre, Familie und sozialer Beziehungen. Hier bestehen jeweils spezifische, an den Lebenslauf gekoppelte und institutionalisierte Regelungen (vgl. *Kohli* 1985). Mit dem Ansatz der Lebensphase wird sowohl der Blick auf den Lebens(ver)lauf, aber auch auf Übergänge oder „Wendepunkte" („Statuspassagen") im Lebenslauf gerichtet. Diese sind häufig Folge struktureller oder institutionalisierter Bedingungen. Im Hinblick auf Alter sind vor allem die Berufsaufgabe, aber auch der Verlust der selbständigen Lebensführung oder der Einzug in einem Heim entsprechende Übergänge, die Lebensphasen begrenzen. Hierbei zeigen sich wichtige geschlechtsspezifische Unterschiede durch „riskante Umbrüche weiblichen Alterns" (vgl. *Backes* 2007: 156ff.).

Eine besondere Perspektive gilt alterssoziologisch den Lebenszyklen in der Familie (vgl. *Glick* 1978; *Rosenmayr/Rosenmayr* 1978: 27). Damit wird der Positionswandel in der Familie im Lebensablauf beschrieben und das sich wandelnde Verhältnis der Generationen in der Familie zum Thema. Hier werden die Biographie des Individuums, die mit der (Lebens)Zeit und in der (Gesellschafts)Zeit sich wandelnden Rollenverpflichtungen und Identität bedeutsam. Noch keine Berücksichtigung finden im Ansatz des Lebenszyklus und der Lebensphasen die Generationenbeziehungen und deren Veränderungen im sozialstrukturellen Wandel. Erst in einer Fortführung der „Soziologie des Lebenslaufs" und einer Neubelebung von „Generationen" als soziologisches Thema sind Generationenbeziehungen in den 1990er Jahren stärker untersucht worden (vgl. z.B. den Alters-Survey: *Kohli/Künemund* 2005; *Szydlik* 2000).

Im Lebensphasenansatz bleibt also die Ebene der Interaktionsprozesse und primärer sozialer Netze weitgehend unberücksichtigt. Zwar wird über die gesellschaftliche Definition von Wendepunkten im Lebensablauf eine kollektive Betroffenheit soziologisch erfassbar, doch die in einer Lebensphase befindlichen Personen werden in der Regel als eine Ansammlung von Einzelpersonen dargestellt (*Grunow* 1986: 40). Interaktionsbeziehungen werden im Konzept des Lebenszyklus der Familie („Familienzyklus", *Glick* 1978) berücksichtigt, unter dem eine Abfolge von kritischen Stadien verstanden wird, die eine als typisch angesehene Familie während ihres Bestehens durchlebt. Bedeutsam wird der Ansatz für Alter in Hinsicht auf die „Altersphase der Familie": Sie beginnt mit dem Eintritt in den Ruhestand des oder der berufstätigen Partner, führt über die Auflösung der Ehe durch Tod eines Partners und endet mit dem Tod des überlebenden Ehegatten.

Gesellschaftliche Bezüge gewinnt dieses Konzept über Veränderungen, die sich über die „gesellschaftliche Alter(n)sproblematik" auf familiäre Beziehungen und die Ausgestaltung der Lebensphasen auswirken. Statt von „Alter" kann von „späteren Lebensphasen" gesprochen werden, die auf gesellschaftlicher Ebene in Beziehung zu kollektiven „früheren Lebensphasen" und zu strukturellen und (sozial)politischen Bedingungen der Gesamtgesellschaft in Beziehung gesetzt werden können. Damit ergeben sich Bezugspunkte zur Analyse der gesellschaftlichen Alter(n)sproblematik, die jedoch bisher nur indirekt angedacht sind (z.B. zur Revision örtlicher Altenhilfeplanung von *Grunow* 1986).

3.6.2 Lebenslauf und Alter

Ausgehend von der Thematisierung einer „Soziologie des Lebenslaufs" (*Kohli* 1978) und der Sichtung relevanter Beiträge zu diesem Thema innerhalb der Soziologie entwickelte *Kohli* (1985) den Ansatz einer „Institutionalisierung des Lebenslaufs". Eine gesellschaftliche Verstetigung der Organisation des individuellen Lebens beschreibt er im Ergebnis als „soziale Institution", in der das chronologische Alter zur Bezugsgröße für die Ausbildung einer „Normalbiographie" wird (*Kohli* 1985). Als Bezugsgrößen sieht er die gestiegene Lebenserwartung, die Entwicklung eines standardisierten Familienzyklus und die Differenzierung von drei Phasen des Erwerbslebens (Vorbereitungs-, Aktivitäts- und Ruhephase). Diese „Institutionalisierung des Lebenslaufs" ist um das Berufsleben herum organisiert und gesellschaftlich durch das Bildungs- und Sozialversicherungssystem ausgeprägt worden. Der sich herausbildende „Normallebenslauf" hat so bis zum „Höhepunkt" der Institutionalisierung Ende der 1960er Jahre auch Entsprechungen in Familie und Privatsphäre gefunden, die zusammen eine weitgehende Orientierungsfunktion in biographischer Perspektive entwickelten. Die entsprechende Konstruktion eines „modernen Lebensverlaufs" als historische Generalisierung wird inzwischen von anderer Seite als „Orthodoxie" kritisiert, die Gesellschaftsstruktur nicht angemessen analysiere (vgl. *Mayer* 1996; vgl. auch *Levy* 1996).

Nach *Williamson u.a.* (1992: 18f.) handeln Menschen im Lebenslauf unter zwei verschiedenen Einflusssphären:

- der strukturellen Sphäre der Gesellschaft, insbesondere verkörpert durch Organisationen, bestimmt z.B. durch Ökonomie, Beschäftigung, Arbeitsbedingungen, Geschlecht, Alter, Nationalität und Wohnbedingungen, und
- der individuellen Sphäre der Persönlichkeit, Charakterzüge, Ziele, Verantwortlichkeiten, Definitionen der Situation unter Bedingungen der Gesundheit, Zeitdimension, Lebenserfahrung, Werte und Einstellungen etc.

Danach erfolgt die Vergesellschaftung im Lebenslauf einerseits auf der gesellschaftsstrukturellen Ebene – als Positionssequenz oder institutionelle Karriere –, andererseits auf der Ebene individueller Existenz unter biographischer Perspektive vor dem Hintergrund lebenszeitlicher Verlaufsformen. Als Konsequenzen der Institutionalisierung des Lebenslaufs sieht *Kohli* (1985) eine Ausweitung individueller Handlungsspielräume und eine Entbindung aus gesellschaftlichen Verpflichtungen und sozialen Netzwerken. Biographische Erfahrungen, chronologische Handlungsmuster und Orientierungen an den gesellschaftlich normierten Lebensläufen und Alterspositionen bestimmen Gegenwart und Zukunftsperspektiven der Individuen. Inzwischen konzidiert Kohli (vgl. *Kohli u.a.* 1993: 28) einen Stillstand des Institutionalisierungsprozesses seit Ende der 1960er Jahre. Er sieht „gewisse Tendenzen zu einer De-Institutionalisierung", allerdings weniger deutlich im Bereich der Erwerbstätigkeit als in demjenigen der Familie. Institutionalisiert sei dadurch heute nicht mehr so sehr ein bestimmtes Verlaufsmuster – man denke auch an die Veränderungen der Berufsbiographien, vor allem bei Frauen –, sondern der Zwang zu einer subjektiven Lebensführung (vgl. *Wohlrab-Sahr* 1992). Hier trifft sich *Kohli* mit anderen „Modernisierungstheoretikern" in der Individualisierungsthese (vgl. z.B. *Müller* 1992: 33f.).

Alter wird – gemäß der Dreiteilung des Lebenslaufs – mit der nachberuflichen Phase gleichgesetzt. Die Absicherung dieser Phasen ist historisch durch den modernen Sozialstaat, vor allem in Form des Sozialversicherungssystems erfolgt. Damit hat sich eine Arbeitsteilung zwischen den Lebensphasen entwickelt, und durch eine „Reziprozitätsnorm" wurde eine finanzielle und rollenspezifische Absicherung des höheren Lebensalters erreicht. Nach diesem Ansatz ist das Individuum durch die gesellschaftliche Entwicklung biographisch und soziohistorisch verortet und geprägt. Alter(n) ist auf diesem Weg in seiner individuellen lebenslangen Ausprägung gesellschaftlich bestimmt.

Exemplarisch für die Frage des Zusammenhangs von Gesellschaftsstruktur und Alter(n) formuliert *Kohli* (1989) die Entwicklung der Ruhestandsgrenze als soziale Institution und Konstruktion der gesellschaftlichen Wirklichkeit aus. Dies zeigt, wie entscheidend Alter(n) mit der gesellschaftlich zentralen Institution Erwerbsarbeit gekoppelt ist: nicht nur in Folge und Form des sog. Generationenvertrags, der über die Rentenversicherung die Versorgung regelt, sondern auch in Form der Definition des Alters in Abgrenzung von der Erwerbsarbeit. Daran wird deutlich, in welchem Ausmaß Alter eine gesellschaftliche Konstruktion ist. Diese funktionale Definition hat die Ab- und Ausgrenzung und normative Bestimmung des „Alters" maßgeblich bereits ab einer Zeit im Lebenslauf geprägt, in der Menschen in der Gestaltung ihrer gesellschaftlichen Teilhabe häufig noch beweglicher sein könnten, als ihnen damit zugestanden wird. An Alter und insbesondere beruflicher Altersgrenze haben sich konfligierende Interessen manifestiert, die sich sachbezogen sehr unterschiedlich äußern: so im Falle von Vorruhestand und Frühverrentung als Koalition von allen Seiten (vgl. z.B. *Kohli/Rein* 1991; *Rosenow/Naschold* 1994). Aber sie zeigen sich auch dort, wo Politik und Tarifpartner die existierenden Formen der Ausgliederung und Versorgung als funktional weiterbestehen lassen wollen, wenngleich sie, systemumfassend gesehen, dies längst in der heutigen Form nicht mehr sein dürften (vgl. die Diskussion um die Praxis der Frühverrentung, vgl. *Naegele* 1992; *Frerichs* 1998; *Barkholdt* 2001, und über den „Sicherungsstaat" *Nullmeier/Rüb* 1993).

Was auch *Kohli* offenlässt, ist die Frage, wie Gesellschaft z.B. mit der Veränderung dieser Institution Ruhestand und den damit einhergehenden veränderten Anforderungen einer Neukonstruktion für diese Lebensphase umgeht, und welche Fragen sich aus dem strukturellen Widerspruch zwischen veränderten Anforderungen des Alter(n)s an Gesellschaft und deren derzeitigen Lösungsmechanismen hierfür ergeben.

3.6.3 Höheres Alter im Lebenslauf und Altersgliederung

Anders als in weiten Bereichen der Alter(n)ssoziologie als angewandter Soziologie betrachtet *Kohli* (1992: 231) in seinen neueren Arbeiten Alter nicht „aus der Perspektive ‚sozialer Probleme' ..., sondern als Dimension der Gesellschaftsstruktur. Zu diesem Zweck wird das höhere Alter als Teil von Lebenslauf und Altersgliederung insgesamt behandelt und letztere in den Zusammenhang der gesellschaftlichen Organisation der Arbeit gestellt." Folglich diagnostiziert er die aktuelle Situation und Bedarfslage im Hinblick auf Erforschung des Alters treffend als „Aufgabe einer ‚Dauerbeobachtung' des Strukturwandels des Alters, nicht nur im Hinblick auf die besonderen sozialen Probleme, die daraus entstehen, sondern auch im Hinblick auf den Strukturwandel moderner Gesellschaften an sich.“ (*Kohli* 1992: 231)

Im Zentrum des Erkenntnisinteresses der in seiner Forschungsgruppe in den letzten Jahren entstandenen Arbeiten steht folgerichtig „Altern in der Arbeitsgesellschaft“, nicht „Alter(n) als soziales Problem“. Damit grenzt er sich von einer von ihm kritisierten deskriptiven Betrachtung sozial problematischer Lebenslagen im Alter ab; die Möglichkeit der Analyse im Kontext einer Theorie sozialer Probleme wird nicht in Erwägung gezogen.

> „Um zu zeigen, was die Soziologie für die Analyse von Altern und gesellschaftlicher Entwicklung leisten kann und was umgekehrt aus dieser Analyse für das Verständnis moderner Gesellschaften zu gewinnen ist, wird hier ein anderer Wege gewählt: Das höhere Alter wird – wie es inzwischen viele der neuesten Beiträge zur Alternssoziologie versuchen (vgl. Hagestad, 1990; Streib/Binstock, 1990; Tews, 1990) – als Teil von Lebenslauf und Altersgliederung insgesamt behandelt, und letztere wird in den Zusammenhang der gesellschaftlichen Organisation der Arbeit gestellt. Dies ist der strukturelle Grundtatbestand, von dem aus die heutige Form von Lebenslauf und Altersgliederung und ihre gesellschaftliche Bedeutung erst verständlich werden.“ (*Kohli* 1992: 232)

Kohli bearbeitet damit einen heute zentralen Aspekt des Verhältnisses von Alter(n) und Gesellschaft: Ebenso wie sich die Lebenslage im Alter aus der vorgängigen Stellung im oder zum Erwerbsarbeitsbereich erklären lässt, ist die Bedeutung des Alters und der Lebenslaufgliederung überhaupt durch diesen Zusammenhang zu erklären. Allerdings ist die hier angewandte Perspektive für die Fragestellung des modernen Verhältnisses von Alter(n) und Gesellschaft noch nicht hinreichend: Alter ist zwar als Konsequenz der gesellschaftlichen (Erwerbsarbeits-)Teilung zu sehen, allerdings nur im Kontext der demographischen und sonstigen strukturellen gesellschaftlichen Entwicklungen. Nur vor diesem Hintergrund ist die für Gesellschaft problematische Bedeutung von Alter(n) konkret zu erklären. Hierzu eignet sich u.E. die von *Kohli* nur erwähnte „Theorie sozialer Probleme“ eher als eine bloße Koppelung mit Erwerbsarbeit. Sie erlaubt nämlich die Fokussierung auf das abweichende Moment des Alters im Kontext der Arbeitsgesellschaft, ein von *Kohli* nicht angesprochener, inhaltlich u.E. jedoch weiterführender Analyseschlüssel. Je „weiter“ sich Alter von Erwerbsarbeit entfernt und je mehr Menschen diese „Abweichung“ betrifft, desto bedrohlicher kann dies für eine Gesellschaft werden bzw. sein, die sich primär über Erwerbsarbeit definiert und ihre normative, legitimatorische und sozialstaatliche Grundlage hieraus bezieht.

Wenn *Kohli* sich gegen eine Kritik an seinem Ansatz verwahrt, indem er darauf hinweist, dass der Arbeitsgesellschaft zumindest von der Bedeutung her die Arbeit nicht ausginge, so ist dem u.E. einerseits durchaus zuzustimmen. So verschwindet auch durch eine Vielzahl nicht mehr arbeitender alter Menschen noch nicht die Arbeitsgesellschaft. Aber es kann sich hierdurch eine Art Gegenkultur zu dieser entwickeln, die die Arbeitsgesellschaft zumindest in Legitimationsprobleme bringen kann. Und dies lässt sich nicht mehr mit der Lebenslaufgliederung erklären, sondern nur in Kombination mit der demographischen Entwicklung, dem sozialen Wandel und dem Wertewandel, die unter anderem mit dem Alter(n)sstrukturwandel einhergehen und durch diesen – wenn auch geringfügig – verstärkt werden. Die paradoxe Entwicklung: einerseits steigende Bedeutung der Arbeitsgesellschaft, andererseits steigende Bedeutung des Alter(n)s, wird auch von *Kohli* mehrfach angesprochen. Er reiht sich damit in die Folge der seit den frühen 1960er Jahren hierauf aufmerksam machenden Soziologen (wie *Schelsky, Tartler, Bolte*) ein: Die Arbeitsgesellschaft ermöglicht und gewährt ein sozial abgesichertes Alter ohne gesellschaftliche Arbeitsverpflichtung. Je mehr Menschen sie dies jedoch gewährt und je attraktiver dies ausgestattet wird, desto mehr wird es gerade dadurch wieder in Frage gestellt: Sowohl die Finanzierbarkeit als auch die Legitimation und letztlich auch der vormals nicht hinterfragte ausschließliche Nutzen werden für die Betroffenen fraglich. *Kohli* thematisiert die mögliche normative und legitimatorische Konsequenz dieser Entwicklung für die sog. Arbeitsgesellschaft nicht. In seinen Texten gewinnt man den Eindruck einer starken Überzeugung von deren weiterhin bestehender paradigmatischer Stärke und selbsterhaltender Dynamik.

Unseres Erachtens liegt im mehrheitlichen und grundlegenden Festhalten an diesem Paradigma „Arbeitsgesellschaft“ eine Wurzel des blinden Fleckes der Soziologie gegenüber der gesellschaftlichen Bedeutung des Alter(n)s heute: Alter leitet sich in seiner heutigen sozialen Konstruktion zwar aus dieser ab und ist bis heute über deren Prinzipien geprägt. Alter hat jedoch gerade über die – durch die Arbeitsgesellschaft bedingte – soziale, kulturelle und materielle Absicherung eine Eigendynamik entwickelt, die sich ihrerseits auch (nicht nur) gegen die bisherigen sozialen, kulturellen und materiellen Grundlagen oder Prinzipien der Arbeitsgesellschaft richten (können). Und damit kann auch die Konstruktion Alter(n) in der bisherigen Form sukzessive in Frage gestellt werden. Die Arbeitsgesellschaft verändert sich durch selbst produzierte Widersprüche, durch unbeabsichtigte Folgen ihrer eigenen Konstruktionsprinzipien – wozu auch das Alter in seiner heutigen Form der Ausgliederung aus der Arbeit und der dennoch bestehenden sozialen Absicherung gehört. Dieser Prozess lässt sich als in sich widersprüchlicher und konflikthafter beschreiben und ist in der *Kohli*schen Analyse nicht angesprochen. Denn hier wird selbst angesichts merklicher Veränderungen am grundlegenden Paradigma der Arbeitsgesellschaft festgehalten.

Nach unserer Einschätzung muss sich die Perspektive – analog zur Diskussion über die gesellschaftliche Position von Frauen – über „Arbeitsgesellschaft“ und „Ruhestand/Alter“ hinaus öffnen. In einer solchen soziologischen Konzeption kommt es nicht mehr ausschließlich darauf an, aus der Sicht des Alters zu argumentieren. Der Blickwinkel ist so zu erweitern, dass sich die verschiedenen Stränge der institutionellen und Bewusstseinsveränderungen zu einem Gesamtbild des gesellschaftlichen Wandels zusammenfügen. Hier stellen die Veränderungen der Situation alter Menschen einen Teil dar. Insgesamt ist aber ein neues Verhältnis von Individuum und Gesellschaft gemeint. Eine ähnliche Einschätzung deutet sich bei *Arber/Ginn* (1991: 261) an: „a suggest a number of key areas of concern in sociology which would be enriched by paying serious attention to later life.“

3.7 Strukturwandel des Alters – zur Binnenstrukturierung des Alters

Die bundesrepublikanische Diskussion um Veränderungen des Alter(n)s wird seit einigen Jahren durch das soziologisch-deskriptive Konzept des Alter(n)sstrukturwandels geprägt. Nach *Tews*, dem Hauptvertreter dieses Konzepts in der deutschsprachigen Gerontologie, sollen individuelle und kollektive, zeitlich bestimmte und gesellschaftlich-strukturell verursachte und beeinflusste Prozesse und Veränderungen in ihrer Bedeutung als Rahmenbedingungen des Alters und zur Erklärung der Lebenssituation im Alter herausgearbeitet werden. Mit der Diskussion um den „Strukturwandel des Alters“ hat *Tews* seit Mitte der 1980er Jahre die bereits in den 1950er Jahren (vgl. *Tartler* 1961) geführte Diskussion um eine allgemeine strukturelle Altersproblematik wieder aufgenommen. Nach *Tews* (1987: 113) konzentriert sich die Soziologie in der Gerontologie „auf strukturelle Zusammenhänge, die Altern und dem Alter zugerechnete Bevölkerungskategorien beeinflussen“. Dazu zählt er zum Beispiel: Rolle und Chancen älterer Arbeitnehmer in ihren Arbeitsverhältnissen, Zeitpunkt und Bewältigung der Berufsaufgabe, Strukturen und Beziehungen der Familien und der alten Menschen in ihnen sowie Notwendigkeit der Heimunterbringung bei veränderten Familienstrukturen und Lebensbedingungen alter Menschen in Institutionen.

Das von *Tews* (1993) in Anbetracht des gesellschaftlichen Wandels formulierte Konzept eines „Strukturwandels des Alters“ geht von drei Thesen aus: erstens von der Dominanz des gesellschaftlich-strukturellen Wandels, zweitens von der Notwendigkeit struktureller Konzepte und drittens von Alter als Bestimmungsfaktor gesellschaftlicher Entwicklung. Als zugrundeliegende Strukturelemente werden die Ausweitung der Altersphase und eine Differenzierung des Alters identifiziert, die durch demographische Veränderungen und sozialen Wandel hervorgerufen worden sind. Eine genauere Deskription des Altersstrukturwandels in fünf Konzepten (Verjüngung, Entberuflichung, Feminisierung, Singularisierung des Alters sowie

Hochaltrigkeit) konfiguriert sich um die Komplexe „Berufsaufgabe“ und „Frausein und Problemkumulation“ (vgl. *Clemens* 1993: 65, *Kap. 2.3.2* und *6*).

Sozialstrukturelle gesellschaftliche Prozesse sind auch zur Beschreibung und Erklärung des Verhältnisses von Alter(n) und Gesellschaft relevant. Hierzu werden sie jedoch von *Tews* nicht ausformuliert: Er konzentriert sich auf Veränderungen des Alter(n)s und deren Auswirkungen auf die Lebenssituation im Alter. Thema seiner Arbeiten ist der Strukturwandel des Alter(n)s, nicht dessen Zusammenwirken mit anderen gesellschaftlichen Veränderungen und Bearbeitungsweisen dieser Veränderungen, nicht das Wechselverhältnis Alter(n) und Gesellschaft in seinen Dimensionen, Ausprägungen, Folgen und Bedingungen. Im Unterschied zu anderen mit Veränderungen des Alter(n)s befassten Autoren erhebt *Tews* einen originär soziologischen Anspruch an die analytischen Kategorien und Reichweite seines Konzepts, wenngleich er auf die Ebene des Alters als Zielrichtung seiner Analyse konzentriert bleibt. Wie *Clemens* (1993: 61) schreibt, ist „die Soziologie als Gesellschaftswissenschaft in mehrfacher Hinsicht angesprochen.“ Dies gilt im Hinblick auf „Sozialstruktur“ als ihren „Schlüsselbegriff der Gesellschaftsanalyse“, verstanden als Gesamtheit der relativ dauerhaften Grundlagen und Wirkungszusammenhänge der sozialen Beziehungen und der sozialen Gebilde in einer Gesellschaft. Und es gilt in Hinsicht auf „sozialen Wandel“, die Veränderung der Sozialstruktur im historischen Kontext, der neben „sozialer Ordnung“ einen zentralen soziologischen Fokus darstellt.

Trotz dieser genuin soziologischen Fragestellung wird der Strukturwandel des Alters – außer von *Tews* – kaum von anderen Soziogerontologen behandelt. Stattdessen haben sich seine Begrifflichkeit und sein formaler, deskriptiver Rahmen eher zum Allgemeingut, insbesondere innerhalb der Gerontologie, entwickelt. Soziologie hingegen konzentriert sich – sofern sie Alter(n) zum Thema macht – auf Lebenslauf- und Lebensphasenansätze und ist um eine Einbindung des Alters in eine „Soziologie der Lebensalter“ (*Voges* 1983) bemüht. Die strukturelle und individuelle Besonderheit des Alters scheint hier thematisch ebenso wenig attraktiv wie die gesellschaftliche Bedeutung des Alter(n)s. Währenddessen werden originär soziologische Begriffe und Konzepte aufgegriffen und verwendet, ohne dass sie eine hinreichende theoretische Fundierung und Entwicklung durch die hierfür qualifizierte Disziplin Soziologie erfahren. Ähnlich verhält es sich nach unserer Einschätzung mit dem Begriff bzw. Konzept „soziale Probleme“, die ebenfalls ohne soziologisch-theoretische Fundierung benutzt und damit ihrer analytischen Tiefenschärfe und Weite entledigt bleiben. Dabei ist *Clemens* (1993: 62) – mit Blick auf das Konzept von *Tews* – zuzustimmen, dass „sowohl begrifflich wie konzeptionell ... in dieser Entwicklung die Alterssoziologie auf der Strecke zu bleiben“ scheint:

„Sie läuft Gefahr, sich mit der Analyse von Detailfragen zum Alter(n) in der Sozialen Gerontologie aufzulösen, ohne dort mit einem eigenständigen Beitrag wahrgenommen zu werden. Durch eine Fixierung auf ‚Anwendungsbezug‘ und ‚Verwendungszusammenhang‘ im sozial- und gesellschaftspolitischen Kontext ist sie dabei, sich eine innovative Entwicklung in Theorie und Empirie selbst zu verbauen.“ (*Clemens* 1993: 62)

Die Kritik am Ansatz verweist auf eine ungenügende deskriptive Reichweite und Differenzierung der Lebenslagen älterer und alter Menschen. Moniert werden auch der fehlende Rückbezug und die mangelnde Einbettung des Altersstrukturwandels in ökonomische, politische und ideologisch-normative Entwicklungen – etwa der sozialpolitischen Seite: Arbeitsmarkt, Frauenerwerbsarbeit und Arbeitsteilung zwischen den Geschlechtern (vgl. *Naegele* 1991). Insbesondere findet damit jedoch keine ausreichende Einbettung in das komplexe Verhältnis von Alter(n) und Gesellschaft, seine gesellschaftlichen, institutionellen und individuellen sowie zeitlichen Ebenen, statt. So werden denn auch allgemein lebenszeitlich, subjektiv und stärker geschlechtsspezifisch differenzierende Sichtweisen und eine theoretische Fundierung des Konzepts vermisst (*Clemens* 1993: 74ff.). Außerdem wird eine Berücksichtigung der Mesoebene – wie „milieuspezifische(r) Lebenswelten“ – und institutioneller Einflüsse angemahnt.

Allerdings hat das soziologische Konzept des Altersstrukturwandels die Rezeption und Diskussion aller an der Sozialen Gerontologie beteiligten Disziplinen maßgeblich befördert und den Blick stärker auf eine sozialstrukturelle Analyse der Lebenslagen gerichtet (vgl. *Naegele/Tews* 1993; *Backes/Clemens* 2000). Letztlich beinhaltet dieses Konzept – wenn auch sehr dezent, versteckt und bislang kaum aufgegriffen – sogar Elemente, die auf die Verwobenheit von Alter und gesellschaftlichen Entwicklungen hinweisen. Deutlich wird dies an allen herausgearbeiteten deskriptiven Teilkonzepten (der Verjüngung, Entberuflichung, Singularisierung, Feminisierung und Hochaltrigkeit). Denn diese gehen auf Elemente des sozialen Wandels, wie des Arbeitsmarktes, der Lebens- und Arbeitsverhältnisse und der medizinischen Entwicklung, zurück. Leider bleibt diese Möglichkeit einer gesellschaftstheoretischen Weiterentwicklung und Fundierung bislang latent und nicht ausgeschöpft (vgl. *Backes* 1997a; *Schroeter* 2000; *Amrhein* 2004a).

3.8 Politökonomischer Ansatz und soziale Ungleichheit im Alter

Die sich auf die Sozialstruktur der Gesellschaft – und damit auf gesellschaftliche Ungleichheit – beziehenden Ansätze gründen in der Tradition von Klassen- und Schichttheorien (vgl. *Hradil* 1987) oder zentrieren sich auf sozialstaatliche Institutionen zur Minderung sozialer Risiken im Alter.

Grundsätzlich gehen diese Ansätze von einem vertikalen Aufbau der Gesellschaft aus, wobei der Besitz an Produktionsmitteln (*Marx*) oder die berufliche Stellung in der Gesellschaft (*Weber*) zentrale soziale Verweisungskriterien darstellen, die die materielle Lage und subjektiven Strukturen des Bewusstseins in der gesellschaftlichen Hierarchie bestimmen. Zu einer differenzierteren Darstellung sozialer Ungleichheit ist – vor allem in der Sozialpolitik (*Neurath, Weisser*) – das Konzept der „Lebenslage" entwickelt worden, das im Sinne von Handlungsspielräumen materielle und immaterielle Dimensionen unterscheidet (vgl. *Amann* 1983; *Clemens* 1994; *Clemens/Naegele* 2004). Gerade in Hinsicht auf Alter(n) tragen konventionelle Klassen- und Schichtansätze nur bedingt zur Erklärung gesellschaftlicher Differenzierungen bei, während „Lebenslage" als Ansatz problemorientierter ansetzt und auch „horizontale" Ungleichheit zu erfassen vermag. Aus der sozialstrukturellen Perspektive haben sich auch die Sicht von Alter(n) als „soziales Problem" und einer „Politischen Ökonomie des Alters" entwickelt.

3.8.1 Politische Ökonomie des Alter(n)s

Bei dem Ansatz der „Politischen Ökonomie des Alters" verbinden sich gerontologische und sozialstaatliche Forschungsansätze in einer „sozialstrukturellen Perspektive auf das Alter" (vgl. *Kohli* 1990: 393). Dieser vor allem in England und Frankreich entwickelte Ansatz (vgl. *Guillemard* 1980; *Walker* 1981; *Townsend* 1981; *Phillipson* 1982; *Phillipson/Walker* 1986; *Arber/Ginn* 1991) legt seinen Schwerpunkt auf die gesellschaftliche Konstruktion von Alter. Ausgangspunkt dieser „strukturellen" Theorie des Alterns ist die ökonomische Marginalisierung des Alters. Ein Hauptaugenmerk liegt dabei auf der Konstruktion des Alters durch den modernen Staat und (sozial)staatliche Institutionen. In diesem Ansatz werden die Institutionen des Erwerbssystems allerdings vernachlässigt (*Kohli* 1992: 237). Der gesellschaftliche Bezug dieses Ansatzes gestaltet sich somit zentriert auf die politisch-ökonomischen Determinanten der sozialstaatlichen Politik gegenüber den Älteren und vernachlässigt die sonstigen gesellschaftlichen Sphären und Institutionen der Arbeitsgesellschaft weitgehend.

So werden Alter und Ruhestand von der Theorie der „strukturierten Abhängigkeit" älterer Menschen (*Townsend* 1981) als eine gegenüber früheren Lebensphasen verstärkte Phase der Abhängigkeit und damit ausschließlich unter negativen Gesichtspunkten betrachtet. *Kohli* (1992: 237) verweist zu Recht auf die einseitige Sichtweise materieller Abhängigkeit von staatlichen Maßnahmen und Rentenversicherungs-, Pensions- und sonstigen Unterstützungssystemen. Sonstige Momente der „Freiheit" im Alter – von Verpflichtungen, Abhängigkeiten, Arbeitsbelastungen und möglicher Arbeitslosigkeit – werden nicht in den Blick genommen. Deshalb moniert *Kohli* (1992: 237) an diesem Ansatz auch das Versäumnis, das höhere Alter als Teil des Lebenslaufs und damit der gesellschaftlichen Altersgliederung zu sehen. Außerdem muss auf eine reduzierte Sicht der aktuellen Lebensrealität Älterer – vor allem der „Jungen Alten“ – verwiesen werden, die in vielen Fällen einen deutlichen Zugewinn an (subjektiver) Unabhängigkeit der Lebenslage registrieren. Mit seinem Bezug auf den modernen Staat finden sich in diesem Ansatz allerdings relevante Anknüpfungspunkte für eine Analyse des aktuellen Verhältnisses von Alter(n) und Gesellschaft.

Inzwischen wurden zwischenzeitlich kritisierte Einseitigkeiten des Ansatzes korrigiert. Gegenwärtige Beiträge zur Politischen Ökonomie des Alterns (vgl. *Estes* u.a. 2001; *Phillipson* 2005) haben ihren Fokus stetig erweitert und untersuchen nicht nur die wohlfahrtsstaatliche Konstruktion des Alter(n)s, sondern auch die marktabhängige „Altersindustrie“ (aging enterprise) des „medizinisch-industriellen Komplexes“, die Rolle von sozialwissenschaftlichen Experten und der publizistischen Öffentlichkeit bei der neoliberalen Privatisierung von sozialen (Alters-)Sicherungssystemen. Ebenso wird die systemhafte Verflechtung von Altersungleichheiten mit Klassen-, Geschlechter-, ethnischen und globalisierungsbedingten Ungleichheiten thematisiert. Schließlich hat die konzeptionell verwandte „Moralische Ökonomie des Alterns“ (vgl. *Kohli* 1995; *Hendricks* 2005) dazu beigetragen, politökonomische Analysen des Alterns sozialhistorisch zu fundieren und gesellschaftliche Austauschbeziehungen auch als Ausdruck kultureller Gerechtigkeits- und Moralvorstellungen zu verstehen.

3.8.2 Das Konzept der „Lebenslage“

Das Konzept der Lebenslage zur Analyse sozialer Ungleichheit in der Gesellschaft kann auf eine lange Tradition verweisen. Vor allem Otto *Neurath* (1937) hat zu Beginn dieses Jahrhunderts eine theoretische und methodische Bestimmung des Begriffs „Lebenslage“ vorgenommen. In den 1950er Jahren wurde der Lebenslageansatz von Gerhard *Weisser* (1966) weiterentwickelt, um die Sozialpolitik theoretisch als Wissenschaft zu fundieren. Es ging ihm aber auch darum, sich gegen die vorherrschende (neoklassische) ökonomische Theorie der Wohlfahrtsproduktion über Märkte abzugrenzen. Doch erst seit den 1970er Jahren wird das Lebenslagekonzept in den Sozialwissenschaften umfassender und vielfältiger thematisiert und zur „Modernisierung“ der Sozialstrukturanalyse (*Hradil* 1987) nutzbar gemacht (zur Geschichte der Ansätze zur Lebenslage vgl. *Amann* 1983).

In den auf *Neurath* und *Weisser* aufbauenden Ansätzen werden Lebenslagen in ihrer objektiven Strukturiertheit als Ergebnis eines gesellschaftlich-historischen Entwicklungsprozesses verstanden. Definiert wird Lebenslage als Lebens- und Existenzraum von Menschen mit individuellen Fähigkeiten, Bedürfnissen und Lebenserfahrungen, der sich in Erleben, Handeln und Entscheidungen aktualisiert (vgl. *Amann* 1983: 13, 2000). Betont wird der dynamische Grundcharakter der Lebenslage, in dem sich kognitive Deutungs- und Verarbeitungsmuster mit den äußeren Lebensbedingungen im menschlichen Lebenslauf in wechselnder Abhängigkeit entwickeln (vgl. *Naegele* 1992: 401). Bereits *Neurath* hat (wie später auch Theodor *Geiger*) bei seiner Definition des Begriffs Lebenslage in den 1920er Jahren darauf verwiesen, dass eine Lebenslage – ebenso wie eine bestimmte Lebenssituation – nicht ohne Berücksichtigung des subjektiven Erlebens der betreffenden Menschen verstehbar wird. In der Gerontologie sind bisher Varianten eines sozialpolitikwissenschaftlichen Lebenslageansatzes vertreten, der auf *Neurath* und *Weisser* sowie Otto *Blume* zurückgeht.

Unter „Lebenslage“ wird ein Konzept zur Analyse sozialstruktureller (Verteilungs-)Ungleichheit verstanden. Es ist multidimensional und beinhaltet ökonomische, nicht-ökonomische und immaterielle Dimensionen (z.B. Einkommensniveau, Wohnqualität, Gesundheit, Wohlbefinden). Das Haushaltseinkommen ist zentrales Merkmal der Lebenslage, weil es Zugang zur Befriedigung zahlreicher anderer Bedürfnisse gewährt. Charakteristisch für den Begriff im Vergleich zu ähnlichen Termini ist die Betonung der Handlungsspielräume und ihrer lebenslagespezifischen Grenzen (vgl. *Clemens* 1994: 145). Dieser Ansatz zielt auf soziale Ungleichheit im Alter, zunächst ausgehend von der Einkommenssituation, vor allem vertreten in den Arbeiten von *Naegele* (z.B. 1978), für die Lebenslage alter Frauen insbesondere von *Backes* (1983), zur Lebenslage älterer Menschen in der Familie insbesondere von *Dieck* (1987: 122) und schließlich bezogen auf „Lebenslage und Sozialarbeit. Elemente zu einer Soziologie von Hilfe und Kontrolle“, so der Titel des Buches von *Amann* (1983), hier mit besonderem Gewicht auf Sozialarbeit und Altenhilfe.

Als theoretisch deskriptives und analytisch in der Theorie sozialer Ungleichheit verankertes Grundkonzept zieht sich dieser Ansatz durch fast alle Arbeiten der genannten und anderer Vertreter einer sozialpolitologisch-soziologischen Richtung innerhalb und begleitend zur Gerontologie (vgl. stellvertretend für andere Arbeiten den Reader von *Naegele/Tews* 1993). Ein anwendungsorientierter Grundbezug des Konzepts ergibt sich zur praktischen Sozialpolitik, die sich vor allem auf „soziale Gefährdung“ und „soziale Schwäche“ älterer und alter Menschen bezieht (*Weisser* 1966). Die Sicht der sozialen Probleme im Alter wird dabei über die materielle Ausstattung hinaus auf die immaterielle Situation – wie soziale Integration (Kontakte und Beschäftigung) und psychisch-physischen Gesundheitszustand und gesundheitliche Versorgung – hin ausgeweitet. Und neben objektiven (wie Einkommen, Wohnraum, Kontakthäufigkeit) werden subjektive Bedingungen des Lebens im Alter (wie empfundene Dispositionsspielräume, Qualität der Beziehungen, wahrgenommene Lern- und Handlungschancen) berücksichtigt. Lebenslage wird somit zu einem Geflecht von objektiven und subjektiven, materiellen und immateriellen Faktoren, das durch lebenslang entsprechend differenzierte Einflussfaktoren geprägt ist.

In neuerer Zeit wird versucht, auch in der Soziologie mit einem weiteren Begriff von „Lebenslagen" im Kontext von „Lebensstilen" und „Lebenslauf" durch die Verbindung mit subjektiven Bedingungen von „Milieus" eine handlungstheoretische Begründung sozialer Strukturen zu erreichen (vgl. *Berger/Hradil* 1990). Diese Ansätze, die vor allem auf „horizontale Disparitäten" gesellschaftlicher Ungleichheit abheben (vgl. *Hradil* 1987), haben die Diskussion des Konzepts der Lebenslage auch im Kontext eines Strukturwandels des Alters angeregt *(Naegele/Tews* 1993; *Backes/Clemens* 2000; *Voges u. a.* 2003; *Clemens/Naegele* 2004).

Eine zusammenfassende Einschätzung zeigt allerdings auch die Begrenztheit der bisherigen Verwendung und Nutzung des Lebenslagekonzepts (unseres Erachtens nicht die Begrenztheit seiner größtenteils ausstehenden konsequenten Weiterentwicklung und soziologischen Fundierung als Theorie sozialer Ungleichheit): Zwar werden hier auch die mikrotheoretische Betrachtung und die subjektive Verarbeitung auf der Ebene der Befindlichkeit des Individuums berücksichtigt. Und damit werden unterschiedliche Start- und Entwicklungschancen erklärt. Einen ökonomistischen sozialpolitischen Ansatz lässt man damit weit hinter sich. Allerdings wird dieser Ansatz im sozialpolitischen bzw. -politologischen Kontext bislang weiterhin eher auf Negativausprägungen der Lebenslage bezogen: „Soziale Gefährdung" und „soziale Schwäche" (*Weisser*) sind Zielgrößen der Analyse und sozialpolitischen Handelns, auf die sich die Analyse von Altern(sproblemen) konzentriert. Der neuere, soziologische Ansatz geht dagegen von relationalen Ungleichheitsdimensionen aus und kann damit auch – subjektiv wie objektiv – positivere Ausprägungen der Lebenslage erfassen.

3.8.3 Alter(n) als „soziales Problem"?

Altwerden und Altsein als „soziales Problem" (*Bäcker u. a.* 1989: 205) zu begreifen, ist innerhalb der sozialwissenschaftlichen Gerontologie – insbesondere sozialpolitischer und soziologischer Prägung – derart (meist implizit) selbstverständlich, dass es scheinbar keiner expliziten Definition des „sozialen Problems" bedarf. Eine inhaltliche Auseinandersetzung damit, was genau unter sozialem Problem zu verstehen sei, findet nicht statt, von einer theoretischen Koppelung, etwa an Theorien sozialer Probleme, wie sie in den letzten Jahren auch in der Bundesrepublik von Seiten der Soziologie sozialer Probleme, abweichenden Verhaltens und sozialer Kontrolle geleistet werden (vgl. *Albrecht* 1989) oder gar der USamerikanischen Tradition, etwa bei *Merton* und *Blumer* (vgl. *Backes* 1997a: 156ff.), einmal ganz abgesehen.

Dabei existiert ein unausgesprochener kleinster gemeinsamer Nenner dessen, was man unter „sozialem Problem Alter und Altern" versteht und zu verstehen hat: eine sozial problematische Lebenslage im Alter aufgrund vorhergegangener Lebens- und Arbeitsbedingungen. Sozial problematisch insofern, als eine soziale Benachteiligung zu anderen Bevölkerungsgruppen (auch innerhalb des Alters) besteht und als es an hinreichenden materiellen und immateriellen Ressourcen zur Lebensgestaltung fehlt. Der Begriff ist relativ an durchschnittlichen Werten von Lebensqualität orientiert, etwa an der Chance, im Alter weitgehend selbständig in der gewohnten Umgebung zu verbleiben oder materiell mindestens auf Sozialhilfeniveau gesichert zu sein. Charakteristisch für ein soziales Problem ist auch hier die weitgehende Anerkennung der Notwendigkeit gesellschaftlicher Problembearbeitung, gesellschaftlicher Ursachen und Folgen.

Als Hauptbestimmungsfaktoren für eine soziale Problematik im Alter werden die *Einkommenssituation* und der *Gesundheitszustand* betrachtet (*Bäcker u. a.* 2008b: 354). Weil ein Großteil der älteren Menschen die Lebensphase Alter dank sozialpolitischer Leistungen weitgehend materiell versorgt und zufrieden erlebt, kann der Prozess des Altwerdens und Altsein keineswegs mit sozialer Gefährdung und Notlagen gleichgesetzt werden. Typische Probleme älterer Menschen resultieren vor allem aus spezifischen Gefährdungsbereichen. So kann z.B. eine vorzeitige Verrentung aus gesundheitlichen Gründen eine soziale Problematik ergeben, wenn – wie bei vielen Frauen – neben den gesundheitlichen erhebliche Einkommenseinbußen hingenommen werden müssen. Auch eine schlecht gelingende Anpassung an den (vorzeitigen) Ruhestand erzeugt bei einem Teil der verrenteten Personen eine soziale Problematik, insbesondere wenn er vorzeitig erzwungen wurde und keine Vorbereitung darauf möglich war (*Naegele* 1992; *Clemens* 1997; *Kap. 2.4.3*).

Eine weitere soziale Problematik im Alter wird durch eine eingeschränkte Gesundheit erzeugt, wenn dadurch Aktivitätsspielräume oder sogar die selbständige Lebensführung bedroht sind. Das (insbesondere hohe) Alter ist in vielen Fällen mit Gesundheitsproblemen und Multimorbidität verbunden, chronische Krankheiten nehmen einen irreversiblen Verlauf. Hinzu kommen psychiatrische Krankheitsbilder und Behinderung (vgl. *Kap. 2.7, 2.9* und *4.2*). Damit steigen der Hilfe- und Pflegebedarf. In diesen Fällen entscheiden Erreichbarkeit, Quantität und Qualität sozialer, pflegerischer und medizinischer Dienstleistungen darüber, ob ein Leben in der gewohnten häuslichen Umgebung weiter möglich ist oder eine Übersiedlung in ein Heim erforderlich wird (*Bäcker u. a.* 2008b: 178ff.). Bei einer Einweisung in ein Alten- oder Pflegeheim reichen die eigenen Einkünfte (trotz der Pflegeversicherung) in vielen Fällen nicht mehr, sodass die Sozialhilfe zur Finanzierung einspringen muss. Die soziale Problematik entsteht so mit dem Verlust selbständigen Lebens und der Abhängigkeit von stationären Einrichtungen der Altenhilfe.

Die gesellschaftliche Verursachung der sozialen Probleme im Alter bzw. des sozialen Problems Alter(n) ist meist implizit mitgedacht, indem auf die lebenslange soziale Entwicklung verwiesen wird. Die Betroffenheit von typischen Altersproblemen variiert erheblich mit der Schicht- und Geschlechtszugehörigkeit; sie fokussiert z.B. in der Altersarmut einer Gruppe von Frauen (vgl. *Backes* 1983; *Backes/Neumann* 1991). Die gesellschaftlichen Folgen konzentrieren sich meist auf die Lebenslage der im Alter Betroffenen und die entsprechenden Anforderungen an sozialpolitische und familiale Unterstützung. Eine explizite Analyse der gesellschaftlichen Mechanismen zur Problemlösung ist selten. Dass sie prinzipiell gefragt und somit Bestandteil des sozialen Problems Alter(n) sind, wird z.B. daran deutlich, dass als Lösungsansätze des sozialen Problems Alter(n) etwa Rentenversicherung, Sozialhilfe und Soziale Dienste beschrieben werden (vgl. *Bäcker u.a.* 2008b).

3.9 Ansätze der psychologischen und sozialpsychologischen Gerontologie

Allgemein werden in den gerontologischen Theorien Lebensereignisse im Übergang in den Ruhestand als besondere Merkmale der Altersphase analysiert (vgl. *Voges* 1983). Das mit dem Ruhestand beginnende höhere Alter folgt dabei dem mittleren Lebensalter der Aktivität und wird als Lebensphase mit besonderen Problemen charakterisiert, die sich um Ausgliederung und Rückzug von der Gesellschaft zentriert. Durch die starke Ausrichtung auf einzelne, relativ unverbundene Altersphasen erschweren einige dieser Erklärungsansätze eine verlaufsbezogene Betrachtung, andere versuchen gerade, den Verlaufsaspekt und Änderungen als Prozess zu erfassen.

Auf psychologischer bzw. personaler Ebene stellen sich Altern und Alter als Problem der Anpassung an verschiedene Veränderungen bzw. deren Bewältigung dar. Als solche stehen die Folgen der (insbesondere beruflichen) Ausgliederung und Stigmatisierung als „älterer bzw. alter Mensch" im Vordergrund. Hinzu kommen Verluste, die nicht primär gesellschaftlich bedingt sind, deren Bewältigung jedoch durch gesellschaftliche Umstände und sozialstrukturelle Unterschiede, wie soziale Ungleichheit, beeinflusst wird (z.B. Tod des Partners, Krankheit, Wegzug der Kinder). In allen besprochenen Alter(n)skonzepten finden sich Aussagen zur Bewältigung der mit dem Alter(n) einhergehenden Verluste und Umstellungen, die auch als „kritische Lebensereignisse" verstanden werden können.

3.9.1 Kritische Lebensereignisse

Als kritische Lebensereignisse werden solche Ereignisse im Lebensverlauf von Menschen verstanden, die zentrale Veränderungen hervorrufen und psychosoziale Anpassungs- und Bewältigungsleistungen erforderlich machen (vgl. zur Übersicht: *Stappen/Fooken* 2006). Kritische Lebensereignisse können als bedrohlich eingeschätzt oder einfach nur als einschneidend wahrgenommen werden und sowohl negativ als auch positiv in der Grundstruktur ausgeprägt sein. Wichtig ist, dass sie subjektiv, aber auch objektiv als bedeutsam eingeschätzt werden. Ein kritisches Lebensereignis stellt nach *Filipp* (1981) einen Eingriff in ein aktuelles Passungsgefüge zwischen Person und Umwelt dar, indem die „interne Kongruenz" in Ungleichgewicht gerät. Diese Strukturinkongruenz in der Beziehung von Individuum zur Umwelt erfordert, ein neues Gleichgewicht herzustellen. Ob das kritische Lebensereignis absehbar war oder überraschend kam, ist zunächst unerheblich und bedeutet nur einen graduellen Unterschied. Im Zusammenhang mit Übergängen in biographischen Verläufen werden sie als „Lebensereignisse" oder als „Statuspassagen" analysiert (z.B. *Glaser/Strauss* 1971). Der Übergang in den Ruhestand wird häufig als ein „kritisches Lebensereignis" bezeichnet, sodass dieser Ansatz auch in gerontologischer Perspektive relevant wird (vgl. z.B. *Atchley* 1976; *Martin Matthews/Brown* 1987).

Die empirischen Studien, die das theoretische Konzept „kritisches Lebensereignis" anwenden, bedienen sich häufig eines retrospektiven Zugangs zur sozialen Realität. Die Prozesse der Auseinandersetzung mit dem Ereignis werden ebenso wie dessen Bewältigung und Anpassung an die veränderte Lebenssituation als Erinnerungsleistung der betreffenden Probanden erfasst. Sie sind dem direkten Zugang entzogen und werden möglicherweise selektiv und verzerrt erinnert. Außerdem lassen sich oftmals der Kontextbezug und individuelle Merkmale vor Eintritt des Ereignisses nicht mehr rekonstruieren. Ein Problem stellt vor allem der „Verklärungseffekt" dar, indem länger zurückliegende Ereignisse tendenziell positiver erinnert werden (vgl. *Filipp* 1981: 33).

Kritische Lebensereignisse erzeugen Stress und psychische Anspannung, zu deren Bewältigung sog. „coping"-Strategien entwickelt und angewendet werden müssen. Zu bewältigen sind eine Beeinträchtigung der Lebensgefühle und die mögliche Bedrohung der psychischen und sozialen Identität. Kritische Lebensereignisse stellen eine Herausforderung an die Entwicklungsfähigkeit von psychischen Kompetenzen in diesen Bereichen dar, die auch als lebenszeitliche „Entwicklungsaufgabe" (*Havighurst;* vgl. *Kap. 3.9.4*) verstanden wird. Nach dem kritischen Lebensereignis muss die dadurch gestörte Balance der Lebensbezüge wiederhergestellt werden. *Amann* (1990) spricht z.B. in Hinsicht auf (Früh)Pensionierung von „Balance-Arbeit", die zur Neuordnung der sozialen Beziehungen nach dem Verlust der Erwerbsarbeit – auch für Frauen – erforderlich wird.

3.9.2 Anpassung an das Alter als kognitives Problem

Die kognitive Theorie des Alter(n)s (*Thomae* 1971) sieht den Menschen nicht primär im funktionalen Bezug zu gesellschaftlichen Erfordernissen; stattdessen betont sie die subjektive Seite individuellen Erlebens und

Wahrnehmens und deren Bedeutung für die Wirksamkeit von Ereignissen – so auch mit dem Alter einhergehender Veränderungen. Sie kann vor allem das Alterserleben beschreiben und erklären, so z. B. die geringe oder fehlende kognitive Deprivation bei objektiv bestehenden Verlusten und Einschränkungen. Außerdem beschreibt sie einen Zusammenhang zwischen subjektiver Einschätzung und objektiver Leistungsfähigkeit, der z. B. Identitätskrisen ohne objektiv sichtbaren Grund bei Vorwegnahme der Umweltbeurteilung erklären kann. Die entscheidende Aussage im *Thomae*schen Ansatz ist, dass nicht in erster Linie die objektive Situation, sondern die Wahrnehmung durch die Betroffenen das Erleben und Handeln bestimmt. Seine Theorie lässt sich in drei Postulaten zusammenfassen (vgl. *Schneider* 1974: 170ff.):

Erstes Postulat: Das menschliche Verhalten steht in enger Beziehung zu den wahrgenommenen Umgebungsfaktoren und erst zweitrangig zu den objektiven Veränderungen. Zahlreiche intervenierende Variablen können die Wahrnehmung der objektiv schlechten Situation verhindern; dies könnten bei heute alten Menschen anerzogene Bescheidenheit und reduziertes Anspruchsniveau sein, aufgrund derer sie etwa die Reduktion des Einkommens nicht als einschneidend erleben.

Zweites Postulat: Motive und Erwartungen sind entscheidend für die Bewertung der Situation und bestimmen letztlich das Verhalten. Hier wird der Fehler des Aktivitätskonzepts, bei allen von Aktivität auf Zufriedenheit zu schließen, vermieden. Wie bereits mit dem ersten Postulat, lassen sich hiermit Widersprüche zwischen objektiver Situation und Verhalten sowie subjektiver Zufriedenheit erklären.

Drittes Postulat: Je mehr die kognitive und motivationale Struktur im Gleichgewicht sind, umso besser gelingt die individuelle Anpassung an das Altern und seine objektiven Probleme. Wenn jemand etwa das Gefühl hat, sein Leben gut gestaltet zu haben, wenn seine Ziele mit dem, was er glaubt erreicht zu haben, übereinstimmen, ist er/sie im Alter meist zufrieden. Damit kann man beispielsweise erklären, warum manche alten Menschen mit objektiv guten Lebensmöglichkeiten trotzdem mehr leiden als objektiv schlechter gestellte.

Eine Orientierung nur an der kognitiven Theorie birgt allerdings die Gefahr, dass Benachteiligungen nicht aufgedeckt werden, solange sie nicht direkt sichtbar werden oder für die Öffentlichkeit unangenehme Folgen haben. Subjektive Nichtwahrnehmung oder Positivwahrnehmung können durchaus Rationalisierungsversuche sein, mit (vermeintlich) nicht veränderbaren Problemen fertig zu werden. Hinsichtlich einer Sozial- und Altenhilfepolitik wäre es fatal, nur subjektiv als solche wahrgenommene Altersprobleme als solche zu benennen und zu kritisieren und etwa „Zufriedenheit“ bei verelendeten alten Frauen als Argument gegen soziale Hilfeangebote und -strukturen gelten zu lassen. Der Ansatz bleibt unbefriedigend, wenn nicht nach Entstehungsgründen für bestimmte kognitive und motivationale Strukturen gefragt wird. Denn hinter den subjektiven Differenzen stehen wieder sozialstrukturelle und gesellschaftliche Bestimmungsgründe, hier vor allem der Sozialisation im Lebensverlauf bis ins Alter hinein.

3.9.3 Alter als „soziales Schicksal“?

Ausgangspunkt der Feststellung von Alter als „sozialem Schicksal“ ist die Psychologie der Bonner Alternsforschung um Hans *Thomae* und Ursula *Lehr*. *Thomae* (1983) prägte diese Feststellung als Ergebnis der Bonner Gerontologischen Längsschnittstudie (BOLSA), die von 1965 bis 1984 in acht Wellen durchgeführt wurde. Die Bonner Altersforschung ging – in Abgrenzung zum Defizitmodell des Alterns und Disengagementkonzept (vgl. *Kap. 3.2.2*) – davon aus, dass interindividuelle Leistungsunterschiede in der Gruppe alter Menschen sowohl weitaus größer sind als in jüngeren als auch im Vergleich zu anderen Altersgruppen. Alter und die verschiedenen Altersformen sind danach also von einer weitgehenden interindividuellen Variabilität gekennzeichnet. Als intervenierende Variablen wurden zunächst besonders berücksichtigt: Ausgangsbegabung, Schulbildung, berufliches Training, stimulierende Umgebung, Gesundheitszustand und biographische Momente (*Krohn* 1975: 63).

In der theoretischen Konzeption der Bonner Alternsforschung wird Altern als Veränderung im Sinne des *Thomae*schen Entwicklungsbegriffs verstanden. Einschnitte in diesem Veränderungsverlauf werden dabei in Anlehnung an die Konfliktpsychologie als Belastungssituationen gesehen, die in Verbindung mit Lösungsversuchen stehen. Diese Belastungssituationen werden als Entwicklungsaufgaben im Sinne von *Havighurst* (1972, vgl. *Kap. 3.9.4*) verstanden, die den Lebenslauf gliedern. Entwicklungsaufgaben ergeben sich aus dem Zusammenwirken von

- physiologischen Gegebenheiten,
- kulturellen Normen und Erwartungen der Gesellschaft und
- individuellen Erwartungen und Wertvorstellungen.

Älterwerden bedeutet ein ständiges Sichauseinandersetzen mit neuen Situationen, die eine Umorientierung erforderlich machen. Entwicklung hängt davon ab, ob die Auseinandersetzung in Form von Anpassung oder Umstrukturierung der Situation gelingt.

Das letztlich aus der BOLSA hervorgegangene und von *Thomae* formulierte Modell der Altersformen orientiert sich an vier theoriegeleiteten Modellen (*Thomae* 1987: 178; vgl. auch *Prahl/Schroeter* 1996: 271):

a) der Aktivitäts- und Disengagementtheorie, nach denen das Ausmaß an Aktivität bzw. Rückzug als Kriterium von Lebenszufriedenheit gilt (vgl. *Kap. 3.2*);
b) der Theorie des „erfolgreichen Alterns“ von *Havighurst*, der ein homöostatischer Denkansatz zugrundeliegt (vgl. *Kap. 3.9.4*);
c) der Stresstheorie, wobei *Thomae* unter Stress außer den physischen und psychischen Extremsituationen auch „alltägliche Kümmernisse und Ärgernisse“ versteht;
d) dem Modell der sozialen Kompetenz, wobei Aktivität und Kompetenz von *Thomae* als abhängige Variablen des „sozialen Schicksals“ gesehen werden (vgl. *Kap. 2.7.2*).

Auf Basis dieser theoretischen Ansätze entwickelt *Thomae* das Modell der Altersformen mit den Dimensionen „Altersschicksal“ und „Alternsstil“. Altersschicksal steht für den Grad der Belastung bzw. der Zufriedenheit, Alternsstil für soziale Aktivität bzw. soziale Kompetenz. Die verschiedenen Formen des Alterns werden im Zusammenhang mit biologischen, physiologischen, psychologischen, sozialen und ökologischen Faktoren untersucht (vgl. *Prahl/ Schroeter* 1996: 271). Daraus leitet *Thomae* die zentrale These ab, dass Altern zwar in vieler Hinsicht biologisches Schicksal sei, aber mindestens ebenso berechtigt als soziales Schicksal, d.h. als Ausdruck einer weniger personabhängigen Alternsform, bezeichnet werden könne (*Thomae* 1987: 181).

Altersschicksale werden nach *Thomae* durch Lebenszufriedenheit und subjektives Wohlbefinden bestimmt, die als Indikatoren für die Anpassung zwischen individuellen Bedürfnissen und Erwartungen und der sozialen und biographischen Situation der Älteren gelten. In der BOLSA werden sechs Skalen als Indikatoren für ein allgemeines Zufriedenheitsmaß ausgewählt, die das Erleben unterschiedlicher Aspekte von gegenwärtigen und jüngst vergangenen Lebenssituationen widerspiegeln (*Thomae* 1987: 181 f.):

1 Thematik „Genüge finden im normalen Alltagsgeschehen“.
2 Thematik „Aufgreifen von Möglichkeiten und noch verbliebenen Chancen des Daseins“.
3 „Zufriedenheit mit der Wohnung“.
4 „Kongruenz zwischen erstrebten und erreichten Zielen in der Familie“ (= Zufriedenheit mit der familiären Situation).
5 „Angenehm oder unangenehm erlebte Alltagsbeschäftigungen“.
6 „Das letzte Jahr in subjektiver Sicht“

Höhere Zufriedenheitswerte mit dem Wohnen gingen einher mit höherer Zufriedenheit in der Partnersituation, in der Eltern- und Verwandtenrolle, mit positiverer Einstellung zur Zukunft und mit positiverer Stimmung sowie geringeren Werten in den Themen „Bestimmtsein von Enttäuschungen, von Gedanken an die Endgültigkeit ungünstiger Lebenslagen und Einschränkungen und fehlenden Möglichkeiten des Daseins“ (*Thomae* 1983). Die empirischen Ergebnisse der BOLSA zeigten eine gewisse Uneinheitlichkeit: So trat Zufriedenheit mit der Beziehung zum (Ehe)Partner und zu den weiteren Verwandten eher bei niedriger Mehrfachbelastung auf, eine Übereinstimmung zwischen erstrebten und erreichten Zielen in der Familie vor allem bei hoher Mehrfachbelastung (*Thomae* 1987: 183).

Weitere Themen bei hohen Belastungen waren:

Bestimmtsein von ...
- Enttäuschungen,
- Gedanken an die Endgültigkeit einer ungünstigen Situation,
- körperlichen Problemen,
- Gedanken an die Endlichkeit des Daseins,
- religiösen Inhalten,
- Einschränkungen des sozialen Lebenskreises.

Bei hohen Belastungen zeigten sich ein eingeengter Zukunftsbezug und negative Zukunftseinstellungen, die letztlich in Verbindung mit familiären und gesundheitlichen Problemen zu depressiv-resignativen Reaktionen führten.

Alternsstile werden als operationalisierte Aktivitätsdimension und als stärker personabhängige Alternsform bezeichnet. Im Gegensatz zum „Schicksal“, das von *Thomae* (1987: 195) als „chronifizierte Lebenslagen“ bezeichnet wird, versteht er Lebensstile als „chronifizierte Verhaltensweisen“ und Gefühle. Alternsstile werden durch Formen von Aktivität gebildet, die sich auf Belastungen im Wohnbereich und in der Familie, auf die „Nachbarn- und Staatsbürger-Rolle“ sowie auf beobachtete Aktivität beziehen. Es werden Gruppen von Hoch-, Mäßig- und Wenig-Aktiven gebildet, die allerdings keinen eindeutigen Zusammenhang zwischen den so definierten Alternsstilen und der Lebenszufriedenheit ergeben. Lebenszufriedenheit kann – nach *Thomae* (1987: 189) – „offensichtlich auf sehr unterschiedlichen Wegen – entlang der Aktivitätsdimension – erreicht werden“. Aktivität scheint aber eng mit Komponenten der „sozialen Kompetenz“ in Verbindung zu stehen. Aktivitätsmaße in den außerfamiliären Rollen als Bekannter, Nachbar, Vereinsmitglied, Staatsbürger und in weiteren Verwandtschaftsbeziehungen gelten als Indikatoren für soziale Kompetenz. Der Grad der aktiven Auseinandersetzung mit verschiedenen Belastungsbereichen und das Ausmaß der Anwendung leistungsorientierten Verhaltens bei der Reaktion auf diese Situationen werden als wichtige Voraussetzung einer einigermaßen selbständigen und sinnerfüllten Lebensführung und damit von sozialer Kompetenz im Alter gesehen (*Thomae* 1987: 190). Aus den empirischen Befunden der BOLSA lässt sich die These ableiten, dass eine geringe Belastung bei mittlerer oder höherer Aktivität und Kompetenz das psychische Wohlbefinden erleichtert oder erhöht.

Prahl/Schroeter (1996: 276) weisen zu Recht darauf hin, dass das als Grad von Belastung und Zufriedenheit im Alter beschriebene „Altersschicksal" aus soziologischer Perspektive eher als „soziale Konstruktion" erscheint. Sie verweisen darauf, wie weitgehend das erlebte Altern auf soziale Faktoren zurückgeht und sich diese auch in den Ergebnissen von *Thomae* wiederfinden. Diese seien aber nicht schicksalhaft von irgendwelchen Mächten, sondern durch Akteure der Gesellschaft über sozial gestaltete Rahmen- und Lebensbedingungen geformt. Alter(n) ist somit ein Prozess, der sozial gestaltet und bewertet wird. Alter orientiert sich an sozialen Strukturierungsprozessen und ist als soziales Strukturierungsprinzip zugleich Zugang und Ausschluss von sozialen Teilhabechancen und sozialen Beziehungen (*Prahl/Schroeter* 1996: 277). Bedingungen der Kompetenzausgestaltung werden bei einer derartigen individuumbezogenen Betrachtung des Alter(n)s nur unzulänglich auf Geschlecht, Geburtsjahrgang und Kohorteneffekte bezogen, außerdem können die Folgen struktureller Veränderungen – wie Berufsaufgabe, Verwitwung, Abhängigkeit im Alter – für die Kompetenzausprägung im Alter nicht abgebildet werden (*Kühnert/Niederfranke* 1993: 95). Somit werden Bezüge zu gesellschaftlichen Interventionsmöglichkeiten bei Problemlagen nur sehr schwer herstellbar.

3.9.4 Erfolgreiches Altern: Selektive Optimierung im Alter durch Kompensation

Die moderne Alternspsychologie versteht Altern und Alter als gestaltbar und veränderbar. Ausgehend vom Postulat der prinzipiellen Gestaltbarkeit will sie erklären, wie der ältere Mensch sich verhält, wie er seine Situation erlebt, und auf welchen endogenen und sozialen Bedingungen sich sein Erleben und Verhalten gründet. Damit sollen negative Alltagsstereotype vom Altern widerlegt und die Plastizität im Intelligenz- und Gedächtnispotenzial älterer Menschen betont werden. Der Ansatz „erfolgreiches Altern" basiert auf der Entwicklungspsychologie der Lebensspanne („life-span developmental psychology"), die nach komplexen Erklärungen für die menschliche Entwicklung sucht. Die Veränderungen im zeitlichen Verlauf der Lebensspanne sollen beschrieben und erklärt werden. Die Lebenslaufpsychologie interessiert sich neben den im Lebenslauf erfolgenden Veränderungen einer Person auch für Personen- und Gruppenunterschiede. Darüber hinaus soll aber auch mit dem Wissen der Alternspsychologie in Abbauprozesse interveniert und die vorhandenen Kapazitätsreserven optimiert werden (P. *Baltes* 1990; M. *Baltes* 1996; *Baltes/Baltes* 1989a, 1989b).

Lebenslaufbezogene Entwicklungstheorien benennen nicht nur Alternszustände und analysieren deren Bedingtheit, sondern darüber hinausgehend wird auch die Auseinandersetzung des Individuums mit lebenslaufspezifischen Anforderungen und Belastungen in den Blick genommen (*Kühnert/Niederfranke* 1993: 88). Das Konzept „erfolgreichen Alterns" baut auf den aufgaben- und krisenorientierten Entwicklungsmodellen der Lebenslaufpsychologie auf. Nach der „Theorie der Entwicklungsaufgaben" („developmental task"-Konzept) von *Havighurst* (1972) wird Entwicklung als Ergebnis der Auseinandersetzung mit „typischen" Entwicklungsaufgaben konzeptualisiert. Die angemessene und zeitgerechte Lösung dieser Aufgaben trägt zum Wohlbefinden des Individuums, zur Anerkennung durch die Gesellschaft und zur Bewältigung späterer Lebensaufgaben bei. *Havighurst* formuliert für die Lebensphase Alter folgende Entwicklungsaufgaben als normative Setzungen (vgl. *Kühnert/Niederfranke* 1993: 89):

- Auseinandersetzung mit abnehmender körperlicher Leistungsfähigkeit,
- Auseinandersetzung mit der Berufsaufgabe und mit Einkommenseinbußen,
- Auseinandersetzung mit dem Partnerverlust,
- Auseinandersetzung mit der Rolle des Älterwerdens,
- Flexibilität in bezug auf soziale Rollengefüge.

Havighurst stellt die Alternsprozesse in den Kontext gesellschaftlicher Veränderungen, die ihrerseits Rollenveränderungen erforderlich machen, mit denen sich das Individuum beständig auseinanderzusetzen hat.

Das Konzept „erfolgreiches Altern" geht von den individuellen Voraussetzungen für diese Auseinandersetzung aus und versucht zunächst, Indikatoren für „erfolgreiches Altern" zu finden. Dazu müssen quantitative und qualitative Aspekte des Lebens miteinander verbunden werden. Als wichtige Indikatoren werden genannt: Lebenslänge, biologische und kognitive Gesundheit, psychosoziale Funktionstüchtigkeit, Lebenszufriedenheit und Selbstwirksamkeit (*Baltes/Baltes* 1989b: 6). In diesem Konzept sind subjektive Indikatoren, also das wahrnehmende Selbst, die entscheidende psychologische Einflussgröße auf die Qualität des Lebens. Maße der Lebenszufriedenheit, des Selbstkonzepts und Selbstwertgefühls können aber ebenso wie die persönlich wahrgenommene Selbstwirksamkeit und Handlungskontrolle ein unzureichender Maßstab für Probleme oder Entwicklungspotenziale sein, da durch die menschliche Adaptionsfähigkeit eine „erfolgreiche" Anpassung an die unterschiedlichsten Lebensbedingungen ermöglicht wird. Deshalb wurden in der Alternspsychologie zur Definition „erfolgreichen Alterns" auch objektive Kriterien entwickelt. Eine Prüfgröße sind Entwicklungsziele, die durch eine *normative Setzung des Idealzustands* bestimmt werden, z.B. in *Havighursts* „Theorie der Entwicklungsaufgaben". Ein zweites Kriterium zur Abschätzung erfolgreichen Alterns besteht aus einer objektiven Bestimmung der Adaptivität des Organismus. Mit dem sog. „Testing-the-Limits"-Verfahren können die gegenwärtige Leistungsfähigkeit und unausgeschöpfte Kapazitäts- und Entwicklungsreserven gemessen werden (*Baltes* 1987).

Zur Definition erfolgreichen Alterns gehen *Baltes/Baltes* (1989b: 7f.) von folgenden Thesen aus:

1. *Es ist nützlich, zwischen normalem, optimalem und krankem Alter zu unterscheiden.* Normales Altern verläuft ohne biologische und mentale Pathologie. Optimales Altern bezieht sich auf eine Art Utopie: Altern unter entwicklungs- und alternsfreundlichen Umweltbedingungen. Krankes Altern wird wesentlich durch Krankheitsprozesse geprägt (z.B. senile Demenz). Die Formen des Alterns lassen sich nicht eindeutig unterscheiden.
2. *Es gilt eine große Variabilität, eine beträchtliche Verschiedenartigkeit des Alterns zu berücksichtigen.* Für die ganz unterschiedlich verlaufenden körperlichen, mentalen, behavioralen und sozialen Alternsprozesse werden drei Quellen vermutet: Unterschiede in Anlage- und Umweltbedingungen, die kumulativ verlaufen, die individuelle Gestaltung des Lebenslaufs und eine vergrößerte Variabilität, weil das normale Altern durch eine Vielzahl von Krankheitsbildern überlagert werden kann.
3. *Es gibt die Tatsache einer beträchtlichen individuellen Plastizität und Kapazitätsreserve.* Ältere Menschen besitzen eine beträchtliche mentale Kapazitätsreserve; Intelligenz- und Gedächtnisleistungen sind noch deutlich zu steigern.
4. *Trotz einer beträchtlichen Plastizität oder Kapazitätsreserve gibt es altersbedingte Grenzen der Reserve.* Selbst bei intensivem Training bleiben bedeutende Unterschiede zwischen jungen und alten Menschen.
5. *Die zentrale Lebensproblematik des Alterns besteht in der Bewältigung der zunehmend negativen Bilanzierung des Verhältnisses zwischen Entwicklungsgewinnen und -verlusten.* Die Veränderung in der Bilanzierung scheint eine notwendige Konsequenz aus dem Umstand, dass die mentale und die motivationale Kapazitätsreserve des alternden Organismus insgesamt geringer werden.
6. *Das Selbstbild bleibt auch im Alter stabil.* Der Mensch passt sein Selbst den objektiven Bedingungen an. Das durchschnittliche Selbstbild und Lebensgefühl im Alter verändern sich gegenüber früheren Lebensphasen nicht, da Menschen über ein mutiples Selbstbild verfügen, Ziele und Anspruchsniveau anpassen sowie die Bezugsgruppe als Vergleichsgröße ändern können.

Die mit „erfolgreichem Altern" angesprochenen Kompetenzbereiche beziehen sich auf Aspekte der Selbständigkeit im Alter, der Langlebigkeit, der kognitiven Leistungsfähigkeit und der Bewältigung von Altersproblemen (*Kühnert/Niederfranke* 1993: 93). Grundlagen für erfolgreiches Altern sind z.B. ein „gesunder" Lebensstil, der die Wahrscheinlichkeit reduziert, dass pathologische Altersbedingungen auftreten, und Aktivitäten im Familien-, Freizeit- und Arbeitsbereich, die zum Aufbau von Kapazitätsreserven und zu einer Verlangsamung negativer Alternsprozesse führen. Zur Erhöhung der biologischen, mentalen und sozialen Kapazitätsreserven bedarf es nach *Baltes/Baltes* (1989b: 8) entwicklungsfördernder Anreize und kompensatorischer Unterstützung, um den Verlust an adaptiven Kapazitäten auszugleichen.

Ein Weg dazu ist das „Prinzip der selektiven Optimierung mit Kompensation" (*Baltes/Baltes* 1989a; M. *Baltes* 1996: 145ff.). *Selektion* bedeutet dabei, dass sich der alte Mensch auf bestimmte Lebensbereiche von hoher Priorität konzentriert, in denen Umweltanforderungen, persönliche Motive, Fertigkeiten und biologische Leistungsfähigkeit zusammenfallen (z.B. Spezialisierung, Reduktion von Komplexität). *Optimierung* bezieht sich auf die Annahme, dass Menschen ihre vorhandenen Ressourcen und Kompetenzen auf einem möglichst hohen Niveau halten bzw. noch weiter maximieren wollen. *Kompensation* bezeichnet eine Anpassungsleistung und setzt als Prozess dann ein, wenn Einschränkungen und Ausfälle bestimmter Funktionen erfahren werden. Durch selektive Optimierung mit Kompensation sind ältere Menschen in der Lage, sich trotz zurückgehender biologischer Energie und mentaler Reserven weiterhin den für sie wichtigen Lebensaufgaben zu widmen. Die gleichbleibende Aktivität in einigen wenigen Lebensbereichen kann aber mit gleichzeitiger Inaktivität und Abhängigkeit in anderen Bereichen einhergehen.

Die Kritik an der Strategie der Optimierung durch Selektion und Kompensation verweist auf deren einseitige Ausrichtung auf das Gebiet der Intelligenzforschung und die weitgehende Vernachlässigung sozialstruktureller Rahmenbedingungen (*Prahl/Schroeter* 1996: 269). Die individuelle Gestaltungskraft des einzelnen Älteren wird überbetont, während eher nach gesellschaftlichen Gestaltungsmöglichkeiten und Angeboten gesucht werden sollte, die es dem einzelnen erlauben, die ihm gemäße Form des Alterns zu finden (z.B. durch soziale Rahmenbedingungen, Therapie, soziale, psychologische und medizinische Prävention). Weitere Kritiken richten sich darauf, dass die Faktoren, die eine Kompetenzausgestaltung bedingen, nicht berücksichtigt werden, z.B. Geschlecht, Geburtsjahrgang und damit verbundene epochale Einflüsse, Familienstand und weitere soziale Merkmale (*Kühnert/Niederfranke* 1993: 95). Durch die individualisierende Identifikation von Problemlagen besteht die Gefahr, dass die zugrundeliegenden gesellschaftlichen Bedingungen übersehen und Interventionen nur auf Individuen bezogen eingeleitet werden.

3.9.5 Alter und Umwelt – Ökologische Gerontologie

Die ökologische Gerontologie betrachtet den alten Menschen in seinen alltäglichen Umweltzusammenhängen (*Saup* 1993; *Wahl u.a.* 1999; *Wahl* 2001; *Mollenkopf u.a.* 2004). Hervorgegangen aus der psychologischen Gerontologie wurde dazu eine Art „Arbeitsprogramm“ entwickelt, das darüber hinaus weitere – auf Alter bezogene – Disziplinen zur Klärung von Fragen der Person-Umwelt-Beziehung im höheren Lebensalter einbinden will. Die ökologische Gerontologie ist in ihrer theoretischen Konzeptualisierung in enger Wechselbeziehung zu Ansätzen der gerontologischen Grundlagenforschung und praxisrelevanten Formen der Verwendung ihrer Ergebnisse zu sehen. Sie folgt also paradigmatisch der Trias von Theorie-Empirie-Praxis und betont die Notwendigkeit interdisziplinären Vorgehens. Theoretische Wurzeln sucht und findet die ökologische Gerontologie in einer Reihe von Arbeiten der Psychologie und Gerontologie hinsichtlich von Person-Umwelt-Relation, die sich mit Begriffen wie „prothetische Umwelt“, „Umweltanforderungs-Kompetenz-Modell“, „Umweltkompetenz“, „Person-Umwelt-Passung“ etc. befassen (vgl. die Übersicht bei *Wahl u.a.* 1999: 14f.). Zudem werden sozialisationstheoretische und entwicklungspsychologische Arbeiten herangezogen, die sich auf die Schlüsselrolle der Kontextualität von Verhalten und Erleben beziehen.

Grundsätzlich wird in der ökologischen Gerontologie von einem *doppelten Ressourcencharakter* ausgegangen, der das Lebensumfeld alter Menschen wie den alten Menschen selber betrifft (*Wahl* 2001: 173). Als Lebensumwelt wird dabei vor allem das Wohnen und das Wohnumfeld verstanden, wobei das nahe und weite Umfeld wie auch die Natur als Gesamtheit als ökologische Lebensgrundlagen einbezogen sind. Einen wichtigen Fokus dieser Betrachtung stellt der dezidierte Einbezug von Technologien dar, womit einerseits klassische technische Unterstützungen durch medizinische Hilfs- und Rehabilitationsmittel bzw. Haushaltstechnik gemeint sind, andererseits aber auch „neue Technologien“ – wie Formen des „intelligenten“ Wohnens oder neue Informations- und Kommunikationsmedien. Als zweite Ressource werden im Ansatz der ökologischen Gerontologie die alten Menschen selbst, und zwar für ihr soziales Umfeld auf unterschiedlichen Ebenen, verstanden. Genannt werden z.B. die aktive Pflege von Nachbarschaftsstrukturen, Initiativen zur Optimierung der außerhäuslichen Infrastruktur und Beiträge zur allgemeinen Verbesserung des Designs von Produkten (*Wahl* 2001: 173).

Aus Sicht der gerontologischen Forschung sind fünf Aspekte für den Ressourcencharakter des Lebensumfelds älterer Menschen relevant (vgl. *Kruse* 1998; *Lehr* 2007):

1. Beachtung einer lebensumspannenden Entwicklungsperspektive, mit der die Rolle des Lebensumfelds für individuelles Altern in biographische Perspektive berücksichtigt wird.
2. Heterogenität und Differenzierung des Alters: Die ausgeprägte interindividuelle Heterogenität des Alters ist bei der Planung und Realisierung von „guten“ und „altersfreundlichen“ Lebensumwelten zu beachten, vor allem bezogen auf Wohnoptionen und eine sich fortentwickelnde Alterskultur.
3. Proaktivität: Alte Menschen sind nicht nur „Opfer“ von Lebensumweltbedingungen, sondern in der Lage, konstruktiv ihre Person-Umwelt-Relation gemäß ihren eigenen Lebenszielen anzupassen. Sie werden als selbst- und qualitätsbewusste Konsumenten gesehen, wobei diese Sichtweise allerdings bei somatisch und psychisch eingeschränkten Gruppen an Grenzen stößt.
4. Historische Einbettung des Alters bzw. Kohortenabhängigkeit des Alters: Sie äußert sich im Umgang Älterer mit neuen Optionen des Lebensumfelds, z.B. neuen Technologien.
5. Plastizität des Alters: Durch Gegebenheiten des Lebensumfelds können die weiter verfügbaren Reservekapazitäten des alternden Menschen gefördert bzw. genutzt werden, z.B. durch angemessen gestaltete institutionelle Umwelten für demenziell erkrankte Ältere.

Bei theoretisch-konzeptionellen und empirischen Arbeiten zum Ressourcencharakter des Lebensumfelds werden bestimmte Differenzierungen notwendig (vgl. *Wahl* 2001: 178f.):

- Unterscheidung von normalem, pathologischem und optimalem Altern: Zwar waren Analysen zum Lebensumfeld von Älteren lange in starkem Maße an pathologischen Alternsprozessen und Behinderung orientiert, doch werden heute die Bedeutung des Wohnens, des Wohnumfelds sowie von neuen Technologien auch für die große Mehrheit der „normal“ alternden Personen akzentuiert.
- Unterscheidung des dritten und vierten Alters (vgl. *Kap. 2.8*): Es wird davon ausgegangen, dass sich die Bedürfnisse des alternden Menschen im Übergang vom dritten zum vierten Alter ändern. Der weitgehenden Autonomie des Lebensumfelds im dritten Alter folgt im vierten Alter eine erhebliche Einengung der Lebenskreise (vgl. *Saup/Reichert* 1999), die sich in einer Bedeutungszunahme von Ansprüchen vor allem des Wohnens und von Hilfeleistungen auswirkt.
- Geschlechtsspezifische Unterscheidungen haben die große Überrepräsentanz von Frauen unter den alten Alten zu berücksichtigen.

In Hinsicht auf Fragen des Wohnens im Alter bezieht sich die ökologische Gerontologie auf eine Reihe von gesellschaftlichen Entwicklungen (*Wahl*

2001: 180ff.; *Mollenkopf u.a.* 2004: 346ff.): Die Ressource Wohnen wird heute in stärkerem Maße von der Gruppe der Hochaltrigen herausgefordert. Wohnformen im Alter müssen zunehmend den Bedingungen demenziell Erkrankter Rechnung tragen. Singularisierungstendenzen im Alter betonen immer mehr die Wohnformen für Alleinlebende. Die Erwartungen und Möglichkeiten von Älteren und ihren Angehörigen, ihr Alter bei jedem Kompetenzgrad „in den eigenen vier Wänden" verbringen zu können, sind durch Ausbau ambulanter Dienste, geriatrischer Rehabilitation und der Tagespflege erheblich angestiegen. Ältere Menschen nehmen ihr Wohnen immer häufiger selbst in unterschiedlichen Weisen der Selbstorganisation und in selbstbewusster Weise in die Hand – orientiert am Altersbild der Kompetenz und Proaktivität. Außerdem konnten sich plurale Formen der Unterstützung des Wohnens im Alter entwickeln und differenzieren.

Wichtige Veränderungen des Wohnumfelds betreffen – im Sinne der Aufrechterhaltung einer selbständigen Lebensführung und einer Partizipation Älterer am kommunal-gesellschaftlichen Geschehen (*Wahl* 2001: 186ff.):

- Verbesserungen in der Planung von Freiräumen, Abbau von Barrieren, Verkehrsberuhigung;
- tendenzielle Verschlechterung im Bereich der Versorgung mit alltäglichen Gütern bzw. die günstige Verfügbarkeit von wichtigen Umweltressourcen vor allem in ländlichen Regionen;
- deutlicher Ausbau des öffentlichen Personennahverkehrs in Städten und Ballungszentren;
- Einbußen im Sicherheitsempfinden und Zunahme der Lärmbelastung außerhalb der Wohnung;
- Zunahme des Anteils älterer Autofahrer und steigende Bedrohung durch die Verkehrssituation;
- wachsendes Bewusstsein für die Bewahrung der Natur und der Lebensgrundlagen.

Inhaltliche Schwerpunkte der ökologischen Gerontologie beziehen sich im Sinne einer angestrebten Interdisziplinarität auf eine Reihe von Disziplinen. Sie sind für einen umfassenden – auch theoretisch-konzeptionellen – Zugang zur Mensch-Umwelt-Relation im Alter aufeinander zu beziehen und fruchtbar zu machen. In der deutschen Forschungslandschaft finden sich (nach *Wahl u.a.* 1999: 18f.) folgende Aktivitäten:

- Überlegungen zu ökologischen Perspektiven in der Psychologie waren und sind mit ökologischen Perspektiven in der Gerontologie eng verbunden bzw. sie haben nicht selten die Besonderheiten des Altwerdens auch als besonders typische Veränderung der Person-Umwelt-Relation im Lebenslauf betrachtet (*Kaminski*; L. *Kruse/Graumann*).

- Ökologisch orientierte Psychologen und Soziologen beschäftigen sich z.B. mit der Frage, wie Alltag und Wohnen im Erwachsenenalltag und Alter erfahren und gestaltet werden (M. *Baltes*; *Flade*; *Oswald*; *Saup*).
- Verkehrspsychologisch ausgerichtete Psychologen nehmen den alten Menschen in seiner außerhäuslichen Fortbewegung, zunehmend häufiger auch als Autofahrerin und Autofahrer, ins Blickfeld (*Kaiser*; *Schlag*; *Tränkle*).
- An räumlichen Handlungsmustern und Lebensstilen interessierte Soziologen und Sozialgeographen verfolgen im Quer- und Längsschnitt die alltäglichen Wege und Aktionsräume alter Menschen und fragen nach erleichternden und erschwerenden Bedingungen für außerhäusliche Mobilität (*Friedrich*; *Mollenkopf/Flaschenträger*).
- Haushaltswissenschaftler, Ingenieure, aber auch Soziologen fragen nach den Möglichkeiten und Grenzen von neuen Technologien für das Leben, speziell das Wohnen im Alter, aber auch nach allgemeinen Zusammenhängen zwischen Technik, Lebensstilen und Lebensqualität (*Lüdtke*; *Meyer/Schulze*; *Pichert*).
- Architekten und Designer gestalten auch die Person-Umwelt-Relation von alten Menschen mit (*Heeg*; *Narten*; *Quinten*; *Stolarz*).
- Forschungsarbeiten zur Bedeutung von umweltrelevanten Kompetenzeinbußen, etwa des Hörens und Sehens, haben immer auch enge Bezüge zur Beziehung des alten Menschen zu seiner sozialen und räumlichen Umwelt (*Tesch-Römer*; *Nowak*; *Wahl*).
- Untersuchungen zu sozial-strukturellen Determinanten des inner- und außerhäuslichen Verhaltens im Alter und damit auch der Nutzung von und der Partizipation an Umweltressourcen in einem allgemeinen Sinne bis hin zu ehrenamtlichem Engagement werden ebenfalls zunehmend häufiger thematisiert (*Heuwinkel*; *Kohli*; *Tews*).

Insgesamt gesehen handelt es sich bei der ökologischen Gerontologie um eine weit gespannte Forschungsübersicht oder -programmatik, die wichtige Impulse vor allem aus der psychologischen Gerontologie erhalten hat, bisher aber nur schwach theoretisch-konzeptionell entwickelt ist. Dies wird von *Wahl u.a.* (1999: 19) selbst konzidiert, wenn sie nur wenig Profundes zur wissenschaftlichen Kommunikation zwischen den verschiedenen Zugängen anmerken können. Eine weitere Entwicklung von einem multidisziplinären Ansatz hin zur Interdisziplinarität erscheint notwendig, um der komplexen Lebensrealität als Mensch-Umwelt-Relation – gerade im Alter – wissenschaftlich entsprechen zu können. Dazu wird eine Integration der unterschiedlichen Ansätze in Form von eigenen Konzepten und empirischen Ansätzen/Verfahren erforderlich – ähnlich wie in der Gerontologie allgemein.

3.10 Zwischen ‚Jungem Alter' und dem Ende des Lebens – neuere alter(n)ssoziologische und gerontologische Konzepte

Die Expansion der „Lebensphase Alter" als quantitative und zeitliche Ausdehnung hat in öffentlich-medialer Thematisierung vor allem zu Krisenszenarien ob der Auswirkungen auf die Sozialsysteme geführt, während einschlägige Wissenschaften und die Politik die „Potenziale" der älteren Bevölkerung – insbesondere der sog. „Jungen Alten" – entdeckten. Die Soziologie und sozialwissenschaftliche Ansätze der Gerontologie setzen dem ein differenzierteres Bild entgegen, das auf die gesellschaftliche Konstruktion und Funktion einzelner Altersgruppen dieser sehr langen Lebensphase verweist und sozialstrukturelle sowie geschlechtsbezogene Unterschieden betont. Im Zuge einer Orientierung an anglophonen Beiträgen versuchen neue theoretische Ansätze und Konzepte, ausgehend von der neuen „Sozialfigur" der „Jungen Alten" die lange Lebensphase Alter bis zu Sterben und Tod empirisch und theoretisch zu fassen, wobei neben der Soziologie inter- bzw. multidisziplinär Psychologie, Erziehungswissenschaften, Ethnologie, Kunstgeschichte, Philosophie, Gender Studies, Literaturwissenschaften, Theologie etc. einbezogen werden.

3.10.1 Neuere Ansätze

Ausgangspunkt neuerer theoretischer Konzeptualisierungen ist die von *van Dyk/Lessenich* postulierte „neue Sozialfigur" der „Jungen Alten". Diese Sozialfigur war allerdings schon in den 1980er Jahren mit dem Phänomen der „Neuen Alten" kreiert worden (vgl. *Backes/Clemens* 1987; *Buttler* et al. 1988; *Karl/Tokarski* 1989), das sich durch eine Verkürzung der Lebensarbeitszeit mittels massiver vorzeitiger Verrentungen zwecks Entlastung des Arbeitsmarktes herausgebildet hatte. „Neu" an dieser Sozialfigur ist erst die Rahmung durch die (sozial)politische(n) Nutzung(sversuche) neoliberaler Provenienz als „produktive Alte" (vgl. z.B. *BMFSFJ* 2005). *Van Dyk/Lessenich* (2009) konstatieren mit dem Blick auf reichhaltige empirische Forschung zum Thema „Junge Alte" bzw. „Alter(n)" in der deutschsprachigen Alter(n)ssoziologie bzw. Gerontologie im Vergleich zur anglophonen Wissenschaft ein Theoriedefizit. Zur theoretischen Fundierung der neuen Sozialfigur „Junge Alte" greifen sie auf bereits „klassische" Beiträge zur „Politischen Ökonomie des Alters", zur „Kritischen Gerontologie", zu konsum- und körpertheoretischen Analysen, zu einer „Narrativen Gerontologie" bis hin zur „Foucauldian Gerontology" zurück und ergänzen diese durch neuere deutschsprachige Beiträge aus unterschiedlichen historischen, wohlfahrtsstaatlichen, sozialpädagogischen, körpersoziologischen und bioethischen Perspektiven.

Buchen/Maier (2008: 7) fragen als Herausgeberinnen danach, „... inwieweit der demografische Wandel ... Gestaltungschancen des Alters erhöht oder Probleme verschärft ...“ und verweisen auf sozialstrukturelle und geschlechtsspezifische Aspekte des demografischen Wandels. Sie setzen Schwerpunkte in den Bereichen „Geschichte und Politik des Alterns“, „Bildung und Altern“, „Körper, Geschlecht und Biografiearbeit im Alter“ sowie „Leben und Wohnen im Alter“. Theoretisch anspruchsvolle Beiträge behandeln die Frage der „Geschlechterdifferenz im Alter“ (*Regine Gildemeister*) oder zur Veränderung von Lebenslaufmustern durch den demografischen Wandel (*Cornelia Helfferich*). Einen Schwerpunkt theoretischer Konzeptualisierung des „Jungen Alters“ bilden in letzten Jahren Ansätze der Körpersoziologie, z.B. zur Analyse der „Un/Sichtbarkeit des alternden Körpers“ (*Mehlmann/Ruby* 2010). Im Zentrum der Analysen stehen Aspekte des alternden Körpers, der – obwohl ein Individualmerkmal – ein höchst gesellschaftsbezogene Bedeutung erhält.

Wie unterschiedliche disziplinäre Ansätze in einen sinnvollen soziologischen Zusammenhang gebracht werden, demonstriert der Ansatz von *Lafontaine* (2010) zur „Postmortale(n) Gesellschaft“. Sie untersucht die Frage, wie westliche Gesellschaften mit dem Phänomen „Tod“ umgehen, wie sich die Bezüge zwischen Individuen, aber auch die der Diskurse der Körperlichkeit, der Sterblichkeit und des Alterns in der Moderne verändert haben. Sie konstatiert ein „Verschwinden des Todes und seine soziohistorische Konsequenzen“. Sie sieht in den Merkmalen heutiger westlicher Gesellschaften – wie Alterung der Gesellschaft, Individualismus, Leistungskult etc. – Gründe, die Sterblichkeit aus dem Sozialen und dem Alltag zu verdrängen. Inhaltlich spannt sie den Bogen vom Umgang mit Schwerkranken und Sterbenden mittels Medikalisierung und Hospitalisierung bis zu den gesundheits- und biopolitischen Maßnahmen zur Verlängerung des Lebens. Unter „Postmortalität“ versteht sie ein neues, sich in der Postmoderne tendenziell durchsetzendes Verhältnis zum Tod. Ziele der Analysen von *Lafontaine* beziehen sich auf eine soziohistorische Synthese der Wandlung in der Beziehung zum Tod und auf das Aufspüren der Etappen, die einen Prozess von Dekonstruktion und Desymbolisierung als Voraussetzung von „Postmortalität“ ermöglichen. Hier wird eindrucksvoll eine genuin soziologische Herangehensweise über multidisziplinäre Zugänge praktiziert.

3.10.2 „Junge Alte“ als neue Sozialfigur

Die Ausdehnung der Lebensphase Alter hat – je nach Konzept – zu einer Einteilung in eine unterschiedliche Anzahl von Abschnitten geführt. Dabei sind durchschnittliche kalendarische Altersangaben für den Beginn eines Lebensabschnitts und den Übergang in eine folgende Phase schwer zu bestimmen und zu verallgemeinern – wie auch *van Dyk* und *Lessenich* (2009) zur Bestimmung ihrer „Jungen Alten“ anmerken. Zu unterschiedlich ist der jeweilige funktionale Status eines älteren oder alten Menschen aufgrund individuell verlaufender biologischer, physischer, psychischer und sozialer Alternsprozesse. In der Bestimmung der ersten Lebensphase im Alter sprechen z.B. *van Dyk/Lessenich* (2009) von einem „jungen, kompetenten, aktiven und produktiven Alter“, dessen Ressourcen sie von Politik und Öffentlichkeit eingefordert sehen, um die (finanziellen) Folgen der zunehmenden Alterung der Gesellschaft „abzufedern“. Diese soziale Verantwortlichkeit der jungen Altengeneration komme ihnen selbst zugute, sodass *van Dyk/Lessenich* eine „Win-win-Situation“ für den einzelnen Älteren wie für die Gesellschaft konstatieren. Aber was geschieht, wenn sich die neue „Junge-Alte-Generation“ dem öffentlichen Druck widersetzt und sich stärker – wie auch jüngere Generationen – „dem eigenen Ego verschreibt“. In den von ihnen veröffentlichten Ansätzen zur „neue Sozialfigur“ der „Jungen Alten“ thematisieren Carroll L. *Estes* u.a. zur „Politischen Ökonomie des Alters“ und Simon *Biggs* und Jason L. *Powell* zur „Foucauldianischen Gerontologie“ kein bestimmtes Alter. Andere fokussieren auf die Phase des Übergangs in den Ruhestand – wie *David J. Ekerdt* in seinem bereits klassischen Beitrag zur „busy ethic“ von 1986 und *Glenda Laws* zur Altersdiskriminierung nach dem Erwerbsleben. Sinnvoll erscheint die Lebenslauf- bzw. biographische Perspektive in den Ansätzen von Mike *Featherstone und* Mike *Hepworth* zur „Maske des Alterns“ und dem „postmodernen Lebenslauf“ sowie *Barbara Pichler* zum „biografisierten Alter“ aus sozialpädagogischer Perspektive. *Peter Öberg verweist* über „biographische Narrative“ auf die Unsichtbarkeit des Körpers in der sozialgerontologischen Forschung, während das Altern in unserer Kultur durch den Körper erfahren und dargestellt werde.

Buchen/Maier (2008) heben in den von ihnen vorgestellten Konzepten vor allem auf die Reaktion auf den Demographischen Wandel in Wissenschaft, Politik und Praxis in interdisziplinärer Perspektive ab und betonen deren geschlechtsspezifischen Auswirkungen. Häufig wird der Generationen- oder biografische Zugang zum Thema gewählt, wie von Maja S. *Maier* zur Entwicklung persönlicher Unterstützungsbeziehungen, bei Cornelia *Helfferich* zur Änderung von Lebenslaufmustern oder von Regine *Gildemeister* zur Entwicklung der Geschlechterdifferenz im Alter. *Mehlmann/Ruby* (2010) unterscheiden – nicht unproblematisch – zwischen ‚natürlichem‘ Altern und ‚künstlicher‘ Verjüngung der „jungen Alten“. In diesen Ansätzen werden Aspekte von Biopolitik und Körpernormierungen im Alter(n) in unterschiedlichen Kontexten anschaulich analysiert und Altersphasen sowie Alternsbedingungen jenseits des „jungen Alters“ thematisiert. Eine radikale Zuspitzung zum Thema „Altersphasen“ vollzieht *Lafontaine* (2010). Ihre konzeptionelle Analyse des Umgangs der westlichen Gesellschaften mit dem Tod stützt sich auf die Wahrnehmung eines veränderten „Kampfs gegen das Altern“ bereits in jüngeren Altersphasen und eine Entwicklung von „Bionomik“ als Wissenschaft von der (angemessenen) Lebensführung. Letztlich wird aufgezeigt, in welcher Weise der Tod mit dem hohen Alter in einer alternden Gesellschaft assoziiert wird, die gleichzeitig das Ziel einer zunehmenden Lebensverlängerung verfolgt.

3.10.3 Ältere Menschen als „Humankapitalressource“

Das Bild älterer Menschen in der Gesellschaft hat sich in den letzten Jahrzehnten deutlich gewandelt. Mit der Abkehr von beruflicher Frühausgliederung und der Entscheidung zur verlängerten Lebensarbeitszeit wurden in der Wissenschaft – vor allem der Psychogerontologie – und der Politik das „produktive Altern“ und ältere Menschen als „Humankapitalressource“ propagiert und theoretisch konzeptualisiert, die Entwicklung vom „Alter als Problem“ zum „Alter als Ressource“ beschrieben (*van Dyk/Lessenich*). Als Beispiel des Zusammenwirkens von Wissenschaft und Politik benennen die Autoren zu Recht den „Fünften Altenbericht der Bundesregierung: Potentiale des Alters in Wirtschaft und Gesellschaft“ (vgl. *BMFSFJ* 2005). Die angeführten Konzepte gehen in vielfältiger und anschaulicher Weise auf diesen Wandel ein und analysieren gesellschaftliche wie individuelle Ausprägungen und Folgen. Auswirkungen werden in der Arbeitsmarkt- und Bildungspolitik ebenso konstatiert wie in den Bereichen von Familie und Freizeit (*Buchen/Maier* 2008). Unter den Schlagwörtern „Lebenslanges Lernen“ und „Lernen im Alter“ diskutieren die Beiträge von *Buchen* und *Brinkmann* (in *Buchen/Maier* 2008) sehr anschaulich die besonderen Voraussetzungen von Bildung und Altern. Der Einfluss von veränderten Lebens- und Arbeitspraktiken älterer Menschen auf Familie, Freundschaften und Netzwerke sowie generationale Verhältnisse werden thematisiert. Auch in den *van Dyk/Lessenich* (2009) präsentierten Konzepten stehen die Rolle des „Jungen Alters“ als aktives und produktives Alter und deren Bedeutung im Rahmen einer neuen Sozialpolitik der Aktivierung im Mittelpunkt der Ansätze. In einer kritischen Analyse dokumentieren sie die Rolle der „Jungen Alten“ im Umbau des Sozialstaats vom „Passivbürger“ zum „Aktivbürger“ (*van Dyk/Lessenich* 2009: 23f.) Als Ziel der veränderten Politiken – u.a. der Sozialpolitik – sehen sie, Subjekte für den kollektiven Kampf gegen die alternde Gesellschaft zu mobilisieren. Junge Alte mit ihren Ressourcen sind danach ein „wichtiger Baustein einer gesamtgesellschaftlichen ‚Anti-ageing-Strategie‘“.

Entsprechende Einschätzungen greifen deutlich zu weit. Die übermäßige Thematisierung der „Jungen Alten“ betrifft bisher eine Gruppe, die nur eine Minderheit der Älteren dieses Alters repräsentiert, und verstellt so den Blick auf andere Gruppen der Altenpopulation. Indem sie zur Referenzgruppe in den Konzepten zur „Lebensphase Alter“ gemacht werden, sind einerseits die besonderen Anforderungen an individuelle Verantwortlichkeit zum Erhalt der Leistungsfähigkeit und eines „successful ageing". Besondere Bedeutung haben auch hier die geschlechtsspezifischen Implikationen des produktiven Alter(n)s und des Alterns allgemein. Andererseits wird das problematische Alter, die Hilfe- und Pflegebedürftigkeit, in das gesellschaftliche Abseits geschoben, im Extrem – wie die Studie von *Lafontaine* zeigt – Sterben und Tod aus dem gesellschaftlichen Bewusstsein verdrängt und tabuisiert. Die Entdeckung der „neuen" bzw. „jungen Alten" befördert so die Unsichtbarkeit des problematischen Alters; was ist mit Konzepten zu denen, die *nicht* „erfolgreich altern"? Der Einfluss der Alterung der Gesellschaft, der Individualisierung und des jetzt auch für das „Junge Alter" proklamierten Leistungskults sollte stärker auf die Auswirkungen einer gesellschaftlichen Verdrängung der Sterblichkeit (*Lafontaine*) hin untersucht und problematisiert werden.

3.10.4 Zur Vergesellschaftung des alternden Körpers

Konzepte, die den „alternden Körpers" thematisieren, haben in den letzten Jahren in multidisziplinäre Perspektive auf Alter und Altern Konjunktur (vgl. *Backes* 2008). Es stellt sich die Frage, welchen Bezug die biologische Grundausstattung des Menschen und ihr Wandel im Zuge des Alternsprozesses – als Individualmerkmal – zum Sozialen und Gesellschaftlichen aufweist. Ausgehend von der konstruktivistischen Sicht von Alter(n) als kulturelle und soziale Konstruktion werden auch „Körper als diskursiv und performativ hervorgebracht" (*Mehlmann/Ruby* 2010) angesehen, dies gelte auch für die Definition des vermeintlich „natürlichen" körperlichen Alternsprozesses. Danach produziert die Gesellschaft – historisch veränderliche – Sichtweisen zu Alter(n) und Körpernormierungen. Gerade die neue Sozialfigur der „Jungen Alten" weist der Verantwortung für die „Arbeit am eigenen Körper" besondere Bedeutung zu. So wird die Arbeit am Körper zum Gegenstand kultureller Normierung, und es entsteht durch gesellschaftliche Normierung eine „Pflicht des Einzelnen zur Modellierung", da die Nutzung des „korporalen Kapitals" (*Schroeter*) im Zuge zunehmender Alterung gesellschaftlich geboten sei. Flankiert wird diese Entwicklung vom Kampf gegen überkommene Altersbilder (*BMSFSJ* 2010), die Rolle der Medien wird problematisiert, der Körper wird Gegenstand der Politik der alternden Gesellschaft.

Mehlmann/Ruby (2010) thematisieren mit Rekurs auf den demographischen Wandel die Un-/Sichtbarkeit alternder Körper und deren Vergesellschaftung in multidisziplinärer Perspektive. Mit dem demographischen Wandel wird hier aber eher eine populäre Metapher eingeführt, ohne dass sie ausreichend Beachtung findet. Es fehlt insgesamt eine konzeptuelle, theoriebezogene Rahmung gesellschaftlicher Entwicklung, wie sie z.B. mit dem Konstrukt des Altersstrukturwandels – zumindest ansatzweise – vorgelegt wurde (vgl. *Tews* 1993; *Naegele/Tews* 1993; *Backes* 1997, vgl. *Kap. 3.7*). Von den Konzepten in *Buchen/Maier* (2008) wird auf die wachsende Bedeutung des Körpers in der modernen Gesellschaft in Form des „Altershandelns" verwiesen, wobei sich auch Möglichkeiten eröffnen, normative Zuschreibungen – auch in Form des „doing age" – und überkommene Altersbilder zu überwinden. Weitgehend ausgeblendet bleibt allerdings die Körperlichkeit des hinfälligen, bedürftigen vierten Alters, das als „Unsichtbarkeit" gehandelt wird. *Lafontaine* (2010) konstatiert in ihrem Ansatz, dass ein veränderter Umgang mit dem Tod in westlichen Gesellschaften auch zu einem veränderten Diskurs der Körperlichkeit, der Sterblichkeit und des Alterns allgemein führt. In einer gesellschaftlichen „Dekonstruktion des Todes" sieht sie eine „Internalisierung des Todes in den Körper des Einzelnen".

Gerade in der Analyse altersbezogener Körpernormierungen und -politiken – wie z.B. bei *Mehlmann/Ruby* (2010) – zeigt sich (wie für Alter(n) allgemein) die Notwendigkeit interdisziplinärer Konzepte. Doch eine Präsentation multidisziplinärer Zugänge zum Forschungsgegenstand – wie hier durch die Kultur-, Medien-, Sozial- und Geisteswissenschaften vertreten – verweist auf das Fehlen theoretisch wie empirisch konzipierter Ansätze von Inter- oder sogar Transdisziplinarität, die der Komplexität sozialer Realität angemessen wäre. Die Studie von *Lafontaine* vermittelt ansatzweise einen Eindruck davon, wie es gehen könnte.

Fazit

Den meisten in diesem Kapitel vorgestellten Konzepten fehlt es bisher an inhaltlicher Stringenz: Ausgehend vom Demographischen Wandel finden sich zu einem Oberthema (allgemeiner: *Buchen/Maier* „Älterwerden neu denken", (körper)spezifischer: *Mehlmann/Ruby*: „Für Dein Alter siehst Du gut aus") jeweils ein Sammelsurium von Ansätzen. Alter und demographischer Wandel stellen ein sehr weites Feld dar, und ein angemessenes – theoretisch fundiertes – Rahmenkonzept fehlt den neueren Ansätzen. Eine gewisse Ausnahme bilden die von *van Dyk/Lessenich* (2009) präsentierten Konzepte zu „Jungen Alten" als „neue Sozialfigur", indem sie die theoretische Diskussion durch die Aktivierung anglophoner Beiträge zu „beleben" versuchen. Unterschiede zwischen Alter(n)ssoziologie und Gerontologie werden dabei allerdings verwischt und auch die im deutschsprachigen Bereich bereits existierende Theoriediskussion zu gering geachtet, z.B. die einer „Kritischen Gerontologie" (vgl. *Amann/Kolland* 2008) oder auch Ansätze körpersoziologischer Provenienz. Eine „Kritische Gerontologie" wurde zudem wegen der – häufig als problematisch angesehenen – Nähe zur „Kritischen Theorie der Gesellschaft" erst spät entwickelt. Stattdessen dominier(t)en in Deutschland eher affirmative Ansätze einer Psychogerontologie, die auf aktives/produktives/erfolgreiches Altern setzen (als Gegenpol zur Abwertung des Alters), ohne – wie *Paul Baltes* (2006) – auch die Schattenseiten des Alters angemessen zu benennen. Eine besondere Problematik für die wissenschaftliche und öffentliche Thematisierung von „Alter" – darin sind sich alle Beiträge einig – stellt der durch eine Fixierung auf das junge, produktive und neue Alter sog. „age imperialismen" dar: Junge Alte werden in den Konzepten zur „Referenz" stilisiert, dies führt zur Abwertung der des alten, evtl. kranken und bedürftigen Alters (*van Dyk/Lessenich* 2009). Notwendig werden konzeptionelle Analysen zu Verlaufsformen des Lebens, zu Übergängen und Statuspassagen und deren Funktionen – auch i.S. von individueller und sozialstaatlicher Beeinflussbarkeit (vgl. *Naegele* 2010).

3.11 Zur weiteren Perspektive – Schlussfolgerungen

Theorien sollen die empirische Realität in einer verallgemeinerbaren Form abbilden, sie müssen sich entsprechend an der sozialen Wirklichkeit messen lassen. Diesem Anspruch können die Theorien des Alterns in den letzten Jahrzehnten immer seltener gerecht werden, da sich „Alter" und die Formen des Alters und Alterns in unserer und allen westlichen Gesellschaften zunehmend differenziert haben. Damit entspricht die Lebensphase Alter dem allgemein zu beobachtenden Phänomen sozialen Wandels und gesellschaftlicher Modernisierung, wenn auch „Individualisierung" und „Pluralisierung der Lebensformen" im Alter im Vergleich zu anderen Lebensphasen verspätet eingesetzt haben. Eine Folge dieser Entwicklung drückt sich in der wachsenden Problematik allgemeiner Theoriebildung in der Soziologie aus, die sich in Hinsicht auf Alter besonders prekär darstellt. Ansätze einer „großen Theorie" versprechen insbesondere für Alternssoziologie als „Bindestrich-Soziologie" zurzeit wenig Erfolg, dies ist unter anderem der Kritik an „klassischen" Ansätzen wie dem „Disengagement"-Ansatz zu entnehmen.

Infolge der Entwicklung des Alter(n)s hat sich bereits seit den 1930er Jahren, verstärkt seit Beginn der 1950er Jahre, die Gerontologie als multidisziplinäre Wissenschaft des Alterns und Alters herausgebildet. Verbunden damit waren Ansätze und (theoretische) Konzepte der einzelnen Disziplinen, die den Blick auf das nur multi- oder besser interdisziplinär zu erfassende Gesamtphänomen „Alter(n)" verstellten. Die Folge war eine Reduktion auf Einzelphänome: „Unscharfe Begrifflichkeiten, verschiedene Perspektiven, disparate Theorieansätze, von den verschiedenen Disziplinen doppelt oder mehrfach besetzte Themengebiete bis hin zu sich gegenseitig ignorierenden Denkmodellen sind die Folge der sich ausbreitenden neuen Unübersichtlichkeit des Alterns." (*Prahl/Schroeter* 1996: 282) Von dieser Kritik ist die Alternssoziologie nicht auszunehmen.

Ein besonderes Problem der auf Alter(n) bezogenen Theorieentwicklung hat zudem mit einer gewissen „gesellschaftlichen Abstinenz“ konzeptuellen Denkens in der Gerontologie und in der Alternssoziologie zu tun. Der zu geringe Bezug der Gerontologie zur Gesellschaftstheorie hat – insbesondere mit Entwicklung der auf den Lebenslauf bezogenen Alternssoziologie – zu altersrelevanten Entwicklungssträngen *innerhalb der Soziologie* und *außerhalb der Gerontologie* geführt. Damit wurde die Stellung der Alter(n)ssoziologie *innerhalb* der Sozialen Gerontologie sozial und kognitiv eingeschränkt. Obwohl theoretische und empirische Konzepte zum Thema „Lebens(ver)lauf und Alter“ – wie z.B. von *Kohli* – psychologische, sozialpolitische und sozialpolitikwissenschaftliche Bezüge herstellen, verorten sich diese nicht explizit in der Sozialen Gerontologie. So sind in speziellen Soziologien (z.B. Sozialpolitik, Familie, Biographie) altersrelevante Wissensbestände entstanden, „doch diese Bindestrich-Soziologien erweisen sich von ihrer Grundbegrifflichkeit her und in ihrer Absorptionsfähigkeit für empirische Ergebnisse als hegemonial“ (*Amann* 1993: 103).

In Hinsicht auf eine eigene Gestalt als interdisziplinäre Wissenschaft steckt die Gerontologie – trotz der Entwicklung der letzten Jahrzehnte – in einer Krise (*Backes* 1997a: 38ff.). Und dafür sind alle beteiligten Wissenschaften haftbar zu machen. Der Gerontologie fehlt nicht „nur“ ein den Entwicklungen des Gegenstandes angemessener theoretisch-konzeptioneller Beitrag von Seiten der Soziologie, sondern auch von Seiten anderer Disziplinen, oder gar ein aus der Interdisziplinarität des Faches selbst heraus entwickelter. Der häufig benutzte Begriff „multidisziplinäre Querschnittswissenschaft“ bedeutet im Grunde eine Selbstbeschränkung, die auf dem Wege zur eigenständigen Disziplin innehält. Notwendig wird nicht nur ein eigener Begriffsapparat und ein Methodenarsenal, das dem Prozesscharakter des Alterns angemessen ist, sondern eine theoriegeleitete systematische Analyse von Bezügen der mit „Alter“ befassten Herkunftsdisziplinen, ebenso eine wissenschaftssoziologische Begleitung der Entwicklung der Gerontologie (*Clemens* 1999: 354). So können Faktoren der Fachbildung, Gründe für Dominanzen und Enthaltsamkeit sowie Egoismen einzelner Disziplinen analysiert und eventuell korrigiert werden. Hier ist die Soziologie als Grundlagenwissenschaft gefragt, um zumindest mit Rahmenkonzepten auf der Basis von Gesellschaftstheorie eine Fundierung der Alterswissenschaft und Altersforschung zu befördern und den Weg zur Interdisziplinarität offenzuhalten.

Zur weiteren konzeptionellen Entwicklung einer Alter(n)ssoziologie müssen grundsätzliche Fragen der Gesellschaftstheorie auf Alter und Altern bezogen Anwendung finden. Alter und Altern sind weniger individuell, sondern gesellschaftlich bestimmt und dabei nicht als „Schicksal“ zu verstehen. Deshalb sind sowohl die Rolle des Alter(n)s (in) der Gesellschaft für den Prozess der gesellschaftlichen Modernisierung zu untersuchen (vgl. *Backes* 1997a: 185ff.; *Backes/Clemens* 1998) wie auch die Zusammenhänge zwischen Gesellschafts- und Lebenslaufentwicklung in ihren Auswirkungen auf Alter(n), nicht zuletzt in sozialstruktureller und kultureller Differenzierung im Alter. Damit muss für die Theorieentwicklung eine Integration von Konzepten des Lebenslaufs und der Lebenslagen in soziohistorischer gesellschaftlicher Perspektive angestrebt werden. Bisher überwiegen in aktuellen Studien noch immer eher mikrosoziologische, rollentheoretisch oder strukturfunktionalistisch fundierte Ansätze bzw. Begrifflichkeiten; sie bewegen sich im gerontologischen Diskurs und weisen damit die oft kritisierten Eigenschaften der Bindestrichsoziologien auf. Daran ansetzend ist eine stärkere Auseinandersetzung mit neuerer Gesellschaftstheorie anzumahnen. Es reicht nicht, und da ist *Prahl/ Schroeter* (1996: 283) zuzustimmen, im eklektizistischen Rückgriff auf je passende Modelle – wie Rollentheorie, Symbolischer Interaktionismus, Austauschtheorie, strukturfunktionalistisch geleitete Disengagement- und Kontinuitätskonzepte, Biographie- und Lebenslaufansätze, Lebensstil- und Lebenslagenansätze – den Mangel an theoriegeleiteter Anlayse durch theoretisches „patchwork" zu kompensieren.

Seit einigen Jahren ist nach *Dallinger/Schroeter* (2002: 16) „in der deutschen Alternssoziologie ein weiterer und noch verhaltener Schub zu theoretischen Ansätzen zu verzeichnen." Die Autoren führen zunächst den von *Backes* (1997a) in Anlehnung an *Tartler* und *Merton* konzipierten *anomietheoretischen Ansatz* als Beleg an. Zum einen soll in diesem Ansatz Alter(n) stärker als sozialstrukturierende Größe in den Vordergrund gestellt werden, zum anderen plädiert *Backes* für eine wechselseitige, prozessuale struktur-, funktions- und handlungsbezogene Analyse, in der institutionelle, interaktive und individuelle Ebenen miteinander in Beziehung gesetzt werden sollen. Mit der Nutzung der *Systemtheorie* für den Alter(n)sdiskurs bringt *Saake* (2006) das Alter auf den Ebenen von Interaktion, Organisation und Gesellschaft jeweils systemlogisch in entsprechende Kommunikationszusammenhänge. Sie betrachtet Alter als eine sinnhafte gesellschaftliche Selektion und den Altersdiskurs als einen Versuch, das individuelle Altern mit Sinnangeboten zu versehen. Eine weitere beachtenswerte Theorieinnovation stellt der *figurationssoziologische Ansatz* von *Schroeter* (2002) dar, der sich auf die Figurationssoziologie von *Elias* und die Feldtheorie von *Bourdieu* bezieht. Die Lebenslagen älterer Menschen werden dabei „als sich fortwährend bewegende und verändernde und immer nur als Momentaufnahmen eines fortlaufenden Prozesses erscheinende Beziehungsgeflechte" verstanden und „in einem Netz *figurativer Felder* theoretisch" verortet (*Dallinger/Schroeter* 2002: 17). *Rosenmayr* (2003) sieht diese Form der Theorieentwicklung äußerst kritisch, denn er kann nicht erkennen, „dass die Theoriestücke, die aus der von mir so benannten ‚Verleihanstalt der allgemeinen soziologischen Theorien' entnommen wurden, für die Alterns- oder die Generationenforschung dynamisierend gewirkt hätten." (*Rosenmayr* 2003: 32) Er plädiert für eine aus dem Forschungsprozess selber erfolgende

Theoretisierung (in Anlehnung an die „Grounded Theory"), wobei „aus dem Zusammentreten von Forschungen auf bestimmten konkreten Gebieten und den ‚inspirierten' Erklärungs- und Deutungsbemühungen ... eine autochtone, d.h. themen- oder problemspezifische Theoretisierung erfolgen sollte." (*ebenda*)

Eine in Gang gekommene verstärkte Auseinandersetzung mit modernen gesellschaftlichen Theorien sollte aus Richtung der Soziologie auch zu einer stärkeren gesellschaftstheoretischen Durchdringung der Gerontologie führen, damit der generelle Zusammenhang von „Alternsprozess und Gesellschaftsentwicklung" (*Backes* 1997a) wie auch Einzelaspekte angemessen analysierbar gemacht werden können. Auf dieser Grundlage sind Phänomene der Mikro- und Meso-Ebene – wie z.B. der „strukturellen Diskrepanz" (*Riley/Riley* 1992) – ebenfalls angemessener zu bearbeiten.

Kapitel 4
Lebenslagen und soziale Probleme älterer und alter Menschen

Die Verteilung von Lebenslagen älterer und alter Menschen ist Ausdruck sozialer Ungleichheit im Alter, die sich i.d.R. als Ergebnis von ungleich verteilten Lebensbedingungen über den gesamten Lebensverlauf im Alter „chronifiziert" (vgl. *Kap. 1*). Die spezifische Lebenslage lässt sich in einer Reihe von Dimensionen abbilden, unter denen das Haushaltseinkommen die zentrale Dimension darstellt, da es den Zugang zur Befriedigung unterschiedlicher Bedürfnisse und zu lebenslagerelevanten Ressourcen ermöglicht (vgl. *Clemens* 1994, 1997; *Backes* 1997b; *Clemens/Naegele* 2004; vgl. auch *Kap. 3.8.2*). „Das gestaltende Moment der Lebenslage ist vor allem dort zu suchen, wo aus der wechselseitigen Beeinflussung struktureller Bedingungen (z.B. Einkommen und Wohnbedingungen) und personaler Faktoren (z.B. Gesundheitszustand, Einsamkeitserlebnisse, Dekompensation) eine Defizitsituation entsteht, die aus eigener Kraft nicht überwunden werden kann." (*Amann* 1994: 324) Aus diesen defizitären Lebenslagen entstehen „soziale Probleme", wenn sie jeweils eine größere Gruppe alter Menschen betreffen, öffentlich als veränderungsbedürftig angesehen und Maßnahmen und Institutionen zu ihrer Überwindung etabliert werden. Soziale Probleme im Alter bedeuten die Benachteiligung älterer und alter Menschen in Hinsicht auf einzelne, mehrere oder alle Dimensionen der Lebenslage, und zwar im Vergleich zu anderen Bevölkerungsgruppen – auch zu bessergestellten Gruppen der Altersbevölkerung. Benachteiligung bedeutet dabei, dass materielle und immaterielle Ressourcen zur Aufrechterhaltung und Gestaltung des Lebens fehlen oder nur eingeschränkt zur Verfügung stehen (vgl. *Backes* 1997a: 97).

Die Bestimmung und Analyse von Dimensionen der Lebenslage hat im Grunde von einem erweiterten Lebenslagebegriff auszugehen, der neben objektiven auch subjektive Elemente der Lebenslage sowie ihre Interdependenzen und Ausprägungen als subjektive Lebensführung umfasst. Bewertungen, Orientierungen und Handlungsspielräume werden als Ausdruck der Lebenslage relevant. Zur Erklärung objektiver und subjektiver Lebensbedingungen im Alter müssen diese in einen lebenszeitlichen Verweisungzusammenhang gestellt werden, der sich erst im soziohistorischen Kontext angemessen erschließen lässt. D.h. die jeweiligen gesellschaftlichen, insbesondere ökonomischen, sozial- und arbeitsmarktpolitischen Bedingungen für Kohorten zu Zeiten der Ausbildung, Berufseinmündung, Erwerbstätigkeit etc. bilden die Rahmung der Lebens- und Erwerbsbiographie, die verlängernd die Lebenslage im Ruhestand und Alter (mit)bestimmen (*Bengtson u.a.* 2012). Aktuelle Lebensbedingungen und der weitere Lebensverlauf älterer und alter Menschen hängen einerseits von der derzeitigen Lebenslage ab, sind andererseits aber auch Resultat vorgängiger Lebensbedingungen und -chancen, individueller Entscheidungen, biographischer Erfahrungen und Handlungsressourcen.

In der soziologischen Diskussion wird hinsichtlich der Lebenslage im Alter die Frage nach Kontinuität bzw. Diskontinuität über den Lebenslauf gestellt. Ausgehend von den sozioökonomischen Bedingungen wird untersucht, wie die Schichtzugehörigkeit, der Bildungsstand, Einkommen und Eigentum die Lebenslagen und sozialen Aktivitäten alter und sehr alter Menschen beeinflussen (*Mayer/Wagner* 1996: 271). Dazu werden drei Thesen formuliert:

1. die These der Altersbedingtheit, nach der Lebenslagen älterer Menschen sich in hohem Maße mit dem Alter verändern, z.B. aufgrund gesundheitlicher Beeinträchtigungen und weniger aufgrund sozioökonomischer Faktoren;
2. die These sozioökonomischer Differenzierung, die einen kontinuierlichen Einfluss der sozialen Schicht und anderer sozioökonomischer Bedingungen auf Lebenslagen im Alter behauptet, sowie
3. die Kumulationshypothese, nach der sich sozioökonomische Differenzen mit dem Alter verstärken.

Lebenslagen im Alter sind allerdings nicht nur nach objektiv messbaren Dimensionen, sondern auch in ihrer subjektiven Reflexion und einer wechselseitigen Beeinflussung zu untersuchen. Außerdem sind sie ohne ihre Entwicklungsgeschichte nicht angemessen zu analysieren. Selbst plötzlich und unerwartet eintretende Lebensereignisse werden in ihren Auswirkungen durch Bewältigungsformen geprägt, die biographisch vermittelt sind. Mit der Lebenslage sind in institutionellen Kontexten Handlungschancen verbunden, die in Abhängigkeit von der Persönlichkeitsstruktur subjektiv wahrgenommen werden. So werden z.B. Lebens-, Arbeits- und Handlungsbedingungen älterer Frauen und Männer bis ins hohe Alter ohne die lebenszeitliche Perspektive nur unzulänglich verständlich. *Kohli* (1990) spricht in diesem Zusammenhang von einer notwendigen Biographisierung sozialer Ungleichheit im Alter.

Die folgenden Kapitel stellen die wichtigsten Lebenslagedimensionen älterer und alter Menschen dar. Es wird dabei versucht, den Bezug zu lebenszeitlichen Voraussetzungen der jeweils spezifischen Lebens- und Problemlagen herzustellen, ohne ihn hier systematisch abzuleiten.

4.1 Einkommen und Armut im Alter

Die materielle Situation ist als zentrale Dimension der Lebenslage grundlegende Bedingung für die Lebensgestaltung im Alter. Die Einkommens- und Vermögenssituation gestalten sich durch sehr unterschiedliche Quellen, wodurch eine die Realität insgesamt erfassende, übersichtliche Darstellung erschwert wird (vgl. *Schmähl/Fachinger* 1999: 159; *Fachinger* 2001; *BMFSFJ* 2001: 186). Neben den unterschiedlichen Arten der Einkünfte ist für die wirtschaftliche Lage der Älteren auch der Haushalts- oder Familienkontext von Bedeutung. Insgesamt stellt sich die materielle Lage älterer und alter Menschen sehr heterogen dar. Wie in früheren Kapiteln (vgl. *Kap. 2.6.1* und *3.8.2*) schon betont wurde, resultiert die Lebenslage im Alter maßgeblich aus Entwicklungen des Lebenslaufs. Einkommen und Vermögen im Alter sind dafür beispielhaft: Individuelle Entwicklung im Lebenslauf, wie Ausbildung, Beruf, Umfang und Art des Einkommens, wirken sich ebenso aus wie kollektive Bedingungen der Erwerbsphase. Letztere umfassen die in dieser Zeit herrschenden spezifischen ökonomischen und Arbeitsmarktbedingungen sowie bestehende bzw. sich ändernde gesetzliche Regelungen, z.B. des Sozial- und Steuerrechts. Die in ihrer Erwerbsphase herrschenden Bedingungen haben für die heute älteren Menschen seinerzeit Anreize für bestimmte Verhaltensweisen und Entscheidungen offeriert: Hierzu gehörten z.B. der Verzicht auf eine Ausbildung, wenn durch eine ungelernte Tätigkeit schnell ein höheres Einkommen zu erzielen war, oder eine vorzeitige Beendigung des Erwerbslebens wegen großzügiger Sozialpläne. Wenn man Unterschiede in der Einkommenslage verschiedener Geburtskohorten zu einem bestimmten Zeitpunkt erklären will, so sind hinsichtlich der gesellschaftlichen Rahmung die früheren beruflichen Entwicklungsprozesse zu betrachten.

4.1.1 Voraussetzungen von Einkommen im Alter

In der folgenden Abbildung sind sowohl institutionelle Regelungen als auch ökonomische und demographische Bedingungen als Einflussfaktoren auf unterschiedliche Kohorten (1920, 1940, 1960) dargestellt, um die altersbezogenen Auswirkungen zu verdeutlichen. Unter institutionellen Regelungen sind öffentliche Abgaben, Staatsleistungen und die Abgrenzung betroffener Personenkreise – z.B. von Rentenreformgesetzen (vgl. dazu auch *Rürup* 1999) – zu verstehen. Die ökonomischen und demographischen Bedingungen betreffen unter anderem die Lohnentwicklung, Beschäftigungssituation, Konjunkturlage, Geburten- und Sterblichkeitsentwicklung sowie Wanderungen (vgl. *Schmähl/Fachinger* 1999: 160).

Kriterien zur Beurteilung der Einkommenslage im Alter orientieren sich an Definitionen und Messverfahren. So ist in Hinsicht auf Armut im Alter vom Begriff der „relativen Armut“ auszugehen, die eine Abweichung von Durchschnittseinkommen nach unten bedeutet. In der Regel wird der soziologische Armutsbegriff dann angewendet, wenn einem Haushalt weniger als 50% (oder 60%) der durchschnittlichen Äquivalenzeinkommen zur Verfügung steht. Neben der Vermeidung von Altersarmut ist die „Verstetigung der Einkommensentwicklung“ ein verteilungspolitisches Ziel staatlicher Sozialpolitik. Damit soll z.B. über die „Lohnersatzfunktion“ der Rente das frühere Lebenshaltungsniveau in einem bestimmten Ausmaß im Alter aufrechterhalten werden. Dieses Ziel wird im Zuge zunehmender „Verteilungskämpfe“ zwischen den Generationen zukünftig infrage gestellt, wenn von einer Reduzierung auf Grundsicherungsniveau und wachsender Bedeutung privater Vorsorge für das Alter gesprochen wird. Die Einkommensentwicklung im Alter muss als dynamischer Vorgang betrachtet werden (vgl. *Schmähl/Fachinger* 1999: 164). Die Einkünfte im Alter variieren im Zeitablauf, und zwar in Abhängigkeit von der Ausgestaltung der Alterssicherungssysteme. So kann die unterschiedliche Entwicklung der Einkommensarten (z.B. gesetzliche Rente, Betriebsrente, Zinsen aus Vermögen) – trotz gleichbleibender Haushaltsgröße – bei verschiedener Zusammensetzung des Einkommens zur Veränderung der materiellen Situation im Alter führen.

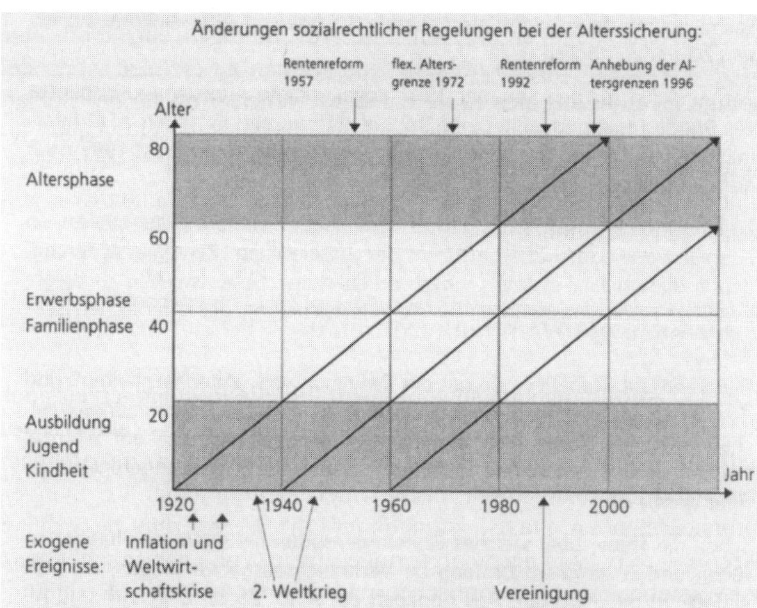

Abb. 14: Alterskohorten im Lebensverlauf (Geburtsjahrgänge 1920, 1940 und 1960)
Quelle: Schmähl (1997: 31)

Für die Höhe von Renten (aus der gesetzlichen Rentenversicherung) oder von Pensionen der Beamten sind lebenszyklische Betrachtungen unterschiedlicher Form notwendig. Diese machen auch die Problematik deutlich, ob eine Verstetigung der Einkommensentwicklung im Alter ermöglicht wird oder mit dem Übergang in den Ruhestand starke finanzielle Einschnitte hinzunehmen sind. Zur Berechnung der Renten aus der gesetzlichen Rentenversicherung wird die gesamte Erwerbsphase berücksichtigt, in der eine versicherungspflichtige Tätigkeit ausgeübt wurde (vgl. *Schmähl/Fachinger* 1999: 164). Deshalb kann die Rente bei unterschiedlichen Lohnverläufen unter oder über dem letzten Erwerbseinkommen liegen. Zwar wird bei der Rentenhöhe noch immer von einem fiktiven „Eckrentner" ausgegangen – der bei stetiger Einkommenssteigerung und ununterbrochener Erwerbsbiographie von ca. 45 Versicherungsjahren auf ca. 67% des letzten Nettoeinkommens kommen sollte. Doch der überwiegende Anteil der tatsächlich ausgezahlten Renten liegt – z.T. deutlich – unter diesem von Walter *Riester* 2001 postuliertem Wert. Inzwischen (2012) kann der „Eckrentner" noch mit ca. 51% netto rechnen, und der Wert soll nach Plänen der Rentenreform 2001 auf ca. 41% im Jahr 2030 sinken! Diese „Rentenlücke" soll durch private Vorsorge – z.B. durch die sog. „Riesterrente" – geschlossen werden. Phasenerwerbstätigkeit von Frauen mit Kindern wirkt sich – trotz der „Babyjahre" – ebenso wie niedrigere Löhne/Gehälter im Erwerbsverlauf in niedrigen eigenen Rentenanwartschaften aus, ein Grund für die weiterhin vor allem bei Frauen bestehende Altersarmut, wenn keine ausreichende Sicherung durch Rentenansprüche des Ehepartners besteht (vgl. *Backes* 1983, 1993; *Niederfranke* 1999). Bei der *Beamtenversorgung* knüpft die Berechnung der Pension am letzten individuellen Arbeitsentgelt an, wichtig sind dabei die Dauer der Tätigkeit und Regelungen der Beamtenlaufbahn.

Die Einkommenslage im Alter wird allerdings nicht nur von der Höhe der Rente oder Pension bestimmt, stattdessen müssen noch eine Reihe weiterer Komponenten der Einkommenslage berücksichtigt werden (vgl. *Schmähl/Fachinger* 1999: 166):

- weitere Geld- und Sachleistungen aus öffentlichen Haushalten und von Sozialversicherungsträgern als Transfereinkommen – wie Sozialhilfe, Wohngeld und Leistungen aus der Pflegeversicherung,
- Betriebsrenten,
- Vermögenseinkünfte – wie Zinsen, Dividende, Mieteinnahmen,
- Einkünfte aus Vermögensübertragungen (Schenkungen, Erbschaften) und Vermögensauflösungen,
- Einkommensübertragungen innerhalb der Familie,
- Preisvergünstigungen – wie Sondertarife bei Verkehrsbetrieben oder Eintrittspreisen.

Mit diesen verschiedenen Einkommensquellen – unter denen die Einkünfte aus den Alterssicherungssystemen die Hauptquelle bilden – wird ersichtlich, dass die alleinige Berücksichtigung der Renteneinkommen zur Charakterisierung der materiellen Lebenslage im Alter nicht ausreicht. So unterscheiden sich z.B. die Einkommen von älteren und alten Menschen in den alten und neuen Bundesländern auch dadurch, dass Betriebsrenten in den neuen Ländern kaum existieren und die private Vorsorge für das Alter dort in wesentlich geringerem Maße betrieben wurde.

Im System der Alterssicherung werden drei „Säulen der Alterssicherung" unterschieden (vgl. *Rürup* 1999; *Schmähl/Fachinger* 1999; *BMA* 1998):

1. Regelsysteme, wie Bundesversicherungsanstalt für Angestellte, Landesversicherungsanstalten und Bundesknappschaft,
2. Zusatzsysteme, wie betriebliche Altersversorgung und Zusatzversorgungssysteme (z.B. VBL = Versorgungsanstalt des Bundes und der Länder),
3. private Vorsorge, wie Lebensversicherungen, Sparkonten und Einkünfte aus Immobilien.

In diese einzelnen Systeme sind als Versicherte oder Leistungsempfänger sehr unterschiedliche Personenkreise einbezogen. Die gesetzliche Rentenversicherung umfasst den größten Personenkreis und bestreitet ca. 70% der Ausgaben aller Systeme, Zusatzsysteme ergeben rd. 8% und Lebensversicherungen als private Vorsorge ca. 10% der Ausgaben (*Schmähl/Fachinger* 1999: 171).

4.1.2 Zur Einkommenssituation im Alter

Nach der Untersuchung „Alterssicherung in Deutschland 2007" (ASiD '07) (*Infratest Sozialforschung* 2008) verteilen sich die Nettoeinkommen von Ehepaaren und Alleinstehenden im Alter von 65 Jahren und älter in ungleicher Weise. Aus *Tab. 7* ist zu entnehmen, dass das Einkommen westdeutscher Ehepaare um fast 50% über dem Einkommen alleinstehender Männer liegt, in den neuen Ländern sind es sogar 63%. Einkommenseinbußen haben zwischen 2003 und 2007 alleinstehende Männer und ledige Frauen im Osten zu verzeichnen, die Einkommensdifferenz zwischen West und Ost hat sich allgemein vergrößert. Die Höhe der Einkommen differiert deutlich zwischen den alten und den neuen Bundesländern, allerdings nach Haushaltstyp und Familienstand unterschiedlich: Ledige Frauen im Osten erreichen nur 75% der Einkommen vergleichbarer Frauen im Westen, bei geschiedenen Frauen sind es 84%, und bei Witwen existieren kaum Unterschiede (ASiD '07, vgl. *Infratest Sozialforschung* 2008).

Tab. 7: **Nettoeinkommen von Ehepaaren und Alleinstehenden (Bezugsperson 65 Jahre und älter) (ohne Heimbewohner) – 2007**

Haushaltstyp	Durchschnittseinkommen/ Monat in Euro	Zahl der Ehepaare/- Alleinstehende (in Tsd.)
West		
Ehepaare	2.350	4.112
Alleinstehende Männer	1.568	1.385
Witwen	1.218	3.234
Ledige Frauen	1.237	472
Geschiedene Frauen	1.051	481
Ost		
Ehepaare	1.937	979
Alleinstehende Männer	1.188	293
Witwen	1.244	725
Ledige Frauen	929	111
Geschiedene Frauen	879	153

Quelle: ASiD '07; vgl.Infratest Sozialforschung (2008: 89 f.)

Trotz weiter bestehender Einkommensunterschiede der über 64-Jährigen in West und Ost ist in den letzten beiden Jahrzehnten ein starker Angleichungsprozess zu beobachten. Nach der deutschen Einigung hatten sich zwischen 1992 und 1999 die Nettorealeinkommen von Rentnerhaushalten in Ost- und Westdeutschland sehr unterschiedlich entwickelt (*Fachinger* 2001). Mit einem deutlichen Realeinkommensgewinn ostdeutscher Rentner war deren Aufholprozess bei der Angleichung der Nettogesamteinkommen der Rentnerhaushalte kräftig vorangekommen (*Infratest Sozialforschung* 2001: 31). Auch nach der *Einkommens- und Verbrauchsstichprobe 2003* (EVS) des Statistischen Bundesamtes (vgl. *Münnich* 2007a: 594) haben sich zwischen 1998 und 2003 die Unterschiede bei den Haushaltsnettoeinkommen von Rentnerhaushalten in den neuen und alten Bundesländern weiter verringert. Die Zweipersonen-Rentnerhaushalte im Westen hatten 2003 im Durchschnitt ein monatliches Einkommen von 2.621€, im Osten von 2.246€. Damit stieg die Ost-West-Relation dieser Einkommen im Jahr 2003 auf 85,7% gegenüber 70% für 1993 und 80% für 1998. Bei den Einpersonen-Rentnerhaushalten fiel bei einem Nettoeinkommen im Westen für 2003 von 1.548€ (Osten: 1.198€) die Annäherung von 74% (1998) auf 77,4% (2003) etwas niedriger aus. Somit war der Abstand der Einkommen der Rentner im Osten zu denen im Westen bei Einpersonenhaushalten größer als bei Zweipersonenhaushalten.

In Hinsicht auf die Verteilung der Einkommensquellen zeigen sich weiterhin bedeutsame Unterschiede zwischen Ost und West, dies zeigt sich im Anteil der Renten am gesamten Einkommen (*Münnich* 2007a). In den alten Bundesländern bezogen 2007 (vgl. *ASiD '07*) 89% der Personen über 65 Jahren eine eigene Rente, 11-14% eine Beamtenpension. In den neuen Ländern bezogen dagegen 99% eine eigene Rente (*Infratest Sozialfor-*

schung 2008: 48). Im Jahr 2003 erhielten Einpersonen-Rentnerhaushalte im Osten ihr Bruttoeinkommen zu 88,3% aus der gesetzlichen Rentenversicherung (GRV), den Rest aus anderen Transferleistungen wie Betriebsrenten, Erwerbstätigkeit, Vermögen etc., während im Westen lediglich 61,7% aus der gesetzlichen Rentenversicherung stammten (vgl. *Münnich* 2007a: 595). Bei Zweipersonen-Rentnerhaushalten sind die Unterschiede noch größer und ist die Bedeutung der GRV vergleichsweise am geringsten. Im Osten bestehen die Einkommen zu 80,4% aus der gesetzlichen Rentenversicherung, im Westen stammen 55,3% aus der GRV. In den Transferzahlungen sind auch Betriebsrenten enthalten, die in den neuen Bundesländern kaum existieren. Geringere Unterschiede in der Struktur der Einkommenszusammensetzung zeigen sich auch nach Geschlecht: Allein lebende Rentnerinnen in den neuen Ländern beziehen 88,6% ihres Haushaltbruttoeinkommens aus der GRV (früheres Bundesgebiet: 62%), allein lebende Rentner 86,3% bzw. 60,5%.

Hinter diesen Querschnittszahlen verbirgt sich allerdings eine erhebliche Streuung der Einkommensklassen der 65-jährigen und älteren Personen, die soziale Ungleichheit im Alter ausdrückt (vgl. *Kap. 2.6.1*), wobei die Streuung in den alten Bundesländern deutlich größer ist als in den neuen (vgl. ASID '07, *Infratest Sozialforschung* 2008: 90). Bei der Interpretation der nach Alterskohorten differenzierten persönlichen Nettoeinkommen müssen Struktureffekte berücksichtigt werden. Sie ergeben sich daraus, dass mit zunehmendem Alter der Anteil der verwitweten Personen mit zusätzlichen Hinterbliebeneneinkommen steigt. Aufgrund dieser Struktureffekte müssen die Einkommensdifferenzen zwischen den Altersgruppen vorsichtig interpretiert werden (vgl. *Infratest* 2008: 76). Der Zusammenhang zwischen Alter und Einkommenshöhe stellt sich uneinheitlich dar: Bei den Männern in den alten Ländern sinkt das Einkommen von Kohorte zu Kohorte und die 85-Jährigen und Älteren (1.568€) erzielen nur noch 91% des Nettoeinkommens der 65- bis unter 75-Jährigen (1.719€) – was auf unterschiedliche zusätzliche Erwerbseinkommen der Altersgruppen verweist. Steigende Alterseinkommen von Kohorte zu Kohorte zeigen sich dagegen bei den Nettoeinnahmen der Männer in den neuen Ländern und Frauen in Ost und West: Die ältesten Frauen (85 Jahre und älter) erzielen mit 1.100€ ein um 22% höheres Einkommen als die Frauen zwischen 65 bis unter 75 Jahre. Geringer fallen in den neuen Ländern die Unterschiede mit 12% bei den Männern (65 bis unter 75 Jahre: 1.150€; 85 Jahre und älter: 1.284€) und 11% bei den Frauen (65 bis unter 75 Jahre: 916€; 85 Jahre und älter: 1.018€) aus (*Infratest Sozialforschung* 2008: 77).

Nach ASID '07 treten niedrige Einkommen (unter 500€) im Osten nur bei alleinstehenden Männern und ledigen Frauen zu je 1% und bei geschiedenen Frauen zu 3% auf, während im Westen immerhin 7% der ledigen, 3% der geschiedenen Frauen und 5% der Witwen sowie 1% der alleinstehenden Männer in diesen Bereich fallen. Höhere Alterseinkommen (über

2.500€) finden sich in den neuen Ländern nur bei 12% der Ehepaare und bei ledigen und geschiedenen Frauen zu je 1%. In den alten Ländern fallen immerhin 30% der Ehepaare, 9% der alleinstehenden Männer und 3% der Witwen in diese Gruppe. Eine relativ geringe Streuung zeigt sich in der Einkommensverteilung in den neuen Ländern: Ehepaare konzentrieren sich zu 86% auf die Spanne von 1.000 bis 2.500€, alleinstehende Männer auf den Bereich von 700 bis 2.000€ zu 90%, ledige, geschiedene und verwitwete Frauen auf den Bereich von 500 bis 1500€ (zu 92%, 96% und 83%) (*Infratest Sozialforschung* 2008: 89f.).

Am Beispiel der Einpersonen-Rentnerhaushalten lässt sich nach der Einkommens- und Verbrauchsstichprobe 2003 (vgl. *Münnich* 2007a: 607, 2007b: 996) eine differenzierte Verteilung der Nettoeinkommen – und damit die Ausprägung sozialer Ungleichheit im Alter – darstellen, wobei die Einkommens- und Vermögensunterschiede zwischen dem früheren Bundesgebiet und den neuen Ländern besonders deutlich werden (vgl. *Tab. 8*). Betrachtet werden die jeweiligen Einkommen, Ersparnisse und Geldvermögen der nach Einkommenshöhe gestaffelten zehn gleichen Teilgruppen (Dezile) der gesamten Gruppe der Einpersonen-Rentnerhaushalte.

Tab. 8: Einkommen (netto), Ersparnis und Geldvermögen (netto) der Einpersonen-Rentnerhaushalte 2003 nach Dezilgruppen

Haushalte des .... Dezils	Früheres Bundesgebiet			Neue Länder und Berlin-Ost		
	Einkommen	Ersparnis	Geld-vermögen	Einkommen	Ersparnis	Geld-vermögen
	€/Haushalt im Monat		€/Haushalt	€/Haushalt im Monat		€/Haushalt
1.	682	- 32	8.255	664	4	2.506
2.	855	- 44	7.097	778	-18	6.649
3.	1.003	34	20.717	867	-29	7.237
4.	1.124	6	14.351	980	0	8.729
5.	1.250	20	21.604	1.102	44	13.142
6.	1.396	- 56	23.652	1.202	88	12.927
7.	1.579	- 21	33.873	1.281	125	19.744
8.	1.800	72	32.613	1.417	87	15.510
9.	2.169	141	41.770	1.582	45	22.523
10.	3.607	705	82.895	2.092	571	26.176
Gesamt	1.548	83		1.198	92	

Quelle: Einkommens- und Verbrauchsstichprobe 2003 (Münnich 2007a: 607, 2007b: 996)

Beim Vergleich der Einkommen von Einpersonen-Rentnerhaushalten in West- und Ostdeutschland fallen sowohl die höheren Einkommen und größeren Vermögensbestände der Haushalte im früheren Bundesgebiet auf, aber auch die größere Streuung der Einkommen und Vermögen im Westen. So verfügen dort die Haushalte des 10. Dezils (die einkommenstärksten 10% aller Haushalte) im Durchschnitt über mehr als das fünffache monatliche Einkommen der Haushalte des 1. Dezils und über fast das Zehnfache der Vermögensbestände. In den neuen Ländern übersteigen die Einkommen des 10. Dezils die des 1. Dezils gut um das Dreifache, die Vermögen ebenfalls um das Zehnfach. Auffällig ist außerdem, dass Haushalte der unteren zwei sowie der fünften und sechsten Dezilgruppe im früheren Bundesgebiet monatlich mehr Geld ausgeben, als sie einnahmen (in den neuen Ländern die Haushalte der zweiten und dritten Dezilgruppe). Zur Deckung des Budgetdefizits wurden u.a. Konsumentenkredite aufgenommen oder es wurde auf Erspartes zurückgegriffen (*Münnich* 2001: 556f.). Bei den Zweipersonen-Rentnerhaushalten zeigen sich ähnliche Verteilungen nach Dezilgruppen und zwischen Ost und West. Besonders auffällig sind die sehr großen Differenzen in den (Geld-)Vermögensbeständen zwischen West und Ost. So übersteigen die Vermögen des 3. bis 9. Dezils im Westen denen im Osten ca. um das Doppelte, die des 10. Dezils um mehr als das Dreifache. Weitere Entwicklungen zwischen 1998 und 2003 betreffen eine Zunahme der Verschuldung von Haushalten und die steigende Zahl von Rentnerhaushalten ohne Geldvermögen (*Münnich* 2007b: 989).

Werden die *Einkommen im Alter nach Altersgruppen* betrachtet, so weichen diese bei weiblichen Alleinstehenden der Gruppen 60 bis unter 65 Jahre, 65 bis unter 70 Jahre und über 70 Jahre kaum voneinander ab. Der Betrag sinkt nur leicht mit zunehmendem Alter, und die Unterschiede differieren zwischen Ost und West gleichbleibend. Zwischen *Rentner- und Pensionärshaushalten* bestehen erhebliche Einkommensunterschiede (*Münnich* 2007a: 611ff.). Allein lebende Pensionsempfänger/-innen kamen nach der Einkommens- und Verbrauchsstichprobe 2003 im Schnitt auf ein monatliches Haushaltsnettoeinkommen von 3.125€, um 5,9% mehr als 1998. Pensionärshaushalte mit zwei Personen erzielten ein entsprechendes Einkommen von 4.211€, ein Zuwachs von 13,4% gegenüber 1998. Die Pensionen hatten an den Bruttoeinkommen einen Anteil von 63,9 bzw. 56,8%. Verglichen mit den Leistungen der gesetzlichen Rentenversicherung erhielten Einpersonen-Pensionärshaushalte aus der Beamtenversorgung 2003 durchschnittlich einen gut doppelt so hohen Betrag wie entsprechende Rentnerhaushalte, Zweipersonen-Pensionärshaushalte fast das 1,7-fache. Dies hängt mit Besonderheiten der Berechnung der Beamtenpensionen (nach der letzten ruhegehaltsfähigen Besoldung) und einer durchschnittlich höheren Qualifikation – mit höheren Einkommen – von Beamten zusammen (*Münnich* 2007a: 612).

Vermögensbestände in Haushalten älterer Menschen spielen als Quelle von zusätzlichem Einkommen und als Möglichkeit von Transfers zu jüngeren Generationen eine bedeutende Rolle (vgl. *Kap. 4.4*). Die Vermögen sind noch stärker als die Einkommen ungleich zwischen den Seniorenhaushalten verteilt. Wenige Rentnerhaushalte verfügten 2003 über sehr hohe Geldvermögen: 0,9% der Ein- und 3,3% der Zweipersonen-Rentnerhaushalte im früheren Bundesgebiet besaßen zwischen einer viertel bis zu einer halben Millionen Euro Nettogeldvermögen, im Osten waren keine entsprechenden

Haushalte in dieser Kategorie vertreten. 17,5% der Einpersonen-Rentnerhaushalte im Westen und 16,1% im Osten verfügten über weniger als 2.500 Euro Nettogeldvermögen, entsprechend 7,0% bzw. 9,1% der Zweipersonen-Rentnerhaushalte (*Münnich* 2007b: 994f.). Die Hälfte aller Einpersonen-Rentnerhaushalte (Dezilgruppen 1-5) besaßen 24% des gesamten Nettogeldvermögens, während die Haushalte der 8.-10. Dezilgruppe zusammen auf 56,2% kamen. Bei den Zweipersonen-Rentnerhaushalten streuten die Vermögen zwischen „unten" und „oben" nicht so stark wie bei Einpersonen-Rentnerhaushalten. Erhebliche Unterschiede in der durchschnittlichen Höhe der Nettogeldvermögensbestände zeigen sich nach Alter, Familienstand, Geschlecht und Region: jüngere Altersgruppen verfügen über mehr Vermögen als ältere, Männer mehr als Frauen und Westdeutsche mehr als Ostdeutsche.

In Pensionärshaushalten finden sich deutlich höhere Nettogeldvermögen: Einpersonenhaushalte verfügten 2003 durchschnittlich über 55.000 Euro, 26,2% mehr als im Jahr 1998, Zweipersonenhaushalte über 72.202 Euro mit einer Steigerung von 34,4% gegenüber 1998 (*Münnich* 2007b: 1004). Haus- und Grundbesitz sind ebenfalls zwischen West und Ost und zwischen den verschiedenen Einkommensklassen äußerst ungleich verteilt. Von den westdeutschen Einpersonen-Rentnerhaushalten der dritten und vierten Dezilgruppe besaßen 2003 ca. 15% Haus und Grund, in der fünften Dezilgruppe bereits 25% und in der 10. Dezilgruppe schließlich 79%. Außerdem wurden die Immobilien bei steigender Dezilgruppe immer wertvoller. Bei Zweipersonen-Rentnerhaushalten zeigen sich ähnliche Verteilungen bei etwas geringerer Streuung. In den neuen Ländern findet sich deutlich weniger Immobilienbesitz bei durchschnittlich deutlich geringerem Verkehrswert (*Münnich* 2007b: 1000f.) Pensionärshaushalte verfügen über deutlich mehr Besitz an Haus und Grund als Rentnerhaushalte: 58% der Einpersonen- und 74,6% der Zweipersonen-Pensionärshaushalte verfügten im Jahr 2003 über Grundvermögen (bei Steigerungsraten zwischen 8-9% seit 1998).

4.1.3 Armut im Alter

Der Bezug von Sozialhilfe und Grundsicherung im Alter kann als ein Indikator für „Armut" angenommen werden. Ältere Menschen und dauerhaft Erwerbsgeminderte erhalten seit 2003 eine Grundsicherung im Alter und bei Erwerbsminderung (ab 2005 als besondere Leistung im Rahmen des Sozialgesetzbuches XII) (vgl. *Bäcker u.a.* 2008a, S. 313). Ziel der Grundsicherung war es, älteren Menschen mit geringen Chancen, ihre Hilfebdürftigkeit zu überwinden, einen Leistungsanspruch unter erleichterten Voraussetzungen zu ermöglichen und „verschämte Altersarmut" abzubauen. Ende 2010 erhielten 796.600 Personen Leistungen zur Grundsicherung im Alter und bei Erwerbsminderung, davon waren über die Hälfte (ca. 52%) im Rentenalter. Die Empfängerquote der 65-jährigen und älteren Personen belief sich auf 2,47% (Frauen 2,82%, Männer 2,01%) (*Statistisches Bundesamt* 2011). Der Zahlbetrag (Nettobedarf) lag Ende 2009 bei durchschnittlich 376€ (*Statistisches Bundesamt* 2012a: 25). Sozialhilfe spielt bei älteren Menschen in Deutschland nur eine geringe Rolle, sofern nur von laufender „Hilfe zum Lebensunterhalt“ ausgegangen wird und die „Hilfen nach 5. bis 9. Kapitel SGB XII“ (früher: „Hilfen in besonderen Lebenslagen“) nicht berücksichtigt werden. Zu letzteren zählen u.a „Hilfe zur Pflege“, „Hilfe zur Überwindung besonderer sozialer Schwierigkeiten“ und „Hilfe in anderen Lebenslagen“.

Mit Einführung der Grundsicherung im Alter wurde mit der Neuregelung der Sozialhilfe im SGB XII zum Jahresbeginn 2005 der Umfang an Leistungsempfängern von „Hilfe zum Lebensunterhalt“ stark reduziert. So bezogen Ende 2010 von insgesamt ca. 319.000 Personen knapp 71.000 Personen im Alter von 65 Jahren und älter entsprechende Hilfe, nur 0,3% bis 0,5% der jeweiligen Altersjahrgänge (*Statistisches Bundesamt* 2012a: 25). Unter den „Hilfen nach dem 5. bis 9. Kapitel SGB XII“ ist der Umfang der „Hilfe zur Pflege“ auf der Basis der neuen institutionellen Regelungen und der spezifischen Umsetzung der Pflegeversicherung erheblich gesunken. Insgesamt gingen die Ausgaben von 1994 bis 1998 um mehr als zwei Drittel zurück: Die Ausgaben für „Hilfe zur Pflege“ außerhalb von Einrichtungen waren zwischen 1994 und 1996 von 1,6 Mrd. auf 788 Mio. DM um mehr als die Hälfte gesunken, während sich die „Hilfe zur Pflege“ in Einrichtungen von 1995 bis 1997 sogar von 16 auf 5 Mrd. DM – also um fast 70% – reduzierte (*Breuer/Engels* 1999, zit. in *Pabst* 2002: 149). Entsprechend verringerte sich die Zahl der Empfänger von „Hilfe zur Pflege“ vor allem außerhalb von Einrichtungen, deren Zahl von 1994 bis 1997 um zwei Drittel von 203.000 auf 66.000 zurückging und im Jahr 2009 bei 77.000 liegt. Damit beziehen 2009 lediglich rund 5% aller Pflegebedürftigen „Hilfe zur Pflege“ in häuslicher Pflege (*Schneekloth/Müller* 2000: 41 f.). Im Jahr 2010 erhielten insgesamt 1,26 Mio. Personen Hilfen nach dem „5. bis 9. Kapitel SGB XII“, 31% von ihnen waren 65 Jahre und älter und 32,6% bezogen „Hilfe zur Pflege“ – eine deutliche Steigerung im letzten Jahrzehnt (*Statistisches Bundesamt* 2012a). Nach den Armutsberechnungen des Sozio-Oekonomischen Panels (*Deutsches Instituts für Wirtschaftsforschung*), die von einer Armutsgrenze von 60% der Durchschnittseinkommen ausgehen, wurde 2008 eine „Armutsgefährdungsquote“ der 55- bis 64-jährigen Bevölkerung von 18,1%, der über 65-jährigen von 15,0% ermittelt (Bevölkerungsdurchschnitt: 15,1%) (vgl. *Statistisches Bundesamt/WZB* 2011: 154).

In Hinsicht auf Sozialhilfebezug im Alter wurde bis in die 1990er Jahre allgemein eine hohe Dunkelziffer – als „verschämte“ Altersarmut – angenommen. Schätzungen gingen gegen Ende der 1990er Jahre von einer gegenüber der offiziellen doppelt so hohen Zahl aus (*BMFSFJ* 2001: 200).

Armut im Alter ist Ergebnis einer „Armutskarriere", die bereits in der Erwerbsphase begonnen hat. Die Lohnbezogenheit der Rente und eine auf 55% (60% bei Altfällen) verringerte abgeleitete Rentenberechtigung von Witwen/Witwern können zu Altersarmut führen, wenn kurze Erwerbsphasen oder diskontinuierliche Erwerbsverläufe vorliegen und keine anderen Einkommen im Alter zur Verfügung stehen. Die Besonderheit der Armut im Alter ist ihre Dauer, da sie im Gegensatz zu früheren Lebensphasen sehr viel länger anhält (*BMFuS* 1993: 227). Zu berücksichtigen bleibt ein weiterhin beachtlicher Anteil von Sozialhilfe als Grundsicherung und „Hilfe zur Pflege", die ein Teil älterer und alter Menschen als Bewohner von Alten- und Pflegeheimen bezieht, da fremde Hilfeleistungen weder aus eigenem Einkommen noch aus Vermögen (bzw. dem der Ehepartner oder Kinder) finanziert werden können. Die Inanspruchnahme von Sozialhilfe war bei alten Menschen selbst überwiegend mit Gefühlen von Armut und sozialer Diskriminierung verbunden. Trotz der Einführung der „Grundsicherung im Alter" wird weiter von einem größeren Anteil „verschämter Altersarmut" ausgegangen: So wird davon ausgegangen, dass deutlich mehr als die Hälfte der bedürftigen alten Menschen ihre Ansprüche auf Mindestsicherung nicht durchsetzen (*Becker* 2012: 141).

Schmähl und *Fachinger* (1999: 193) ist zwar zuzustimmen, dass von niedrigen Renten aus der gesetzlichen Rentenversicherung nicht direkt auf „Armut" geschlossen werden kann. Doch bei Frauen im Alter mit geringen Renten sind zusätzliche Einkommensquellen seltener als in anderen Gruppen. Zwar sind ältere Menschen nicht mehr überproportional häufig auf den Bezug von Sozialhilfe angewiesen – wie in früheren Jahrzehnten als Ausdruck der „alten Armut" –, aber unter den älteren Sozialhilfeempfängern überwiegen bei weitem die Frauen. So waren 2009 Leistungsempfänger der „Grundsicherung" und der „Hilfe zum Lebensunterhalt" zu ca. zwei Drittel weiblich. „Die Feminisierung des Alters geht also mit einer *Feminisierung der Altersarmut* einher." (*Alber/Schölkopf* 1999: 29; Hervorhebung im Original) Ein Teil der Sozialhilfe finanziert weiterhin Pflegekosten („Hilfe zur Pflege"), auch wenn nach Einführung der Pflegeversicherung diese Aufwendungen deutlich zurückgegangen waren. Einen anderen Teil macht „Hilfe zum Lebensunterhalt" bzw. die „Grundsicherung" zur Ergänzung zu geringer Einkommen aus. Der überwiegende Armutsfaktor im Alter besteht also durch Pflegebedürftigkeit. Er wird von der Pflegeversicherung nur z.T. entschärft, da diese nicht nach dem Bedarfsprinzip gestaltet ist und vor allem auf die zu Hause lebenden Pflegebedürftigen zielt. So werden zwar Kosten der Pflege, aber keine „Hotelkosten" der Heimunterbringung erstattet (vgl. *Rückert* 1999: 423).

Relative Armut auch oberhalb der Sozialhilfeschwelle kann zur problematischen Lebenslage führen, denn mit ihr sind häufig unzureichende Wohnbedingungen verbunden (vgl. auch *Kap. 4.6*). Schlechter ausgestattete und nicht angepasste Wohnungen älterer Menschen verstärken ebenso wie eine Wohnumwelt mit schlechter Infrastruktur die Auswirkungen von Leistungseinschränkungen, Behinderungen und Mobilitätseinbußen im Alter. Mangelhafte Wohninfrastruktur führt zu einer erhöhten Abhängigkeit von fremder Hilfe (vgl. *BMFuS* 1993: 228). Auch wenn insgesamt gesehen das Armutsrisiko im Alter nur noch unterdurchschnittlich häufig besteht und auf bestimmte Gruppe begrenzt ist, bleibt Altersarmut aus sozialer und individueller Sicht ein schwerwiegendes Problem (*Schmähl/Fachinger* 1999: 192). Die Betroffenen haben nur eingeschränkte oder keine Möglichkeiten, die materielle Situation zu verbessern. Abhängigkeiten und Angewiesensein auf andere sind von vielen armen älteren Menschen schwer zu (er)tragen. Subjektiv muss Armut im Alter besonders dann deprivierend und herabwürdigend wirken, wenn sie ins Verhältnis zu den eigenen gesellschaftlichen Leistungen (z.B. der Aufbaugeneration nach dem Krieg – „Trümmerfrauen") oder dem generativen Beitrag gesetzt wird.

Zusammenfassend betrachtet schränken geringe Einkommen und Armut im Alter zunächst die zentralen materiellen Handlungsspielräume der Lebenslage ein: den Konsum bestimmter Dinge des täglichen Lebens, Reisen, Bildung, kulturelle Aktivitäten. Außerdem werden Möglichkeiten behindert, Kinder, Enkel oder Urenkel zu beschenken. Armut im Alter schafft Abhängigkeiten oder Bedürftigkeit, die psychisch von vielen Alten, die zeitlebens selbständig und unabhängig waren, schwer zu bewältigen sind. Armut hat auch Einfluss auf andere Dimensionen der Lebenslage: Die Handlungsspielräume in Hinsicht auf Wohnen, Bildung, Entfaltung kultureller und sozialer Bedürfnisse werden eingeengt oder verunmöglicht.

4.2 Gesundheit, Erkrankungen und Wohlbefinden im Alter

Neben der materiellen Dimension und den dadurch bedingten Bereichen stellt die Gesundheit die zentrale Dimension im Alter dar. Im komplexen menschlichen Gleichgewichtssystem bedeutet Gesundheit die Verbindung von körperlicher Integrität, Adaptionsfähigkeit des Organismus und Wohlbefinden. Entsprechend bedeuten Erkrankungen jede anhaltende und nicht sich selbst begrenzende Störung von Regelgrößen, wechselseitigen Störungen von Organfunktionen mit eventuell daraus entstehenden Änderungen von Organstrukturen und psychischer Befindlichkeit (*vgl. Ding-Greiner/Lang* 2004). Gesundheit und Krankheit sind keine trennscharfen Kategorien, es bestehen wechselseitige Überschneidungszonen und entsprechende Übergänge. Ein Bereich gestörten Gleichgewichts führt zu erkennbaren Gegenregulationen, die bei vorhandener Adaptionskapazität das Gleichgewicht wieder herstellen. Ist diese Kapazität überfordert, wird Krankheit subjektiv und/oder objektiv manifest. Altern kann in diesem Zusammenhang als ein Prozess aufgefasst werden, der die Adaptionsfähigkeit verschiedener Regelkreise zu unterschiedlichen Zeitpunkten und in unterschiedlichem Maße herabsetzt und auf diese Weise Risiken entstehen lässt, die die Erwartungswahrscheinlichkeit für bestimmte Krankheiten erhöhen (vgl. *Ding-Greiner/Lang* 2004: 185f.). Damit gewinnen Krankheitsdispositionen im Alter gegenüber den eigentlichen Ursachen zunehmend an Bedeutung und erklären das Phänomen der „Multimorbidität" im höheren Lebensalter. Gesundheit und Krankheit im Alter oder auch der Grad an Behinderung stellen zentrale Dimensionen der Lebenslage dar, sind doch damit unterschiedliche Möglichkeiten für Handlungs- und Dispositionsspielräume verbunden und werden dadurch in unterschiedlichem Maße Selbständigkeit oder Abhängigkeit sowie Entwicklung von Kompetenz alter Menschen bestimmt.

4.2.1 Körperliche Erkrankungen im Alter

Der überwiegende Teil von Organfunktionsstörungen im Alter entsteht nicht durch den physiologischen Alternswandel, sondern durch krankhafte Prozesse, die das Altern begleiten oder belasten (vgl. *Kap. 2.9*). Sie werden als „alternde Krankheiten" bezeichnet, wenn ihr chronischer Verlauf den Menschen aus früheren Lebensabschnitten bis ins hohe Alter begleitet (z.B. Bronchitis, die in der Jugend als fiebriger Bronchialinfekt oder Lungenentzündung begann) (*Lang* 1994: 284). Daneben sind „primäre Alterskrankheiten", die im Alter erstmals auftreten, in der Geriatrie von besonderer Bedeutung (z.B. Altersdiabetes, Arteriosklerose, degenerative Veränderungen des Bewegungsapparats). Immer wichtiger werden in den letzten Jahrzehnten bei zunehmender Hochaltrigkeit die psychiatrischen Alterskrankheiten (vgl. *Bruder* 1999; *Kap. 2.7.2*). Eine besondere Beachtung bedürfen die „Krankheiten im Alter", die als akute Erkrankungen bereits auch im jüngeren oder mittleren Lebensalter auftreten, im Alter aber oft gravierender verlaufen: z.B. Lungen- und Blaseninfektionen, Entzündungen und Knochenbrüche (*Steinhagen-Thiessen u.a.* 1999: 282; vgl. *Kap. 2.7.1* und *2.9*). Akute Erkrankungen haben im Alter oft einen schwereren Verlauf oder werden schwerer bewältigt, denn der Organismus braucht länger zur vollständigen Genesung. Mit-alternde Krankheiten, primäre Alterskrankheiten und Krankheiten im Alter können unabhängig voneinander oder gleichzeitig auftreten. Dies führt zur häufigeren Erkrankung älterer und alter Menschen und zu einer Zunahme gleichzeitiger Erkrankungen. Die Multimorbidität bestimmt auch die Problematik von Diagnose und Therapie in der Geriatrie. So beschreibt *Lang* (1994: 287) in diesem Zusammenhang die *Atemnot* als häufiges Leitsymptom geriatrischer Erkrankungen, die einerseits durch die verschiedenen Arten von Herzinsuffizienz (Herzschwäche), andererseits durch eine chronische unspezifische Atemwegserkrankung mit zunehmendem Alter häufiger hervorgerufen wird. Atemwegserkrankungen können mit der Zeit zu einer Druckbelastung im Lungenkreislauf und letztlich ebenfalls zu einer Herzinsuffizienz führen, die sich wiederum in Atemnot äußert.

Im höheren Lebensalter treten folgende Erkrankungen am häufigsten auf (vgl. *Lang* 1994: 288ff.; *Steinhagen-Thiessen u. a.* 1999: 284; *Oswald u. a.* 2006: 47ff.; *Kap. 2.7.1*):

- Erkrankungen an Herz und Kreislauf: Häufig Komplikationen der Arteriosklerose, insbesondere koronare Herzkrankheiten, die zu Angina pectoris, Herzinfarkt und schließlich Herzinsuffizienz und Herzrhythmusstörungen führen. Besondere Bedeutung hat dabei der Risikofaktor Bluthochdruck (Hypertonie);
- Störungen des Bewegungs- und Stützapparats, vor allem degenerative Erkrankungen der Wirbelsäule und Gelenke (Arthrosen); die Entmineralisierung der Knochen (Osteoporose) trifft überwiegend Frauen im höheren Lebensalter;
- Störungen der Hautfunktion, vor allem Juckreiz (Pruritus) als Folge von zu trockener Haut, seborrhoische Keratosen, aber auch bösartige Erkrankungen der Haut und Geschwüre, insbesondere durch Erkrankungen der Venen und Arterien;
- Magen-Darm-Störungen, vor allem Beschwerden aufgrund eines Reizdarms. Hinzu kommen Divertikulose, chronische Verstopfung (Obstipation) sowie Dickdarmentzündung (ischämische Colitis);
- Störungen des Uro-Genital-Systems: Infektionen und Inkontinenz, verursacht durch Prostatahypertrophie bei Männern oder Uterusprolaps bzw. Vaginalatrophie bei Frauen;
- bösartige Neubildungen, vor allem Lungen- und Brustkrebs;
- Hör- und Sehstörungen: Altersschwerhörigkeit, Ohrensausen, grauer und grüner Star sowie Erkrankungen der Netzhaut;
- Erkrankungen der Atemwege, wie chronische Bronchitis, Asthma bronchiale und Lungenemphysem;
- zerobrovaskuläre, psychische und hirnorganische Störungen gehören zu den häufigsten psychiatrischen Erkrankungen älterer Menschen.

Nach epidemiologischen Langzeitstudien stellen die arterielle Hypertonie, Fettstoffwechselstörungen, Rauchen und die diabetische Stoffwechsellage die wesentlichen Risikofaktoren für kardiovaskuläre Erkrankungen dar. Als Kofaktoren werden Bewegungsmangel, Übergewicht, psychosoziale Stressfaktoren, Harnsäureerhöhung und genetische Veranlagungen genannt. Bei den 70-jährigen und älteren Teilnehmern der „Berliner Altersstudie" wurden am häufigsten folgende Erkrankungen diagnostiziert: Fettstoffwechselstörungen (76%), Krampfadern (72%), Gehirnarteriosklerose (65%), Herzinsuffizienz (57%) und Arthrosen (55%) (vgl. *Steinhagen-Thiessen/Borchelt* 1996; vgl. *Kap. 2.9*). Der Grad an Multimorbidität ist hoch: Etwa ein Drittel der Untersuchungsgruppe litt unter mindestens fünf mittel- bis schwergradigen Krankheiten. Subjektiv am stärksten beeinträchtigend werden vor allem Erkrankungen des Bewegungsapparats empfunden, weil sie die Handlungsspielräume und damit die Lebenslage hinsichtlich sozialer Kontakte und Selbständigkeit einschränken.

Entsprechend dem Morbiditätsspektrum besteht eine hohe Nachfrage nach ärztlichen Hilfen im höheren Alter. So stehen nach der „Berliner Altersstudie" (*Linden u. a.* 1996) 93% der 70-Jährigen und Älteren in der Bevölkerung in regelmäßiger hausärztlicher und 60% zusätzlich in fachärztlicher Betreuung. Wegen der hohen Rate der Altersmorbidität nehmen 96% dieser Altersgruppe ständig Medikamente ein, im Durchschnitt sechs Medikamente am Tag. Die Inanspruchnahme ärztlicher Hilfe ist aber nicht nur über medizinische Faktoren erklärbar. Bei Hochbetagten findet sich ein deutlicher Zusammenhang zwischen subjektivem Krankheitserleben und der Inanspruchnahme von Hilfe sowie dem Arzneimittelverbrauch (*Linden u. a.* 1996: 491).

4.2.2 Psychische Erkrankungen

Psychische Erkrankungen im Alter können ebenso wie körperliche das eigene Wohlbefinden und soziale Beziehungen in unterschiedlichem Grade – bis hin zum völligen Verlust der eigenen Identität – stören und damit auch die Lebenslage alter Menschen und ihrer Angehörigen einschränken. Nach epidemiologischen Studien ist davon auszugehen, dass bei ca. 25% der über 65-jährigen Bevölkerung psychische Störungen bzw. Erkrankungen im weitesten Sinne vorliegen (*Radebold* 1994: 255). Zu unterscheiden sind dabei altgewordene psychisch Kranke und psychisch Alterskranke, die erstmals nach dem 60. bzw. 65. Lebensjahr erkrankt sind. Vom Erscheinungsbild her überwiegen depressive und demenzielle Syndrome, die jeweils Krankheitsbilder unterschiedlicher Ursache umfassen (vgl. *Bruder* 1999; *Schröder u. a.* 2004; *Seidl u. a.* 2004; vgl. auch *Kap. 2.7.2*). In vielen Fällen psychischer Krankheiten sind mehrere Entstehungsbedingungen gleichzeitig wirksam oder greifen ineinander, sodass biogenetische, somatische und psychoreaktive Ursachen – z. B. unbewusste Konflikte und Traumatisierungen aus früheren Lebensabschnitten – zu berücksichtigen sind (*Radebold* 1994: 257 f.).

Erscheinungsformen psychischer Erkrankungen wirken sich in großem Maße auf soziale und Umweltbeziehungen als Dimensionen der Lebenslage aus: So führen depressive Erkrankungen bei Älteren eher zu „larvierten" (versteckten) Ausprägungen – wie zu vielfältigen diffusen körperlichen Symptomen, Unruhe, Angst und resignativem Rückzug –, die auch als Anzeichen einer bestehenden Selbstmordgefährdung zu sehen sind. Die Suizidneigung steigt vor allem im hohen Alter jenseits des 80. Lebensjahrs bei Männern stark an (vgl. *Bruder* 1999: 355; *Schmidtke u. a.* 2008; *Erlemeier*

2011). Insgesamt ist unter den zu Hause lebenden über 65-Jährigen bei etwa 9-12% von depressiven Krankheitsbildern auszugehen, ein geringer Teil davon mit schweren Formen. In Alten- und Pflegeheimen finden sich wesentlich höhere Erkrankungsraten (*Radebold* 1994: 258). Demenzielle Erkrankungen (z.B. Alzheimer-Krankheit, vgl. *Kap. 2.7.2*) zeigen sich in einer fortschreitenden Abnahme vorhandener (besonders kognitiver) Hirnleistungen, zunehmender Gedächtnisschwäche, Beeinträchtigung von abstraktem Denken und Urteilsvermögen. Verbunden damit sind Funktionsstörungen der Sprache, des Erkennens und des Handelns. Die mit dem Alter steigende Krankheitshäufigkeit betrifft 0,2-2% der 60- bis 65-Jährigen bis hin zu 20-25% der über 80-Jährigen (*Radebold* 1994: 260; vgl. auch *Bickel* 2001; *Kap. 2.7.2*).

Depressionen wie auch Demenzen alter Menschen wirken sich vor allem auf die zwischenmenschlichen Beziehungen zu Partnern oder Kindern aus und werden zu emotionalen Belastungen für pflegende Angehörige (vgl. *Bruder* 1999: 346ff.). So verändern sich Demenzkranke während des fünf- bis zehnjährigen – oder noch längeren – Krankheitsprozesses durch den Verlust emotionaler und kognitiver Fähigkeiten in allen Wesenszügen. Schwierige Persönlichkeitsausprägungen können sich im Verlauf der Krankheit verstärken oder auch neu auftreten. Die betreuenden Angehörigen sind durch die wesensmäßigen Veränderungen der Kranken stark belastet und selbst von Depressionen bedroht. Es wird für sie schwierig, geistige und körperliche Verluste des Menschen zu akzeptieren, zu dem eine jahrzehntelange enge Bindung besteht. Zwischen demenzkranken Eltern und pflegenden Kindern können aufgrund krankheitsbedingter Persönlichkeitsveränderung Beziehungsstörungen auftreten, indem Verletzungen und Versagungen einer gemeinsamen Sozialisationsgeschichte erneut aktualisiert werden.

Eine nicht zu unterschätzende Krankheit im Alter betrifft *Abhängigkeit* bzw. *Sucht* (vgl. *Bruder* 1999: 363ff.; vgl. auch *Feuerlein* 1995). So findet sich z.B. Alkoholabhängigkeit bei 3-5% der über 65-Jährigen, vor allem bei Männern. Frauen leiden eher unter Medikamentenabhängigkeit, die bei 1-2% der über 65-jährigen Frauen besteht. Allerdings muss mit einer größeren Dunkelziffer gerechnet werden, und für die Zukunft ist von einer Zunahme der Suchtprobleme auszugehen. Abhängigkeit und Sucht sind in Alten- und Pflegeheimen besonders verbreitet. Untersuchungen gehen von einem Anteil von 5-10% der Bewohnerinnen und Bewohner aus, die Suchtprobleme aufweisen. Soziale Faktoren spielen bei der Entstehung von Sucht eine wichtige Rolle: Problemlagen wie Pensionierung, Verwitwung, Isolation und Kontaktmangel erhöhen neben schweren Depressionen, demenziellen Syndromen und chronischen Schmerzzuständen das Risiko der Abhängigkeit.

4.2.3 Wohlbefinden im Alter

Körperliche, psychische und soziale Faktoren bestimmen allgemein das *Wohlbefinden im Alter*. Dadurch werden maßgeblich ein „erfolgreiches Altern" (vgl. *Baltes u.a.* 1989) und die Entwicklung oder Bewahrung von Kompetenz im Alter beeinflusst (vgl. *Kap. 2.7.2*). Menschen setzen sich in Hinsicht auf Wohlbefinden ihre eigenen Lebensziele und entwickeln eigene Maßstäbe, um das Erreichen dieser Ziele zu beurteilen. Allgemeine Lebensziele und Formen des Wohlbefindens werden aber auch durch gesellschaftliche Gelegenheitsstrukturen und kulturelle Wertesysteme geprägt (*Smith u.a.* 1996: 497). Wohlbefinden im Alter lässt sich über drei Gruppen von Ressourcen definieren, die objektiv vorhanden sind oder subjektiv wahrgenommen werden (vgl. *Perrig-Chiello* 1997: 212):

- *Physische Ressourcen:* Multimorbidität, chronische Erkrankungen und Beschwerden im Alter nehmen mit dem demographischen Wandel zu und sind z.T. biographisch erklärbar, vor allem aus den Folgen verhaltensbezogener Risikofaktoren, wie Rauchen, Alkohol- und Medikamentenkonsum, Fehlernährung, Stress und Bewegungsmangel. Frauen weisen zwar die höhere Lebenserwartung und ein besseres Gesundheitsverhalten auf als Männer, zeigen hinsichtlich subjektiver und objektiver Gesundheit aber schlechtere Werte.
- *Psychische Ressourcen:* Sie sind nach Persönlichkeitsvariablen (Neurotizismus, Selbstkonzept, Kontrollüberzeugungen) und kognitiven Variablen (Intelligenz, objektives und subjektives Gedächtnis) zu unterscheiden. Von besonderer Bedeutung sind internale Kontrollüberzeugungen für das psychische Wohlbefinden. Bei kognitiven Leistungseinbußen bestehen starke individuelle Unterschiede, die in engem Zusammenhang mit verfügbaren physischen, psychischen und sozialen Ressourcen stehen.
- *Soziale Ressourcen* betreffen die Wohnumwelt und Nachbarschaft wie auch die direkten Lebensbedingungen, z.B. finanzielle Situation, soziale Unterstützung und Wohnverhältnisse.

Insgesamt zeigen empirische Untersuchungen beim physischen Wohlbefinden als auch beim objektiven Gesundheitszustand mit zunehmendem Alter bedeutsame Einbußen, während sich beim psychischen und sozialen Wohlbefinden keine signifikanten alterskorrelierten Veränderungen ergeben (z.B. *Perrig-Chiello* 1997: 215; *Borchelt u.a.* 1996; *Lampert/Wagner* 1998; *Rupprecht* 2006). Der „Deutsche Alterssurvey" unterscheidet beim subjektiven Wohlbefinden älterer Menschen zwischen allgemeiner (kognitiver) Lebenszufriedenheit und emotionaler Befindlichkeit von Personen (*Tesch-Römer u.a.* 2010: 271). Danach weisen knapp 60% der befragten 40- bis 85-Jährigen eine hohe Lebenszufriedenheit auf, die mit zunehmendem Alter noch geringfügig ansteigt. In den neuen Bundesländern ist der Anteil mit 53% geringer als in den alten (61%). Die Zufriedenheit korreliert zudem positiv mit dem Bildungsgrad. Der Grad der positiven emotionalen Befindlichkeit sinkt mit zunehmendem Alter: Im Jahr 2008 liegt der Anteil mit häufig erlebten positiven Affekten bei den 40- bis 69-Jährigen zwischen 45% und 49%, während nur 33% der 70- bis 85-Jährigen davon berichten. Insgesamt gesehen ist das subjektive Wohlbefinden der Älteren zwischen 1996 und 2008 stabil geblieben, und die Unterschiede im Wohlbefinden von Personen aus den alten und neuen Bundesländern haben sich verringert (*Tesch-Römer u. a.* 2010: 280).

In der „Berliner Altersstudie" zeigen sich nur altersunabhängige Zusammenhänge zwischen psychosozialem und gesundheitlichem Status. Als Stärke älterer Menschen wird in den Studien trotz erheblicher Einbußen die Lebenszufriedenheit dargestellt, die Fähigkeit, sich durch selbstbezogene Regulationsprozesse ihren Lebensumständen anzupassen. Diese äußern sich auch in einem mit zunehmendem Alter immer geringeren Zusammenhang zwischen dem objektiven und subjektiven Gesundheitszustand (vgl. *Borchelt u. a.* 1996; *Rupprecht* 2006). Dadurch kommen in entsprechenden Untersuchungen die jeweils hohen Zufriedenheitswerte zustande, obwohl sich die Ressourcen dazu objektiv verringern. Anforderungen und Verluste des hohen Alters können die psychologische Widerstandsfähigkeit allerdings an ihre Grenzen führen (*Smith u. a.* 1996: 519). Insgesamt gesehen zeigen psychisches und soziales Wohlbefinden und subjektive Zufriedenheit im Alter eine bemerkenswerte Robustheit, denn es werden die für die Lebenslage im Alter besonders wichtigen subjektiven Ziele an die objektiven Gegebenheiten angepasst und relativiert.

4.3 Arbeitsformen und gesellschaftliche Partizipation

Erwerbsarbeit stellt noch immer die zentrale Form der Vergesellschaftung der Menschen im Lebenslauf dar. Sie bietet den meisten Menschen im erwerbsfähigen Alter die materielle Existenzgrundlage und den institutionellen, räumlichen und zeitlichen Rahmen für soziale Beziehungen, die außerhalb privater oder sonstiger öffentlicher Bezüge entstehen. Durch die Etablierung der Sozialversicherungssysteme ist der sozial abgesicherte und weitgehend (erwerbs)arbeitsfreie „Ruhestand" entstanden (vgl. *Kap. 2.2*). Beim Übergang in den Ruhestand verlieren ältere Menschen mit der Erwerbsarbeit (zunächst) das zentrale Medium gesellschaftlicher Integration. Das mit der „Institutionalisierung des Lebenslaufs" (*Kohli*) entstandene Muster der Dreiteilung des Lebenslaufs in Vorbereitungs-, Arbeits- und Ruhestandsphase hat in der modernen – um Erwerbsarbeit und deren soziale Verrechtlichung zentrierten – Gesellschaft die Frage aufgeworfen, welche Vergesellschaftungsformen für die Lebensphase Alter relevant werden oder ob der Mensch jenseits der Erwerbsarbeit im Sinne des „Disengagement" (vgl. *Kap. 3.2.2*) „entgesellschaftet" wird. So hat es seit der Einführung der Rentenversicherung auch immer Arbeit und Tätigkeiten im Ruhestand gegeben. Doch erst in den letzten Jahrzehnten hat sich die Soziale Gerontologie der Frage gestellt, welche gesellschaftliche Teilhabe im Alter existiert und wie diese zur Integration älterer Menschen in die Gesellschaft beiträgt. Und erst seit den 1980er Jahren werden Arbeits- und Tätigkeitsformen älterer Menschen öffentlich wahrgenommen und gesellschaftspolitisch gefördert.

4.3.1 Nachberufliche Tätigkeitsformen

Das Thema „Erwerbsarbeit im Alter" wurde seit den 1970er Jahren bis weit in die 1990er Jahre vor allem durch den „Frühverrentungstrend" geprägt (vgl. *Jacobs/Kohli* 1990; *Behrend* 1994, 2001; *Clemens* 1997, 2001; vgl. auch *Kap. 2.4.3*). Arbeitsmarktentwicklung und berufliche Ausgliederungsstrategien hatten bis Ende der 1990er Jahre zu einer Ausdünnung in der Erwerbsbeteiligung von über 60-jährigen Personen geführt und das durchschnittliche Alter, in dem das Erwerbsleben beendet wurde, deutlich gesenkt. Inzwischen wird aber ein gegenläufiges Phänomen der betrieblichen Nutzung älterer Arbeitskräfte konstatiert, indem einerseits die Erwerbsquoten älterer Beschäftigter langsam wieder steigen (vgl. *Kap. 2.4.3*). Andererseits werden Rentner und Rentnerinnen in Betrieben über die offizielle Rentengrenze hinaus weiterbeschäftigt oder nach einer Ruhephase wieder erwerbsförmig eingestellt (vgl. z.B. *Wachtler/Wagner* 1997: 12; allgemein: *Clemens u.a.* 2005). Aufmerksamkeit haben in der sozialwissenschaftlichen Literatur der letzten Jahre umfassendere „Tätigkeitsformen im Ruhestand" (*Kohli u.a.* 1993) oder „nachberufliche Tätigkeitsfelder" (*Kohli/Künemund* 1996, 2001; *Künemund* 2001, 2006) gefunden.

In Öffentlichkeit, Politik und Wissenschaft werden Aktivitäten Älterer auch zunehmend unter den Stichworten „Freiwilligenarbeit" und „bürgerschaftliches Engagement" diskutiert (vgl. z.B. *Huth* 2002). Mit dem Freiwilligensurvey (1999, 2004, 2009), dem Internationalen Jahr der Freiwilligen (2001) und dem 2002 vorgelegten Bericht der Enquete-Kommission des Deutschen Bundestages „Zukunft des Bürgerschaftlichen Engagements" hat auch die Diskussion um freiwilliges und bürgerschaftliches Engagement im Dritten Lebensalter an Bedeutung gewonnen. Einzelne Themen dazu betreffen die Modernisierung des Engagements im Alter, die Analyse nachberuflicher Tätigkeitsfelder, Fragen nach der Ent- und Verpflichtung des Alters und nach einem neuen Wohlfahrtsmix bis hin zum Erfahrungswissen älterer Menschen. Die Rolle älterer Frauen im sozialen Engagementbereich sowie die Förderung und Unterstützung der Freiwilligenarbeit älterer Menschen durch Hauptamtliche sind weitere Themen der Diskussion.

Aktivitäten im „Ruhestand“ existieren, solange es den Ruhestand gibt. Für die Lebenslage im Alter sind Erwerbsarbeit und Tätigkeiten unter mehreren Aspekten von Interesse und Relevanz: Zum einen stellt sich aus biographischer Sicht die Frage, wie lebensgeschichtliche Erfahrungen in die nachberufliche Phase hineinwirken und die Einstellung zur Erwerbsarbeit im Alter beeinflussen, dies auch als Frage von biographischer Kontinuität bzw. Diskontinuität. Zum anderen geht es um die konkrete Ausgestaltung der Lebenssituation nach der Verrentung, die trotz aller Freude über den Ruhestand und die „späte Freiheit“ eine Statuspassage, eine biographische Zäsur bedeutet. Dabei werden für Arbeit und Tätigkeiten unterschiedliche Bestimmungsgründe wirksam:

- materielle Aspekte, etwa das Motiv, die mit dem Renteneintritt verbundenen finanziellen Einbußen zu kompensieren oder als Selbständiger weiterarbeiten zu müssen;
- gesellschaftliche Aspekte, etwa das Anliegen, die mit dem Rollenverlust geschrumpfte gesellschaftliche Bedeutung und Nützlichkeit wieder zu erweitern;
- soziale Aspekte, z.B. die Absicht, außerfamiliäre Sozialbeziehungen zu erhalten bzw. auszuweiten;
- physische Aspekte, etwa die Anliegen, körperlich beweglich zu bleiben und Fähigkeiten sowie Fertigkeiten zu nutzen oder zu entwickeln.

Alle Gründe für Tätigkeiten im Ruhestand haben neben den beschriebenen Aspekten auch psychische bzw. psychosoziale Bedeutung für die alternden Menschen, die sich auf Identitätsbildung wie auch auf die Entwicklung von Kompetenz auswirken. Tätigkeiten im Ruhestand können in diesem Sinne „geroprophylaktisch“ (*Lehr*) wirken.

Neben der Möglichkeit, Fähigkeiten und Fertigkeiten auch im Alter zu entwickeln und einzusetzen, stellt für viele Ältere die *soziale Integration* über entsprechende Tätigkeiten eine bedeutende Quelle der Motivation dar. Mit Erwerbsarbeit oder anderen Tätigkeitsformen wird das Vergesellschaftungsmodell des mittleren Lebensalters fortgesetzt oder abgewandelt. Arbeit ist – wie auch bereits in früheren Lebensabschnitten – keineswegs die einzige Vergesellschaftungsform, durch die soziale Integration erreicht wird. Die anderen Formen – wie *Familie*, *kleine Netze*, *Nichterwerbsarbeit*, *Freizeit* und *Konsum* – existieren im mittleren wie im höheren Erwachsenenalter, nur verändert sich das Gewicht der verschiedenen Formen im Lebenslauf wie auch im historischen Verlauf. Für den Ruhestand gelten – wenn auch in gewandelter Form – maßgeblich drei Formen der Vergesellschaftung mit eigener Prägungskraft: Familie und Verwandtschaft, soziale Netzwerke außerhalb von Familie in Nachbarschaft oder Freundeskreis sowie über Freizeit und Konsum vermittelte soziale Beziehungen. Diese werden unter anderem durch „intermediäre Institutionen" zwischen Individuum und Gesellschaft vermittelt: Vereine und Verbände, Parteien, soziale Bewegungen und Kirchen (vgl. *Kohli* 1992: 233). Nachberufliche Tätigkeitsfelder beziehen sich auf fast alle Vergesellschaftungsformen, die in der Lebensphase Alter existieren.

In einem weiten Begriff können zu nachberuflichen Tätigkeitsfeldern mit sozialintegrativer Funktion gerechnet werden (vgl. *Kohli/Künemund* 1996: 2):

- nachberufliche Erwerbsarbeit, Kombination von Arbeit und Ruhestand bzw. Rente;
- „ehrenamtliche" bzw. unbezahlte Arbeit;
- Aktivitäten im Rahmen sozialer Netzwerke;
- familiale Dienstleistungen zwischen (Ehe-)Partnern und zwischen den Generationen;
- Selbsthilfegruppen, selbstorganisierte politische Interessenvertretung und institutionalisierte Hobby-Kulturen.

In einer repräsentativen Befragung der älteren Bevölkerung in verschiedenen Ländern (vgl. *Kohli/Künemund* 1996: 43) wurden im Jahr 1991 auch für die Bundesrepublik Deutschland Tätigkeiten von 65-jährigen und älteren Menschen in folgenden Bereichen untersucht: Erwerbsarbeit, freiwillige bzw. ehrenamtliche Tätigkeit, Betreuung von Kindern und Betreuung und Pflege von Kranken und Behinderten. Dabei zeigte sich, dass alle Tätigkeiten mit zunehmendem Alter seltener ausgeübt werden und der Rückgang am stärksten bei der Erwerbsarbeit, am schwächsten bei der Betreuung Pflegebedürftiger und bei freiwilligem Engagement zu beobachten ist. So gaben 35,8% aller 65-jährigen und älteren Befragten an, mindestens in einem Bereich tätig zu sein, 10% in mindestens zwei und 2,1% in drei Bereichen. Im Alter von 65-69 Jahren sind noch 47,2% in mindestens einem und 14,8% in mindestens zwei Bereichen tätig, nach dem 85. Lebensjahr entsprechend nur noch 20% bzw. 6,1% (vgl. *Kohli/Künemund* 1996: 50). Mit zunehmendem Alter schrumpfen die Möglichkeiten zu den genannten Tätigkeiten, da die Angebote seltener werden und die Gesundheit nachlässt. Eine technische oder professionale Ausbildung führt zu einer größeren Wahrscheinlichkeit nachberuflicher Aktivitäten, das Alleinleben hat tendenziell einen negativen Einfluss. Frauen sind insgesamt aktiver als Männer.

Als „Chance des demographischen Wandels" wird die Entwicklung des freiwilligen Engagements älterer Menschen bezeichnet. So zeigt die Entwicklung über die gesamte Periode des Freiwilligensurveys zwischen 1999 und 2009 eine Zunahme der Engagementquote von sieben Prozentpunkten auf 37% im Alter von 60 bis 69 Jahren (*BMFSFJ* 2010a: 19). Im gleichen

Zeitraum gab es in der Altersgruppe der über 70-Jährigen ein Plus von fünf Prozentpunkten auf 25%. Das Engagement älterer Menschen schiebt sich immer weiter über den Ruhestandsbeginn hinaus. Die Engagementquote von Männern überwiegt weiterhin die der Frauen, so weisen Männer von 70 Jahren und älter einen Anteil von 31% auf, Frauen dieses Alters von 22% (60-69 Jahre: 41% zu 34%). Das Engagement ist zudem in den alten Bundesländern weiterhin höher als in den neuen. Entsprechend ihres Engagementprofils engagieren sich ältere Menschen zunehmend in den Bereichen Soziales, Pflege und Betreuung. Ab dem 45. Lebensjahr ist es nach den Ergebnissen des Freiwilligensurveys 2009 besonders wichtig, dass sich im Rahmen des Engagements Kontakte mit anderen Generationen ergeben und damit nachlassende intergenerative Kontaktmöglichkeiten kompensiert werden können (*BMFSFJ* 2010a: 20).

Die Daten des Alterssurveys ermöglichen ein differenzierteres Bild von gesellschaftlicher Partizipation und Engagement im Alter im Sinne von „produktiven Tätigkeiten" (*Künemund* 2001, 2006; *Kohli/Künemund* 2001). So wird Erwerbstätigkeit im Ruhestand relativ selten praktiziert und auch eher selten gewünscht (s.u.). Mitgliedschaften in Vereinen, Verbänden und informellen Gruppen sind dagegen für ältere Menschen von sehr viel größerer Bedeutung. Etwa die Hälfte der 60- bis 85-Jährigen ist Mitglied in minestens einem Verein oder Verband (*Künemund* 2001: 61), Männer häufiger als Frauen. In informellen, aber dennoch festen Gruppen – wie Stammtisch, Kaffeeklatsch, Wandergruppen – treffen sich ca. 35% dieser Altersgruppe. Die Beteiligung an ehrenamtlichen Tätigkeiten in Vereinen und Verbänden geht über die Altersgruppen stark zurück: Während noch 11,1% der 55- bis 69-Jährigen aktiv sind, sinkt die Beteiligung unter den 70- bis 85-Jährigen auf 5,2%. Männer sind in allen Altersgruppen – in Ost und West – häufiger ehrenamtlich tätig als Frauen, und diese Differenz nimmt über die Altersgruppen zu (*Künemund* 2001: 69). Das aktive politische Engagement wie auch das politische Interesse geht mit zunehmendem Alter stärker zurück, insbesondere bei Frauen. Pflegetätigkeiten und Enkelbetreuung spielen für einen Teil der älteren Bevölkerung eine wichtige Rolle: So sind von den 55- bis 69-Jährigen 14,2% in Pflegetätigkeiten und 27,1% in Enkelkinderbetreuung engagiert, Frauen jeweils deutlich häufiger als Männer. Von den 70- bis 85-Jährigen sind es immerhin noch 8,3% (Pflege) bzw. 15,6% (Enkel) (*Künemund* 2001: 188f.). Aus den Ergebnissen des Alterssurveys wird deutlich, dass auch die Älteren noch in erstaunlich hohem Maße in einem oder mehreren Tätigkeitsfeldern aktiv sind: 41% der 70- bis 85-Jährigen gehen mindestens einer der fünf genannten Tätigkeiten nach (*Künemund* 2001: 140).

4.3.2 Erwerbsarbeit im Ruhestand

Die Weiterführung bzw. Aufnahme einer *Erwerbsarbeit im Ruhestand* haben *Baur u. a.* (1996) und *Wachtler/Wagner* (1997) untersucht. Der quantitative Umfang dieser Tätigkeiten ist nach der Sozial- und Arbeitsstatistik schwer zu ermitteln (vgl. *Kap. 2.3.2*). Auch die Bewertung von Erwerbsarbeit im Ruhestand fällt schwer: Es kann sich um einen „Zwang" zur Weiterarbeit handeln, um die geringen Alterseinkommen aufzustocken, kann aber auch als Bedürfnis zur weiteren gesellschaftlichen Integration und nach sozialen Beziehungen interpretiert werden. Die Chancen, den Renteneintritt zu verzögern und über die gesetzliche Altersgrenze hinaus zu arbeiten, sind ungleich verteilt und steigen mit dem Bildungsniveau (*Naumann/Romeu Gordo* 2010: 128). Wahrscheinlich gelingt es insbesondere hoch Qualifizierten in stabiler Beschäftigung am häufigsten, ihren Renteneintritt aufzuschieben oder auf gleicher Qualifikationsstufe in anderen Unternehmen weiterzuarbeiten.

Die (registrierte) Zahl der geringfügig Beschäftigten (400€/Monat, sog. „Minijobber") unter den über 64-Jährigen hat sich von 2002 bis 2012 um fast 260.000 auf etwa 761.000 erhöht – ca. 120.000 dieser Gruppe sind 75 Jahre oder älter (!). Die Zahl versicherungspflichtiger Beschäftigter über 65 Jahren ist zudem in diesem Zeitraum um mehr als 45.000 auf über 154.000 gestiegen (*www.sueddeutsche.de* 2012). Im Jahr 2010 betrug die Erwerbsquote der 65-Jährigen und Älteren insgesamt 3,9%, bei Männern 5,6% und bei Frauen 2,7% (vgl. *Statistisches Bundesamt* 2011: 90). Im früheren Bundesgebiet findet sich ein deutlich höherer Anteil als in den neuen Ländern, obwohl in der DDR die Erwerbsarbeit über die Rentengrenze hinaus eine wichtige betriebliche und persönliche Bedeutung hatte. In der „Berliner Altersstudie" wurde insgesamt ein Umfang von 3% an Alterserwerbstätigkeit in Voll- und Teilzeittätigkeiten festgestellt, bei den unter 85-Jährigen lag der Anteil bei 4% (G. *Wagner u. a.* 1996: 285). Bereits im Jahr 1994 waren 21,6% aller über 65-jährigen Erwerbstätigen auf Geringfügigkeitsbasis sozialversicherungsfrei beschäftigt, und zwar mit 27,7% deutlich mehr Frauen als Männer (18,2%) (vgl. *Wachtler/Wagner* 1997: 19). Beschäftigt waren erwerbstätige Rentner und Rentnerinnen Mitte der 1990er Jahre vor allem in Betrieben der Branchen Verkehr/Nachrichten, Kredit/Versicherungen, Landwirtschaft, Dienstleistung, Handel und produzierendes Gewerbe. Im Jahr 2010 finden sich überdurchschnittlich viele in den Bereichen Gebäudereinigung, Hotel und Gaststätten, Ärzte/Apotheker, Dienst- und Wachberufe, Unternehmensberatung, Landwirtschaft und als mithelfende Familienangehörige (*Statistisches Bundesamt* 2011b: 85ff., vgl. *Kap. 2.3.2*).

Nach einer repräsentativen Untersuchung des *Prognos-Instituts* (*Baur u. a.* 1996: 30ff.) beschäftigen Mitte der 1990er Jahre unter den privaten, gemeinwirtschaftlichen und öffentlichen Arbeitgebern 38% der Betriebe Rentner, darunter ca. 20% „ab und zu" und ca. 10% „regelmäßig". Allerdings ist das quantitative Ausmaß der Rentnerbeschäftigung marginal: In rund 90% aller Betriebe werden zu dieser Zeit keine oder nur 1-2 Rentner beschäftigt, die regelmäßig oder ab und zu mitarbeiten; nur in ca. 10% aller Betriebe arbeiten 3 oder mehr Rentner mit. Nach der Anzahl der Festbeschäftigten in allen Betrieben erreichen die Rentner einen Anteil von knapp 0,4%, wobei Rentnerbeschäftigung in größeren Betrieben etwas häufiger vorkommt als in kleinen (dort ist die Wahrscheinlichkeit auch größer, vgl. *Baur u.a.* 1996: 30). Eine schwerpunktmäßige Verteilung nach Wirtschaftszweigen lässt sich nicht erkennen; der Dienstleistungsbereich und das verarbeitende Gewerbe unterscheiden sich nach Rentneranteil nicht signifikant. Auffallend ist, dass nach dieser Studie der Anteil der Rentner an den Beschäftigten in den Betrieben steigt, die einen höheren Anteil von über 55-Jährigen an der Stammbelegschaft aufweisen. Nach dem Geschlecht betrachtet überwiegt die Beschäftigung von Rentnern die der Rentnerinnen beträchtlich: Der Anteil der Männer an allen beschäftigten Rentnern liegt bei 75%, wobei deren Anteil im verarbeitendem Gewerbe mit 82% überproportional hoch ist (Dienstleistungen: 65%). Unter den Anlässen für die Mitarbeit von Rentnern stehen mit jeweils ca. 35% Krankheitsvertretungen und Mithilfe bei saisonalen Spitzen im Vordergrund, danach kommen unregelmäßige Sonderaufgaben und Boten- bzw. Telefondienste. Das Qualifikationsniveau der Rentnertätigkeit liegt bei ca. 45% auf der Ebene „Hilfs- und Aushilfstätigkeiten", bei 40% auf Facharbeiterebene, 12% in „höheren Fachtätigkeiten" und bei 4% auf der Ebene „Geschäftsleitung, Verwaltungsrat". Die beschäftigten Rentner rekrutieren sich häufig aus den ehemals Festbeschäftigten: 62% der Betriebe beschäftigen frühere Betriebszugehörige als Rentner, 18% nur früher nicht zum Betrieb gehörige und 20% sowohl als auch.

Nach der Untersuchung von *Wachtler/Wagner* (1997) wird Erwerbsarbeit im „Ruhestand" in einer Reihe von Branchen in ungelernten Aushilfstätigkeiten bis hin zu hochqualifizierten Arbeiten mit besonderer Spezialisierung geleistet. In den untersuchten Tätigkeiten nutzen die Befragten ihre in der Ausbildung wie auch im Erwerbsleben gewonnenen Qualifikationen, Kenntnisse und Fähigkeiten. Sind sie bei früheren Arbeitgebern weiterbeschäftigt, führen sie entweder dieselben Tätigkeiten wie vor der Verrentung oder damit im Zusammenhang stehende aus. Bei einem betrieblichen Wechsel nach der Verrentung wird auf erlerntes und bewährtes Wissen zurückgegriffen. Berufliche Neuanfänger sind dagegen selten. In der Motivationsstruktur sind solche erwerbstätigen Rentner und Rentnerinnen, die ihren Beruf nach der Verrentung zunächst aufgegeben hatten und erst später wieder eingestiegen sind („Neueinsteiger"), von denen zu unterscheiden, die beim früheren Arbeitgeber – evtl. zu anderen Konditionen – weitergearbeitet haben („Weiterbeschäftigte").

Die „Neueinsteiger" hatten überwiegend die Erwerbstätigkeit wegen akuter gesundheitlicher Probleme vorzeitig aufgegeben, sich aber trotz ihres physischen Zustands nicht abhalten lassen, nach einer Pause wieder erwerbstätig zu werden. Die Betreffenden sind i.d.R. finanziell gut abgesichert, brauchen aber möglicherweise „die Bestätigung durch den Beruf, um sich und der Umwelt zu beweisen, dass sie trotz Krankheit noch nicht 'zum alten Eisen' zählen“ (*Wachtler/Wagner* 1997: 85). In einzelnen Fällen ist aber auch das geringe Einkommen im Ruhestand Anlass für einen erneuten beruflichen Einstieg. Die Hauptmotive der Befragten sind weniger materieller, sondern eher sozialer Art: Eine bedeutsame Rolle beim Neueinstieg spielt die Absicht, soziale Beziehungen zu erhalten oder zu aktivieren. Zudem wird eine sinnvoll interpretierbare Beschäftigung als wichtige Triebfeder des Handelns genannt, außerdem das Gefühl, gebraucht zu werden. Wichtig sind auch die Möglichkeiten, eher nach eigenen Vorstellungen ohne frühere Zwänge zu arbeiten. Eine besondere Sinndimension der nachberuflichen Erwerbstätigkeit erschließt sich aus der Möglichkeit, die mit regulärer Erwerbstätigkeit verbundenen zeitlichen Zwänge abzuschütteln, da im geringeren zeitlichen Umfang als früher oder flexibler nach eigenen Bedürfnissen gearbeitet werden kann (*Wachtler/Wagner* 1997: 90).

Die „Weiterbeschäftigten“ arbeiten in der Kontinuität langjährig gewachsener Beziehungen zu den Firmenleitungen und den Kollegen bzw. Kolleginnen. Je nach vorhergehender Erwerbsbiographie und dem erreichten beruflichen Status variieren die möglichen Formen der Weiterbeschäftigung stark. So sind bei niedrig qualifizierter Tätigkeit auch finanzielle Einbußen mit der Weiterarbeit verbunden. Gerade bei weiblichen Beschäftigten spielt die fortgeführte Erwerbstätigkeit zur Aufstockung der niedrigen Altersrente eine wichtige Rolle. Sie wird auch zur Abwendung psychischer Erkrankungen, z.B. von Depressionen, weiter betrieben und als „Beschäftigungstherapie“ verstanden (*Wachtler/Wagner* 1997: 92). Männliche Beschäftigte betonen häufiger die soziale Verantwortung gegenüber ihrem Betrieb und weisen die finanziellen Aspekte des Beschäftigungsverhältnisses von sich. Zentral ist aber bei fast allen Befragten die soziale Seite der weitergeführten Erwerbsarbeit. Eine gewisse Ausnahme bilden nur die Selbständigen, die über die Rentengrenze hinaus tätig sind. Für sie begründen primärstrukturelle oder firmenbedingte Zwänge und Motive die Weiterarbeit.

Insgesamt betrachtet wird der nachberuflichen Tätigkeit eine weitgehend andere Bedeutung zugemessen als der früheren regulären Berufsarbeit. Da sie in der Regel vom Zwang der Existenzsicherung entlastet ist, können andere – und vorher zum Teil vermisste – Aspekte von Erwerbstätigkeit in den Vordergrund rücken, wie Autonomie, Selbstbestimmung, Kontakte und Kommunikation, Anerkennung und Zeitsouveränität. Insofern wird die nachberufliche Tätigkeit als Bereicherung der Lebenslage erfahren, indem Handlungs- und Dispositionsspielräume wachsen, die früher nicht bestanden und im „arbeitslosen“ Ruhestand nicht realisierbar gewesen wären. Dazu besteht auch eine hohe Akzeptanz gegenüber ungesicherten

Beschäftigungsverhältnissen. Als eines der wichtigsten Ergebnisse ihrer Studie bezeichnen *Wachtler/Wagner* (1997: 101) „die Erkenntnis, dass es in der Gruppe der Menschen, die die reguläre Altersgrenze überschritten haben, eine nicht unbeträchtliche Anzahl gibt, die auch im fortgeschrittenen Lebensalter nicht auf die psycho-sozialen Funktionen von Arbeit verzichten wollen und bereit sind, dafür auch ungeschützte Beschäftigungsverhältnisse einzugehen." Zentral ist für diese Menschen der mit ihrer Arbeit verbundene Anerkennung verschaffende, Identität konstituierende und sozialintegrative Aspekt.

4.3.3 Andere Formen gesellschaftlicher Partizipation

Da sich der Ruhestand als Lebensabschnitt ohne Erwerbsverpflichtungen immer weiter ausgedehnt hat, sind auch die Chancen zu einer selbstgestalteten Nutzung dieser (Lebens)Zeit gewachsen. Im Sinne des „Aktivitätskonzepts" (vgl. *Kap. 3.2.1*) gibt es schon seit Jahrzehnten Orientierungen in Altenkultur und Altenpolitik, die Aktivität im Alter propagieren. Klassische Formen von Altersaktivitäten waren Angebote kirchlicher oder freigemeinnütziger Träger, wie z.B. Kaffeetrinken, Bastelkreise oder gemeinsame Ausflüge. Weitere öffentliche Angebote bestanden schon früh im Bildungsbereich, wie z.B. Vorträge, Kurse an Volkshochschulen oder kulturelle Veranstaltungen. Doch erst seit den 1980er Jahren werden erweiterte Rollenmöglichkeiten und Handlungsspielräume älterer Menschen durch die Bereitstellung entsprechend weitergehender gesellschaftlicher Rahmenbedingungen gefördert, indem z.B. Selbsthilfeinitiativen unterstützt werden. Die bedeutendsten Formen politisch unterstützter Initiativen sind „Seniorenbüros", „Seniorengenossenschaften", „Erfahrungswissen für Initiativen" sowie weitere nachberufliche Tätigkeitsbereiche und Formen neuer Ehrenamtlichkeit, insbesondere im sozialen Bereich (*Knopf u.a.* 1999). Solche Initiativen tragen – auch als Formen moderner Altenarbeit (vgl. *Kap. 5.3.2*) – zur Erweiterung bedürfnisbezogener sozialer Netzwerke und von Lebenswelten älterer Menschen bei und fördern gesellschaftliche Partizipation und Integration im Alter.

Insgesamt gesehen war die *Teilnahme älterer Menschen am Bildungsbereich* bisher eher gering: Nur 8% der Gesamtheit alter Menschen haben in den 1990er Jahren im Alter Bildungsaktivitäten neu aufgenommen (*Knopf u.a.* 1999: 117). Seither ist aber eine erkennbare Zunahme zu verzeichnen (*Karl* 2009: 63). Auch wenn es keine zuverlässigen Informationen über Bildungsaktivitäten älterer Menschen gibt, so zeigen einzelne Untersuchungen, dass sich Senioren zwar seltener als jüngere Menschen an entsprechenden Programmen beteiligen, aber dennoch recht engagiert sind (vgl. *Alber/Schölkopf* 1999: 83). Einen deutlichen Aufschwung hat seit Beginn der 1980er Jahre das Seniorenstudium an den Universitäten zu verzeichnen.

Ausgehend von Modellversuchen in Dortmund und Marburg gibt es inzwischen an 50 deutschen Hochschulen Lehrangebote und Studienmöglichkeiten für ältere Menschen, die von etwa 35.000 Hörern pro Jahr im Alter von über 55 Jahren in Anspruch genommen werden (*Karl* 2009: 122). Sie studieren entweder als Gast- bzw. regulär Studierende oder in speziellen Seniorenstudiengängen (vgl. *Alber/Schölkopf* 1999: 83). Dabei waren aber bisher überwiegend Personen beteiligt, die eine biographische Orientierung auf Bildungsprozesse hin aufweisen oder durch äußere Lebensumstände bedingt bildungsmäßig benachteiligt sind und einen Nachholbedarf befriedigen.

Seit etwa zwei Jahrzehnten hat sich die Altersbildung in thematischer und institutioneller Hinsicht weit aufgefächert. Als „Lernfelder“ der Altersbildungspraxis werden dabei unterschieden (vgl. *Kade* 1994):

- *Biographie*: Ansätze und Projekte, die im Austausch mit der eigenen oder auch jüngeren Generationen zur biographischen Selbstvergewisserung und Reflexion beitragen sollen, z.B. in Form von „Erzählcafés“, Zeitzeugenberichten, Generationsdialogen und themengelenktem Erzählen;
- *Alltag*: Hierbei geht es um die Entwicklung lebenspraktischer Kompetenzen zur Erhaltung der Selbständigkeit im Alter, z.B. in Form von Bewegungsarbeit, „Wissensbörsen“, Zeitungsprojekten, Trauer- und Witwenseminaren oder Begleitung Sterbender;
- *Kreativität*: Hier wird der Schwerpunkt auf die Gewinnung kreativer Kompetenz und den „schöpferischen Selbstausdruck“ gelegt, z.B. Literatur-Gesprächskreise, Theaterprojekte, Schreibwerkstätten, Chöre sowie Photo- und Videowerkstätten;
- *Produktivität*: Dazu zählen eher Konzepte und Vorhaben „angewandter Bildung“, wie berufliche Neu- oder Umorientierung, um auch im Alter weiter berufstätig zu sein, Weiterarbeit im gelernten Beruf in anderen Organisationsstrukturen, Mitwirkung in Seniorenbeiräten, Seniorenbüros, Handwerkerinitiativen, Senioren-Experten-Diensten und Reparaturdiensten (vgl. Beispiele in *Knopf u. a.* 1990; *Schweppe* 1996a).

Gerade auch im Bereich der Produktivität ist eine große Anzahl von Projekten mit Erwerbsarbeitscharakter entstanden, die durchaus als Fortsetzungen der „gesellschaftlichen Integration durch Arbeit“ zu sehen sind. So übernehmen Handwerkerdienste (wie z.B. das Berliner „Werkhaus Anti-Rost“; vgl. *Schmidt* 1996), die aus ehemaligen Handwerkern im Vorruhestand oder in Rente bestehen, Reparatur- und kleinere Renovierungsaufträge für sozial Bedürftige oder gemeinnützige Einrichtungen. Ein weiteres Beispiel ist das bereits 1979 gegründete Projekt „ZWAR“ („Zwischen Arbeit und Ruhestand“), das eine Reihe von Gruppen initiiert hat, in denen vor allem Vorruheständler in verschiedensten Themenbereichen (z.B. Umweltfragen, Musizieren, Töpfern, Theatergruppen, Sport und Bewegung) aktiv wurden (vgl. *Klehm* 1996). Damit wollten sich insbesondere die beruflich Frühausgegliederten mit ihren Partnern und Partnerinnen aktiv an den Ruhestand anpassen und neue Kompetenzen gewinnen. Eine besondere Bedeutung haben diese Gruppen in den neuen Bundesländern erfahren, da dort Anfang der 1990er Jahre in kürzester Zeit eine ganze Generation Erwerbstätiger jenseits des 55. Lebensjahres in den Vorruhestand geschickt wurde. Inzwischen (2012) hat sich die Zielrichtung der Arbeit von ZWAR erweitert: So berät die ZWAR Zentralstelle Nordrhein-Westfalen Kommunen, (Wohlfahrts-)Verbände, Träger, Einrichtungen und Vereine bei der Gestaltung einer zukunftsorientierten Seniorenarbeit. Schwerpunkte sind dabei die Förderung von bürgerschaftlichem Engagement und die Initiierung und Verstetigung von nachhaltigen sozialen Netzwerken älterer Menschen (*www.zwar.org*).

Ehrenamtliches Engagement und unbezahlte Arbeit im Alter haben in den letzten Jahren an Bedeutung für die gesellschaftliche Partizipation älterer Menschen gewonnen (vgl. *Backes* 2005; *Backes/Höltge* 2008). Wurden noch bis Ende der 1980er Jahre Menschen über 65 Jahre in weiten Bereichen vor allem des sozialen Ehrenamtes reserviert behandelt, so hat in der Zwischenzeit ein umfängliches Werben um die zeitlichen und fachlichen Ressourcen Älterer eingesetzt. Dabei nehmen die Formen des „traditionellen" Ehrenamtes (wie Mitwirkung in Vereinen, Kirchengemeinden, sozialen Organisationen) in ihrer Bedeutung langsam ab. Es zeigt sich ein Strukturwandel des Ehrenamts von der Fremd- zur Selbsthilfe, indem eine Ablösung „selbstloser" Motive sozial Engagierter mit Milieubindung (z.B. Kirche, Gewerkschaften) durch vermehrt „selbstbezogene" Motive erfolgt, die (auch) der eigenen Entwicklung und Entfaltung förderlich sind (*Knopf u.a.* 1999: 128). Obwohl entsprechende ehrenamtliche Tätigkeiten als „Altenselbsthilfegruppen" verstanden werden, tragen sie zur Unterstützung anderer Gesellschaftsmitglieder und zur gesellschaftlichen Integration ehrenamtlich tätiger Alter bei.

Die Formen und Felder der „neuen Ehrenamtlichkeit" verknüpfen Lern- und Handlungsmotive und gehen in ihren Wirkungen inzwischen über den Sozial- und Gesundheitsbereich hinaus. Die Vielzahl möglicher Tätigkeitsfelder lässt sich in sieben „Engagementsbereichen" zusammenfassen (vgl. *Braun/Claussen* 1996: 120):

- Bildung und Kultur,
- Hilfen im Alltag,
- Kontakte und gemeinsame Unternehmungen,
- altenpolitisches Engagement,
- handwerkliche und wirtschaftliche Tätigkeiten,
- Sport und Bewegung,
- Wohnen, Wohnumfeld und Umweltschutz.

In Deutschland werden erst in den letzten Jahren von öffentlichen Institutionen Hilfen zur Förderung selbstbezogenen Engagements angeboten – meist in Form von Modellprogrammen, die von Bundes- oder Landesministerien finanziert werden. Als Beispiele können die Modellprojekte „Seniorenbüros“ und „Seniorengenossenschaften“ genannt werden. Das vom Bundesministerium für Familie, Senioren, Frauen und Jugend finanzierte Modellprojekt „Seniorenbüros“ (vgl. z.B. *Braun/Claussen* 1996; *Braun/Bischoff* 1999) richtete sich an die Gruppe der „jungen“ bzw. „neuen Alten“. Die Büros sind gedacht als Anlaufstellen für ältere Menschen, um ihnen Kontakte und Anregungen für gemeinsame Aktivitäten zu vermitteln und Möglichkeiten eines Engagements sowie Zugänge zu Tätigkeitsfeldern aufzuzeigen. Dazu wurden folgende Aufgabenbereiche vorgegeben:

1. nachberufliche Tätigkeitsfelder und ehrenamtliches soziales Engagement;
2. Selbsthilfeaktivitäten und Selbsthilfegruppen;
3. Einbindung älterer Menschen in Nachbarschafts- und Beziehungsnetze.

In zwei Phasen des Modellprojekts wurden in der gesamten Bundesrepublik insgesamt 44 Seniorenbüros in verschiedenen Formen von Trägerschaft aufgebaut, die sich nach regionalen Interessen- und Problemschwerpunkten unterschiedlichen Formen von Aktivität widmen. Von 1994 bis 1996 nahm die Inanspruchnahme von 18.150 Nutzern auf 29.000 Nutzer zu (*Braun/Bischoff* 1999: 42). Die Gruppe der Nutzer setzte sich 1996 aus 19.300 Senioren, 6.200 Fachleuten, 2.700 Gruppen und 800 Personen aus Presse und Politik zusammen. Unter den Senioren, die Seniorenbüros nutzten, waren 68% Frauen, 59% zwischen 60 und 74 Jahren alt und 12% 75 Jahre und älter. Die Engagementbereiche der Gruppen und Vereine, die von Seniorenbüros unterstützt wurden, betrafen (*Braun/Bischoff* 1999: 44):

Kontakte und gemeinsame Unternehmungen	28%
Bildung und Kultur	24%
Hilfe im Alltag, soziale und gesundheitliche Selbsthilfe	17%
Altenpolitisches Engagement	12%
Sport und Bewegung	10%
Altengerechtes Wohnen, Umweltschutz	5%
Manuelle und wirtschaftliche Tätigkeit	4%

Fachleute, mit denen Seniorenbüros zusammenarbeiten, kamen 1996 vor allem aus den Arbeitsbereichen Soziale Dienste und Einrichtungen der Altenarbeit (24%), Bildungs-, Kultur- und Sporteinrichtungen (18%), Wirtschaft, Unternehmen (16%), Kommunalverwaltung (12%) und Wohlfahrtsverbände (10%) (*Braun/Bischoff* 1999: 44). Das Projekt ist als Entwicklungs- und Bildungsprozess angelegt, indem über eine Identifizierung gemeinsamer Interessen in Gruppen allmählich Tätigkeitsfelder erschlossen werden sollten. In einem weiteren Schritt wurde angestrebt, systematisch Nachfrage nach ehrenamtlicher Tätigkeit im Umfeld der Seniorenbüros zu eruieren und für Interessierte zu dokumentieren. Auf diese Weise stellen die Seniorenbüros das vermittelnde Bindeglied zwischen engagementbereiten älteren Menschen und ehrenamtliche Tätigkeit nachfragenden Organisationen – wie z.B. Wohlfahrtsverbänden, Gemeinden, freien Initiativen, Verwaltungen und Krankenhäusern – dar.

Als eine Weiterführung dieses Ansatzes kann das Modellprogramm „Erfahrungswissen für Initiativen" (EfI) gesehen werden, das in den Jahren 2002 bis 2006 vom Bundesministerium für Familie, Senioren, Frauen und Jugend gefördert wurde (vgl. *Engels u.a.* 2007; *Burmeister u.a.* 2007; *Karl* 2009). Um sich den Herausforderungen des demographischen Wandels zu stellen und zugleich das bürgerschaftliche Engagement zu stärken, sollte mit diesem Programm das Erfahrungswissen Älterer in Initiativen, Vereinen und Einrichtungen in verschiedenen gesellschaftlichen Bereichen aktiviert und nutzbar gemacht werden. Die Konzeption war darauf ausgerichtet, das Erfahrungswissen von Menschen im Ruhestand oder nach der Familienphase in eine Multiplikatorenfunktion zu überführen (*Engels u.a.* 2007: 19). Dazu wurden in 35 Kommunen in 10 Bundesländern 942 Seniorinnen und Senioren von örtlichen Agenturen für Bürgerengagement in die Weiterbildung zu *senior*Trainer*innen* vermittelt. An den Kursen waren überwiegend ältere Menschen zwischen 55 und 70 Jahren beteiligt, zu gleichen Teilen Männer und Frauen, die bei überdurchschnittlichem Bildungsniveau im Berufsleben vor allem höhere Angestellte, Beamte oder Selbständige und bereits vorher überweigend ehrenamtlich engagiert waren. Nach Abschluss der Kurse wurden die *senior*Trainer*innen* von den Agenturen bei der praktischen Umsetzung begleitet: Es wurden Bedarfslagen in den Kommunen ermittelt und abgestimmte Projekte entwickelt, neue Lösungsansätze initiiert und bestehende Aktivitäten vernetzt, Organisationen, Vereine und Einrichtungen unterstützt. Über drei Viertel der Kursabsolventen haben langfristig ihr Engagement aufrechterhalten und ca. 4.000 Projekte beraten, begleitet oder neu aufgebaut (*Engels u.a.* 2007: 20).

Die Aktivitäten der *senior*Trainer*innen* verteilten sich auf den sozialen Bereich (69%), Bildungsarbeit (40%), aber auch auf Freizeitgruppen, politisches und Engagement im Gesundheitsbereich sowie in der Kinder- und Jugendarbeit. Die grundlegenden Rollenprofile betrafen

- Unterstützung und Beratung bestehender Freiwilligen-Organisationen und Initiativen (49%)
- Initiator/in neuer Projekte und Gruppen (49%)
- Unterstützung und Vernetzung von bürgerschaftlichem Engagement im Gemeinwesen (34 %)
- Koordination und Moderation der Selbstorganisation (19 %).

Zur Sicherung der Nachhaltigkeit des Konzepts nach Auslaufen der Modellprojektphase sind örtliche *senior*Kompetenzteams aufgebaut worden. So sollen durch informelle Strukturen die einzelnen *senior*Trainer*innen* in den genannten Aktivitäten gestützt und nachhaltig stabilisiert werden. Zum anderen stehen diese Kompetenzteams für kommunal Verantwortliche, Einrichtungen und Träger als Partner zur Weiterentwicklung des freiwilligen Engagements zur Verfügung. Nach dem Ende des Modellprojekts sind eine größere Zahl von seniorTrainerinnen und/oder *senior*Kompetenzteams von Ländern und Kommunen weiter gefördert und in Initiativen eingebunden worden.

4.3.4 Integration in formale Organisationen und politische Partizipation

Politische Interessenvertretung und Einflussnahme geschieht in pluralistischen Demokratien über die Integration in Verbänden und Organisationen. Ältere Menschen sind im Erwerbsleben durch die „Entberuflichung des Alters" immer seltener vertreten, damit gehen Verluste in der Konfliktfähigkeit und eine Schwächung der Organisationsfähigkeit einher (*Alber/Schölkopf* 1999: 84). In der Bundesrepublik besteht – im Gegensatz zu anderen Ländern (wie Italien) – keine „Seniorengewerkschaft". Allerdings bilden die Mitglieder im Ruhestand in den Einzelgewerkschaften die größten Organisationen der Rentner, Pensionäre und Vorruheständler: Sie zählen in der Bundesrepublik etwa 1,7 Mio. Ruhestandsmitglieder, etwa 10% der Bevölkerung über 65 Jahre (*Wolf* 2008). Doch ist die Bedeutung von Rentnern und Rentnerinnen in einzelnen Gewerkschaften eher gering, auch wenn inzwischen dieser Zielgruppe mehr Aufmerksamkeit und Aktivitäten gewidmet werden. Gewerkschaften treten bisher i.d.R. nicht als Vertreter allgemeiner Interessen der Älteren auf. Die konkrete Ausgestaltung gewerkschaftlicher Altenpolitik und Seniorenarbeit obliegt den Einzelgewerkschaften, die Form und Umfang der institutionalisierten Beteiligung älterer Mitglieder sehr unterschiedlich gestalten. Je geringer ältere Menschen in den Gewerkschaften aktiv repräsentiert sind, desto wahrscheinlicher ist, dass diese wichtige gesellschaftliche Interessengruppe in Auseinandersetzungen um Sozialleistungen für primär Nicht-Erwerbstätige Finanzierungsinteressen stärker gewichten als Interessen der Bedarfsdeckung (*Alber* 1994: 153; *Alber/Schölkopf* 1999: 86).

Neben den Gewerkschaften gibt es weitere formale Organisationen der Interessenbeteiligung und -vertretung älterer Menschen, die aber alle kaum als „Seniorenlobby" zu wirken in der Lage sind. In den Selbstverwaltungsorganen der Sozialversicherungen sind ältere Mitglieder kaum vertreten, obwohl die Sitzverteilung dem Finanzierungsschlüssel entsprechen soll. So sind Rentner zwar seit den 1970er Jahren in der gesetzlichen Krankenversicherung als Beitragszahler, aber nicht als eigenständige Gruppe in den Selbstverwaltungsorganen der Kassen repräsentiert. Selbstorganisierte Vereinigungen älterer Menschen sind bisher ebenfalls – im Vergleich zur zahlenmäßigen Bedeutung der Klientel – wenig konflikt- und durchsetzungsfähig. So ist der „Seniorenschutzbund Graue Panther“ seit Mitte der 1970er Jahre durch spektakuläre Aktionen und Medieninteresse aufgefallen und mutierte später zu der Partei „Die Grauen“, doch der Organisationsgrad und die Partizipationsinteressen älterer Menschen sind bisher eher schwach ausgeprägt. Inzwischen (2008) hat sich die Partei „Die Grauen“ nach spektakulären internen Auseinandersetzungen aufgelöst.

Größere Bedeutung haben die „Bundesarbeitsgemeinschaft der Seniorenorganisationen“ (BAGSO) als Dachorganisation verschiedener Vereine älterer Menschen oder die „Bundesseniorenvertretung“ (BSV) als bundesweiter Dachverband der „Seniorenbeiräte“ gefunden. Die BAGSO befasst sich mit altenpolitischen Themen, organisiert regelmäßig den „Deutschen Seniorentag“ und versteht sich als Interessenvertretung älterer Menschen. Zusammenfassend betrachtet sind im Bereich formaler Organisation allerdings Rückzugstendenzen der Älteren zu beobachten, die sich in sinkender Repräsentation in Verbänden und in ihrer beschränkten Organisations- und Konfliktfähigkeit äußern (*Alber/Schölkopf* 1999: 87).

Weitere Foren zur Vertretung gesellschaftlicher Interessen älterer und alter Menschen sind politische Parteien. Das politische Gewicht älterer Menschen über 60 Jahre ist mit etwa 25% des Wähleranteils beachtlich und wird aus demographischen Gründen (vgl. *Kap. 2.3.2*) in den nächsten Jahrzehnten beachtlich wachsen (*Wolf/Kohli* 1998). Im politischen Interesse unterscheiden sich die unter 80-Jährigen kaum von den mittleren Jahrgängen, erst bei den Hochbetagten lässt es deutlich nach – was auch am steigenden Frauenanteil liegt, da Frauen weniger politisches Interesse zeigen. Die Parteien haben bereits einen deutlichen Alterungsprozess erfahren. Der Anteil älterer Menschen unter den Parteimitgliedern der beiden großen Volksparteien und der „Linken“ liegt inzwischen bei 35 bis über 40% Die großen Parteien haben darauf mit der Einrichtung eigener Arbeitsgemeinschaften reagiert. So organisiert die CDU ihre älteren Mitglieder bereits seit 1988 in der „Senioren-Union“, und die SPD hat 1994 darauf mit der Gründung der „Arbeitsgemeinschaft 60plus“ reagiert. Obwohl die Mitwirkung Älterer in politisch wirksamen Organisationen und Verbänden allgemein mit steigendem Alter zurückgeht, wie z.B. die Repräsentation alter Menschen in den Parlamenten, gibt es trotzdem klare Anzeichen für eine zunehmende politische Aktivität unter den Älteren (*Alber* 1994: 161; *Wolf/Kohli* 1998; *Kohli u.a.* 1999).

So hat in *Berlin* das Abgeordnetenhaus am 18.05.2006 mit den Stimmen der SPD, der Linkspartei, der Grünen und der FDP das *Berliner Seniorenmitwirkungsgesetz* verabschiedet, das von den Seniorenorganisationen Berlins schon seit vielen Jahren gefordert wurde: „Ziel dieses Gesetzes ist es, die aktive Beteiligung der Berliner Seniorinnen und Senioren am sozialen, kulturellen und politischen Leben zu fördern, die Erfahrungen und die Fähigkeiten der Berliner Seniorinnen und Senioren zu nutzen, die Beziehungen zwischen den Generationen zu verbessern, die Solidargemeinschaft weiterzuentwickeln sowie den Prozess des Älterwerdens in Würde und ohne Diskriminierung unter aktiver Eigenbeteiligung der Berliner Seniorinnen und Senioren zu gewährleisten" (BerlSenG v. 25.5.2006, § 1). Politische Aktivitäten finden sich vor allem in neueren Gremien der Bürgerbeteiligung. Dazu zählen auch die sog. „Seniorenbeiräte" oder „Seniorenräte", durch die eine bessere Beteiligung älterer Bürger und Bürgerinnen bei kommunalen Angelegenheiten, die ältere Menschen betreffen, erreicht werden soll (vgl. *Neckel* 1993: 554ff.). Räte werden – je nach Gegend – ernannt, von Verbänden delegiert oder direkt gewählt. Sie haben Anhörungs- und Beratungsrechte, in kommunalen Entscheidungen allerdings kein Stimmrecht. Dennoch hat die Zahl der Seniorenvertretungsorgane seit Anfang der 1980er Jahre rasch zugenommen.

4.3.5 Fazit

Den heute praktizierten Formen von Tätigkeiten und Arbeit im Alter kommt für die Vision einer zukünftigen „altersintegrierten Gesellschaft" (*Riley/Riley* 1992: 454) eine besondere Bedeutung zu. In dieser Gesellschaft wird nicht mehr Bildung fast ausschließlich mit dem jüngeren, Erwerbsarbeit mit dem mittleren und Freizeit mit dem höheren Lebensalter gekoppelt, sondern alle drei Bereiche ziehen sich – wenn auch nach Lebensalter in unterschiedlicher Konstellation – durch den Lebenslauf. Dem Trend zu Erwerbsarbeit im Alter stand bisher aber noch der wesentlich bedeutendere, sich noch immer auswirkende Trend einer „Frühausgliederungsgesellschaft" (*Backes/Clemens* 1987) entgegen. Wenn Ältere auf dem Arbeitsmarkt (regulär) nur noch bedingt benötigt werden und die Betriebe vor allem auf Verjüngung setzen, ist diese Entwicklung gegen altersintegrierte Strukturen gerichtet (*Tews* 1999: 159). Die neuen Formen von Erwerbsarbeit und sonstigen Tätigkeitsformen im Alter versuchen, diesem Trend entgegenzuwirken. Damit wird auch die quantitativ früher bedeutendere sozialintegrative Funktion von Erwerbsarbeit auf z.T. andere Arbeitsformen im Alter umgeleitet. Die Chance einer partiellen „Entprivatisierung" des Alters wird in Hinsicht auf Erwerbsarbeit bisher beschnitten, dafür aber in eher selbstbestimmten und die eigenen Kompetenzen entwickelnden Tätigkeitsformen neu entfaltet. Eine Vergesellschaftung und soziale Integration im Alter erfolgt zwar weiterhin primär über Familie und Verwandtschaft, außerfamiliäre soziale Netzwerke in Nachbarschaft oder Freundeskreis sowie durch Freizeit und Konsum, aber die neuen Formen gesellschaftlicher Partizipation vermitteln – insbesondere für die Gruppe der „neuen Alten" – auch im Zeitalter der „Individualisierung“ soziale Beziehungen und führen zu einem ausgewogeneren Verhältnis zwischen Individualität und Sozialität.

4.4 Familie, Partnerschaft und Generationenbeziehungen

Familie und Partnerschaft sind die dominierenden Formen sozialer Beziehungen und sozialer Räume im Alter. Durch sie werden die Lebenslage im Allgemeinen und soziale Gelegenheitsstrukturen im Besonderen bestimmt. In vielen sozialwissenschaftlichen Untersuchungen wird die große Bedeutung der Familie für den alten Menschen belegt (vgl. *BMFuS* 1993: 197; *Kohli u. a.* 2005; *Mahne/Motel-Klingebiel* 2010). Trotz Wandlungs- und z.T. Krisenerscheinungen in der „Institution Familie“ – wie sinkende Eheschließungszahlen, weniger Kinder, steigende Scheidungszahlen – bleibt die Wertschätzung der Familie sehr hoch. Wünsche nach Gemeinsamkeit, Geborgenheit und Kommunikation, Verständnis zwischen Eltern und Kindern beschreiben allerdings Idealvorstellungen, die in der Realität kaum standhalten. Familie wird deshalb auch als bedeutendster Konfliktbereich zwischen den Generationen benannt, in einer österreichischen Untersuchung von *Rosenmayr* und *Majce* gaben 60% die Familie als generationales Spannungsfeld an (vgl. *Rosenmayr* 1996: 74). Trotzdem bleibt die Familie – sofern vorhanden – das zentrale Handlungsfeld für ältere und alte Menschen, da intrafamiliäre Kontakte in sozialer und psychischer Hinsicht für den alternden Menschen eine steigende Bedeutung erfahren und entscheidender für die soziale Integration und Lebensqualität im Alter werden (vgl. Horst *Reimann* 1994; *Stosberg/Blüher* 2006; *Tesch-Römer* 2010). Geringe oder keine Familienbeziehungen bedeuten vice versa ein weitgehende Beschneidung von Handlungs- und Kontaktspielräumen, mit der sowohl soziale und emotionale Einschränkungen und Umorientierungen einhergehen als auch die Reduzierung der mit Netzwerkbeziehungen verbundenen Formen des Gebens und Nehmens von sozialer und materieller Unterstützung.

Die Beziehungen zur verwandtschaftlichen und weiteren sozialen Umwelt werden auch im Alter als „soziale Netzwerke“ analysiert (vgl. *Stosberg/Blüher* 2006). Neben dem Aspekt des instrumentellen und emotionalen Austauschs werden Netzwerke vor allem hinsichtlich der Formen sozialer Unterstützung betrachtet, die im Alter eine besondere Bedeutung erhalten. Innerhalb der Verwandtschaft werden im sozialen Netzwerk Partnerschaft, Elternschaft, Geschwister und andere Verwandte als soziale Beziehungen unterschieden. In der jetzt alten Generation sind familiäre Bindungen noch ganz wesentlich für den Zusammenhalt des sozialen Netzwerkes. Dies zeigt sich in empirischen Untersuchungen, wie der „Berliner Altersstudie“ (BASE; vgl. *Wagner u. a.* 1996) oder der „SIMA“-Studie („Bedingungen der Erhaltung und Förderung von Selbständigkeit im hohen

Alter"; vgl. *Stosberg* 1998), in der die sozialen Beziehungen als „egozentrierte Netzwerke" untersucht wurden. In der SIMA-Studie (mit einer untersuchten Gruppe von 75- bis 93-Jährigen) variiert die Größe des Netzwerks zwischen einer und 19 Personen bei einem Mittelwert von 8,5; in der BASE beträgt die Größe im Mittel 10,9 Personen. In der SIMA-Studie berichten 48% der Befragten, dass ihr Netzwerk überwiegend aus Verwandten bestehe, 6,5% haben ausschließlich Verwandte als Netzwerkpersonen benannt. Soziale Aktivitäten werden zu 19,5% mit engen Verwandten (Kindern), zu weiteren 31,2% mit entfernten Verwandten unternommen. Bei Hilfeleistungen ist mit 44,2% der Anteil der engen und ferneren Verwandten geringer.

In der BASE zeigen sich deutliche Unterschiede in der Netzwerkgröße nach dem Familienstand. Geschiedene weisen die kleinsten sozialen Netzwerke auf. Verheiratete nennen im Mittel 14,1 Netzwerkpartner, Verwitwete 10,6, geschiedene Alte dagegen nur 7,6. Kinderlose alte Menschen haben wesentlich kleinere Netzwerke (8,1) als solche mit Kindern (12,0). Heimbewohner weisen mit Abstand die durchschnittlich kleinsten Netzwerke auf (4,5), Alte in Privathaushalten nennen dagegen im Mittel 11,3 Netzwerkpartner (*Wagner u.a.* 1996: 310f.). Die Größe des Netzwerks sagt allerdings noch nichts über die Qualität und Intensität der sozialen Beziehungen darin aus. So bestehen sehr große Netzwerke häufig aus vielen Beziehungen, die aber eher weniger eng sind und im Fall einer notwendigen Unterstützung nicht zur Verfügung stehen. Nach *Fooken* (1999: 235) finden sich bei Personen mit einem derartig strukturierten Netzwerk häufiger Einsamkeitserleben, depressive Reaktionen und Zukunftsängste als bei Personen mit mittelgroßem Netzwerk. In sehr kleinen Netzwerken kann es zu Abhängigkeiten kommen, wird mehr Kontrolle ausgeübt und bestehen weniger soziale Alternativen.

Die verschiedenen *Formen familiärer Beziehungen im Alter* sind unter dem Aspekt von Handlungsspielräumen als Dimensionen der Lebenslage genauer zu betrachten. Die Lebenslage im Alter erfährt ihre äußere Gestalt zunächst durch demographische Vorgänge und Veränderungen. *Ehe und Partnerschaft* existieren als Lebensform wegen der genannten demographischen Gründe nur für einen Teil älterer und alter Menschen: So sind Ende 2009 (nur) noch 51,6% der Menschen im Alter von 70 Jahren und mehr verheiratet, 34,8% sind verwitwet (*Statistisches Bundesamt* 2011: 43). Die Werte werden durch erhebliche Alters- und Geschlechtsdifferenzen relativiert: 72,9% der Männer, jedoch nur 37,6% der Frauen in der Population sind verheiratet, mit zunehmendem Alter weniger (vgl. auch *Kap. 2.4.4*). Objektive und subjektive Handlungsspielräume in der Partnerschaft alter Menschen ergeben sich aus materiellen, gesundheitlichen, emotionalen und interessenbezogenen Lebensbedingungen. Mit den materiellen sind Fragen des Konsums und der Wohnbedingungen verbunden (vgl. *Kap. 4.1* und *4.6*), die für alle Menschen dieses Alters gelten. Gesundheitliche Einbußen eines Partners engen i.d.R. die Handlungsspielräume des anderen ebenfalls ein, da (zumindest teilweise) Hilfe- und Pflegeleistungen übernommen werden. Aber auch Aspekte von Intimität und Emotionalität bestimmen unterschiedliche Formen von Handlungsressourcen. So ist z.B. mit gegenseitiger Nähe häufig eine Reziprozität zu erbringender Aufgaben und gemeinsamer Aktivitäten verbunden. Emotionale Entfremdung dagegen kann einen geringen Grad von Austausch bedeuten, oder in der Partnerschaft wird eine Balance zwischen individueller Autonomie und gegenseitiger Bezogenheit erreicht (vgl. auch *Fooken* 1999: 224). Folgende Problemfelder können sich in alternden Beziehungen eher negativ auf Handlungs- oder Dispositionsspielräume auswirken: Fragen der Sexualität, Veränderungen des Körpers bei nachlassender gegenseitiger Attraktivität, neue Abhängigkeiten bei Pflegebedürftigkeit oder Persönlichkeitsveränderungen eines Partners, z.B. durch Demenz (vgl. auch *Kap. 2.4.4*).

Ehe und Partnerschaft als i.d.R. engste Lebensformen werden durch den Tod eines Partners beendet. Die *Verwitwung* betrifft wegen der wesentlich höheren Lebenserwartung in erster Linie Frauen: Im Jahr 2009 waren von den 70- bis unter 75-jährigen Männern noch 78,7% verheiratet und 8,9% verwitwet, von den gleichaltrigen Frauen dagegen noch 56,5% verheiratet und bereits 30,6% verwitwet (vgl. *Statistisches Bundesamt* 2011: 43; vgl. *Kap. 2.3.2, Tab. 5; Kap. 2.4.4*). Verwitwete Männer heiraten im Alter häufiger wieder als Frauen oder leben öfter in nichtehelichen Lebensgemeinschaften zusammen. Eine Verwitwung von Frauen kann für ihre Handlungsoptionen unterschiedliche Folgen zeitigen: Bestanden durch die Partnerschaft gemeinsame soziale Beziehungen, oder war der (Ehe-)Partner deren Initiator, kann mit dem Verlust des Partners eine Einschränkung im sozialen Netzwerk einhergehen. Waren andererseits z.B. Krankheit und Pflege des Partners oder Partnerschaftsprobleme Hemmnisse für soziale Kontakte, wird die Verwitwung der Frau auf mittlere Frist die Chance für Reaktivierung oder Neuentwicklung sozialer Kontakte bieten. Im familiären Kontext kann der überlebende Partner häufig damit rechnen, dass gemäß dem Prinzip der Kompensation oder Substitution Verwandte Funktionen und Beziehungen stärker wahrnehmen, die zuvor der Partner oder ein nahestehendes anderes Familienmitglied innehatten (vgl. *Wagner u.a.* 1996: 302). Die Beziehung des überlebenden Elternteils zu den eigenen Kindern intensiviert sich möglicherweise in diesem Fall.

Deutlich wird hiermit schon, dass sich die Konstellationen der Lebenslage im Alter entscheidend in unterschiedlichen Handlungsmöglichkeiten und emotionalen Beziehungen äußern. Neben der Verwitwung hat die *Existenz von Kindern* einen zentralen Einfluss auf die Struktur und Funktion sozialer Beziehungen im höheren und hohen Alter. Kinderlosigkeit kann im Zusammenhang mit Verwitwung zu einer Kumulation sozialer Problematik bei der bzw. dem Überlebenden führen. Kinderlosigkeit hat in den letzten Jahrzehnten deutlich zugenommen. So lag der Anteil kinderloser Frauen der

Geburtsjahrgänge 1933 bis 1938 im Westen Deutschlands bei 11% und im Osten bei 9%. Die endgültige Kinderlosigkeit nahm bei den Geburtsjahrgängen 1939 bis 1963 im Westen von 12% auf 19% zu, während sie im Osten auf einem deutlich niedrigeren Niveau von ca. 7% blieb (*Statistisches Bundesamt* 2012: 28). Von den 1964 bis 1968 geborenen Frauen hatte bis zum Jahr 2008 ungefähr ein Fünftel keine Kinder bekommen, dies bedeutet fast eine Verdoppelung des Anteils kinderloser Frauen der Jahrgänge 1939 bis 1943 (*Statistisches Bundesamt* 2009a). Zu den Auswirkungen von Kinderlosigkeit wird in verschiedenen Studien (vgl. *Wagner u.a.* 1996: 308) dargestellt, dass Kinderlose über weniger informelle Unterstützung verfügen, sozial isolierter leben als Eltern und weniger Freunde und Nachbarn haben. Außerdem zeigen sie ein geringeres subjektives Wohlbefinden und fühlen sich häufiger einsam. Mit Kinderlosigkeit werden außerdem wichtige Beziehungen zur Enkelgeneration unmöglich. Durch die Geburt von Enkelkindern entstehen häufig neue soziale Beziehungen und Rollen für ältere und alte Menschen (vgl. *Höpflinger u.a.* 2006). Auswirkungen von Kinderlosigkeit auf Struktur und Funktion sozialer Netzwerke sind deshalb im Zusammenhang mit dem Familienstand zu betrachten, da Ledige i.d.R. zeitlebens andere Strategien der Netzwerkgestaltung verfolgen (*Wagner u.a.* 1996: 303).

Allgemein lässt sich mit dem demographischen und kulturellen Wandel als Trend eine seit Jahrzehnten stärker werdende Vereinzelung der Älteren beobachten, die sich aller Wahrscheinlichkeit nach auch in Zukunft fortsetzen wird. Äußere Zeichen dafür sind die zurückgehende Heiratshäufigkeit, eine Zunahme der Scheidungen und die sinkende Geburtenhäufigkeit. Schon Anfang der 1990er Jahre hatten damals 70-Jährige bereits zu einem Viertel keine noch lebenden Kinder, und bei künftigen Generationen älterer und alter Menschen wird der Anteil auf ein Drittel steigen (*BMFuS* 1993: 196). Nach der „Berliner Altersstudie" wiesen ebenfalls (hochgerechnet) etwa ein Viertel aller 70-jährigen und älteren Menschen in West-Berlin kein Familienmitglied im engeren Sinn auf (*Wagner u.a.* 1996: 309). Kinderlosigkeit bei einem Teil der Alten führt zu einer Polarisierung hinsichtlich der Anzahl von Generationen in einer Familie: Vielen alten Menschen ohne Kinder (als Kohorteneffekt) stehen besonders viele mit vier Generationen in der Familie gegenüber. Das bedeutet allerdings nicht, dass Alte mit Kindern und Enkeln über viele, Kinderlose dagegen nur über wenige oder keine Netzwerkbeziehungen oder Handlungsoptionen verfügen. Ältere Personen ohne oder mit wenigen nahen Verwandten sind über den Lebenslauf meist in der Lage, durch Freundschaften, Bekanntschaften und Nachbarn das Fehlen familiärer Beziehungen (teilweise) auszugleichen.

Trotz der häufig festgestellten Lebendigkeit im Generationenverhältnis (vgl. *Kohli u.a.* 2005: 206) besteht ein insgesamt weitreichendes Bestreben älterer Menschen nach Selbständigkeit und eigenem Lebensraum. Nach der Formel „Innere Nähe durch äußere Distanz" (*Tartler*) bedeutet der eigene

Haushalt und die räumliche Distanz zum familialen Netzwerk – insbesondere zu den Kindern und Enkeln – nicht, dass damit auch die Quantität oder Qualität der Kontakte nachlässt. Der Deutsche Alterssurvey (DEAS) berichtet von einer konstant hohen Kontakthäufigkeit und emotionalen Nähe zwischen 40- bis 85-jährigen Eltern und ihren erwachsenen Kindern außerhalb des elterlichen Haushalts: Im Jahr 2008 hatten 81% min. wöchentlich und weitere 12% min. monatlich Kontakt, zwischen 1996 und 2008 blieben diese Zahlen sehr stabil (*Mahne/Motel-Klingebiel* 2010: 197). Es zeigen sich aber Geschlechterunterschiede: Mütter haben häufiger Beziehungen zu den Kindern und fühlen sich ihnen auch enger verbunden. Auch die Beziehungen zwischen Großeltern und Enkeln sind quantitativ bedeutsam: Etwa 40% der Großeltern haben min. wöchentlich oder öfter zu ihren erwachsenen Enkelkindern Kontakt, weitere 30% min. monatlich. Selten bzw. nie sehen und sprechen etwa 25% der Großeltern ihre Enkel (*Mahne/Motel-Klingebiel* 2010: 198; vgl. auch *Höpflinger u.a.* 2006). Die Häufigkeit der Kontakte ist in allen Untersuchungen relativ hoch, während über die Qualität der Beziehungen zwischen alten Eltern, ihren Kindern und Enkeln nur wenige Ergebnisse vorliegen. Diese zeigen aber eine überwiegend positive Tendenz (*BMFuS* 1993: 198); sie werden – nach Ergebnissen des „Sozioökonomischen Panels“ (1991) – von den erwachsenen Kindern zu den alten Eltern zu drei Viertel, umgekehrt zu fast neun Zehntel als „eng“ oder „sehr eng“ bezeichnet. Auch frühere Untersuchungen des Alterssurveys berichtet von engen emotionalen Verbindungen zwischen den Generationen (*Kohli u.a.* 2005: 206).

Die Häufigkeit der Kontakte und die Enge der Beziehung werden auch durch die räumliche Entfernung der Eltern zu ihren Kindern bestimmt, wenn diese nicht mehr im Elternhaus leben. So wohnten nach dem Sozioökonomischen Panel (1991) im früheren Bundesgebiet 47% der nächstwohnenden Kinder im selben Ort, 33% in einem weniger als eine Fahrstunde entfernt liegenden Ort und nur 20% weiter entfernt als eine Fahrstunde (vgl. *BMFSFJ* 1998: 81). Mit höherer Schulbildung geht eine Zunahme der Entfernung einher: Bei Hauptschulabschluss der nächstwohnenden Kinder leben 53%, bei Universitätsabschluss nur noch 25,8% im selben Ort wie die Eltern. Auch das Alter der Kinder hat Einfluss auf die räumliche Nähe zu den Eltern oder Mutter bzw. Vater: In einem Alter zwischen 31 und 60 Jahre wohnen 44,7% der nächstwohnenden Kinder im selben Ort, von den über 60-jährigen Kindern sind es bereits 54,9% Die Wohnentfernung hat für die Leistungs- und Austauschbeziehungen in den privaten Hilfenetzen zwischen den Generationen eine besondere Bedeutung (vgl. auch *Kohli u.a.* 2005: 186; *Hoff* 2006: 255).

Der Kontakt zwischen den Generationen schließt nicht aus, dass trotz emotionaler Bindungen die Kommunikation innerhalb der erweiterten Familie erheblich behindert sein kann, so z.B. durch Generationsunterschiede mit unterschiedlichen Kommunikationsniveaus aufgrund verschiedener

Ausbildung, Lebenserfahrung, Sprachstile, politischer und sozialer Vor- und Einstellungen (vgl. Horst *Reimann* 1994: 118). Alte Menschen mit in der Nähe lebenden, unterstützenden Kindern sind insgesamt aber sozial besser eingebunden und entwickeln eine größere emotionale Verbundenheit mit Hilfeleistenden als „verwaiste Eltern" und Kinderlose (vgl. *Lang* 1994). Damit weisen diese Menschen ein insgesamt zufriedenstellendes Unterstützungssystem auf und erleben soziale Einbindung im Alter.

Eine besondere Form von Eltern-Kind-Beziehungen stellt die *Pflege im Generationenkontext* dar. Gegenüber der früher (fast) unbegrenzten Zuständigkeit der Familie für Pflege und Betreuung ist die Situation heute komplizierter geworden. Insbesondere Langzeitpflege bei Hochbetagten stellt familiäre Ressourcen – vor allem der betreuenden Kinder – auf eine harte Probe (vgl. *Rosenmayr* 1996: 77ff.). Familienpflege obliegt weiterhin überwiegend den Töchtern oder Schwiegertöchtern, die inzwischen durch einen höheren Anteil an qualifizierter Erwerbstätigkeit, Kinderbetreuung und veränderte kulturelle Muster sowie Lebensstile immer weniger in der Lage und bereit sind, bis vor kurzem vermeintlich übliche Standards zu erfüllen. Zwar bleibt das Verpflichtungsgefühl stark entwickelt, und der größte Teil der Pflege wird weiterhin im häuslichen Rahmen – inzwischen mit verstärkten ambulanten Hilfen – auch von der Kindergeneration erbracht. Dennoch entstehen für pflegende Töchter alter Eltern zunehmend Konflikte, die auf die Eltern-Kind-Beziehung ausstrahlen (vgl. *Wand* 1986; *Backes* 1994). Als Folgen können Lebenskrisen bei den Töchtern und Konflikte in deren Ehe entstehen, aber auch Auseinandersetzungen zwischen Pflegenden und zu Pflegenden bis hin zu Gewalt in Pflegebeziehungen (vgl. *Rückert* 1999; vgl. auch *Kap. 4.8*).

Geschwister-Beziehungen überdauern in vielen Fällen sowohl die Eltern-Kind- als auch die Partnerbeziehung und stellen damit das zeitlich am längsten andauernde intime Beziehungssystem dar (*Fooken* 1999: 231). Durch das jeweilige Alleinleben rücken Geschwister im Alter häufig emotional – manchmal auch räumlich – wieder enger zusammen. Selbst nach krisenhaften Lebensverläufen wird im Alter versucht, positive Aspekte und familiale Identität in den Vordergrund zu stellen. Auch hier sind Frauen sozial integrativer als Männer: Schwestern untereinander und in Beziehung zu Brüdern sind aktiver als Brüder untereinander. In der „Berliner Altersstudie" weisen fast die Hälfte aller alten Männer und Frauen mindestens einen lebenden Bruder oder eine lebende Schwester auf, wobei die Zahl mit steigendem Alter abnimmt (*Wagner u. a.* 1996: 306). Noch die Hälfte aller 70- bis 74-Jährigen hat Geschwister, von den 95-Jährigen und Älteren nur noch 15%. Besuchskontakte finden bei den männlichen Untersuchungsteilnehmern alle vier Wochen statt, bei weiblichen alle zwei bis drei Wochen. Nach dem „Wohlfahrtssurvey" berichtet fast die Hälfte (49,1%) aller älteren (repräsentativ) Befragten von regelmäßigen, wenn auch nicht immer häufigen Kontakten zu den Geschwistern, und 43,2% haben entsprechende

Kontakte zu „anderen nahen Verwandten". Innerhalb der Verwandtschaftsbeziehungen nehmen diese (außer den Kindern) die wichtigste Position ein (vgl. *BMFuS* 1993: 199).

Familiale Handlungs- und Unterstützungsoptionen wie auch generationale Beziehungen werden insgesamt gesehen über die Größe und Generationsstruktur von Familien bestimmt. Ein besonderes Merkmal gegenüber früheren Zeiten ist die „vertikalisierte Familienstruktur" oder „Bohnenstangenfamilie" (vgl. *Hörl/ Rosenmayr* 1994: 76). Im vorigen Jahrhundert lebten bei geringerer Lebenserwartung weniger Generationen gleichzeitig, dafür in jeder Generation viele Geschwister, Kusinen und Vettern als ausgeprägte horizontale Familienbreite. Heute hat sich die Zahl der gleichzeitig lebenden Generationen häufig auf vier, in einzelnen Fällen sogar auf fünf erhöht, wobei in jeder Generation keine oder wenige Geschwister leben. Aus der früheren Nähe einer breiten horizontalen Familienstruktur ist die (zumindest räumlich) entfernte und schmale „vertikalisierte" Struktur geworden, die unterschiedliche kulturelle Werte und Normen vereinigt.

4.5 Soziale und Netzwerkbeziehungen im Alter

Sozialkontakte und soziale Beziehungen sind mit zunehmendem Alter einem Wandel unterworfen. Jedes Altern ist mit notwendigen Umorientierungen verbunden, mit der Übernahme neuer Aufgaben, Pflichten und Rechte, während frühere Rechte, Pflichten und Gewohnheiten aufgegeben werden müssen (vgl. *Lehr* 1994: 219). Im Bereich sozialer Kontakte ergeben sich Veränderungen durch Übergänge zwischen Lebensphasen: So bedeutet der Abschied vom Arbeitsleben mit dem Übergang in den Ruhestand die Beendigung einer Anzahl beruflich bedingter sozialer Beziehungen, die nur in einzelnen Fällen aufrecht erhalten werden (vgl. *Naegele* 1992; *Clemens* 1997, 2012). Ein gewisser Ausgleich wird häufig durch die Intensivierung anderer Sozialkontakte zu Freunden und Bekannten, aber auch im familiären Kontext geschaffen. Es darf aber nicht übersehen werden, dass eine bedeutsame Minderheit – unter anderem auch langfristig erwerbstätige Frauen die Anpassung an den „Ruhestand" als Einschnitt in vertraute Sozialbeziehungen empfindet (vgl. *Clemens* 1997: 244; *Niederfranke* 1992). Weitere Veränderungen im Bereich sozialer Kontakte sind mit dem Auszug der Kinder aus dem Haus verbunden, wenn diese ihren eigenen Hausstand gründen. Die Freunde der Kinder bleiben aus, während die Kontakte zu den eigenen Kindern i.d.R. weiter bestehen bleiben und intensive intergenerationale Interaktionen stattfinden (vgl. Kap. *2.4.5* und *4.4.*). Außerfamiliäre Sozialbeziehungen zu Freunden, Bekannten, Nachbarn, in Vereinen oder sonstigen Gruppen (vgl. *Kap. 4.3*) werden besonders bedeutsam bei der Anpassung an den Ruhestand und bei Partnerverlust, der bei Frauen im durchschnittlichen Alter von 72 Jahren eintritt (vgl. *Kap. 2.4.4*).

Lebenslagen, Formen von Handlungsspielräumen und die Integration in Sozialstrukturen werden im Alter stärker als in früheren Lebensphasen durch das soziale Netzwerk bestimmt (*Stosberg* 1998; *Stosberg/Blüher* 2006; *Tesch-Römer* 2010; *Huxhold u.a.* 2010). In sozialen Netzwerken werden die verwandtschaftlichen von den Beziehungen außerhalb der Verwandtschaft unterschieden. Nichtverwandtschaftliche Netzwerke bestehen aus informellen sozialen Beziehungen, wie nichtehelichen Partnern, Freunden, Bekannten und Nachbarn, oder formellen sozialen Beziehungen, wie professionellen Helfern. Obwohl bei den heute alten Menschen familiäre Netzwerkbeziehungen noch überwiegen und weiterhin sehr eng und wichtig bleiben, gewinnen die nichtverwandtschaftlichen zunehmend an Bedeutung, insbesondere als kognitive und emotionale Unterstützungspotenziale (*Huxhold u.a.* 2010: 222ff.). Das hängt einerseits mit dem tendenziellen Rückgang familiärer Netzwerkmitglieder zusammen, andererseits mit der Veränderung von Lebensstilen und der wachsenden Bedeutung formeller Unterstützungssysteme. Dieses äußert sich in dem hohen Anteil von Hilfe leistenden Netzwerkpartnern, die von außen kommen. Zwischen den alten und den neuen Bundesländern zeigt sich hierbei ein Niveauunterschied in den sozialen Kontakten. Angehörige aller Altersgruppen in den neuen Ländern berichten von weniger Freundschaften und außerfamiliären Kontakten (vgl. *Mathwig/Mollenkopf* 1996: 132; *Huxhold u.a.* 2010: 220).

In *empirischen Studien* wurde der Anteil außerfamiliärer Netzwerkteilnehmer in Hinsicht auf soziale Unterstützung ermittelt. So sind es in der SIMA-Studie (vgl. *Stosberg* 1998: 181) zu 37,8% Professionelle, 9,5% Nachbarn und 6,6% Freunde und Bekannte, die den untersuchten 75- bis 93-Jährigen Hilfe gewährten. Die für den Austausch in sozialen Netzwerken wichtige Frage nach den von den Alten gewährten Hilfeleistungen zeigt, dass immerhin mehr als die Hälfte (55,8%) der Teilnehmer an der SIMA-Studie andere Menschen unterstützt. Diese Hilfe geht zu 49,2% an nahe oder entfernte Verwandte und zu 46,8% an Freunde, Bekannte und Nachbarn. Nach dem Deutschen Alterssurvey (DEAS) (*Huxhold u.a.* 2010: 220ff.) hatten zwischen 1996 und 2008 mehr als 90% der befragten 40- bis 85-Jährigen eine wichtige Bezugsperson, die Größe der angegebenen Netzwerke belief sich im Schnitt auf vier bis fünf Personen. Die Netzwerke sind im höheren Alter etwas kleiner, 70- bis 85-Jährige weisen im Schnitt eine Person weniger auf als jüngere Altersgruppen. Frauen haben tendenziell etwas größere Netzwerke, Personen mit Partner und Kindern ebenfalls. Mit zunehmendem Alter sinkt der Anteil außerfamilialer Beziehungen, doch noch die 70- bis 85-Jährigen benennen zu etwa 40% nicht familiale Beziehungen als wichtigen Teil des sozialen Netzes (*Huxhold u.a.* 2010: 222).

Schon in der „Berliner Altersstudie" zeigte sich, dass in sozialen Beziehungen ein Austausch stattfindet. Soziale Beziehungen sind meistens „multifunktional" und symbolisieren neben konkreter Unterstützung auch gleichzeitig Zuwendung und Anteilnahme der sozialen Umwelt. Fast alle alten Menschen haben mindestens eine Person, der sie Hilfe leisten (86%) oder von der sie selbst Hilfe erhalten (87%) (*Wagner u.a.* 1996: 311). Mit zunehmendem Alter erhöht sich der Anteil der Personen im Netzwerk, von denen alte Menschen selbst emotionale und instrumentelle Hilfe erhalten, während sich die durch sie gegebene Hilfe verringert. Der Anteil alter Menschen, die mindestens einen Freund angegeben haben, verringert sich dagegen in den höheren Altersgruppen: Von den 70- bis 84-Jährigen haben noch 69% mindestens einen Freund, von den 85-Jährigen und Älteren nur noch 43%. Auch die durchschnittliche Anzahl persönlich bekannter Nachbarn und der Umfang gegenseitiger nachbarlicher Hilfe nehmen mit dem Alter ab. Insgesamt charakterisierend für die sozialen Beziehungen alter Menschen bleibt der relativ geringe Anteil von informellen Helfern, sie machen in keiner Altersgruppe mehr als ein Viertel aller sozialen Beziehungen aus. Dies bedeutet, dass soziale Interaktionen auch im Alter nur zu einem geringeren Teil an sozialer Unterstützung orientiert sind (*Wagner u.a.* 1996: 312). Einen Sonderstatus nehmen im Heim lebende alte Menschen in mehrfacher Hinsicht ein: Sie erhalten deutlich weniger informelle Hilfe als in eigenem Haushalt Lebende und haben weniger soziale Kontakte nach und von außerhalb. Emotionale Zuwendung erhalten sie zum geringen Teil auch vom Pflegepersonal. Ein deutliches Defizit an Hilfen und Zuwendung bleibt jedoch bestehen, da sie überwiegend keine Partner und Kinder mehr haben.

Damit sind Einsamkeit und Isolation im Alter angesprochen, die vom Umfang her durchaus als soziale Probleme des Alters angesehen werden können. Nach einer Analyse des „Wohlfahrtssurveys" mussten Mitte der 1980er Jahre fast ein Viertel (23%) der älteren Personen bzw. Haushalte in den alten Bundesländern als relativ isoliert gesehen werden (vgl. *BMFuS* 1993: 201). Dies traf vor allem auf über 75-Jährige zu, die mit Partner oder Partnerin allein lebten. Alleinlebende Frauen waren mit 15% in dieser Gruppe weniger vertreten. Beschreibt die soziale Isolation den bestehenden Mangel an objektiven Kontakten, so wird Einsamkeit als subjektives Mangelempfinden verstanden. In Umfragen in den 1980er Jahren äußerten etwa zwei Drittel der älteren Befragten, sich nie einsam zu fühlen, 8% bezeichnen sich dagegen als „oft", 29 bzw. 31% als „manchmal" einsam (*BMFuS* 1993: 201). Beeinflusst wird Isolation und Einsamkeit im Alter von den im Lebenslauf ausgebildeten Lebens- und Kontaktstilen, wie z.B. geringe soziale Partizipation oder Engagement. Weitere aktuelle Risikofaktoren sind vor allem chronische Erkrankungen, die mit sensorischen und motorischen Einschränkungen sowie mit psychischen Symptomen verbunden sind (vgl. *Kap. 4.2*), und der Verlust des Ehepartners. Damit können die Mobilität und psychische Bereitschaft zur Aufrechterhaltung bestehender Beziehungen wie auch die Aktivierung neuer eingeschränkt werden.

Nach Ergebnissen der „Berliner Altersstudie" fühlen sich die Untersuchungsteilnehmer umso einsamer, je älter sie waren, nach Geschlechtszugehörigkeit zeigten sich keine Unterschiede (vgl. *Wagner u.a.* 1996: 315). Auch der Familienstand spielt eine Rolle: Verwitwete berichten ebenso wie Geschiedene oder Ledige von mehr Einsamkeitsgefühlen als Verheiratete; Kinderlosigkeit und das Leben im Heim bedeuten ebenfalls mehr Einsamkeit als Kinder zu haben und in Privathaushalten zu leben. Entscheidend für das Gefühl, häufiger einsam zu sein, ist letztlich die Anzahl der Personen, mit denen alte Menschen zusammen sind oder auch Zärtlichkeiten austauschen können. Mögliche Interventionsformen zur Linderung oder Beseitigung von Isolation und Einsamkeit müssen an den Gründen für die problematische Situation ansetzen und fragen, ob biographisch bedingte Formen des Lebensstils oder eher aktuelle Einschränkungen zugrunde liegen. Letztere Form ermöglicht einen Zugang durch Altenhilfe oder soziale Dienste, z.B. in Form der zugehenden und lebensweltbezogenen Altenarbeit (vgl. *Zeman/Schmidt* 2001; *Karl* 2009; vgl. auch *Kap. 5.3.2*).

In einem Überblick zu der einschlägigen Literatur kommt *Lehr* (1994: 219) zu der Einschätzung, dass von einer generellen Isolierung des älteren Menschen nicht gesprochen werden kann. Einsamkeitsgefühle oder der Wunsch nach Ausdehnung sozialer Kontakte werden von den Personen geäußert, deren Partnerbeziehung gestört erscheint oder durch den Tod beendet wurde. Das subjektive Gefühl der Einsamkeit wird dabei keineswegs von der objektiv feststellbaren Häufigkeit sozialer Kontakte bestimmt, sondern ist eher von den Erwartungen an soziale Beziehungen geprägt. Erwartungen entwickeln sich unterschiedlich nach Persönlichkeitstyp, werden aber auch durch den sozioökonomischen Status, Wohnumwelt und gesundheitliches Wohlbefinden modifiziert. Eingeschränkte Interessen, geringe Zukunftsperspektiven und Orientierungen wirken sich zudem über Langeweile auf Einsamkeitsgefühle aus.

Insgesamt gesehen haben soziale und Netzwerkbeziehungen eine zentrale Bedeutung für die Lebenslage im Alter. Sie sind bedingt durch gesundheitliche Voraussetzungen und wirken ihrerseits insbesondere auf die psychische Gesundheit und Kompetenz im Alter zurück. Nicht die Anzahl, sondern die Qualität der sozialen Kontakte und die Struktur von Unterstützungsnetzwerken bestimmen darüber, ob ein sozial zufriedenstellendes Alter(n) gelingt und Isolation sowie Einsamkeit verhindert werden können. Das Problem der Einsamkeit im Alter betrifft schwerpunktmäßig die alleinlebenden Hochbetagten, deren Netzwerk – auch hinsichtlich familiärer Beziehungen – dünner geworden ist.

4.6 Wohnen im Privathaushalt

Wohnen bedeutet für alle Menschen eine zentrale Dimension der Lebenslage. In der Wohnung wird ein großer, von manchen der größte Teil des Zeitbudgets verbracht. Sie ist die Stätte familiärer Kommunikation und sozialer

Lebensvollzüge und kann auch zur Quelle von Unzufriedenheit, Auseinandersetzung und Belastung werden. Die Wohnung ist ein intimer, von der Öffentlichkeit abgeschirmter Bereich, der den besonderen Schutz des Grundgesetzes genießt. In der Wohnung soll die Regeneration von den Belastungen der Erwerbsarbeit und des Alltags gelingen, in ihr wird ein bedeutender Teil der Freizeit verbracht und werden soziale Beziehungen zu Nachbarn und zum Freundeskreis gepflegt. Der Begriff „Wohnen" schließt neben der baulichen Gestaltung der Wohnung aber auch die materielle Wohnumwelt, die Infrastruktur des Wohngebiets und das weitere Wohnumfeld mit ein (vgl. *BMFSFJ* 1998: 127ff.). Die Wohnqualität kann in Abhängigkeit von diesen Faktoren sehr stark differieren und entsprechend Einfluss auf die Lebensqualität gewinnen. Wohnen ist somit als Dimension der Lebenslage direkt mit deren materiellen Bedingungen verknüpft (vgl. *Clemens* 1994; *Clemens/Naegele* 2004); die Wohnqualität und die weitere Wohnumwelt verursachen sehr unterschiedliche Kosten, die in Abhängigkeit vom Einkommen getragen werden können.

Im Alter gewinnt der Wohnbereich zunehmend an Bedeutung, da sich die Aktionsräume des alternden Menschen einengen und die Umweltbezüge schrumpfen. Diese Entwicklung beginnt spätestens mit dem Übergang in den Ruhestand, durch den Verlust weiterer sozialer Bezüge und das Nachlassen körperlicher und psychosozialer Beweglichkeit. Im hohen Alter beschränken sich dann die Umweltbezüge weitgehend auf die Wohnung oder das Haus und die direkte Wohnumwelt. Die eigene Wohnung und der eigene Haushalt werden von vielen Menschen im Alter als Ausdruck eigener Kompetenz verstanden, und zwar im Sinne der erhaltenen Selbstverantwortung und Selbständigkeit (*BMFSFJ* 1998: 20). Es wird solange wie möglich versucht, den eigenen Hausstand zu erhalten, weil die Risiken erkannt werden, die aus dem Zusammenleben mit der Kindergeneration erwachsen (können).

Der Wohnbereich wird im Alter nicht nur immer stärker zum Bereich des sozialen Rückzugs, sondern allgemein der Lebensmittelpunkt des alternden Menschen (vgl. *BMFuS* 1993: 161); „Alltag im Alter heißt vor allem Wohnalltag" (*Saup/Reichert* 1999: 245). Verändern und vor allem verringern sich mit steigendem Alter die geistigen und körperlichen Fähigkeiten und Fertigkeiten, so werden Umweltfaktoren für selbständige Lebensformen und persönliches Wohlbefinden immer bedeutsamer. Zwischen der Wohnsituation älterer Menschen und ihrem Netz verlässlicher Hilfebeziehungen bestehen nachweisbare Zusammenhänge (vgl. *Mahne u.a.* 2010). Ältere Menschen, die in Ein- oder Zweifamilienhäusern leben, verfügen über mehr Hilfeoptionen in Not- und Belastungssituationen als Ältere in großstädtischen Mietwohnungen. Der Besitz eines eigenen Hauses erhöht die Wahrscheinlichkeit, mit dem Wohnzusammenhang auch in ein generationenübergreifendes Hilfesystem der Familie eingebunden zu sein (vgl. auch *Kap. 4.4*).

Mit zunehmendem Alter verändern sich die Ansprüche an das Wohnen und die Erfordernisse der räumlichen Gestaltung des Wohnbereichs. Dies kann dazu führen, dass die frühere Familienwohnung im Ruhestand nach Auszug der Kinder zu groß wird, oder dass der Wohnbereich an die veränderte Bewegungs- und Leistungsfähigkeit alternder Menschen angepasst werden sollte. Es kann aber auch sein, dass eine eigenständige Lebensführung – selbst bei privaten oder öffentlichen ambulanten Hilfen – nicht mehr möglich ist. Dann besteht die Möglichkeit, entweder in den Haushalt von Kindern oder Schwiegerkindern zu ziehen, oder der Umzug in ein Alters- oder Pflegeheim wird unumgänglich. Deshalb soll im Folgenden nach dem Wohnen in Privatwohnungen und im Heim (*Kap. 4.7*) unterschieden werden.

4.6.1 Aktionsräumliches Verhalten und Umweltbezug

Wohnen und Leben im Alter werden maßgeblich durch räumlich-soziale Bezüge bestimmt. Diese formen sich einerseits durch die Bedingungen der Lebenslage und räumliche Zeitverwendungsformen aus, andererseits durch subjektive Ansprüche und Wünsche (vgl. *Mollenkopf u. a.* 2004). Zunächst ist zu fragen, in welchen Bereichen sich ältere Menschen vorwiegend aufhalten und wie sie sich dort bewegen. Nach Zeitbudget-Studien verbringen Ältere, die nicht mehr erwerbstätig sind, täglich im Durchschnitt weniger als drei Stunden außerhalb des Wohnbereichs (*Saup/Reichert* 1999: 248). Alleinlebende alte Menschen verbringen dabei durchschnittlich eine Stunde am Tag länger außer Haus als gleich alte Personen, die in Mehrgenerationenhaushalten leben. Heimbewohner schließlich gestalten 90% ihrer Zeit in den Institutionen, vorwiegend in ihrem Zimmer bzw. ihrem Wohnbereich. Deutlich wird damit, dass ältere Menschen viel mehr Zeit als jüngere Altersgruppen in ihrer eigenen Wohnung und ihrem direkten Wohnumfeld verbringen. Der Aktionsradius und die Aktionsräume schrumpfen mit zunehmendem Alter, wobei allerdings deutliche Unterschiede nach der jeweiligen körperlichen Konstitution, nach Einkommen und Bildungsgrad bestehen.

In dem Maße, wie aus körperlichen, sozialen und psychischen Gründen der Bezug zum räumlich-sozialen Umfeld abnimmt, steigt die Bedeutung der Wohnung und der näheren Wohnumwelt in der Nachbarschaft (*Mollenkopf u. a.* 2004; *Mahne u. a.* 2010). Die Wohnung und die direkte nachbarschaftliche Umgebung werden im Vergleich zu früheren Lebensphasen intensiver genutzt und werden zum Mittelpunkt der alltagsweltlichen Lebenserfahrung. Die Gestaltung des häuslichen Alltags umfasst immer häufiger Lebensvollzüge, die sich in jüngeren Jahren z.T. auch außerhalb des Wohnbereichs abgespielt haben: Haushaltsführung, Kontakte zur Familie, zu Freunden und Bekannten, kulturelle Teilhabe und Mediennutzung,

Hobbys und spielerische Betätigungen. Eine Zuspitzung der Konzentration auf den Wohnbereich erfahren alte Menschen, die zwangsweise wegen Hilfe- oder Pflegebedürftigkeit in ein Heim oder den Haushalt von Kindern übersiedeln.

Trotz der großen Bedeutung der Wohnung vermitteln auch die nähere und weitere Wohnumwelt selbst für hochbetagte Menschen noch wichtige soziale Bezüge, sofern die Mobilität gewährleistet ist. Geprägt werden diese Nutzungsmöglichkeiten auf der einen Seite von individuellen Faktoren, die neben der Beweglichkeit auch die Vertrautheit mit der Umgebung und Nutzungsformen von Infrastruktureinrichtungen einschließt. Andererseits entscheiden die örtlichen und sozialen Bedingungen der Wohnumgebung und die dort vorhandenen Einrichtungen der Infrastruktur über die Gelegenheiten für ältere und alte Menschen, außerhäusige Ziele zu verfolgen. Die am häufigsten von alten Menschen aufgesuchten Orte in der Nachbarschaft sind Einkaufsgelegenheiten, Arztpraxen, Treffpunkte und Parkanlagen (*Saup/Reichert* 1999: 250). Die Nutzung entsprechender Einrichtungen hängt von der Entfernung von der Wohnung und der sicheren Erreichbarkeit ab. Verkehrs- und Gehweggestaltung, Zugänglichkeit bei Höhenunterschieden, Anbindung an den öffentlichen Nahverkehr und Zugang zu Transportmitteln bestimmen mit darüber, wie und wie lange im Alter Eigenständigkeit, Mobilität und soziale Integration erhalten bleiben. Auch das Sicherheitsempfinden und Formen der Lärmbelastung haben für die Qualität des Wohnumfeldes Älterer eine zunehmend große Bedeutung (*Mahne u.a.* 2010: 153ff.).

Diese Formen des Umweltbezugs werden weitgehend von den verbliebenen Fähigkeiten zur Nutzung des nachbarschaftlichen Umfeldes, für Kontakte, zum Einkaufen und Spazierengehen bestimmt. Umwelt- und raumbezogene Kompetenzen setzen beim alten Menschen vor allem die Hör- und Sehfähigkeit voraus, aber auch Bewegungsempfindung, Gehfähigkeit, körperliche Beweglichkeit und Sensumotorik (vgl. *BMFSFJ* 1998: 154f.; *Flade u.a.* 2001). Entsprechend nachlassender Fähigkeiten und Fertigkeiten stellen die über 65-jährigen Verkehrsteilnehmer eine Risikogruppe dar. Die Bevölkerungsentwicklung und eine steigende Verkehrsbeteilung älterer Menschen schlagen sich in einer zunehmenden Zahl von Verkehrsunfällen unter Beteiligung dieser Altersgruppe nieder: So hat sich von Beginn der 1990er Jahre bis 2007 der Anteil der Älteren, die an PKW-Unfällen mit Personenschaden beteiligt waren, von 4,5% auf 10% mehr als verdoppelt. Insgesamt stellten über 64-Jährige (2010) 11% aller Verunglückten im Straßenverkehr, ihr Anteil an den Todesopfern betrug allerdings 25% (*Statistisches Bundesamt* 2010). Obwohl sich seit 1980 – dem allgemeinen Trend entsprechend – die Zahl der im Straßenverkehr getöten älteren Menschen um fast drei Viertel reduziert hat, sind die Verunglücktenzahlen als PKW-Insassen zwischen 1980 und 2010 um 46% gestiegen, die Zahl der verunglückten Radfahrer dieses Alters um fast das Doppelte.

Dagegen ist die Zahl der verunglückten Fußgänger in diesem Zeitraum um mehr als die Hälfte gesunken (*Statistisches Bundesamt* 2010: 6). Unfallschwerpunkte älterer Fußgänger sind vor allem großstädtische Bereiche, in erster Linie beim Überqueren der Fahrbahn und bei dichtem Verkehr mit anderen Verkehrsteilnehmern (*BMFuS* 1993: 167ff.). Insgesamt gesehen zeigt sich ab etwa dem 75. Lebensjahr ein erhöhtes Unfall- und Verletzungsrisiko.

Ältere Radfahrer weisen ein Risiko von etwa 4% auf, bei einem Verkehrsunfall zu sterben. Sie können in räumlich beengten Verkehrsverhältnissen durch komplexe Anforderungen so stark irritiert werden, dass sie bei der Beherrschung des Fahrrads in Koordinationsprobleme geraten. In Verbindung mit Seh- und Hörbeschwerden kann diese Schwierigkeit zu Unfällen führen (*BMFSFJ* 1998: 157). Nach Auswertungen des *Statistischen Bundesamtes* (2010: 11) finden sich auch bei älteren Autofahrern charakteristische Unfallursachen, die auf eher altersbedingte Einschränkungen der Wahrnehmungsfähigkeit hindeuten. So führten folgende Verhaltensweisen bei 65-jährigen und älteren Autofahrern überproportional häufig zu Unfällen:

- Missachtung der Vorfahrt bzw. des Vorrangs anderer Verkehrsteilnehmer,
- Fehler beim Abbiegen und Wenden,
- Fehler beim Rückwärtsfahren sowie
- Fehler beim Ein- und Anfahren (z.B. beim Einfädeln in den Verkehrsstrom).

Situative Gefahrenpunkte entstehen für ältere Verkehrsteilnehmer insbesondere durch die Schnelligkeit, Vielfalt und mangelnde Überschaubarkeit des modernen Großstadtverkehrs. Zur Bewältigung dieser Anforderungen sind psychomotorische Fähigkeiten erforderlich, um sich nach einer wahrnehmenden Erfassung der Verkehrssituation ausreichend schnell orientieren und reagieren zu können. Aufgrund der bei alten Menschen nachlassenden umweltbezogenen Kompetenzen kommt der altersgerechten Gestaltung der lokalen Wohnumwelt und der Verkehrsräume eine besondere Bedeutung zu.

4.6.2 Wohnbedürfnisse

Es wurde bereits deutlich, dass Wohnverhältnisse besonders im Alter eine starke Wirkung auf körperliches und psychisches Wohlbefinden sowie auf das soziale Verhalten älterer Menschen haben (vgl. *Mollenkopf u.a.* 2004: 348f., 2006: 398). Ältere nannten in Befragungen als wichtigste *Bedürfnisse* in Hinsicht auf Wohnen (vgl. Helga *Reimann* 1994: 158): Bedürfnis nach materieller und medizinischer Sicherheit, nach Unabhängigkeit und Selbständigkeit, Wunsch nach „kontaktfördernden Räumen“, wie Altenclubs, Altentagesstätten und Altenzentren, und ein Wohnen in Besuchsnähe zu Kindern und Enkeln. Die Wohnbedürfnisse umfassen allgemeine wichtige materielle und immaterielle Aspekte der Lebenslage: Konzeption und Ausstattung der Wohnung und des Wohnumfelds, Wohnkosten, nachbarschaftliche Kommunikation, soziale Kontakte etc. Im Sinne des Lebenslagekonzepts umfassen die Wohnbedürfnisse im Alter Handlungsspielräume in verschiedenen Dimensionen (vgl. *Heinze u. a.* 1997: 23 f.):

- Dimension Wohnstandard und Wohnqualität: Sie betrifft vorwiegend die materiellen Wohnbedingungen, z.B. Größe und Ausstattung der Wohnung oder des Hauses;
- Dimension Wohnform und -gemeinschaft: Sie ist geprägt durch Haushaltsgröße und -struktur, aber auch durch den Lebensstil;
- ökonomische und wohnrechtliche Dimension, bestimmt vor allem durch Wohnkosten und Mieter- bzw. Eigentümerstatus;
- Dimension der Selbständigkeit: Sie umfasst individuelle Möglichkeiten zur Aufrechterhaltung einer eigenständigen Lebensführung;
- regionale Dimension: Hierbei handelt es sich um den räumlich-geographischen Aspekt und unterschiedliche Wohnlagen und Wohnbedingungen im ländlich, klein- oder großstädtischen Raum, strukturelle Unterschiede der Wohnversorgung in Ost- und Westdeutschland;
- Dimension der Wohnumweltbedingungen: Es geht um den kleinräumigen Bereich des Mikroumfelds (Hausgemeinschaft), des Nahbereichs (Radius ca. 10 Min. Fußweg) und eines Makroumfelds (siedlungsstrukturelle Einordnung). Wohnumweltbedingungen sind objektiv, aber auch aus der Umweltwahrnehmung der Älteren zu erfassen (vgl. *Saup/Reichert* 1999: 248ff.);
- soziale und gesellschaftsbezogene Dimension: Sie betrifft die Häufigkeit und Qualität sozialer Kontakte im Wohnbereich und eine Identifizierung mit dem Wohnumfeld;
- Gefährdungs- und Risikodimension: Hier geht es um risikovermindernde oder -verstärkende Aspekte der Wohnsituation, z.B. Risiko von Stürzen, Einschränkung der Beweglichkeit, Erleichterung bzw. Erschweren von Hilfe und Pflege im Bedarfsfall.

Auch die unterschiedlichen *Lebensstile älterer Menschen* wirken sich auf die individuellen Wohnbedürfnisse und Flexibilität des Wohnverhaltens aus (vgl. *Tokarski* 1989). Lebensstile sind relativ stabile Muster der Organisation des Alltags; sie bestimmen z.B. die Ansprüche an Wohnen und damit auch die Bereitschaft, im Alter aus einer defizitär erlebten Wohnsituation heraus in eine altersgerechte Wohnung umzuziehen (vgl. *unten*).

4.6.3 Wohnformen und Wohnsituation

Insgesamt gesehen leben etwa 93% der über 65-jährigen Bewohner der Bundesrepublik in Normalwohnungen und -häusern, nur ein kleinerer Teil in besonderen Heimen für Alte oder in „moderneren Wohnformen" – wie z.B. Wohngemeinschaften oder Mehrgenerationenhäusern (vgl. *Schulz-Nieswandt u.a.* 2012; *Gierse/Wagner* 2012) . Von den 65-jährigen und älteren Männern in Privathaushalten leben nach dem Mikrozensus 2009 18% in Einpersonen- und 74% in Zweipersonenhaushalten, 8% mit weiteren Personen, meist mit verheirateten Kindern zusammen. Entsprechend ältere Frauen dagegen sind zu 44% in Ein- und zu 50% in Zweipersonenhaushalten zu finden (*Statistisches Bundesamt* 2011d: 20; vgl. auch *Kap. 2.3.2*). Ältere Menschen haben sich bisher in Großstädten konzentriert und dort vor allem am Rand der Innenstädte oder im Zentrum heute eingemeindeter Vorstädte meist in Altbauten gewohnt. Inzwischen verlagern sich die Wohnschwerpunkte langsam aus der Großstadt in Wohnblocks und Reihenhäuser des Umlands oder in Ein- und Zweifamilienhäuser in ländlicher Umgebung. Eine Übersicht zu den *Wohnformen älterer Menschen* zeigt folgende zentrale Merkmale (vgl. *BMFuS* 1993: 162ff.; *BMFSFJ* 2001; *Mollenkopf u.a.* 2004; *Motel-Klingebiel u.a.* 2005): Insgesamt ist das Wohnniveau älterer Menschen wie das der übrigen Bevölkerung in den letzten Jahrzehnten erheblich gestiegen. Vor allem im Bereich der grundlegenden Wohnungsausstattung und des grundlegenden Wohnkomforts (z.B. WC und Bad/Dusche in der Wohnung; Sammelheizung bzw. Gasetagenheizung) haben sich sich auch für die älteren und alten Menschen in den neuen Bundesländern erhebliche Verbesserungen ergeben. Auch das bereits zu Beginn der 1990er Jahre höhere Niveau der Wohnsituation Älterer in Westdeutschland ist seither noch gestiegen (*BMFSFJ* 2001: 245; *Mollenkopf u.a.* 2004: 347). Verbesserungen sind aber eher den „jungen Alten" als den „alten Alten" zugute gekommen, obwohl gerade Letztere – vor allem bei gesundheitlichen Einschränkungen – auf bessere Ausstattungsmerkmale angewiesen sind. Ihre Wohnungen verfügen seltener über Bad/Dusche und Zentralheizung als die jüngerer Altersgruppen.

Allgemein weisen viele Wohnungen älterer Menschen – insbesondere in älteren Gebäuden – Mängel auf, die Unfälle bzw. gesundheitliche Schäden hervorrufen können, wie z.B. unebene Fußböden, undichte Fenster und Türen. Doch selbst in baulicher Hinsicht moderne Wohnungen sind in weit überwiegender Mehrzahl nicht nach den Bedürfnissen bzw. Fähigkeiten älterer Menschen ausgestattet, vor allem wenn es sich um hilfe- und pflegebedürftige Menschen handelt (vgl. *Schneekloth/Potthoff* 1993; *Schneekloth/Wahl* 2009). Ebenso bestehen für einen Teil der älteren Menschen Defizite in Hinsicht auf eine problemlose Erreichbarkeit von Diensten und Einrichtungen, wodurch z.B. Möglichkeiten zu einer selbständigen Lebensführung oder zur sozialen Teilhabe deutlich eingeschränkt werden. Wohnsituation wie auch Wohnumwelt sind in ihrer Qualität gleichermaßen heterogen wie die Gruppe der älteren Menschen selbst.

Neben der Wohnqualität verteilt sich auch der Anteil an Wohneigentum im Alter regional. Im Osten ist insgesamt der Anteil von Wohneigentümern (etwa ein Drittel leben in eigener Wohnung oder eigenem Haus) geringer als im Westen (47%), Hochbetagte im Osten wohnen wesentlich häufiger zur Miete als Gleichaltrige im Westen. Einen genaueren Überblick zu den Wohnverhältnissen älterer Menschen vermitteln die Ergebnisse der *Mikrozensus-Zusatzerhebung* 2006 des Statistischen Bundesamtes (vgl. *Timm* 2008: 120). Danach leben 51,5% der Älteren in einem Hauptmieter-, 47,9% in einem Eigentümer- und nur 0,6% in einem Untermieterhaushalt. In Ost und West zeigen sich deutliche Unterschiede: Im früheren Bundesgebiet (ohne Berlin) überwiegt die Zahl der im Eigentum lebenden Älteren (52,9%) die der Hauptmieter (46,5%) deutlich, während in den Neuen Ländern (mit Berlin) nur 29,4% im Eigentum, aber 70% in Hauptmiete leben. Bundesweit leben ältere Menschen in Einpersonenhaushalten zu fast 70% als Hauptmieter, knapp 30% als Eigentümer und ca. 1% als Untermieter. Die in Mehrpersonenhaushalten lebenden über 64-jährigen Personen wohnen zu mehr als der Hälfte in Eigentum; und leben sie mit einer jüngeren Bezugsperson (meist Kindern) zusammen, so sind sie fast zu drei Vierteln in Eigentümerhaushalten untergebracht. Alleinlebende wohnen häufiger in Miethäusern, Ältere mit „Familienanschluss" häufiger in Ein- oder Zweifamilienhäusern. In den neuen Ländern leben ältere Menschen deutlich öfter in größeren Häusern und weiterhin überdurchschnittlich häufig in Altbauwohnungen. Je älter die Bewohner sind, um so durchschnittlich älter sind die von ihnen bewohnten Gebäude. In den neuen Ländern lebten 1996 31,4% der 70- bis 85-Jährigen in vor 1919 erbauten Wohnungen, in den alten Bundesländern nur 13,7% (*Kohli/Künemund* 2005).

Hinsichtlich der Anzahl der bewohnten Räume und der Fläche der Wohnung ergeben sich naturgemäß deutliche Unterschiede nach dem Leben in Ein- oder Mehrpersonenhaushalten. Die durchschnittliche Raumzahl je Person erreichte (1993) bei Hauptmietern 1,8 und bei Eigentümern 2,0. Im Osten bewohnten zu dieser Zeit im Vergleich zum Westen nahezu doppelt so viele Einpersonenhaushalte Kleinwohnungen mit ein oder zwei Räumen (20,1% zu 11,3%) (*Scheewe* 1997). Nach der *Ausstattung* unterscheiden sich die Wohnungen älterer Menschen in den neuen und den alten Bundesländern nur noch im geringen Maße: Nach Daten des Wohlfahrtsurvey ist der Anteil von über 65-Jährigen, die in Wohnungen mit Bad/WC/Zentralheizung wohnen, in den alten Bundesländern von 74% (1988) auf 94% (1998) gestiegen, in den neuen von 33% (1990) auf 85% (1998) (vgl. *BMFSFJ* 2001: 246). Entsprechend findet sich auch eine deutliche Verbesserung der Wohnzufriedenheit in diesem Zeitraum speziell in den neuen Bundesländern, in großen Gemeinden (über 50.000 Einwohner) aber weniger deutlich. Die *Mietbelastung* ist in Ostdeutschland bis zum Jahr 1999 stärker gestiegen als in Westdeutschland und hat sich dabei weiter der Verteilung in den alten Bundesländern angeglichen, ist im Jahr 2006 allerdings noch immer etwas niedriger als im Westen (*Timm* 2008: 122).

Die *Wohnsituation und Infrastruktur* betrifft die Erreichbarkeit öffentlicher Verkehrsmittel, Einkaufsmöglichkeiten in der Nähe der Wohnung und die ärztliche Versorgung (vgl. *Scheewe* 1997). Der überwiegende Teil der älteren Menschen (86,6%) wohnt (1993) im Abstand von 15 Minuten Fußweg zu Haltestellen öffentlicher Verkehrsmittel, 70% können innerhalb derselben Zeitspanne einen Lebensmittelladen erreichen. Mehr als die Hälfte (57%) aller älteren Menschen haben einen Fußweg bis zu 15 Minuten zum Arzt, weitere 23,4% müssen bis zu 30 Minuten laufen. Zwischen den neuen und den alten Bundesländern zeigen sich in der Infrastruktur für Ältere nur geringe Unterschiede.

4.6.4 Wohnsituation älterer Migranten

Die *Wohnsituation von Ausländern* in Deutschland wird einerseits durch die von Deutschen abweichende Haushaltsgröße und räumliche Konzentration, andererseits aber auch von den verschiedenen Formen familiären Zusammenlebens geprägt. Allerdings bestehen beträchtliche Unterschiede zwischen den einzelnen Nationalitäten in Hinsicht auf familiäre Einbindung, Kontakt zu Deutschen, Integration in die deutsche Gesellschaft und Segregation in Hinsicht auf räumliche Konzentration (vgl. *Tews* 1999: 173; *BMFSFJ* 1998: 235ff.). Die Haushaltsgröße wird durch zwei Extreme bestimmt: Bei den Ausländern gibt es häufiger Haushalte ohne Kinder als bei Deutschen, sie wohnen aber auch öfter mit zwei und mehr Kindern zusammen. Allgemein ist die Wohnsituation der ausländischen Bevölkerung durch folgende Merkmale geprägt (*Zeman* 2005; *Baykara-Krumme/Hoff* 2006; *Baykara-Krumme u. a.* 2012):

- Mitglieder ausländischer Arbeiterhaushalte wohnen deutlich häufiger als vergleichbare deutsche in schlecht oder einfach ausgestatteten Wohnungen.
- Der Anteil beengt lebender Familien steigt generell mit der Zahl der Personen pro Haushalt. Ausländische Familien sind besonders betroffen. Den Ausländern stehen im Durchschnitt 15 m^2 pro Person weniger als Deutschen zur Verfügung (36,9 zu 51,8 m^2) (*Baykara-Krumme/Hoff* 2006: 470).
- Haushalte mit „ausländischem Haushaltsvorstand“ zahlen für gleich ausgestattete Wohnungen mehr Miete als alle Haushalte im Durchschnitt.
- Mit zunehmender Aufenthaltsdauer verbessern sich die Standorte und die durchschnittliche Wohnungsausstattung.

Die Wohnsituation ausländischer Familien, vor allem der zweiten Migrantengeneration, hat sich nach Ausstattungsmerkmalen – wie Küche, WC, Warmwasser, Bad, Telefon – inzwischen der der deutschen Bevölkerung angenähert. Ein wesentlich größerer Teil der ausländischen als der deutschen Bevölkerung wohnt allerdings zur Miete (84%). Ausländer haben die durchschnittlich geringere Pro-Kopf-Wohnfläche und wohnen häufiger in Neubaugebieten.

Zahlreiche ausländische Männer leben mit zunehmendem Alter allein, da – anders als in der deutschen Bevölkerung – auch im Alter die Männer zahlenmäßig überwiegen (vgl. *Kap. 2.3.2*). Die ältere Generation der Ausländer lebt in schlechteren Wohnverhältnissen als die zweite und dritte Generation, die überwiegend in Deutschland geboren sind. Ältere leben zudem vor allem in Ballungsgebieten und Großstädten, vorzugsweise konzentriert in einzelnen Stadtgebieten mit häufig schlechterer Infrastruktur und in modernisierungsbedürftigen Wohnungen.

Die Wohnsituation älterer Migranten stellt sich insgesamt ungünstiger dar als die der älteren deutschen Bevölkerung. Bei älteren Ausländern sind Anfang der 1990er Jahre Substandardwohnungen ohne Bad, WC, fließendes warmes Wasser oder Sammelheizung häufiger anzutreffen (vgl. *Olbermann* 1994: 32). So verfügten 10,9% der Wohnungen über keine Toilette, 13,3% hatten kein Bad bzw. keine Dusche. Nur 65,5% der älteren Migranten lebten in einer Wohnung mit Zentralheizung und 67,2% mit Warmwasserversorgung (*BMFSFJ* 1998: 236). Bis zum Jahr 2002 hat sich der Unterschied zur deutschen Bevölkerung in der Ausstattung mit Zentral- oder Etagenheizung deutlich verringert, obwohl insgesamt weiterhin Differenzen zuungunsten v.a. der ältesten Migranten bleiben (*Baykara-Krumme/Hoff* 2006: 470). Diese ungünstigen Wohnverhältnisse stellen mit zunehmendem Alter eine wachsende Belastung dar und erhöhen bei sich verschlechterndem Gesundheitszustand die Abhängigkeit von fremder Hilfe. Unzureichende und beengte Wohnverhältnisse beschränken außerdem Hilfe- und Unterstützungsmöglichkeiten durch Familienangehörige und ambulante Dienste. Dadurch kann eine häusliche Versorgung vorzeitig unmöglich gemacht werden, sodass nur der Weg in ein Altenheim bleibt, der für manche älteren Ausländer zur schweren Bürde wird (vgl. *Kap. 4.9*).

4.6.5 Umzugsmotive und Umzugsbereitschaft

Bei einer Übersicht zur Verteilung von Wohnraum nach Lebensaltersstufen zeigt sich, dass einerseits Familien mit kleinen oder mittleren Einkommen immer noch Mühe haben, adäquaten und preiswerten Wohnraum für sich zu finden, es andererseits einen Bestand von ca. 4,7 Mio. familiengeeigneten Wohnungen gibt, die von älteren Ein- und Zweipersonenhaushalten bewohnt und z.T. als zu groß empfunden werden (vgl. *Heinze u.a.* 1997: 4).

Außerdem entspricht ein größerer Teil der Wohnungen Älterer nicht den altersgerechten Bedürfnissen. Das Verbleiben in der angestammten Wohnung entspricht zu einem großen Teil fehlenden Wohnalternativen in Verbindung mit Dienstleistungen, die ältere Haushalte jetzt oder in Zukunft benötigen. Zwar ist die Wohnmobilität älterer Haushalte nur ein Drittel so hoch wie die jüngerer Haushalte, aber höher als landläufig angenommen (vgl. *Friedrich* 1994b). Sie erreicht bei Mieterhaushalten jenseits des Alters von 55 Jahren nach Daten des „Sozioökonomischen Panels" 3,6% pro Jahr (ohne Umzüge in Alten- und Pflegeheime, vgl. *Heinze u.a.* 1997: 3). Die realisierte Mobilität älterer Haushalte zwischen dem 55. und 75. Lebensjahr liegt wesentlich höher: Die Wahrscheinlichkeit für einen heute 55-jährigen Ein- oder Zweipersonen-Mieterhaushalt, bis zum 75. Lebensjahr noch mindestens einmal umzuziehen, liegt bei 52,2%! Auch fast jeder vierte Eigentümerhaushalt zieht nach dieser Rechnung zwischen dem 55. und 75. Lebensjahr noch einmal um. Der Umzug im Alter ist also ein weit verbreitetes und sozial bedeutsames Ereignis (vgl. *Mollenkopf u.a.* 2004: 349).

In einer Repräsentativerhebung haben *Heinze u.a.* (1997) Daten zu „Umzugswünschen und Umzugsmöglichkeiten älterer Menschen" erhoben. Danach sind zum Untersuchungszeitpunkt (1995) von den 55- bis 75-jährigen westdeutschen Mieterhaushalten 44,3% seit Vollendung des 55. Lebensjahres bereits einmal umgezogen. Weitere 20,8% sind noch nicht umgezogen, aber umzugsbereit. Insgesamt ergibt sich bei der Befragung unter den älteren Mieterhaushalten im Westen eine Umzugsbereitschaft von 33,6% Die Umzugsbereitschaft wird von Lebenslagekriterien dominiert. Dabei können sowohl eine nicht bedürfnisgerechte Wohnung als auch eine – nach dem Auszug der Kinder – zu große Wohnung den Wunsch nach einem Umzug fördern. So sind die Mieterhaushalte, die ihre Wohnung als zu groß bezeichnen, zu mehr als 70% potenziell oder tatsächlich umzugsbereit. Eigentümer sind – auch wenn sie ihre Wohnung als zu groß bezeichnen – weniger umzugsbereit als Mieter, da sie auch mehr Möglichkeiten haben, ihren Wohnraum an die sich ändernden Bedürfnisse anzupassen. Ältere Mieterhaushalte mit einem höheren sozialen Status stellen die am deutlichsten umzugsbereite Gruppe in Ost- und Westdeutschland dar. Eine besonders hohe Bereitschaft entsteht, wenn die derzeitigen Wohnverhältnisse, der eigene Gesundheitszustand und der Mangel an sozialen Kontakten zur Belastung werden (*Heinze u.a.* 1997: 43ff.).

Allgemein sind weit mehr als die Hälfte aller Binnenwanderungen und Umzüge durch manifesten oder latenten Hilfebedarf begründet (*Friedrich* 1994a):

- 25% betreffen Heimübersiedlungen.
- 32% sind Netzwerkwanderungen, d.h. Wohnsitzverlagerungen aufgrund eingeschränkter persönlicher, vor allem gesundheitlicher, oder sozio-

ökonomischer Ressourcen, oft zu oder in die Nähe von Kindern und Angehörigen.

- 30% sind exogene Wanderungen, d.h. durch äußere Umstände veranlasste Wohnsitzverlagerungen, wobei Unzulänglichkeiten der Wohnungen oder des Wohnumfeldes einen gewissen Zwang zur Wanderung ausüben können.
- 13% sind Ruhesitzwanderungen, d.h. bedingt durch die Wahl eines attraktiven Wohnortes in einer gewünschten Wohngegend, die meist kurz vor oder nach dem Austritt aus dem Erwerbsleben erfolgt.

4.6.6 Wohnraumanpassung und wohnbegleitende Dienstleistungen

In den letzten Jahren wurden vielfältige Maßnahmen zur Verbesserung der Wohnumwelt im Alter entwickelt (vgl. *Saup/Reichert* 1999: 265ff.; *BMFSFJ* 2001: 246ff.). Dazu gehören vor allem Maßnahmen, die den sich mit dem Alter verändernden Bedürfnissen und körperlichen Fähigkeiten Rechnung tragen, um eine lange selbständige Lebens- und Haushaltsführung zu ermöglichen. Inzwischen sind in einer ganzen Anzahl von Städten Wohnberatungsstellen für alte Menschen entstanden, die Informationen über altersgerechte Wohneinrichtungen, technische Hilfen und Veränderungsmöglichkeiten der Inneneinrichtung vermitteln (*BMFSFJ* 1998: 110ff.; zu einer Übersicht der Einrichtungen vgl. *Saup/Reichert* 1999: 286). Vorschläge der Wohnberatung beziehen sich vor allem auf den engeren Wohnbereich, wie Bad und Toilette, Küche, Wohn- und Schlafzimmer sowie Wohnungsflur, aber auch auf das Treppenhaus und den Hauseingangsbereich. Besondere Beachtung findet in den letzten Jahren die Wohnungs- und Wohnumfeldverbesserung von Hochbetagten und bei Pflegebedürftigkeit, z.B. auch bei Demenz (vgl. z.B. *BMFSFJ* 2002: 114)

Nach dem Grad der erforderlichen Umgestaltungen lassen sich folgende Anforderungen an altersgerechtes Wohnen unterscheiden (*Heinze u.a.* 1997: 56f.):

- Minimalanforderungen an altersgerechte Wohnungen:
  Da die Wohnung für Ältere ohne erhebliche Einschränkungen geeignet sein sollen, sind hier gegenüber Normalwohnungen nur wenige Veränderungen erforderlich, wie z.B. Verringerung der Stufen und Schwellen, einfache Bewegungshilfen, rutschfeste Bodenbeläge, bestimmte Mindestgröße und Raumzahl.
- Barrierefrei nachrüstbare und barrierefreie altersgerechte Wohnungen:
  Wohnungen, die sich ggf. mit vertretbarem Aufwand barrierefrei nachrüsten lassen – durch nachträglichen Einbau von Rampen, Handläufen etc. –, oder die bereits barrierefrei und daher für Personen mit erhebli-

chen Einschränkungen der Gehfähigkeit und Beweglichkeit geeignet sind – durch Schwellenfreiheit, ausreichende Bewegungsräume etc.
- Behindertengerechte altersgerechte Wohnungen:
  Wohnungen, die auch für Rollstuhlfahrer geeignet sind – zusätzlich zur Barrierefreiheit breitere Türen, größere Bewegungsräume, Stufenlosigkeit durch Rampen oder Aufzüge.

Für die Umgestaltung zu einer altersgerechten Wohnung sind eine Reihe von Detailverbesserungen möglich, z.B. im Sanitärbereich Einstiegshilfen für die Badewanne, rutschsichere Badewannenbeläge, Lifter zum Ein- und Ausstieg, Sitzplätze in Duschen, Haltegriffe, spezielle Armaturen und höhenverstellbare Toilettensitze. In der Küche können Griffbereiche und Höhen der Arbeitsplatten und Küchenschränke verändert werden, für das Wohnzimmer sind spezielle Sitzmöbel zu beschaffen und Raumverhältnisse anzupassen, während im Schlafzimmer altersgerechte Betten und Ablagen aufgestellt werden können.

Altengerechtes Wohnen kann über die genannten Formen hinaus noch von Serviceangeboten ergänzt werden, indem Dienstleistungen unterschiedlicher Reichweite integriert werden (vgl. *Berger/Gerngroß* 1996; *Heinze u.a.* 1997: 57; *BMFSFJ* 1998: 112ff.; *Saup* 2001), z.B. in

- Servicewohnungen:
  Altersgerechte, barrierefreie und/oder behindertengerechte Wohnungen, bei denen Dienstleistungsangebote zur Verfügung stehen, die eine Bewältigung des Alltags erleichtern und bei Bedarf nachgefragt werden können, z.B. Hausmeister, Gebäudereinigung, Gemeinschäftsräume, von Verbänden oder Kommunen angebotene soziale Dienste, Beratung über mobile Hilfsdienste, ggf. Freizeit- und Kulturprogramm.
- Betreutes Wohnen:
  Wohnsituation, bei denen ein Grundservice angeboten wird, der eine Dauerbetreuung gewährleistet und zusätzlich optionale Hilfs- und Pflegeangebote einschließt. Damit kann selbst Schwer- und Schwerstpflegebedürftigen ein Verbleib in der Wohnung ermöglicht werden.

Allgemein gewinnen mit zunehmendem Alter – und vor allem bei eintretenden gesundheitlichen Einschränkungen und Behinderungen – *wohnbegleitende Dienstleistungen* an Bedeutung. Diese beschränken sich nicht nur auf Unterstützungspotenziale für den Fall nachlassender individueller Fähigkeiten, sondern umfassen darüber hinausgehende Angebote (vgl. *Rosendahl* 1997; *Naegele* 2004):

- Waren- und Dienstleistungsangebote (sog. Infrastruktur des täglichen Bedarfs),
- Betreuungs- und Versorgungseinrichtungen (soziale Dienste),

- Freizeit- und Kultureinrichtungen,
- Koordinations- und Beratungseinrichtungen sowie
- allgemein zugängliche Fahrt- und Transportmöglichkeiten (öffentlicher Personennahverkehr).

Damit hat die kommunale Altenplanung, die diese Punkte als Teil einer umfassenden Sozialplanung berücksichtigen muss, Dienste und Angebote für unterschiedliche Lebenslagen bereitzustellen. Diese gelten generell für alle Lebensalter, gewinnen aber für ältere Menschen eine besondere Bedeutung. Ein entwickeltes Leistungsspektrum wohnbegleitender Dienstleistungen kann eine selbständige Lebensführung älterer und alter Menschen auch dann weiter ermöglichen, wenn sich deren Gesundheitszustand einschränkt oder Hilfe- und Pflegebedürftigkeit beginnt. Dazu müssen die angebotenen Dienste jedoch in eine vernetzte kommunale Leistungsstruktur eingebunden werden (*Rosendahl* 1997: 2).

Innerhalb der unterstützenden Dienste nehmen hauswirtschaftliche Hilfen eine besondere Rolle ein. Diese Dienste sollen nach den individuellen Präferenzen für ältere Haushalte schnell und problemlos verfügbar sein. So werden nach einer repräsentativen Umfrage vor allem gewünscht (vgl. *Heinze u.a.* 1997: 74): Putzhilfen (von 59,4% im Westen, 44,2% im Osten), Einkaufshilfen (48,5% West, 49,9% Ost) und Essen auf Rädern (45,3% West, 48,3% Ost). In Ostdeutschland möchten darüber hinaus noch 46,2% der Älteren bei Bedarf eine Begleitung bei Behördengängen und 45,3% Hilfe beim Wäschewaschen. Aber der Anteil der bisher in Anspruch genommenen wohnungsnahen Dienstleistungen macht bislang nur etwa ein Zehntel des Gewünschten aus: So rangieren Einkaufshilfen, Hilfen bei Wohnungsreinigung, Begleitung bei Arztbesuchen und bei Behördengängen – in dieser Reihenfolge – mit zwischen 4,9% und 4,3% Inanspruchnahme an der Spitze, es folgen mit jeweils 2,9% Hilfe beim Wäschewaschen und bei der Körperpflege sowie Hilfe beim Kochen mit 2,1% der Befragten (*Heinze u.a.* 1997: 73). Allerdings darf bei den genannten Unterstützungswünschen nicht übersehen werden, dass sich die Erwartungen älterer Menschen vor allem auf familiäre Hilfeformen richten. Professionelle soziale Dienste und informelle, nichtfamiliäre Hilfen von Nachbarn oder ehrenamtlichen Helfern spielen bei den Wünschen der älteren Menschen nur eine untergeordnete Rolle (vgl. auch *Kap. 5.3.3* und *5.3.4*).

Ein relativ junger Forschungszweig beschäftigt sich seit einigen Jahren – im Rahmen des Ansatzes einer „ökologischen Gerontologie" (vgl. *Kap. 3.9.5*) – mit dem *Beitrag der Technik* zu einer aktiven und qualitativ befriedigenden Lebensführung im Alter (vgl. z.B. *Kruse* 1992; *Mollenkopf* 1998, 2001; *Claßen* 2012). Altengerechtes Wohnen wird auch durch Technik im Haushalt unterstützt, z.B. durch

- Haushaltsgeräte, die eine selbständige Lebensführung erhalten helfen;
- Kommunikationsmittel, die soziale Teilhabe auch von der Wohnung aus ermöglichen, wie Telefon, Computer (Internet);
- Erleichterungen bei der Versorgung von Hilfe- und Pflegebedürftigen, wie durch Hebevorrichtungen und hydraulische Betten;
- Erhöhung des Sicherheitsgefühls durch Notrufsysteme.

Zwischen den alten und den neuen Bundesländern treten kaum noch Unterschiede in der Ausstattung mit technischen Haushaltsgeräten und Telefon auf. So verfügen Privathaushalte von Menschen im Alter von 70 und mehr Jahren im Jahr 1998 zu 97,6% über ein Fernsehgerät, zu 96,7% über Telefon und zu 99,2% über einen Kühlschrank (*BMFSFJ* 2002: 110). Zum Thema „Technik und Alter" (vgl. *Mollenkopf* 1998, 2001; *Claßen* 2012) haben Industrie, Entwickler und Anbieter inzwischen eine kaum mehr überschaubare Anzahl von technischen Produkten entwickelt, die einerseits bereits als Standardangebote auf dem Markt existieren (z.B. Notrufsysteme), andererseits gerade erst eingeführt werden (z.B. Intelligentes Wohnen/Smart Home Technologie, Sensortechnik, Tele-Care). Im Bereich der Informationstechnologie haben bestimmte Weiterentwicklungen – wie neue Kommunikationshardware (Fax, Bildtelefon) sowie Internet und Email – Auswirkungen auf die Lebensbedingungen und Kommunikationsmöglichkeiten von Menschen im Alter (*BMFSFJ* 2001: 260). Allgemein kann Technik mangelnde Körperfunktionen ausgleichen, damit die kommunikative Kompetenz erhalten und den Lebensraum älterer Menschen erweitern.

Bedeutsam wird Technik auch für die Verbesserung der Beweglichkeit älterer Menschen im Wohnumfeld, die ebenfalls die Selbständigkeit sozialer Teilhabe fördert. Dies gilt vor allem für die Mobilität im näheren Lebensbereich in Hinsicht auf die Benutzung eines eigenen PKWs und den öffentlichen Personennahverkehr. Die regionalen Verkehrssysteme sind z.B. durch den Einbau von Aufzügen in U- und S-Bahnen oder durch den Einsatz von Niederflurkonzepten bei Bussen und Straßenbahnen bemüht, auch den älteren, bewegungseingeschränkten Menschen eine Nutzung öffentlicher Verkehrsmittel zu ermöglichen (*BMFSFJ* 1998: 157ff.). Zum Ausgleich der verschiedensten Mobilitätseinschränkungen von leichten Gehunsicherheiten bis zur völligen Bewegungsunfähigkeit stehen ebenfalls technische Hilfen zur Verfügung, dazu sind allerdings i.d.R. die baulichen Voraussetzungen zu schaffen (vgl. *oben*). Der Bereich der Pflege- und Gesundheitstechnik ist bisher überwiegend auf die stationäre Altenhilfe und damit auf Hilfen für Behinderte ausgerichtet, so z.B. Hebehilfen.

4.7 Wohnen und Leben im Altersheim

Der überwiegende Teil der Altersbevölkerung lebt in Privathaushalten, doch auch etwa 4% der über 60-Jährigen – ca. 845.000 Menschen (Ende 2009) – in vollstationär betriebenen Altenheimen. Die Zahl der Pflegebedürftigen in (vollstationären) Alteneinrichtungen ist seit 1994 von 420.000 auf 717.000 Bewohnerinnen und Bewohner im Jahr 2009 und damit um über 70% gestiegen. Ende 2009 wurden diese pflegebedürftige Menschen (31% aller Pflegebedürftigen) in Deutschland dauerhaft in den 11.600 stationären und (zeitweise in) teilstationären Pflegeheimen (ohne Bewohner der Pflegestufe "0") betreut. 75% von ihnen waren Frauen, 49% waren 85 Jahre und älter, 20,5% der Pflegestufe III zugeordnet (*Statistisches Bundesamt* 2011). Nach einer repräsentativen Untersuchung von *Infratest* existierten Ende 2005 nur noch 3,5% der Heimplätze in sog. Wohnheimen (vollstationäre Wohneinrichtungen mit ambulant organisierten pflegerischen Betreuungsangeboten 1,2%, sonstige vollstationäre Wohneinrichtungen 2,3%). Das Gros der Heimplätze (96,5%) befand sich in vollstationären Pflegeeinrichtungen (*Schneekloth/v. Törne* 2009: 49). In den 1990er Jahren war eine Tendenz zur Abnahme von Alten- und Wohnheimen zu erkennen, von 1997 bis 2003 hat sich diese Tendenz umgekehrt. Die Funktion wird auch von Einrichtungen des Betreuten Wohnens übernommen. Außerdem steigt der Anteil der Heime in privater Trägerschaft, während der Anteil öffentlicher Träger sinkt. Die Wahrscheinlichkeit der Unterbringung in einem Heim steigt mit dem Alter deutlich an. Während von den 65- bis 69-Jährigen Ende der 1990er Jahren nur 1% im Heim lebten, lag der entsprechende Anteil bei den 80- bis 84-Jährigen schon bei 8%, bei den 85- bis 90-Jährigen bei 18% und bei den 90 Jahre und Älteren sogar bei 34% (*BMFSFJ* 2001). Das Durchschnittsalter der stationär (d.h. in Heimen) versorgten Pflegebedürftigen lag 2005 bei ca. 82 Jahren, mehr als zwei Drittel der Gepflegten war bereits 80 Jahre oder älter (*Schneekloth/v. Törne* 2009: 85). Der Altersdurchschnitt der Bewohner in Heimen steigt in den letzten Jahrzehnten kontinuierlich an.

Das institutionalisierte Wohnen älterer Menschen wird bis heute von einem weitgehend negativen Ansehen bestimmt. Dieses resultiert aus schlechten Erfahrungen, die mit solchen Einrichtungen in der Vergangenheit gemacht wurden, z.T. auch aus Meldungen in den Medien, die besonders negative Beispiele bei entsprechenden Vorkommnissen gern aufgreifen. Insgesamt überwiegt deshalb – trotz deutlicher Verbesserungen im letzten Jahrzehnt und einer Verschärfung der öffentlichen Kontrolle – eine zurückhaltende bis ablehnende Haltung unter älteren Menschen hinsichtlich einer Übersiedlung in ein Heim. „Als potenzielle Heimbewohner befürchten viele Ältere, eingesperrt oder allein gelassen zu werden, Langeweile, Verlust der Selbständigkeit, Bevormundung, Persönlichkeitsverlust, Einengung durch Hausordnung, Tagesablauf nach Befehl, wenig Beschäftigungsmöglichkeiten, die Aufgabe von Selbstbestimmung, persönlichen Bedürfnissen und Interessen, einen eingeschränkten Bewegungsfreiraum, Abstumpfung wegen Nutzlosigkeit sowie einen Mangel an Privatsphäre" (*Welter* 1986; zit. nach *Prahl/Schroeter* 1996: 154).

4.7.1 Formen institutionalisierten Wohnens und demographische Merkmale der Bewohner

„Altersheime" als Oberbegriff versammelt eine Reihe unterschiedlicher Formen institutionalisierten Wohnens, die in Abhängigkeit von Trägerschaft, Leitungsform, Personal, Serviceangeboten, sozialer Lage der Bewohner, baulichen Bedingungen, Größe etc. zu differenzieren sind. Die verschiedenen Wohneinrichtungen für alte Menschen bieten nach Zielrichtung der Organisation und Funktionalität ein gestaffeltes Angebot unterstützender sozialer Dienste. Nach diesen Merkmalen lassen sich folgende Formen institutionellen Wohnens älterer und alter Menschen unterscheiden (vgl. Helga *Reimann* 1994: 147; *BMFSFJ* 1998: 123ff.; *BMFSFJ* 2002):

1. *Altenwohnheime* als Zusammenfassung in sich abgeschlossener Ein- oder Zweipersonenwohnungen, die den Bedürfnissen alter Menschen entsprechen (sollen) und verschiedene Grade von Versorgung und Betreuung vorhalten, mit weitgehend eigener Haushaltsführung.
2. *Altenheime*, bestehend aus Ein- bis Mehrbettzimmern oder auch kleinen Appartements mit Sanitärraum. Hier können Personen, die bei Aufnahme zur Führung eines eigenen Haushalts nicht mehr in der Lage sind, voll versorgt und betreut werden. Diese früher häufigste Form ist seit der Einführung der Pflegeversicherung nach dem Willen des Gesetzgebers weitgehend verschwunden.
3. *Pflegeheime*, in denen dauernd pflegebedürftige alte Menschen umfassend betreut und versorgt werden sowie eine medizinische Grundversorgung erhalten. Die Ein- oder Mehrbettzimmer haben i.d.R. einen Wohncharakter.
4. *Mehrgliedrige Alteneinrichtungen* bestehen in einer Kombination der vorgenannten Einrichtungsformen, meist als Altenwohn- oder Altenheim mit Pflegeabteilung oder -heim, um einen problematischen Milieuwechsel im Krankheits- oder Behinderungsfall zu vermeiden.
5. *Seniorenstifte oder Wohnstifte* bieten auf gehobenem Anspruchs- und Leistungsniveau Wohnraum, Versorgung und Betreuung älterer Menschen. Sie sind privat finanziert und nur für finanzstarke „Seniorinnen" und „Senioren" erschwinglich. Altenwohnstifte bieten sowohl abgeschlossene Kleinwohnungen mit individueller Wohnsphäre als auch Gemeinschaftseinrichtungen eines Hotels und eines Heimes mit Pflegeleis-

tungen und verbinden somit Privatheit und gemeinschaftliche Sicherung miteinander.

Nach der repräsentativen Heimerhebung von *Infratest* (vgl. *Schneekloth/v. Törne* 2009: 124) bewohnen etwas mehr als die Hälfte (64%) der Bewohner aller Einrichtungen ein Einzelzimmer oder ein Appartement, 35% leben in einem Zimmer für zwei Personen und 1% in einem Zimmer für drei oder mehr Personen. Ca. 50% der Bewohner haben Zugang zu einer Kochgelegenheit, 89% verfügen über ein Telefon. Die Heime in den neuen Bundesländern waren bis Mitte/Ende der 1990er Jahre im Durchschnitt schlechter ausgestattet. Hier wurde in den letzten Jahren eine deutliche Verbesserung der Ausstattung erreicht, sodass der frühere qualitative Abstand zu den Heimen im Westen aufgeholt wurde. Allgemein hat in den letzten Jahren ein Strukturwandel der Heime bewirkt, dass sich die räumliche Situation – nach Belegungsdichte, sanitärer Ausstattung, Gemeinschaftsräumen etc. – wesentlich verbessert hat (*Schneekloth/v. Törne* 2009). Insgesamt hat eine Wertverschiebung zugunsten des Wohnbereiches eingesetzt; der Wohnbereich wird zunehmend als sozialer Lebensraum des älteren und alten Menschen verstanden (*Prahl/Schroeter* 1996: 157).

Die *demographische Struktur* von älteren Menschen in Alteneinrichungen wird unter anderem durch Hochaltrigkeit, Verwitwung und einen hohen Frauenanteil geprägt. Nach der Erhebung von *Infratest* (*Schneekloth/v. Törne* 2009: 85) sind 20% der Bewohner zwischen 70 und 79 Jahre alt, aber 68% 80 Jahre und älter. Gegenüber Männern (27%) sind Frauen mit 73% deutlich überrepräsentiert. Das Durchschnittsalter beträgt 81,8 Jahre, bei Frauen 83,6 Jahre und bei Männern 76,8 Jahre. Mehr als die Hälfte aller Heimeintritte erfolgten nach dem 80. Geburtstag, denn 45,8% der Bewohner waren bei Heimeintritt (nach *Klein u. a.* 1997: 154) zwischen 80 und 90 Jahre alt, 6,5% sogar bereits über 90 Jahre. Heimbewohner weisen damit eine andere Altersstruktur auf als die Altenbevölkerung in Privathaushalten: Von den Heimbewohnern sind 43% zwischen 80 und unter 90 Jahre alt, jedoch nur 9,5% der Gesamtbevölkerung dieser Altersgruppe (*Schneekloth/v. Törne* 2009: 85; *Statistisches Bundesamt* 2011: 44). Bezogen auf die gesamte Bevölkerung sind 14,2% der hochaltrigen Menschen im Alter von 80 Jahren und älter auf Dauer in einer vollstationären Einrichtung der Altenhilfe untergebracht, 18,6% der Frauen und 9,7% der Männer. Die Institutionalisierungsquote nach Altersgruppe steigt bis zum 80. Lebensjahr moderat, danach aber deutlich an. Von den Bewohnern der Heime sind 64% verwitwet (Frauen 73%, Männer 38%), weitere 15% sind ledig (Frauen 12%, Männer 21%) Eine Betrachtung nach Bildungsgrad zeigt, dass die Heimbevölkerung eine durchschnittlich geringere Schulbildung aufweist als die Altenbevölkerung in Privathaushalten. Personen ohne Bildungsabschluss sind in Heimen weit überrepräsentiert (vgl. Helga *Reimann* 1994: 151).

Trotz der mit ca. 4% relativ geringen Quote von 60-Jährigen und Älteren, die in entsprechenden Einrichtungen leben, wird geschätzt, dass etwa jeder zehnte Mann und jede vierte Frau über 65 Jahre die letzte Lebensphase in einem Heim verbringen werden (vgl. *Saup/Reichert* 1999: 260). Dies hängt mit der steigenden Institutionalisierungsquote in höheren Altersgruppen zusammen. Die Verweildauer in stationären Alteneinrichtungen beträgt nach *Schneekloth/v. Törne* (2009: 122) – bei einer beträchtlichen Streuung – 41,3 Monate, Frauen verweilen mit durchschnittlich 47,4 Monaten deutlich länger als Männer mit 25,9 Monaten. Das durchschnittliche Sterbealter in diesen Einrichtungen beträgt für Frauen 87,6 Jahre, für Männer 79,3 Jahre.

4.7.2 Umzug in ein Heim

Der Umzug in ein Heim stellt als Statuspassage einen gravierenden Einschnitt im Leben der betroffenen älteren Menschen dar, da er seltener geplant und vorsorgend geschieht, sondern durch die nachlassende Kompentenz zur selbständigen Lebensführung bewirkt wird. Deshalb wird der Übergang in ein Heim für manche alten Menschen zu einem „kritischen Lebensereignis", das die psychische Bewältigungskapazität der Betroffenen stark herausfordert oder zeitweilig sogar übersteigt. Die Sorgen um den Verlust der Selbständigkeit und wegen einer möglichen Pflegebedürftigkeit entstehen zum einen aus den damit verbundenen Einschränkungen des Lebensvollzugs und den Kontrollverlusten. Zum anderen werden diese Sorgen auch durch eine stark negativ getönte Bewertung des Lebens im „Altersheim" hervorgerufen. Das negative Image dieser Einrichtungen ist mit Einschätzungen von Reglementierung, Massenbetrieb, Verlust der Privatheit bei sozialer Isolation und Abgeschobensein verbunden, und die Übersiedlung wird als letzte Station des Lebens mit Endgültigkeitscharakter gesehen (vgl. Helga *Reimann* 1994: 148). Diese negativen Einschätzungen orientieren sich am traditionellen Typus des Altenheims oder auch des Pflegeheims, dagegen kaum an moderneren Formen von Altenwohnheimen oder gar „Seniorenresidenzen".

Die wesentlichen *Gründe für einen Heimeintritt* sind ein angegriffener Gesundheitszustand (immer häufiger Demenzen), ein defizitäres soziales Netzwerk und eine angesichts der Pflegebedürftigkeit unangemessene Wohnsituation (*Klein u.a.* 1997). In Hinsicht auf die gesundheitliche Situation steht allerdings nicht die längerfristige, stark behindernde Erkrankung im Vordergrund, sondern akute Probleme, wie z.B. ein längerer Krankenhausaufenthalt wegen eines Schenkelhalsbruchs, der zur Reduzierung vorher noch vorhandener Kompetenzen führt und oftmals einen Übergang in ein Heim nach der Zeit im Krankenhaus unumgänglich macht. Fehlende Aktivierung im Krankenhaus, mangelnde Unterstützung im sozialen Netzwerk oder auch eine nicht altersgerechte Wohnung versperren in solchen Fällen den Weg zurück in die eigene Wohnung. Damit ist auch ein zweiter

Grund des Heimeintritts benannt: „Schlechte Wohnverhältnisse“ können sowohl eine den gesundheitlichen Einschränkungen nicht angemessene Ausstattung der Wohnung als auch den plötzlichen Verlust der gewohnten Wohnumwelt durch Kündigung, Sanierung oder Abriss des Wohnhauses bedeuten (Helga *Reimann* 1994: 149). Weitere Gründe für den Übergang in ein Heim betreffen partnerschaftliche oder familiäre Veränderungen: Durch den Tod des Partners bzw. der Partnerin können finanzielle Probleme auftreten, oder es kann die zentral unterstützende oder hilfeleistende Bezugsperson ausfallen. In gleicher Weise wirkt sich die familiär nicht mehr leistbare und deshalb ausbleibende Unterstützung aus, die bis dato z.B. durch die Kindergeneration – vor allem durch Töchter und Schwiegertöchter – erbracht wurde (vgl. *Wand* 1986; *Rückert* 1999).

Im „Altenheimsurvey“ wurden zum ersten Mal die subjektiven Gründe eines Heimeintritts auf repräsentativer Basis ermittelt (vgl. *Klein u.a.* 1997: 60f.). Danach sind vorrangig gesundheitliche Gründe mit über 50% als Gründe im Bewusstsein; bei 21,6% beziehen sich die Gründe auf bestimmte Erkrankungen, für 18,6% stehen die Folgen der Erkrankung (z.B. Pflegebedürftigkeit) im Vordergrund. Hinsichtlich der Art der Erkrankungen wurden die Folgen eines Sturzes oder eines Unfalls am häufigsten genannt, fast ebenso häufig ein Schlaganfall. Etwa ein Viertel der Befragten nannte Behinderungen als subjektiven Grund für den Eintritt, überwiegend Geh- und Sehbehinderungen. Das fehlende soziale Netzwerk wurde von 13,1% als wichtigster Umzugsgrund genannt, bedingt durch „Einsamkeit“ oder Tod des Ehemanns oder Lebenspartners. Hinzu kommen Heimeintritte, die durch den Umzug in die Nähe von nahestehenden Verwandten oder Bekannten oder durch Einzug in die Heimwohnung des Partners motiviert sind. Als dritte Hauptkategorie der subjektiven Gründe eines Heimeintritts wird die Wohnung (von 8,8%) genannt, die wegen baulicher Mängel, Kündigungen oder Mieterhöhungen aufgegeben wurde. In der Untersuchung von *Infratest* (2005) (vgl. *Schneekloth/v. Törne* 2009: 90) wird für zwei Drittel der Bewohner als Hauptmotiv für den Wechsel in die vollstationäre Alteneinrichtung der schlechte Gesundheitszustand bzw. der entsprechende Grad der Pflegebedürftigkeit angegeben, bei 38% fehlen genügend Helferinnen bzw. Helfer und bei 27% wird auf eine akute Überlastung der Angehörigen verwiesen. Für 32% war der Wunsch nach geeigneter Betreuung für einen Wechsel maßgeblich, 18% wünschen eine bessere soziale Einbindung.

4.7.3 Lebensbedingungen im Heim

Die Lebensbedingungen im Heim werden für den alten Menschen ganz zentral durch die wohnlichen Voraussetzungen bestimmt. In empirischen Studien wird nachgewiesen, dass die Institution – und darin besonders das eigene Zimmer – die zentralen Aufenthaltsbereiche für Heimbewohner darstellen, und das private Zimmer deshalb eine Schlüsselrolle für die persönliche Lebenslage einnimmt (*Saup/Reichert* 1999: 261; *Mollenkopf u.a.* 2004: 350). Hierbei kommt es darauf an, ob neben der Verfügbarkeit und dem Nutzungsrecht auch Möglichkeiten der Zugangskontrolle – repräsentiert durch einen eigenen Schlüssel – und der eigenständigen Gestaltung des Wohnraums bestehen. Damit verbunden sind Chancen der „Privatheit“, etwa dem Wohnbereich eine persönliche Note – durch Möbel, Bilder, Geschirr etc. – zu geben und die exklusive Verfügungsmacht über einen abgrenzbaren Bereich zu haben. Als seltener existierendes „Negativbeispiel“ sind Mehrbettzimmer bekannt, in denen für jeden „Insassen“ gerade mal ein eigener Schrank für die persönlichen Dinge zur Verfügung steht, der sich u.U. nicht einmal absperren lässt. Ausstattungsbezogene, bauliche und architektonische Gestaltung der Heime bestimmen ganz zentral die psychosozialen Voraussetzungen der Lebenslage älterer Menschen im Heim. Ende 2009 gab es 11.634 Einrichtungen der stationären Altenhilfe, die eine Zulassung nach Sozialgesetzbuch (SGB XI) haben (vgl. *Statistisches Bundesamt* 2011: 18).

Die *gesundheitlichen Bedingungen* spielen für die Lebenslage und für Handlungsspielräume der Heimbewohner ebenfalls eine entscheidende Rolle. In Hinsicht auf den (subjektiven) Gesundheitszustand lässt sich ein deutlicher Unterschied zwischen der Heimbevölkerung und der Altenbevölkerung in Privathaushalten feststellen (*Klein u.a.* 1997: 57). So gaben bei der Befagung des „Altenheimsurveys“ 55% der Heimbewohner, aber nur 24% der Altenbevölkerung in Privathaushalten an, bei der Erfüllung alltäglicher Aufgaben (wie z.B. beim Anziehen, Aufräumen oder der Körperpflege) stark beeinträchtigt zu sein. Andere, allerdings regionale Untersuchungen berichten dagegen von nur geringen gesundheitlichen Unterschieden zwischen Heimbevölkerung und alten Bewohnern in Privathaushalten, wenn nach dem Alter verglichen wird (vgl. Helga *Reimann* 1994: 150). Ein deutlicher Unterschied im subjektiven Gesundheitszustand zeigt sich bei Bewohnern der verschiedenen Heimformen: Altenheimbewohner weisen eine ähnlich gute oder schlechte Gesundheit auf wie gleich alte Menschen in Privathaushalten, während sich ein überdurchschnittlich hoher Anteil älterer Kranker, Bettlägriger und Behinderter in Pflegeheimen oder Pflegeabteilungen der Altenwohnheime befindet. Dabei stellt die fehlende Qualifikation des Personals zur Pflege der ca. 60-70% Demenzkranken unter den zu Pflegenden heute ein zentrales Problem dar.

Viele Heimbewohner sind bei der Übersiedlung in die Institution bereits von eingeschränkten *Sozialbeziehungen* betroffen, da sie über vergleichsweise ungünstige Netzwerkstrukturen verfügen. So leben diese kurz vor dem Heimeintritt zu 72% allein, hingegen aber nur 29,5% aller in einem Privathaushalt lebenden Alten (*Klein u.a.* 1997: 58). In den Heimen selbst werden die sozialen Beziehungen von heimspezifischen Selektionsprozessen bestimmt. Allgemein lässt sich in den zugrunde liegenden Dimensionen

„Zufriedenheit“, „Umweltinteresse“ und „Aktivität“ ein deutliches Gefälle von Wohnheimen über Altenheime zu Pflegeheimen feststellen, wobei Institutionalisierungseffekte allerdings nicht genau bestimmbar sind. Nach (älteren) Untersuchungen weisen Heimbewohner im Vergleich zu alten Menschen in Privathaushalten allgemein eine Reihe negativer Merkmale auf, durch die die sozialen Beziehungen nach außen und innerhalb der Institution geprägt werden (*Fischer* 1976, zit. in: Helga *Reimann* 1994: 151):

1. verminderte Kontakthäufigkeit,
2. ein verringertes Aktivitätsniveau,
3. eine verminderte Lebenszufriedenheit, die mit Einsamkeitsgefühlen und herabgesetztem Selbstwertgefühl verbunden war,
4. eine verkürzte Zeitperspektive,
5. ein verringertes Interessenspektrum,
6. eine verringerte Leistungsfähigkeit und
7. eine erhöhte Mortalität.

Diese Faktoren führen – neben dem hohen Anteil von Alleinstehenden – zu einer Ausdünnung sozialer Kontakte. In der „Berliner Altersstudie“ (*Wagner u.a.* 1996: 311) nannten Heimbewohner im Durchschnitt nur 4,5 Netzwerkpartner, während alte Menschen in Privathaushalten dagegen von 11,3 Personen im Netzwerk berichteten. Nach der repräsentativen *Infratest*-Untersuchung (*Schneekloth/v. Törne* 2009: 133f.) erhalten im Jahr 2005 11% der Bewohnerinnen und Bewohner täglich Besuch von Verwandten außerhalb des Heims, 36% einmal oder mehrmals pro Woche, 20% einmal oder mehrmals im Monat, 17% noch seltener, und 9% erhalten keinen Besuch. Besuch von Töchtern oder Söhnen erhalten 6% der Bewohnerinnen und Bewohner täglich und weitere 28% regelmäßig während einer Woche. Von Freunden und Bekannten werden 2% täglich, 10% regelmäßig im Wochenverlauf, 13% monatlich und 23% seltener besucht. 43% der Bewohnerinnen und Bewohner verfügen über keine Kontakte zu Freunden und Bekannten außerhalb der Einrichtung. Die Fallstudie über 26 Einrichtungen der stationären Altenhilfe von *Kruse u.a.* (1992) kommt zu ähnlichen Ergebnissen: 12% hatten täglich Besuch, 31% wöchentlich, 17% ein- oder mehrmals im Monat, und 22% der Heimbewohner berichteten über 4-5 Besuche von Angehörigen im Jahr.

Entsprechend verfügen im Heim lebende Menschen über wesentlich weniger informelle Hilfen und berichten über weniger soziales Zusammensein als die Bewohner von Privathaushalten. Aus Sicht der Befragten kann das (Pflege-)Personal diese Defizite nicht ausgleichen, da diese Form der Zuwendung von ihnen nur in geringem Maße geleistet wird. Immerhin gaben aber 9% der Heimbewohner an, vom Pflegepersonal emotionale Hilfen erhalten zu haben. Der subjektive Bedarf an sozialen Beziehungen und nach mehr Unterstützung wird von fehlenden familiären Kontakten hervorgerufen und nicht von der Wohnform bestimmt (*Wagner u.a.* 1996: 314). Bei Heimbewohnern kumulieren insgesamt Faktoren, die sowohl zu sozialer Isolation als auch zu verstärkter Einsamkeit beitragen: Sie sind öfter ledig oder verwitwet, haben weniger soziale Beziehungen, fühlen sich deshalb relativ häufig einsam und sind in ihrer physischen wie auch psychischen Funktionstüchtigkeit stärker eingeschränkt als ältere und alte Menschen, die in Privathaushalten leben. *Wagner u.a.* (1996: 317) vermuten, dass soziale Isolation von Heimbewohnern zum Teil daher rührt, dass sie weniger als allein in Privathaushalten Lebende ein gewisses Verantwortungsgefühl der Umwelt hervorrufen. Ihre sozialen Beziehungen sind durch einen „Besuchscharakter" und nicht durch alltägliche kleine Gesten, Handreichungen, Aufmerksamkeiten und Gespräche von Personen der direkten Wohnumwelt geprägt.

Wohnen und Leben im Heim wird durch den Heimtypus und damit durch die *soziale Organisation von Heimen* bestimmt, die eine jeweils spezifische Sozialstruktur ausbildet (vgl. dazu im Überblick *Prahl/Schroeter* 1996: 164ff.). Alten- und Pflegeheime sind als Institutionen der stationären Altenpflege durch institutionelle Normen, von Organisations- und Rollenstrukturen sowie damit verbundener Orientierungssicherheit geprägt. Alltägliche Handlungsmuster werden normiert und typisiert und zu Routinen geformt; damit entsteht Verhaltenssicherheit für Bewohner und Beschäftigte, aber es werden auch Verhaltensanforderungen an die im Heim Lebenden gestellt. Für die in ein Heim übersiedelnden älteren und alten Menschen bedeutet dies häufig eine Zäsur ihrer bis dahin privat praktizierten Routinen und Verhaltensformen. Von ihnen wird eine Anpassung an institutionelle Verhaltensmuster und Regeln verlangt. Der Alltag der Heime richtet sich nach zeitlichen und räumlichen Vorgaben, die auch vom Arbeitsrhythmus des Dienstpersonals bestimmt werden. Nach der Heimform und dem Grad der Versorgung und Betreuung kann die institutionelle Abhängigkeit der Bewohner allerdings unterschiedlich stark sein: In privaten „Seniorenstiften" existiert weitgehende Flexibilität bei geringer normativer Abhängigkeit, in Alten- und insbesondere Pflegeheimen regeln überwiegend institutionelle Vorgaben den Tagesablauf. Die Organisation von Heimen ist durch die funktionale Aufteilung in Pflege, Versorgung, Betreuung und Verwaltung weitgehend arbeitsteilig und nach Autoritäts- und Kompetenzbereichen hierarchisch gestaltet. Im Bereich der Pflege überwiegt inzwischen die Bezugs- die Funktionspflege. Durch die Organisationsstrukturen werden auch die sozialen Beziehungen der Bewohner zu den Beschäftigtengruppen geprägt und die Beziehungen der Bewohner untereinander berührt.

4.7.4 Soziale Beziehungen in Heimen

Die sozialen Beziehungen in Heimen werden durch unterschiedliche Beziehungsformen bestimmt, die nach der Heimform in Hinsicht auf hierarchische Dominanzen oder Abhängigkeiten verschiedenartig gestaltet sind. Unter den jeweiligen räumlich-organisatorischen Bedingungen der Einrichtung prägen sich die verschiedenen sozialen Verhältnisse aus: das Verhältnis der Bewohner zu den Mitbewohnern, zum Personal und zu den Angehörigen, die entweder von außen kommen oder mit ihnen zusammen in der Einrichtung leben. Die sozialen Kontakte der Bewohner zu anderen Personen können Unterstützung und emotionale Zuwendung, aber auch Konflikte und Belastungen bedeuten.

Die soziale Struktur der Organisation wird durch eine Reihe von Merkmalen geformt (*Prahl/Schroeter* 1996). An der Personalstruktur wird häufig Personalmangel und hohe Fluktuation kritisiert. Die rigiden Dienststrukturen mit starr festgelegten Weck-, Wasch-, Essens-, Pflege- und Schlafenszeiten werden dadurch weiter verschärft. Weitere organisatorische Bedingungen – wie z.T. fehlende „Schlüsselgewalt", keine eigenen Briefkästen oder abschließbaren Schränke, z.B. in Pflegeheimen – schränken die Selbständigkeit und Entfaltungsmöglichkeiten ein. Dadurch entstehen bei den Bewohnern Gefühle von Abhängigkeit und Ausgeliefertsein, die zur sozialen Deprivation führen können. Einrichtungen der Zimmer, häusliche und bauliche Mängel der Infrastruktur – wie kleine und enge Zimmer, fehlende Aufenthalts- und Freizeiträume, Cafés –, aber auch eine gestörte Intimsphäre bei Zwei- oder Mehrbettzimmern bilden ungünstige Voraussetzungen der Lebenslage, da Handlungsspielräume eingeengt und soziale Beziehungen erschwert werden. Eine Ausnahme bildet die Praxis, demente Heimbewohner (gleichen Grades) in einem Zimmer unterzubringen.

Die Bewohner von Heimen halten untereinander relativ wenig Kontakt. Bereits vor dem Heimeintritt haben die Kommunikations- und Kontaktfähigkeit bei vielen durch langes Alleinleben gelitten oder wurden durch familiäre Einbindung nicht gefordert; diese Fähigkeiten können im Heim selten aktiviert werden. Deshalb fällt es vielen Heimbewohnern schwer, auf andere zuzugehen und neue Kontakte im Heim zu knüpfen. Häufig wird über die Interessen- und Initiativlosigkeit anderer Mitbewohner geklagt, über den Rückzug und die Egozentriertheit der anderen und deren Desinteresse an der eigenen Person (*Saup* 1990; *Prahl/Schroeter* 1996). Besonders schwer erträglich ist für viele Heimbewohner, die kein eigenes Zimmer oder keine Wohnung haben, der Umgang mit den Mitbewohnern im Raum. Deren Erkrankungen, Verhaltensweisen und Umgangsformen können Ängste oder Aggressionen auslösen.

Doch die soziale Situation ist bei institutionalisiertem Wohnen Älterer nicht immer negativ gestimmt. In moderneren Altenwohnheimen sind Bewohnerinnen und Bewohner insbesondere bei selbstbestimmtem Übergang in das Heim und ausreichender Intimität und Eigenständigkeit in der Lage, der neuen Situation auch positive Aspekte abzugewinnen. So bestehen für sie – vor allem bei gutem oder ausreichendem Gesundheitszustand – Möglichkeiten, neue soziale Kontakte zu schließen, Aufgaben und Verantwortung zu übernehmen (z.B. im Heimbeirat, bei organisierten Aktivitäten, in der Betreuung kranker Mitbewohner) oder an Veranstaltungen teilzunehmen.

Das Verhältnis der Bewohner zum Pflege- und sonstigen Personal wird weitgehend durch den Grad der Abhängigkeit bestimmt. Ist der Umfang der Fremdversorgung stark oder gar absolut, so entstehen auf Seiten der Versorgten Gefühle von Kontrollverlust, die mit Aktivitäts- und Funktionseinbußen einhergehen. Durch den chronischen Personalmangel, der in vielen Einrichtungen für Ältere besteht, sind die Möglichkeiten von sozialen Kontakten, Gesprächen und emotionaler Zuwendung i.d.R. sehr begrenzt. Das Personal ist trotz guten Willens und Sympathien häufig nicht in der Lage, die von den Bewohnern erhofften sozialen Beziehungen aufzubauen, da es überfordert und überlastet ist. Weitere Probleme im Verhältnis zwischen Personal und Bewohnern können durch mangelnde berufliche Qualifikation, eine große Fluktuation des Personals oder den beträchtlichen Altersunterschied hervorgerufen werden. Daraus resultierende Konflikte zwischen Bewohnern und Personal führen in manchen Fällen auch zu Aggressionen auf beiden Seiten und zu Gewalttätigkeiten in der Beziehung (vgl. *Schneider* 1990; vgl. auch *Kap. 4.8*).

Sofern Angehörige existieren, wird das Verhältnis der Bewohnerinnen und Bewohner zu diesen von der gemeinsamen Beziehungsgeschichte und der aktuellen Beziehung geprägt. Häufig ging der Verlust einer nahestehenden Person (Ehemann oder Ehefrau bzw. Lebenspartner/in) der Übersiedlung in ein Heim voraus. Ebenso begleiten häufiger Konflikte mit Angehörigen den Abschied vom privaten Wohnen: z.B. im Zusammenhang mit dem Verkauf des Hauses, Erbstreitigkeiten, Wohnungsauflösung, Streit mit den Kindern, weil diese die Betreuung nicht mehr tragen können oder wollen (*Prahl/Schroeter* 1996: 193). Gefühle der Leere und Einsamkeit werden in manchen Fällen durch schwindende oder subjektiv zu geringe Verwandtschaftskontakte verstärkt. Obwohl ein überwiegender Teil der Heimbewohner häufiger Besuch erhält (vgl. *Kap. 4.7.3*), ist die Zufriedenheit der älteren und alten Menschen mit diesen Kontakten eher gering. Zudem können nicht bearbeitete Konflikte aus früheren Lebensphasen in die aktuelle Beziehungssituation mit hineinwirken. Eine zusätzliche Belastung des Verhältnisses zu Angehörigen geht vom Umgang des (Pflege)Personals mit den Alten oder den Angehörigen aus. So entstehen Belastungen aus Konkurrenzgefühlen zwischen Angehörigen und Personal, durch Klagen über schlechte Versorgung durch das Personal oder über Verhaltensweisen von Bewohnern sowie durch unterschiedliche Ansichten zu Aufgaben und Pflichten der Beteiligten.

Insgesamt betrachtet differieren die Lebenslagen von Bewohnerinnen und Bewohnern der Altenhilfeeinrichtungen sehr stark. Von materiellen und gesundheitlichen, aber auch regionalen Gegebenheiten hängt ab, in welche Institution der ältere oder alte Mensch nach Aufgabe des Lebens im

Privathaushalt kommt. Unterschiede bestehen auch maßgeblich darin, ob der Übergang in eine Altenwohneinrichtung freiwillig vorausschauend oder zwangsweise erfolgt. Durch die neue Lebensumgebung werden in Verbindung mit finanziellen, körperlichen und psychischen Möglichkeiten die Handlungsspielräume bestimmt, die den alten Menschen verbleiben. Hierbei reicht das Spektrum von finanziell und sozial gut ausgestatteten rüstigen „Senioren" in „Altenresidenzen" oder „Wohnstiften" bis hin zum Pflegefall, der auf Sozialhilfe angewiesen, völlig von anderen Menschen abhängig, sein Leben in einem Pflegeheim fristet. So differenziert wie die Lebenslagen innerhalb der Gruppe der älteren und alten Menschen allgemein stellt sich auch die Lage der institutionalisiert Wohnenden dar.

4.8 Abweichendes Verhalten im Alter und Gewalt gegen Ältere

Abweichende Verhaltensweisen von oder gegen ältere Menschen berühren bisher weitgehend tabuisierte Sachverhalte. Der gesellschaftliche Umgang mit Altersdevianz oder Alten als Opfer von Misshandlung und Gewaltanwendung ist ebenso wie andere Diskriminierungen ein Zeichen von Abwertung des Alters. Allerdings sind Täter- und Opferrolle in Qualität und Folgen für die Betroffenen deutlich zu unterscheiden.

4.8.1 Abweichendes Verhalten

In Hinsicht auf abweichendes Verhalten Älterer muss zunächst die gesellschaftlich vermittelte normative Basis betrachtet werden, die spezifische Verhaltensanforderungen und Rollenerwartungen an ältere Menschen vermittelt. Zudem sind zugrundeliegende Normen nach dem Grad ihrer Verbindlichkeit und der Art der Sanktionierung bei Abweichungen zu unterscheiden. Und schließlich werden Veränderungen von Normen im Zuge des sozialen Wandels bedeutsam, die an eine sich wandelnde gesellschaftliche Bedeutung alter Menschen anknüpfen. Diese haben vor allem im Bereich der Geschmacks- und Verhaltensnormen in den letzten Jahrzehnten eine deutliche Veränderung erfahren und äußern sich in moderneren Lebensstilen, Konsum-, Kleidungs- und Freizeitformen, insbesondere der „neuen Alten". Sie werden weitgehend toleriert, wenn auch manchmal mit Verwunderung.

Dagegen existieren weiterhin Lebens- und Verhaltensweisen älterer Menschen, die abgelehnt, geächtet oder sogar strafrechtlich verfolgt werden. Sie können von sehr verschiedenartiger Qualität sein, unterschiedliche Gründe haben und entsprechende Folgen zeitigen. So werden Vereinsamung und Isolation, chronische Krankheiten, Alterssuizid und Kriminalität als abweichende Verhaltensweisen im Alter bedeutsam und markieren gesellschaftliche Problembereiche (*Tews* 1979: 343ff.; *Voges* 2007). Vereinsamung gilt als Abweichung von der Norm der Gesellschaftlichkeit des Menschen; sie ist im Alter häufiger „Schicksal" als selbstverschuldet. Isolation beschreibt dabei den objektiv bestehenden Mangel an Kontakten, Einsamkeit hingegen den subjektiv erlebten Mangelzustand (*BMFuS* 1993: 201). Fehlende Familienangehörige, Einschränkungen der Beweglichkeit und materielle Notlagen führen öfter zum Rückzug aus sozialen Beziehungen. Auch wenn nach Daten des „Wohlfahrtssurveys" fast ein Viertel der älteren Personen bzw. Haushalte als relativ isoliert eingeschätzt wird und das Risiko jenseits des 75. Lebensjahres deutlich steigt, bezeichnet man Einsamkeit und Isolation doch als das Problem einer Minderheit. Erst im hohen Alter wird es zunehmend bedeutsam.

Sind schon Sterben und Tod in der Moderne weitgehend aus dem alltäglichen Leben verbannt, so unterliegt der *Suizid im Alter* noch stärker der gesellschaftlichen Tabuisierung. Häufig wird er in der Öffentlichkeit als Zuspitzung von Alter und Einsamkeit und als Anklage an die Gesellschaft und Überlebende gewertet, von denen man annimmt, dass sie sich eigentlich um die Person hätten kümmern müssen (*Tews* 1979: 347; *Erlemeier* 2011). Beim Suizid unterscheidet man solche mit psychopathologischem Hintergrund, die unter anderem Ergebnis von Altersdepression sein können, und einen „Bilanzsuizid", der im Sinne eines Schlussstrich-Ziehens aus einer bilanzierenden Lebensrückschau resultiert (*Schmitz-Scherzer/Wittrahm* 1999: 403).

Im Jahr 2006 waren Suizide in Deutschland bei 1,9% der männlichen und 0,6% der weiblichen Sterbefälle die Todesursache. 60% der freiwillig aus dem Leben Geschiedenen waren 50 Jahre und älter. Insbesondere Frauen begehen Suizid zumeist in einem höheren Lebensalter. Der Anteil der Suizide von über 50- jährigen Frauen an allen Suiziden von Frauen lag bei 65,3% (Männer: 57,8%), jede zweite Frau, die einen Suizid begeht, ist älter als 60 Jahre (1.409 von 2.737 Frauen im Jahre 2005, vgl. *Fiedler* 2007: 3). Dies führte auch zu einem vergleichsweise höheren durchschnittlichen Sterbealter. Verstarben die 1980 freiwillig aus dem Leben Geschiedenen noch mit 52,3 Jahren (Männer: 49,7 Jahre; Frauen: 57,0 Jahre), stieg das durchschnittliche Sterbealter bis 2006 auf 55,8 Jahre (Männer: 54,7 Jahre; Frauen: 59,0 Jahre), erhöhte sich also um 3,5 Jahre. Mit 6,7% gegenüber 1980 lag der Anstieg des mittleren Sterbealters bei „vorsätzlicher Selbstbeschädigung" leicht über dem für alle Todesursachen der Todesursachenstatistik im gleichen Betrachtungszeitraum. Hier betrug das mittlere Sterbealter 2006 76,5 Jahre (1980: 71,8 Jahre); das bedeutete einen Anstieg um lediglich 6,5% (vgl. *Rübenach* 2007: 966). In den letzten fünf Jahren (2002-2006) zeigt sich ein deutlicher Rückgang der Suizidalität, der auch bei älteren Personen zu beobachten ist (*Schmidtke u. a.* 2008: 7f.). Regional treten Suizide in den Bundesländern sehr unterschiedlich häufig auf: Bei den

Männern findet sich die höchste Suizidrate in Sachsen (24,2), die niedrigste in Nordrhein-Westfalen (14,1). Bei Frauen weisen Hamburg und Sachsen die höchste (8,6), Mecklenburg-Vorpommern die niedrigste Rate auf (3,8) (*Fiedler* 2007: 3).

Die Suizidgefährdung steigt in den höheren Altersgruppen zum Teil stark an (vgl. *Schmidtke u. a.* 2008: 6). Bei einer durchschnittlichen Suizidrate von 20 Fällen pro 100.000 Einwohner im Jahr betrug sie 1988 bei der über 65-jährigen (westdeutschen) Bevölkerung 37,7. Ältere und alte Männer haben darunter die höchsten Suizidraten: in der Altersgruppe über 65 Jahre bereits mit 59,8 eine doppelt so hohe wie der männliche Durchschnitt, in der Gruppe von über 75 bis 80 Jahre sind bereits 68 und unter den 85- bis 90-Jährigen schließlich 85,2 Fälle auf 100.000 Einwohner dieser Altersgruppe im Jahr zu verzeichnen (*Schmitz-Scherzer* 1996: 30f.). Bei Frauen liegt die Suizidhäufigkeit mit 26,1 der über 65-Jährigen deutlich niedriger, steigt allerdings ebenfalls in höheren Altersgruppen. Allgemein sind die Zahlen über Suizide älterer Menschen mit Vorsicht zu interpretieren, da die auf den Totenscheinen vermerkte Todesursache – mit Rücksicht auf Kinder und Verwandte – nicht immer den Tatsachen entspricht und die Zahlen über Suizide vermutlich deutlich höher liegen dürften. Selbsttötungen im Alter liegt i.d.R. ein Bündel an Motiven zugrunde, wobei sehr unterschiedliche und verschieden gewichtige Motive beteiligt sind. Nach dem derzeitigen Stand der Forschung führen folgende Motive bzw. Faktoren möglicherweise zum Suizid (*Schmitz-Scherzer* 1996: 31):

- Alter, Einsamkeit und Isolation;
- Tod eines nahen Menschen;
- Furcht vor schwerer oder chronischer Krankheit oder vor einer zum Tode führenden Krankheit;
- starke chronische Schmerzen;
- ein erniedrigender Todeskampf;
- seelische Leiden oder eine psychische Erkrankung;
- als ausweglos erlebtes Unglück;
- erlebte Misshandlungen, Zorn, Wut oder Scham;
- verletzte Ehre oder verlorene Freiheit;
- enttäuschte Liebe oder Eifersucht;
- der Bildungsgrad;
- wirtschaftliche Not und Armut.

Die genannten Motive und Faktoren sind noch um Verhaltensweisen zu ergänzen, die mit evtl. unterschwelligen Suizidabsichten selbstschädigend wirken (können): Missachtung ärztlicher Verordnungen, fahrlässiges Verhalten (z.B. im Straßenverkehr), Alkoholmissbrauch, unangemessenes Essen oder verweigerndes Ess- und Trinkverhalten. Der Suizid stellt häufig den Schlusspunkt eines Entwicklungsprozesses dar, der schon wesentlich früher im Lebenslauf begonnen hat und zu einer deutlichen Einengung von Wahrnehmungen und Gefühlen führt. Doch nur ein Teil der Suizidversuche sind psychopathologischer Natur; auch die sich immer stärker einengende Zukunftsperspektive behinderter, kranker oder sozial deprivierter alter Menschen kann zu diesem finalen Schritt führen.

Alterskriminalität bedeutet nicht nur die Verletzung einer Rollenerwartung, sondern auch den Verstoß gegen strafrechtliche Normen, sie wird sanktioniert und gesellschaftlich geächtet (vgl. *Kreuzer/Hürlimann* 1992). Rein quantitativ betrachtet ist die Kriminalität im Alter vergleichsweise von geringerer Bedeutung. So wird davon ausgegangen, dass etwa 0,5% der älteren Altersgruppen delinquent werden, in jüngeren sind es dagegen 1-2% (*Tews* 1979: 365). So wurden im Jahr 2010 insgesamt 5.933.278 Straftaten verübt, von den 2,15 Mio. Tatverdächtigen waren 150.918 60 Jahre oder älter (7,0%). Die Delikte bezogen sich bei Älteren v.a. auf „Diebstahl ohne erschwerende Umstände“ oder „Beleidigung“ (vgl. *Bundeskriminalamt* 2011: 171). Besonders deutlich wird der unterschiedliche Grad der Delinquenz zwischen jüngeren und älteren Menschen beim Vergleich der Verurteiltenziffern. Bezogen auf 100.000 Einwohner der entsprechenden Bevölkerungsgruppe lag die Verurteiltenziffer der unter 60 Jahre alten Personen bei 1.663, der älteren dagegen bei 363 (*Statistisches Bundesamt* 1992: 182). Aus der Kriminalitätsstatistik lässt sich entnehmen, dass trotz allgemeiner Zunahme von kriminellen Taten die Kriminalität der Alten eindeutig zurückgegangen ist. Insbesondere bei den 70-Jährigen und Älteren ging die Verurteiltenziffer von 1980 bis 1989 um 27% zurück, in der Altersgruppe der 60- bis 69-Jährigen nur um 3%.

Es zeigen sich auch geschlechtsspezifische Unterschiede: Die Quote der weiblichen Delinquenz ist weit unterdurchschnittlich. Die Verurteiltenziffer betrug 1989 im früheren Bundesgebiet für Männer im Alter von 60 und mehr Jahren 348, die der Frauen 85. Sie ist in jüngeren Lebensphasen vergleichsweise noch geringer und vollzieht mit steigendem Alter eine stärkere Annäherung an die männliche Kriminalitätsrate (*Statistisches Bundesamt* 1992: 185). Die am häufigsten verübten Delikte unterscheiden sich ebenfalls nach Altersgruppe und Geschlecht. In der Gruppe der über 60-jährigen Männer wurden 1989 52% wegen Straftaten im Straßenverkehr, 24% wegen Diebstahl und Unterschlagung und 6% wegen Betrug und Untreue verurteilt. Bei den älteren Frauen wurden mit 67% die weitaus meisten wegen Diebstahl und Unterschlagung verurteilt, dagegen nur 19% wegen Straßenverkehrsdelikten. Schwerer Diebstahl findet sich unter älteren und alten Delinquenten unterdurchschnittlich häufig, ebenso Gewaltverbrechen wie Mord und Totschlag. Letztere werden i.d.R. mit psychopathologischen Veränderungen in Verbindung gebracht. Fahrlässige Tötung und Körperverletzung treten im Zusammenhang mit Verkehrsunfällen auf, die auch von nachlassender Verkehrstüchtigkeit Älterer verursacht sein können.

4.8.2 Gewalt gegen alte Menschen

Seit den 1980er Jahren gibt es in der Sozialen Gerontologie ein neues Forschungsgebiet zu „Gewalt gegenüber älteren und vor allem alten Menschen". Diese Problematik wurde zuerst in Großbritannien und den USA thematisiert, z.T. als Fortführung der Studien zur Misshandlung von Kindern, Ehefrauen und zur Gewalt in Familien allgemein. Nachdem in den letzten Jahren in den Medien immer häufiger von Misshandlungen alter Menschen bis hin zu Tötungsdelikten berichtet wurde, hat das Thema auch in der bundesdeutschen Öffentlichkeit und Alternsforschung zunehmend Resonanz erfahren. So hat die zum Thema veröffentlichte Literatur in der Alternswissenschaft, bis 1990 eher spärlich vertreten, inzwischen deutlich zugenommen (*Schneider* 1990; vgl. die Aufstellung in *Prahl/Schroeter* 1996: 200). Das früher – ähnlich wie Kindesmisshandlungen – tabuisierte Thema wurde erstmals 1985 durch die Studie von Mervyn *Eastman* (1985) in die Fachöffentlichkeit getragen, indem anhand von Fallbeispielen die familiäre Gewalt gegen Pflegepersonen dokumentiert wurde.

Unter Gewalt gegen ältere Menschen versteht *Eastman* (1985: 38) „die systematische, körperliche, emotionale oder finanzielle Misshandlung einer älteren Person durch einen pflegenden Angehörigen". *Dieck* (1987: 311) differenziert die Gewalt weiter nach Formen der (aktiven und passiven) *Vernachlässigung* (neglect) als Unterlassung notwendiger Handlungen und der *Misshandlung* (abuse), die sie in körperliche und psychische Misshandlung, finanzielle Ausbeutung und Einschränkung des freien Willens unterscheidet. Insgesamt gibt es eine Reihe von Definitionen von Gewalt, die eine Vergleichbarkeit der einschlägigen Studien erschwert. Sucht man nach Gründen und Anlässen für die Gewaltanwendung gegenüber älteren und alten Menschen, so ist generell zwischen Gewalt im öffentlichen Raum und in privaten und institutionellen (Pflege-)Beziehungen zu unterscheiden. Die Motivationsstruktur und Formen des sozialen und psychischen Bezugs zwischen Anwendern und Betroffenen von Gewalt differieren entsprechend. Allgemein kann davon ausgegangen werden, dass innerfamiliäre Gewalt ebenso wie Kriminalität gegen alte Menschen im öffentlichen Raum mit zunehmendem Alter abnehmen. Doch die physische Gewalt in familiären Beziehungen ist im Vergleich zu Körperverletzungsdelikten im öffentlichen Raum quantitativ bedeutsamer (*Wetzels/Greve* 1996). Die überwiegende Mehrzahl der Opfer sind ältere und alte Frauen. Die Gefahr, im Alter misshandelt zu werden, ist am höchsten für alte (über 75-Jährige), mehrfach behinderte (vor allem demente) weibliche Pflegebedürftige (*Backes/Neumann* 1991: 169f.; vgl. *Förster* 2009).

Im Rahmen der familiären Pflege liegen die maßgeblichen Gründe für Gewaltanwendung häufig in der Überforderung oder Überlastung von Partnern oder Partnerinnen bzw. pflegenden Töchtern oder Schwiegertöchtern. Bei pflegenden Kindern alter Eltern spielen auch latente, nicht bearbeitete

Beziehungsprobleme zwischen ihnen und den zu pflegenden Müttern oder Vätern eine Rolle. Diese können in Krisensituationen manifest werden (vgl. z.B. *Wand* 1986; *Backes/Neumann* 1991; *Seidel* 2008; *Brandt* 2011). Früher erlittene Demütigungen und Kränkungen werden später, wenn sich in der Pflegesituation die Dominanz- und Abhängigkeitsverhältnisse umkehren, von den Pflegenden in Form von Misshandlungen als „Racheakt" zurückgegeben. Anlässe sind häufig auch Stresssituationen, wenn die pflegenden Töchter oder Schwiegertöchter wegen der fehlenden Pflegequalifikation, der Schwere und Dauer von Krankheiten oder Konflikten zwischen unterschiedlichen Aufgaben als Erwerbstätige, Hausfrau und Mutter überfordert sind. Eine eher passive Form von Gewalt stellt die Einschränkung des freien Willens dar, wenn z.B. den Hilfebedürftigen bei der Ausführung ihres Willens (Geldverwendung, Testament, Wahl des Wohnortes etc.) die notwendige Unterstützung versagt wird.

Der Umfang von Gewalt gegen Ältere in der Familie ist sehr schwer abzuschätzen, da eine hohe Dunkelziffer besteht. Einschlägige Studien gehen davon aus, dass etwa 5% der zu Hause betreuten pflegebedürftigen Menschen psychisch oder physisch von den pflegenden Familienangehörigen misshandelt werden, umgerechnet etwa 50.000 ältere Menschen (vgl. *Backes/Neumann* 1991: 169; *Carell/Bergstermann* 1998; *Rückert* 1999: 426; *Hirsch* 2008). In einer Untersuchung von *Hirsch u.a.* (1997, 1999; vgl. auch *Hirsch/Brendebach* 1999) wurden ältere Mensch in Bonn zu Gewalt in engen sozialen Beziehungen und im öffentlichen Raum befragt. Danach erlebten 11% der über 60-Jährigen in den letzten fünf Jahren Gewalt innerhalb der Familie. Als Gewaltformen wurden genannt: seelische Misshandlung zu 69%, finanzielle Schädigung zu 30%, körperliche Verletzung und Bewegungseinschränkung zu je 10%; als weitere Formen wurden Vernachlässigung der Pflege, sexuelle Belästigung und Scheidungskonflikte angegeben. In 85% der Fälle ist die Gewalt in der eigenen Wohnung bzw. in der Familie angewendet worden, in den restlichen durch Familienangehörige in Altenheim oder Klinik. 40% der Betroffenen berichten von Schwierigkeiten, mit anderen Menschen darüber zu sprechen, da Angehörige psychischen Druck ausüben, mit Vernachlässigung (4%), Heimübersiedlung (3%) oder mit Schlägen drohen (1%). Die Tat hat für die Betroffenen langfristig vor allem psychische Folgen, sie haben Angst oder fühlen sich missachtet und erniedrigt. Täter sind nach dieser Untersuchung an erster Stelle der Ehemann oder die Ehefrau, aber auch (Schwieger-)Söhne und (Schwieger-)Töchter üben Gewalt gegen die Eltern aus. Diese befinden sich selber in einer schwierigen Lebenssituation, wobei ein angespanntes Klima herrscht und allgemeine Auseinandersetzungen eskalieren. Als Risikofaktoren für Gewalt werden von den Autoren genannt: Alter („jüngere Alte"), Familienstand (geschieden oder getrennt lebend), Qualität der außerfamiliären Kontakte, finanzielle Situation (Sozialhilfeempfänger), Lebenszufriedenheit, Gesundheitszustand und nächtlicher Hilfebedarf.

In häuslichen Pflegebeziehungen kann eine einfache, undifferenzierte Schuldzuweisung an die Pflegenden das Problem von Gewalt nur unzureichend erfassen (vgl. *Brandt* 2011). Häufig kommen mehrere Probleme zusammen, die eine ungewollt unkontrollierbare Situation entstehen lassen: Geldknappheit, finanzielle Abhängigkeit, Beschränkungen der Wohnsituation, psychische Krankheit, Alkoholismus, Arbeitslosigkeit und soziale Isolation (*Rückert* 1999: 427; *Seidel* 2008). So ist zwischen ständiger Gewalt in Pflegebeziehungen und episodischen Vorkommnissen zu unterscheiden. Bei einer Überforderung der Pflegeperson durch verschiedene häusliche Pflichten kann ein zusätzlich negatives Ereignis eine Kettenreaktion auslösen, die zu Gewalt und Misshandlung führt. Im Hintergrund steht in solchen Situationen öfter eine Familiengeschichte, die von Auseinandersetzungen und Übergriffen geprägt ist. Die nicht geklärten Beziehungen zwischen Eltern und Kindern brechen in Stresssituationen auf und können nicht durch diskursiven Umgang miteinander entschärft werden, da entweder keine Kommunikationsbasis mehr besteht oder diese nie eingeübt wurde. Auch in professionellem Kontext häuslicher Pflege findet sich Gewaltanwendung: Bei einer Befragung von Mitarbeiterinnen und Mitarbeitern ambulanter Dienste (*Rabold/Görgen* 2007: 366ff.) berichten 39,7% der Befragten, in den vergangenen 12 Monaten einmal einen Pflegebedürftigen Gewalt angetan zu haben. Dabei traten am häufigsten Formen psychischer Misshandlung und verbaler Aggression (21,4%), pflegerische Vernachlässigung (18,8%) und psychosoziale Vernachlässigung (16,0%) auf.

Die Gründe für eine Tabuisierung von Gewalt in Pflegebeziehungen liegen oftmals in einem stillschweigenden Bündnis aller Beteiligten: Die Angehörigen sprechen das Problem aus Angst vor Strafe, Stigmatisierung oder auch aus Schuldgefühlen nicht an oder leugnen es. Von Verwandten, Freunden, Nachbarn und professionell Pflegenden, sogar von Hausärzten werden Übergriffe übersehen oder nicht thematisiert. Die Opfer erstatten selten Anzeige aus Furcht vor einer „Abschiebung" ins Altersheim, oder sie schämen sich für das Verhalten der Kinder, mit denen sie weiterhin in persönlicher Nähe leben. Manche misshandelte Ältere sind auch wegen psychischer oder geistiger Einschränkungen nicht mehr in der Lage, Anzeige zu erstatten oder Fragen der Polizei zu beantworten (*Schneider* 1992, zit. in *Rückert* 1999: 426).

Als Ursache für *Misshandlung im institutionellen Kontext* wird meist eine Reihe von unterschiedlichen Gründen genannt, die letztlich auf die Ausstattung der Heime und die Situation des Personals zurückzuführen sind (*Förster* 2009). So stellte *Schneider* (1990) in einer Befragung von Leitern und Mitarbeitern von Alters- und Pflegeheimen der deutschsprachigen Schweiz fest, dass die Ausübung von Gewalt mit eine Reihe von Faktoren korreliert: mit niedrigem Lebensalter der Mitarbeiterinnen und Mitarbeitern, niedriger Weiterbildungsmotivation, geringer Zufriedenheit mit der Arbeitstätigkeit in mehreren Formen, geringer Lebenszufriedenheit, mit

Lebensproblemen, mit der Einwohnerzahl der politischen Gemeinde, mit der Größe des Heims und mit einer ungünstigen Personalsituation. In anderen Studien werden als wichtigste Gründe genannt: große, unübersichtliche Heime, schlechte Ausstattung der Heime, autoritäre Formen in der Hierarchie, schlechter Personalschlüssel, schlechte Arbeitsbedingungen, unqualifiziertes, wenig verständnisvolles und dauernd überarbeitetes Personal sowie Konkurrenz zwischen Kollegen (vgl. *Prahl/Schroeter* 1996: 201). Auch „freiheitsentziehende Maßnahmen" stellen eine Form von Gewalt gegen Ältere dar. Sie gehören zum Alltag der Gerontopsychiatrie, werden aber auch in Heimen und in der familiären Pflege praktiziert (*Rückert* 1999: 428).

Nicht selten fördert das Verhalten Außenstehender die Gewalt in institutionellen Pflegebeziehungen bzw. verhindert sie nicht: So nehmen z.B. Angehörige die Folgen von Gewalt zwar teilweise wahr, unternehmen aber aus eigenem schlechten Gewissen oder der Befürchtung, Unannehmlichkeiten zu bekommen, nichts. Auch manche Ärzte schweigen zu den Anzeichen von Gewaltausübung, wenn sie z.B. selber nicht hinreichend gewissenhaft arbeiten oder Angst vor dem Verlust einer Patientin bzw. eines Patienten haben. Die alten Menschen selber können der Gewaltneigung des Personals Vorschub leisten, indem sie verwirrt sind, unerfüllbare Forderungen stellen oder aggressiv auf das Personal reagieren. Aggressivität der Bewohnerinnen und Bewohner kann durch eine Vielzahl endogener und exogener Faktoren hervorgerufen werden. Durch provozierendes Verhalten und entsprechende Reaktionen des Personals schaukelt sich möglicherweise ein Konflikt auf, an dessen Ende Gewaltanwendung steht (*Schneider* 1990).

Neben der Gewalt in Pflegebeziehungen hat auch *Gewaltanwendungen mit kriminellem Hintergrund* gegen ältere und alte Menschen in der Öffentlichkeit in den letzten Jahren deutlich zugenommen. Häufiger wird in den Medien über alte Menschen als Opfer von Überfällen, Betrug, Veruntreuung und sonstigen Eigentumsdelikten berichtet. Ältere Menschen sind z.B. Ziel von Raubüberfällen auf der Straße mit Körperverletzung, da sie den Gewalttaten weniger Widerstand entgegensetzen können. Auch in der eigenen Wohnung kommt es häufiger zu Diebstahl oder Beraubung, wenn gutgläubig fremden Personen unter Vorspiegelung falscher Tatsachen Zutritt gewährt wurde. Die Unwissenheit älterer Menschen über Geldanlagen wird zu betrügerischem Umgang mit ihrem Vermögen genutzt. Wahrgenommene oder befürchtete Anwendung von Gewalt führen zur Verunsicherung und zur Einschränkung des Lebensraums älterer und alter Menschen. So bewirkt z.B. Kriminalität allgemein oder gegen Ältere in der Wohnumwelt eine Verunsicherung alter Menschen in der Nutzung der näheren Umgebung und schränkt den bereits begrenzten räumlichen Radius weiter ein.

In der Bonner Studie (*Hirsch u.a.* 1997, 1999) berichten 36% der Befragten, in den letzten fünf Jahren einmal oder mehrmals Opfer von Gewalthandlungen im öffentlichen Raum geworden zu sein. Der größere Teil der Opfer ist im Alter zwischen 60 und 74 Jahren, zwischen Männern und

Frauen bestehen kaum Unterschiede. Die am häufigsten genannten Delikte betreffen: Diebstahl/Einbruch zu 43%, Betrug zu 37%, Handtaschenraub zu 32%, Körperverletzung zu 8%, Erpressung zu 7% und Raub zu 6% der Gewalttaten. Von den Gewalterfahrungen wurden 43% in der eigenen Wohnung gemacht. Mit diesen Erfahrungen verbunden sind Ängste, erneut Opfer einer Gewalttat zu werden, obwohl für die Zeit vor der Gewalthandlung nur eine geringe Ängstlichkeit beschrieben wurde. Eine Untersuchung des Kriminologischen Instituts Niedersachsen (KFN Viktimisierungssurvey 2005) (vgl. *Görgen u. a.* 2006: 21) zeichnet für ältere Menschen über 60 Jahre – im Vergleich zu jüngeren Altersgruppen – „ein eher undramatisches Bild“: Der Anteil derjenigen, die innerhalb der letzten 12 Monate mindestens von einem der 16 erfragten Gewalt-, Sexual- oder Vermögensdelikten betroffen war, liegt bei Männern wie Frauen in der Gruppe der 40- bis 59-Jährigen (Männer 12,9%, Frauen 12,1%) etwa doppelt so hoch wie bei den 60-Jährigen und Älteren (Männer 6,2%, Frauen 6,9%). Lediglich beim Handtaschenraub ist eine merkliche Höhergefährdung älterer Frauen festzustellen. Auch im Jahr 2010 sind mehr als die Hälfte der Opfer von Handtaschenraub über 59 Jahre alt, davon die meisten Frauen. Überproportional vertreten sind Ältere (60+) auch als Opfer von Raubmördern – bei allerdings geringen Fallzahlen (*Bundeskriminalamt* 2011: 143, 156).

Als *Fazit* kann festgestellt werden, dass abweichendes Verhalten und Kriminalität älterer und alter Menschen wie auch Gewalt gegen Alte sowohl die objektiven Handlungsspielräume als auch subjektive Lebenschancen beeinträchtigen. Während abweichendes Verhalten meist mit gesellschaftlicher Ächtung und sozialer Distanzierung und seltener mit strafrechtlicher Sanktionierung einhergeht, bedeutet Gewalt gegen ältere Menschen eine massive Verschlechterung der körperlichen und psychischen Grundvoraussetzungen der Lebenslage. In Situationen von Gewaltanwendung werden nicht nur die physische und psychische Integrität alter Menschen verletzt und die Handlungsspielräume beschnitten, sondern auch Grundrechte und Menschenrechte eingeschränkt und missachtet. Die Folgen von Gewalt und Misshandlung kumulieren für die Betroffenen mit Einschränkungen, die bereits durch Gebrechlichkeit, körperliche Einbußen und psychische Beeinträchtigungen bei ihnen bestehen.

4.9 Altern in der Migration: Lebenslagen älterer und alter Ausländer

Die alternde Gesellschaft in der Bundesrepublik Deutschland differenziert sich auch kulturell zunehmend stärker: Nicht nur die deutsche Bevölkerung wird im Durchschnitt immer älter, sondern auch die Arbeitsmigranten und -migrantinnen, die als sog. „Gastarbeiter“ vorwiegend zwischen 1955 und 1973 in die Bundesrepublik gekommen sind. Der überwiegende Anteil der inzwischen älteren Migrantinnen und Migranten stammt aus der Türkei, Italien, dem ehemaligen Jugoslawien, Griechenland und Spanien (vgl. *BMFuS* 1993: 228ff.; *Schimany/Baykara-Krumme* 2012: 57; *Kap. 2.3.2*). Der Anteil der 65 Jahre und älteren Migranten betrug 2007 lediglich 3,1% der Gesamtgruppe der 65-jährigen und älteren Bevölkerung (1995: 2,0%). Er wird nach Modellrechnungen des *Statistischen Bundesamtes* voraussichtlich auf 5,8% im Jahr 2022 und auf 7,0% im Jahr 2040 ansteigen (*Kohls* 2012: 217). Die absolute Zahl der ausländischen Bevölkerung über 64 Jahre wird nach diesen Prognosen von 2007 bis 2032 von 1,4 Mio. auf 3,6 Mio. steigen, ein Zuwachs um 150%! Innerhalb der ausländischen Bevölkerung in Deutschland ist der Anteil der 65 Jahre und Älteren zu allen Zeitpunkten wesentlich höher: Im Jahr 2000 sind es 4,8%; 2010 bereits 9,8% (vgl. *Schimany/Baykara-Krumme* 2012: 54). Die im Vergleich zur deutschen Bevölkerung bisher verschobene Relation der Geschlechter unter den ausländischen Alten (1994 kamen auf 100 Männer von 60 Jahren und älter nur 88 Frauen, vgl. *Roloff* 1997: 80; *Kap. 2.3.2*) wird sich in den nächsten Jahrzehnten quantitativ stärker zur Seite der Frauen hin verschieben.

Die *Lebenslage älterer Migrantinnen und Migranten* ist einerseits durch altersunabhängige Probleme gekennzeichnet, andererseits aber vor allem durch die Gleichzeitigkeit migrationsspezifischer und alterstypischer Merkmale. Die daraus resultierenden spezifischen Belastungsfaktoren lassen auf eine besondere Alterns- und Altersproblematik schließen. Ältere Migranten können nicht per se als spezifische Problemgruppe bezeichnet werden, doch im Vergleich zu älteren Deutschen lässt sich eine in vielen Bereichen andersartige Problemkonstellation erkennen, die sich in bestimmten Merkmalen ihrer Lebenslage äußert. So lassen sich bei einem Vergleich mit Deutschen folgende Merkmale der Lebenslage unterscheiden (vgl. *Zeman* 2005: 30ff.; *Baykara-Krumme/Hoff* 2006: 465ff.; *Baykara-Krumme u. a.* 2012):

- Ältere Migrantinnen und Migranten sind stärker von einer frühen Berufsaufgabe betroffen;
- sie zählen von der Altersgruppe her (noch) eher zu den „Jungen Alten";
- sie weisen einen höheren Männeranteil auf;
- sie haben die durchschnittlich schlechteren Gesundheits- und Wohnbedingungen, sie sind – auch unabhängig von ihren kulturellen Prägungen und ethnischen Zugehörigkeiten – von sozial schwierigen Lebensbedingungen mit negativen Auswirkungen auf den Gesundheitszustand besonders betroffen;
- einem größeren Teil droht Verarmung im Alter, da sie häufiger als Deutsche eine diskontinuierliche Erwerbsbiographie auf relativ niedrigem Qualifikationsniveau aufweisen;
- es entsteht ein Spannungsverhältnis zwischen Altersbildern der Herkunftsregion und Alternsmustern in Deutschland;

- es treten verstärkt Spannungen zwischen den Generationen wegen einer unterschiedlichen Übernahme von Werten und Normen auf; Autoritäts- und Familienverhältnisse wandeln sich;
- traditionelle kulturelle Normen, z.B. im Geschlechterverhältnis, werden brüchig;
- innerethnische soziale und Netzwerkbeziehungen unterliegen Gefährdungen.

Alternde Migrantinnen und Migranten weisen also in mehrfacher Hinsicht problematische Voraussetzungen zu einem „erfolgreichen" oder sozial gesicherten und befriedigenden Altern auf. In ihren Herkunftskulturen – überwiegend aus dem Bereich des Mittelmeers – sind sie mit Altersbildern und Autoritätsverhältnissen aufgewachsen, die sich in der Migration nicht mehr aufrechterhalten lassen. Die Beziehungen zur Kindergeneration und die Lebensverhältnisse im Familienverbund verändern sich, an die Stelle traditioneller Formen der Altersversorgung tritt die entfremdende Form der materiellen Sicherung durch das Sozialsystem. Materielle und soziale Beziehungen im Alter entsprechen also nicht den Erfahrungen, unter denen sie in ihrer Kultur sozialisiert wurden. Besonders im Alter wird damit der Zwang zur Anpasssung und zur Änderung von Verhaltensmustern größer als in der Phase des Erwerbslebens. Nach dem Übergang in den Ruhestand gewinnen Netzwerkbeziehungen und Kontakte zu Freunden und Bekannten aus der eigenen Ethnie eine größere Bedeutung (*Dietzel-Papakyriakou/Olbermann* 1996). Dieser Bedeutungszuwachs hängt nicht nur mit dem Verlust beruflicher Kontakte durch die Verrentung zusammen, sondern ist vor allem auf eine „Wiederbelebung der Ethnizität im Alter" zurückzuführen (*Olbermann* 1994: 35).

Diese Beziehungen werden für ältere Migrantinnen und Migranten deshalb so wichtig, weil die Einbindung in soziale Netzwerke und damit verbundene Unterstützungsleistungen in innerethnischen Bezügen als wichtige Determinanten für das psychosoziale Wohlbefinden im Alter gelten (vgl. *Olbermann/Dietzel-Papakyriakou* 1996; *Zeman* 2005). Die Kontakte zur deutschen Bevölkerung bleiben unter den Migranten der ersten Generation gering oder nehmen im Alter weiter ab, da viele von ihnen noch der sog. „Rückkehrillusion" anhängen (vgl. *Olbermann* 1994: 29). Sprachliche und kulturelle Barrieren führen bei älteren Migranten häufig zu einem „ethnischen Rückzug", zumal deren Orientierung und Lebensstil bisher sehr stark auf die eigene Ethnie ausgerichtet waren. So zeigte sich im Rahmen einer Studie, dass bei den befragten älteren türkischen Migranten 93% der Netzwerkpersonen der eigenen Nationalität angehörten, bei denen aus dem ehemaligen Jugoslawien 88%, bei den griechischen 78% und bei den spanischen Migranten 73% (vgl. *Olbermann/Dietzel-Papakyriakou* 1996).

Informelle soziale und Netzwerkbeziehungen haben mit ihrem sprachlichen und kulturellen Hintergrund wichtige Funktionen in Hinsicht auf Geselligkeit und emotionale Unterstützung. Diese sind allerdings auch mit dem Altern der Migranten zunehmend bedroht: So können sich die Netzwerkbeziehungen durch Krankheit und Tod von Bezugspersonen altersspezifisch reduzieren oder durch die Rückkehr von Freunden in die Heimat verkleinern. Sozial gefährdet sind ältere Migranten aus geringer vertretenen Ethnien und ledige oder verwitwete Migranten, denen geringere innerethnische Netzwerkbeziehungen zur Verfügung stehen. Deshalb sind diese Gruppen auch nur sehr begrenzt in der Lage, Netzwerkverluste auf andere Weise zu kompensieren.

Die materielle Lebenslage älterer Migranten differenziert sich in Abhängigkeit von der vorherigen Erwerbsbiographie unterschiedlich (vgl. *Baykara-Krumme/Hoff* 2006: 465ff.). Bei einer stetigen Beschäftigung und jahrzehntelanger Erwerbsarbeit in Deutschland verfügen sie im Ruhestand über relativ günstige ökonomische und soziale Ressourcen. Ein anderer Teil sieht seine Lebenslage im Alter von schlechten materiellen Bedingungen bedroht, da er in Deutschland während seiner Beschäftigung keine ausreichenden Rentenanwartschaften aufbauen konnte und soziale Unterstützung von Seiten der Familie nicht oder zu wenig bereitgestellt wird (vgl. *Zeman* 2005). Diese Migranten sind i.d.R. erst später zur Arbeit nach Deutschland gekommen und haben von der Sozialversicherung ihres Heimatlandes nicht viel Rente zu erwarten. Andere brachten es in Deutschland nur zu einer diskontinuierlichen Erwerbsbiographie, da sie lange Phasen der Erwerbslosigkeit und unsteter Beschäftigung aufweisen, oder es sind ihnen staatliche Sozialleistungen nicht bewilligt worden (vgl. *Prahl/Schroeter* 1996: 69). Sie sind dann im Alter doppelt benachteiligt, wenn zu den materiellen Nachteilen noch die ausländerspezifischen Diskriminierungen kommen. Häufig hat diese Problemgruppe der Migrantinnen und Migranten noch unter weiteren, kumulierenden Problemmerkmalen zu leiden: z.B. unter Sprachproblemen, die in der ersten Generation ausländischer Arbeitnehmer in Deutschland häufiger sind, unter sozialintegrativen und gesundheitlichen Probleme oder Wohnproblemen.

Für einen bisher kleineren Teil ergeben sich im Alter dann Probleme, wenn sie pflegebedürftig werden und in ein Alten- oder Pflegeheim übersiedeln sollen. Selbst bei zunehmender Hilfe- und Pflegebedürftigkeit ist die Haltung älterer Migranten darauf ausgerichtet, so lange wie eben möglich in der eigenen Wohnung zu verbleiben (*BMFSFJ* 1998: 237). Entsprechend sind ältere Ausländer in Altenheimen unterrepräsentiert. *Prahl/Schroeter* (1996: 69) weisen darauf hin, dass dabei neben materiellen Schwierigkeiten auch traditionelle Vorurteile zum Hindernis für eine Übersiedlung in eine Einrichtung der Altenhilfe werden können. So sind in der familienzentrierten Kultur der Türkei Altenheime mit starken Vorurteilen behaftet; und wer als alter Mensch dorthin übersiedeln muss, erfährt eine soziale Abwertung. Andererseits bieten Altenheime älteren Migrantinnen und Migranten akzeptable Lebensbedingungen, wenn familiäre Beziehungen abgerissen sind und eine Rückkehr in das Heimatland nicht mehr möglich ist. Auch wenn bisher nur eine kleinere Gruppe älterer Migrantinnen und Migranten mit dem Leben in einem (deutschen) Alten- oder Pflegeheim konfrontiert ist, so wird sich deren Zahl in den nächsten Jahrzehnten deutlich erhöhen, da sich die jüngeren Migrantengenerationen im Lebensstil stärker den deutschen Individualisierungsformen annähern und familiäre Hilfe- und Unterstützungsformen tendenziell schwinden dürften. Inzwischen ist zu beobachten, dass selbst in sehr familienzentrierten Migrantengruppen die Ablehnung institutioneller Versorgungsformen zurückgeht und eine individuell angepasste Mischung aus familiärer Versorgung und ambulanten Diensten eher akzeptiert wird (*Zeman* 2012: 461).

Durch die Art ihrer sozialen Lebensbedingungen kommt den sozialen und regionalen Lebenswelten heute älterer Migrantinnen und Migranten eine besondere Bedeutung zu: religiöse Einrichtungen, Geschäfte, Vereine, Selbstorganisationen und Treffpunkte für die Freizeit dienen der Orientierung und bieten Kontakte für weitere und engere soziale Unterstützung (vgl. z.B. *Zeman* 2002; *Baykara-Krumme u.a.* 2012). Zur Unterstützung und bedarfsgerechten Versorgung sind Strategien notwendig, die sich an den Lebens- und Alltagswelten der Migranten orientieren und deren besonderer Situation Rechnung tragen. So ist z.B. für Maßnahmen der Altenpolitik und Altenarbeit (vgl. auch *Kap. 5.1.* und *5.4.2*) zu berücksichtigen, dass es sich bei älteren Migranten um eine sehr heterogene Bevölkerungsgruppe handelt, die nach Nationalität, Religion und kulturellen Mustern unterschiedliche Voraussetzungen bietet (*Zeman* 2012). Außerdem ist zu berücksichtigen, dass sich die Zusammensetzung der nach Deutschland eingewanderten Ausländer im letzten Jahrzehnt deutlich verändert hat. Nach den „Gastarbeitern" und ihren nachziehenden Familien in den 1960er und 70er Jahren sind in den letzten Jahren vorwiegend deutschstämmige Aussiedler aus Polen und der ehemaligen Sowjetunion, Bügerkriegsflüchtlinge aus dem ehemaligen Jugoslawien oder Asylbewerber nach Deutschland gekommen, die sowohl die Altersstruktur als auch die kulturellen Muster des Alterns in der Migration verändert haben (*Schimany/Baykara-Krumme* 2012: 56ff.). Wie sich diese Veränderungen auf Probleme des Alterns auswirken werden, ist nicht abzusehen. Deutlich wird allerdings, dass die Altershilfe- und Alterspolitik sich neben den Herausforderungen des demographischen Wandels auch stärker den multikulturellen Aufgaben stellen muss.

4.10 Zusammenfassung: Zur Differenzierung von Lebenslagen und sozialen Problemen im Alter

Lebenslagen im Alter sind differenzierter, als die sozioökonomischen Bedingungen dieser Lebensphase vermuten lassen. Aus der Vielzahl der zugrundeliegenden Dimensionen, die in diesem Kapitel in einer Übersicht dargestellt wurden, lassen sich als dominierende Faktoren die materielle Lage, der Gesundheitszustand und die sozialen Netzwerkbeziehungen hervorheben. Aus ihnen können weitere Dimensionen abgeleitet werden, die ebenfalls im Alter lebensbestimmend sind, z.B. Wohnen, gesellschaftliche Partizipation oder allgemein das Wohlbefinden. Bei der Analyse der einzelnen Lebenslagedimensionen wurde deutlich, welche eminente Bedeutung der subjektiven Reflexion von objektiven Lebensbedingungen zukommt und wie bestimmend die lebenszeitliche Prädisposition für die Lebenslage im Alter ist. Damit stellt sich die Frage von Kontinuität oder Diskontinuität im Lebensverlauf und nach dem Ausmaß sozialer Differenzierung im Alter. Weiter ist zu fragen, ob die Lebenslage in der späten Lebensphase stärker von der Altersbedingtheit (z.B. aufgrund gesundheitlicher Beeinträchtigungen), von der gleichbleibenden sozioökonomischen Differenzierung oder von der Kumulation sozioökonomischer Differenzen geprägt wird.

So zeigt sich in der „Berliner Altersstudie“ (BASE) (*Mayer/Wagner* 1996: 272), dass sich für alle drei Thesen Argumente finden, die auch Ausdruck von sozialstruktureller Differenziertheit der Lebenslage im Alter sind. In der BASE-Stichprobe lassen sich manche Aspekte des sozialen Alters durch Altersunterschiede erklären, andere nicht. Mit höherem Alter nehmen gesellschaftliche Beteiligung und soziale Autonomie ab: Außerhäusliche Aktivitäten werden ebenso seltener wie der Medienkonsum, das politische Interesse und die Beteiligung an politischen Wahlen. Dies wird auf gesundheitliche Veränderungen und zunehmende psychophysische Einschränkungen zurückgeführt. Die materielle Lebenslage verschlechtert sich dagegen kaum, auch in den Wohnbedingungen zeigen sich nur geringe Unterschiede nach Alter. Lediglich die Wohnbedingungen in Heimen sind schlechter als die in Privatwohnungen. Die Stabilität der Einkommenssituation, Einflüsse der sozialen Schicht und andere sozioökonomische Faktoren stützen die These der sozioökonomischen Differenzierung. Die Position im System sozialer Ungleichheit im mittleren Lebensalter und am Ende des Erwerbslebens prägt die Lebensbedingungen und Lebenschancen in der letzten Lebensphase. Allerdings schwächen sich Schichteffekte in der Gruppe der Hochaltrigen ab, wenn körperliche Gebrechen und eine Unterbringung im Heim bestimmender werden. In Hinsicht auf soziale Aktivitäten fördert ein höheres Bildungsniveau dagegen die außerhäusliche gesellschaftliche Partizipation und wirkt kompensatorisch. Zur „Kumulationsthese“ findet die BASE eher entgegengesetzte Effekte. Sozioökonomische Einflüsse schwächen sich im höheren Alter ab, weil vermutlich das funktionelle Altern für Aktivitätsbereiche wichtiger wird als die Ungleichheit sozioökonomischer Ressourcen. Es finden sich aber auch Einzelbelege, die für die Kumulationsthese sprechen: das geringere Risiko einer Heimunterbringung und die häufigere Inanspruchnahme professioneller Hilfe bei Mitgliedern höherer Sozialschichten. Krankheit und Gebrechlichkeit im Alter korrelieren nach den Ergebnissen der BASE allerdings nur schwach mit sozioökonomischen Bedingungen. Dafür werden verschiedene Erklärungen gesucht: eine größere Überlebenswahrscheinlichkeit von Menschen aus höheren Sozialschichten, eine Egalisierung der Lebensbedingungen durch sozialstaatliche Maßnahmen und Krankenversicherung sowie die Bestimmung von geistiger und körperlicher Funktionsbeeinträchtigung durch genetisch verursachte organische Prozesse.

Wie lassen sich die Ergebnisse der „Berliner Altersstudie“ im Lichte der empirischen Ergebnisse zu einzelnen Lebenslagebereichen interpretieren? Zunächst muss auf die mit dem Eintritt in die Lebensphase Alter sich vollziehende stärkere Differenzierung der materiellen Basis verwiesen werden. Im Vergleich zur Erwerbsphase sind die Einkommen unterschiedlicher, da eine differenziertere Zusammensetzung der Quellen wirksam wird. Renten- bzw. Pensionseinkommen können durch zusätzliche Erträge aus Betriebsrenten, Vermögen, Versicherungen etc. ergänzt werden, die lebenszeitlich, beschäftigungsspezifisch und regional (z.B. Ost/West) bedingt sind. Auch der Familienstand und die Geschlechtszugehörigkeit wirken sich im Alter auf die Differenzierung der materiellen Lage aus, nicht zuletzt durch die höhere Überlebenswahrscheinlichkeit von Frauen, durch deren z.T. diskontinuierliche Erwerbsbiographien und durch rentenrechtliche Regelungen. Dies zeigt sich vor allem in den niedrigen Einkommensklassen, da die „Feminisierung des Alters“ mit der „Feminisierung der Altersarmut“ einhergeht. Also kann insgesamt nicht von einer einfachen Verlängerung materieller Ungleichheit des mittleren bis ins hohe Alter ausgegangen werden, sondern von einer Verstärkung der Ungleichheit bei Eintritt in die Lebensphase Alter, deren Gründe allerdings in früheren Lebensabschnitten zu suchen sind. Zutreffend ist die relative Konstanz der materiellen Lage innerhalb der Altersphase.

Es entspricht sicherlich der Realität, dass die gesundheitliche Entwicklung und funktionales Alter z.T. materielle Ungleichheit einebnen. Gerade bei Hochbetagten hängt viel von der körperlichen und psychischen Verfassung und somit von der Beweglichkeit ab. Diese sind aber eindeutig schichtenspezifisch ungleich verteilt. Analysen zur Bezugsdauer von Renten zeigen eine größere Überlebenswahrscheinlichkeit für Personen mit höherem Einkommen und besserer Bildung (vgl. *Klein* 1993; *Lampert* 2009), sodass die Gruppe der Hochaltrigen auch eine sozial selektierte Gruppe darstellt. Deshalb bedeutet bereits die höhere Lebenserwartung eine Form sozialer Ungleichheit im Alter. Weitere Selektionskriterien sind die genannten genetischen Faktoren, die eine organisch bedingte Langlebigkeit fördern und sozioökonomische Unterschiede teilweise einebnen. Die weitgehend egalitäre Bereitstellung medizinischer Dienste durch die Krankenversicherung wird ebenfalls als Effekt wirksam, der eine weitere sozioökonomische Differenzierung verhindert. Doch selbst in diesem Bereich sind wohlhabendere Alte eher in der Lage, bestimmte Zusatzleistungen, Dienste und medizinische

Geräte zu kaufen, die das Leben im Alter leichter machen und unter Umständen verlängern.

Eine entsprechende Verbesserung der Lebenslage und Erweiterung von Handlungsspielräumen im Alter, die durch materielle Vorteile erzielt werden, finden sich in einer Reihe von Dimensionen. Dabei steht vor allem die Wohnsituation im Vordergrund, die maßgeblich zu Wohlbefinden beiträgt, da sich der Lebensraum im Alter stark auf Wohnen und engere Wohnumwelt einengt. Noch immer ist die Wohnqualität der Menschen jenseits des 75. bis 80. Lebensjahres schlechter als bei jüngeren Alten, auch zwischen Ost- und Westdeutschland bestehen noch Unterschiede. Die Differenzierung setzt sich beim institutionalisierten Wohnen im Heimbereich fort. Hier sind finanziell besser ausgestattete alte Menschen in der Lage, sich in Alten- oder Wohnstiften, „Seniorenresidenzen" etc. Komfort, Unabhängigkeit und erforderliche Dienstleistungen aller Art zu kaufen, während sich für ärmere Alte – meist Frauen – mit dem Eintritt in ein Alten- oder Pflegeheim die Lebenslage in fast jeder Hinsicht verschlechtert. So bleibt auch im Wohnbereich in der letzten Lebensphase der soziale Abstand gewahrt, wobei die Handlungsspielräume von sozioökonomisch schlechter gestellten Alten stärker eingeschränkt werden als die von besser situierten Alten.

Unterschiede in gesellschaftlicher Partizipation und Bildungsbereitschaft folgen ebenfalls dem Muster sozialstruktureller Ungleichheit. Auch in diesen Feldern zeigen ältere Menschen mit höherem Sozialstatus eher Interesse, sich politisch oder in Initiativen zu engagieren, ehrenamtlich tätig zu werden oder an Bildungsmaßnahmen unterschiedlicher Art teilzunehmen. Sie haben daher bessere Voraussetzungen zur Entwicklung von Kompetenz, d.h. Fähigkeiten und Fertigkeiten, die als Grundlagen eines relativ selbstbestimmten und „erfolgreichen" Alterns notwendig werden. Gewalt gegen ältere Menschen zeigt ebenfalls einen schichtenspezifischen Charakter, da Personen aus niedrigeren Sozialschichten eher Opfer von Gewalt werden. Weiter differenziert wird das Alter in unserer Gesellschaft durch die in Deutschland lebenden älteren Migranten, deren Zahl in den nächsten Jahren deutlich zunehmen wird. Sie haben z.T. andere sozioökonomische, familiäre und kulturelle Voraussetzungen des Alterns und stellen folglich andere Anforderungen an soziale und gesellschaftliche Institutionen und Organisationen.

Schließlich gibt es auch noch Dimensionen der Lebenslage, die weniger oder kaum sozioökonomisch kovariieren: Familie, Partnerschaft und soziales Netzwerk. Hierzu werden zunächst der Familienstand und die Existenz von Kindern bedeutsam, die über die Größe des Familiennetzwerks bestimmen. In überwiegendem Maße sind es Frauen, die letztlich ihren Partner überleben und im Alter als Witwen leben müssen; Frauen sind zudem öfter ledig oder geschieden als Männer. Diese alleinlebenden Frauen trifft Kinderlosigkeit im Alter besonders, da damit ein größeres familiales Netzwerk mit Enkeln und Urenkeln unmöglich ist. Ersatz wird dafür zwar in sonstigen verwandtschaftlichen, freundschaftlichen oder nachbarschaftlichen Beziehungen gesucht, und diese übernehmen auch Aufgaben sozialer Unterstützung, aber sie bieten selten eine angemessene Kompensation familialer Möglichkeiten. Die soziale Lebenslage ist im Alter also – wie auch das quantitative Verhältnis – stark geschlechtsdifferenzierend geprägt, wobei die soziale Problemgruppe vorrangig von armen, alten Frauen gebildet wird.

Nach der Betrachtung einer Reihe von objektiven Dimensionen der Lebenslage und sozialer Problemlagen im Alter muss die Fähigkeit überraschen, wie ältere Menschen subjektiv mit diesen Voraussetzungen verfahren und in einem Wechselprozess der beiden Seiten die objektiven Bedingungen subjektiv verarbeiten. Bei diesem Phänomen spricht man vom „Zufriedenheitsparadoxon“ oder auch von „Resilienz“. Trotz erheblicher Einbußen der objektiven Bedingungen der Lebenslage wird die vorzufindende Lebenszufriedenheit als Stärke älterer Menschen dargestellt, als die Fähigkeit, sich durch selbstbezogene Regulationsprozesse ihren Lebensumständen anzupassen. Dadurch kommen in entsprechenden Untersuchungen hohe Werte von Lebenszufriedenheit zustande, obwohl sich die Ressourcen dazu objektiv verringern. Anforderungen und Verluste des hohen Alters können die psychologische Widerstandsfähigkeit allerdings an ihre Grenzen führen. Insgesamt gesehen zeigen psychisches und soziales Wohlbefinden und subjektive Zufriedenheit im Alter eine bemerkenswerte Robustheit, da die subjektiven Ziele, die für die Lebenslage im Alter besonders wichtig sind, an die objektiven Gegebenheiten angepasst und relativiert werden.

Im Grunde ist die Diskussion darüber, ob sich die Lebenslagen im Alter im Vergleich zu früheren Lebensphasen stärker differenzieren, müßig und wenig ergiebig. Es besteht in sozioökonomischer Hinsicht in vielen Fällen eine Kontinuität und eine Konstanz der Lebenslagen. Allerdings existiert auch ein bedeutendes Maß an Diskontinuität, die sich als Brüche in der Biographie und als Statuspassagen darstellt. Im Ergebnis bleibt in der Lebensphase Alter eine große Vielfalt von Lebenslagen, die unter anderem auch durch die Länge dieser Phase mit einer Reihe von Teilphasen hervorgerufen wird. Wichtig ist die Wahrnehmung dieser Vielfalt oder der „altersbunten Gesellschaft“ (*Rosenmayr*), wenn Klischees über das Alter beseitigt werden sollen oder ein angemessener gesellschaftlicher Umgang mit dem Alter eingefordert wird bzw. realisiert werden soll. Nicht zuletzt wird eine differenzierte Betrachtung des Alterns und Alters notwendig, wenn über politische oder soziale Maßnahmen und Kriseninterventionen nachzudenken ist.

Kapitel 5
Soziale Unterstützung im Alter

Der größte Teil der Menschen über 60 bzw. 65 Jahre, die in Deutschland leben, verfügt über weitgehend ähnliche Lebenslagebedingungen wie jüngere Altersgruppen. Aber sie unterscheiden sich durch ihr Leben im „Ruhestand" grundsätzlich von Jüngeren, weil sie selten an Bildungsmaßnahmen teilnehmen oder (noch) im Erwerbsleben stehen, außerdem weisen sie – besonders im höheren Alter – andere Lebensstile und Freizeitformen auf (vgl. *Künemund* 2007). Ältere sind auch eher in sozioökonomischer, sozialer und gesundheitlicher Hinsicht gefährdet, obwohl sie im Vergleich zur ersten Hälfte des vorherigen Jahrhunderts materiell wesentlich besser ausgestattet sind. Mit der biographischen Entwicklung manifestieren sich während des Lebenslaufs bis jenseits des 60. Lebensjahres Lebensbedingungen, die besonders im höheren Alter häufig aus eigener Kraft nicht mehr zu verbessern sind. Das Alter bedeutet nicht per se die Notwendigkeit einer sozialen Unterstützung oder auf Hilfen angewiesen zu sein, doch wächst der Bedarf nach öffentlichen und/oder privaten Formen der Unterstützung wegen zunehmender Gefährdung der Lebenslage im Alter.

Eine systematische sozialstaatliche Unterstützung in der Lebensphase Alter begann mit der Absicherung gegen materielle Not durch die Rentenversicherung um die Jahrhundertwende, wenn auch schon vorher diverse öffentliche Unterstützungssysteme bestanden (vgl. *Kap. 2.2*). Mit dem Ausbau sozialstaatlicher Systeme nach dem Zweiten Weltkrieg, vor allem zu Zeiten der sozial-liberalen Koalition nach 1969, wurde auch die öffentliche soziale Unterstützung defizitärer Lebenslagen im Alter befördert. Hauptfelder einer Sozialpolitik für Ältere betreffen seitdem die Arbeitsmarktpolitik, die Renten-, Kranken- und Pflegeversicherung sowie die Altenhilfe (vgl. im Überblick: *BMFuS* 1993; *Bäcker u.a.* 2008a, 2008b). Seit Beginn der 1980er Jahre wird von politischer Seite versucht, die sozialstaatliche „Rundumversorgung" zu reduzieren und Subsidiarität, kleine Netze und Selbsthilfe zu stärken. In Zeiten der leeren öffentlichen Kassen und von Diskussionen über den „Umbau des Sozialstaates" wird dieser Weg auch in Zukunft – wenn auch mit anderer Schwerpunktsetzung – weiter beschritten werden.

Deshalb kommt auch zukünftig der informellen Unterstützung im Alter besondere und verstärkte Aufmerksamkeit zu. Dabei stellt sich allerdings die Frage, welche informellen Unterstützungssysteme in welcher Form dann zur Verfügung stehen werden. Mit dem gesellschaftlichen Modernisierungsprozess sind vielfältige gesellschaftliche Entwicklungen in Gang gekommen, die das Verhältnis des Einzelnen zur Gemeinschaft und Gesellschaft gewandelt und auch informelle soziale Unterstützungsnetzwerke nicht unberührt gelassen haben: Individualisierungsprozesse, eine Pluralisierung der Lebensstile, gewandelte Familienformen und Veränderungen der Generationenbeziehungen bilden den Hintergrund eines allgemein fortschreitenden sozialstrukturellen Wandels, der die Grundlagen menschlicher Sozialbeziehungen – und damit auch den Bereich sozialer Unterstützung im Alter – stetig verändert. Mit der Frage: „Wer pflegt uns im Alter?“ (*Kytir/Münz* 1991) sind die formelle wie auch die informelle Seite der zukünftigen Problematik sozialer Unterstützung für ältere Menschen beispielhaft angesprochen. Verallgemeinert bedeutet dies, dass der bereits heute hohe Unterstützungsbedarf in Zukunft mit dem sog. „Altern der Gesellschaft“ noch wachsen wird. Das Verhältnis von Angebot und Nachfrage sozialer Unterstützung im Alter wird sich in Zeiten raschen sozialen Wandels ebenfalls stetig verändern, und es bleibt (zunächst) die Frage offen, wie beides zu vereinbaren ist und vor allem in Zukunft sein wird.

Mit diesem Kapitel, das sich ganz den Hilfen und Unterstützungsformen widmet, die für Ältere und Alte in unserer Gesellschaft erbracht werden, soll allerdings nicht der Eindruck erweckt werden, dass es sich hinsichtlich sozialer Unterstützung um eine „Einbahnstraße“ zwischen Gesellschaft und Alter bzw. Jung und Alt handelt. Auch von der älteren zu jüngeren Generationen werden in großem Maße Unterstützungen gegeben und Leistungen erbracht, sowohl in materieller als auch in immaterieller Form (vgl. *Kap. 4.4* und *4.5*). Insofern muss die Darstellung in diesem Kapitel als Form analytischer Unterscheidung gesehen werden.

5.1 Politik und Sozialpolitik für ältere Menschen

Bei einer „Eurobarometer“-Umfrage im Jahr 1993 bekam eine repräsentative Auswahl von Befragten auch die Frage vorgelegt, ob die Regierung des jeweiligen Landes genug für ältere Menschen tue (*Walker* 1993: 32f.). Die Befragten im Alter ab 15 Jahre waren in Westdeutschland zu 68%, in Ostdeutschland sogar zu 82% der Meinung, dass die Regierung *nicht* genug für ältere Mitbürger tue. Dabei waren jüngere Altersgruppen z.T. noch häufiger dieser Meinung als die über 65-Jährigen selber. Wenn die Ergebnisse der Politik und Sozialpolitik für ältere Menschen dagegen gehalten werden, so muss man fragen, wodurch dieser Eindruck entstanden ist. Ist diese Meinung Ergebnis eines Vergleichs mit der Unterstützung, die jüngeren Altersgruppen von Seiten des Staates zukommt, eines Eindrucks von Benachteiligung, den ältere Menschen geschickt vermitteln, oder eines diffusen Gefühls mangelnder gesellschaftlicher Wertschätzung des Alters, die sich auch in öffentlicher Benachteiligung offenbart? Ein Eindruck von angemessener sozialer Unterstützung durch die öffentliche Hand und Sozialversicherungssysteme oder gar von Überversorgung ist dem Antwortverhalten auf jeden Fall nicht zu entnehmen. Gerade in den letzten Jahren ist das Verhältnis Alter und Politik/Sozialpolitik durch die Diskussion um die Folgen des demographischen Wandels virulent geworden.

Übergeordnetes Ziel der Sozialpolitik für alte Menschen ist die Sicherung ihrer wirtschaftlichen, sozialen und gesundheitlichen Grundbedürfnisse (*Lohmann* 1991: 16; *Naegele/Gerling* 2007). Seit ihren Anfängen ist staatliche Sozialpolitik einem beständigen Wandel unterworfen, der sich auf veränderte politische Machtverhältnisse, aber auch auf gesellschaftliche – z.B. demographische – Umstrukturierungen oder auf perzipierte wirtschaftliche Erfordernisse zurückführen lässt. In diesem Sinne ist auch die auf ältere und alte Menschen bezogene Sozialpolitik als dynamische aufzufassen. Altenpolitik ist im weitesten Sinne auch als Gesellschaftspolitik zu verstehen, da eine entsprechende Sozialpolitik nicht nur soziale Risiken absichert und materielle, gesundheitliche und soziale Unterstützung beinhaltet, sondern auch Alter als Teil von Gesellschaft und Generationen übergreifend ausformt (*Kruse* 2006a). Sozialpolitik für Ältere bezieht sich bisher vordringlich auf Arbeitsmarktpolitik, Renten-, Kranken- und Pflegeversicherung sowie Altenhilfe. Zentral, wenn auch weniger direkt als bei jüngeren Altersgruppen, ist dabei der Bezug auf Erwerbsarbeit. So basieren z.B. nach dem Versicherungsprinzip Rentenleistungen auf Anwartschaften, die durch Rentenversicherungsbeiträge im Arbeitsleben erworben wurden.

Die Grundelemente des sozialen Sicherungssystems – Versicherung, Versorgung und Fürsorge – gelten auch für Menschen im Alter, wenn auch mit anderen Gewichten als bei Jüngeren. Eine maßgebliche Basis von Sozialpolitik für ältere und alte Menschen bildet die intergenerative Umverteilung durch den sog. „Generationenvertrag", beispielhaft an der gesetzlichen Rentenversicherung nachzuvollziehen. Hier werden die jeweiligen Rentenzahlungen überwiegend durch die Beiträge der jüngeren Beschäftigten und deren Arbeitgeber finanziert. In der öffentlichen Diskussion wird allerdings häufig übersehen, dass die heute Älteren in ihrem (meist) langen Erwerbsleben selbst in die Rentenversicherung eingezahlt und die Mittel für die vorhergehende Generation von Rentenbeziehern bereitgestellt haben. Die Problematik dieses Systems offenbart sich zurzeit – und noch stärker in Zukunft – durch den demographischen Wandel und den Umfang der Arbeitslosigkeit (vgl. *Nullmeier/Rüb* 1993; *Leisering* 1996; *Fachinger/Rothgang* 1997; *Bäcker u.a.* 2008b).

Über die Sozialpolitik hinaus bedarf es einer generell modifizierten Gesellschaftspolitik, die das Alter als Teil der Gesamtstruktur der Gesellschaft versteht. Zudem muss sich eine neue Alters- und Altenpolitik auf veränderte kulturelle Vorstellungen von den Lebensaltern beziehen (vgl. *Rosenmayr*

1996: 39). Dazu sind Kenntnisse über die soziale Selbstsicht von Menschen in diesem Lebensalter, über gesellschaftliche Strukturzusammenhänge und damit einhergehende „Wohlfahrtsdefizite" notwendig. Gegenwärtige Sozialpolitik für Ältere und Alte muss sich die Aufgabe stellen, den Zusammenhang staatlicher und „kleingemeinschaftlicher" Solidarleistungen zu erkennen, zu fördern und zu unterstützen (vgl. *Amann* 1998). Ziel jeder Altenpolitik muss es nach *Rosenmayr* (1996: 40) sein, die Abschottung des Alters zu überwinden.

5.1.1 Sozialpolitik für ältere Menschen

Eine Sozialpolitik für ältere und alte Menschen umfasst sämtliche, das Leben im Alter betreffende Bereiche staatlichen und öffentlichen Handelns (vgl. *Schulz-Nieswandt* 2006; *Naegele/Gerling* 2007; *Bäcker u.a.* 2008b). Sie hat zum einen die Aufgabe, die mit Alter verbundenen sozialen Risiken abzusichern und eine soziale Gefährdung zu verhindern, zum anderen die Selbsthilfekräfte einzelner oder sozialer Netzwerke, also Subsidiarität zu fördern. In diesem Rahmen lassen sich eine Reihe von Felder der Sozialpolitik für Ältere unterscheiden.

Arbeitsmarktpolitik

Die Arbeitsmarktpolitik bezieht sich in Hinsicht auf Alter hauptsächlich auf die letzte Phase der Erwerbstätigkeit, die für die spätere Altersphase von besonderer Bedeutung ist. Ältere Arbeitnehmer sind schon seit langer Zeit eine Problemgruppe des Arbeitsmarktes, der spätestens seit den 1970er Jahren die besondere Aufmerksamkeit staatlicher Sozialpolitik gilt (vgl. *Naegele* 1992; *Clemens* 2001; *Backes-Gellner/Veen* 2009). Die Grundelemente spezifischer Arbeitsmarktpolitik für Ältere basieren bisher auf folgenden Maßnahmen (vgl. *Bäcker u.a.* 2008a: 543ff.):

1. zur Sicherung des Beschäftigungsverhältnisses (wie Kündigungsschutz und -fristen),
2. zur Wiedereingliederung nach Arbeitsplatzverlust (wie Lohnkostenzuschüsse, Eingliederungsbeihilfen nach dem Sozialgesetzbuch (SGB III),
3. zur finanziellen Absicherung bei Arbeitslosigkeit (z.B. längere Zahlung von Arbeitslosengeld bei älteren Erwerbslosen), und
4. zur Ausgliederung und Verrentung.

Schwerpunkte liegen dabei seit Ende der 1970er Jahre mit dem Anwachsen struktureller Arbeitslosigkeit auf Frühverrentung und Ausgliederung älterer Arbeitnehmer, die vornehmlich der Entlastung des Arbeitsmarktes dienen. Einen Höhepunkt erreichte dieses Politikmodell kurz nach der deutschen Vereinigung, als in den neuen Bundesländern fast eine ganze Generation über 55-jähriger Beschäftigter in den Vorruhestand geschickt wurde. Bei arbeitsmarktinduzierten Frühverrentungen tritt die Rentenversicherung als Steuerungsinstrument für den Arbeitsmarkt auf. Die damit auftretende finanzielle Belastung von Rentenversicherung und Staatshaushalt führte zur Rentenreform 1992, bei der eine Verlängerung der Lebensarbeitszeit beschlossen und frühere Verrentungen mit kräftigen Abschlägen bei der Rentenhöhe belegt wurden (vgl. *unten; Kap. 2.4.3*). Damit wurde das finanzielle Risiko von Frühverrentung aus Arbeitsmarktgründen stärker auf die Arbeitslosenversicherung verschoben. Der inzwischen vollzogene Perspektivenwechsel drückt sich in aktiven Maßnahmen zur Förderung der Erwerbstätigkeit älterer Beschäftigter aus (z.B. die Aktion 50plus, auch als Ziel der Europäischen Beschäftigungsstrategie [EBS] der EU) (vgl. z.B. *Huber u.a.* 2007).

Die Trendwende in der deutschen Arbeitsmarktpolitik wurde v.a. in Hinblick auf die verlängerte Lebenserwartung und eine zukünftig demographisch bedingte Verringerung des Erwerbspersonenpotenzials ausgelöst (vgl. *Clemens* 2004; *Kap. 2.4.3*). Dabei wird – unterstützt durch wissenschaftliche Forschungs- und betriebliche Umsetzungsprojekte des BMBF – z.B. zu den Themen „Demographischer Wandel und die Zukunft der Erwerbsarbeit", „Öffentlichkeits- und Marketingstrategie demographischer Wandel" und „Werkzeuge für eine demographieorientierte Personalpolitik" (vgl. *www.demotrans.de*) – auf eine Verbesserung der Arbeits- und Arbeitsmarktbedingungen und eine weitergehende Integration älterer Arbeitnehmer und Arbeitnehmerinnen gesetzt (vgl. auch die Kampagne der Bundesagentur für Arbeit und des Arbeitsministeriums zum Thema „50plus").

Rentenversicherung

Erst durch Einführung der Rentenversicherung wurde gegen Ende des 19. Jahrhunderts im Zuge der *Bismarck*schen Sozialgesetzgebung der Einstieg in eine selbständige, finanziell gesicherte Lebensphase Alter geschaffen (vgl. *Göckenjan/Hansen* 1993; *Kap. 2.2*). In den Anfängen war die Absicherung des ökonomischen Risikos von Alter und Invalidität nur für Arbeiter möglich. Durch die sukzessive Ausweitung des Kreises der Versicherten, der seit Beginn der 1970er Jahre auch Hausfrauen und Selbständige auf freiwilliger Basis einschließt, hat sie inzwischen den Charakter einer Volksversicherung angenommen. Die Finanzierung der Altersruhegelder wird durch ein Umlageverfahren als intergenerative Umverteilung gesichert. Die Höhe der Rente orientiert sich an der Länge der Erwerbstätigkeit und an der Höhe des Arbeitsentgelds. Alle über versicherungsrelevante Erwerbsarbeit hinausgehenden Formen von Arbeit – Familienarbeit, Kindererziehung, ehrenamtliche Tätigkeiten, private Pflegetätigkeiten etc. – werden für Rentenleistungen nicht relevant. Ausnahmen bilden nur die seit 1986 eingeführten „Babyjahre" und Versicherungsleistungen durch Beiträge im Rahmen einer Pflegetätigkeit nach der Pflegeversicherung. Durch das auf Erwerbseinkommen basierende Äquivalenz- oder Versicherungsprinzip werden Ungleichheiten der Einkommensstruktur in die Altersphase übertragen oder verschärfen sich dort wie bei Phasenerwerbsarbeit von Frauen.

Erst mit der Rentenreform 1957 wurde eine bruttolohnbezogene dynamische Rente eingeführt, die für die meisten Rentnerinnen und Rentner erstmals eine eigenständige finanzielle Sicherung der Altersphase brachte. Die beitragsfinanzierte Rente wurde nach 40 Jahren Erwerbsarbeit auf 60% des durchschnittlich erzielten Einkommens festgelegt und durch eine jährliche Dynamisierung an die Entwicklung der Lohneinkommen angebunden. Danach hat sich die Einkommensverteilung zwischen den Generationen stärker angeglichen. Durch Finanzierungsprobleme seit Mitte der 1970er Jahre wurden eine Reihe von Veränderungen hinsichtlich der Rentensteigerungen eingeführt: z.B. eine Beteiligung an den Kosten der Krankenversicherung, Nettolohnanpassungen, zeitweises Aussetzen von Rentenerhöhungen oder die Einführung eines „Demographie-Faktors" in der Rentenformel (als „Nachhaltigkeitsfaktor" 2004 eingeführt). Trotzdem sind die Rentenbeiträge kontinuierlich gestiegen, inzwischen auf 19,6% der Bruttolöhne; eine Senkung auf 19,0% ist wegen der derzeit (2012) größeren Überschüsse der Rentenversicherng geplant. Mit der Rentenreform 1992 wurde eine Anpassung an die Nettolohnentwicklung (seit 2001 noch „gebremst" durch veränderte Berücksichtigung der Abgabenbelastung, wie direkte Steuern, Beiträge zu Sozialversicherungen etc., vgl. *Bäcker u.a.* 2008b: 425) eingeführt und die Regelaltersgrenze auf 65 Jahre hinausgeschoben, und zwar für Männer und Frauen mit einer Übergangsfrist, die nach 1999 noch verkürzt wurde (vgl. *Kap. 2.3.4*, vgl. auch *Nullmeier/Rüb* 1993). Außerdem wurde mit entsprechenden Rentenbeschlüssen versucht, kostspielige Frühverrentungen, die als „Ventil" des Arbeitsmarktes seit den 1970er Jahren enorm zugenommen hatten, zu reduzieren. Eine Verrentung vor Vollendung des 65. Lebensjahres ist nach der Anpassung nur noch mit Abschlägen von 3,6% pro Jahr ab dem 60. Lebensjahr möglich, allerdings gibt es auch Zuschläge bei Hinausschieben des Rentenantritts. Renten wegen verminderter Erwerbsfähigkeit aus gesundheitlichen Gründen bleiben davon unberührt, sind aber wegen niedriger bzw. sinkender Renteneinkommen und drohender Altersarmut zunehmend in der kritischen Diskussion (vgl. *www.fr-online.de v. 12.08.2012*). Die Rentenreform 1992 stand ganz im Zeichen des „demographischen Faktors", um die Rentenversicherungen an die Bedingungen der „alternden Gesellschaft" anzupassen (vgl. *unten*). Inzwischen (2012) hat eine längerfristige Anhebung der Rentengrenze auf 67 Jahre eingesetzt – und damit de facto eine Kürzung der Renten. Dieses von der „Rürup-Kommission" entwickelte Konzept ist allerdings zwischen den unterschiedlichen sozialpolitischen Akteuren weiterhin umstritten.

Die gesetzliche Krankenversicherung

Die gesetzliche Krankenversicherung (GKV) sichert den im Alter steigenden Bedarf an Gesundheitsleistungen ab. In ihr sind heute mehr als 90% der Bundesbürger versichert (*Bäcker u.a.* 2008b). Die Struktur der GKV lässt noch immer einen deutlichen Bezug zum Erwerbsprozess erkennen, da sie überwiegend von Arbeitnehmern und Arbeitgebern finanziert wird. Auch der dem Leistungsrecht zugrundeliegende Krankheitsbegriff orientiert sich am Arbeitsprozess und dem Begriff der Arbeitsunfähigkeit. Ziel ist eine kurative Behandlung zur Wiederherstellung der Arbeitsfähigkeit der versicherten Erwerbstätigen. Erst seit 1956 sind Rentner leistungsrechtlich mit den aktiv Versicherten gleichgestellt, seitdem wurde auch eine (teilweise) intergenerative Umverteilung zwischen ihnen in der GKV eingeführt. Die wachsenden Kosten der Ausgaben des Gesundheitssektors haben auch für ältere Menschen zu einem höheren Eigenbeitrag, zu höheren Selbstbeteiligungen und Leistungseinschränkungen geführt (vgl. *Böhm/Mardorf* 2009).

Die gesetzliche Pflegeversicherung

Die gesetzliche Pflegeversicherung (GPV) wurde nach mehr als zwanzigjähriger Diskussion und zähem Ringen schließlich 1994 beschlossen und 1995 mit einer ersten Stufe (Leistungen für häusliche Pflege) und 1996 in zweiter Stufe (Pflege in vollstationären Einrichtungen) eingeführt (vgl. *Bäcker u.a.* 2008b: 181). Der Beitragssatz beträgt 1,95% des Bruttolohns, ab dem 1.1.2013 2,05%. Hinzu kommt für über 23-jährige kinderlose Versicherte seit 2005 ein Zuschlag von 0,25%. Die Pflegeversicherung sichert das Risiko der Pflegebedürftigkeit ab, vor allem der Schwer- und Schwerstpflegebedürftigkeit, das vorher nicht von der GKV getragen wurde. Wegen der hohen Kosten fielen bis 1996 die meisten Pflegebedürftigen der Sozialhilfe anheim. Träger der sozialen Pflegeversicherung sind die Pflegekassen, deren Aufgaben von den Krankenkassen wahrgenommen werden. Die GPV arbeitet nach Budget- und nicht nach dem Bedarfsprinzip, die Leistungen sind an den Einnahmen durch Beiträge orientiert. Es wird in Abhängigkeit vom Grad der Pflegebedürftigkeit ein bestimmter Höchstbetrag getragen, der als Sach- oder Geldleistung erstattet wird (vgl. *Rückert* 1999: 415). Bei häuslicher Pflege gibt es drei Pflegestufen, wobei (ab 1.1.2012) in Pflegestufe 3 (Schwerstpflegebedürftige) ein Höchstsatz von 700 Euro als Pflegegeld oder 1.550 Euro als Sachleistung, in Härtefällen bis zu 1.918 Euro als Sachleistung gezahlt wird.

Durch das Budgetprinzip sind die Ausgaben „gedeckelt", d.h. wenn mehr Menschen leistungsberechtigt sind, als in der Kalkulation der Kosten angenommen wurde, müssen die Leistungen gekürzt oder der Beitragssatz – wie ab 1.1.2013 – erhöht werden. Dieses innerhalb der Sozialversicherungen erstmalig angewandte Verfahren wird dazu führen, dass die beabsichtigte Beseitigung von Sozialhilfeabhängigkeit im Pflegefall bei weitem nicht für alle Betroffenen erreicht werden kann. So werden bei vollstationärer Pflege die medizinische Behandlungspflege und die sog. „Hotelkosten“ für Unterbringung nicht bezahlt. Ein Teil der Heimbewohner, wie auch manche der zu Hause lebenden Pflegebedüftigen, werden deshalb trotz der Leistungen der Pflegekassen weiter auf Unterstützung durch die Sozialhilfe angewiesen sein. Außerdem wird an der Pflegeversicherung kritisiert, dass sie auf somatisch Kranke und Behinderte orientiert sei, d.h. psychisch Kranke mit hohem Betreuungsbedarf nicht berücksichtigt werden. Auf diese Kritik wird mit der 2012 eingeleiteten Reform der Pflegeversicherung – beginnend mit dem Pflege-Neuausrichtungs-Gesetz (PNG) vom 29.06.2012 – reagiert, indem vor allem die Betreuung von demenziell erkrankten Menschen – auch in Heimen – deutlich verbessert werden soll. Einen Schwerpunkt stellt die qualitative Weiterentwicklung der ambulanten Pflege dar, indem z.B. mit der Einrichtung von „Pflegestützpunkten“ auf die zersplitterte Struktur im ambulanten Sektor reagiert werden soll oder flächendeckende Case-Management-Strukturen eingeführt werden sollen. So werden ab Anfang 2013 zusätzlich 700 Mio. Euro für die ambulante Betreuung von ca. 500.000 Demenzkranken zur Verfügung gestellt werden (vgl. *www.faz.net* v. 18.01.2012).

Zur Vermeidung eines – vor allem zukünftig – zu hohen Pflegebedarfs wurden in der Pflegeversicherung eindeutige Vorrangregelungen eingeführt: Die Pflegekassen sollen *erstens* darauf hinwirken, dass frühzeitig alle geeigneten Maßnahmen der *Prävention*, der *Krankenbehandlung* und der *Rehabilitation* eingeleitet werden, um den Eintritt der Pflegebedürftigkeit zu vermeiden. *Zweitens* soll die Pflegeversicherung vorrangig die *häusliche Pflege* und die Pflegebereitschaft der Angehörigen und Nachbarn unterstützen, damit die Pflegebedürftigen möglichst lange in ihrer häuslichen Umgebung verbleiben können. Und *drittens* gehen Leistungen der *teilstationären* und der Kurzzeitpflege den Leistungen der vollstationären Pflege vor (nach Sozialgesetzbuch IX; vgl. *Rückert* 1999: 402). Unter anderem von der Wirksamkeit dieser Regelungen wird zukünftig abhängen, wie sich das quantitative Verhältnis von häuslicher und vollstationärer Pflege entwickeln wird (vgl. auch *Kap. 5.3*).

Altenhilfe und Soziale Dienste

Altenhilfe betrifft gesetzlich bestimmte Maßnahmen und Initiativen zur Förderung und Unterstützung alter Menschen Sie umfasst alle Veranstaltungen, Dienste und Einrichtungen zugunsten und im Interesse alter Menschen, die sich nicht aus der Sozialversicherung und der Versorgung bestimmter Gruppen herleiten, und ist Teilbereich der gesellschaftlichen Konzeption für die Lösung sozialpolitischer Probleme (*Lohmann* 1991: 15; vgl. auch *Belardi/Fisch* 1999; *Naegele/Gerling* 2007). Altenhilfe und Soziale Dienste als Form der Sozialpolitik für ältere und alte Menschen sind zu einem umfangreichen Anwendungsfeld gesellschaftspolitischer Instrumentarien geworden, deren allgemeinstes Ziel die Bearbeitung sozialer, kultureller, ökonomischer und personbezogener Dimensionen der Lebenslage einzelner Menschen oder Gruppen von Menschen ist (*Amann* 1994: 319; *Bäcker u.a.* 2008b). Deshalb sind ihr die Hilfe und Pflege in Privathaushalten ebenso zuzurechnen wie ehrenamtliche, institutionalisierte ambulante, intermediäre und stationäre Angebote. Im engeren Sinne verfolgt Altenhilfe nach dem Sozialgesetzbuch (SGB XII) Maßnahmen, die auf eine Sozialhilfe für ältere Menschen zielen: Sozialhilfe in Heimen und Anstalten, Grundsicherung im Alter (§41), Hilfe zur Pflege (§§61-66) und Hilfe in anderen Lebenslagen (§§70-74), im engeren Sinne „Altenhilfe" (§71). Es geht um allgemeine Hilfen für die Gestaltung der Altersphase, und Hilfe zur Pflege soll der finanziellen Unterstützung von Pflegebedürftigen dienen. Letztere wird durch die Pflegeversicherung entlastet. Die Leistungsbereiche unterscheiden sich nach der Art der Leistungen und den Voraussetzungen, unter denen sie gewährt werden. Während Hilfe zur Pflege nach Bedürftigkeit gewährt wird, kommen allgemeine Maßnahmen der Altenhilfe allen älteren Menschen, die persönliche Hilfe im Einzelfall bedürfen, einkommensunabhängig zugute.

Traditionell besteht in der Bundesrepublik Deutschland eine Teilung zwischen dem Gesundheitswesen (Krankenversicherung, Krankenversorgung und Rehabilitation) und dem Sozialwesen, zu dem die Altenhilfe zu rechnen ist. Diese Teilung besteht in der Gesetzgebung, Finanzierung und Administration. Zentrale institutionelle Typen der Altenhilfe und des weiteren Sozialwesens sind Altenwohn-, Alten- und Pflegeheime, Sozialstationen sowie andere Formen ambulanter Hilfe, wie z.B. mobile soziale Hilfsdienste und Hauspflegedienste. In der Entwicklung der letzten Jahrzehnte sind sie immer stärker in die Nähe des Gesundheitswesens gerückt, da sie zunehmend gesundheitsrelevante und/oder durch Krankenkassen finanzierte Leistungen erbringen (*BMFuS* 1993: 208). So sind die Pflegeheime immer mehr zu Einrichtungen für die Versorgung chronisch kranker alter Menschen geworden, da sie zunehmend psychisch kranke Alte und Menschen in der letzten Lebensphase vor dem Tod aufnehmen und Sterbende zu versorgen haben (vgl. *Kruse* 2007).

Welche Angebote der Altenhilfe in welcher Art gemacht bzw. finanziert werden, bestimmen die Kommunen. Zur Ermittlung des Bedarfs werden sog. „Altenhilfepläne" aufgestellt, die entwicklungsgemäß fortzuschreiben sind. Träger von Angeboten als Hilfen können außer den Kommunen auch Wohlfahrtsverbände, Vereine oder privatwirtschaftliche Unternehmen sein. Nach SGB XII werden Hilfen (früher „Hilfen in besonderen Lebenslagen") gezahlt, die sich auf die Vorbereitung und Gestaltung der Altersphase beziehen. Damit sind auch die Einrichtung und der Betrieb von Altentagesstätten, die Durchführung von Altenbildungs- und Erholungsmaßnahmen sowie sonstigen Diensten, z.B. „Essen auf Rädern", verbunden.

Mit der ständig wachsenden Zahl älterer Menschen und vor allem Hochbetagter hat in allen hoch entwickelten Ländern ein zunehmender

Ausbau der Altenhilfe stattgefunden. Damit verbunden kommt es zu einer verstärkten Auflösung der früher üblichen Trennung zwischen stationären und ambulanten Einrichtungen und zu einer Differenzierung der sozialen Dienste bei gleichzeitiger Expansion der Pflegeeinrichtungen. Eine damit einhergehende Zuspitzung der Kostenproblematik führt *Amann* (1994: 326) auf wenigstens drei Ursachen zurück: eine wachsende Klientenzahl, eine starke quantitative Ausdehnung der Leistungsangebote und eine verstärkte Professionalisierung des Altenhilfepersonals durch verbesserte Ausbildung. Als weitere Trends in der „offenen" Altenhilfe sieht er (326ff.):

- die Erhaltung und Förderung von sozialen Netzwerken und Nachbarschaftshilfe als Elemente von Stadtentwicklungs-, Dorferneuerungs- und Altenhilfepolitik unter Nutzung gewachsener Nachbarschaften;
- die Entwicklung des Ehrenamts, dessen quantitative und qualitative Anforderungen zugenommen haben, das sich in ein „altes" und ein „neues" Ehrenamt differenziert hat (vgl. *Kap. 4.3*) und inzwischen funktional eine unverzichtbare Ergänzung zu den sozialen Diensten darstellt;
- das Fortschreiten zu einer „ganzheitlichen" Betrachtungsweise pflegerischer und sozialarbeiterischer Angebote in personaler und organisatorischer Sicht, um den Zwang zu ständigen Umstellungen der Hilfeempfänger zu vermeiden;
- mehr „Bürgernähe" der Angebote, um klassenspezifische Wahrnehmungs-, Zugangs- und Verwendungsbarrieren zu verringern. Vorhandene Leistungen sind möglichst nahe beim Betroffenen anzubieten, das Wissen über diese Leistungen und ihre Bedingungen ist zu verbreitern, und Angebote der Altenhilfe sollen dezentral erfolgen, um das Potenzial kleiner Netze zu nutzen (vgl. auch *Karl* 2009).

Bisher hat Altenhilfe – ähnlich wie die Jugendhilfe – eine explizite Ausrichtung auf eine Lebensphase, hier das Alter. Durch diese Ausrichtung wird aber auch der Lebensabschnitt ‚Alter' definitorisch von der Erwachsenenbiographie getrennt und zu einer Zeit voller potenzieller Defizite erklärt, die der Kompensation durch staatlich organisierte Hilfen bedarf. Insgesamt gesehen wird klar, dass der Begriff „Altenhilfe" im Sinne des SGB XII darüber hinaus eine weitergehende Bedeutung besitzt und noch in allgemeinerer Form benutzt wird. Darunter werden dann sämtliche Institutionen und Hilfsmaßnahmen verstanden, die für alte Menschen im Freizeit- und Pflegebereich von Kommunen, Wohlfahrtsverbänden und privatwirtschaftlichen Unternehmen als Dienstleistungen zur Verfügung gestellt werden.

5.1.2 Sozialpolitik und „alternde Gesellschaft"

Mit demographischem Wandel und „alternder Gesellschaft" werden immer häufiger die auf Alter bezogenen Grundformen sozialer Sicherung in Frage gestellt. Allgemein besteht Übereinstimmung, dass gravierende gesellschaftliche Veränderungen der letzten Jahre und Jahrzehnte eine Veränderung bis hin zu einem Umbau des Systems sozialer Sicherung erfordern. Man ist sich auch weitgehend einig über die Entwicklungen, die zur Notwendigkeit einer Umgestaltung geführt haben. Hierzu werden gezählt: die demographische Entwicklung und deren Folgen für ein beitragsfinanziertes Sicherungssystem, vor allem in der Rentenversicherung, die Folgen der Veränderungen des Arbeitsmarktes (Arbeitslosigkeit, Arbeitszeitverkürzung) für die soziale Sicherung, die sogenannte Kostenexplosion im Gesundheitssektor im Zusammenhang mit veränderten Gesundheitsrisiken (Pflege) und einem neuen Gesundheitsbewusstsein (Prävention) sowie die Forderung nach gerechter Verteilung sozialer Leistungen zwischen Männern und Frauen (vgl. *Riedmüller/Olk* 1994). Weiter wird quer zu allen Positionen gefragt, ob, wie und in welchem Umfang gesellschaftlich erzeugte Probleme in Zukunft (weiterhin) primär oder zumindest partiell sozialstaatlich kompensiert werden können. Die Einschätzungen gehen hinsichtlich der Reichweite und Art und Weise des Umbaus von sozialer Sicherung und Gesellschaft weit auseinander (*Bäcker/Ebert* 1996). Grundsätzlich zu unterscheiden sind Ansätze, die sich primär auf eine Binnenperspektive des Systems sozialer Sicherung beziehen, und Ansätze, die dieses als Teilsystem von gesellschaftlichen Strukturen und Prozessen verstehen (*Backes* 1997a: 324).

Hinsichtlich der Frage, wie die mit dem demographischen Wandel und dem Altersstrukturwandel einhergehenden Herausforderungen an Sozialpolitik und Gesellschaft gelöst werden sollen, finden sich unterschiedliche Positionen in diversen Variationen, von „Illegitimität" und Abbau des Sozialstaats über Ersatz oder Ergänzung durch nichtstaatliche Anworten bis hin zu grundlegendem Wandel der Struktur- und Funktionsprinzipien von Sozial- und Gesellschaftspolitik – insbesondere des Generationenvertrags (vgl. *Leisering* u.a. 2006). Je nach gesellschaftspolitischer Position finden dabei die Interessen der verschiedenen Altersgruppen, Geschlechter und Sozialschichten in unterschiedlicher Weise Berücksichtigung. Praktisch kann Umbau auch hier sehr Unterschiedliches bedeuten: einen weitgehenden Abbau sozialstaatlicher Leistungen ohne äquivalente Neuentwicklungen oder einen partiellen Abbau einzelner Leistungen, der von der Entwicklung neuer Leistungen begleitet wird. Dazu sind prinzipielle Überlegungen notwendig, wie soziale Sicherheit und Gerechtigkeit gesellschaftlich realisiert werden können und grundlegend als Ziele aufrechterhalten oder eingeschränkt werden sollen (*Backes* 1997a: 326).

Wie wichtig eine umfassende Betrachtung der Wirkung sozialstaatlicher

Leistungen ist, machen Analysen des Alters-Survey (*Kohli/Künemund* 2005) deutlich. Untersuchungen zur wirtschaftlichen Lage älterer Menschen zeigen, dass diese stark vom Erhalt öffentlicher Generationentransfers bestimmt wird (*Motel-Klingebiel* 2000: 290). Sozialstaatliche Alterssicherung wird deshalb im Sinne der Generationengerechtigkeit auch auf eine Stützung familialer Leistungen hin diskutiert. Eine bisherige Verschiebung der Einkommensverteilung zugunsten der Älteren, die mit den Rufen nach Verteilungsgerechtigkeit zwischen den Generationen infrage gestellt wird, kann zumindest teilweise durch die – z.T. erheblichen – privaten Transfers der Älteren an ihre Kinder kompensiert werden (vgl. *Mahne/Motel-Klingebiel* 2010: 202ff.; *Deindl* 2011). Analysen des Alters-Surveys zeigen, dass mit einer Verbesserung der Einkommens- und Vermögenslage der Geber die Wahrscheinlichkeit von Leistungen an die Empfänger zunimmt; sie erreichen dabei einen Umfang von ca. acht Prozent der Einkommen aus der öffentlichen Alterssicherung (*Motel-Klingebiel* 2000: 290). Die wohlfahrtsstaatliche Absicherung der materiellen Lage im Alter muss als eine der Voraussetzungen der privaten Unterstützung verstanden und in der öffentlichen Diskussion um die Alterssicherung berücksichtigt werden (*Künemund* 2002).

Die demographische Entwicklung und der Altersstrukturwandel sind als besondere Herausforderung an den Sozialstaat zu verstehen. Fundamentalkritik an den Prinzipien des Sozialstaats ist keineswegs neu. Auch wenn der demographische und ein Altersstrukturwandel heute zu einer neuen Phase der Infragestellung des Sozialstaats beitragen, so verschärfen sie doch nur ständig schwelende *sozialstaatliche Legitimationsprobleme* (*Backes* 1997a: 327):

- So sind demographische Entwicklung und Altersstrukturwandel etwa „ein willkommener Aufhänger für diejenigen, die schon immer die Freiheit des Marktbürgers durch die organisierte Solidarität des Sozialstaats bedroht sahen“ (*Leisering* 1996: 14). *Sozialstaatsgegner* finden vor dem Hintergrund des Schreckgespenstes der „alternden Gesellschaft“ ein reiches Argumentations- und Betätigungsfeld.
- Für andere steht die Frage des *Standorts Deutschland* innerhalb der internationalen Standortkonkurrenz im Mittelpunkt und entscheidet wesentlich über Wohl und Wehe bisheriger sozialstaatlicher Leistungszusagen. Deren Einschränkungen sehen sie in diesem Zusammenhang als zwingend, wenn auch nicht als erstrebenswert an.
- Gleichzeitig wird argumentiert, dass die Sozialversicherungs-*Solidarität* zwischen den Generationen unter den veränderten insbesondere demographischen Bedingungen (von Arbeitsmarktbedingungen ist dabei kaum die Rede) in Ungerechtigkeit umschlage. Dabei wird von Erwerbsarbeit als einzigem, zumindest zentralem organisatorischen Anknüpfungspunkt für soziale Sicherung auch für die Zukunft ausgegan-

gen. Die heute zahlende erwerbstätige Generation könne im Alter keine entsprechenden Leistungen mehr erwarten.

- Letztlich geht es bei etlichen sozialpolitischen Diskussionen um die Frage der Legitimität oder „Illegitimität des Alterns" (*Leisering* 1996: 15), insbesondere des hohen Alters. Insgesamt werden Fragen der „Kostenexplosion" im System sozialer Sicherung, insbesondere der Alters- und Gesundheitssicherung (*Böhm/Mardorf* 2009), häufig im Kontext von Legitimationsproblemen und Ethik des Sozialstaats diskutiert (vgl. *Sachße/Engelhardt* 1990: 228ff.).
- Insbesondere im Zusammenhang mit Alter(n) und demographischer Entwicklung werden Fragen nach Solidarität und Gerechtigkeit zwischen den Generationen und entsprechenden Grenzen des Sozialstaats besonders virulent. Je nach implizit oder explizit zugrundeliegender Werteposition sind die praktisch politischen Reaktionsweisen auf die Herausforderungen der demographischen Entwicklung und des Altersstrukturwandels an Sozialpolitik verschieden.

Die Diskussions- und Handlungslinien lassen sich zum einen danach unterscheiden, ob sie innerhalb des Kontextes von Sozialpolitik argumentieren oder diesen explizit in einen größeren ökonomischen, politischen und kulturellen Kontext einbetten. Innerhalb dieser Unterscheidung existieren dann noch jeweils restriktive oder innovative Varianten (vgl. die kritische Diskussion in *Riedmüller/Olk* 1994).

Als Beispiele des Umgangs mit Sozialpolitik im Zeichen des „Alterns der Gesellschaft" können die *Rentenreformen* betrachtet werden. Die politischen Entscheidungen orientieren sich vorwiegend am Prinzip der Sicherung bestehender sozialer Sicherungssysteme, was an den Rentenreformen 1986 und 1992 deutlich wird (vgl. *Nullmeier/Rüb* 1993). Auch die jüngste Diskussion um Leistungskürzungen und Armut im Alter (2012) unter Beibehaltung des Rentensystems macht dies sichtbar. Bereits die Rentenreform 1986 zeigte, dass es im Grunde um die Sicherung bestehender Systeme auf der Basis entsprechender Konstruktionsprinzipien geht, nicht um die tatsächliche Anpassung an veränderte Lebens- und Arbeitsverhältnisse oder gar um sozialen Ausgleich (vgl. z.B. *Rolf/Wagner* 1996; *Bäcker/Ebert* 1996: 75ff.). So brachte die Rentenreform von 1986 zwar die Einführung der Kindererziehungszeiten und der Witwerrente, aber keine Lösung für die Rentenprobleme von Frauen. In der darauf folgenden Diskussion für ein Rentenreformgesetz (RRG) spielte die eigenständige Sicherung von Frauen keine Rolle mehr, galten doch Alterssicherungsprobleme von Frauen mit der Einführung des Erziehungszeitengesetzes als abgeschlossen. Diskutiert wurden zu jener Zeit lediglich die durch die ungünstige demographische Entwicklung prognostizierten Finanzierungsprobleme der Rentenversicherung. Die Rentenreform 1992 ist dann in der Folge vor allem „am modernen Frauenleben vorbei" geplant worden (*Veil u.a.* 1992; vgl. auch *Bä-*

cker/Ebert 1996: 99ff.). Sie berücksichtigt kaum den Grundsatz des sozialen Ausgleichs und konzentriert sich stattdessen wesentlich auf die Frage der Sicherung der Leistungsvoraussetzungen nach bisher gängigen Prinzipien und für bisherige Anspruchsberechtigte (vgl. *Nullmeier/Rüb* 1994). Der Sozialstaat reagiert nach Meinung dieser Autoren auf die als Bedrohung eingeschätzten Veränderungen, so auch auf die demographischen und alter(n)sstrukturellen Entwicklungen – wie an der langfristigen Absenkung der gesetzlichen Rente, der Betonung privater Altersvorsorge („Riester-Rente") und der Einführung des „Nachhaltigkeitsfaktors" in der Rentenformel sichtbar. Typisch ist in diesem Zusammenhang auch die Diskussion über eine *Gerechtigkeit zwischen den Generationen*, nicht einer allgemeinen sozialen Ungleichheit und Gerechtigkeit (vgl. z.B. *Leisering* 1996; *Deutscher Bundestag* 2002).

Als weiteres Beispiel für die sozialpolitische Reaktionsform auf die „alternde Gesellschaft" kann die *Veränderung der Altersgrenze(n)* angesehen werden. Mit Hinweisen auf die steigende Lebenserwartung, ein durchschnittlich sinkendes Einstiegsalter in die Rente und die demographische Veränderung der Bevölkerungsstruktur sind mit den *Rentenreform 1992 und 1999* neue Altersgrenzen eingeführt worden (vgl. *BMA* 1991: 44ff.). Geplant war 1992, vom Jahr 2001 an die Altersgrenzen von 60 und 63 Jahren generell auf 65 Jahre anzuheben. So sollte die Regelaltersgrenze für Frauen und Arbeitslose im Jahr 2012, für langjährig Versicherte im Jahr 2006 erreicht sein. Eine Verkürzung der Rentenbezugszeit sollte die Rentenfinanzen auch in den kommenden Jahren stabilisieren, ohne den Beitragssatz über die „magische Grenze" von 20% erhöhen zu müssen. Bereits im Jahr 1996 waren diese Pläne Makulatur. Nach heftigen politischen Kontroversen über die Sicherheit der Renten wurde im Juli 1996 ein „Wachstums- und Beschäftigungsförderungsgesetz" verabschiedet, das auch ein „Rentenspargesetz" beinhaltet. Dieses sah eine frühere und schnellere Anhebung des Rentenalters ab dem Jahr 2000 vor. Männer sollen danach ab 2002, Frauen ab 2005 bis zum Alter von 65 Jahren arbeiten müssen. Trotzdem war es bereits 1997 soweit: Der Beitragssatz zur gesetzlichen Rentenversicherung stieg zwischenzeitlich auf 20,3%! Inzwischen (2012) steht der Beitragssatz auf 19,6%, nachdem er kurzzeitig mithilfe der „Ökosteuer" auf Mineralölprodukte auf 19,3% heruntersubventioniert worden war. Im Jahr 2007 beschloss die Bundesregierung die Verlängerung der Lebensarbeitszeit auf 67 Jahre, die ab dem Jahr 2012 stufenweise eingeführt worden ist.

Dieses Gesetz – und die Einführung der „Riester-Rente" – bedeuten wiederholte Versuche, im System der Rentenversicherung eine Anpassung an demographische Veränderungen zu erreichen, ohne grundsätzliche Systemveränderungen in Angriff nehmen zu müssen. Die Verschiebung der Altersgrenzen bedeutet heute eine Umverteilung der (finanziellen) Risiken, von der Rentenversicherung auf das beschäftigte Individuum – in Form höherer Beiträge und geringerer Leistungen – oder auf die Arbeitslosenversicherung bzw. Sozialhilfe/Hartz IV, da von einem hinreichenden Arbeitsangebot immer noch nicht gesprochen werden kann. Erst eine grundsätzliche strukturelle Änderung der Rentenversicherung, etwa in Form einer staatlich gesicherten Grundrente, könnte eine flexiblere Lebensplanung als realisierbar erscheinen lassen.

Mit der Anhebung der Altersgrenzen in der Rentenversicherung sind zahlreiche weitere individuelle und beziehungsmäßige Folgen verbunden. Als ein Beispiel können die Auswirkungen auf die Koordination des Ruhestandszeitpunkts von erwerbstätigen (Ehe)Partnern genannt werden. Das früher mögliche Ruhestandsalter für Frauen mit 60 Jahren war gedacht als Ausgleich für Doppelbelastungen von Frauen mit Familie, wurde aber 1957 mit der Begründung eingeführt, angesichts des mittleren Altersunterschiedes zwischen Ehemann und Ehefrau gemeinsam in den Ruhestand zu gehen (vgl. *Ehmer* 1990: 116f.). Es sollte damit auch eine Rollenumkehrung vermieden werden: „Ehefrau bei der Arbeit, Ehemann zu Hause" (*Kohli* 1992: 253). Diese Rollenumkehrung, bisher überwiegend bei Frühverrentung des Mannes auftretend, wird bei gemeinsamer Altersgrenze von 65 Jahren institutionalisiert.

Die genannten Beispiele der sich wandelnden Sozialpolitik für ältere Menschen gewinnen ihre Anschaulichkeit aber erst durch eine allgemeine Analyse zukünftiger Systembedingungen. In Hinsicht auf den Zusammenhang von Sozialpolitik und „alternder Gesellschaft" muss der gesamte normative Hintergrund der Sozialpolitik überdacht werden. *Amann* (1998: 139ff.) plädiert für eine Neufassung der „Solidarität" mit jenen Menschen, die der Hilfe der Gemeinschaft bedürfen. Dazu sind Prävention und Hilfe zur Selbsthilfe zu fördern, Subsidiarität und Gesundheitsförderung zu stärken. Neben einer Stärkung der Selbstverantwortlichkeit und Solidarität müssen ambulante, teilstationäre und stationäre Einrichtungen verstärkt zur Verfügung stehen. Grundsätzliche Forderungen betreffen einen Abbau von Machtgefälle in der öffentlich-privaten Kooperation und verbesserte Organisationsformen durch Vernetzung und Koordination der Versorgungssysteme.

5.1.3 Altenhilfepolitik

Altenpolitik kann verstanden werden als die Gesamtheit der entweder in der Praxis oder in theoretischen Überlegungen auf die Personengruppe älterer und alter Menschen gerichteten Maßnahmen, die das Ziel der Gestaltung von Rahmenbedingungen ihrer individuellen Lebenssituation verfolgen (*Dieck* 1991: 23); heute eher als Querschnittpolitik und – im Zuge des demographischen Wandels – als Teil einer Generationen übergreifenden Politik verstanden wird (*Kruse* 2006a). Altenhilfepolitik im engeren Sinne bezeichnet die aus der Fürsorge erwachsenen und primär dem Fürsorgeprinzip unterworfenen Maßnahmen zur Beeinflussung der Lebenslage älterer und alter Menschen. Nach Überprüfung der Lebensumstände und der Bedürfnisse von Betroffenen werden nach dem Fürsorgeprinzip Hilfen und Leistungen gewährt, die in erster Linie durch öffentliche Mittel finanziert werden. Altenhilfepolitik bleibt im allgemeinen Verständnis und gemäß der praktischen Handhabung der Kernbereich der Altenpolitik. Traditionelle altenhilfepolitische Themen betreffen die klassischen Fragen der Sozialhilfediskussion, vor allem Heime und Dienste für ältere Menschen (*Dieck* 1991: 33). Öffentliche Investitionen werden zur Förderung des Heimbaus in den Bereichen der Altenwohnheime, Alten- sowie Pflegeheime eingesetzt. Die Sozialhilfe kommt für die Kosten der Unterbringung auf, die die Heimbewohner aus eigenem Einkommen und Vermögen nicht finanzieren können. Die offene und ambulante Altenhilfe stellen neben den stationären Angeboten Sozialdienste zur Verfügung, z.B. Hauspflege, Haushaltshilfe, Essen auf Rädern, Altentagesstätten und Altenclubs (*Naegele* 2004; *Karl* 2009; vgl. auch *Kap. 5.1.1*). Träger dieser ambulanten Dienste sind heute überwiegend die Sozialstationen und private Pflegedienste (vgl. *Kap. 5.2.2*).

Die Altenhilfe steht heute vor erheblichen qualitativen und quantitativen Herausforderungen, denen sie sich bewusst und auf der Basis einer systematischen Problemanalyse stellen muss, um als System sinnvoll weiter bestehen zu können. Um angemessene Altenhilfe planen und betreiben zu können, muss man heute – mehr denn je – über die eventuelle Nachfrage alter Menschen für bestimmte Angebote hinaus wissen, wie sich die soziale Problemstruktur der Klientel differenziert und wie flexibel die Angebote in Zukunft gedacht sind (vgl. *Backes* 1997a: 342). Altenhilfepolitik und praktische Altenhilfe brauchen Zielformulierungen, die zukünftige Veränderungen berücksichtigen, hierauf beweglich reagieren können und nicht durch heutige Festlegungen in der Planung (etwa von Heimen) zu zukünftigen Entwicklungen bereits in einem anachronistischen Verhältnis stehen. Im letzteren Falle müssten sie ihre Klientel selbst schaffen und mühsame Umstrukturierungen vornehmen. Das bedeutet auch, dass sich Altenhilfe an gesellschaftspolitischen Zielrichtungen orientieren und in der Lage sein muss, diese aber auch gleichzeitig aktiv gestaltend mit zu beeinflussen.

Vor dem Hintergrund der demographischen Entwicklung, eines Strukturwandels des Alter(n)s bei gleichzeitiger Veränderung von Familie und sozialpolitischen Ressourcen spielen folgende Veränderungen eine bedeutende Rolle für die zukünftige Altenhilfe(politik) (vgl. *Backes* 1997a: 342):

- Eine Zunahme der Anzahl alter Menschen, insbesondere auch Hochbetagter, bedeutet steigende Anforderungen an die Altenhilfe;
- eine weitere Differenzierung unterschiedlicher Gruppen älterer und alter Menschen mit verschiedenartigen Anforderungsprofilen an die Altenhilfe: So beschreiben z.B. Hochaltrige mit und ohne akute soziale und gesundheitliche Probleme und „Junge Alte“ mit und ohne Beschäftigung

und Eingebundensein den Umriss des Spektrums. Besondere Problemgruppen sind weiterhin alleinlebende, sehr alte Frauen ohne ausreichendes Alterseinkommen, mit gesundheitlichen und sozialen Beeinträchtigungen und ohne soziale oder gar familiale Netze im Hintergrund. Neue soziale Problemgruppen zeichnen sich bei den „Jungen Alten" ab, die unvorbereitet in die sog. „späte Freiheit" mit de facto weniger realer materieller und immaterieller Freiheit als allgemein propagiert entlassen werden.

- Veränderung der Lebensbedingungen insgesamt mit Auswirkungen auf die Lebenssituation und Bewältigungschancen älterer und alter Menschen: Familie, Mobilität der Kinder, Anzahl und Wohnort der Kinder und Enkel, der Freunde und Bekannten, Eingebundensein in Gemeinschaft, Nachbarschaft, Verschärfung des sozialen Klimas, Abbau sozialstaatlicher Leistungen etc.
- Soziale Problemlagen, wie Armut, Pflegedürftigkeit, häufig zusammen mit psychosozialen Notlagen, die sich in Alleinleben mit wenig Kontakten, geringen privaten Versorgungs- und Betreuungschancen sowie fehlender gesellschaftlicher Einbindung äußern. Diese nehmen vor allem bei den Hochaltrigen insgesamt nicht ab (wenn auch möglicherweise prozentual innerhalb der Gruppe alter Menschen). Allerdings verlagern sich ihre Kumulation und Zuspitzung noch weiter in hohe Lebensalter. Sie bringen vor allem quantitative, aber auch qualitative Herausforderungen an die Altenhilfe mit sich.
- Andere soziale Probleme, wie die syndromhaften Folgen von Beschäftigungs- und Sinnlosigkeit bei plötzlichem frühen Ende der Erwerbsarbeit, eventuell zunächst in Form von Arbeitslosigkeit älterer Arbeitnehmer, bringen unter Umständen ein neues Anforderungsprofil auch für die Altenhilfe mit sich.

Durch die angemerkten Veränderungen wird deutlich: Altenhilfe steht vor einer großen – nicht nur quantitativen, sondern insbesondere auch qualitativen – Herausforderung. Sie zeigt sich vor allem in Verfahrensprinzipien, die einer Effektivierung und qualitativen Verbesserung der Altenarbeit bedürfen, sowie in inhaltlichen Schwerpunkten im Aufgabenspektrum der Altenhilfe (*Backes* 1997a: 343ff.):

- Systematische fortlaufende Problembeschreibung und -erfassung sind als Planungsgrundlage unabdingbar. So können Altenhilfepläne nicht nur einfach fortgeschrieben werden! Das bedeutet für einen Wohlfahrtsverband selbstverständlich auch die Abstimmung, ggf. Vernetzung bereits in der Problembeschreibung mit anderen Anbietern, mit denen auch eine Zusammenarbeit bei der Weiterentwicklung sozialpolitischer Zielsetzungen für die Altenhilfe vereinbart werden sollte.
- Vernetzung auch in der bereits bestehenden Angebotsstruktur mit An-

bietern vor Ort ist im Sinne des Klienten unverzichtbar. Die bekannten Gefahren der partialisierten und für Betroffene meist undurchschaubaren Hilfeangebote könnten sich ansonsten auf mittlere und längere Sicht auch gegen die Qualität der einzelnen Angebote selbst richten. Marktwirtschaftliche Gesetze sind auf dem Markt sozialer Dienste nur begrenzt sinnvoll. Eine Nutzerorientierung wird für soziale Dienste gerade bei Konkurrenz untereinander zu einen Qualitätskriterium. Deshalb ist ein Wandel der Orientierung vom institutionell bestimmten Denken zur Kundenorientierung erforderlich. Die beste Kundenwerbung müsste und könnte in einer Teilhabe an einer optimalen Vernetzung bestehen.

- Qualifizierung innerhalb der sozialen und sozialplanerischen Berufe: Hier „rechnet" sich Sparen – z.B. beim Anteil der angelernten Pflegekräfte – letztlich qualitativ nicht. Es geht auf Kosten einer Qualitätssicherung und insbesondere einer Qualitätsentwicklung, die dringend erforderlich ist (bisheriges Verhältnis z.B. 50% Fachpersonal bei 50% angelerntem Personal).

Inhaltliche Schwerpunkte im *Aufgabenspektrum der Altenhilfe* sind oder müssten vor allem sein:

- In der Arbeit mit und für die oben genannten besonderen sozialen Problemgruppen muss eine eher „zugehende" Angebotsstruktur entwickelt und erprobt werden; es sollten weniger „Komm"-Strukturen bestehen bleiben.
- Prävention und Rehabilitation zur Erhaltung der weitgehenden Selbständigkeit und Verhinderung von Pflegebedürftigkeit (im Sinne der Pflegeversicherung); dies kann unter anderem auch durch Beratungseinheiten im Wohnumfeld mit gefördert werden.
- Erhaltung und Steigerung von Selbständigkeit (Kompetenz der alltäglichen Lebensführung, des Pflegens sozialer Kontakte etc.): z.B. nicht füttern, sondern eigenständiges Essen ermöglichen, was allerdings mehr Zeit erfordert, aber im Sinne der o.g. sozialpolitischen Ziele und der Qualitätsentwicklung sozialer Dienste ist. Damit wird z.B. deutlich, dass Qualitätsentwicklung und Kostenersparnis nicht immer konform gehen. Dies erschwert es, Zielentscheidungen zu fällen und durchzuhalten, nicht nur zu propagieren.
- Die beiden letztgenannten Ziele und Aufgabenbereiche bedeuten auch eine Intensivierung und Förderung von Angeboten, die eine aktive Teilhabe von älteren und alten Menschen am Gemeinwesen fördern. Hierzu bedarf es nicht unbedingt einer gezielten „Altenkultur", sondern weitaus stärker einer Vernetzung und Anbindung an bereits existierende kulturelle und sonstige Angebote, die die Gemeinschaft unterstützen.
- Im Bereich der Gesundheit, insbesondere auch der Gerontopsychiatrie, geht es um Qualitätssicherung und -entwicklung auch entgegen anderer

sozialpolitischer Trends (Einsparungen auf Kosten älterer und alter Menschen). Dazu bedarf es einer aktiven Teilhabe an der Gestaltung der sozial- und gesundheitspolitischen Landschaft sowohl vor Ort als auch auf Bezirks- und Länder- sowie Bundesebene.

- Aktivierende Pflege und ambulante Rehabilitation sind zu stärken, ebenso ein Konzept ganzheitlicher Rehabilitation(sphasen) und Finanzierung. Das Stadt-Land-Gefälle in Angeboten ist ebenso auszugleichen wie das West-Ost-Gefälle.
- Eine sinnvolle Frage mit dringlicher Lösung wäre: „Wie soll der Sozialstaat der Zukunft nach Inkrafttreten der Pflegeversicherung aussehen (praktisch, konzeptionell, welche Schnittstellen etc.)?"

Zusammengefasst: Es geht in der zukünftigen Altenhilfe(politik) nicht nur um Bewältigung der Nachfrage, sondern um Entwicklung von Angeboten, die nicht nur der quantitativ, sondern auch der qualitativ veränderten Nachfrage gerecht werden können. Voraussetzung dazu wäre die gleichzeitige Entwicklung einer entsprechenden Sozial- und Gesellschaftspolitik. Damit wäre die Richtung vorgegeben: weg von einer eigenen Altenpolitik und hin zu einer eher „altersintegrativen Gesellschaftspolitik" (*Amann* 1994: 319) bzw. einer „sozialen Lebenslaufpolitik" (*Naegele* 2010).

5.2 Formelle und informelle Unterstützungssysteme im Alter

Alter hat in der heutigen Zeit ein vielfältiges Gesicht. Es ist nicht mehr im Sinne der „Altenhilfe" des Bundessozialhilfegesetzes überwiegend eine Zeit voller potenzieller Defizite, die der Kompensation durch staatlich organisierte Hilfen bedarf. Im Grunde hatte diese Sichtweise nie uneingeschränkt Bedeutung, da es immer ältere und alte Menschen gegeben hat, die sich während des größten Teils der Altersphase selbst versorgten (von finanziellen und Naturalhilfen abgesehen) und kaum fremder Unterstützung bedurften. Trotzdem gab es das traditionelle Bild des armen, hinfälligen und unterstützungsbedürftigen Alten, da ein Teil der Gruppe der älteren Menschen sicherlich, und im hohen Alter um so eher, diesem Bild entsprach. Und es gab familiäre, nachbarschaftliche und einzelne öffentliche Unterstützungssysteme, die der damals geringeren Zahl alter Menschen Hilfen in sozialen und gesundheitlichen Problemlagen gewährten.

Heute wird – vor allem von Psychogerontologinnen und Psychogerontologen – zunehmend versucht, das „Defizitmodell des Alters" durch ein „Kompetenzmodell" zu ersetzen. Es wird gezeigt, wie alte und auch noch sehr alte Menschen in der Lage sind, unter entsprechenden Bedingungen Fähigkeiten und Fertigkeiten („Potenziale") zu bewahren oder neu zu entwickeln, die ein „erfolgreiches Altern" ermöglichen. Aber selbst dieses Modell geht von Hilfen und Unterstützung aus, die zur Entwicklung von

„Kompetenz“ notwendig werden. Alter ist allem Optimismus zum Trotz weiterhin – und durch zunehmende Hochaltrigkeit verstärkt – auf Unterstützung sehr vielfältiger Art angewiesen, denn gesundheitliche Einschränkungen, chronische Krankheit und Behinderung, aber auch soziale Defizitlagen und materielle/finanzielle Einschränkungen bis hin zu nicht angemessenen Wohnbedingungen markieren einen breiten Bedarf an Unterstützungsleistungen. Deshalb ist unter sozialstaatlichen und marktwirtschaftlichen Prämissen eine inzwischen kaum noch überschaubare Zahl personaler und institutioneller Unterstützungsangebote entstanden, die ergänzend zu privaten Hilfen verfügbar sind. In diesem Kapitel sollen die Unterstützungssysteme formellen und informellen Typs nach Struktur, Angeboten und in ihrem Verhältnis zueinander dargestellt werden.

5.2.1 Zwischen Selbständigkeit und Hilfebedürftigkeit: Unterstützungsbedarf im Alter

Die Auseinandersetzung mit den Fragen von Selbständigkeit und Selbstversorgung oder Hilfebedürftigkeit im Alter ist aus der Sicht des Einzelfalls ebenso bedeutsam wie aus sozialpolitischer Perspektive. Für die betroffenen älteren Menschen ist kaum eine Frage so wichtig wie die, ob sie eine autonome Lebens- und Haushaltsführung mit zunehmendem Alter aufrechterhalten können oder teilweise bzw. vollständig auf fremde Hilfen und Unterstützung angewiesen sein werden. Selbständigkeit und Unabhängigkeit von fremden Hilfen gilt unter älteren Menschen als hohes Gut, das sie lange bewahren möchten. Dies zeigt sich z.B. im zentralen Lebensbereich des Wohnens nach dem Motto „Intimität auf Abstand“ (vgl. *Kap. 4.6*). Ältere Menschen sind durch Erfahrungen und Erlebnisse im Verwandten- und Freundeskreis für Fragen von Krankheit, Behinderung und Einschränkungen, die mit Abhängigkeit assoziiert werden, besonders sensibilisiert. Trotzdem werden Erwägungen und Entscheidungsprobleme über die Grenzen der Selbständigkeit selten offen diskutiert (*Thomae* 1989; *BMFuS* 1993: 188). Ebenso beschränkt ist häufig noch das Wissen über Möglichkeiten, auch im institutionellen Kontext eine weitgehend selbständige Lebensführung zu praktizieren.

Die grundsätzlichen Bedingungen für Selbständigkeit im Alter sind zunächst eine ausreichende physische und psychische Gesundheit und damit verbundene Mobilität auf der einen Seite sowie eine ausreichende materielle Versorgung auf der anderen Seite (vgl. *Backes/Clemens* 2003). Grundvoraussetzungen sind aber auch eine soziale und gesellschaftliche Einbindung mit kommunikationsbereiten Ansprechpartnern und Gelegenheitsstrukturen, Kommunikationsfähigkeit und eine soziale wie körperliche Beweglichkeit. Die Voraussetzungen, die man allgemein als selbstverständlich angesieht, sind mit zunehmendem Alter quantitativ wie qualitativ gefährdet. Das soziale Unterstützungsnetzwerk reduziert sich durch die Abnahme von Verwandtschafts- und Freundschaftsbeziehungen aufgrund regionaler Mobilität, durch sich verändernde Familienstrukturen und durch die Verkleinerung des Freundes- und Bekanntenkreises in Folge häufigerer Sterbefälle. Doch vor allem der Tod des Partners oder der Partnerin bedeutet den Verlust der zentralen Bezugs- und Unterstützungsperson. Die Selbständigkeit wird dann letztlich durch alterns- oder krankheitsbedingte Funktionseinbußen und ungünstige externe Rahmenbedingungen herabgesetzt: Mit zunehmendem Alter wächst das Risiko gesundheitlicher Beeinträchtigung der Sinneskräfte und der Bewegungsfähigkeit. Der Lebensraum älterer und alter Menschen entspricht dann sehr schnell nicht mehr ihrem reduzierten Leistungsvermögen: Wohnung, Wohnumfeld, Verkehrsmittel und Versorgungseinrichtungen aller Art sind häufig nicht funktional und barrierefrei (vgl. *Mollenkopf u. a.* 2004; *Kap. 4.6*). Sie schränken den Lebensraum alter Menschen zusätzlich ein, weil sie nicht altersgerecht gestaltet sind. Wichtig wird deshalb die Frage, wie und wo sich Grenzen von Selbständigkeit ergeben und mit welchen Maßnahmen diese zu erweitern sind.

Möglichkeiten und Grenzen häuslicher Selbstversorgung und darüber hinausgehender sozialer Integration sind aus sozialpolitischer Perspektive für die Planung von Hilfeangeboten der sozialen und gesundheitlichen Versorgungssysteme von besonderer Bedeutung. Die Feststellung eines Unterstützungsbedarfs durch entsprechende Versorgungssysteme hängt nicht nur von objektiv feststellbaren Merkmalen, sondern auch von stark subjektiv geprägten Bedingungskonstellationen ab. Letztere entstehen durch subjektive Einschätzungen und individuell vorhandene Bewältigungsformen von Belastungs- und Grenzsituationen. Zur Bestimmung der Anforderungen, die mit der selbständigen Lebens- und Haushaltsführung generell und speziell im Alter verbunden sind, müssen das Selbsthilfepotenzial und die materiellen Bedingungen eines Haushalts gekennzeichnet werden (*BMFuS* 1993: 188). Die Kompetenz zur autonomen Haushaltsführung wird über eigene Fähigkeiten und Kenntnisse sowie verfügbare Ressourcen, wie Arbeitskapazität, Sachgüterausstattung, Einkommen und Vermögen, hergestellt. Sie sind entsprechend einzusetzen, um Versorgung und Lebenszufriedenheit zu ermöglichen. Aus Änderungen in der Haushaltslage (wie durch Erkrankung des Partners/der Partnerin oder besondere Ausgaben) entstehen zusätzliche Anforderungen an Entscheidungs- und Handlungsfähigkeit, um weiter die Selbständigkeit gewährleisten zu können. Möglichkeiten und Fähigkeiten zur Abwehr existenzbedrohender Hilfebedürftigkeit sind sowohl schichten- als auch geschlechtsspezifisch unterschiedlich verteilt. Man denke an die häufig sehr verschiedenartigen Auswirkungen von Verwitwung für Männer und Frauen.

Die folgende Zusammenstellung zeigt Beispiele für die Gefährdung der Selbständigkeit durch mögliche Problemlagen, die in Haushalten älterer Menschen durch Einschränkung des Selbsthilfepotenzials und sich verschlechternde Bedingungen der Selbstversorgung auftreten können:

Selbsthilfepotenzial Einschränkungen/Verlust bei Krankheit, Behinderung o.a.	Materielle Bedingungen der Selbstversorgung Begrenzungen der Handlungsfähigkeit
Haushaltsgröße und -struktur - Einpersonen- und Alten-Mehrpersonenhaushalte ohne familiale Hilfen im Umfeld - Mehrgenerationen-Haushalte mit hilfs-/pflegebedürftigen alten Menschen	Einkommenslage - Einkommen < Sozialhilfeschwelle - keine Unterstützung durch Angehörige, Freunde o.a. - hohe finanzielle Belastungen - keine Sparfähigkeit
Soziale Netzwerke - Fehlen tragfähiger Beziehungen im Umfeld - Soziale Isolation	Vermögenslage - kein/geringes Geldvermögen - nicht verwertbarer Haus- und Grundbesitz - fehlender Versicherungsschutz
Arbeitskapazität - verminderte psychische und physische Leistungsfähigkeit - Überlastung pflegender Angehöriger - Mangel an selbstfinanzierbaren Helfern	Wohnsituation - Zahl, Größe, Lage der Räume unzureichend - fehlende sanitäre und technische Grundausstattung
Fähigkeiten und Fertigkeiten zur selbständigen Lebens- und Haushaltsführung - Fehlen dispositiver Fähigkeiten (Entscheidungskompetenz) - Mangel an Wissen, Fertigkeiten, Erfahrungen (Handlungskompetenz) - Mangel an Flexibilität, Umstellungsvermögen (Reorganisationskompetenz)	Umfeld und Marktbeziehungen - Gefährdung durch Verkehr, Kriminalität - Störung durch Lärm, Schmutz - Ungenügende Infrastruktur - Fehlen altersgerechter Angebote an Konsumgütern und Dienstleistungen - Fehlende Grünflächen

Abb. 15: Gefährdung der Selbstversorgung durch mögliche Problemlagen in Haushalten älterer Menschen (Beispiele)
Quelle: BMFuS (1993: 190)

Häufig ergeben sich in der Einschränkung der Selbstversorgung durch die Komplexität des Haushaltsgeschehens Problemkumulationen. Aber auch Probleme in einzelnen Bereichen können gravierende Versorgungsmängel zur Folge haben und einen entsprechenden Hilfebedarf auslösen. Die in *Abb. 15* zusammengestellten Problemlagen stellen eine exemplarische Auswahl dar, diese können in einzelnen Fällen unterschiedliche Ausprägungen annehmen und verschiedenartig einschränkend wirken. Deshalb ist der Unterstützungsbedarf erst nach einer genauen Analyse der Faktoren, die die Handlungskompetenz entscheidend verringern, zu bestimmen. Deutlich wird bei der Aufstellung der Problemlagen bereits die Bedeutung der materiellen Lage, die schichtenspezifisch den unterschiedlichen Unterstützungsbedarf und die Grenzen der Selbstversorgung markiert. Alte Menschen aus höheren Sozialschichten sind weit eher als die aus unteren Schichten in der Lage, die Begrenzungen der Handlungsfähigkeit hinsichtlich der meisten materiellen Bedingungen weit hinauszuschieben oder aufzuheben: Durch eine gute Einkommens- und Vermögenslage können sie sowohl die Wohnsituation als auch ihr Umfeld und die Marktbeziehungen nach ihren Bedürfnissen und Bedingungen gestalten. Sie leisten sich die erforderliche

Wohnausstattung und lassen ihren Wohnraum an die veränderten Erfordernisse anpassen, vermeiden oder verringern Gefährdungen und Störungen durch das Wohnen in einer besser situierten Wohnumwelt und sind in der Lage, altersgerechte Angebote an Konsumgütern und Dienstleistungen zu kaufen. Auch bei einer notwendig gewordenen Übersiedlung in institutionelles Wohnen, die i.d.R. häufiger planend und vorausschauend vollzogen wird, sichern sie sich in Senioren- oder Wohnstiften eine weitgehende Unabhängigkeit des Wohnens und Lebens bei Einbindung in ein differenziertes Versorgungssystem (vgl. *Kap. 4.7*).

Weniger gravierend sind sozialstrukturelle Auswirkungen im Selbsthilfepotenzial. Hier kommen die informellen Netzwerke zur sozialen Unterstützung zum Zuge, die auch in unteren Sozialschichten gut entwickelt sein können. Fallen aber z.B. bei unterstützungsbedürftigen Hochbetagten aus unteren Schichten familiäre und/oder nachbarschaftliche Unterstützung aus, weil das soziale Netzwerk geschrumpft ist, so können sich diese kaum – wie wohlhabendere Alte – professionellen Ersatz für Dienstleistungen verschaffen. Allgemein haben diejenigen Alten, welche ohne tragfähiges Netz und allein leben, offenbar in besonderem Maße unter Versorgungsmängeln zu leiden. Diese werden akut, wenn sie neben alten- und krankenpflegerischer Betreuung weitere Hilfen, insbesondere hauswirtschaftlicher Art, in größerem Umfang und kontinuierlich benötigen (*BMFuS* 1993: 192; *Naegele* 2004). In dieser Risikogruppe befinden sich überwiegend Frauen, da sie mehr als zwei Drittel der Hochbetagten stellen und überwiegend ihre (Ehe-) Partner überleben (vgl. *Kap. 2.3.2* und *2.6.2*). Unter ihnen sind besonders die kinderlosen und sozial isolierten Frauen bei eintretenden Behinderungen in ihrer Selbstversorgung gefährdet. Männer verlieren im Alter häufig dann die Grundlage ihrer Selbständigkeit und werden abhängig von formellen Unterstützungssystemen, wenn sie verwitwen und weitere familiale Unterstützung nicht zu erwarten ist. So können lebenslange Rollenmuster und Formen traditioneller Arbeitsteilung zwischen Mann und Frau zu existenzbedrohender Hilfsbedürftigkeit führen.

Einen Schwerpunkt notwendig werdender informeller und formeller Unterstützung stellt *Pflegebedürftigkeit* dar, die als Folge von Krankheit und Behinderung auftritt. Mit der Zunahme des Bevölkerungsanteils Älterer kann – trotz der Verbesserung der funktionalen Gesundheit Älterer in den letzten Jahrzehnten – von einer Zunahme der Morbidität im Alter ausgegangen werden (vgl. *Menning/Hoffmann* 2009). Epidemiologische Untersuchungen zeigen, dass ältere Menschen wesentlich häufiger an Krankheiten leiden als jüngere. Als besonders gravierende Alterskrankheit gilt die Demenz (vgl. *Kap. 2.7.2*). Sie gefährdet die selbständige Lebensführung in besonderem Maße oder macht sie gänzlich unmöglich. Etwa ein Drittel bis ein Fünftel der über 80-Jährigen leidet an einer mehr oder weniger ausgeprägten Hirnleistungsschwäche. Bei steigendem Altenanteil ist auch hier mit einem steigenden Krankheitspotenzial zu rechnen (*Schröder u.a.* 2004; *Menning/Hoffmann* 2009).

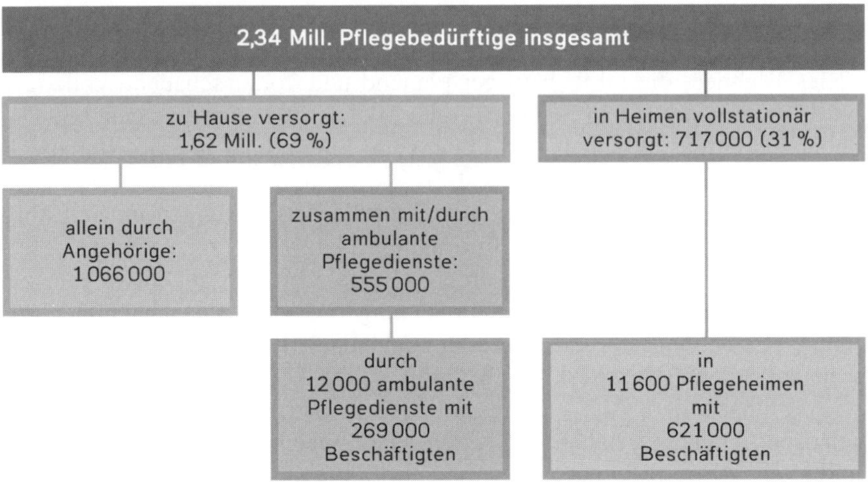

Abb. 16: Pflegebedürftige nach Versorgungsart 2009
Quelle: Statistisches Statistisches Bundesamt (Hrsg.) (2011): Datenreport 2011. Ein Sozialbericht für die Bundesrepublik Deutschland. Band 1., Seite 221.
Link: https://www.destatis.de/DE/Publikationen/Datenreport/Downloads/ Datenreport2011.pdf?__blob=publicationFile

Im Jahr 2009 waren 2,34 Mio. Menschen in Deutschland pflegebedürftig im Sinne des Pflegeversicherungsgesetzes (SGB XI), mehr als zwei Drittel (67%) waren Frauen (*Statistisches Bundesamt* 2011: 8; *Abb. 16*). Mit steigendem Alter nimmt die Pflegebedürftigkeit zu: Sind von den 75- bis unter 80-Jährigen 9,9% pflegebedürftig, so steigt dieser Anteil bei den 80- bis unter 85-Jährigen auf 20,3% und bei den 85- bis unter 90-Jährigen auf 38,0%. Von den 90-Jährigen und Älteren sind bereits 59,1% auf Pflege angewiesen. Hochaltrige Frauen werden deutlich häufiger pflegebedürftig als gleichaltrige Männer: Bei den über 90-jährigen Frauen beträgt der Anteil Pflegebedürftiger 66,7%, bei den Männern gleichen Alters hingegen „nur“ 36,8%. Mehr als zwei Drittel (69% bzw. 1,62 Mio.) der Pflegebedürftigen werden zu Hause versorgt, von diesen hatten 9,0% einen sehr hohen Pflegebedarf (Pflegestufe III). Von den 717.000 in Heimen versorgten Pflegebedürftigen weisen 20,5% die Pflegestufe III auf (*Statistisches Bundesamt* 2011: 8). Eine besondere Problemgruppe stellen die alleinlebenden Pflegebedüftigen dar: Nach Hochrechnungen sind davon 17,2% der pflegebedürftigen Männer und sogar 37,3% pflegebedürftiger Frauen betroffen (*Rothgang u.a.* 2011: 131). Insgesamt gesehen zeigt sich ein Trend hin zur „professionellen“ Pflege in Pflegeheimen und ambulanten Pflegediensten: So ist die Zahl der in Heimen betreuten Pflegebedürftigen zwischen 2007 und

2009 um 4,6% (+31.553) und die durch ambulante Dienste Versorgten um 10,1% (+50.931) gestiegen, während die Pflege durch Angehörige bzw. die Zahl der „reinen" Pflegegeldempfänger geringer – um 3,1% (+22.039) – stieg. Längerfristig sank der Anteil der zu Hause Versorgten zwischen 2001 und 2009 von 70,4% auf 69,3% (vgl. *Statistisches Bundesamt* 2011). Nach *Rückert* (1999: 408) weisen Mitte der 1990er Jahre 1,686 Mio. Menschen einen mehr oder weniger starken Bedarf an Unterstützung im Bereich hauswirtschaftlicher Verrichtungen auf. Diese Gruppe stellt eine Risikogruppe dar, der bei Ausbleiben von Unterstützung Unfälle und Überforderung drohen, die zu Krankheiten, Behinderungen und letztlich zu Pflegebedürftigkeit führen können.

Bei den über 65-Jährigen wurde in *Infratest*-Untersuchungen von 2002 bis 2005 (vgl. *Schneekloth/Wahl* 2008, 2009) für Bewohner vollstationärer Alteneinrichtungen ein Anteil von 34% mit ständigem Pflegebedarf, 23% mit mehrmals täglichem und 27% mit täglichem Pflegebedarf festgestellt, Hilfebedarf bestand bei 12% (*Schneekloth/v. Törne* 2009: 83). Mit zunehmendem Alter steigt der Anteil der Menschen, die auf Pflege oder hauswirtschaftliche Unterstützung angewiesen sind, deutlich an. Der Hilfe- und Unterstützungsbedarf unterscheidet sich nach Alter und Wohnform. So haben von Heimbewohnern 1% der 65- bis unter 70-jährigen Männer Pflegebedarf, aber 8% der über 84-jährigen, von den gleichaltrigen Frauen 1% bis hin zu 28%. Der hauswirtschaftliche Bedarf in Privathaushalten bei Männern steigt von knapp 4% (65-70 Jahre) auf 36% (85 Jahre +), bei Frauen dieser Altersgruppen von 4% auf 36,9%. Der Pflegebedarf in Privathaushalten entwickelt sich bei Männern von 2,3% (65-69 Jahre) auf 27,3% (85 Jahre +), und bei Frauen dieser Altersgruppen steigt er von 2,0% auf 37,3% (*Schneekloth/Wahl* 2008). In Abhängigkeit vom Familienstand besteht ein entscheidender Unterschied bei der Inanspruchnahme von Heimen. In Heimen leben überwiegend verwitwete Frauen, während verheiratete Männer wie Frauen in Heimen unterdurchschnittlich vertreten sind (*Rückert* 1999: 409).

Der Unterstützungsbedarf im Alter wird in den nächsten beiden Jahrzehnten durch die demographische Entwicklung beträchtlich wachsen. Für die nächsten Jahre ist im Zuge der zunehmenden Alterung der Gesellschaft ein Anstieg der Zahl der Pflegebedürftigen sehr wahrscheinlich. Von 2,34 Mio. Pflegebedürftigen im Jahr 2009 dürfte nach den Ergebnissen von Vorausberechnungen (vgl. *Statistisches Bundesamt* 2008a) die Zahl auf 2,91 Mio. Pflegebedürftige im Jahr 2020 und etwa 3,36 Mio. Pflegebedürftige im Jahr 2030 steigen. Die Zahl der Pflegebedürftigen wird unter Zugrundelegung des Status-Quo-Modells zwischen den Jahren 2005 und 2020 um mehr als ein Drittel (37%) ansteigen; von 2005 bis 2030 um 58%. Die Zunahme fällt dabei bis zum Jahr 2030 bei den Männern mit 74% höher als bei den Frauen mit 50% aus. Gleichzeitig wird der Anteil der Pflegebedürftigen an der Gesamtbevölkerung zunehmen: Der Anteil beträgt 2009 2,9% und wird bis 2020 auf 3,6% und bis zum Jahr 2030 auf 4,4% ansteigen.

Zusammenfassend betrachtet sind zur Analyse der Selbständigkeitsrisiken eine Reihe von Merkmalen wichtig: neben dem Gesundheitszustand und dem Grad der Behinderung die Kompetenz zu einer selbständigen Lebensweise, die materielle Lebenslage und das familiale und nachbarschaftliche Netzwerk. Unterschiede zeigen sich auch nach Geschlechtszugehörigkeit und Familienstand. Damit wird deutlich, dass Selbständigkeit und Hilfebedürftigkeit keine gegenüberliegenden Pole der Möglichkeit oder Unmöglichkeit von Selbstversorgung im Alter bilden, sondern Begrenzungen eines Kontinuums darstellen. Von der Positionierung in diesem Kontinuum hängt der erforderliche Bedarf an sozialer und materieller Unterstützung ab. Die zur Verfügung stehenden Unterstützungsformen und deren Ausschöpfung bestimmen, wie lange welcher Grad an Selbständigkeit erhalten bleibt und wann die eigene häusliche Umgebung aufgegeben werden muss. Heute gilt die Prämisse einer möglichst langen Sicherung selbständigen Lebens im Alter, und zwar aus finanziellen und humanitären Erwägungen. Daran sind die Maßnahmen und Hilfen formeller und informeller Unterstützungssysteme auszurichten.

5.2.2 Formelle Unterstützungssysteme: Öffentliche soziale und gesundheitliche Versorgungsangebote

Die Entwicklung formeller Unterstützung hilfebedürftiger älterer und alter Menschen basiert auf sozialstaatlichen Einrichtungen, die mit den Sozialversicherungen entstanden und durch gesetzliche Regelungen begründet wurden. Hauptträger formeller Unterstützungssysteme sind die Einrichtungen des Gesundheitswesens und der Altenhilfe, die in staatlicher, wohlfahrtsverbandlicher oder privater Trägerschaft organisiert sind (vgl. *List u.a.* 2009). Diese Unterstützungssysteme sind zu unterscheiden nach dem Grad der Versorgung, die dem alten Menschen damit geboten wird. Die Spannbreite reicht von einem hohen Versorgungsgrad, wie z.B. in der stationären Versorgung, bis hin zu einzelnen Hilfen und ergänzenden Diensten, die selbständig lebende Alte entlasten oder zur Unterstützung informeller Systeme, wie Familie, Verwandtschaft und Nachbarschaft, herangezogen werden können. In den letzten Jahrzehnten hat sich das Spektrum an Leistungsangeboten erheblich ausgeweitet, insbesondere im Bereich der teilstationären und ambulanten Dienste.

Leistungsangebote der formellen sozialen und gesundheitlichen Versorgungssysteme betreffen (*BMFuS* 1993: 190; *Kruse/Martin* 2004: 403ff.):

- Hilfen zur Förderung von Aktivitäten und sozialer Integration:
  - Altenbegegnungsmöglichkeiten,
  - Sport, Reisen,
  - kulturelle Teilhabe,

- kreatives Schaffen,
- Telefonhilfen, -ketten,
- Besuchs- und Vorlesedienste,
- Selbsthilfegruppen.

– Hilfen zur Förderung psychischer und physischer Kompetenz:
  - Bildungsangebote,
  - Kompetenztraining,
  - Vermittlung von Hilfen,
  - Beratung in verschiedenen Sachbereichen.

– Hilfen für die Grundversorgung:
  - Mobile und stationäre Mahlzeitendienste,
  - Körperpflegedienste,
  - Fahr- und Begleitdienste,
  - hauswirtschaftliche Hilfen,
  - Altenwohnungen.

– Hilfen bei Krankheit und Pflegebedürftigkeit:
  - stationäre Versorgung,
  - teilstationäre Versorgung,
  - ambulante Versorgung,
  - sozialpsychiatrische Dienste,
  - Notrufdienste,
  - Hilfen für pflegende Angehörige,
  - Pflegehilfsmittelverleih,
  - betreutes Wohnen.

Förderung von Aktivitäten, sozialer Integration und Kompetenz

Die genannten „Hilfen zur Förderung von Aktivitäten und sozialer Integration“ sollen ebenso wie die „Hilfen zur Förderung der Kompetenz“ das Selbsthilfepotenzial der älteren Menschen stärken und Hilfsbedürftigkeit verhüten. Diese Bereiche sind zentrale Aufgaben der Altenhilfe, die durch eine Bereitstellung von räumlichen Gegebenheiten, wie z.B. Alten- und Begegnungszentren, organisatorischer Unterstützung, Beratung und Projektmanagement die Rahmenbedingungen für Kommunikationsmöglichkeiten, selbstinitiierte Aktivitäten der Älteren und zusätzliche Dienste schafft. Hilfen benötigen ältere Menschen vor allem in Phasen der Umstellung und Sinnstiftung für veränderte Lebensbedingungen, nach dem plötzlichen Ausscheiden aus dem Beruf ebenso wie nach Verwitwung. Die Schwierigkeit, entsprechende Hilfen zu vermitteln, liegt oft in den für Hilfsangebote ungünstigen Voraussetzungen der Klientel: keine Bildungsorientierung, geringe Mobilität, wenig Kontakte zu Institutionen, finanzielle Einschränkungen etc. Daher werden neue Betätigungsfelder nur schwer gefunden. Neue Angebote der Altenhilfe setzen deshalb stärker auf wohnquartiernahe, zugehende Formen von Beratung und Altenarbeit (vgl. *Kap. 5.3.2*). Zur Förderung der Kompetenz werden in den letzten Jahren präventiv und therapeutisch wirkende Beratungsdienstleistungen angeboten: z.B. psychosoziale Beratung, Ernährungs- und Gesundheitsberatung, Wohnberatung, Verbraucherberatung, Beratung in rechtlichen und finanziellen Fragen (*BMFuS* 1993: 189; *Amann* 1994: 332ff.; *Naegele* 2004).

Ambulante Dienste

Hilfen für die Grundversorgung dienen der Aufrechterhaltung einer selbständigen Häuslichkeit vorübergehend bei akuten Erkrankungen, kontinuierlich bei altersbedingtem Nachlassen der Kräfte, stetigen Behinderungen oder chronischen Erkrankungen. Auf diese Hilfen sind alleinlebende Ältere, Familien mit zu pflegenden Angehörigen und Haushalte älterer (Ehe-)Paare besonders häufig angewiesen. Beispiele zur Unterstützung bei eingeschränkter Kompetenz sind „Essen auf Rädern", Reinigungs-, Instandsetzungs-, Wäsche- und Reparaturdienste, Telefonketten und Telefondienste, Unfall- und Notfallmeldedienste sowie Transportdienste (*Amann* 1994: 340; *Deutscher Bundestag* 1994: 293ff.). Als weiterer wichtiger Bereich kommt die Haushaltsführung hinzu, die bei eingeschränkter Mobilität oder in Übergangsphasen – wie nach der Entlassung aus dem Krankenhaus – die Wahrung von Selbständigkeit zu Hause fördert. So erhalten von den *Pflegebedürftigen*, die soziale Dienste in Anspruch nehmen, 21% (fast) täglich Essen auf Rädern, 17% Hilfe bei der Essenszubereitung, 23% erhalten ein- bis mehrmals wöchentlich oder täglich Hilfe beim Einkaufen oder Putzen und insgesamt 25% werden durch persönliche Gespräche betreut (*Deutscher Bundestag* 1994: 295). 42% der *Hilfebedürftigen* bekommen ein- bis mehrmals die Woche Hilfen beim Einkauf oder Putzen, 20% täglich Essen auf Rädern. Charakteristisch für diesen Bereich der „offenen" Altenhilfe sind die Haushaltsnähe der zu erbringenden Leistungen und die Mobilität der formellen Helfer. Grundsätzlich besteht die Notwendigkeit, hauswirtschaftliche Hilfen mit einem Bedarf an pflegerischer Versorgung zu kombinieren. Angesichts der zunehmenden Zahl hochbetagter Menschen, die möglichst lange in ihrer eigenen Wohnung verbleiben wollen und sollen, muss in der Bundesrepublik ein eigenständiges hauswirtschaftliches Hilfeangebot ausgebaut und finanziert werden (*Dieck* 1993).

Die *medizinsch-pflegerische Betreuung* folgt den gleichen Merkmalen, sie wird durch ambulante Dienste der Altenhilfe, z.B. *Sozialstationen* oder Einrichtungen mit den gleichen Versorgungsformen, und durch die hausärztliche Versorgung geleistet (*Deutscher Bundestag* 1994: 292ff.). Der

Hausarzt spielt in der medizinischen Versorgung – vor allem von Pflegebedürftigen – und bei Maßnahmen der Rehabilitation eine zentrale Rolle. Menschen mit Pflegebedarf haben zu 96% einen Hausarzt und erhalten zu 25% wöchentlich einen Hausbesuch (*Schneekloth/Potthoff* 1993: 159). Bei Langzeitpflege übernimmt der Hausarzt in diesen Fällen neben der Behandlung von Krankheiten auch die kontinuierliche Hausbetreuung. Allerdings ist zwischen 1991 und 2005 ein Rückgang der Hausbesuche durch Ärzte feststellbar (*Schneekloth/v. Törne* 2009: 69)

Die ersten Sozialstationen wurden 1970 in Rheinland-Pfalz eingeführt und danach bis 1982 bundesweit eingerichtet. Nach der Vereinigung wurde das System auch auf die neuen Bundesländer übertragen. In der ursprünglichen Konzeption sollten die Sozialstationen die vorzeitig aus den Krankenhäusern entlassenen Patienten, die keiner dauerhaften Betreuung mehr bedurften, ambulant und kostengünstiger bis zur endgültigen Genesung pflegen. Konzipiert als medizinische Nachsorge haben sich Sozialstationen in den Jahren zur zentralen Einrichtung der ambulanten Altenhilfe entwickelt; der Schwerpunkt ihrer Tätigkeit verlagerte sich von der Akutversorgung zur Langzeitpflege.

Bis Anfang der 1990er Jahre hatte die Entwicklung ambulanter Dienste mit der Nachfrage und den Qualitätsanforderungen nicht Schritt gehalten. So wurden für Sozialstationen und andere Anbieter in freigemeinnütziger oder öffentlicher Trägerschaft Versorgungsdefizite und Qualifikationsmängel des Personals konstatiert; in die Lücken war ein wachsendes Angebot freigewerblich tätiger Kranken- und Altenpflegedienste gestoßen (*BMFuS* 1993: 191). Die Pluralität der Träger ambulanter Dienste hatte zu einer Reihe von Problemen geführt. Dabei waren häufiger Fragen der regionalen Zusammenarbeit zwischen den Einrichtungen verschiedener Trägergruppen, Sicherung der Qualität des Versorgungsangebots und Finanzierung der privatgewerblichen Angebote problematisch oder ungeklärt, standen die Koordination von Planungsaktivitäten und die Implementation neuer Maßnahmen oftmals vor Schwierigkeiten. Bis weit in die 1990er Jahre wurde ein weitgehend beziehungsloses Nebeneinander von Diensten und Einrichtungen bemängelt, das zu einer Unübersichtlichkeit des Angebots für den Hilfesuchenden, unangemessenen Lösungen im Einzelfall und der Vernachlässigung präventiver Gesichtspunkte führte (vgl. *Alber/Schölkopf* 1999: 107). Außerdem ging der Ausbau der ambulanten Dienste zu Lasten der stationären Altenpflege; und mit der Entwicklung neuer Angebote der Altenhilfe, wie z.B. „Betreutes Wohnen mit gestuftem Dienstleistungsangebot" (*Saup* 2001) oder „Wohnen mit gesicherter Pflege im Servicehaus" (*Berger/Gerngroß* 1995), werden die Grenzen zwischen ambulanter und stationärer Altenhilfe verwischt.

Mit der Einführung der Pflegeversicherung hat die damit verbundene massive Erhöhung der Finanzmittel zu einer Ausweitung der Pflegeangebote im ambulanten Bereich geführt. Vor Einführung der Pflegeversicherung wurde die Zahl der ambulanten Pflegedienste noch auf rund 5.000 Sozialstationen und Dienste geschätzt. Insgesamt stehen rund 13.000 ambulante Dienste bereit, von denen fast zwei Drittel erst in den 1990er Jahren gegründet wurden (*Schneekloth/Müller* 2000: 89; *Pabst* 2002: 150). Zwischen 2007 und 2009 hat die Zahl ambulanter Dienste um 500 Einrichtungen (+4,3%) und 33.000 Beschäftigte (+13,9%) zugenommen, die Zahl der ambulant Versorgten um 51.000 (+10,1%) (*Statistisches Bundesamt* 2011: 10). In Deutschland sind Ende 2009 etwa 12.000 ambulante Pflegedienste mit insgesamt 269.000 Beschäftigten (87% weiblich) als Vertragspartner von Kranken- und Pflegeversicherungen zugelassen (vgl. *Abb. 16*). Von gemeinnützigen Trägern wie der Diakonie oder der Caritas werden 37% der Einrichtungen betrieben. 62% sind private Unternehmen (*Statistisches Bundesamt* 2011: 5). Die gemeinnützigen Träger sind dabei jedoch vom Umfang her weiterhin die „Marktführer", denn sie betreuen ca. 52% der Pflegebedürftigen. Bei den Marktpositionen gibt es große regionale Unterschiede. Der Anteil freigemeinnütziger Träger ist dabei deutlich gesunken, die Beschäftigtenzahl allgemein insgesamt stark gewachsen. In qualitativer Hinsicht kann inzwischen in der ambulanten Pflege von einer Anhebung des Standards gesprochen werden, da für die Pflegebedürftigen eine größere Auswahl zwischen Anbietern besteht und einzelne Anbieter aufgrund zunehmender Konkurrenz ihre Angebote erweitern.

Stationäre Akutversorgung: Geriatrische und gerontopsychiatrische Einrichtungen

Die *stationäre Versorgung* kranker, hilfe- und pflegebedürftiger älterer Menschen unterscheidet sich nach *stationärer Akutversorgung* und *stationärer Langzeitversorgung*. Ein großer Teil der älteren und alten Menschen, die einer medizinisch-pflegerischen Versorgung bedürfen, wird in medizinischen Fachabteilungen von Akutkrankenhäusern versorgt (vgl. *Görres/Schmidt* 1999: 355ff.). Sechs Diagnosegruppen verursachen bei Älteren etwa zwei Drittel der Krankenhausfälle: Herz-Kreislauf-Krankheiten einschl. Schlaganfälle, Neubildungen, Erkrankungen des Verdauungstraktes und des Skeletts, Verletzungen sowie Erkrankungen der Harnwege (*BMFSFJ* 2001: 71ff.). Gerontopsychiatrische Erkrankungen werden in den Akutkrankenhäusern nur selten behandelt. Eine deutliche Zunahme verzeichnet im Alter die Diagnosegruppe „Symptome und schlecht bezeichnete Erkrankungen", unter der sehr vage Symptome, wie z.B. Benommenheit, Schlafstörungen, Unwohlsein und Ermattung, zum Krankenhausaufenthalt führen. Die durchschnittliche Behandlungsdauer liegt bei etwa 19-20 Tagen. In einigen Fachabteilungen der Krankenhäuser ist der Anteil älterer Patienten sehr hoch, vor allem in der Inneren Medizin mit etwa 60% (*Deutscher Bundestag* 1994: 283). Die Akutmedizin der Krankenhäuser ist in der

Regel weder hinsichtlich ihrer Ausstattung noch in bezug auf die Qualifikation des Personals auf die Behandlung und die Bedürfnisse älterer Patienten ausgerichtet. Das diagnostische, therapeutische und rehabilitative Leistungsangebot entspricht selten den spezifischen Krankheitsbildern älterer und alter Menschen, die von Multimorbidität und chronifizierten Verläufen geprägt sind.

Dazu werden spezielle *stationäre geriatrische Einrichtungen* der Akutversorgung benötigt, die im Allgemeinen unterschieden werden nach Fachabteilungen für Geriatrie an Allgemeinkrankenhäusern, geriatrischen Krankenhäusern und geriatrischen Tageskliniken. Eine weitere Unterscheidung wird nach der rehabilitativen Orientierung der geriatrischen Kliniken getroffen: Akutgeriatrie („Geriatrische Klinik") und rehabilitativ ausgerichtete Geriatrie („Geriatrische Rehabilitationsklinik"). Letztere Aufgaben übernehmen immer häufiger Pflegeheime. Hauptaufgaben klinischer geriatrischer Einrichtungen sind (*Deutscher Bundestag* 1994: 285):

- multimorbide alte Menschen in Abteilungen der Akutkrankenhäuser altersspezifisch zu versorgen,
- durch geriatrische Rehabilitationskliniken die Liegezeit in Akutkrankenhäusern zu verringern und dortige Fehlbelegungen zu vermeiden,
- Pflegeheime durch das Angebot rehabilitativer Therapien zu entlasten, und
- die Kosten im Gesundheitswesen zu senken, indem teure Krankenhäuser entlastet und bestehende Versorgungskapazitäten bedarfsgerecht ausgelastet werden.

Die Akutgeriatrie nimmt über die Hälfte der Patienten direkt von zu Hause auf, während die rehabilitativ orientierte Geriatrie mehr als die Hälfte aus anderen Krankenhausabteilungen übernimmt. Beide Einrichtungsformen entlassen ca. 70% ihrer Patienten nach Hause. Die vorrangigen Behandlungsziele der Geriatrie sind die Wiederherstellung der Selbständigkeit und Mobilisierung der Patientinnen und Patienten, außerdem soll der Allgemeinzustand verbessert und ein Heimeintritt vermieden werden. Inzwischen besteht in Deutschland ein ausgebautes Netz geriatrisch-rehabilitativer Einrichtungen. Die Gesamtzahl stationärer geriatrischer Einrichtungen stieg von 84 (1993) auf 318 (2000), die Zahl der Tageskliniken erhöhte sich auf 136 (*BMFSFJ* 2002). Für die stationäre geriatrische Versorgung standen im Jahr 2006 10.561 Betten in 193 Akutkrankenhäusern zur Verfügung. In Reha-Kliniken verteilten sich 5.977 geriatrische Betten auf 118 Fachabteilungen, davon 98 innerhalb der Inneren Medizin (*List u. a.* 2009: 187).

Einen weiteren Bereich stationärer Einrichtungen stellt die *gerontopsychiatrische Akutversorgung* dar. Der größte Teil der über 65-Jährigen mit einer psychischen Störung oder Erkrankung ist in den anderen Versorgungsbereichen anzutreffen, vor allem ambulant zu Hause oder in teilstationären Einrichtungen. Nach Schätzungen leiden im Jahr 2007 ca. 1,1 Mio. Menschen in Deutschland an einer mittelschweren oder schweren Demenz, etwa zwei Drittel von ihnen an einer Alzheimerkrankheit. Jedes Jahr treten mehr als 250.000 Neuerkrankungen auf (*Bickel* 2008). Etwa 60% werden in Privathaushalten und hauptsächlich von Angehörigen versorgt. Je nach Grad der Pflegebedürftigkeit werden sie dabei von Sozialstationen, ambulanten Diensten oder Tagespflegeeinrichtungen unterstützt (*BMFSFJ* 2002: 167). Mehr als die Hälfte der institutionell versorgten Demenzkranken finden sich in Alten- und Altenpflegeheimen, wobei die Unterbringungsrate mit dem Grad der Schwere der Krankheit ansteigt. Krankenhäusern kommt nur eine untergeordnete Bedeutung zu. Die stationäre Gerontopsychiatrie wird überwiegend von den Landes- bzw. Bezirkskrankenhäusern wahrgenommen, die auch jeweils eigene Pflegebereiche ausweisen. Die Belegung der gerontopsychiatrischen Abteilungen ist von Demenzkranken dominiert. Trotz Verbesserungen in den letzten Jahrzehnten ist die Qualität gerontopsychiatrischer Versorgung weiterhin problematisch: Eine zu geringe personelle Ausstattung mit Ärzten, pflegerischem und therapeutischem Personal trifft oftmals mit bestehenden baulichen Mängeln (zu große Räume und Abteilungen, zu wenig offene Stationen) zusammen. Ein weiterer Nachholbedarf besteht in Hinsicht auf Rehabilitation in der Gerontopsychiatrie, ebenso in gerontopsychiatrischen Abteilungen an allgemeinen Krankenhäusern. Notwendig wird auch eine stärkere Vernetzung gerontopsychiatrischer Einrichtungen mit regionalen Versorgungsangeboten unter Einbeziehung familialer Netzwerke (*Deutscher Bundestag* 1994; *Helmchen/Kanowski* 2001).

Rehabilitation mit entsprechenden Maßnahmen, die zu einer Rückgewinnung von Selbständigkeit beitragen können, ist allgemein bei älteren und alten Menschen noch zu wenig verbreitet (*vgl. Wahl u.a.* 2012). Das hängt mit der ursprünglichen begrifflichen Bindung von Rehabilitation an die Wiederherstellung der Arbeitskraft zusammen. Nach *Steinmann* (1976; vgl. auch *Görres/Schmidt* 1999: 3358ff.) werden unterschiedliche Formen der Rehabilitation unterschieden:

- präventive Rehabilitation: als Vorbeugung von Krankheiten durch Beeinflussung des Gesundheitsverhaltens, Vorsorgeuntersuchungen, Früherkennung und rechtzeitige Behandlung;
- allgemeine Rehabilitation: durch generelle, körperliche, psychische und kognitive Aktivierung. Frühzeitig einsetzende Mobilisierung und Aktivierung fördern die Umsetzung vorhandener Leistungsreserven und verhindern die Verfestigung bestehender und die Entwicklung weiterer Einbußen von sensumotorischen und kognitiven Fertigkeiten, die zur Wiedergewinnung der Selbständigkeit notwendig sind;
- gezielte Rehabilitation: Entwicklung und Umsetzung eines Rehabilitationsansatzes, der gezielt für die Krankheit, Behinderung oder Störung

entwickelt wird und dabei auch das für Jüngere entwickelte Rehabilitationswissen nutzt.

Rehabilitation wird in allen geriatrischen und gerontopsychiatrischen Einrichtungen durchgeführt: sowohl im geriatrischen Fachkrankenhaus oder der geriatrischen Abteilung am Allgemeinkrankenhaus als auch in der geriatrischen Tagesklinik als teilstationäre Einrichtung. Nach der Rückkehr in den eigenen Haushalt kann dort eine Rehabilitation durch ambulante Dienste weitergeführt werden. Ältere Menschen benötigen mehr rehabilitative Leistungen als jüngere, die durch ein Personal mit hoher Qualifikation in den Bereichen Krankengymnastik, Ergotherapie, Logopädie und physikalische Therapien zu erbringen sind. Außerdem sind sie sozialarbeiterisch, seelsorgerisch und psychologisch zu betreuen (*Görres/Schmidt* 1999: 357). Bei Durchführung einer intensiven Rehabilitation wird selbst bei ungünstiger Eingangsprognose häufiger ein Grad an Selbständigkeit erzielt, der für 75% bis 80% der älteren Patienten eine Rückkehr in die eigene Wohnung ermöglicht.

Stationäre Langzeitversorgung: Pflegeheime

Alte Menschen werden in Heime zur stationären Langzeitversorgung aufgenommen, wenn sie alleinstehend sind, schwerwiegende Erkrankungen und Pflegebedürftigkeit vorliegen und/oder eine ambulante Versorgung nicht mehr möglich ist. Zur stationären Langzeitversorgung gehören Wohn- und/oder Pflegeeinrichtungen für ältere und alte Menschen mit unterschiedlichen Service-, Betreuungs- und Pflegeangeboten sowie einer ärztlichen Versorgung (*Deutscher Bundestag* 1994: 289). Altenwohnheim, Altenheim oder Altenpflegeheim als Typen dieser Versorgung unterscheiden sich nach der angebotenen Betreuungsintensität. Die meisten Heime sind als „mehrstufige Einrichtungen" konzipiert, die zugleich Wohnen, Heim- und Pflegeheimplätze für Ältere anbieten (vgl. *Saup/Reichert* 1999; *Kap. 4.7*).

Nach der Heimstatistik (vgl. *Statistisches Bundesamt* 2011f) gab es 2009 rund 11.600 nach SGB XI zugelassene voll- bzw. teilstationäre Pflegeheime mit 757.000 Heimplätzen und 621.000 Bewohnerinnen und Bewohnern (vgl. *Abb. 16*). Die Mehrzahl der Heime (55% bzw. 6.373) befand sich in freigemeinnütziger Trägerschaft (z. B. Diakonie oder Caritas); der Anteil der privaten betrug knapp 40% – er liegt somit niedriger als im ambulanten Bereich. Öffentliche Träger haben, wie im ambulanten Bereich, mit 5% den geringsten Anteil. Bei jedem fünften Heim (20,5%) war neben dem Pflegebereich auch ein Altenheim oder betreutes Wohnen organisatorisch angeschlossen. Dort werden hauptsächlich alte Menschen betreut, die keine Leistungen aus der Pflegeversicherung erhalten (*Statistisches Bundesamt* 2011f: 15). In den Heimen waren (2009) insgesamt 621.400 Personen beschäftigt, davon 85% weibliche Pflegekräfte und 33% Vollzeitbeschäftigte. Der Versorgungsgrad der alten und neuen Bundesländer unterscheidet sich beträchtlich. Nach Einrichtungstyp dominieren Altenpflegeheime und mehrgliedrige Einrichtungen gegenüber Altenwohn- und Altenheimen. Größere regionale Unterschiede sind nach Typ und Größe der Einrichtungen zu verzeichnen: in Nordrhein-Westfalen und Niedersachen befinden sich die meisten mehrgliedrigen Einrichtungen, die meisten Altenwohnheime in Berlin und Hessen, und Bayern bietet die größte Zahl an Altenheimplätzen.

Die Qualität der Versorgung in Pflegeheimen ist schon längere Zeit Diskussionsgegenstand. Es werden neue Konzepte angemahnt und ausprobiert, die auf die sich ändernden Bedarfsformen in der Versorgung jetziger und zukünftiger Bewohner flexibel reagieren können. Inzwischen wurden auch in Deutschland Modellversuche mit sog. „Servicehäusern" durchgeführt, in denen die verschiedenen Leistungen je nach aktueller Hilfebedürftigkeit flexibel abgerufen werden können (vgl. z. B. *Berger/Gerngroß* 1996). Allgemein müssen therapeutische Angebote zur Förderung des Selbsthilfepotenzials so ausgebaut werden, dass eventuell die Rückkehr in die eigene Wohnung ermöglicht oder wenigstens einer vorzeitigen Verschlechterung des Gesundheitszustands entgegengewirkt wird. Insgesamt vollzieht sich aber eine Entwicklung hin zu einem immer größeren Anteil hochbetagter und schwerstpflegebedürftiger Heimbewohnerinnen und Heimbewohner. Man kann davon ausgehen, dass die Pflegebedürftigen in Heimen gesundheitlich generell stärker beeinträchtigt sind als die zu Hause versorgten. Den daraus resultierenden Anforderungen kann das Personal sowohl quantitativ (Personalschlüssel) wie qualitativ (Qualifikation) immer seltener angemessen begegnen. Zudem erfährt die wachsende Zahl von Heimbewohnern mit psychischen Erkrankungen zu häufig eine für sie ungeeignete Betreuung und Therapie. Eine zunächst erforderliche Reaktionsform wäre die Verbesserung der personellen Ausstattung, die erst eine entsprechende Therapie ermöglicht. Wichtig ist auf jeden Fall eine deutliche Verbesserung der ärztlichen und therapeutischen Versorgung in den Heimen, da in bestimmten Regionen die Versorgung durch niedergelassene Ärzte immer mehr in Frage gestellt ist (*Görres/Schmidt* 1999: 362f.; *List u.a.* 2009: 168). Heime benötigen deshalb einen im Heim präsenten und verfügbaren Arzt zur Sicherung der Lebensqualität (*Deutscher Bundestag* 1994: 291).

Teilstationäre Altenhilfe

Ein wichtiges Glied zwischen der ambulanten und der stationären Versorgung älterer und alter Menschen stellen Einrichtungen der teilstationären Altenhilfe dar. Teilstationäre Einrichtungen bieten eine zeitlich befristete Vollversorgung an. Darunter werden Tagespflegeeinrichtungen, Kurzzeitpflegeeinrichtungen und Tageskliniken der Geriatrie, aber auch gerontopsychiatrische Tageskliniken und Tagespflegeheime verstanden (*Deutscher Bundestag* 1994: 286). In Form der Tagesklinik dienen sie der rehabilitativen Behandlung nach dem Aufenthalt im Krankenhaus und zur Verkürzung bzw. Vermeidung eines Krankenhausaufenthalts. Als Tagespflegeeinrichtungen sind teilstationäre Einrichtungen für längerfristige Nutzung durch transport- und gruppenfähige hilfs- und pflegebedürftige alte Menschen bestimmt (*BMFuS* 1993: 192). Ebenso wie Kurzpflegeeinrichtungen sollen sie vor allem auch der Entlastung pflegender Angehöriger dienen (vgl. *Kap. 5.2.4*).

Die ersten Tagespflegeeinrichtungen wurden Mitte der 1970er Jahre eröffnet. Bis 1993 stieg die Zahl der Einrichtungen auf 227, die Zahl der Plätze auf 3.178. Bis zum Jahr 1998 erhöhte sich die Zahl der zugelassenen Einrichtungen – nach der Einbeziehung der Leistung „Tagespflege" in das SGB XI – sehr stark auf 1.777 mit geschätzten 23.000 Plätzen (vgl. *BMFSFJ* 2001: 121). Ende des Jahres 2009 erhielten in 1.251 Pflegeheimen 18.000 Pflegebedürftige Kurzzeitpflege und weitere 31.000 Tagespflege (*Statistisches Bundesamt* 2011f: 15). Im Jahr 1996 belief sich die Anzahl der gerontopsychiatrischen Tageskliniken auf 29 mit 425 Behandlungsplätzen, im Jahr 2006 waren es bereits 42 (*Helmchen/Kanowski* 2001: 59; *Wächtler* 2007). Die Belegungsquote der Tagespflegeeinrichtungen ist sehr hoch und liegt in den meisten Einrichtungen bei 100%. Der überwiegende Teil der Patienten (ca. 90%) in den Einrichtungen ist über 60 Jahre alt, drei Viertel der Patienten sind Frauen und Depressive stellen die am häufigsten behandelte Patientengruppe dar. Bis zur Einführung der Pflegeversicherung mussten die Kosten von den Nutzern selbst bzw. von der Sozialhilfe getragen werden, wenn die Nutzer dazu nicht in der Lage waren. Notwendige Transportdienste wurden nahezu ausschließlich von Zivildienstleistenden erbracht.

In der geriatrischen Tagesklinik werden eine geriatrische ganzheitliche Diagnostik sowie rehabilitative, aktivierende Therapie und Pflege durchgeführt. Hier können Verdachtsdiagnosen des Hausarztes abgeklärt und eine vollstationäre Aufnahme vermieden werden. Nach der Rückkehr von einem Aufenthalt im Krankenhaus wird durch die Tagesklinik eine Wiedereingliederung in Haushalt und Umfeld rehabilitativ begleitet. Die personelle Ausstattung der geriatrischen Tagesklinik entspricht in etwa der einer Rehabilitationsstation (*Görres/Schmidt* 1999: 356f.). Die Häufigkeit der Behandlung variiert zwischen ein bis fünf Mal in der Woche; die gesamte Behandlungsdauer erstreckt sich durchschnittlich über insgesamt zwei Monate. In den letzten Jahren hat sich die Anzahl der teilstationären geriatrischen Einrichtung in Deutschland deutlich erhöht: So hat die Zahl der akutgeriatrischen Tageskliniken von 37 mit 675 Plätzen (1997) auf 88 Einrichtungen mit 1.380 Plätzen im Jahr 2000 zugenommen. Die Zahl der teilstationären geriatrischen Rehabilitationseinrichtungen ist entsprechend von 29 mit 397 Plätzen (1997) auf 48 Einrichtungen mit 696 Plätzen gestiegen (*BMFSFJ* 2001: 240f.).

Insgesamt gesehen zeigen die Daten – wie auch in den Vorjahren – einen Trend hin zur „professionellen" Pflege in Pflegeheimen und durch ambulante Pflegedienste: So ist die Anzahl der in Heimen Versorgten von 2007 bis 2009 um 4,6% (31.553) und die Zahl der durch ambulante Dienste Betreuten um 10,1% (51.000) gestiegen, während die „reinen Pflegegeldempfänger" um 3,1% (32.300) zunahmen. Im Vergleich zu 1999 betrug der Anstieg bis 2009 der in den vollstationären Heimen Versorgten 27,5% (+154.728) und der von ambulanten Pflegediensten Betreuten 33,7% (+139.909), während die Zahl der „reinen Pflegegeldempfänger" nur um 3,7% (+37.972) zunahm. Durch diese Entwicklung sank auch der Anteil der zu Hause Versorgten von 71,6% im Jahr 1999 auf 69,3% (2009) (*Statistisches Bundesamt* 2011f: 8ff.).

5.2.3 Informelle Unterstützungssysteme: Private Pflege und weitere Hilfen

Informelle Unterstützungssysteme spielen für ältere und alte Menschen weiterhin eine überragende Rolle. Das gesamte Spektrum an Hilfe- und Pflegebedürftigkeit wird auch heute in vielen Fällen noch vom sozialen Netzwerk der Älteren abgedeckt, sodass den bisher dargestellten formellen Unterstützungssystemen (mit Ausnahme der klinischen Einrichtungen) bei funktionierendem Netzwerk lediglich eine ergänzende Funktion zukommt. Innerhalb der sozialen Netze sind Familienmitglieder zwar ein bedeutsamer, aber nur ein Teil des möglichen Unterstützungspotenzials (vgl. *Kap. 4.5*). Wenn durch Kinderlosigkeit keine generationalen Familienbeziehungen möglich oder eigene Kinder und Enkel durch regionale Mobilität nur selten zugegen sind, treten häufiger nicht-familiale Beziehungen an deren Stelle. Diese sichern Kommunikation, sozialen Austausch und eine Einwerbung von Hilfen. Langjährige Freundschaften, weitere verwandtschaftliche Beziehungen und Nachbarschaften sind in der Lage, tragfähige familiale Beziehungen zu ergänzen oder gar zu ersetzen.

Bei sozialen Netzwerken ist zwischen dem Anlass und der Art der Kontakte zu differenzieren (*Deutscher Bundestag* 1994: 90; *Stosberg/Blüher* 2006). Zu der frei gewählten Familie gehören auch andere Personen des Vertrauens, die in manchen Fällen häufiger als Kinder oder andere Verwandte die Alltagskontakte tragen. Zudem verfügen Frauen häufiger als Männer über engere Beziehungen zu Menschen außerhalb der eigenen Familie und über Freundschaften zu Personen des eigenen Geschlechts. Die den sozialen Netzwerken häufig pauschal zugeschriebenen Stützfunktionen werden aber keineswegs in allen Netzwerken realisiert. Soziale Unterstützung ist nur von Netzwerken mit einem dichten Beziehungsgeflecht zu erwarten, die einer informellen Gruppe ähnlich werden. Die im Netzwerk enthaltenen Beziehungen werden zudem nur unterstützungsrelevant, wenn sie personell-emotionale Aspekte beinhalten. Gerade mit zunehmendem Alter kristallisieren sich Problemgruppen mit schwachen Netzwerkbeziehungen heraus. Zu diesen gehören vor allem Hochbetagte, die kinderlos sind und deren Freundschafts- und Bekanntschaftsbeziehungen sich im hohen Alter ausdünnen. Damit begrenzen sich für die Betroffenen die Möglichkeiten, selbständiges Wohnen und Leben durch informelle Unterstützung weiterzuführen. Entscheidende Veränderungen in sozialen Netzwerken setzen etwa nach dem 75. Lebensjahr in einer Lebensphase ein, die durch einen erhöhten Hilfe- und Pflegebedarf gekennzeichnet ist.

Gesundheitliche Beeinträchtigungen älterer und alter Menschen werden traditionell durch persönliche Hilfeleistungen kompensiert, die überwiegend in den Privathaushalten aus dem Kreis der eigenen Angehörigen erbracht werden. Gegenwärtig werden etwa 69% der Pflegebedürftigen zu Hause versorgt (vgl. *Abb. 16*), überwiegend von Partnern und Kindern. Von diesen nehmen ca. 33% professionelle pflegerische Hilfe in Anspruch. 73% der Pflegebedürftigen in Privathaushalten werden von Frauen betreut (*Schneekloth/Wahl* 2008: 77). Für die Zukunft ist mit einer deutlichen Abnahme des Pflege- und Hilfepotenzials aus mehreren Gründen zu rechnen: durch eine quantitative Abnahme des Anteils 45- bis 69-jähriger Frauen im Vergleich zur Zahl der über 70-jährigen Menschen, eine zunehmende Erwerbsbeteiligung von Frauen und durch eine verstärkte Individualisierung sowie die Entwicklung veränderter Lebensstile, Normen und Werte. Dann werden traditionelle Formen sozialer Unterstützung alter, pflegebedürftiger Menschen nicht länger ausreichen, und es müssen funktionale Äquivalente für die traditionellen Pflegekapazitäten gefunden werden (*Alber/Schölkopf* 1999: 101). Diese werden umso dringlicher, weil (1) der Bevölkerungsanteil hochbetagter Menschen rasch zunimmt (vgl. *Kap. 2.3.3*), (2) der Pflege- und Hilfebedarf mit steigendem Alter wächst, und (3) die Pflegekapazitäten des Familiensystems schrumpfen.

Eine besondere Bedeutung für die häusliche Pflege hat die Existenz einer Hauptpflegeperson, die deutlich mehr als andere zur Bewältigung der Pflegeaufgaben beiträgt (*Rückert* 1999: 412). Diese kann einerseits Kontinuität in der Betreuung gewährleisten, sie ist andererseits aber auch häufig besonders belastet. Den größten Teil an Pflege- und Hilfeleistungen erbringen als Hauptpflegepersonen immer noch die Ehe- oder Lebenspartnerin oder der Partner zu etwa 28%, die Töchter zu 26%, die Söhne zu 10%, die Schwiegertöchter zu 6% und sonstige Verwandte zu 7%; Freunde, Nachbarn und Bekannte sind zu 8% beteiligt (*Schneekloth/Wahl* 2008: 78). Mit zunehmendem Alter der zu pflegenden Personen steigt der Anteil pflegender Töchter bzw. Schwiegertöchter: Bei verheirateten Pflegebedürftigen sinkt der Anteil der vom Ehegatten erbrachten Hilfeleistungen z.B. von 74% für die 60- bis 65-Jährigen auf nur noch 40% für die 80-jährigen und älteren Pflegebedürftigen (*BMFSFJ* 2002: 196). Nachbarschaftshilfen, Selbsthilfegruppen oder ehrenamtlichen Diensten kommt bisher eher eine untergeordnete Rolle zu, denn zahlenmäßig fallen diese für Hilfe und Pflege im Privathaushalt kaum ins Gewicht (*Deutscher Bundestag* 1994: 294). Fast die Hälfte der Menschen mit Pflegebedarf lebt in Haushalten mit drei oder mehr Personen (46%), 34% in einem Zweipersonenhaushalt und 20% in einem Einpersonenhaushalt. Allerdings erhält fast ein Viertel aller alleinlebenden Pflegebedürftigen keinerlei Hilfe oder Pflege von der Familie, Verwandtschaft oder Nachbarschaft.

Die Motive zur Übernahme einer tragenden Rolle in der Pflege liegen vor allem in den normativen Vorstellungen der Familienmitglieder begründet, sie haben z.B. altruistische und selbstwertbezogene Hintergründe oder sind durch fehlende Entlastungsdienste bedingt (*Dallinger* 1994: 147, 1997). Ehepartnerinnen und -partner zeigen eher die Neigung, Hilfe und Pflege freiwillig und gern zu übernehmen, während Töchter sich leichter unter Druck gesetzt fühlen, dies zu tun. Die Belastungen der pflegenden Familienmitglieder werden häufig unterschätzt. Häusliche Pflegearrangements sind als besondere Form von Unterstützungsnetzen einer Reihe von (beidseitigen) Anforderungen und Belastungen ausgesetzt. So entstehen für die informellen Helfer Belastungen und Kosten, z.B. durch emotionale Beanspruchungen, durch den Aufwand an Kraft, Zeit und Geld sowie durch eine mögliche Verschlechterung der Beziehungen (*Zeman* 1996b: 61; *Zeman* 2000). Die Hauptpflegeperson muss in 64% der Fälle ständig verfügbar sein, täglich stundenweise zu 26% (*Schneekloth/Wahl* 2008). Deshalb fühlt sich ein großer Teil der Hauptpflegepersonen „eher stark" oder „sehr stark" durch die Pflegetätigkeit belastet, allein mehr als die Hälfte „sehr stark". Durch zu große Kontaktdichte und -intensität kann einerseits die unmittelbare Beziehung zum Hilfebedürftigen bedroht sein, andererseits können die sozialen Kontakte zu anderen Familienmitgliedern durch subjektiv empfundene oder objektive Vernachlässigung in der Pflegesituation leiden.

Die Auswirkungen betreffen die körperliche und psychische Gesundheit der Pflegenden, die Intim- und Ehebeziehungen sowie übergreifende soziale und berufliche Belange der betreuenden Personen. So stellt im Zeichen einer wachsenden Bedeutung beruflicher Tätigkeit im Lebenslauf von Frauen und einer zunehmenden weiblichen Erwerbsquote die Vereinbarkeit von Erwerbstätigkeit und Pflege ein wichtiges Problem dar, das auch sozialpolitische Unterstützung erforderlich macht (*Beck u.a.* 1997). Zwischen 1991 und 2002 hat sich die Vereinbarkeit von privater Pflege und eigener Berufstätigkeit tendenziell verbessert, da fast ein Viertel der privaten Hauptpflegepersonen einer Voll- oder Teilzeitbeschäftigung nachgeht (+5%) (vgl. *Schneekloth/Wahl* 2008: 79). Dies hatte zur Konsequenz, dass sich in diesem Zeitraum der Anteil der Männer an allen Hauptpflegepersonen von 17% auf 27% erhöht hat. Die Partnerpflege ist von ursprünglich 37% auf 28% rückläufig. Insgesamt erhalten 92% aller Pflegebedürftigen private

Hilfeleistungen durch Angehörige oder Bekannte, zwei Drittel werden ausschließlich privat gepflegt. Im Durchschnitt werden 36,7 Stunden pro Woche von privaten Pflegepersonen für Pflege, hauswirtschaftliche Versorgung und allgemeine (soziale) Betreuung aufgewendet.

Insgesamt lassen sich für die letzten beiden Jahrzehnte trotz aller Beanspruchungen bemerkenswert stabile und flexible häusliche Pflegearrangements feststellen, obwohl die Belastungen – v.a. für die Hauptpflegeperson – weiter hoch sind und der Umfang professioneller ambulanter Hilfen gestiegen ist. Das eigene Alter der Pflegenden deutet bereits auf Grenzen der Belastungsfähigkeit dieser (zumeist weiblichen) Personen hin: Ein Drittel der Hauptpflegepersonen ist (2002) älter als 65 Jahre, fast die Hälfte zwischen 45 und 64 Jahre alt (*Schneekloth/Wahl* 2008: 77). Insbesondere eine plötzlich anfallende Pflegeverpflichtung und Langzeitpflege werden als eminent belastend erlebt (*Rosenmayr* 1996: 80). Die somit entstehenden psychophysischen Beanspruchungen tragen öfter auch zur Gewaltanwendung in Pflegebeziehungen bei (vgl. *Kap. 4.8*). „Gegenwärtig kann davon ausgegangen werden, dass sich unter der familialen Pflege eine eher labile und prekäre Leistungsstruktur verbirgt, die nicht selten von Überlastung der pflegenden Personen sowie des gesamten familialen Systems gekennzeichnet ist." (*Deutscher Bundestag* 1994: 294)

Belastungen der betreuenden Angehörigen resultieren insbesondere aus (vgl. *BMFuS* 1993: 202ff.):

- der Notwendigkeit ständiger Anwesenheit;
- der hohen körperlichen und psychischen Beanspruchung;
- fehlender Hoffnung auf Veränderung der Situation; Angst vor einer weiteren Verschlechterung der Situation;
- dem Verhalten des Patienten, wie Niedergeschlagenheit, Passivität oder Aggressivität;
- Verwirrtheitszuständen des Patienten;
- Harn- oder Stuhlinkontinenz des Patienten;
- veränderter Beziehung zum Patienten;
- Klagen und Trauer des Patienten;
- fehlender Zuneigung gegenüber dem Patienten;
- wachsendem Gefühl, den zahlreichen familiären Ansprüchen nicht mehr gewachsen zu sein;
- Konflikten mit anderen Angehörigen wegen geringer Unterstützung;
- mangelnder Unterstützung durch ambulante Dienste und
- Angewiesensein auf Unterstützung der Freunde und Nachbarn bei fehlender Möglichkeit, diese Unterstützung zu erwidern.

Große Probleme entstehen vor allem bei der Pflege dementer alter Menschen, wenn Persönlichkeitsveränderungen des Patienten starke seelische Belastungen und Spannungen bei den betreuenden Angehörigen hervorrufen. Ebenso belasten chronische Krankheitsverläufe durch die Dauer die Pflegebeziehung. Einen wichtigen Aspekt für psychische Spannungen in Pflegebeziehungen stellt die Asymmetrie der Pflegekonstellation dar (*Zeman* 1996b: 66). Dies betrifft die Machtverhältnisse zwischen den Beteiligten, aber auch das Verhältnis von Geben und Nehmen. Letzteres Verhältnis ist – gemessen an der Reziprozitätsnorm, die häufig Beziehungen zugrunde liegt – oftmals nachhaltig gestört und wirkt sich auf das Selbstwertgefühl der Pflegeempfänger aus. Nach der sog. „Austauschtheorie" (vgl. *Kap. 3.3*) werden Beziehungen, die durch eine hohe Einseitigkeit gekennzeichnet sind, als unbefriedigend erlebt. Ein Ausgleich kann in solchen Fällen häufig nur über eine lebenszeitliche Betrachtung hergestellt werden, aber auch durch aktuelle materielle Gegenleistungen.

Die Belastungssituation in Pflegebeziehungen wird durch eine Vielzahl aktueller Faktoren, aber auch lange zurückliegende und nicht verarbeitete Spannungen aus der Familiengeschichte geprägt. Problematische Verhältnisse zwischen Müttern und Töchtern sind dabei von besonderer Relevanz. Psychisch am stärksten belastet fühlen sich deshalb Frauen, hauptsächlich Töchter, die ihre Mütter oder Schwiegermütter pflegen (vgl. *Wand* 1986; *Rückert* 1999; *Brandt* 2011). Sind sie bereits selbst an der Schwelle zum Alter, so kann ihre Vorbereitung auf das eigene Alter durch zu erbringende Pflegeleistungen erschwert werden. Wird die Belastung für die Hauptpflegepersonen zu stark, müssen Wege zu einer breiteren Verteilung der Pflegeaufgaben gesucht werden. Hilfen können von anderen Personen des informellen Unterstützungssystems kommen, aber auch durch die Einbindung institutioneller Unterstützung. So kann z.B. durch eine Sozialstation die Problematik entzerrt werden (vgl. *Kap. 5.2.2*), obgleich das Zusammenwirken zwischen informellen und professionellen Helfern in vielen Fällen nicht unproblematisch ist (vgl. *Kap. 5.2.4*).

Informelle Unterstützungssysteme betreffen außer Pflegeleistungen eine ganze Zahl von materiellen, instrumentellen und psychosozialen Zuwendungsformen. Während aber materielle Transfers an Ältere von insgesamt geringer Bedeutung sind und von den Transfers der Älteren an Kinder und Enkel weit übertroffen werden, spielen instrumentelle Hilfen für ältere Menschen nach dem „Alterssurvey" eine größere Rolle (vgl. *Mahne/Motel-Klingebiel* 2010: 204). Instrumentelle Hilfen werden vor allem auf der Versorgungsebene und hinsichtlich der Haushaltsführung erbracht. Sie sind sowohl als hauswirtschaftliche wie pflegerische Versorgung vergleichbar mit professionellen Diensten, soweit keine speziellen Fachkenntnisse (z.B. medizinisch-pflegerischer, haushälterischer oder handwerklicher Art) dazu erforderlich sind. Die Hilfen können in folgenden Verrichtungen bestehen: in der Zubereitung von Mahlzeiten, der Reinigung der Wohnung und der Kleidung, in Fahrdiensten und Begleitung bei Spaziergängen, in der Unterstützung bei den alltäglichen Verrichtungen in der Wohnung oder im Wohnumfeld etc. Bei Überforderung der Kompetenzen informeller Helfer sind entweder deren Schulung (wie z.B. die unentgeltliche Teilnahme an Pflegekursen für pflegende Angehörige im Rahmen der Pflegeversicherung) oder die Heranziehung von Fachkräften (wie die einer Sozialstation) erforderlich. Neben der instrumentellen Seite der Unterstützung spielt aber auch die emotionale Seite zugewandter Hilfe eine besondere Rolle. Denn über die konkrete Unterstützung hinaus symbolisiert informelle Hilfe gleichzeitig Zuwendung und Anteilnahme der sozialen Umwelt, hat also auch eine wichtige psychosoziale Funktion. Gerade bei hochbetagten Menschen haben Formen emotionaler Zuwendung eine große Bedeutung für das Wohlbefinden.

5.2.4 Zum Verhältnis von professioneller und familiärer Unterstützung

Eine Erweiterung zu einem formell-informell gemischten Unterstützungsnetzwerk von Familienangehörigen und professionellen Helfern stellt sich als eine „Entwicklungsaufgabe" dar, die häufig erst unter großen Problemen gelingt. Oftmals wird lange auf professionelle Hilfe verzichtet, weil entweder keine zur Verfügung steht, die Finanzierung nicht gesichert ist oder Angehörige sich durch Hemmungen, normative Vorstellungen oder falsche Selbstbilder selber blockieren. So wird selbst bei zunehmender persönlicher Belastung und einsetzender Überforderung häufig auf den Einbezug formeller Hilfe verzichtet, oder Kooperationsbeziehungen werden zur Quelle ständiger Frustrationen. Auch diese Probleme sind eine Erklärung für die geringe Inanspruchnahme formeller Unterstützung, was seit der Einführung der Pflegeversicherung noch deutlicher geworden ist (vgl. *Zeman* 2005a: 251; *Kap. 5.2.2*).

Dabei kann durch ein funktionales Ineinandergreifen von professionellen Hilfen und privater Unterstützung die Lebenssituation älterer unterstützungsbedürftiger Menschen optimiert werden, und sie können in ihrem Bestreben, möglichst lange in häuslicher Umgebung zu verbleiben, eine nachhaltige Unterstützung erfahren. Informelle Hilfe durch soziale Netzwerke hat ihre Grenzen da, wo der Unterstützungsbedarf im Verhältnis zu möglichen Leistungen quantitativ oder qualitativ zu umfangreich wird, z.B. bei der Betreuung verwirrter alter Menschen (*Zeman* 2005a: 250). Dies kann z.B. durch eine Verschlechterung des Gesundheitszustands oder auftretende Behinderungen bei den Hilfebedürftigen, aber auch bei einer Verringerung der Kapazitäten informeller Hilfe aufgrund starker psychischer und physischer Anforderungen eintreten. Im Extremfall kann ein Beharren auf ausschließlicher informeller Hilfe bei völliger Erschöpfung der Ressourcen kontraproduktiv werden, indem soziale Unterstützung zur Quelle gemeinsamen Leidens und ein späteres Eingreifen professioneller Unterstützung zusätzlich erschwert wird (*Zeman* 1996b: 103, 2005a: 251). Eine Verbindung mit formeller Unterstützung hat zudem den Zweck, den vollständigen Verschleiß von formeller Unterstützung zu verhindern.

Informelle Hilfe lässt sich nicht voraussetzungslos mit formeller Hilfe verknüpfen. Dazu bedarf es einer Vereinbarkeit der fachlichen mit lebensweltlichen Steuerungsmechanismen, die von beiden Seiten zu sichern ist. Gefragt ist hierbei Kooperation als Muster der Verknüpfung informeller mit formellen Helfern. Sie ist allerdings an Voraussetzungen gebunden: Konsens über Ziel und Mittel, geklärte Rollen und transparente Aufgabenverteilung (*Zeman* 1994: 174). Bei professioneller Unterstützung geht es grundsätzlich um eine Stärkung zu schwacher oder um Kompensation fehlender Ressourcen privater Unterstützung, die auf den informell erbrachten Leistungen aufbaut und sie nicht entwerten soll. Professionellen Akteuren muss nach *Zeman* (1996b: 104) bewusst sein,

1. dass sie auch bei hoher fachlicher Qualifikation im Rahmen des Arrangements ergänzende Helfer sind;
2. dass selbst unmittelbar medizinisch-pflegerische Verrichtungen für den Patienten bzw. die Patientin gleichzeitig als „Hilfe für die Helfer“ und „Pflege für die Pflegenden“ funktional sein müssen, und
3. dass insgesamt nicht der Ersatz, sondern die Unterstützung des informellen Helfer das Ziel ist.

Voraussetzung erfolgreicher Kooperation professioneller Helfer mit den betreuenden Angehörigen ist ihre Fähigkeit, sich in das häusliche Pflegearrangement zu integrieren (vgl. *Schneekloth/Wahl* 2008). Das bedeutet auch organisatorische Vereinbarungen zwischen pflegenden Angehörigen und den Mitarbeitern der Pflegedienste. Die meisten Hilfsdienste für Pflegebedürftige setzen stillschweigend die Existenz und häufig die ständige Präsenz von Angehörigen voraus. Fast alle ambulanten Hilfsdienste erlauben keine Abwesenheit der Pflegeperson über einen längeren Zeitabschnitt des Tages, womit z.B. eine teilzeitige Erwerbstätigkeit dieser Person kaum möglich ist (*Dallinger* 1994: 152). Mitentscheidend für das Verhältnis zwischen informellen und formellen Helfern ist die Art, wie soziale Einrichtungen und Dienste ihre Beziehung zu informellen Helfern konzipieren. *Twigg* (1989) hat nach empirischen Untersuchungen die informellen Helfer von sozialen Diensten in drei Hauptkategorien eingeteilt: als „Ressource“, als „Mitarbeiter“ und als „Co-Klienten“. *Zeman* (1994: 174, 1996b: 106) sieht diese Rollenzuweisungen in einer eigenen Studie als sehr problematisch an: Danach haben sich die sozialen Dienste als Ressource in das Arrangement der lebensweltlichen Helfer einzufügen, nicht die Helfer in das professionelle Versorgungssystem. Die Etikettierung als „Mitarbeiter“ bedeute die faktische Umkehrung der lebensweltlichen Helferrolle, die weniger direkt auf den Hilfebedürftigen, sondern auf die Tätigkeit des Professionellen und seine Aufgabenverteilung als eine Art „Zuarbeit“ ausgerichtet ist. Ein Problem bereite auch der Begriff der Arbeit für das Tätigwerden familiärer informeller Helfer. Die Definition der informellen Helferin/des informellen Helfers als „Co-Klienten“ muss in der Praxis sehr vorsichtig umgesetzt werden. Selbst dann, wenn es um „Hilfe für den Helfer“ geht, hat dies in Pflegesituationen sehr indirekt zu geschehen, um das häusliche Pflegearrangement nicht aus dem Gleichgewicht zu bringen und eine Vereinbarkeit informeller und formeller Hilfe zu erhalten (*Zeman* 1996b: 108, 2005a).

In den vorliegenden Untersuchungen zeigt sich, dass zunächst eine funktionale Betrachtung der Aufgaben informeller und formeller Unterstützungssysteme erfolgen muss, um eine sinnhafte, effektive und reibungslos ablaufende Kooperation zu erreichen. Besonders wichtig wird ein planendes und abgestimmtes Verfahren bei gesundheitlichen Beeinträchtigungen und pflegebezogenen Einbußen in der Gesundheit des primären Helfers. Bei der dann erfolgenden Aufgabenteilung ist der familiäre Helfer in der Haushaltsführung wie auch durch gezielte pflegerische Hilfe in den Bereichen punktuell zu unterstützen, die die körperlichen Kräfte des informellen Helfers überfordern (z.B. das Baden) oder auf der Beziehungsebene als belastend empfunden werden (z.B. Intimwäsche) (*Zeman* 1996b: 110).

Ein zukunftsweisendes Modell der Verknüpfung informeller und formeller Hilfe ist das der „Delegation“ von Aufgaben an soziale Dienste. Die informellen Helfer – meist erwachsene Kinder, i.d.R. Töchter oder auch Schwiegertöchter – halten sich dabei aus den praktischen Tätigkeiten in der häuslichen Altenpflege oder -hilfe weitestgehend heraus und übernehmen dafür eine Schlüsselrolle bei der Organisation und Kontrolle professioneller Hilfen. Ausgehend von der Kenntnis der lebensweltlichen Anforderungen delegieren sie die Aufgaben und verhindern damit viele Normen-, Rollen- und Entscheidungskonflikte. Dabei entsprechen die so vorgehenden informellen Helfer den Normen der intergenerationalen und affektiven Solidarität. Der Beziehungsaspekt zwischen formellen und informellen Helfern ihrerseits bedarf in jedem Einzelfall der Aushandlung. Da Leistungskataloge und Aufgabenbeschreibungen des formellen Hilfesystems, ärztliche Verordnungen und Kriterien der finanziellen Abrechenbarkeit lediglich eine funktionale Oberflächenebene strukturieren, muss die inhaltliche Füllung der Pflege- und Hilfeaufgaben zwischen formellen und informellen Helfern gemeinsam bedürfnis- und leistungsgerecht entwickelt werden (*Zeman* 1994: 184).

5.3 Weitere Interventionen und Hilfen bei sozialen und gesundheitlichen Problemlagen

Neben den bereits vorgestellten sozialen und gesundheitlichen Problemlagen gibt es eine Reihe weiterer Lebenskonstellationen, die eine krisenhafte

Lebenslage hervorrufen können und Interventionen und Hilfen erforderlich machen. Bei den meisten Lebenslagen geht es darum, Hilfen zur Förderung psychischer und physischer Kompetenz zu vermitteln. Diese können z.B. den Übergang in den Ruhestand als „kritisches Lebensereignis" erleichtern oder dabei helfen, neue Lebensentwürfe und Interessengebiete im Alter durch sozialpädagogische Ansätze der sozialen Altenarbeit zu entwickeln. Auch die durch Sozialarbeit gestützten Maßnahmen innerhalb und außerhalb der Institutionen der Altenhilfe liefern Beiträge zur Verbesserung der sozialen Lage älterer und alter Menschen. Weitere Formen bisher noch nicht angesprochener Vermittlung von Hilfen und Beratung in verschiedenen Sachbereichen können hier nicht behandelt werden. Von anderer als bisher vorgestellter Qualität sind Hilfen, die das Sterben älterer und alter Menschen begleiten. Hier geht es vor allem darum, Ersatz für fehlende familiäre Unterstützung zu schaffen oder Kompetenz im Umgang mit Sterbenden zu stärken, damit ein persönlich und institutionell menschenwürdiges Sterben möglich wird.

5.3.1 Vorbereitung auf Ruhestand und Alter

Vorbereitung auf den Ruhestand und das Alter ist schon seit den 1980er Jahren ein anerkanntes Feld der Altersbildung. Der Hintergrund für diesen Bildungszweig ist die gerontologische Erkenntnis, dass mit einer gedanklichen Antizipation der Zeit nach dem Erwerbsleben die Umstellung und Anpassung an die neue Lebenssituation früher und leichter gelingt. Es gibt zwar grundsätzliche Zweifel, ob Altern und die Altersphase insgesamt planbar oder lenkbar seien, „auch wenn Wissenschaftler, seien sie Mediziner, Sozialwissenschaftler oder Ökonomen, versuchen, Pläne zu entwerfen und Lenkungsansätze zu unternehmen oder Materialien sowie Orientierungen dafür zu bieten." (*Rosenmayr* 1996: 61) Unstrittig ist aber, dass die Beeinflussbarkeit von Alternsprozessen relativ groß ist und eine Vorbereitung und Begleitung dabei nützlich sind (*Clemens* 2012). Es geht vor allem um die Vermittlung psychischer Kompetenz und eine gezielte Antizipation künftiger Entwicklungsaufgaben, die auf ein kritisches Befragen von tradierten Einstellungen und der Akzeptanz neuer Rollen basiert. Der meist thematisierte Rollenwechsel wird als alleiniges Mittel der Bewältigung als etwas dürftig eingeschätzt (*Amann* 1994: 332).

Grundsätzlich liegen den Überlegungen zur Vorbereitung und Anpassung an Ruhestand und Alter Altersbilder darüber zugrunde, welche Ressourcen in der Altersphase vorhanden sind und wie diese Phase gestaltet werden kann. Aus verbesserten materiellen und sozialen Ressourcen älterer Menschen allein ergeben sich aber nicht zwangsläufig neue, aus traditionellen Zwängen befreite Lebensentwürfe. Diese müssen entworfen, geplant und gestaltet werden, da das Verharren in traditionell orientierten Lebensentwürfen oft konfliktreich, risikoreich und krisenhaft ist, und neue häufig nicht mehr realisierbar sind. Als Beispiele nennt *Schweppe* (1996b: 21) vollkommen auf Erwerbsarbeit fixierte Frührentner, die keine alternativen Orientierungen in der neuen Lebensphase finden, oder die vielen Alten, die immer noch Pflegeleistungen von der Familie erwarten und deren Ablehnung als Undankbarkeit und Böswilligkeit deuten oder einfach enttäuscht sind. Altersbilder bewegen sich auch heute noch weitgehend in zwei polaren Vorstellungen: einerseits im Defizitbild von Verlust und Abbau, andererseits orientiert am Bild des „neuen Alters", das an Jugendlichkeit anknüpft. Neue Lebensentwürfe brauchen ein differenziertes Bild der Lebensrealität im Alter, vorhandener oder geschwundener Fähigkeiten und Fertigkeiten. Daran können Hilfen zur Vorbereitung auf Ruhestand und Alter ansetzen.

Die Überlegungen zur „gedanklichen Antizipation" der Zeit nach dem Erwerbsleben haben vor allem in der Geragogik konzeptionelle Überlegungen ausgelöst und seit ungefähr 30 Jahren zu einer Flut von Angeboten zur Vorbereitung auf Alter und Ruhestand geführt, die sich im wesentlichen nach Inhalt, Didaktik, Methodik, Organisation und Trägern unterscheiden lassen (*Naegele* 1992: 336). Auch in Hinsicht auf die praktische Vorbereitung auf das Alter sind eine Reihe von Angeboten und Publikationen entstanden, die sich z.B. mit Rechts- und Versicherungsfragen, Steuerfragen, Freizeitgestaltung, Hilfemöglichkeiten, Gesundheit und Ernährung beschäftigen. *Amann* (1994: 332) weist auf die besondere Notwendigkeit von Vorbereitungsaktivitäten hin, die auf eine erhöhte Unfallgefährdung im Allgemeinen und z.B. auf die im Straßenverkehr im Besonderen zielen sollten. Weiter von Bedeutung sind Maßnahmen zum Umgang mit neuen Technologien, z.B. im Bereich der Mikroelektronik im Haushalt (*Claßen* 2012). In letzter Zeit gibt es bereits Projekte mit dem Ziel, ältere Menschen in „electronic mail" und das „Internet" einzuführen und damit auch Formen dieser Art von Kommunikation im Alter zu ermöglichen.

Die Vielzahl der Angebote sagt allerdings wenig über deren Effizienz aus. Dazu gibt es bisher kaum Informationen, zumal deren Bekanntheitsgrad erst langsam steigt und die Zahl der Teilnehmer an Vorbereitungsmaßnahmen bisher relativ gering ist (*Naegele* 1992: 336). Die wissenschaftliche Diskussion über Vorbereitungsmaßnahmen beschränkt sich bisher überwiegend auf technisch-organisatorische sowie methodisch-didaktische Aspekte der Praxis, z.B. auf Motivierung der Teilnehmer, zeitliche Dauer und Lage, Beteiligung der (Ehe-) Partner und eine geeignete Didaktik. Es geht dabei auch um Fragen der Angemessenheit für bestimmte Zielgruppen, ob z.B. typische Problemgruppen, wie Bildungsungewohnte und/oder Frauen, zu erreichen sind. Personen mit besserem Bildungsstand sind – wie allgemein in der Erwachsenenbildung – eher ansprechbar und setzen sich auch bei Vorbereitungsmaßnahmen leichter Lernprozessen aus (*Tews* 1989: 25).

Hauptträger von Vorbereitungsmaßnahmen sind Betriebe, die allerdings nur teilweise und mit unterschiedlichen Angeboten an die älteren Mitarbeiter herantreten (*Clemens* 2012: 221). Die Nachfrage der (potenziell) Betroffenen hält sich dabei in Grenzen. Bei einer Befragung von ehemaligen Arbeitnehmern im Alter zwischen 50 und 69 Jahren (*Isforth* 1997), die mindestens in den letzten fünf Jahren vor der Rente sozialversicherungspflichtig gearbeitet hatten, sind mehr als die Hälfte (52%) nicht auf den Ruhestand vorbereitet worden. Schriftliche Informationen erhielten 16% der Befragten, 2% wurden durch Kurse und 3% durch Diskussionsgruppen vorbereitet. Nur 32% hätten sich mehr Bemühungen von ihrem Betrieb gewünscht, 18% halten eine persönliche Aussprache mit den Vorgesetzten für sinnvoll, 9% ein Treffen mit „Ehemaligen" und 5% eine Vorbereitung auf den Ruhestand durch Seminare und Kurse (*Isforth* 1997: 43f.). Diese Ergebnisse zeigen deutlich, wie widersprüchlich diese Maßnahmen eingeschätzt werden.

Es bestehen grundsätzlich Zweifel, ob mit den herkömmlichen Formen und Angeboten überhaupt auf die spezifische Problematik des vorzeitigen Berufsaustritts vorbereitet werden kann (*Naegele* 1992: 337). Ansprechbar sind – wenn überhaupt – diejenigen älteren Arbeitnehmer, die freiwillig und/oder geplant eine vorzeitige Verrentung annehmen, wie z.B. Vorruheständler oder Sozialplan-Rentner. Die eigentliche „Problemgruppe" der unfreiwillig in die Rente entlassenen Frührentner, bei denen das Ende der Berufstätigkeit i.d.R. sehr plötzlich kommt, ist durch Vorbereitungsmaßnahmen kaum zu erreichen. Vorbereitungsmaßnahmen stellen Hilfsangebote für die Bewältigung von möglicherweise späteren, im Ruhestand auftretenden Problemlagen dar. Da aber überwiegend positive Erwartungen mit dem Ruhestand verbunden sind, hemmt das geringe Problembewusstsein die rechtzeitige Auseinandersetzung mit eventuell später einsetzenden Herausforderungen. Erreicht werden eher die Gruppen, die bereits Bildungserfahrung haben und relativ günstige Voraussetzungen für den Übergang in den Ruhestand mitbringen. Die „Problemgruppen-Orientierung" ist aus der Sicht von *Tews* (1989: 26) ein wesentlicher Punkt, der sehr gegen Vorbereitungskurse spricht und Personen der Zielgruppe zu der Meinung bringt, so etwas nicht nötig zu haben. Insbesondere die mittlere Bildungsschicht lasse sich ungern zur „Klientel" machen, weshalb die „Problemgruppen-Orientierung" einer „Angebots-Orientierung" weichen solle, die der Information, Erweiterung von Verhaltensspielräumen und erst dann Prozessen der Selbstreflexion dienen kann.

Die Skepsis gegen Kurse zur Vorbereitung auf den Ruhestand verstärkt *Naegele* (1992: 338) mit der Frage, ob sich bei wirklichen Problemgruppen – wie insbesondere Langzeitarbeitslosen, relativ jungen Frührentnern oder anderen aus dem Erwerbsleben Gedrängten, vorzeitig Verrenteten mit finanziellen oder gesundheitlichen Problemen – überhaupt etwas vorbereiten lasse. Denn diesen Gruppen wurde durch die individuell nicht beeinflussbaren stark verschleißenden Arbeitsstrukturen und -bedingungen bereits „alles vorbereitet", ohne dass sie einer pädagogischen Beeinflussung zugänglich gewesen wären. Dieser Aspekt verweist auf die lebenszeitliche Bedingtheit von Lebensstilen, Verhaltensweisen und Verarbeitungsmustern, die durch ein Wochenendseminar oder Vorträge kaum nachhaltig zu beeinflussen sind. Deshalb bestehen generell Zweifel, ob die Vorbereitung auf den Ruhestand ein Bildungsproblem darstellt und „wirklich nötig" ist (*Tews* 1989: 25). Im Grunde gehe es, so *Schmitz-Scherzer* (zit. in *Naegele* 1992: 340), weniger um das Erlernen *neuer* Handlungs- und Orientierungsmuster, als um das Wecken von Bewusstsein für die eigenen Handlungschancen und Handlungsmöglichkeiten, die auf den im früheren Berufsleben gesammelten Erfahrungen aufbauen. Diese „Bewusstwerdungsarbeit" könne dann ergänzt werden um eine Vermittlung lebenspraktischer Informationen (vgl. *oben*).

Ergänzend zu Maßnahmen der Vorbereitung auf den Ruhestand werden immer häufiger Angebote zur Anpassung an Lebenssituationen im Alter angeboten. Diese betreffen die Vorbeugung gegen „geistigen Abbau", die Erschließung neuer Wissensgebiete und die Förderung sinnstiftender Aktivitäten (*Amann* 1994: 333). Ziele sind dabei auch die Förderung praktischer Bezüge, wie z.B. in dem Projekt „Großelternring" (vgl. *Bäcker u.a.* 1989), in dem Kommunikation und Kontakte zwischen den Generationen, Unterstützung bei der psychischen Entwicklung und Befähigung zum Umgang mit alten Menschen (der beteiligten jüngeren Generationen) gefördert werden sollen. Als schwierig werden Bildungsveranstaltungen mit Fragen zu körperlich-seelischen Erkrankungen, Partnerschaftskonflikten und Lebenskrisen dargestellt, da sie sich leicht zu Foren der persönlichen Offenlegung von Problemen und Krisen entwickeln, ohne notwendige therapeutische Begleitung geben zu können (*Amann* 1994: 333). Problematisch an diesen Veranstaltungen können sowohl die Qualifikation der Veranstaltenden als auch die Angebotsform sein (Vorträge, Kurse, ein- oder mehrtägige Seminare), die nicht immer die nötige Zeit und stimulierende Atmosphäre bieten.

Insgesamt gesehen sind die bestehenden Angebote zur Vorbereitung auf sich ändernde Lebensbedingungen im Alter zu problematisieren. Es muss gesehen werden, welches Bild von Alter hinter diesen Angeboten steht, welche Ziel- und Problemgruppen identifiziert werden, und ob diese überhaupt zu erreichen sind. Die z.T. noch vorherrschende „Problemgruppen-Orientierung" hat deshalb auch hier sinnvollerweise einer „Angebots-Orientierung" zu weichen, die sich auf spezifische Bedürfnislagen älterer Menschen zielgerichtet einstellen kann. In ihrer „Komm-Struktur" könnten Bildungsangebote teilweise eine Ergänzung durch stadtteilorientierte Arbeit mit stärker „zugehenden" Veranstaltungsformen erfahren, damit Zugangs- oder „Schwellenprobleme" verringert werden. Für die Vorbereitung auf den Ruhestand sieht *Tews* (1987: 28) auch Veränderungen im Beschäftigungssystem, z.B. durch Teilrente oder „gleitenden Übergang", als günstigere Rahmenbedingungen zur Einübung des Ruhestands. Bei einzelnen Problemlagen sollten statt kurzfristiger Angebote längerfristige Formen der Begleitung von Entwicklungen bereitgestellt werden, die an biographischen Voraussetzungen und Erfahrungen der älteren Menschen ansetzen und mit ihnen Lösungen im Sinne der „Bewusstwerdungsarbeit" anstreben.

5.3.2 Altenarbeit und Soziale Arbeit mit alten Menschen

Soziale Arbeit mit älteren und alten Menschen ist zu unterscheiden nach der Sozialarbeit in speziellen Einrichtungen der Altenhilfe und einer Sozialarbeit mit älteren Menschen in nicht-altenhilfespezifischen Diensten oder nach „direkter Arbeit" und „indirekter Arbeit" mit Älteren und Betagten (*Schmidt* 1999: 662; *Zeman/Schmidt* 2001; *Zippel/Kraus* 2003; *Karl* 2009). Innerhalb der Altenhilfe sind drei Zielgruppen sozialer Altenarbeit zu unterscheiden, denen entsprechende Hilfen zur Verfügung zu stellen sind (vgl. *Lohmann* 1991: 17):

- als Angebot an alle älteren Menschen im Sinne einer sozialen Verpflichtung, das nicht auf soziale Notlagen abzielt, sondern der Verwirklichung von generellen Bedürfnissen und Rechten dient;
- als ergänzende Hilfe in speziellen Problemsituationen, die mit dem Alter verbunden und vorübergehender Art sind;
- als ständige Hilfe für diejenigen, deren Lebenslage sie nicht in den Stand setzt, aus eigener Kraft Einschränkungen und Behinderungen zu überwinden.

Bereiche und Leitbilder sozialer Altenarbeit

Die nicht zur Altenhilfe zu rechnende Sozialarbeit findet zum einen „klientennah" in allgemeinen sozialen Diensten statt, z.B. im allgemeinen Sozialdienst, im sozialpsychiatrischen Dienst und auch als Sozialarbeit im Gesundheitswesen. Zum anderen sind Sozialarbeiter „klientenfern" in planenden Funktionen in Verbänden der freien Wohlfahrtspflege und Kommunen tätig und beschäftigen sich auch konzeptionell mit Fragen der Arbeit mit älteren Menschen (*Zeman/Schmidt* 2001; *Schweppe* 2005).

Die Angebote der sozialen Arbeit mit älteren Menschen orientieren sich weitgehend an vorhandenen Altersleitbildern. Nach den früher propagierten Leitbildern des „betreuten Alters" und „aktiven Alters" steht heute das Leitbild des „produktiven Alters" im Mittelpunkt (*Zeman/Schmidt* 2001: 240) Dabei wird als Ziel professionellen Handelns nicht mehr Betreuung oder nur eine Aktivierung des passiven, zurückgezogenen alten Menschen, sondern die Mobilisierung von Kompetenzen und Nutzung der Ressourcen in Formen aktiver Umweltauseinandersetzung verstanden, die über Sinnproduktion und Gemeinschaftsbildung das soziale Leben Älterer gestalten sollen. Diese Zielstellung von Altenpolitik und Altenhilfe war zunächst Resultat einer gerontologischen Diskussion der 1960er Jahre, in der zunächst die „Disengagement"-These einen bewussten und freiwilligen, gesellschaftlich gestützten Rückzug aus Rollen, Aufgaben und sozialen Kontakten als Erklärung für die Lebenssituation im Alter vertrat (vgl. *Kap. 3.2.2*). Als Reaktion darauf wurde die „Aktivitätsthese" entwickelt, die den aktiven Alten mit den Bedürfnissen propagierte, sich gesellschaftlich zu engagieren, Rollenverluste auszugleichen und seine Nützlichkeit unter Beweis zu stellen. Im Leitbild des „aktiven Seniors" wurde zwar Aktivität propagiert, diese findet jedoch nach *Zeman* (1996a: 42) in der Realität „in einem Rückzugsraum belangloser, sozial und gesellschaftlich irrelevanter Tätigkeiten und Rollen statt." Altershomogene Angebote sollen dabei helfen, die viele Freizeit als „Chancen des Ruhestands" zu nutzen. Diesen „kollektiven Rückzugsnischen und kollektiver Selbstgenügsamkeit" (*Zeman*) wird seit einiger Zeit die Orientierung auf ein „produktives Alter" entgegengesetzt, indem ein Bezug zur alltäglichen Realität und zu neuen Lebensentwürfen im Alter hergestellt wird. Professionelle Unterstützung bezieht sich dabei stärker auf sozialpädagogische Bildungsarbeit mit Älteren und verbindet sich mit autonomen Bereichen der Eigeninitiative und Selbsthilfe älterer Menschen (vgl. *Kap. 4.3*). Neben diesen eher auf offene Altenarbeit bezogenen Leitbildern existieren weiterhin Bilder der älteren und alten Menschen, die in speziellen Einrichtungen der Altenhilfe sozialarbeiterischer Hilfen bedürfen.

Im *stationären Bereich* ist die Berufsgruppe der Sozialarbeiter/Sozialpädagogen erst seit Ende der 1980er Jahre stärker vertreten, da seitdem durch eine veränderte Finanzierungsgrundlage Förder- oder sozialtherapeutische Maßnahmen ermöglicht werden. Die Aufgaben beziehen sich auf eine Bewohner-, Mitarbeiter- und Haus- bzw. Milieuorientierung, außerdem können sie für Umfeld- und Gemeinwesenbezug zuständig sein. Diese psychosozialen Aufgaben sind als „gruppenübergreifende Dienste" gedacht und sollen die Integration von Heimbewohnern und Mitarbeitern fördern. Im *ambulanten Bereich* (vgl. z.B. *Schmidt* 1999) hat es in den letzten 15 Jahren mehrere Profilierungsversuche der Sozialarbeit/Sozialpädagogik gegeben, z.B.

- in Form sozialarbeiterischer Angebote von Sozialstationen (wie in Berlin),
- in Form koordinierender Aufgaben bei ambulanten Hilfen in sog. Informations-, Anlauf- und Vermittlungsstellen (wie in Baden-Württemberg), oder
- durch eine Doppelqualifikation von Pflegeberuf und Sozialarbeit, die zu einem umfassenderen Angebot in ambulanten Pflegediensten beitragen soll.

Die meisten Sozialarbeiterstellen finden sich aber im offenen Bereich der Altenhilfe, wo soziale Arbeit in der Beratung, bei Bildungs- und Freizeitangeboten bis hin zur Förderung sozialer Begegnung eingesetzt wird. Die Angebote sind vielfältig, unüberschaubar und in der Effektivität schwer zu überprüfen. Soziale Arbeit in Altentagesstätten hat in den letzten Jahren eine stärkere Dienstleistungsorientierung erfahren; außerdem werden häufiger Formen einer zugehenden Altenarbeit praktiziert und lebensweltliche Kommunikationsbezüge hergestellt (vgl. *Schmidt* 1999; *Karl* 2009). Diese konzeptionellen Änderungen verstärken noch die anregende, motivierende, unterstützende und stabilisierende Funktion. In den letzten Jahren haben Modellprojekte zu Innovationen in sozialer Arbeit mit älteren Menschen geführt. Ein Beispiel ist das Projekt der „Seniorenbüros" (vgl. *Kap. 4.3*). Diese sollen zu regionaler Installierung von Selbsthilfeorganisationen führen, die nachberufliche Tätigkeiten und ehrenamtliche Dienste fördern und vermitteln. Sozialarbeiter haben dabei das freiwillige Engagement zu unterstützen und zu begleiten, indem sie Selbsthilfe fördern, offensive Öffentlichkeitsarbeit betreiben und beim Aufbau von Gruppen helfen.

Soziale Altenarbeit für Migrantinnen und Migranten

Einen weiteren Bereich für soziale Altenarbeit, der zukünftig an Bedeutung gewinnen wird und in dem Sozialarbeiter und -pädagogen verstärkt tätig werden können, bilden Aufgaben für die in Deutschland lebenden Ausländerinnen und Ausländer (*Zeman* 2012). Sie stellen zwar bisher – verglichen mit deutschen Alten – eine relativ kleine Gruppe dar, werden aber in den nächsten Jahrzehnten an Umfang und Problematik deutlich zunehmen. Stellt man die allgemeine Frage nach ihrem Bedarf an sozialstaatlicher Unterstützung, so können ältere Migranten als Zielgruppe im Schnittpunkt von Ausländer- und Altenpolitik definiert werden. Eine zielgruppenbezogene öffentliche Unterstützung realisiert sich vor allem in Handlungskontexten der Migrantensozialarbeit und der Altenhilfe. Angesichts der Heterogenität dieser Bevölkerungsgruppe verbieten sich allerdings generalisierende Aussagen über sozialpolitisch induzierte Handlungsnotwendigkeiten, und undifferenzierte Unterstützungsangebote erweisen sich als ineffektiv (vgl. *Zeman* 2005: 77). Durch die zunehmende Zahl älterer Migranten, die in Deutschland verbleiben, sind Altenpolitik und Altenarbeit in folgenden Feldern vor neue Handlungsanforderungen gestellt, die auch eine Qualifizierung von Beschäftigten in der Migrantensozialarbeit erforderlich machen (*Olbermann/Dietzel-Papakyriakou* 1996; *Naegele* 1999: 458ff.; *Zeman* 2005):

- Öffnung der Regelversorgungssysteme für die Zielgruppen der älteren Migranten (insbesondere Einbindung von Fachkräften der verschiedenen ethnischen Gruppen).
- Qualifizierung von Fachkräften für den Umgang mit Älteren unterschiedlicher ethnischer Herkunft.
- Muttersprachliche Information und Beratung.
- Erhaltung und Stärkung der familiären Hilfepotenziale und Erhöhung der persönlichen Kompetenz im informellen und ehrenamtlichen Bereich.
- Zielgruppenorientierte Erweiterungen bzw. Modifikationen der Angebotsinhalte und -formen im Bereich der offenen Altenhilfe.
- Förderung der Einbindung älterer Migranten in außerfamiliäre, informelle Netzwerke.
- Aufbau von ethnischen Schwerpunkten im stationären Bereich.
- Verstärkte Einbeziehung der ethnischen Infrastruktur in die Altenhilfe für ältere Migranten.
- Beachtung geschlechtsspezifischer Erfordernisse der Altenhilfe.
- Systematische Vernetzung von deutscher Altenhilfe und Migrationsarbeit.
- Ausweitung der Bedarfsplanung und Berücksichtigung der älteren Migranten in der kommunalen Altenplanung.

Es geht vor allem auch darum, die in der Migration entstandenen informellen Strukturen und Einrichtungen – wie z.B. Vereine, Selbstorganisationen und kulturelle Einrichtungen – gezielt mit den Angeboten der Altenhilfe zu verbinden. Mit diesen spezifischen Angeboten sollen die Bedürfnisse älterer Migranten in den Einrichtungen verstärkt Berücksichtigung finden. Zu unterstützen sind diese Angebote durch entsprechend qualifizierte Fachkräfte der sozialen Arbeit.

Orientierungen einer „zeitgemäßen Altenarbeit"

In den letzten Jahren werden im Zuge eines „Strukturwandels des Alters" (vgl. *Kap. 2.3.2* und *3.7*) grundsätzliche Orientierungen und Strategien formuliert, die als Charakteristika einer „zeitgemäßen Altenarbeit" fungieren. Sie entstammen einerseits der allgemeinen Sozialarbeit, dokumentieren aber andererseits den Einfluss gerontologischen Wissens und beanspruchen für den gesamten Bereich der Altenarbeit Geltung. Es handelt sich im Einzelnen um (vgl. *Zeman* 1998: 235ff.; *Zeman/Schmidt* 2001: 262ff.):

1. *Autonomieorientierung:* Sie wirkt sich auf die Zurückhaltung bei der (Fremd-)Definition von sog. „Altersproblemen" und Lebensbedürfnissen im Alter aus, ebenso wie bei der Präsentation konkreter Problemlösun-

gen. Sie wird verstanden als Gegenstrategie zu Versuchen der Infantilisierung, Entmündigung und „Kolonialisierung" des Alters.

2. *Lebensweltorientierung:* Handlungsziele der Altenarbeit sind durch einen Dialog mit den Adressaten zu entwickeln, der einen Zugang zu deren Lebenswelt vermittelt und Angebote und Leistungen der Altenarbeit darauf ausrichtet.
3. *Biographieorientierung:* Die Lebenssituation und Lebensstile sind wie die gesamte Daseinsorientierung älterer und alter Menschen zwar durch aktuelle soziostrukturelle und sozioökonomische Rahmenbedingungen geprägt, aber auch als Resultat ihrer Lebensläufe zu verstehen. An Biographien anschließend findet Altenarbeit häufig Anknüpfungspunkte für neue Perspektiven und Entwicklungen.
4. *Kompetenzorientierung:* Die Handlungskompetenz der älteren Menschen ist für die Altenarbeit gleichzeitig Anknüpfungspunkt und Ziel. Die Förderung von Kompetenz kann bei den alten Menschen wie bei ihrer Umwelt ansetzen.
5. *Produktivitätsstrategie:* Produktivität als ergebnisorientiertes Tätigwerden führt in Wechselwirkung zu einer Veränderung des älteren Menschen und seiner Umwelt. Es ist ein sozialpsychologisches Ziel von Altenarbeit, mit dem sich dann weitergehende sozialökologische und gesellschaftliche Ziele verbinden lassen (vgl. auch *Kap. 2.7.2*).
6. *„Normalisierung des Alters" und alterspolyphone Integrationsstrategie:* Verbunden damit ist ein Ausloten der Unterschiede und Gemeinsamkeiten von Altersgruppen. Altenarbeit hat dabei einerseits die Aufgabe, weiter für ihre Zielgruppe (wo notwendig) soziale „Schutzzonen" zu schaffen, andererseits die Integration unterschiedlicher Altersgruppen in gemeinsame Aktivitätsfelder zu befördern.

Im Gesamtziel dieser Orientierungen und Strategien geht es darum, „dass die demographisch alternde Gesellschaft lernt, mit ihrem eigenen Älterwerden so umzugehen, dass auch unterschiedliche Bedürfnisse der Generationen auf Basis eines generationenübergreifenden gesellschaftlichen Interesses an Bestandsicherung, Entwicklung und Humanisierung realisiert werden können und dafür auch die Kompetenzen der Älteren eingebracht werden." (*Zeman* 1998: 242)

Neue Formen der Altenarbeit im Allgemeinen und der sozialen Arbeit für Ältere im Besonderen benötigen Professionalität (*Otto/Schweppe* 1996: 66). Die Qualifikation in der Mitarbeiterstruktur zeichnet sich dagegen bisher durch Semiprofessionalität aus, da sie den Anforderungen der mit Alter verbundenen Besonderheiten nur unzulänglich gerecht wird. Dies ist vor allem in den traditionellen Feldern der Sozialarbeit und Sozialpädagogik der Fall, in denen die Beschäftigten auf die Gerontologisierung ihres Arbeitsfeldes nicht vorbereitet waren bzw. sind. Konzeptionelles Arbeiten hat sich wegen der Defizite in der Qualifizierung für soziale Altenarbeit noch nicht überall durchgesetzt: Ansätze des Unterstützungsmanagements und der Lebensweltorientierung sowie „Empowerment-Strategien" werden erst partiell genutzt.

Schwerpunkte zukünftiger Tätigkeiten von Sozialarbeitern werden sich in der Altenhilfe auf vermittelnde, koordinierende, ressourcenerschließende und initiierende Aufgaben konzentrieren. Die Entwicklung beruflicher Kompetenz ist dabei an den lebensweltlichen Bedingungen älterer Menschen, ihren Ressourcen und neuen Lebensentwürfen im Alter zu orientieren. Eine sozialpädagogische Kompetenz in der Altenarbeit könnte z.B. darin liegen, „jene sozialen Ressourcen, die zur Bewältigung der ambivalenten und paradoxen Anforderungen moderner Lebensführung im Alter erforderlich sind, zu stärken und zu fördern und auf diese Weise die Entwicklung subjektiv als befriedigend und sinnvoll erlebter Lebensentwürfe zu unterstützen." (*Otto/Schweppe* 1996: 66f.) Voraussetzung dazu ist eine angemessene berufliche Erst- oder Weiterqualifizierung im universitären Studium oder in Ausbildungsgängen der Fachhochschulen, in die sozialgerontologische Fragestellungen zu integrieren sind.

Allgemeine Perspektiven einer Entwicklung zukünftiger sozialer Altenarbeit sehen *Zeman/Schmidt* (2001: 270ff.) – neben den Tendenzen eines Paradigmenwechsels in Teilbereichen der sozialen Arbeit mit älteren und alten Menschen – in folgenden Aspekten:

- Eine differenzierte Würdigung der unterschiedlichen Altersphasen und des jeweiligen Unterstützungsbedarfs wird aufgrund des demographischen Wandels und zunehmender Langlebigkeit der Menschen erforderlich. Dazu wird die Frage gestellt, ob vor allem Problemlagen der Hochaltrigen (vgl. *Backes/Clemens* 2003) zu Prioritätenverlagerung in Richtung einer Konzentration auf das vierte Lebensalter führen müssen.
- Damit kann eine Weiterentwicklung der kommunalen Altenhilfe erforderlich werden: Neben den bekannten (wohn-)projektorientierten Strukturen in Formen des „betreuten Wohnens" und des „Wohnens mit Service" wird ein Bedeutungszuwachs der sozialräumlichen und umfeldbezogenen Stützung von Hochaltrigenhaushalten erwartet (*Zeman/Schmidt* 2001: 272).
- Die Felder sozialer Altenarbeit werden zukünftig einer verschärften Ökonomisierung ausgesetzt sein, da Finanzierungsfragen in den Wandel des Sozialstaats eingebunden sind. Es wird von einer Verschlechterung der kommunalen Finanzierungsbedingungen ausgegangen, sodass mit der Notwendigkeit gerechnet wird, neue Finanzierungswege beschreiten zu müssen.

Die genannten Perspektiven werden Auswirkungen auf sozialarbeiterisches Handeln der Zukunft haben.

5.3.3 Sterben und Sterbebegleitung

Das Altern des einzelnen Menschen in biologisch-körperlichen, psychischen, sozialen und existenziellen Dimensionen führt nach einer – unterschiedlich langen – Lebensspanne zu Sterben und Tod als Abschluss des Alternsprozesses und des menschlichen Daseins. Im Laufe der historischen Entwicklung haben sich die Auseinandersetzung mit Sterben und Tod wie auch der Umgang mit Sterbenden stark gewandelt. In früheren Zeiten gehörten das Sterben und der Tod zur Alltagserfahrung der Menschen, da die Sterbenden zu Hause gepflegt wurden. Mit der Zeit wurden immer mehr Sterbende in Kliniken oder Pflegeheimen medizinisch versorgt und gepflegt. Während noch im 19. Jahrhundert sogar viele Kinder und Menschen im mittleren Lebensalter zu Hause starben, ist heute eine direkte Konfrontation mit Sterben und Tod im Familienkreis seltener geworden. So verlagerte sich der Ort des Sterbens aus dem Kreis der Familie überwiegend in einen gesellschaftlich abgeschlossenen Raum von Institutionen (vgl. *Kruse* 2007). „Sterben und Tod werde – so eine ältere, noch weit verbreitete Sichtweise – in der modernen Gesellschaft verdrängt und tabuisiert: eine zweifelhafte Diagnose. Richtiger ist, dass Sterben und Tod heute stärker als in der Vergangenheit private Ereignisse sind, die nach den Anstandsregeln der Privatheit kommuniziert werden und keinen öffentlichen Pflichten unterliegen (…) Vor allem ist Sterben eine Angelegenheit der Alten und damit ein lange vorbereitetes und erwartetes Ereignis." (*Göckenjan* 2008) In der heutigen Gesellschaft sind allgemein für Partner und Angehörige große Veränderungen im Umgang mit Sterbenden verbunden. Die Erfahrungsprozesse, die das Erleben des Sterbens anderer Menschen auslösen kann, sind heute seltener als früher. Allgemein lässt sich der veränderte Umgang mit Sterben und Tod auch als eine Form sich wandelnder gesellschaftlicher Werte und Normen verstehen, die den Prozess von der „unsicheren zur gesicherten Lebenszeit" (*Imhof*) begleitet haben.

Damit verbunden hat im Laufe der Jahrzehnte auch die Dauer von Sterbeprozessen eine Veränderung erfahren: Früher waren Sterbeprozesse meist von kurzer Dauer und traten in allen Altersgruppen auf, da Infektionskrankheiten eine der Hauptursachen des Sterbens waren. Seitdem hat sich in Deutschland das mittlere Sterbealter in den letzten 100 Jahren etwa verdoppelt: 2011 lag das durchschnittliche Sterbealter für Männer bei 73,7 Jahren und für Frauen bei 81,0 Jahren (*Statistisches Bundesamt* 2012b). Die Werte im Osten lagen bis Anfang der 1990er Jahre über denen im Westen. 1990 sank das Sterbealter vor allem bei den Männern im Osten deutlich ab – insbesondere durch die deutliche Zunahme von Verkehrsunfällen (vgl. *Statistisches Bundesamt* 1998: 44). Insgesamt gesehen dauert heute der Sterbeprozess bei der überwiegenden Zahl Sterbender wesentlich länger, da er (2009) zu ca. 67% Folge von Krankheiten des Kreislaufsystems und von bösartigen Neubildungen (Krebs) ist (vgl. *Kap. 2.9*). Insgesamt überwiegt heute das Krankenhaus als Ort des Sterbens. Im Jahr 2010 starben 405.627 vollstationäre Patientinnen und Patienten, das waren 47,2% von insgesamt 858.768 Verstorbenen (*Statistisches Bundesamt* 2011g: 10, 2012b: 99). Im Durchschnitt stirbt etwa jeder zweite Mensch im Krankenhaus. Die Zahlen wachsen mit den Altersgruppen ab 55 Jahren deutlich an. Es wurde bereits Anfang der 1990er Jahren geschätzt, dass insgesamt 70% der Menschen in der Bundesrepublik in Kliniken, Pflegeheimen und vergleichbaren Einrichtungen und nicht zu Hause sterben (*Schmitz-Scherzer* 1992: 545). Neuere Berechnungen bestätigen dies (*Rothgang u.a.* 2011: 141) und gehen davon, dass im Jahr 2009 – bei steigender Tendenz – 70% in Institutionen verstorben sind.

Zur Situation des Sterbens

In den letzten Jahrzehnten ist die Situation Sterbender in die öffentliche Diskussion und Kritik geraten. Damit sind auch oftmals Vorwürfe gegen die praktizierten Formen der Sterbebegleitung in Krankenhäusern, Kliniken und Pflegeheimen verbunden. Diese betreffen vor allem das Personal in Institutionen, in denen Menschen heute überwiegend sterben. Ein angemessener Umgang mit Sterbenden ist allerdings im Pflegealltag aufgrund von Zeitdruck, fehlender Ausbildung für den Umgang mit Sterbenden und arbeitsorganisatorischer Umstände sehr erschwert. Zudem kommen durch eine vorherrschende „Apparatemedizin" die zwischenmenschlichen Beziehungen heute oftmals zu kurz (*Schmitz-Scherzer/Wittrahm* 1999: 378). Ein weiteres Problem im Umgang mit Sterbenden sind die persönlichen Einstellungen und Ängste, die Ärzte, Schwestern und Pfleger gegenüber Sterben und Tod haben. Diese entwickeln häufig Abwehrmechanismen und eine Distanz, um sich selbst zu schützen und ihre Arbeit verrichten zu können. Um dieses Verhalten mit dem Ziel einer größeren mitmenschlichen Nähe zu verändern, bedarf es psychosozialer Unterstützung (z.B. durch Supervision) (*Schmitz-Scherzer* 1992: 547). In den letzten 30 Jahren hat ein gewisses Umdenken im Krankenhaus gegenüber Patienten und Angehörigen eingesetzt, obwohl weiterhin die kritisierten Sterbeumstände existieren. Heute geht der weit reflexiver gewordene Krankenhausapparat in der Regel elastischer mit Wünschen und Einflussnahmen um, nicht zuletzt weil Partizipation selbst initiiert wird und daher Einflusswünsche besser steuerbar sind (*Göckenjan* 2008).

Die Situation des Sterbenden wird auch maßgeblich durch das Verhalten der Angehörigen bestimmt. Die heute zu beobachtende Entfremdung von Sterben und Tod prägt die Einstellung und Umgangsformen der nahen Angehörigen, die in der Situation oftmals hilflos und unsicher reagieren. In dieser Phase wirken sich auch weitere Bedingungen der Beziehung zwischen Sterbenden und Angehörigen negativ auf den Umgang aus: Gemeinsamkeiten oder Trennendes in der Lebensgeschichte, Barrieren in der Kommunikation und unterschiedliche Gesprächsstile. Sie erschweren die Beziehung zu Sterbenden, die sich – im Gegensatz zu den meisten nahen Verwandten – möglicherweise gedanklich schon länger mit Sterben und Tod auseinandergesetzt haben und eine weniger negative und konfliktreiche Einstellung dazu aufweisen. Psychologische Untersuchungen zeigen allerdings, dass alte Menschen hinsichtlich der Einstellung zum Tod und der Bedeutung des Todes große Unterschiede aufweisen und die Bewältigungsformen in der Auseinandersetzung mit Sterben und Tod beträchtlich variieren (*Baltes* 1984; *Samarel* 2003).

Allgemein haben die Thanato-Psychologie und mit Einschränkungen die Thanato-Soziologie deutlich gemacht, dass Einstellung zu und die Auseinandersetzung mit Sterben und Tod stark individuell variieren und weniger von sozialen Merkmalen, wie Beruf, Alter oder Geschlecht, abhängen (*Prahl/Schroeter* 1996: 207). In der Psychologie des Sterbens und Todes liegen die Forschungsschwerpunkte in Einstellungen, Formen der Auseinandersetzung mit Sterben und Tod, spezifischen Ängsten, Todeskonzepten und Bewältigungsformen (*Neimeyer u.a.* 2003; *Erlemeier* 2011). Die meisten Ergebnisse zur gedanklichen Auseinandersetzung mit und Angst vor Sterben und Tod sind sehr widersprüchlich. Die Auseinandersetzung mit dem Thema wird durch situative, persönliche und soziale Momente ausgelöst. Erfahrungen im Freundes- und Bekanntenkreis begünstigen im Allgemeinen die gedankliche Auseinandersetzung; sie wird letztlich aber von individuellen Konstellationen geprägt. Mit zunehmendem Alter lässt sich eine tendenziell nachlassende Angst vor dem Tod feststellen. Der Sterbeprozess selbst zeigt sehr individuelle, höchst differenzierte Verhaltens- und Erlebnismuster. Diese bilden sich unter dem Einfluss von persönlichen Erfahrungen und Einstellungen des sozialen Umfeldes und werden geprägt durch (*Schmitz-Scherzer* 1990: 49; 1992: 552):

- den früheren Lebensstil,
- das Ausmaß, in dem das eigene Leben in der Rückschau angenommen werden kann,
- das Ausmaß, in dem der Sterbende einen Sinn in seinem Leben und seiner jetzigen Situation erkennt,
- die vom Sterbenden erfahrene Akzeptanz durch andere Menschen und seine soziale Integration sowie
- das soziale Umfeld überhaupt.

Unter diesen Bedingungen entwickeln sich verschiedenartige Verhaltens- und Erlebnisweisen sowie unterschiedliche Formen der Auseinandersetzung mit dem Sterben. Sie bewegen sich zwischen großer Hoffnung und Ambivalenz bis hin zu tiefer Resignation und Depression, sie beinhalten Angst, Unmut und Trauer oder auch ein völliges Sich-Fügen und Entspanntsein.

Kübler-Ross (1988) hat für unheilbare Kranke (Krebsdiagnosen) den Prozess der Anpassung an den bevorstehenden Tod als einen komprimierten Sozialisationsprozess beschrieben, der mehrere Stadien durchläuft. Das erste Stadium ist die „Verleugnung", in der das Individuum sich weigert, das Geschehen zu akzeptieren. Das zweite Stadium ist „Zorn", in dem vor allem die vergleichsweise jung Sterbenden mit dem Schicksal hadern, dass ihnen keine volle Lebensspanne vergönnt ist. In der darauf folgenden Phase des „Verhandelns" schließt das Individuum mit dem Schicksal oder Gott einen Handel ab, friedlich sterben zu wollen, wenn ihm gestattet wird, noch ein bedeutendes Ereignis miterleben zu dürfen, wie z.B. eine Hochzeit oder die Geburt eines Enkelkindes. Danach fällt der Sterbende häufig in eine „Depression". Wird diese Phase überwunden, kann die oder der Betroffene angesichts des nahenden Todes zu einer friedvollen Haltung mit der „Annahme" des Sterbens finden.

Die wenigen soziologischen Ansätze zu Sterben und Tod beschäftigen sich vor allem mit dem Verhältnis von sozialem und natürlichem Tod (vgl. *Prahl/Schroeter* 1996: 209ff.). Da Sterben zunehmend als längerer Entwicklungsprozess und im institutionellen Kontext verläuft, steht es in einem sozialen Handlungszusammenhang. Nicht immer sind in der letzten Phase vor dem Tod soziale Beziehungen vorhanden oder möglich und bleibt Sterben ein soziales Geschehen. Im „sozialen Tod", der dem natürlichen Tod schon mit einer bedeutenden Zeitspanne vorhergehen kann, werden Sterbende sozial ausgegrenzt, in Institutionen verwahrt oder von ihrer Alltagswelt weitgehend abgeschnitten (*Weber* 1994). Auch bei fehlendem Bewusstsein oder ständiger Verwirrtheit sind soziale Bezüge vor dem natürlichen Tod in manchen Fällen nicht mehr möglich. Der soziale Tod tritt überwiegend dann ein, wenn zwischen dem Sterbenden und der sozialen Umwelt keine offenen Kontakte mehr stattfinden. Dabei bilden sich spezifische Formen des Umgangs miteinander heraus (vgl. *Glaser/Strauss* 1974):

- Der Sterbende weiß nichts von seinem bevorstehenden Tod, während andere oft darüber informiert sind.
- Der Sterbende vermutet, dass andere Menschen (Angehörige oder Personal) über seinen wahren Gesundheitszustand Bescheid wissen, und er sucht nach einer Bestätigung oder einer gegenteiligen Gewissheit.
- Der Sterbende oder die anderen wissen um den bevorstehenden Tod, vermuten aber, dass der jeweils andere es nicht weiß.
- Alle Beteiligten wissen um den bevorstehenden Tod und sprechen offen darüber.

Nur die letzte Form ermöglicht eine angemessene Auseinandersetzung zwischen dem Sterbenden, dem Personal in Institutionen und den Angehörigen. Die Akzeptanz des eigenen Sterbens und Todes hängt deshalb stark vom Umgang der umgebenden Gemeinschaft mit diesem Phänomen ab. Wird der Tod als Teil des Lebens akzeptiert und ist Kommunikation über die Endlichkeit des Daseins möglich, dann kann sich auch eher eine Akzeptanz des eigenen Lebensendes entwickeln. Nur auf dieser Basis sind humane Formen der Sterbehilfe und Sterbebegleitung möglich.

Sterbehilfe und Sterbebegleitung

In der in den letzten Jahren oft heftig geführten Diskussion über Sterbehilfe und Sterbebegleitung wird in der Regel zwischen fünf verschiedenen Formen unterschieden (nach *Schmitz-Scherzer/Wittrahm* 1999: 383 f.; vgl. auch *Rest* 1994):

1. *Sterbebeistand, Sterbebegleitung:*
Dies ist die ursprüngliche Form der Sterbehilfe. Sterbebeistand bezeichnet die Begleitung und die seelische Zuwendung zu einem Sterbenden ohne aktiven oder passiven Eingriff in den eigentlichen Sterbevorgang. Damit ist eine gute pflegerische Versorgung zu gewährleisten, ohne den Versuch zu unternehmen, das Leben „künstlich" zu verlängern.

2. Indirekte Sterbehilfe (durch Medikamente):
Dieser Begriff bezeichnet die Inkaufnahme einer Lebensverkürzung durch die Verabreichung (meist) schmerzstillender Medikamente. Dadurch können ein angegriffenes Herz-Kreislauf-System bzw. eine geschwächte Atemfähigkeit in einer Weise belastet werden, die eine Lebensverkürzung zur Folge hat.

3. Passive Sterbehilfe (durch Therapieabbruch):
Damit wird im Allgemeinen der Verzicht auf lebensverlängernde Maßnahmen während des Sterbeprozesses bezeichnet (das Sterben muss also schon eingesetzt haben!), wozu sowohl das Unterlassen an sich (technisch und/oder medizinisch) möglicher Maßnahmen gehört als auch der Abbruch von lebenserhaltenden Maßnahmen (z.B. Abstellen einer Herz-Lungen-Maschine).

4. Aktive Sterbehilfe („Euthanasie" im heute landläufigen Verständnis):
Darunter versteht man die aktive Beschleunigung bzw. Herbeiführung des Todes eines sterbenden Patienten. Sie liegt also dann vor, wenn ein Dritter einen Eingriff mit dem Ziel der Lebensbeendigung vornimmt.

5. Auto-Euthanasie (Selbsttötung):
Bei dieser Form der Sterbehilfe handelt es sich um die Abkürzung des Sterbeprozesses durch die Selbsttötung eines tödlich Erkrankten.

Vor allem aktive Sterbehilfe ist nach leidvollen Erfahrungen mit Euthanasie im Nationalsozialismus in Deutschland heftig umstritten und wird strafrechtlich verfolgt, auch wenn in anderen Ländern (wie den Niederlanden) bei Zustimmung oder Verlangen des Sterbenden von einer Strafverfolgung abgesehen wird. Die zweite, dritte und fünfte Form der Sterbehilfe sind nicht uneingeschränkt, aber inzwischen doch weitgehend akzeptiert.

Sterbebegleitung als humane Form der Sterbehilfe kann von Angehörigen des Sterbenden und von beruflich damit befassten Personen praktiziert werden. Sie erfordert eine entwickelte Persönlichkeit des Begleitenden und nicht nur die von ihm erlernten und erfahrenen sozialen und kommunikativen Strategien (*Schmitz-Scherzer* 1992: 555). Hemmnisse für eine Sterbebegleitung können die eigene Angst und Unsicherheit des Begleitenden sein, die auch zur gemeinsamen Angst werden und die Beziehung zwischen ihm und dem Sterbenden stark verändern können. Da sich Sterben immer häufiger in Institutionen vollzieht, übernehmen auch immer öfter professionelle Helfer eine Begleitung der Sterbenden. Hierbei stellt sich die Frage nach der Qualifikation von Ärztinnen und Ärzten, Schwestern und Pflegern, die überwiegend mit dieser Aufgabe betraut sind. Zu den auch bei ihnen vorhandenen Ängsten und Unsicherheiten, die eine einfühlsame Sterbebegleitung verhindern (können), kommen Mängel in der Aus-, Fort- und Weiterbildung dieser Berufsgruppen. Dadurch entstehen bei folgenden Bedingungen besondere Schwierigkeiten in der Sterbebegleitung (*Schmitz-Scherzer* 1990, 1992: 556):

- Alter der Sterbenden, wobei die Begleitung jüngerer Sterbender als schwer empfunden wird,
- Unsicherheit und Frustration durch eigene Hilflosigkeit,
- Schockreaktionen bei plötzlichem Tod,
- Schuldgefühle bei nicht offener Kommunikation,
- Angst vor „Fangfragen“ des Patienten,
- stetige Kontrolle bei ahnungslosen Patienten,
- Identifikation mit dem Sterbenden,
- Mangel an Erfolgserlebnissen,
- Gespräche mit Sterbenden über das Sterben.

Wichtig im Umgang mit Sterbenden ist das Wissen um deren Bedürfnisse, das allerdings nur als Orientierung dienen kann. Körperliche Bedürfnisse betreffen eine Vermeidung unangenehmer körperlicher Empfindungen und eine Verhinderung oder Verringerung von Schmerzen. Psychische und soziale Bedürfnisse äußern sich z.B. in dem Gefühl, akzeptiert und respektiert zu werden, über den eigenen Zustand informiert zu sein, außerdem in dem Bedürfnis nach einer sinnvollen Bewertung des eigenen Lebens (*Schmitz-Scherzer/Wittrahm* 1999: 405). Sterbebegleitung bedeutet sowohl Anwesenheit, Zuhören, Gespräch und Aufmerksamkeit für den Sterbenden als auch das Eingehen auf seine Bedürfnisse, allerdings auch ein einfühlsames Eingehen auf den verbreiteten Wunsch nach Aufklärung über seinen Zustand von Seiten des Arztes.

Die für Sterbende meist unzulänglichen Bedingungen von Krankenhäusern und Kliniken haben zur Gründung der *Hospiz-Bewegung* und zur Einrichtung von *Palliativstationen* geführt. Hospize sehen ihre wichtigste Aufgabe in einer intensiven Pflege sterbenskranker Menschen, in einer umfassenden Schmerzbehandlung und in einer engen Zusammenarbeit mit Angehörigen und Freunden der Sterbenden (vgl. *Rest* 1994; *Ballnus* 1995; *Göckenjan* 2008). Die aus England, den Vereinigten Staaten und Skandinavien stammende Idee hat seit den 1970er Jahren in Deutschland zur Gründung von eigenen Häusern als Hospize geführt, die nach christlichen Grundsätzen ein menschenwürdiges und begleitetes Sterben ermöglichen sollen. In der Hospizbewegung sind auch Gruppen zur ambulanten Betreuung von Sterbenden und Angehörigen aktiv, die mit Familien, Kliniken und Pflegeheimen eng zusammenarbeiten. Die Betreuung soll umfassend sein und neben der medizinischen auch pflegerische, soziale und psychische Hilfen umfassen (vgl. *Deutscher Bundestag* 2002: 587ff.). Grundlage dazu sind qualifizierte professionelle und ehrenamtliche Mitarbeiter, die durch eine entsprechende Aus- und Weiterbildung auf ihre Aufgabe vorbereitet sind, sowie psychologische Unterstützung durch Gespräche und Supervision. Gerade ehrenamtliche Arbeit hat in der Hospizbewegung einen bedeutenden Stellenwert. In der öffentlichen Diskussion gibt es auch kritische Stimmen zur Hospizidee, vor allem von Krankenhausträgern und manchen Ärzten, die eine Notwendigkeit von Hospizen abstreiten (*Schmitz-Scherzer/Wittram* 1999: 408). Doch die Idee und Arbeit der Hospize trifft in der Öffentlichkeit auf eine immer breitere Zustimmung. „Hospize und Palliativstationen sind die institutionellen Anworten auf die Forderung nach ‚gutem Sterben'. Der ‚Verdrängung' des Sterbens wird hier eine bemerkenswerte und offene Sterbekultur entgegengestellt. Auch Palliativstationen, obgleich Krankenhausstationen, gehen auf Hospizideen zurück. Diese haben, in den 1990er Jahren beginnend, Sterbebegleitung und eine ‚ganzheitliche', palliativmedizinisch orientierte, spirituelle, psychologische und soziale Betreuung einschließende Sterbendenversorgung populär gemacht (*Göckenjan* 2008).

5.4 Krankheitsprävention und Beratungsangebote im Alter

Die durchschnittliche Lebenserwartung ist in diesem Jahrhundert kontinuierlich gestiegen, und immer mehr Menschen erreichen ein höheres Lebensalter (vgl. *Kap. 2.3.2*). Dies ist auf allgemein verbesserte Lebens- und Arbeitsbedingungen, medizinischen Fortschritt und verbesserte Hygiene zurückzuführen. Im Zuge dieser Entwicklung hat sich das Schwergewicht in der Morbidität von akuten zu chronischen Erkrankungen verlagert, die sich teilweise erst im höheren Alter zeigen. Zunehmend charakteristisch für den Gesundheitszustand im Alter sind Mehrfacherkrankungen (Multimorbidität), die sowohl in quantitativer als auch in qualitativer Hinsicht wachsende Anforderungen an die gesundheitliche Versorgung älterer Menschen stellen (vgl. *Kap. 2.8, 2.9* und *4.2*). Eine wachsende Bedeutung erfährt mit dieser Entwicklung die Prävention vor Krankheit und Behinderung. Durch sie sollen ein gesundes und kreatives Altern ermöglicht und Risikofaktoren erkannt, gelindert und beseitigt werden. Prävention muss dort ansetzen, wo exogene Einflüsse den natürlichen Alternsprozess belasten und bedrohen und wo sich Ansatzpunkte dafür finden, endogene Einflüsse in ihren negativen Auswirkungen zu mildern (*BMFuS* 1993: 124).

Die Notwendigkeit zur Prävention ergibt sich aus einer Reihe von Entwicklungen (*BMG* 1993; vgl. *Deutscher Bundestag* 1994: 277; *Görres/Martin* 2004):

- Veränderungen in den Morbiditäts- und Mortalitätsraten mit einer Zunahme derjenigen Krankheiten und Todesursachen, bei denen die Mittel der Medizin nur lindernde und aufschiebende Wirkungen, aber keine Heilung mehr erreichen können;
- die Verbreitung von Krankheiten, deren Entstehung und Verlauf durch präventive Maßnahmen positiv beeinflusst werden können;
- eine Zunahme von Erkrankungen, die im Zusammenhang mit den veränderten Lebens-, Arbeits- und Umweltbedingungen gesehen werden können;
- zunehmende soziale Unterschiede bezogen auf die Gesundheitschancen und Krankheitsrisiken der verschiedenen Sozialgruppen in unserer Gesellschaft;
- Veränderungen in den sozialen Bezugssystemen, insbesondere in der Familie, mit Auswirkungen auf die Sozialisation gesundheitsbezogener Verhaltensweisen und die soziale Unterstützung bei Krankheiten und Behinderung.

Möglichkeiten der Prävention bestehen in grundsätzlichen, für alle Menschen gültigen präventiven Empfehlungen und Maßnahmen, darüber hinaus aber auch in einer speziellen Prävention, die krankmachende und den Alternsprozess belastende Faktoren erkennen und beseitigen soll. Bisher praktizierte Maßnahmen der Prävention richten sich überwiegend an jüngere Menschen, während es für die Zielgruppe der älteren bisher nur wenige Programme gibt. Dabei ist das Präventionspotenzial bei Älteren sehr groß und bei weitem noch nicht ausgeschöpft (*Walter u.a.* 1997: 11). Als eine Ursache wird die gesellschaftliche – und teilweise auch professionelle –

Wahrnehmung von Krankheiten im Alter angesehen, die für unausweichlich gehalten werden.

5.4.1 Formen der Prävention und Gesundheitsförderung

Allgemein wird zwischen einer primären, sekundären und tertiären Prävention unterschieden (vgl. *Trojan* 1996b). Die primäre Prävention umfasst Maßnahmen zur Erhaltung von Gesundheit und zur Verhinderung von Erkrankungsrisiken, die sekundäre betrifft die Behandlung von Risikofaktoren und ersten Krankheiten. Durch die tertiäre Prävention sollen Krankheitsrezidiven und Zweiterkrankungen verhindert werden. Letztere Form der Prävention umfasst beim alten Menschen vor allem Maßnahmen mit dem Ziel der Aufrechterhaltung einer weitgehenden Selbständigkeit, die durch die geriatrische Rehabilitation und durch eine Neugestaltung von Lebensumfeld und weiterer Versorgung gesichert werden soll.

Primäre Prävention

Wie bereits an anderer Stelle gezeigt wurde (vgl. *Kap. 2.9* und *4.2*), entstehen Erkrankungen im Alter durch körperliche, psychische, soziale und ökologische Faktoren. Sie sind insbesondere als „alternde Krankheiten" an lebenszeitliche Belastungen gebunden und chronifizieren sich im Alter. Deshalb richten sich die Maßnahmen der Primärprävention vor allem auf (*Deutscher Bundestag* 1994: 277ff.; *Görres/Martin* 2004: 464):

- Aufklärungsmaßnahmen (z. B. Ernährungsberatung, Bildungsmaßnahmen, Informationen über Angebote, Vorsorgeuntersuchungen);
- Schutzmaßnahmen (z. B. Arbeits- und Umweltschutz);
- verhaltensändernde Maßnahmen (z.B. Vermeidung von Risiken, bewusste Ernährung, körperliche Aktivität, geistige Aktivierung und Gedächtnistraining sowie allgemeine Verbesserung der Lebensbedingungen).

Primäre Prävention hat bereits in frühen Lebensphasen zu beginnen und bezieht sich in der Regel auf Körperhygiene, Ernährung, körperliche und psychisch-geistige Aktivität sowie Vorsorgeuntersuchungen (*BMFuS* 1993: 124ff.). Sie wird auch als „Geroprophylaxe" beschrieben (*Lang* 1994: 290ff.). Eine zentrale Rolle spielen die Ernährungs- und Konsumgewohnheiten (*Dandekar* 2004: 163). Hier sind es vor allem zu viel Kalorienaufnahme, ein zu hoher Fettanteil und zu wenig Ballaststoffe, die zu Übergewicht und Arteriosklerose, Bluthochdruck und Hypercholesterinämie (erhöhter Cholesteringehalt im Blut) führen. Hoher Fleisch-, Fett- und Zuckerkonsum bei gleichzeitig geringem Verzehr von Getreideprodukten, Kartoffeln, Gemüse, Salat und Obst hängen mit dem Auftreten mehrerer Krebsformen zusammen. Als häufige Einzelkrankheit ist der Diabetes mellitus (Typ II) (Zucker) vorwiegend ernährungsbedingt. Weitere klassische Risikofaktoren betreffen das Rauchen und den Alkohol. Starkes Rauchen zieht vor allem Lungenkrebs und eine etwa sechs Jahre kürzere Lebenserwartung nach sich. Ein höherer Cholesterinspiegel im Blut korrespondiert mit einer höheren Erkrankungs- und Sterberate an ischämischen Herzkrankheiten. Mit Bewegungsmangel hängt eine höhere Sterblichkeit an Herz-Kreislauf-Krankheiten und Krebserkrankungen zusammen. Eine entsprechende Ernährung, körperliche Aktivierung und sportliche Betätigung wirken als präventive Maßnahmen ebenso lebensverlängernd wie maßvolles Konsumverhalten.

Ein weiterer Schwerpunkt primärer Prävention betrifft die Veränderung der ökologischen Bedingungen. Dies gilt sowohl für die äußere Umwelt und bauliche Bedingungen der Wohnung als auch für die Arbeitsumwelt. Umweltschutz bezieht sich auf die Reinhaltung der Luft und des Wassers, Vermeidung von Lärm etc.; bei der Wohnung ist auf ausreichenden Raum, geringe Lärmbelastung und nichtschädigende Baustoffe (wie z.B. Vermeidung von Formaldehyd) zu achten. Einen bedeutenden Bereich der umweltbezogenen Prävention stellt der Arbeitsschutz dar. Auch wenn sich in Hinsicht auf Arbeits- und Wegeunfälle, physische, chemische und Arbeitsumgebungsbelastungen in den letzten Jahrzehnten Verbesserungen zeigten und die Zahl der entschädigten anerkannten Berufskrankheiten zurückgegangen ist, bleibt ein bedeutendes Maß an berufsbedingten gesundheitlichen Risiken bestehen. Diese äußern sich z.B. auch in Berufs- und Erwerbsunfähigkeit (vgl. *Naegele* 1992; *Clemens* 1997). Die mit verminderter Erwerbsfähigkeit zusammenhängenden Erkrankungen – mit Relevanz für die Gesundheit im Alter – sind überwiegend chronischer Natur, wie Krankheiten des Skeletts, der Muskeln und des Bindegewebes, aber auch Herz-Kreislauf-Erkrankungen, psychiatrische Diagnosen und bösartige Neubildungen (Krebs) (vgl. *Rehfeld* 1994).

Vorsorge- und vorsorgliche Untersuchungen bilden einen weiteren wesentlichen Bereich primärer Prävention. Damit sollen Gesundheitsstörungen und Erkrankungen möglichst im latenten Frühstadium erkannt werden, um rechtzeitig medizinisch eingreifen zu können. Die früher geringe Zahl von Indikatoren für Vorsorgeprogramme (bei Frauen Brust-, Genital- und Mastdarmkrebs, bei Männern Mastdarm- und Prostatakrebs), ist inzwischen deutlich ausgeweitet worden. Die Inanspruchnahme war vor allem bei Männern am Beginn der 1990er Jahre sehr dürftig: nur 14,1 % der Männer, aber 34 % der Frauen nutzen die kostenlose Krebsvorsorge (vgl. *Deutscher Bundestag* 1994: 280). Im Jahr 2004 nahmen in Deutschland insgesamt 46,8 % der anspruchsberechtigten Frauen und 18,3 % der anspruchsberechtigten Männer an Krebsfrüherkennungsuntersuchungen teil, ein geringerer

Anteil als im Jahr 2003 (*RKI* 2006: 133). Die Maßnahmen zur Früherkennung von Krebserkrankungen in der GKV bei versicherten Rentnern haben sich allerdings von 3,56 Mio. Fällen in 1995 (davon 20,6% Männer) bis 2005 auf 8,8 Mio. Fälle (23,1% Männer) mehr als verdoppelt (*BMG* 2008). Es muss allerdings auf die (auch unter Fachleuten) kontroverse Diskussion über den Nutzen der Krebsvorsorge verwiesen werden.

Im Alter betonen allgemeine Präventionsmaßnahmen besonders den alltagspraktischen Bereich (*Steinhagen-Thiessen u.a.* 1999: 311f.). Damit wird letztlich auch die Fähigkeit zur Selbsthilfe bestimmt. In Hinsicht auf Körperhygiene verdient die Haut- und Zahnpflege besondere Aufmerksamkeit. Da die Haut im Alter besonders leicht verletzbar ist und leicht austrocknet, kann dem durch Reinigungs- und Pflegemaßnahmen vorgebeugt werden. Ansonsten besteht die Gefahr von Hauterkrankungen, wie allergische Ekzeme oder Pilzerkrankungen (Mykosen). Mit der Zahnpflege soll ein kaufähiges Gebiss erhalten werden, auch damit eine Mangelernährung verhindert werden kann. Besonders zahlreich sind Hinweise auf eine ausgewogene Ernährung im Alter (vgl. z.B. *Lang* 1994: 290ff.). Die durchschnittlich empfohlene Energiemenge beträgt 1.900 kcal (Männer) und 1.700 kcal (Frauen). Bei mobilen und aktiven über 65-jährigen Menschen kann der Kalorienbedarf noch zwischen 2.000 und 2.600 kcal liegen (*Lang* 1994: 292). Die Eiweißzufuhr sollte 0,8 g/kg Körpergewicht betragen und der Fettanteil am Gesamtkalorienverbrauch bei 25 bis 30% liegen (*BMFuS* 1993: 125). Eine ausreichende und ausgewogene Ernährung mit einer eiweiß-, vitamin- und ballaststoffreichen Zusammensetzung der Nahrung vermeidet Mangelzustände und hilft, im Alter körperliche Ressourcen zu erhalten. Die Nahrung sollte auf kleinere Einzelmahlzeiten verteilt, und es sollte für ausreichende Flüssigkeitszufuhr gesorgt werden.

Primärprävention im Alter umfasst auch Wohnen und Wohnraumanpassung an die veränderten körperlichen Fähigkeiten. Dies kann sich auf Maßnahmen beziehen, die z.B. bei Bewegungseinschränkungen notwendig werden (Treppen, Türenbreite, Einrichtung, Sanitärbereich etc., vgl. *Kap. 4.6*). Präventive Maßnahmen beziehen sich aber auch auf eine altersgerechte Gestaltung der direkten Wohnumwelt, z.B. auf Verkehrsführung, Gehweg- und Ampelphasengestaltung. Ziel dieser Art von Prävention ist die Vermeidung von Unfällen, Sturzfolgen und sonstigen Verletzungen, die zu einer dauerhaften Einschränkung der Beweglichkeit – und damit Selbständigkeit – führen können.

Einen hohen präventiven Stellenwert nehmen die *körperlichen und geistigen Aktivitäten* ein. Damit verbunden sind die Fähigkeiten zur eigenständigen Freizeitgestaltung, zur Erholung und zu sportlichen Aktivitäten (vgl. *Hartmann-Tews u.a.* 2012). Körperliche Aktivität erhält die Mobilität und Vitalität, die zu den wesentlichen Grundlagen der physischen Kompetenz des alternden Menschen gehören; außerdem senkt sie die Sterblichkeit. Körperliche Aktivitäten und sportliche Betätigung müssen sich dabei an den physiologischen Besonderheiten des alternden Organismus orientieren, da die Kapazität von Organen und Organsystemen mit zunehmendem Alter bereits bei niedrigerer Belastungsintensität erschöpft ist. Geistige Aktivitäten zielen auf die Bewahrung von kognitiven Fähigkeiten. Zur Verbesserung der Gedächtnisfunktionen haben Altersmedizin und Alterspsychologie Behandlungsmethoden entwickelt, durch die Gedächtnisschwächen teilweise kompensiert werden können. So lassen sich Gedächtnisleistungen durch Gedächtnistraining in vielen Fällen deutlich verbessern. Prävention im psychischen Bereich hat primär die Aufgabe, die Erkrankungsrate und Wahrscheinlichkeit des Auftretens psychischer Störungen und Krankheiten zu verringern. Zahlreiche, nicht nur funktionelle, Störungen des höheren Lebensalters sind einer adäquaten Behandlung zugänglich und durchaus reversibel (*Gutzmann* 2006). Zur Prognose psychischer Erkrankungen ist eine Früherkennung unabdingbar, sie könnte z.B. durch eine ein- bis höchstens dreiwöchige „Beobachtungsbehandlung" (Assessment) befördert werden.

Sekundäre und tertiäre Prävention

Aufgabe der *sekundären Prävention* ist die möglichst rechtzeitige Erkennung und Behandlung von manifesten Störungen und Krankheiten. Diese Form der Prävention steht vor der Schwierigkeit, auffällige Symptome und Befunde von altersphysiologischen Veränderungen zu unterscheiden und in Hinsicht auf eine rasche Behandlung zu diagnostizieren. Hier bestimmen auch professionelle und gesellschaftliche Sichtweisen die individuelle Akzeptanz altersbedingter Veränderungen und Gesundheitsstörungen wie auch die Bereitschaft zu aktiven Präventionsmaßnahmen (*Walter u.a.* 1997: 16; *Walter u.a.* 2006). Der sekundären Prävention in Geriatrie und Gerontopsychiatrie kommt hier eine steigende Bedeutung in dem Maße zu, wie es ihr gelingt, Folgen von eingetretenen Krankheiten zu minimieren und trotz eintretender Funktionsverluste die allgemeine Kompetenz möglichst lange zu erhalten und zu fördern (*Deutscher Bundestag* 1994: 281). Die im Alter übliche Multimorbidität macht eine entsprechende ärztliche Qualifizierung notwendig. Dazu ist insbesondere der Arzt in der Praxis zu qualifizieren, damit die der Prävention auch im höheren Alter dienenden, regelmäßig durchzuführenden Kontrolluntersuchungen wie auch die angemessene sekundärpräventive Behandlung gewährleistet sind.

Prävention wird bisher unter den derzeitigen Bedingungen des Gesundheitssystems aber noch vernachlässigt. Die bisher weitgehende Beschränkung präventiver Maßnahmen auf das jüngere Alter wird von dem Dogma der morphologischen und physiologischen Unveränderlichkeit von Einbußen im Alter und von entsprechenden Altersbildern geleitet (*Walter u.a.* 1997: 16; 2006). Diese defizitorientierten Vorstellungen unterstellen fehlende Entwicklungs- und Veränderungsmöglichkeiten und verhindern bisher in vielen Fällen, das vorhandene (auch sekundäre) Präventionspotenzial auszuschöpfen. Denn selbst im höheren Alter können prognostisch bedeutsame Gesundheitsrisiken und sogar morphologische Veränderungen durch entsprechende Verhaltensweisen und geriatrische Präventionsmaßnahmen wirksam reduziert werden.

Mit Maßnahmen der *tertiären Prävention* schließlich sollen die Selbständigkeit der Alterspatienten erhalten und eine Pflegebedürftigkeit verhindert werden. Hierbei gilt es, den Patienten zu stabilisieren und zu rehabilitieren, um Folgeschäden der Krankheit und Rückfälle zu vermeiden. Eventuell zurückbleibende Gesundheitsbeeinträchtigungen werden dadurch minimiert. Die Tertiärprävention sollte als frühe Rehabilitation im interdisziplinären Team möglichst in einem geriatrischen Krankenhaus oder einer geriatrischen Fachabteilung eines Allgemeinkrankenhauses beginnen und durch eine teilstationäre und ambulante Therapiekette ergänzt werden. Im Zuge weiterer präventiver Maßnahmen kann die Hilfsmittelversorgung gesichert werden und eine notwendig gewordene Wohnraumanpassung erfolgen (*Deutscher Bundestag* 1994: 281; vgl. *Kap. 4.6*). Für das Pflegeheim gilt ebenfalls die Notwendigkeit einer präventiven Ausrichtung ärztlicher, pflegerischer und therapeutischer Versorgung. Und schließlich kommen dem öffentlichen Gesundheitsdienst, den niedergelassenen Ärzten, Selbsthilfegruppen und Beratungseinrichtungen wichtige Aufgaben zu, um Rückfälle und Folgeschäden zu verhindern.

Gesundheitsförderung

Gesundheitsförderung zielt als umfassende Perspektive darauf ab, allgemein die Bedingungen und Ursachen von Gesundheit zu beeinflussen (*Trojan* 1996a: 809; *Dahme/Wohlfahrt* 1998). Alle Menschen sollen durch mehr Selbstbestimmung über ihre Gesundheit befähigt werden, individuelle und soziale Ressourcen für die Stärkung der Gesundheit einzusetzen. Gesundheitsförderung verbindet unterschiedliche, einander ergänzende Maßnahmen oder Ansätze einschließlich Information, Erziehung, Gesetzgebung, steuerlicher Maßnahmen, organisatorischer Regelungen, gemeindenaher Veränderungen wie auch spontaner Schritte gegen Gesundheitsgefährdung. In diesem Ansatz wird auch dem alltäglichen Gesundheitshandeln und der Eigenkompetenz der „Laien" ein wichtiger Stellenwert beigemessen (*Faltermaier u. a.* 1998). Deshalb bemüht sich Gesundheitsförderung besonders um eine wirkungsvolle Beteiligung der Öffentlichkeit und stellt primär eine Aufgabe im Gesundheits- und Sozialbereich und keine medizinische Dienstleistung dar.

Ein wichtiger Bereich der *Gesundheitsförderung älterer Menschen* ist die Situation am Arbeitsplatz. Durch einen Wandel der Altersstruktur wird man zukünftig wieder verstärkt auf ältere Arbeitnehmerinnen und Arbeitnehmer zurückgreifen müssen (*Frerichs* 1998; *Clemens* 2001, 2004). Deshalb hat sich die Arbeitswelt längerfristig mehr als heute auf Fähigkeiten und gesundheitliche Bedürfnisse in Hinsicht auf Arbeitsbedingungen und Qualifizierungsmaßnahmen einzustellen. Der betrieblichen Gesundheitsförderung kommt dabei eine Schlüsselposition zu (*Slesina u.a.* 1998). Zwar sind die allgemeinen Aufgaben von Arbeitsmedizin und Arbeitsschutz auf eine weitgehende Prävention von Gesundheitsschäden und Verschleißerkrankungen ausgerichtet, dennoch sind, besonders durch eine Zunahme psychischer und kognitiver Belastungen in vielen Branchen, Folgen für die Gesundheit älterer Arbeitnehmer mit Auswirkungen für den Alternsprozess zu vermuten (*Deutscher Bundestag* 1994: 282). Im Zuge der Einführung neuer Technologien kommen veränderte körperliche Belastungen hinzu. Als Interventionsmaßnahmen der betrieblichen Gesundheitsförderung haben sich Formen der betrieblichen Gesundheitsberichterstattung und „Gesundheitszirkel" bewährt (vgl. *Slesina u.a.* 1998).

Gesundheitsförderung soll allgemein gesundheitsfördernde Lebenswelten schaffen, gesundheitsbezogene Gemeinschaftsaktionen unterstützen, persönliche Kompetenz entwickeln und die Gesundheitsdienste neu orientieren (*Trojan* 1996a: 810). Für ältere Menschen sind alle Bereiche in spezifischer Weise „förderungswürdig". Die gesundheitsfördernde Lebenswelt Älterer umfasst insbesondere die Lebensräume Wohnung, die direkte Wohnumwelt und den weiteren regionalen Bereich. Als Maßnahmen gehören dazu die notwendig werdende Anpassung des Wohnraums an die sich wandelnden Bedürfnisse und Fähigkeiten sowie die Gestaltung der häuslichen Umgebung bis hin zu sicheren Verkehrswegen für ältere Menschen (vgl. *Kap. 4.6*). Besondere Ziele von Gesundheitsförderung im Alter betreffen das Aufbrechen von sozialer Isolation und Stärkung der Eigenkompetenz älterer Menschen. Soziale Isolation kann krank machen, deshalb sollten wohnungsnahe Treffpunkte für alte Menschen oder die Entwicklung von kleinen Nachbarschaftsnetzen und Besuchsdiensten gefördert werden. Von Bedeutung ist weiter der Bereich einer gesunden Ernährung im Alter, durch die Leistungsfähigkeit und Vitalität gestärkt werden. Eine Ernährungsberatung wie auch eine verbesserte Struktur von Haushaltshilfen oder Essensversorgung sind hier als Beiträge zur Gesundheitsförderung denkbar.

In der Organisationsentwicklung liegen ebenfalls Kapazitäten zur Förderung der Gesundheit Älterer. Die Eigenkompetenz älterer Menschen kann durch ein offenes, bürgerfreundliches Verhalten der Behörden, unter anderem über die Einrichtung spezifischer Beratungs- und Vermittlungsdienste, gestärkt werden. Weitere Entwicklungen sind in der gemeindenahen medizinischen und pflegerischen Versorgung sowie bei Angeboten der Altenhilfe für alte Menschen möglich, indem mehr Transparenz der Angebote und eine Vernetzung von Diensten angestrebt werden (vgl. *Kap. 5.1.3*). Eine Gesundheitsförderung durch Organisationsentwicklung hat auch Krankenhäuser und Altenwohneinrichtungen einzubeziehen (vgl. *Pelikan u.a.*

1993). Hierbei geht es um einen bewussteren Umgang mit gesundheitsmindernden Verhältnissen, um die Entwicklung sozialer, therapeutischer und hygienischer Maßnahmen und um die Versorgung, Aktivierung und Rehabilitation der Patienten und Bewohner durch das Personal.

Ein Fazit zur bisherigen Wirksamkeit der Gesundheitsförderung fällt recht negativ aus (*Neumann* 1998). So wird insbesondere der Bereich ambulanter Pflegeleistungen kritisiert. Neben ausbildungs- und berufsspezifischen Defiziten und Managementdefiziten sei vor allem die gesundheitspolitische Ebene für unzureichende Versorgung, Rehabilitation und Prävention verantwortlich. Auch Sozialstationen sind danach den Gesundheitsförderungsaufgaben für alte Menschen in der Regel nicht gewachsen. Als strukturelle Defizite werden genannt: zu häufig wechselndes Personal, das eine Beziehungskontinuität und damit gute Kenntnis der Ressourcen zur Gesundheitsförderung der Gepflegten verhindert, sowie zeitlich variierende Einsätze, die keine autonome Tagesgestaltung der Gepflegten zulassen. Allgemein werden von Seiten der pflegewissenschaftlichen sowie Public-Health-Forschung Kooperations- und Vernetzungsaufgaben als mittelbare und Kommunikation und Beratung als unmittelbare Aufgaben der Gesundheitsförderung für die Pflege gefordert (*Neumann* 1998: 168).

Das von der Weltgesundheitsorganisation (WHO) Anfang der 1980er Jahre entwickelte Aktionsprogramm „Gesundheitsförderung“ stößt in der Realität auf eine Reihe von weiteren Schwierigkeiten (*Trojan* 1996a: 810; *Dahme/Wohlfahrt* 1998), von denen auch ältere und alte Menschen betroffen sind. Programme der Gesundheitsförderung können sich in manchmal ungeeigneter Weise auf Individuen ausrichten, statt sich auf grundlegende ökonomische und soziale Probleme zu richten. Wichtige Gesundheitsinformationen erreichen die Bevölkerung – oder einen Teil, wie manche ältere Menschen – nicht, weil man auf Seiten der Informanten zu wenig Rücksicht auf ihre Erwartungen, Vorstellungen und Handlungsspielräume nimmt. Und letztlich besteht die Gefahr, dass einzelne Berufsgruppen oder Anbieter sozialer und gesundheitlicher Dienstleistungen die Gesundheitsförderung zu ihrer Domäne oder ihrem Spezialgebiet erklären und damit andere Berufsgruppen/Anbieter sowie ehrenamtliche Aktivitäten und Selbsthilfe ausgrenzen.

5.4.2 Beratungsangebote für alte Menschen und deren Angehörige

Beratung für ältere und alte Menschen wird durch Veränderungen in der Lebenslage und dem daraus folgenden Informationsbedarf erforderlich. Da sich in der zeitlich ausgedehnten Lebensphase Alter eine Reihe von Änderungen in Hinsicht auf Beruf, Einkommen und Finanzen, Gesundheit, Wohnen, Pflege, Ernährung und psychosoziale Lagen ergeben, sind in den letzten Jahrzehnten entsprechende Beratungsangebote von Organisationen, Verbänden, Einzelpersonen und auch den Medien entstanden. Insbesondere der Buchmarkt bietet inzwischen eine Fülle von Ratgebern für die unterschiedlichsten Bedürfnisse und Lebenslagen an. Für viele ältere Menschen und ihre Angehörigen bestehen allerdings noch immer Zugangsprobleme und Informationslücken. In den meisten Fällen genügt nicht die einfache Weitergabe von Informationen, da Beratung ein Interaktionsprozess mit dem Ziel der Problemlösung ist (*Amann* 1994: 335). Ein im Alter gegenüber früheren Lebensphasen zusätzlicher Beratungsbedarf entsteht aus der tendenziellen Verkleinerung des sozialen Netzwerks, das früher für Ratschläge und Problemlösungen eher zur Verfügung stand. Außerdem hat sich die Vielfalt an Angeboten aller Art, gesetzlichen Regelungen und professionellen Helfern und Diensten für ältere Menschen ständig vergrößert, sodass ohne fachkundige Beratung und Information kaum ein Überblick für spezifische Bedarfslagen möglich wird.

Beratung und Information werden im Sinne einer „zugehenden Altenberatung" als Dienstleistung wichtig, die Probleme oder Mangelzustände präventiv verhindern soll, damit auch einen Beitrag zur Gesundheitsförderung leistet und die Problemlösungskompetenz Älterer stärkt (*Naegele* 2004: 452). Für persönliche Dienstleistungen gilt bei älteren Menschen in vielen Problemlagen das Prinzip der „Ganzheitlichkeit" der Beratung, da z.B. bereits die Aufnahme in ein geriatrisches Krankenhaus bei einer akuten Erkrankung (wie Schenkelhalsbruch) bereits eine Vielzahl von nachfolgenden Entscheidungen und Aktivitäten nach sich zieht (Ernährung, Rehabilitation, Wohnung erhalten, Wohnraumanpassung etc.). Heute sind die institutionalisierten Formen von Beratung und Information für den älteren Menschen wie für seine Angehörigen am bedeutendsten. Diese werden als Einzel- und Gruppenberatung, durch persönliche Gespräche, über Telefon und Informationsmaterial durchgeführt und finden zu Hause oder in entsprechenden Einrichtungen statt. Beratungsmöglichkeiten werden zunehmend als „zugehende" oder bürgernahe Angebote organisiert, um Hemmnisse oder „Schwellen- und Entfernungsängste" abzubauen.

Als wichtigste Beratungsfelder benennt *Amann* (1994: 336ff.):

- *Einkommen und Finanzen:* Hier geht es vor allem um Renten- und Versicherungsfragen, Ansprüche und veränderte gesetzliche Grundlagen.
- *Wohnung:* Im Wohnbereich geht es um rechtliche Fragen, Wohnraumanpassung durch technische und Einrichtungsveränderungen, Modernisierung und Sanierung des Wohnraums, Wohnungstausch und Umzugsbereitschaft (vgl. Kap. 4.6).
- *Ernährung:* Ernährungsberatung wird durch physiologische Veränderungen im Alter, bei Rekonvaleszenz nach akuten Erkrankungen oder einfach zur Stärkung der Vitalität erforderlich.
- *Gesundheit:* Beratung zur Prävention, zu Gesundheitsverhalten und Re-

habilitation (vgl. Kap. 5.4.1), zu Pflege für Angehörige, zu weiteren gesundheitlichen Diensten und Angeboten, oft auch von Selbsthilfegruppen geleistet, stehen hier im Vordergrund.

- *Rechtsberatung:* Diese wird zwar in der Praxis der Altenhilfe seltener praktiziert, hat aber z. B. für Fragen des Lebensunterhalts, „Entmündigung" und Vormundschaft, von Haftung und Versicherung bis zu Erbschaft und Pflegschaft eine oftmals weitreichende Bedeutung.
- *Vermittlung sozialer Dienste:* Sie sind bei nachlassenden Fähigkeiten zur Erhaltung von häuslicher Selbständigkeit und kommunikativen Beziehungen erforderlich, z. B. als Haushaltshilfen, Pflegedienste, Fahrdienste, Versorgung mit Essen und Besuchsdienste (vgl. Kap. 5.2.1).
- *Psychosoziale Beratung:* Entsprechende Hilfen werden in Krisensituationen, bei Partnerverlust, Aufgabe der eigenen Wohnung, schweren Erkrankungen bis hin zum Umgang mit Sterbenden für alte Menschen und ihre Angehörigen wichtig.
- *Therapieangebote:* Hier kann ein Überblick zu den zur Verfügung stehenden und angemessenen Angeboten vermittelt werden.
- *Freizeitanimation, kulturelle Aktivitäten, Bildungsangebote:* Dazu sind ebenfalls ein Angebotsüberblick sowie Informationen über Zugangsvoraussetzungen und Kostenübersichten zu geben.

Psychosoziale Beratung älterer Menschen gewinnt zunehmend an Bedeutung, ist aber mit einigen Schwierigkeiten behaftet. So sind normale psychologische Beratungsstellen selten auf die besonderen Bedürfnisse und psychosozialen Voraussetzungen älterer Menschen hin ausgerichtet, zudem bestehen noch erhebliche Zugangsprobleme. Entsprechend gering ist der Anteil Älterer in diesen Einrichtungen, und Beratungen kommen häufig über die Vermittlung anderer Personen (Angehörige, ambulante Betreuer, Pflegepersonal) zustande. Die in Beratungsstellen tätigen Psychologen oder Ärzte haben selten eine ausreichende Ausbildung, auch in ihrer psychotherapeutischen Weiterbildung fehlte eine entsprechende Wissens- und Praxisvermittlung (*Radebold* 1994: 264). Die psychosoziale Beratung ist häufig in eine allgemeine Altenberatung integriert und stellt die beratende Person wegen der altenspezifischen Problemlagen vor besondere Anforderungen. Da die öffentlichen Beratungs- und Therapieangebote für ältere Menschen nur unzureichend sind, haben sich auch in diesem Bereich zahlreiche Selbsthilfegruppen und koordinierende Institutionen gebildet. Inzwischen wird der größte Teil therapeutischer Hilfen von Gruppen als Form der „neuen Ehrenamtlichkeit" geleistet, die ihren originären Schwerpunkt in Aktivitäten zur gegenseitigen Unterstützung in Krisen und entsprechenden Lebenslagen hat. So verfolgen z.B. in Nordrhein-Westfalen von 850 gezählten Altenselbsthilfegruppen, -initiativen und -projekten 35% soziale und 9% psychosoziale Anliegen (*Knopf u. a.* 1999: 129).

Ein weiterer Schwerpunkt von Beratung gilt den Angehörigen von älteren und alten Menschen, die in besonderen Problemlagen sind. Ein Bereich gilt der Unterstützung für pflegende Angehörige im Familienkontext. Mit der Pflegeversicherung besteht inzwischen die Möglichkeit der finanziellen Unterstützung und sozialversicherungsrechtlichen Absicherung familiärer Pflege, aber auch von Angeboten an Kursen für Pflegepersonen, pflegende Angehörige oder andere ehrenamtlich Pflegende. Die Pflegekurse sollen Fertigkeiten, Informationen und Beratung vermitteln, um die häusliche Pflege zu erleichtern und zu entlasten (vgl. z.B. *Wilz u.a.* 2001). Selbsthilfegruppen bieten emotionale Entlastung für pflegende Angehörige und helfen, soziale Kompetenzen zum Umgang mit schwieriger werdenden Pflegepersonen zu vermitteln. Die wichtigsten Anbieter psychosozialer Beratung sind Gemeinden, manchmal auch Landkreise, die Träger der freien Wohlfahrtspflege und die Einrichtungen der sozialen Dienste sowie Sozialämter (*Amann* 1994: 337).

Als Beispiel für die Beratung von Angehörigen kann das Angebot für Partnerinnen, Partner oder Kinder demenziell erkrankter alter Menschen gelten. Die Demenz verändert die Kranken während des Krankheitsprozesses schließlich in allen Wesenszügen, indem die emotionalen und kognitiven Fähigkeiten zerstört werden (vgl. *Werner* 1997; *Kap. 2.7.2*). Schwierige Persönlichkeitsmerkmale verstärken sich bei einem Teil der Patienten oder treten sogar völlig neu auf. Dadurch sind die pflegenden Angehörigen großen emotionalen Belastungen ausgesetzt, die zu Depressionen führen können. Die gefühlsmäßige Sicherheit einer langdauernden Partnerschaft wird in Frage gestellt, und eingespielte, gegenseitig bezogene Formen des Verhaltens und Vertrauens werden brüchig. Mit den gefühls- und kräftemäßigen Überforderungen, die nach Zeiten mit großer Belastung eintreten können, entstehen bei den Pflegenden eventuell Aggressionen und unkontrollierte Reaktionen. Diese wirken sich dann in Selbstvorwürfen und Hoffnungslosigkeit aus. Deshalb benötigen viele der Pflegenden professionelle Beratung und emotionale Unterstützung (vgl. zur Übersicht *Neumann* 1993; *Fuhrmann u.a.* 1995).

Dabei lassen sich nach *Bruder* (1999: 347f.) folgende Elemente voneinander unterscheiden:

1. Grundsätze der Beratungstätigkeit sowie drei thematische Schwerpunkte: das Informieren, Verständlichmachen, Vermitteln,
2. die Unterstützung beim Akzeptieren der Verluste (von Wesenszügen und Fähigkeiten der Kranken) und bei der Trauer darüber und
3. die Auseinandersetzung mit schwierigen Persönlichkeitsanteilen und daraus entstandenen Beziehungsstörungen.

Zu den *Grundsätzen der Beratungstätigkeit* gehört es, die emotionalen Grundlagen der Pflegeanstrengung und Motive für die Übernahme der Pflege zu verstehen. Auf dieser Basis können die vorhandenen Verpflichtungsgefühle und die persönliche Bedeutung der Pflege für den pflegenden Angehörigen eingeschätzt werden, auch in ihren Auswirkungen auf die spätere psychische Bewältigung der Pflegeepisode und auf das Vertrauen in den eigenen Alternsprozess der Pflegenden. Die Beratung muss darauf hinwirken, bei einer konfliktreichen und zerrissenen Pflegesituation in fortgeschrittenen Krankheitsstadien eine Trennung und Fortsetzung der Versorgung in einer Pflegeinstitution zu erreichen. Andernfalls kann die gefühlsmäßige Bindung zwischen dem dementen Kranken und dem pflegenden Partner zerstört werden, während sich das Verhältnis mit dem Einsatz professioneller Kräfte wieder zu entspannen vermag.

Zu den *Informationen* gehören unter anderem die biologischen und psychologischen Fakten, die Vermutungen zur Entstehung und Häufigkeit der Demenzen, die medikamentösen Ansätze, Forschungsbemühungen, Kenntnisse über geeignete Milieus sowie Lebensqualität fördernde Interaktion, Pflegetechniken, Selbsthilfeinitiativen, Hilfsangebote und deren sozialrechtliche Grundlagen. Symptomatik und Erleben der Kranken sollen *verständlich gemacht* und Effekte der Pflege und die Gefühlswelt der Kranken *vermittelt* werden. Ein weiteres Beratungsziel für Partnerinnen bzw. Partner oder Kinder (meist Töchter) ist das behutsame Verdeutlichen der irreversiblen Verluste in der Persönlichkeit und den Fähigkeiten der demenziell Kranken, um die *Akzeptanz von Verhaltensänderungen* zu erreichen, wenn bei langen, zum Teil fast symbiotischen Beziehungen die Bereitschaft dazu fehlt. Letztlich hat die Beratung auf die Gründe für *Persönlichkeits- und Beziehungsstörungen* hinzuweisen, die in der Pflegesituation durch das Aufleben früherer, nicht bearbeiteter Konflikte und durch die Umkehrung der Machtverhältnisse zwischen Eltern und Kindern entstehen.

Kapitel 6
Zusammenfassung: Lebensphase Alter und Altersstrukturwandel

Es ist fast unmöglich, ein einfaches Fazit aus der Darstellung aller Aspekte zu ziehen, die sich mit der Lebensphase Alter verbinden. Zu lang, zu vielfältig, zu plural und heterogen in den Lebensformen und Lebensstilen stellt sich die letzte Phase des Lebens dar, zu unterschiedlich verlaufen Alternsprozesse. Deshalb erscheint es angemessen, statt von der „Lebensphase Alter" besser von den *Lebensphasen im Alter* und unterschiedlichen *Lebenslagen und Lebenswelten im Alter* zu sprechen. Im Grunde bestimmen physische, psychische, soziale und gesellschaftliche Alternsprozesse diese Lebensphase; statt vom kalendarischen Alter ist vom *konstitutionellen* oder *funktionalen Alter* auszugehen. Bereits die Abgrenzung des Alters vom mittleren Erwachsenenalter bereitet Schwierigkeiten. War es seit der Einführung der Alterssicherungssysteme üblich, den Übergang in den Ruhestand als soziale Normierung und Beginn des Alters zu verstehen, so haben sich heute die Grenzen durch eine Vielfalt von Pfaden, die aus dem Erwerbsleben herausführen, und durch die tendenzielle Veränderung normativer Zuschreibungen von „alt" verwischt. Auch wenn sich die Grundelemente einer „Institutionalisierung des Lebenslaufs" – wie Familienzyklus und Erwerbssystem – zum Alter hin verändert haben, besteht kein Grund zu der Feststellung, dass sich die Kategorie „Alter" in den Lebenslauf oder in Generationenbeziehungen auflöse. Von einer „altersintegrierten Gesellschaft" kann noch lange nicht gesprochen werden, eher von „Alter(n) als gesellschaftlichem Problem" (*Backes* 1997a), da durch den demographischen und Altersstrukturwandel sozialstaatliche Muster brüchig werden und Defizite in der Vergesellschaftung des Alters entstehen. Die Lebensphase Alter ist demgemäß unter einer Vielzahl von Prämissen zu betrachten, um einen Überblick zu ihren individuellen, sozialen und gesellschaftlichen Facetten zu gewinnen.

Historisch entstand die Lebensphase Alter im Zuge der modernen Arbeitsgesellschaft als sozialpolitisches Konstrukt: Mit der Einführung der Rentenversicherung im Zuge der *Bismarck*schen Sozialgesetzgebung wurde die Basis für eine eigenständige Lebensphase mit einer Entpflichtung von Erwerbsarbeit und bedarfsdeckenden Lohnersatzleistungen gelegt. Sie ermöglichte eine Entwicklung zur abgrenzbaren gesellschaftlichen Teilgruppe älterer Menschen mit eigenem Normensystem und kulturellen Lebensformen. Endgültig durchgesetzt hat sich Alter als sozial gesicherte Lebensphase und Ruhestand in (West-)Deutschland erst seit den 1950er Jahren, als mit der Rentenreform 1957 eine Ausweitung des Versichertenkreises und eine Anbindung an die Erwerbseinkommen gelang.

Eine weitere Entwicklung im letzten und in diesem Jahrhundert, von der die Lebensphase Alter gesellschaftlich entscheidend geprägt wird, wurde durch den demographischen Wandel und die sogenannte *Alterung der Gesellschaft* ausgelöst. Seit Beginn des 20. Jahrhunderts haben ein deutlicher Rückgang der Geburtenhäufigkeit und eine zunehmende Langlebigkeit zu einer Verringerung des Anteils von Kindern und Jugendlichen und zu einer Verdreifachung der Zahl über 65-jähriger Menschen geführt. Die quantitative Zunahme des Anteils von Menschen im Alter von über 60 oder 65 Jahren hat nicht nur eine deutlich verlängerte Altersphase zur Folge, sondern verändert auch das Gesicht unserer Gesellschaft und stellt zunehmend die Grundfesten sozialstaatlicher Regelungen in Frage. Nicht nur der „Generationenvertrag“ der Rentenversicherung gerät ins Wanken, auch die gesellschaftliche Rolle der Alten und ihre Bedeutung in der Gesellschaft müssen neu überdacht werden.

Dazu haben auch Entwicklungen beigetragen, die als *Strukturwandel des Alters* charakterisiert werden. Diese Strukturveränderungen sind einerseits demographisch bedingt, resultieren aber andererseits aus gesellschaftlichen Entwicklungen, die durch einen Wandel von Institutionen, (sozial)rechtlichen Normen, Altersbildern, kulturellen Phänomenen und nicht zuletzt von Lebens- und Konsumstilen der wachsenden Zahl älterer und alter Menschen hervorgerufen worden sind. Die Veränderungen des Alters betreffen eine Vielzahl von Lebensbereichen, wie Familie, Beruf, Freizeit, Wohnen, Einkommen, Konsum und gesellschaftliche Partizipation, aber auch Lebensumstände wie Krankheit, Hilfe- und Pflegebedürftigkeit. Im Zuge des demographischen und Alterswandels haben sich die Bedeutung der Altersphase im Lebenslauf und geschlechtstypische Ausprägungen des Alter(n)s deutlich verändert. Der quantitative Anteil älterer und alter Frauen ist aufgrund ihrer höheren Lebenserwartung und kriegsbedingter Ausfälle der heute alten Männer ständig gestiegen. Angesichts eines Anteils von zwei Drittel an den über 60-jährigen und von drei Viertel der über 75-jährigen Menschen in unserer Gesellschaft trifft die Feststellung „das Alter ist weiblich“ das quantitative Verhältnis prägnant. Doch mit dem „Strukturwandel des Alters“ sind eine Reihe weiterer Entwicklungen zu fassen.

So hat *Tews* (1993) versucht, den Altersstrukturwandel durch fünf Konzepte zu beschreiben. Ein Reihe von Phänomenen lassen sich einer *Verjüngung des Alters* zuordnen: einerseits positive Verjüngungseffekte, wenn sich z.B. die heute Älteren im Vergleich zu früheren Alterskohorten selbst als jünger einschätzen, andererseits negative Effekte, die sich in den zunehmenden Arbeitsmarkt- und Verrentungsproblemen älterer Arbeitnehmer äußern und von einer frühen Zuschreibung von „alt“ im Arbeitsprozess und einem früheren Eintritt in die Rente begleitet werden. Neutrale oder negative Verjüngungseffekte ergeben sich für Frauen aus einer zeitlichen Verdichtung der Ereignisse, die ihren Familienzyklus prägen, und die zu einem heute deutlich früheren Abschluss der Kindererziehungsphase geführt haben.

Die *Entberuflichung des Alters* als zweites Konzept steht in Verbindung mit dem ersten: Im Strukturwandel ist eine zunehmend lange Alterszeit ohne Berufstätigkeit entstanden, hervorgerufen von einem „Frühverrentungstrend" mit dem Resultat einer durchschnittlich früheren Berufsaufgabe und durch eine erhöhte Lebenserwartung. Der Prozess der Berufsaufgabe selbst hat in dieser Entwicklung ein anderes Gesicht erhalten: durch zusätzliche Pfade in den Ruhestand mit vermehrten Zwängen und Wahlmöglichkeiten, durch eine Flexibilisierung des Übergangs und durch gewandelte individuelle Einstellungen sowie gesellschaftliche Auseinandersetzungen um den (vorzeitigen) Übergang in den Ruhestand. Damit sind Orientierungen auf einen frühen Ruhestand hin entstanden, die mit der Anhebung der Altersgrenzen (durch die Rentenreform 1992 und Entscheidung zur Rente mit 67 Jahren im Jahr 2007) in Konflikt geraten können. Ältere Frauen sind durch ihre steigende Erwerbsquote immer öfter mit Problemen der späten Erwerbstätigkeit und Berufsaufgabe konfrontiert. Allgemein hängen Entwicklungen zur Entberuflichung mit einer stärkeren Differenzierung der Altersphase und der Entwicklung des Typs „junge Alte" zusammen.

Im Konzept der *Feminisierung des Alters* wird das Bild vom höheren Alter durch das quantitative Übergewicht der Frauen geprägt. Damit gehen eine Reihe von Merkmalen einher, die für Alter an sich als charakteristisch angesehen werden: häufiges Alleinleben, Altersarmut, Gefährdung und Abhängigkeit. Frauen im Alter überleben oft ihre Männer und sind überwiegend verwitwet, ledig oder geschieden, während Männer bis ins hohe Alter überwiegend mit einer Partnerin zusammenleben. Der größte Teil der Altersarmut trifft Frauen. Auch wenn sie nicht mehr so prekär ist wie die früheren Formen der „alten Armut", verbinden sich lebenslange Benachteiligungen durch geringes Einkommen mit neu im Alter auftretenden Problemen, wie Alleinleben, Krankheit und Behinderung. Frauen sind im Alter häufiger auf familiäre und ambulante oder stationäre professionelle Hilfe angewiesen und machen einen Großteil der Klientel in den Einrichtungen der Altenhilfe aus. Sie fragen aber auch stärker als Männer die sich ausweitenden Bildungs- und kommunikativen Angebote nach und prägen so die Angebote der Altenhilfe.

Singularisierung als viertes Konzept verdeutlicht den Trend zum Alleinleben im Alter mit allen Konsequenzen für die Lebenslage und den Lebensstil. Betroffen sind vorwiegend Frauen, sie leben überwiegend in Einpersonenhaushalten und haben den potenziell höchsten Hilfebedarf im Alter. Verbunden mit der Singularisierung kommt es besonders zum Risiko gesellschaftlicher Isolation und Einsamkeit, wenn keine Kinder existieren und das verwandtschaftliche und soziale Netzwerk klein ist. Alleinleben muss nicht Vereinsamung bedeuten, da fehlende familiäre Bezüge auch durch ein außerfamiliäres und nachbarschaftliches Netz von Kontakten ersetzt werden können. Mit dem Übergang in ein Heim reduzieren sich allerdings die sozialen Beziehungen beträchtlich.

Mit der *Hochaltrigkeit* als fünftem Konzept werden Auswirkungen der steigenden Langlebigkeit von Menschen beschrieben. Diese äußern sich zum Teil in Erscheinungen, die bereits in den anderen Konzepten enthalten sind: ein sich verkleinerndes Netz familiärer und außerfamiliärer Beziehungen, familiäre Isolierung und häufigere Vereinsamung. Hinzu kommen die Auswirkungen eines sich im Alter wandelnden Gesundheitszustands, der sich in einer Zunahme von Multimorbidität, chronischen sowie psychischen Erkrankungen (wie Demenzen) und mentalen Verschlechterungen äußert. Damit sind Auswirkungen auf den Umfang von Pflege- und Behandlungsbedürftigkeit und das gesundheitliche Versorgungssystem verbunden: die Notwendigkeit des zeitweiligen Übergangs in stationäre Einrichtungen, von mehr teilstationären Einrichtungen zur Kurzzeitpflege oder Rehabilitation und letztlich des Übergangs in Heime, der allerdings lebenszeitlich immer später erfolgt. Hochaltrigkeit beschreibt aber nicht nur eine Lebensphase von Defiziten und Einschränkungen, sondern erfasst auch eine zunehmende Zahl alter Menschen, die kompetent und vital bis kurz vor ihrem späten Tod (mit ergänzenden Hilfen) ihre Selbständigkeit bewahren.

Damit wird der Blick auf die *subjektive Konstitution der Lebensphase Alter* gelenkt. Denn auch das Alter kann sich der Entwicklung gesellschaftlicher Normen und veränderter Lebensstile und Lebensformen nicht entziehen, die sich durch einen allgemeinen sozialstrukturellen Wandel ergeben. Lebenslagen im Alter sind deshalb immer auch im soziohistorischen Kontext und im Lichte der Veränderungen durch sozialen Wandel zu analysieren. Gesellschaftliche Prozesse haben seit den 1960er Jahren in Deutschland – zunächst im Westen und seit Anfang der 1990er Jahre als „nachholende Modernisierung“ auch im Osten – zu einer „Individualisierung“ und „Pluralisierung der Lebensformen“ geführt. Wenn auch die Sozialwissenschaften – und insbesondere die Soziologie – über Umfang und Richtung dieser Prozesse streiten, so zeigen empirische Belege – auch für die Lebensphase Alter – doch einen entsprechenden Wandel an. Die Lebenslage im Alter ist außer von den aktuellen Bedingungen durch lebenslange Prozesse und Entscheidungen geprägt, die bei einer Individualisierung zunehmend eigenverantwortlich und weniger institutionell zu gestalten sind. Die heute älteren und alten Menschen haben zwar ebenfalls mehr Entscheidungsfreiheit, da traditionelle Orientierungen brüchig werden, doch ihre Biographie war noch mehr als die der heute jüngeren Generation durch institutionelle Rahmenbedingungen und Zwänge geprägt, die im Konzept der „Institutionalisierung des Lebenslaufs“ enthalten sind. Deshalb werden erst die zukünftigen Alterskohorten stärker individualisiert und subjektorientiert leben (müssen), heutige dagegen sind bisher eher vom Strukturwandel der jüngeren Generationen betroffen.

Das Leben im Alter hat sich z.B. immer stärker mit den *Folgen veränderter Familienkonstellationen* und sich wandelnder Werte und Normen auseinanderzusetzen. Häufigere Scheidungen und Formen des Getrenntlebens – auch bei älteren Paaren – haben die Singularisierung im Alter verstärkt. Die generative und Familienentwicklung führten zur sogenannten „Bohnenstangenfamilie", die viele gleichzeitig lebende Generationen mit jeweils wenigen Personen bedeutet. Die Eigenständigkeit des Lebens und Wohnens im Alter wird gerade von den Älteren gewünscht und verteidigt. Der Rekurs auf die Kindergeneration zu Zwecken sozialer Beziehungen, Integration, Sinnstiftung und Hilfe erscheint zunehmend brüchig, die Generationenbeziehungen ändern sich. Obwohl empirische Untersuchungen noch einen regen Austausch der Generationen anzeigen, wird z.B. die „Pflegebereitschaft der Töchter" durch deren steigende Erwerbsbeteiligung und reklamierte „Rechte auf ein Stück eigenes Leben" zukünftig tendenziell in Frage gestellt. Gerade die Veränderungen in der „weiblichen Normalbiographie" haben traditionelle Muster der Generationenbeziehungen modifiziert. Ein schrumpfender Umfang jüngerer Geburtskohorten liefert dazu den quantitativen Rahmen.

Freisetzungsprozesse im Alter gehen mit einem Wandel traditioneller Leitbilder für das Altern und die Lebensphase Alter einher. Das Alter entspricht immer weniger dem Bild des zurückgezogenen, passiven Ruhestands. Verbesserte materielle, soziale und gesundheitliche Ressourcen bieten Gestaltungsmöglichkeiten, die immer seltener dem Bild des „Disengagement" entsprechen. Bildungsaktivitäten, ehrenamtliches Engagement und sonstige nachberufliche Tätigkeitsfelder vermitteln bei manchen Alter eine „business ethic", die durch neue Angebote der offenen Altenhilfe oder von staatlichen Modellprojekten unterstützt wird. Das neue Leitbild jenseits von „Rückzug" oder „Aktivitäten" wird geprägt von Begriffen wie „produktives Altern" oder „Kompetenz im Alter", durch die Entwicklung von Fähigkeiten und Fertigkeiten zur Aufrechterhaltung einer möglichst langen Selbständigkeit. Das Bild des kranken, verwirrten oder behinderten Alten ist teilweise – mit medialer Unterstützung – durch das Bild des „neuen Alten" ersetzt worden, der gesund, vital, lebensfroh und unternehmungslustig seinen materiell gut ausgestatteten Lebensabend genießt und eine neue Kultur des Alterns propagiert.

Alter ist als Lebensphase in ihrer Erscheinungsform pluraler und differenzierter geworden, frühere Selbstverständlichkeiten gesicherter Lebensführung sind teilweise verloren gegangen. Die damit einhergehende Entroutinisierung des Alltags betrifft fast alle Lebensbereiche: soziale Beziehungen, Wohnen und Freizeitformen, Aktivitäten, Verhaltensweisen und Lebenssinn ebenso wie den Umgang mit Gesundheit, Krankheit und unterstützenden Hilfen. Lebensentwürfe, wie z.B. das Festhalten an tradierten

Formen der Familienpflege, werden langsam hinfällig. So rechnen ältere Frauen, die selber klaglos ihre Eltern pflegten, für ihr eigenes Alter kaum noch mit dieser Unterstützung durch ihre Kinder. Die Altersphase ordnet sich nach neuen Kriterien und verlangt neue Lebensentwürfe. Allgemein verbesserte Ressourcen bieten dazu eine Grundlage. Die Fähigkeiten zur Neuorientierung und Entwicklung neuer Verhaltens- und Lebensgewohnheiten sind allerdings genauso ungleich verteilt wie die verbesserten materiellen, gesundheitlichen und sozialen Ressourcen im Alter.

Soziale Ungleichheit nimmt *im Alter* nicht ab, sondern verlagert sich teilweise von materiellen zu immateriellen Dimensionen. Mit dem Lebenslauf haben sich sozialstrukturelle Unterschiede zum Alter hin verfestigt, und die Ungleichheit der über das Erwerbssystem verteilten Lebenschancen chronifiziert sich im Alter. Wenn die Gesundheit und die Struktur sozialer Netzwerke im höheren Lebensalter Schichtunterschiede der materiellen Lage zu überlagern scheinen, so wird diese „Einebnung“ ungleicher Lebenslagen durch die größere Überlebenswahrscheinlichkeit höherer Sozialschichten teilweise wieder relativiert. Soziale Ungleichheit im Alter resultiert nicht nur aus unterschiedlichen Alterseinkommen, sondern äußert sich in einer Vielzahl ungleicher Handlungsspielräume der Lebenslage: Konsum- und Gesundheitsformen, die Wohnbedingungen in privaten Haushalten oder in Institutionen der Altenhilfe, Freizeitformen, Teilhabechancen am öffentlichen Leben oder Hilfen sowie informelle und formelle Unterstützung differieren beträchtlich nach der sozialen Schichtzugehörigkeit.

Weiterhin bedeutsam bleiben *die sozialen Differenzen im Alter,* die zwischen *Ost- und Westdeutschland* bestehen. Zwischen den Gebieten der ehemaligen beiden deutschen Staaten bestehen weiterhin so deutliche Unterschiede in den Lebenslagen älterer und alter Menschen, dass von „zwei deutschen Altern“ gesprochen werden kann. Zwar gibt es bei Renteneinkommen Angleichungen und für Frauen sogar ein höheres Rentenniveau, aber bei den effektiven Alterseinkommen und bei Vermögen bestehen deutliche Unterschiede. Die Entberuflichung hat seit der Vereinigung im Osten noch deutlichere Spuren hinterlassen als im Westen; der Anteil von Erwerbstätigkeit nach dem 55. Lebensjahr und sonstiger nachberuflicher Tätigkeiten liegt hier weiterhin niedriger (Ausnahme: ältere weibliche Erwerbstätige). Auch in den Lebensstilen der ost- und westdeutschen Alten zeigen sich charakteristische Unterschiede. Die Lebensformen sind im Osten mehr auf Familie und Beruf und weniger auf Individualität, Freizeitstile sind mehr auf Häuslichkeit hin ausgerichtet. Die Wohnverhältnisse älterer Menschen im Osten gestalten sich – trotz deutlicher Verbesserungen – noch immer etwas schlechter, da noch ein höherer Anteil von Wohnungen mit geringerem Standard existiert. Insgesamt wird von einem höheren Bedarf an „nachholender Modernisierung“ des Alters in den neuen Bundesländern ausgegangen.

Eine weitere zentrale Kategorie sozialer Ungleichheit im Alter wird durch die *Geschlechtszugehörigkeit* geprägt. Über berufsbiographische Benachteiligung und rentenrechtliche Regelungen sind alleinstehende Frauen (vor allem geschiedene) aus unteren Sozialschichten materiell am schlechtesten gesichert, und sie bilden am ehesten die klassische Klientel der Sozialhilfe. Alte Frauen benötigen am häufigsten fremde Hilfe und Unterstützung im Alter. Sie gehören überwiegend zu den Alleinlebenden mit schlechteren Wohnbedingungen und ungünstiger Infrastruktur, bilden die weitaus größte Gruppe von Bewohnerinnen und Bewohnern der Alten- und Pflegeheime und sind am häufigsten Opfer von Gewalt gegen alte Menschen. Und sie sind am meisten zu Umstellungen und Akzeptanz von Veränderungen gezwungen, da sie am häufigsten Brüche in ihrer Biographie aufweisen und kritischen Lebensereignissen ausgesetzt sind. Das Alter ist weiblich – auch in den benachteiligten Ausprägungen der Lebenslage.

Deutliche Unterschiede bestehen innerhalb unserer Gesellschaft auch in den Lebenslagen der deutschen und ausländischen Wohnbevölkerung. Die Zahl *älterer Migrantinnen und Migranten* steigt, ausgehend von einem niedrigen Niveau, inzwischen überproportional. Die erste Generation von Arbeitsmigranten, die vor allem in den 1960er Jahren nach Westdeutschland gekommen ist, hat inzwischen das Ruhestandsalter erreicht. Ihr Alter ist häufiger mit sozialen Risiken verbunden, da ihre Berufsbiographien in vielen Fällen größere Lücken aufweisen. Bei ihnen werden in dieser Altersphase die ethnischen Bezüge und Netzwerke bedeutsamer. Sie unterliegen stärkeren Gefährdungen durch veränderte Familienstrukturen und schrumpfende Netzwerkbeziehungen, denn ein Teil der Migranten kehrt im Alter in die Heimat zurück. Weitere Probleme entstehen, wenn sich mit zunehmendem Alter Hilfe- und Pflegebedürftigkeit einstellen, da die Institutionen der Altenhilfe zu wenig auf ältere Migranten eingerichtet sind. Öffentliche Hilfen werden durch die kulturellen und sozialen Unterschiede der vielfältigen in Deutschland lebenden Ethnien vor besondere Herausforderungen gestellt.

Als ein *vorläufiges Fazit* lässt sich feststellen, dass der Lebensabschnitt „Alter“ einerseits schwer abzugrenzen ist und andererseits eine kaum noch zu überschauende Vielfalt von Lebenslagen hervorgebracht hat. Die individuelle Lebenslage im Alter oder die von vergleichbaren Personengruppen sind ohne Rekurs auf lebenszeitliche und epochale Entwicklungen kaum verständlich. Die schichten- und geschlechtsspezifisch bestimmten Gelegenheitsstrukturen finden eine spezifische Ausprägung im Alter und sind überformt von politischen, sozialstaatlichen und kulturellen bis hin zu kohortenspezifischen Rahmenbedingungen. Das Leben im Alter wird in unserer Gesellschaft heute von einer breiten Spanne unterschiedlicher Lebenslagen bestimmt, die zwischen der „späten Freiheit“, Vitalität und Kompetenz auf der einen und Abhängigkeit, Gebrechlichkeit und Isolation auf der anderen Seite oszilliert.

Mit dem demographischen und Altersstrukturwandel stellt sich die Frage nach der *Vergesellschaftung des Alters* immer deutlicher. Welche Bezüge bestehen zur Gesellschaft und zu anderen gesellschaftlichen Gruppen, wie kann eine erneute gesellschaftliche Einbindung gelingen, nachdem die bis heute praktizierte berufliche Ausgliederung durch das Muster des „gesicherten Ruhestands" langsam obsolet wird? Da die Erwerbsarbeit im Alter als Medium der Vergesellschaftung weiterhin bei vielen Personen vor Vollendung des 65. Lebensjahrs wegfällt, sind neue Tätigkeitsformen in der nachberuflichen Phase an ihre Stelle getreten. Die verbesserten Ressourcen, mehr Beweglichkeit, eine größere Selbstbestimmung und die Zwänge zur subjektiven Lebensführung haben zu mehr gesellschaftlicher Präsenz des Alters in unserer Gesellschaft geführt. Gegenüber diesen aktiven, in gesellschaftlichen Bezügen stehenden Alten bleiben andererseits an den Rändern der Gesellschaft Gruppen älterer Menschen zurück, die krank, vereinsamt und isoliert im eigenen Haushalt oder in Alters- und Pflegeheimen der Gesellschaft „entrückt" und zur eigenständigen Lebensführung nicht mehr in der Lage sind. Hier sind nicht nur die Sozialpolitik für alte Menschen und die offene Altenhilfe gefordert, sondern auch Entwicklungen zu mehr Subsidiarität, zu einer neuen Sozialität und zu mehr nachbarschaftlichen Netzen.

Um die Defizite einer bisherigen Vergesellschaftung des Alters zu überwinden, wurde die *Vision einer altersintegrierten Gesellschaft* entwickelt. Bisherige Altersbarrieren und Altersgrenzen, die vorwiegend auf altersdifferenzierten Strukturen und Rollen in Ausbildung, Erwerbstätigkeit und Ruhestand beruhen, sollen durch eine andere lebenslaufbezogene Verteilung von Bildung, Arbeit und Freizeit überwunden werden. Damit wäre die „strukturelle Diskrepanz" zwischen den Fähigkeiten älterer Menschen und ihren Möglichkeiten, diese gesellschaftlich einzubringen, zu verringern. Die gewohnte Form der Lebensführung im Alter löst sich dann tendenziell in einem System pluraler Lebenswelten mit pluralen Alterskulturen auf. Es lassen sich Trends in Richtung auf eine altersintegrierte Gesellschaft ausmachen, aber auch gegenläufige Entwicklungen. Wir befinden uns heute noch in einem Entwicklungsstadium der gesellschaftlichen Unbestimmtheit des Alters, die sowohl Elemente einer altersintegrierten als auch einer altersdifferenzierten Gesellschaft enthält: In Hinsicht auf Institutionen, Erwerbsleben, Lebenslauf und Sozialpolitik ist die Gesellschaft weiterhin alterssegregiert, in Hinsicht auf Kultur, Konsum und Lebensstile teilweise bereits altersintegriert.

Damit bleibt letztlich die *Frage nach der Zukunft des Alters*. Demographische Prognosen zeigen das wachsende quantitative Gewicht der Gruppe älterer Menschen in den nächsten Jahrzehnten. Werden damit ihr gesellschaftlicher Einfluss und ihre politische Macht ebenfalls anwachsen? Diese Frage wird sehr kontrovers diskutiert, ohne zu konkreten Prognosen zu kommen. Es überwiegen die leicht negativ gefärbten Einschätzungen, die von zunehmenden Konflikten zwischen Jung und Alt um die gesellschaftlichen Ressourcen ausgehen, ohne dass sie zu einem „Krieg der Generationen“ ausarten müssen. Dem Austausch der Generationen und einer gewissen Solidarität der Generation untereinander werden weiterhin Chancen eingeräumt, allerdings nur um den Preis von ausgleichenden und gerechtigkeitstiftenden politischen Initiativen. Zukünftige Gesellschaftspolitik muss eine Generationenpolitik beinhalten.

In vielen gesellschaftlichen Teilbereichen wird der Alterswandel Veränderungen erzwingen. So wird es im Bereich der sozialen Sicherungssysteme weitere Anpassungen geben müssen. Zwar steigen die Ausgaben für die Renten- und Pflegeversicherung nicht zwangsläufig mit der zahlenmäßigen Zunahme älterer und alter Menschen, und die Liquidität dieser Versicherungszweige wird auch maßgeblich vom Stand des Erwerbspersonenpotenzials abhängen, aber um einen „Umbau“ (nicht Abbau!) des Sozialstaats wird kein Weg herumführen. Der Staat als Produzent von „Wohlfahrt“ steht dabei vor einem Dilemma: Obwohl er wegen Knappheit der Mittel laufend seine Ziele einschränkt, muss er weiter für die Legitimität des Systems einstehen. Die starken Belastungen der Rentenversicherung müssen zwar nicht zum Zusammenbruch des Systems führen, sie werden aber die schon heute geführte Diskussion nach Verteilungsgerechtigkeit entstehender Belastungen und knapper Ressourcen zwischen den Generationen anfachen. Die „intergenerationale Solidarität“ in der privaten Sphäre zeigt als andere Ausdrucksform im Generationenverhältnis bisher relativ stabile Muster gegenseitiger Unterstützung und Hilfen, aber auch sie wird zukünftig mit anderen Formen gesellschaftlicher Produktivität und anderen Akteuren als nur den familialen gedacht werden müssen. Frühere Selbstverständlichkeiten werden brüchig und erzwingen für die Zukunft eine Neufassung der „Solidarität“.

Die demographische Alterung der Arbeitsgesellschaft stellt die Sicherung des zukünftigen Erwerbspersonenpotenzials in Frage. Der Arbeitsmarkt und die Betriebe haben sich in den nächsten Jahrzehnten wegen einer starken quantitativen Verringerung der jüngeren Erwerbskohorten wahrscheinlich auf eine höhere Erwerbsbeteiligung älter Arbeitnehmer und mehr Alterserwerbsarbeit einzustellen, auch wenn die steigende Erwerbsquote von Frauen und Rationalisierungsstrategien dem Trend entgegenstehen. Obwohl Prognosen über Arbeitsmarktprozesse der nächsten Jahrzehnte – auch wegen der Produktivitätsentwicklung und der Öffnung europäischer Arbeitsmärkte – schwerfallen, werden in Zukunft größere Anforderungen an lebenslanges Lernen und an eine (Re-) Qualifizierung älterer Arbeitnehmer entstehen. Der Schwerpunkt dieser Aufgabe wird der betrieblichen Ebene zukommen.

Die Bedeutung von „Alter“ als aussagekräftige Kategorie sozialwissenschaftlicher Analyse wird insofern schwinden, als sich diese Lebensphase beständig weiter differenziert. Allgemeine Problemlösungsstrategien sind bei dieser Entwicklung deshalb immer weniger angemessen. Allgemein wird das Alter der Zukunft stärker gesellschaftlich eingebunden sein, und zumindest das „jüngere Alter" wird wieder mehr gesellschaftliche Verantwortung übernehmen (müssen und wollen). Das Muster des „sozial gesicherten Ruhestands" wird nicht obsolet, die Renteneinkommen werden aber auf ein geringeres Niveau abgesenkt und um mehr Eigenverantwortlichkeit des Alters ergänzt. Der Zwang zur subjektiven Lebensführung weitet sich auch auf das Alter stärker aus. Doch nicht nur die mit einer fortschreitenden Individualisierung verbundenen Zwänge werden die Lebensphase Alter prägen, sondern auch die mit gewachsenen Ressourcen einhergehenden Chancen.

Glossar

Anomie: Ein gesellschaftlicher Zustand des Zusammenbruchs von Werten und Normen. In anomischen Situationen fällt es dem Individuum schwer, seine soziale Identität zu finden.

Altersklasse: Werden bestimmte Alter in bestimmten Kategorien zusammengefasst (etwa 50- bis 60-Jährige), so spricht man von Altersklassen. → Generation, → Kohorte

Assimilation: Minderheiten werden an die als „normal“ geltenden Werte, Normen, Traditionen und Weltanschauungen einer Gesellschaft angepasst und so möglichst vollständig integriert.

Demographischer Wandel/Umbruch: Mit „demographischer Wandel“ wird die Veränderung der Zusammensetzung der Altersstruktur einer Gesellschaft bezeichnet. Die sog. „Alterung der Gesellschaft“, hervorgerufen durch schwindende Geburtenziffern und einem deutlichen Anstieg der Lebenserwartung in einer Gesellschaft, wird häufig auch als „demographischer Umbruch“ mit vielfältigen Folgen für die Gesellschaftsstruktur im Allgemeinen und soziale Sicherungssysteme, Generationenverhältnisse und Generationenbeziehungen im Besonderen verstanden.

Deprivation: Deprivation bezeichnet einen Mangel bzw. Entzug von sozialen Interaktionen, die dazu führen, dass grundlegende soziale, menschliche Fähigkeiten nicht erworben werden. Besonders nachhaltig sind diese Störungen bei Säuglingen und Kleinkindern, bei denen diese Entwicklungsrückstände oft nicht wieder aufgeholt werden können (Hospitalismus). Sie können aber auch in späteren Lebensphasen bei Einschränkungen der sozialen Beziehungen auftreten, z. B. bei Einsamkeit im Alter.

Disziplinierung: Disziplinierung ist das Gewöhnen an Disziplin bzw. das Erziehen dazu, sodass der- oder diejenige sich auf Ordnung bedacht verhält, sich bewusst ein- bzw. unterordnet sowie korrekt und zurückhaltend ist.

Empirische Sozialforschung: Es werden Daten zur Analyse und Erklärung sozialer Phänomene erhoben. Die Erhebung folgt einem System methodischer Regeln. Die Ergebnisse der Analyse sollten eine Allgemeingültigkeit besitzen oder – bei qualitativer Forschung – es ermöglichen, die Besonderheiten spezifischer Individuen/Gruppen in der Gesellschaft zu verstehen.

Fertilität, Fertilitätsniveau: In der Demographie versteht man darunter die Fruchtbarkeit (Gebärfähigkeit) von Frauen. Das Fertalitätsniveau bezieht sich meist auf die sog. totalen Fertilitätsrate (TFR) als rechnerische Durchschnittsgröße, welche die Zahl der Kinder angibt, die eine (Durchschnitts-) Frau im Laufe ihres Lebens – meist zwischen ihrem 15. und 45. Lebensjahr – zur Welt bringt.

Funktionalismus: Jeder Teil, jede soziale Beziehung, Organisation, jedes Element und jede Eigenschaft einer Gesellschaft hat eine soziale Funktion (d. h. eine Bedeutung für die Gesellschaft) inne. → Strukturfunktionalismus

Generation: Soziologisch umfasst eine Generation alle etwa gleichaltrigen Personen, die wegen der gemeinsam erlebten Gesellschaftssituationen/historischen Ereignisse ähnliche Einstellungen, Werte, Orientierungen und Verhaltensformen teilen. Es werden familiale, politische und pädagogische Generationen unterschieden. → Kohorte, → Altersklasse

Gesellschaft: Form des menschlichen Zusammenlebens, das nicht nur bürgerliches Zusammenwirken (Vereinigung zur Befriedigung und Sicherstellung gemeinsamer Bedürfnisse) umfasst. Es existieren zudem ein vom Individuum losgelöster Handlungsrahmen (z. B. das Rechtssystem, Ökonomie, Politik, Institutionen, Kommunikationsstrukturen).

Habitus/habitualisiert: Ein Habitus ist ein verinnerlichter, verkörperter Teil des kulturellen Einflusses, bestehend aus bestimmten Sprechweisen, Gestiken, Formen sich zu präsentieren, Denkweisen und Selbstbildern, wobei es eine Disposition/Neigung zu einem bestimmten Habitus gibt. Innerhalb einer sozialen Gruppe teilen die Mitglieder in der Regel einen Habitus.

Indikatoren: Statistische Maßzahlen, die gesellschaftlich relevante Sachverhalte/Merkmale quantitativ messbar machen und so willkürliche Interpretationen verhindern. Beispiel: Lebenserwartung. Oft werden ganze Indikatorensysteme angestrebt, um mehrere Dimensionen zu erfassen, z. B. objektive Lebensbedingungen und subjektiv empfundene Lebensqualität.

Institutionalisierung/soziale Institution: Institutionen sind soziale Einrichtungen, die eine normative Wirkung in sofern ausüben, als dass sie das soziale Handeln formen und beschränken. Sie geben Struktur und definieren Pflichten (z. B. Schulpflicht) und gesellschaftliche Erwartungen. Sie sichern sowohl die Befriedigung menschlicher Bedürfnisse, als auch Erfordernisse der Gesellschaft. Institutionen können sein: Familie, Kirche, Einrichtungen der Erziehung und Ausbildung, Wirtschaft u.a.

Interaktion: Wechselseitig aneinander orientierendes und interpretiertes Verhalten, das das jeweilige Handeln und jeweilige Einstellungen beeinflusst. → symbolische Interaktion

Intergenerational: Nennt man das Verhältnis bzw. die Interaktion zwischen zwei (oder mehreren) Generationen.

Intrapersonal/interpersonal: Intrapersonal ist ein Prozess/Zustand, der innerhalb einer Person stattfindet bzw. besteht. Interpersonales dagegen findet zwischen zwei oder mehreren Personen statt.

Kohorte: Eine Kohorte ist die Gesamtheit von Menschen, die zum gleichen Zeitpunkt (oder definierten Zeitspanne) vom gleichen Ereignis betroffen sind. Solche Ereignisse können sein: Geburt, Einschulung, Abitur, Heirat, Verrentung etc. → Generation, → Altersklasse

Konstrukt: Ein Konstrukt ist eine Arbeitshypothese oder gedankliche Hilfskonstruktion für die Beschreibung erschlossener Phänomene.

Legitimation: Berechtigung, allgemeine Anerkennung, Begründung.

Normativ: Als Norm geltend, maßgebend, als Richtschnur dienend; aufgrund von Erfahrung gewonnene, besonderen Erfordernissen entsprechende Regel, Anweisung, Vorschrift.

Partizipation: Partizipation ist die Teilnahme bzw. Teilhabe an sozialen und politischen Entscheidungsprozessen. (Partizipation einer Person gibt es z.B. bei der Erstellung eines Dienstplanes oder etwa bei politischen Wahlen).

Pathologisierung: Bei der Pathologisierung wird ein Phänomen zu etwas vom Normalen Abweichenden erklärt.

Person-Umwelt/Kontext-Passung: Die Person-Umwelt-Passung beschreibt das Verhältnis zwischen einem Individuum, seinen persönlichen, individuellen Bedürfnissen und der jeweiligen gegebenen Umwelt. Dem Konzept nach erlebt eine Person seine Umwelt umso negativer, je weniger sie seinen persönlichen Bedürfnissen entspricht. →Umweltanforderungs-Kompetenz-Modell

Pluralisierung (der Lebensformen): Zunehmende Differenzierung der Lebensformen, weniger einheitliche bzw. alterstypische Lebensformen.

Prothetische Umwelt: Bei einer prothetischen Umwelt ersetzen sowohl soziale als auch räumliche Umwelten physische, emotionale, sensorische und kognitive Einschränkungen von Menschen.

Prozess des Alter(n)s: Der Prozess des Alterns beinhaltet nicht nur die Veränderung der Ressourcen und Kompetenzen (z.B. körperliche Abbauprozesse, langsamere Verarbeitungsgeschwindigkeit, Reduzierung des Wortschatzes und der Gedächtnisfunktionen, Verringerung der Problemlösungskompetenzen), sondern auch, wie der gegebene Kontext den Prozess beeinflusst (z.B. bei der Selbständigkeit) sowie die eingesetzten Ressourcen, um Verluste zu regulieren.

Reziprozität: bedeutet Gegenseitigkeit, auch „Prinzip der Gegenseitigkeit" genannt, und stellt ein Grundprinzip menschlichen Handelns dar. Abgeleitet aus dem Lateinischen (reciprocere bzw. reciprocus) kann es folgende Bedeutungen haben: aufeinander bezüglich, gegenseitig, wechselseitig, im umgekehrten Zusammenhang zueinander stehend. In zahlreichen soziologischen Theorien werden gleichartige Fragen auch unter dem Begriff „Tausch" behandelt. In der Soziologie wird es als ein universelles soziales Prinzip angesehen. Menschen sind voneinander gegenseitig abhängig, Reziprozität gehört sogar zu einer Bedingung des Menschwerdens selbst. Durch Gegenseitigkeit entstehen Beziehungen und gegenseitiges Vertrauen.

Selbstkompetenz: Selbstkompetenz entsteht aus denjenigen funktionalen und sozialen Fähigkeiten, die jemand innehat, die zu einer der natürlichen, selbständigen, der sozialen Umgebung angepassten Lebensweise beitragen und deren Anerkennung seitens der Gesellschaft ermöglichen.

Selbstwirksamkeit: Selbstwirksamkeit ist das wahrgenommene Maß an Autonomieerleben und Einflussnahme am Umweltgeschehen. Die Handlungsmacht wird durch die Umwelt kontrolliert. Die Wahrnehmung und das Bedürfnis, Einfluss zu nehmen, ist stark biographie- und selbstkonzeptabhängig (das eigene Bild des Selbst, „wie nehme ich mich wahr").

Soziale Klasse: Eine Klasse besteht aus einer Gruppe innerhalb der Bevölkerung, deren Mitglieder im strukturellen Sinne wirtschaftlich gleichgestellt sind (z.B. ähnliche Berufsgruppe), sich in einer ähnlichen sozialen Lage befinden und durch gemeinsame Interessen verbunden sind. → Soziale Schicht

Soziale Lage: In Analysen der modernen Gesellschaften werden neuere Konzepte verwandt. An die Stelle der Begriffe der Sozialen Klasse/Schicht tritt z.B. der Begriff der sozialen Lage. Er beschreibt mehr Dimensionen der sozialen Ungleichheit als die anderen Konzepte. Die Dimensionen werden voneinander unabhängig betrachtet, stehen nicht hierarchisch geordnet und können je nach Gewicht eine verschieden große Dominanz auf die Lebenslage ausüben (z.B. soziale Absicherung, Arbeitsbedingungen, soziale Beziehungen, Diskriminierungen/Privilegien). → Soziale Klasse, → Soziale Schicht

Soziale Rolle: Bestimmte soziale Position, die eine Menge von normativen Verhaltenserwartungen seitens einer oder mehrerer Bezugsgruppen, Einstellungen, Verpflichtungen und Vorteilen mit sich bringt, z.B. die Rolle der Mutter, des Kollegen, des Enkels etc. → Sozialisation, → Interaktion

Soziale Schicht: Mitglieder einer Gesellschaft werden aufgrund von Statusmerkmalen wie z.B. Einkommen, Besitz, Bildung oder Beruf in Schichten eingeteilt. Eine Schicht besteht aus Mitgliedern mit ähnlich hohem Status. Es gibt Schichtgrenzen, die Schichten voneinander abgrenzen (höhere/niedrigere Schicht) und das Verhalten ihrer Mitglieder gegenüber denen einer anderen Schicht beeinflussen. Gegenüber Klassenansätzen wird eine größere soziale (vertikale) Mobilität unterstellt. → Soziale Klasse

Soziale Ungleichheit: Das Konzept der sozialen Ungleichheit beschreibt durch verschiedene Merkmale unterschiedliche Lebensbedingungen und Chancen von Individuen. Dies sind auf der einen Seite vertikale Merkmale wie Alter, Herkunft, Einkommen, Beruf, und auf der anderen Seite horizontale Merkmale wie Kontakt- und Unterstützungschancen, Wohn(umwelt)bedingungen und kulturelle Partizipation. Soziale Ungleichheit ist biographieabhängig (z.B. Bildungschancen, Geschlecht) und prozessual.

Sozialisation: Prozess des Hineinwachsens in eine Gesellschaft durch Formung des eigenen sozialen Handelns, von Normen und Werten durch gesellschaftliche Einflüsse/kulturelle Gegebenheiten, Erziehung, die eigene Persönlichkeit (z.B. Bemühen um Fortbildung) etc. → Soziale Rolle, → Interaktion

Sozialstruktur/-analyse: Die Sozialstruktur setzt aus Teilelementen zusammen, die aus relativ dauerhaften Grundlagen und Wirkungszusammenhängen sozialer Beziehungen und sozialer Gebilde (Gruppen, Institutionen) in einer Gesellschaft bestehen. Die Analyse versucht die wichtigsten, prägenden Elemente zu erfassen und sie auf ihren Einfluss und Wechselwirkungen hin zu untersuchen.

Sozialwissenschaften: Die Sozialwissenschaften beschäftigen sich mit dem Menschen und seiner Gesellschaft in vielerlei Formen. Hierzu gehören z.B. folgende Disziplinen: Soziologie, Volkswirtschaftslehre, politische Wissenschaft, Ethnologie und Psychologie. → Soziologie

Soziologie: Die Soziologie gehört zu den Gesellschafts-/Sozialwissenschaften. Sie erforscht die vielfältigen Strukturen der Gesellschaft(en), des sozialen Handelns und der sozialen Gebilde und untersucht, welchem sozialen Wandel sie unterliegen. Dabei sind die Gegenstände der Forschung die Vergemeinschaftung (Familie, Nachbarschaftsbeziehungen, soziale Gruppen) und die Vergesellschaftung (Organisationen, Institutionen, Staat) der Menschen.

Stereotyp: Ein Stereotyp entsteht bei einer vereinfachenden, selektiven Selbst- und Fremdwahrnehmung, bei der einzelne Eigenschaften einer Gruppe generalisiert werden, und ist schließlich ein eingebürgertes Vorurteil. Ein Beispiel für einen Altersstereotyp ist etwa „Alle alten Menschen sind langsam."

Struktur: Beschreibt den inneren Aufbau, Zusammenhang und Wechselbeziehungen einzelner Elemente eines komplexen (Beziehungs-)Gefüges. In der Gesellschaftsanalyse geht es vornehmlich darum, die „soziale Wirklichkeit" in ihrer Struktur zu fassen.

Strukturfunktionalismus: Theorie, nach der bestimmte Strukturen bzw. Institutionen innerhalb eines Gesellschaftsgefüges die Bedürfnisse der Gesellschaft befriedigen; die Gesellschaft erhält sich selbst durch Erschaffung funktionierender und benötigter Strukturen

Strukturwandel: Veränderungen in der Gesellschaftsstruktur oder von einzelnen Teilbereichen der Gesellschaft (z.B. „Strukturwandel des Alters"), die mit der allgemeinen Struktur der Gesellschaft in Beziehung steht und die beeinflusst.

Symbolische Interaktion: Individuen interpretieren Handlungen und Reaktionen anhand ihres eigenen Kenntnisstandes/Rollenverständnisses immer wieder neu und formen so die gesellschaftliche Wirklichkeit. Symbolische, reflexiv soziale Handlungen zeigen den gesellschaftlichen Aufbau auf, z.B. Erwartungen, Machtgefüge. → Interaktion

System, soziales: Statisch: Einheit von in einem Sinnzusammenhang stehenden Elementen (Individuen, Gruppen, Organisationen, Institutionen), die gegenüber einer Umwelt abgrenzbar sind. Prozessual: Zusammenhang von wiederholbaren und sich wiederholenden Vorgängen. Geht es bei dem zu analysierenden Objektbereich um soziale Elemente oder Prozesse (Normen, Rollen, Institutionen oder Handlungen, Intentionen), ist deren Zusammenhang/Einheit als soziales System zu betrachten.

Systemtheorie: In der Systemtheorie werden empirische Gegenstände zu strukturierten Einheiten zusammengefasst, die mit ihrer Umwelt und miteinander in Beziehung stehen. In der Systemtheorie setzt sich die Gesellschaft aus diesen komplexen Einheiten zusammen, die dann miteinander verglichen und analysiert werden, um allgemeingültige Prinzipien zu erkennen und Aussagen über die Funktionsweise von Systemen machen zu können (z.B. zur Vollständigkeit oder Selbstregulierung). Zur Systemtheorie gehört z.B. der Strukturfunktionalismus. → Struktur, → Strukturfunktionalismus, → System

Umweltanforderungs-Kompetenz-Modell: Wie auch der Ansatz der Person-Umwelt-Passung, versucht das Umweltanforderungs-Kompetenz-Modell zu erklären, welche sozial-räumliche Umgebung für das Altern optimal ist. Bei diesem Ansatz erklärt man die Passung zwischen individuellen Ressourcen und der Umwelt mit altersbedingtem Rückgang von Ressourcen, der Einfluss der Umwelt auf das Erleben und Verhalten steigt, und Personen im Alter agieren zunehmend reaktiv agieren. → Person-Umwelt-Passung

Vergesellschaftung/Vergesellschaftungsmodelle: Unter Vergesellschaftung versteht man die Einbindung von Menschen in gesellschaftliche Bezüge, vermittelt über Institutionen wie Familie, Bildung und Erwerbsarbeit, unter Vergesellschaftungsmodelle verschiedene gedankliche Möglichkeiten/Träger/Institutionen des Einbezugs von Individuen in die Gesellschaft.

Literatur

Adam, Christian (1998): Depressive Störungen im Alter. Epidemiologie und soziale Bedingungen. Weinheim/München: Juventa.
Alber, Jens (1994): Soziale Integration und politische Repräsentation von Senioren. In: Verheugen, G. (Hg.): 60plus. Die wachsende Macht der Älteren. Köln: Bund, S. 145-168.
Alber, Jens/Schölkopf, Martin (1999): Seniorenpolitik. Die soziale Lage älterer Menschen in Deutschland und Europa. Amsterdem:G+B Verlag Fakultas.
Albrecht, Günter (1989): Soziale Probleme. In: Endruweit, G./Trommsdorff, G. (Hg.): Wörterbuch der Soziologie. Stuttgart: Enke, S. 506-513.
Allmendinger, Jutta (1990): Der Übergang in den Ruhestand von Ehepaaren. Auswirkungen individueller und familialer Lebensverläufe. In: Mayer (Hg.), S. 272-303.
Allmendinger, Jutta (1994): Lebensverlauf und Sozialpolitik. Die Ungleichheit zwischen Mann und Frau und ihr öffentlicher Ertrag. Frankfurt/New York: Campus.
Allmendinger, Jutta/Brückner, Hannah/Brückner, Erika (1992): Ehebande und Altersrente oder: Vom Nutzen der Individualanalyse. In: Soziale Welt, 43, S.90-116.
Amann, Anton (1983): Lebenslage und Sozialarbeit. Elemente zu einer Soziologie von Hilfe und Kontrolle. Berlin: Duncker & Humblot.
Amann, Anton (1990): In den biographischen Brüchen der Pensionierung oder der lange Atem der Erwerbsarbeit. In: Hoff, E.-H. (Hg.): Die doppelte Sozialisation Erwachsener. München: DJI, S. 177-204.
Amann, Anton (1993): Soziale Ungleichheit im Gewande des Alters – Die Suche nach Konzepten und Befunden. In: Naegele/Tews (Hg.), S. 100-115.
Amann, Anton (1994): „Offene" Altenhilfe – Ein Politikfeld im Umbruch. In: Reimann/Reimann (Hg.), S. 319-347.
Amann, Anton (1998): Altwerden: Übergänge oder Brüche? In: Clemens/Backes (Hg.), S. 121-144.
Amann, Anton (2000): Sozialpolitik und Lebenslagen älterer Menschen. In: Backes/Clemens (Hg.), S. 53-74.
Amann, Anton/Kolland, Franz (Hg.) (2008): Das erzwungene Paradies des Alters? Fragen an eine Kritische Gerontologie. Wiesbaden: VS Verlag.
Amrhein, Ludwig (2004): Der entstrukturierte Lebenslauf? Zur Vision einer altersintegrierten Gesellschaft. In: Zeitschrift für Sozialreform, 50, S. 147-169.
Amrhein, Ludwig (2004a): Die zwei Gesichter des Altersstrukturwandels und die gesellschaftliche Konstruktion der Lebensführung im Alter. In: Backes, G.M./Clemens, W./Künemund, H. (Hg.): Lebensformen und Lebensführung im Alter. Wiesbaden: VS Verlag, S. 59-86.
Amrhein, Ludwig (2008): Drehbücher des Alter(n)s. Die soziale Konstruktion von Modellen und Formen der Lebensführung und -stilisierung älterer Menschen. Wiesbaden: VS Verlag.
Amrhein, Ludwig/Backes, Gertrud M. (2007): Alter(n)sbilder und Diskurse des Alter(n)s. Anmerkungen zum Stand der Forschung. In: Zeitschrift für Gerontologie und Geriatrie, 40, S. 104-111.
Arber, Sara/Ginn, Jay (1991): Gender and later life. A sociological analysis of resources and constraints. London: Sage.

Atchley, Robert C. (1971): Retirement and leisure participation. Continuity or crisis? In: The Gerontologist, 11, 13-17.
Atchley, Robert C. (1976): The sociology of retirement. Cambridge: Schenkman.
Atchley, Robert C. (1977): The social forces in later life. An introduction to social gerontology. 2nd edit. Belmont, Calif.: Wadsworth.
Atchley, Robert C. (1989): A continuity theory of normal aging. The Gerontologist, 29, S. 183-190.
Atchley, Robert C. (1999): Continuity and adaptation in aging: Creating positive experiences. Baltimore, MD: Johns Hopkins University Press.
Bäcker, Gerhard (1999): Leistung und Erfahrung. Altern in der Arbeitsgesellschaft. In: Niederfranke u. a. (Hg.) (1999b), S. 53-96.
Bäcker, Gerhard/Naegele, Gerhard (1993): Alternde Gesellschaft und Erwerbstätigkeit. Modelle zum Übergang vom Erwerbsleben in den Ruhestand. Köln: Bund.
Bäcker, Gerhard/Ebert, Thomas (1996): Zukunft des Sozialstaates. Defizite und Reformbedarf in ausgewählten Bereichen der sozialen Sicherung. Düsseldorf: MAGS.
Bäcker, Gerhard/Dieck, Margret/Naegele, Gerhard/Tews, Hans Peter (1989): Ältere Menschen in Nordrhein-Westfalen. Gutachten. Düsseldorf: MAGS.
Bäcker, Gerhard/Naegele, Gerhard/Bispinck, Reinhard/Hofemann, Klaus/Neubauer, Jennifer (2008a): Sozialpolitik und soziale Lage in Deutschland. Band 1: Grundlagen, Arbeit, Einkommen und Finanzierung. 4. Aufl. Wiesbaden: VS Verlag.
Bäcker, Gerhard/Naegele, Gerhard/Bispinck, Reinhard/Hofemann, Klaus/Neubauer, Jennifer (2008b): Sozialpolitik und soziale Lage in Deutschland. Band 2: Gesundheit, Familie, Alter und Soziale Dienste. 4. Aufl. Wiesbaden: VS Verlag.
Backes, Gertrud M. (1983): Frauen im Alter. Ihre besondere Benachteiligung als Resultat lebenslanger Unterprivilegierung. 2. Aufl. Bielefeld: AJZ.
Backes, Gertrud M. (1987): Krisenbewältigung als Frauenarbeit – Zur Privatisierung der Folgen beruflicher Frühausgliederung. In: Backes/Clemens (Hg.), S. 184-202.
Backes, Gertrud M. (1994): Balancen pflegender Frauen – zwischen traditioneller Solidaritätsnorm und modernen Lebensformen. In: Zeitschrift für Frauenforschung, 12, S. 113-128.
Backes, Gertrud M. (1997a): Alter(n) als gesellschaftliches Problem? Zur Vergesellschaftung des Alter(n)s im Kontext der Modernisierung. Opladen: Westdeutscher Verlag.
Backes, Gertrud M. (1997b): Lebenslage als soziologisches Konzept zur Sozialstrukturanalyse. In: Zeitschrift für Sozialreform, 43, S. 704-727.
Backes, Gertrud M. (1998a): Alternde Gesellschaft und Entwicklung des Sozialstaats. In: Clemens/Backes (Hg.), S. 257-286.
Backes, Gertrud M. (1998b): Zwischen Erwerbsarbeit und häuslicher Pflege – Perspektiven der Vereinbarkeit für Frauen und Männer in Deutschland. In: Naegele, G./Reichert, M. (Hg.): Vereinbarkeit von Erwerbstätigkeit und Pflege in nationaler und internationaler Perspektive. Band 1. Hannover: Vincentz.
Backes, Gertrud M. (1998c): Erwerbslosigkeit im Lebensverlauf als soziales Alter(n)srisiko für Frauen. In: Naegele, G./Schütz, R.-M. (Hg.) (1998): Soziale Gerontologie und Sozialpolitik für ältere Menschen. Gedenkschrift für Margret Dieck. Opladen: Westdeutscher Verlag, S. 101-119.
Backes, Gertrud M. (2001): Lebenslagen und Alter(n)sformen von Frauen und Männern in den neuen und alten Bundesländern. In: Deutsches Zentrum für Altersfragen (Hg.): Lebenslagen, soziale Ressourcen und gesellschaftliche Integration im Alter. Expertisen zum Dritten Altenbericht der Bundesregierung – Band III. Opladen: Leske + Budrich, S. 11-115.

Backes, Gertrud M. (2005): Arbeit nach der Arbeit: Ehrenamtlichkeit und Freiwilligenarbeit älterer Menschen – Möglichkeiten und Illusionen. In: Clemens u. a. (Hg.), S. 155-184.
Backes, Gertrud M. (2007): Geschlechter – Lebenslagen – Altern. In: Pasero, U./Backes, G.M./Schroeter, K.R. (Hg.): Altern in Gesellschaft. Ageing – Diversity – Inclusion. Wiesbaden: VS Verlag, S. 151-183.
Backes, Gertrud M. (2008): Von der (Un-)Freiheit körperlichen Alter(n)s in der modernen Gesellschaft und der Notwendigkeit einer kritisch-gerontologischen Perspektive auf den Körper. In: Zeitschrift für Gerontologie und Geriatrie, 41, S. 188-194.
Backes, Gertrud M./Clemens, Wolfgang (Hg.) (1987): Ausrangiert!? Lebens- und Arbeitsperspektiven bei beruflicher Frühausgliederung. Bielefeld: AJZ.
Backes, Gertrud M. (unter Mitarbeit von Eva-Maria Neumann) (1991): Ältere und alte Frauen in Berlin (West) – geschlechtsspezifische Alter(n)sproblematik in der Großstadt. Kasseler Gerontologische Schriften 12. Kassel: Gesamthochschulbibliothek.
Backes, Gertrud M./Clemens, Wolfgang (1998): Alter(n) und Gesellschaft im Strukturwandel der Modernisierung. In: Clemens/Backes (Hg.), S. 7-20.
Backes, Gertrud M./Clemens, Wolfgang (Hg.) (2000): Lebenslagen im Alter. Gesellschaftliche Bedingungen und Grenzen. Opladen: Leske + Budrich.
Backes, Gertrud M./Clemens, Wolfgang/Schroeter, Klaus R. (Hg.) (2001): Zur Konstruktion sozialer Ordnungen des Alter(n)s. Opladen: Leske + Budrich.
Backes, Gertrud M./Clemens, Wolfgang (Hg.) (2002): Zukunft der Soziologie des Alter(n)s. Opladen: Leske + Budrich.
Backes, Gertrud M./Clemens, Wolfgang (2003): Hochaltrigkeit in Deutschland. In: Gesellschaft - Wirtschaft - Politik 51, S. 183-194.
Backes, Gertrud M./Clemens, Wolfgang (2006): Soziologische Alternstheorien. In: Oswald u. a. (Hg.), S. 36-42.
Backes, Gertrud M./Höltge, Jacqueline (2008): Überlegungen zur Bedeutung ehrenamtlichen Engagements im Alter. In: Erlinghagen, M./Hank, K. (Hg.): Produktives Altern und informelle Arbeit in modernen Gesellschaften. Wiesbaden: VS Verlag, S. 277-300.
Backes, Gertrud M./Amrhein, Ludwig/Wolfinger, Martina (2008): Gender in der Pflege: Herausforderungen für die Politik. Bonn: Friedrich-Ebert-Stiftung.
Backes-Gellner, Uschi/Veen, Stephan (Hg.) (2012): Altern, Arbeit und Betrieb. Stuttgart: Wissenschaftliche Verlagsgesellschaft.
Ballnus, W. (1995): Die Hospizidee – Eine neue Ars moriendi? In: Zeitschrift für Gerontologie und Geriatrie, 28, S. 242-246.
Baltes, Margret M. (1984): Altern und Tod in der psychologischen Forschung. In: Winau, R./Rosemeier, H.P. (Hg.): Tod und Sterben. Berlin: de Gruyter, S. 237-251.
Baltes, Margret M. (1996): The many faces of dependency in old age. Cambridge: Universitiy Press.
Baltes, Margret M./Kohli, Martin/Sames, Karl (Hg.) (1989): Erfolgreiches Altern: Bedingungen und Variationen. Bern/Göttingen/Toronto: Huber.
Baltes, Margret M./Horgas, Ann L./Klingenspor, Barbara/Freund, Alexandra M./Carstensen, Laura L. (1996): Geschlechtsunterschiede in der Berliner Altersstudie. In: Mayer/Baltes (Hg.), S. 573-598.
Baltes, Margret M./Montada, Leo (Hg.) (1996): Produktives Leben im Alter. Frankfurt/New York: Campus.
Baltes, Paul B. (1987): Theoretical propositions of life-span development psychology: On the dynamics between growth and decline. In: Developmental Psychology, 23, S. 611-626.
Baltes, Paul B. (1990): Entwicklungspsychologie der Lebensspanne: Theoretische Leitsätze. In: Psychologische Rundschau, 41, S. 1-24.

Baltes, Paul B. (2006): Hoffnung mit Trauerflor. Lebenslänge contra Lebensqualität – von der Menschenwürde im hohen Alter. In: Neue Züricher Zeitung, Nr. 257, 4./5. November 2006, S. 30.

Baltes, Paul B./Baltes, Margret M. (1989a): Optimierung durch Selektion und Kompensation – ein psychologisches Modell erfolgreichen Alterns. In: Zeitschrift für Pädagogik, 35, S. 85-105.

Baltes, Paul B./Baltes, Margret M. (1989b): Erfolgreiches Altern: mehr Jahre und mehr Leben. In: Baltes u. a. (Hg.), S. 5-10.

Baltes, Paul B./Mittelstraß, Jürgen (Hg.) (1992): Zukunft des Alterns und gesellschaftliche Entwicklung. Berlin/New York: de Gruyter.

Barkholdt, Corinna (Hg.) (2001): Prekärer Übergang in den Ruhestand. Handlungsbedarf aus arbeitsmarktpolitischer, rentenrechtlicher und betrieblicher Perspektive. Wiesbaden: Westdeutscher Verlag.

Baur, Rita/Czock, Heidrun/Scheuerl, Angelika/Schirowski, Ulrich (1996): Gerontologische Untersuchung zur motivationalen und institutionellen Förderung nachberuflicher Tätigkeitsfelder. Die Aktion 55. Stuttgart/Berlin/Köln: Kohlhammer.

Baykara-Krumme, Helen/Hoff, Andreas (2006): Die Lebenssituation älterer Ausländerinnen und Ausländer in Deutschland. In: Tesch-Römer u. a. (Hg.), S. 447-517.

Baykara-Krumme, Helen/Motel-Klingebiel, Andreas/Schimany, Peter (Hg.) (2012): Viele Welten des Alterns. Ältere Migranten im alternden Deutschland. Wiesbaden: VS Verlag.

Beck, Brigitte/Naegele, Gerhard/Reichert, Monika (1997): Vereinbarkeit von Erwerbstätigkeit und Pflege. Stuttgart/Berlin/Köln: Kohlhammer.

Beck, Ulrich (1986): Risikogesellschaft. Auf dem Weg in eine andere Moderne. Frankfurt a.M.: Suhrkamp.

Becker, Irene (2012): Finanzielle Mindestsicherung und Bedürftigkeit im Alter. In: Zeitschrift für Sozialreform, 58, S. 123-148.

Behrend, Christoph (Hg.) (1994): Frühinvalidität – ein Ventil des Arbeitsmarkts? Berufs- und Erwerbsunfähigkeitsrenten in der sozialpolitischen Diskussion. Berlin: Deutsches Zentrum für Altersfragen.

Behrend, Christoph (1998): Die älteren Arbeitnehmerinnen und Arbeitnehmer in Ostdeutschland zwischen Arbeitsplatz und Frühverrentung. In: DZA (Hg.), S. 143-158.

Behrend, Christoph (2001): Erwerbsarbeit im Wandel. Beschäftigungschancen älterer Arbeitnehmer und Übergänge in den Ruhestand. In: Deutsches Zentrum für Altersfragen (Hg.): Erwerbsbiographien und materielle Lebenssituation im Alter. Expertisen zum Dritten Altenbericht der Bundesregierung – Band II. Opladen: Leske + Budrich, S. 11-129.

Behrend, Christoph (2012): Arbeit und Erwerbsbeteiligung im höheren Alter. In: Wahl u. a. (Hg.), S. 122-127.

Behrend, Christoph/Frerichs, Frerich (2004): Arbeit und Alter. In: Kruse/Martin (Hg.), S. 97-109.

Behrens, Johann/Morschhäuser, Martina/Viebrok, Holger/Zimmermann, Eberhard (1999): Länger erwerbstätig – aber wie? Opladen/Wiesbaden: Westdeutscher Verlag.

Belardi, Nando/Fisch, Marlies (1999): Altenhilfe. Eine Einführung für Studium und Praxis. Weinheim/Basel: Beltz.

Bengtson, Vern L./Schütze, Yvonne (1992): Altern und Generationenbeziehungen: Aussichten für das kommende Jahrhundert. In: Baltes/Mittelstraß (Hg.), S. 492-517.

Bengtson, Vern L./Elder, Glen H. Jr./Putney, Norella M. (2012): The life course perspective on ageing: linkes lives, timing, and history. In: Katz, J./Peace, S./Spurr, S. (Hg.): Adult lives. A life course perspective. Bristol: Policiy Press, S. 9-17.

Berger, Gerhard/Gerngroß, Gabriele (1996): Wohnen mit gesicherter Pflege im Servicehaus. Bonn: BMFSFJ.

Berger, Peter A./Hradil, Stefan (Hg.) (1990): Lebenslagen, Lebensläufe, Lebensstile. Göttingen: Schwartz & Co.
Berner, Frank/Rossow, Judith/Schwitzer, Klaus-Peter (Hg.) (2012): Individuelle und kulturelle Altersbilder. Expertisen zum Sechsten Altenbericht der Bundesregierung, Band 1. Wiesbaden: VS Verlag.
Berner, Frank/Rossow, Judith/Schwitzer, Klaus-Peter (Hg.) (2012a): Altersbilder in der Wirtschaft, im Gesundheitswesen und in der pflegerischen Versorgung. Expertisen zum Sechsten Altenbericht der Bundesregierung, Band 2. Wiesbaden: VS Verlag.
Bickel, Horst (2001): Demenzen im höheren Lebensalter: Schätzungen des Vorkommens und der Versorgungskosten. In: Zeitschrift für Gerontologie und Geriatrie, 34, S. 108-115.
Bickel, Horst (2008): Die Epidemiologie der Demenz. Berlin: Deutsche Alzheimer Gesellschaft.
Birg, Herwig (2004): Regionale Auswirkungen der demographischen Alterung. In: Bundeszentrale für politische Bildung (Hg.): Informationen zur politischen Bildung, Heft 282, Bonn.
Blau, Peter M. (1967): Exchange and power in social life. 2nd edition. New York.
Blüher, Stefan (2003): Wie langlebig ist die Solidarität? Generationsbeziehungen in den späten Lebensjahren. In: Zeitschrift für Gerontologie und Geriatrie, 36, S. 110-114.
Blume, Otto (1968): Möglichkeiten und Grenzen der Altenhilfe. Tübingen: Mohr.
BMA (Bundesministerium für Arbeit und Sozialordnung) (1991): Rentenreform 1992. Bonn.
BMA (Bundesministerium für Arbeit und Sozialordnung) (2008):
BMA (Bundesministerium für Arbeit und Sozialordnung) (1998): Alterssicherungsbericht 1997. Bonn.
BMFSFJ (Bundesministerium für Familie, Senioren, Frauen und Jugend) (Hg.) (1998): Zweiter Altenbericht: Wohnen im Alter. Bonn.
BMFSFJ (Bundesministerium für Familie, Senioren, Frauen und Jugend) (Hg.) (2001): Dritter Altenbericht: Alter und Gesellschaft. Berlin.
BMFSFJ (Bundesministerium für Familie, Senioren, Frauen und Jugend) (Hg.) (2002): Vierter Altenbericht: Risiken, Lebensqualität und Versorgung Hochaltriger – unter besonderer Berücksichtigung demenzieller Erkrankungen. Berlin.
BMFSFJ (Bundesministerium für Familie, Senioren, Frauen und Jugend) (Hg.) (2005): Fünfter Altenbericht: Potenziale des Alters in Wirtschaft und Gesellschaft. Der Beitrag älterer Menschen zum Zusammenhalt der Generationen. Berlin.
BMFSFJ (Bundesministerium für Familie, Senioren, Frauen und Jugend) (Hg.) (2010): Sechster Altenbericht: Altersbilder in der Gesellschaft. Berlin.
BMFSFJ (Bundesministerium für Familie, Senioren, Frauen und Jugend) (Hg.) (2010a): Hauptbericht des Freiwilligensurveys 2009. Zivilgesellschaft, soziales Kapital und freiwilliges Engagement in Deutschland 1999 – 2004 – 2009. Berlin.
BMFuS (Bundesministerium für Familie und Senioren) (Hg.) (1993): Erster Altenbericht. Die Lebenssituation älterer Menschen in Deutschland. Bonn.
BMG (Bundesministerium für Gesundheit) (1993): Empfehlungen an die Gesundheitspolitik zur Gesundheitsförderung und Prävention in Deutschland. Vervielfältigtes Manuskript. Bonn.
BMG (Bundesministerium für Gesundheit) (2008): Gesundheitsberichtserstattung des Bundes: Maßnahmen zur Früherkennung von Krebserkrankungen. In: www.gbe-bund.de (Stand 25.4.2008).
BMG (Bundesministerium für Gesundheit) (2012): Nationales Gesundheitsziel „Gesund älter werden". Berlin.
BMI (Bundesministerium des Innern) (2000): Modellrechnungen zur Bevölkerungsentwicklung in der Bundesrepublik Deutschland bis zum Jahr 2050. Berlin.

Böhm, Karin/Mardorf, Sike (2009): Finanzierung der Gesundheitsversorgung. In: Böhm u. a. (Hg.), S. 216-227.
Böhm, Karin/Tesch-Römer, Clemens/Ziese, Thomas (2009): Gesundheit und Krankheit im Alter. Berlin: Robert Koch-Institut.
Böhnisch, Lothar (2005): Sozialpädagogik der Lebensalter. Eine Einführung. 4. Aufl. Weinheim/München: Juventa.
Bolte, Karl Martin/Tartler, Rudolf (Hg.) (1958): Die Altersfrage. Soziale Aufgaben der Gegenwart. Bad Homburg v.d.H./Berlin/Bonn/Zürich: Verlag Dr. Max Gehlen.
Borchelt, Markus/Gilberg, Reiner/Horgas, Ann L./Geiselmann, Bernhard (1996): Zur Bedeutung von Krankheit und Behinderung im Alter. In: Mayer/ Baltes (Hg.), S. 449-474.
Borscheid, Peter (1987): Geschichte des Alters. 16.-18. Jahrhundert. Münster: F. Coppenrath.
Borscheid, Peter (1992): Der alte Mensch in der Vergangenheit. In: Baltes/ Mittelstraß (Hg.), S. 35-61.
Brandt, Kirsten (2011): Soziale Frühwarnsysteme zur Gewaltprävention in häuslichen Altenpflegearrangements. Frankfurt/M.: Mabuse Verlag.
Brauer, Kai/Clemens, Wolfgang (Hg.): „Ageism“ und Altersdiskriminierung auf Arbeitsmärkten. Wiesbaden: VS Verlag.
Braun, Joachim/Claussen, Frauke (1996): Freiwilliges Engagement im Alter. Nutzer und Leistungen der Seniorenbüros. Stuttgart/Berlin/Köln: Kohlhammer.
Braun, Joachim/Bischoff, Stefan (1999): Bürgerschaftliches Engagement älterer Menschen: Motive und Aktivitäten. Engagementförderung in Kommunen – Paradigmenwechsel in der offenen Altenarbeit. Stuttgart: Kohlhammer.
Brenke, Karl (2007): Die Bedeutung der Älteren auf dem Arbeitsmarkt nimmt deutlich zu. In: DIW-Wochenbericht 21/2007, S. 337-345.
Bruder, Jens (1999): Vergessen und Traurigkeit. Psychische Veränderungen im Alter. In: Niederfranke u. a. (Hg.) (1999a), S. 319-376.
Buchen, Sylvia/Maier, Maja S. (Hg.) (2008): Älterwerden neu denken. Interdisziplinäre Perspektiven auf den demografischen Wandel. Wiesbaden: VS Verlag.
Bundesagentur für Arbeit (Hg.) (2012): Arbeitsmarkt 2011. Nürnberg: BA.
Bundeskriminalamt (Hg.) (2011): Polizeiliche Kriminalitätsstatistik 2010. Wiesbaden.
Bühler, Charlotte (1969): Die allgemeine Struktur des menschlichen Lebenslaufs. In: Bühler, Ch./Massarik, F. (Hg.): Lebenslauf und Lebensziele. Stuttgart: Droemersche Verlagsanstalt, S. 10-22.
Burmeister, Joachim/Heller, Anne/Stehr, Ilona (2007): Weiterbildung älterer Menschen für bürgerschaftliches Engagement als *senior*Trainer*in*. Köln: ISAB.
Buttler, Günter (2003): Steigende Lebenserwartung – was verspricht die Demographie? In: Zeitschrift für Gerontologie und Geriatrie, 36, S. 90-94.
Buttler, Günter/Herder-Dorneich, Philipp/Fürstenberg, Friedrich/Klages, Helmut/Schlotter, Hans-Günther/Oettle, Karl/Winterstein, Helmut (1988): Die Jungen Alten. Eine neue Lebensphase als ordnungspolitische Aufgabe. Baden-Baden: Nomos.
Carell, Angela/Bergstermann, Andrea (1998): Erscheinungsformen, Verbreitung und Entstehungsbedingungen gefährlicher Pflege und Gewalt gegenüber älteren Menschen in häuslichen Pflegebeziehungen. Düsseldorf: MAGS.
Casper, Waltraut/Wiesner, Gerd/Bergmann, Karl E. (Hg.) (1995): Mortalität und Todesursachen in Deutschland. Berlin: Robert Koch-Institut.
Claßen, Katrin (2012): Technik im Alltag. In: Wahl u. a. (Hg.), S. 499-506.
Clemens, Wolfgang (1992): Arbeit – Leben – Rente. Biographische Erfahrungen von Frauen bei der Deutschen Bundespost. Bielefeld: Kleine.

Clemens, Wolfgang (1993): Soziologische Aspekte eines „Strukturwandels des Alters“. In: Naegele/Tews (Hg.), S. 61-81.
Clemens, Wolfgang (1994): ‚Lebenslage’ als Konzept sozialer Ungleichheit – Zur Thematisierung sozialer Differenzierung in Soziologie, Sozialpolitik und Sozialarbeit. In: Zeitschrift für Sozialreform, 40, S. 141-165.
Clemens, Wolfgang (1997): Frauen zwischen Arbeit und Rente. Lebenslagen in später Erwerbstätigkeit und frühem Ruhestand. Opladen: Westdeutscher Verlag.
Clemens, Wolfgang (1998a): Entwicklung und Stand der Soziologie des Alter(n)s. In: Clemens/Backes (Hg.), S. 83-107.
Clemens, Wolfgang (1998b): Späte Erwerbstätigkeit, Verrentung und Ruhestandsanpassung von Frauen. In: Naegele, G./Schütz, R.-M. (Hg.): Soziale Gerontologie und Sozialpolitik für ältere Menschen. Gedenkschrift für Margret Dieck. Opladen: Westdeutscher Verlag, S. 266-281.
Clemens, Wolfgang (1999): Soziologie. In: Jansen, B. u.a. (Hg.): Soziale Gerontologie. Ein Handbuch für Lehre und Praxis. Weinheim und Basel: Beltz, S. 341-355.
Clemens, Wolfgang (2001): Ältere Arbeitnehmer im sozialen Wandel. Von der verschmähten zur gefragten Humanressource? Opladen: Leske + Budrich.
Clemens, Wolfgang (2004): Die Arbeitswelt von morgen: eine „Altenwelt“? In: Sozialer Fortschritt, 53, S. 280-285.
Clemens, Wolfgang (2012): Vorbereitung auf und Umgang mit Pensionierung. In: Wahl u. a. (Hg.), S. 218-223.
Clemens, Wolfgang/Backes, Gertrud M. (Hg.) (1998): Altern und Gesellschaft – Gesellschaftliche Modernisierung durch Altersstrukturwandel. Opladen: Leske + Budrich.
Clemens, Wolfgang/Naegele, Gerhard (2004): Lebenslagen im Alter. In: Kruse/Martin (Hg.), S. 387-402.
Clemens, Wolfgang/Künemund, Harald/Parey, Matthias (2003): Erwerbsbeteiligung und Arbeitsmarkt. In: Herfurth, M./Kohli, M./Zimmermann, K.F. (Hg.): Arbeit in einer alternden Gesellschaft. Opladen: Leske + Budrich, S. 43-64.
Clemens, Wolfgang/Höpflinger, François/Winkler, Ruedi (Hg.) (2005): Arbeit in späteren Lebensphasen. Sackgassen, Perspektiven, Visionen. Bern u.a.: Haupt Verlag.
Cumming, Elaine (1963): Further thoughts on the theory of disengagement. In: International Social Science Bulletin, 15, S. 377-393.
Cumming, Elaine/Henry, William E. (1961): Growing old. The process of disengagement. New York: Basic Books.
Dahme, Heinz-Jürgen/Wohlfahrt, Norbert (Hg.) (1998): Umsteuerung oder Ende der Gesundheitsförderung? Neue Herausforderungen an die Prävention. Düsseldorf: Akademie für öffentliches Gesundheitswesen.
Dallinger, Ursula (1994): Die Pflege alter Eltern – Balanceakt zwischen Normerfüllung und Individualisierungschancen im weiblichen Lebensverlauf. In: v. Kondratowitz (Hg.), S. 145-159.
Dallinger, Ursula (1997): Ökonomie der Moral. Konflikte zwischen familiärer Pflege und Beruf in handlungstheoretischer Perspektive. Opladen: Westdeutscher Verlag.
Dallinger, Ursula/Schroeter, Klaus R. (2002): Theoretische Alter(n)ssoziologie – Dämmertal oder Griff in die Wühlkiste der allgemeinen soziologischen Theorie? In: Dallinger, U./Schroeter, K.R. (Hg.): Theoretische Beiträge zur Alternssoziologie. Opladen: Leske + Budrich, S. 7-33.
Dandekar, Thomas (1999): Warum altern wir? Biologische Aspekte des Älterwerdens. In: Niederfranke u.a. (Hg.) (1999a), S. 239-276.
Dandekar, Thomas (2004): Molekular- und evolutionsbiologische Aspekte des Alterns. In: Kruse/Martin (Hg.), S. 151-166.
Danner, David B./Schröder, Heinz C. (1992): Biologie des Alterns (Ontogenese und Evolution). In: Baltes/Mittelstraß (Hg.), S. 95-123.

Deindl, Christian (2011): Finanzielle Transfers zwischen Generationen in Europa. Wiesbaden: VS Verlag.
Deutscher Bundestag (1994): Zwischenbericht der Enquete-Kommission Demographischer Wandel – Herausforderungen unserer älter werdenden Gesellschaft an den einzelnen und die Politik. Bonn: Bundestags-Druckerei.
Deutscher Bundestag (2002): Abschlussbericht der Enquete-Kommission Demographischer Wandel – Herausforderungen unserer älter werdenden Gesellschaft an den Einzelnen und die Politik. Berlin: Bundestags-Druckerei.
Deutsche Rentenversicherung Bund (Hg.) (2011): Rentenversicherung in Zeitreihen. Oktober 2011. Berlin: DRV-Schriften Band 22.
Deutsche Rentenversicherung Bund (Hg.) (2012): Rentenversicherung in Zahlen 2012. Berlin.
Dieck, Margret (1987): Gewalt gegen ältere Menschen im familialen Kontext – Ein Thema der Forschung, der Praxis und der öffentlichen Information. In: Zeitschrift für Gerontologie, 20, S. 305-313.
Dieck, Margret (1991): Altenpolitik. In: Oswald, W.D./Herrmann, W./Kanowski, S./Lehr, U. M./Thomae, H. (Hg.): Gerontologie. Medizinische, psychologische und sozialwissenschaftliche Grundbegriffe. 2. Aufl. Stuttgart: Kohlhammer, S. 23-37.
Dieck, Margret (1993): Sozial- und Gesundheitsdienste für ältere Menschen: Die Versorgungssysteme entwickeln sich weiterhin unabhängig von relevanten Bedarfsausprägungen. Berlin: Deutsches Zentrum für Altersfragen.
Dieck, Margret/Naegele, Gerhard (Hg.) (1978): Sozialpolitik für ältere Menschen. Heidelberg: Quelle & Meyer.
Dieck, Margret/Naegele, Gerhard (1993): „Neue Alte" und alte soziale Ungleichheiten – vernachlässigte Dimensionen in der Diskussion des Altersstrukturwandels. In: Naegele/Tews (Hg.), S. 43-60.
Dietzel-Papakyriakou, Maria/Olbermann, Elke (1996): Soziale Netzwerke älterer Migranten: Zur Relevanz familiärer und innerethnischer Unterstützung. In: Zeitschrift für Gerontologie und Geriatrie, 29, S. 34-41.
Die Zeit (1998), Nr. 9.
Ding-Greiner, Christina/Lang, Erich (2004): Alternsprozesse und Krankheitsprozesse – Grundlagen. In: Kruse/Martin (Hg.), S. 182-206.
Dowd, James J. (1975): Aging as exchange: A preface to theory. In: Journal of Gerontology, 30, S. 584–593.
Dowd, James J. (1980): Stratification among the aged. Monterey, CA: Brooks/Cole.
Durkheim, Emile (1977, zuerst 1893): Über soziale Arbeitsteilung. Frankfurt a.M.: Suhrkamp.
Dyk, Silke van/Lessenich, Stephan (Hg.) (2009): Die jungen Alten. Analysen einer neuen Sozialfigur. Frankfurt a. M.: Campus.
DZA (Deutsches Zentrum für Altersfragen) (Hg.) (1987): Die ergraute Gesellschaft. Berlin: DZA.
DZA (Deutsches Zentrum für Altersfragen) (Hg.) (1998): Jahrbuch des DZA. Beiträge zur sozialen Gerontologie und Alterssozialpolitik. Regensburg: Transfer Verlag
Eastman, Mervyn (1985): Gewalt gegen alte Menschen. Freiburg i. Br.: Lambertus.
Ehmer, Josef (1990): Sozialgeschichte des Alters. Frankfurt a.M.: Suhrkamp.
Ehmer, Josef (2000): Alter und Generationenbeziehungen im Spannungsfeld von öffentlichem und privatem Leben. In: Ehmer/Gutschner (Hg.), S. 15-48.
Ehmer, Josef/Gutschner, Peter (Hg.) (2000): Das Alter im Spiel der Generationen. Historische und sozialwissenschaftliche Beiträge. Wien/Köln/Weimar: Böhlau.
Ehmer, Josef/Höffe, Otfried/Brantl, Dirk/Lausecker, Werner (Hg.) (2009): Bilder des Alterns im Wandel. Historische, interkulturelle, theoretische und aktuelle Perspektiven. Stuttgart: Wissenschaftliche Verlagsgesellschaft.

Eisenstadt, Shmuel N. (1966, zuerst 1956): Von Generation zu Generation. Altersgruppen und Sozialstruktur. München: Juventa.
Engels, Dietrich/Braun, Joachim/Burmeister, Joachim (2007): *Senior*Trainer*innen* und *senior*Kompetenzteams: Erfahrungswissen und Engagement älterer Menschen in einer neuen Verantwortungsrolle. Köln: ISAB.
Engstler, Heribert (2006): Erwerbsbeteiligung in der zweiten Lebenshälfte und der Übergang in den Ruhestand. In: Tesch-Römer u. a. (Hg.), S. 85-154.
Erlemeier, Norbert (2011): Suizidalität und Suizidprävention im höheren Alter. Stuttgart: Kohlhammer.
Estes, Carroll L. u. a. (2001): Social policy and aging: a critical perspective. Thousand Oaks, CA: Sage.
Fachinger, Uwe (2001): Materielle Ressourcen älterer Menschen – Struktur, Entwicklung und Perspektiven. In: Deutsches Zentrum für Altersfragen (Hg.): Erwerbsbiographien und materielle Lebenssituation im Alter. Experstisen zum Dritten Altenbericht der Bundesregierung – Band II. Opladen: Leske + Budrich, S. 131-360.
Fachinger, Uwe/Rothgang, Heinz (1997): Zerstört der soziale Wandel die Grundlagen der sozialen Sicherung? Auswirkungen auf die Einnahmen und Ausgaben der Gesetzlichen Renten-, Kranken- und Pflegeversicherung. In: Zeitschrift für Sozialreform, 43, S. 814-838.
Faltermaier, Toni/Kühnlein, Irene/Burda-Viering, Martina (1998): Gesundheit im Alltag. Laienkompetenz in Gesundheitshandeln und Gesundheitsförderung. Weinheim/München: Juventa.
Ferraro, Kenneth F. (1990): Sociology of aging: The micro-macro link. In: Ferraro, K.F. (Hg.): Gerontology: Perspektives and issues. New York: Springer, S. 110-128.
Feuerlein, Wilhelm (1995): Abhängigkeit im Alter. In: Zeitschrift für Gerontopsychologie und -psychiatrie, 8, S. 153-162.
Fiedler, Georg (2007): Suizide, Suizidversuche und Suizidalität in Deutschland. Daten und Fakten 2005. In: www.suicidology.de/online-text/daten.pdf (Stand 05.09.2012).
Filipp, Sigrun-Heide (Hg.) (1981): Kritische Lebensereignisse. München: Urban & Schwarzenberg.
Filipp, Sigrun-Heide (1999): Lebenserfahrung und Lebenssinn. Biographische Aspekte des Alterns. In: Niederfranke u. a. (Hg.) (1999a), S. 101-135.
Fillip, Sigrun-Heide/Mayer, Anne-Kathrin (1999): Bilder des Alters. Altersstereotype und die Beziehungen zwischen den Generationen. Stuttgart: Kohlhammer.
Flade, Anja/Limbourg, Maria/Schlag, Bernhard (Hg.) (2001): Mobilität älterer Menschen. Opladen: Leske + Budrich.
Förster, Christine (2009): Gewalt in der institutionellen Altenpflege. Frankfurt/M.: Mabuse Verlag.
Fooken, Insa (1990): Zur Intimitätsentwicklung älterer Ehepaare aus der Perspektive der Lebensspanne. In: Schmitz-Scherzer, R./Kruse, A./Olbrich, E. (Hg.): Altern – ein lebenslanger Prozeß. Darmstadt: Steinkopff, S. 209-221.
Fooken, Insa (1999): Intimität auf Abstand. Familienbeziehungen und soziale Netzwerke. In: Niederfranke u. a. (Hg.) (1999b), S. 209-243.
Frankfurter Rundschau v. 12.08.2011: Arme Frührentner. In: http://www.fr-online.de/politik/armutsbericht-arme-fruehrentner,1472596,9339418.html
Frerichs, Frerich (1998): Älterwerden im Betrieb. Beschäftigungschancen und -risiken im demographischen Wandel. Opladen: Westdeutscher Verlag.
Frerichs, Frerich/Naegele, Gerhard (1997): Humanisierung des Ausstiegs aus dem Erwerbsleben – Betriebliche Arbeitszeitmodelle für den gleitenden Übergang in den Ruhestand. In: Bertelsmann Stiftung (Hg.): Mit 60 auf dem Abstellgleis ...? Gütersloh: Bertelsmann Stiftung, S. 77-151.

Frerichs, Frerich/Naegele, Gerhard (2001): Anhebung der Altersgrenzen und Herausforderung an die Arbeitsmarktpolitik. In: Barkholdt (Hg.), S. 73-102.
Friedrich, Klaus (1994a): Intraregionale und interregionale Muster und Prinzipien der Mobilität älterer Menschen. Expertise im Auftrag der Enquete-Kommission „Demographischer Wandel“ des Deutschen Bundestages. Darmstadt.
Friedrich, Klaus (1994b): Wohnortwechsel im Alter. Aktuelle Ergebnisse geographischer Mobilitätsforschung im vereinten Deutschland. In: Zeitschrift für Gerontologie, 27, S. 410-418.
Friedrich, Klaus (2008): Binnenwanderungen älterer Menschen – Chancen für Regionen im demographischen Wandel? In: Informationen zur Raumentwicklung, H. 3/4 , S. 185-192.
Fuhrmann, Ingrid/Neumann, Eva-Maria/Gutzmann, Hans (2000): Abschied vom Ich – Stationen der Alzheimer-Krankheit. Freiburg/Basel/Wien: Herder.
Gather, Claudia (1996): Konstruktionen von Geschlechterverhältnissen. Machtstrukturen und Arbeitsteilung bei Paaren im Übergang in den Ruhestand. Berlin: Edition Sigma.
Gaudecker, Hans-Martin von/Scholz, Rembrandt D. (2006): Lifetime earnings and life expectancy. MPIDR Working Paper WP 2006-008, Rostock: Max-Planck-Institut für demografische Forschung.
Gierse, Christine/Wagner, Michael (2012): Gemeinschaftliche Wohnprojekte – Eine Wohnform für alle sozialen Lagen und Lebensalter? In: Zeitschrift für Sozialreform, 58, H. 1, S. 59-82.
Glaser, Barney G./Strauss, Anselm L. (1971): Status passage. London: Routledge & Kegan.
Glaser, Barney G./Strauss, Anselm L. (1974): Interaktion mit Sterbenden. Beobachtungen für Ärzte, Schwestern, Seelsorger und Angehörige (amerik. Original: 1965, Awareness of Dying). Göttingen: Vandenhoeck & Ruprecht.
Glick, Paul C. (1978): Neue Entwicklungen im Lebenszyklus der Familie. In: Kohli (Hg.), S. 140-153.
Göckenjan, Gerd (2000a): Das Alter würdigen. Altersbilder und Bedeutungswandel des Alters. Frankfurt a.M.: Suhrkamp.
Göckenjan, Gerd (2000b): Altersbilder und die Regulierung der Generationenbeziehungen. Einige systematische Überlegungen. In: Ehmer/Gutschner (Hg.), S. 93-108.
Göckenjan, Gerd (2008): Sterben in unserer Gesellschaft – Ideale und Wirklichkeiten. In: Aus Politik und Zeitgeschichte, H. 4/08, S. 7-14.
Göckenjan, Gerd (2009): Die soziale Ordnung der Generationenfolge. In: Ehmer u. a. (Hg.), S. 103-114.
Göckenjan, Gerd/Hansen, Eckhard (1993): Der lange Weg zum Ruhestand. Zur Sozialpolitik für das Alter zwischen 1889 und 1945. In: Zeitschrift für Sozialreform, 39, S. 725-755.
Göckenjan, Gerd/Kondratowitz, Hans-Joachim von (Hg.) (1988): Alter und Alltag. Frankfurt a.M.: Suhrkamp.
Görgen, Thomas/Herbst, Sandra/Rabold, Susann (2006): Kriminalitäts- und Gewaltgefährdungen im höheren Lebensalter und in der häuslichen Pflege. Zwischenergebnisse der Studie „Kriminalität und Gewalt im Leben alter Menschen“. Hannover: KNF.
Görres, Stefan/Schmidt, Roland (1999): Prävention und Intervention. Die gesundheitliche Versorgung im Alter. In: Niederfranke u. a. (Hg.) (1999b), S. 341-397.
Görres, Stefan/Martin, Sabine (2004): Prävention und Rehabilitation. In: Kruse/Martin (Hg.), S. 462-476.
Goffman, Erving (1977): Stigma. Über Techniken zur Bewältigung beschädigter Identität. 2. Aufl. Frankfurt a.M.: Suhrkamp.

Gronemeyer, Reimer (1989): Die Entfernung vom Wolfsrudel. Über den drohenden Krieg der Jungen gegen die Alten. Düsseldorf: Claassen.

Grünheid, Evelyn/Schulz, Reiner (1996): Bericht 1996 über die demographische Lage in Deutschland. In: Zeitschrift für Bevölkerungswissenschaft, 21, S. 345-439.

Grünheid, Evelyn/Mammey, Ulrich (1997): Bericht 1997 über die demographische Lage in Deutschland. In: Zeitschrift für Bevölkerungswissenschaft, 22, S. 377-480.

Grunow, Dieter (1986): Das Konzept des Familienzyklus und der Lebensphasen in der sozialen Gerontologie: Ansätze zur Revision örtlicher Altenhilfeplanung. In: Mühlfeld, C. u.a. (Hg.): Sozialarbeit mit alten Menschen. Frankfurt a.M.: Diesterweg, S. 34-49.

Guillemard, Anne-Marie (1980): La vieilleisse et l'etat. Paris: Presses Universitaires de France.

Guillemard, Anne-Marie (1991): Die Destandardisierung des Lebenslaufs in den europäischen Wohlfahrtsstaaten. In: Zeitschrift für Sozialreform, 37, S. 620-639.

Gutzmann, Hans (2006): Gerontopsychiatrie. In: Oswald u.a. (Hg.), S. 205-209.

Hartmann-Tews, Ilse/Tischer, Ulrike/Combrink, Claudia (2012): Bewegtes Alter(n). Sozialstrukturelle Analysen von Sport im Alter. Opladen u.a.: Verlag Barbara Budrich.

Havighurst, Robert J. (1963): Dominant concerns in the life cycle. In: Schenk-Danzinger, L./Thomae, H. (Hg.): Gegenwartsprobleme der Entwicklungspsychologie. Göttingen: Hogrefe, S. 301-331.

Havighurst, Robert J. (1968): Ansichten über erfolgreiches Altern. In: Thomae, H./Lehr, U. (Hg.): Altern – Probleme und Tatsachen. Frankfurt: Akademische Verlagsanstalt, S. 567-571.

Havighurst, Robert J. (1972): Developmental tasks and education. New York: Wiley & Sons.

Heinze, Rolf G./Eichener, Volker/Naegele, Gerhard/Bucksteeg, Mathias/Schauerte, Martin (1997): Neue Wohnung auch im Alter. Folgerungen aus dem demographischen Wandel für Wohnungspolitik und Wohnungswirtschaft. Darmstadt: Schader-Stiftung.

Helmchen, Hanfried u.a. (1996): Psychische Erkrankungen im Alter. In: Mayer/Baltes (Hg.), S. 185-219.

Helmchen, Hanfried/Kanowski, Siegfried (2001): Gerontopsychiatrie in Deutschland. Gegenwärtige Entwicklung und zukünftige Anforderungen. In: Deutsches Zentrum für Altersfragen (Hg.): Expertisen zum Dritten Altenbericht der Bundesregierung – Band IV. Opladen: Leske + Budrich, S. 11-111.

Hendricks, Jon (2005): Moral economy and ageing. In: Johnson, Malcolm u.a. (Hg.): The Cambridge Handbook of Age and Ageing. Cambridge u.a.: Cambridge University Press, S. 510–517.

Henry, William E. (1964): The theory of intrinsic disengagement. In: Hansen, P.F. (Hg.): Age with a future. Kopenhagen, S. 419-424.

Herfurth, Matthias/Kohli, Martin/Zimmermann, Klaus (Hg.) (2003): Arbeit in einer alternden Gesellschaft. Problembereiche und Entwicklungstendenzen der Erwerbsbeteiligung Älterer. Opladen: Leske + Budrich.

Hirsch, Rolf D. (2008): Gewalt gegen alte Menschen: Fakten – Hilfen – Prävention. In: www.tup-online.com/media/md2637D.pdf (Stand 25.4.2008).

Hirsch, Rolf D./Brendebach, Christiane (1999): Gewalt gegen alte Menschen in der Familie: Untersuchungsergebnisse der „Bonner HsM-Studie". In: Zeitschrift für Gerontologie und Geriatrie, 32, S. 449-455.

Hirsch, Rolf D./Vollhardt, Bodo R./Erkens, Fred (1997): Gewalt gegen alte Menschen. Frankfurt/M.: Mabuse Verlag.

Hirsch, Rolf D./Kranzhoff, Erhard U./Schiffhorst, Guido (Hg.) (1999): Untersuchungen zur Gewalt gegen alte Menschen. Bonner HsM-Studie. Bonn: Handeln statt Mißhandeln.
Höhn, Charlotte (1992): Aktuelle Bevölkerungsfragen in Europa und in den anderen Industrieländern. In: Zeitschrift für Bevölkerungswissenschaft, 18, S. 271-290.
Hoff, Andreas (2006): Intergenerationale Familienbeziehungen im Wandel. In: Tesch-Römer u. a. (Hg.), S. 231-287.
Hohmeier, Jürgen (1975): Stigmatisierung als sozialer Definitionsprozeß. In: Brusten, M./Hohmeier, J. (Hg.): Stigmatisierung 1. Zur Produktion gesellschaftlicher Randgruppen. Neuwied: Luchterhand, S. 5-22.
Hohmeier, Jürgen/Pohl, Hans-Joachim (Hg.) (1978): Alter als Stigma oder Wie man alt gemacht wird. Frankfurt a.M.: Suhrkamp.
Höpflinger, François (1997): Bevölkerungssoziologie. Eine Einführung in bevölkerungssoziologische Ansätze und demographische Prozesse. Weinheim/München. Juventa.
Höpflinger, François (2001): Hochaltrigkeit – Besonderheiten der Hochaltrigkeit. In: www.hoepflinger.com/fhtop/fhalter1J.html (Stand 25.4. 2008).
Höpflinger, François (2002): Männer im Alter. Eine Grundlagenstudie. Zürich: Pro Senectute.
Höpflinger, François/Stuckelberger, Astrid (1999): Demogrphische Alterung und individuelles Altern. Zürich: Seismo.
Höpflinger, François/Hummel, Cornelia/Hugentobler, Valérie (2006): Enkelkinder und ihre Grosseltern – intergenerationelle Beziehungen im Wandel. Zürich: Seismo.
Hörl, Josef/Rosenmayr, Leopold (1994): Gesellschaft, Familie, Alternsprozeß. In: Reimann/Reimann (Hg.), S. 75-108.
Homans, George C. (1968): Elementarformen sozialen Verhaltens. Opladen: Westdeutscher Verlag.
Hradil, Stefan (1987): Sozialstrukturanalyse in einer fortgeschrittenen Gesellschaft. Von Klassen und Schichten zu Lagen und Milieus. Opladen: Westdeutscher Verlag.
Hradil, Stefan/Schiener, Jürgen (2005): Soziale Ungleichheit in Deutschland. 8. Aufl. Wiesbaden: VS Verlag.
Huber, Andreas/Kräußlich, Bernhard/Staudinger, Thomas (2007): Erwerbschancen für Ältere? Probleme, Handlungsmöglichkeiten, Perspektiven. Augsburg: AIP.
Hurrelmann, Klaus (1994): Sozialisation und Gesundheit. Somatische, psychische und soziale Risikofaktoren im Lebenslauf. 3. Aufl. Weinheim/München: Juventa.
Huth, Susanne (Hg.) (2002): Grundsatzthemen der Freiwilligenarbeit – Theorie und Praxis des sozialen Engagements und seine Bedeutung für ältere Menschen. Stuttgart/Marburg/Erfurt: Verlag Peter Wiehl.
Huxhold, Oliver/Mahne, Katharina/Naumann, Dörte (2010): Soziale Integration. In: Motel-Klingebiel u. a. (Hg.), S. 215-233.
Imhof, Arthur E. (1981): Die gewonnenen Jahre. München: C.H. Beck.
Imhof, Arthur E. (1984): Die verlorenen Welten. München: C.H. Beck.
Infratest Sozialforschung (2001): Alterssicherung in Deutschland 1999 (ASiD 1999). Zusammenfassung wichtiger Ergebnisse. München.
Infratest Sozialforschung (2005): Alterssicherung in Deutschland 2003 (ASiD ’03). Zusammenfassung wichtiger Untersuchungsergebnisse. München.
Infratest Sozialforschung (2008): Alterssicherung in Deutschland 2007 (ASiD ’07). Zusammenfassung wichtiger Untersuchungsergebnisse. München.
Infratest Sozialforschung/Sinus/Horst Becker (1991): Die Älteren. Zur Lebenssituation der 55- bis 70jährigen. Bonn: J.H.W. Dietz.

Isforth, Adi (1997): Mit 60 auf dem Abstellgleis ...? Ergebnisse einer Umfrage. In: Bertelsmann Stiftung (Hg.): Mit 60 auf dem Abstellgleis ...? Gütersloh: Bertelsmann Stiftung, S. 13-73.

Jacobs, Klaus/Kohli, Martin (1990): Der Trend zum frühen Ruhestand – Die Entwicklung der Erwerbsbeteiligung der Älteren im internationalen Vergleich –. In: WSI-Mitteilungen, 43, S. 498-509.

Kade, Sylvia (1994): Altersbildung. Ziele und Konzepte. Frankfurt a.M.: Deutsches Institut für Erwachsenenbildung.

Karl, Fred (2009): Einführung in die Generationen- und Altenarbeit. Opladen/Farmington Hills, MI: Barabara Budrich.

Karl, Fred/Tokarski, Walter (Hg.) (1989): Die „neuen Alten". Kassel: Hochschulbibliothek.

Kaufmann, Franz-Xaver (1960): Die Überalterung. Ursachen, Verlauf, wirtschaftliche und soziale Auswirkungen des demographischen Alterungsprozesses. Zürich/St. Gallen: Handelshochschule St. Gallen.

Klammer, Ute/Fröhler, Norbert/Fehmel, Thilo (2012): Reflexibilisierung des Rentenübergangs? Gesetzliche, tarifliche und betriebliche Möglichkeiten der Gestaltung des Übergangs vom Erwerbsleben in die Rente. Projektbericht. Essen: Universität Duisburg-Essen.

Klein, Thomas (1993): Soziale Determinanten der Lebenserwartung. In: Kölner Zeitschrift für Soziologie und Sozialpsychologie, 45, S. 712-730.

Klein, Thomas/Salaske, Ingrid/Schilling, H./Schneider, S./Wunder, E. (1997): Altenheimbewohner in Deutschland: Sozialstrukturelle Charakteristika und die Wahl des Heims. In: Zeitschrift für Gerontologie und Geriatrie, 30, S. 54-67.

Klehm, Wolf-R. (1996): ZWAR (Freizeitinitiativen zwischen Arbeit und Ruhestand) – Gruppennetzwerke als Antwort auf riskante Übergänge in den (Vor-) Ruhestand. In: Schweppe (Hg.), S. 187-206.

Klingemann, Carsten (1996): Das Alter als Exempel für die Moderne. In: Das Parlament, Nr. 10, S. 17.

Knopf, Detlef/Schäffter, Ortfried/Schmidt, Roland (1990): Produktivität des Alters. Berlin: Deutsches Zentrum für Altersfragen.

Knopf, Detlef/Schäuble, Gerhard/Veelken, Ludger (1999): Früh beginnen. Perspektiven für ein produktives Altern. In: Niederfranke u. a. (Hg.) (1999b), S. 97-158.

Kohli, Martin (Hg.) (1978): Soziologie des Lebenslaufs. Darmstadt/Neuwied: Luchterhand.

Kohli, Martin (1985): Die Institutionalisierung des Lebenslaufs. Historische Befunde und theoretische Argumente. In: Kölner Zeitschrift für Soziologie und Sozialpsychologie, 37, S. 1-29.

Kohli, Martin (1989): Erwerbsleben und Ruhestand. In: Baltes u. a. (Hg.), S. 47-54.

Kohli, Martin (1990): Das Alter als Herausforderung für die Theorie sozialer Ungleichheit. In: Berger/Hradil (Hg.), S. 387-406.

Kohli, Martin (1992): Altern in soziologischer Perspektive. In: Baltes/Mittelstraß (Hg.), S. 231-259.

Kohli, Martin/Rein, Martin (1991): The changing balance of work and retirement, in: Kohli, M./Rein, M./Guillemard, A.-M./Gunsteren, H. v. (eds.): Time for retirement. Comparative studies of early exit from the labor force. Cambridge/New York: Cambridge University Press, S. 1-35.

Kohli, Martin/Künemund, Harald (1996): Nachberufliche Tätigkeitsfelder. Konzepte, Forschungslage, Empirie. Stuttgart/Berlin/Köln: Kohlhammer.

Kohli, Martin/Künemund, Harald (2001): Partizipation und Engagement älterer Menschen. Bestandsaufnahme und Zukunftsperspektiven. In: Deutsches Zentrum für Altersfragen (Hg.): Lebenslagen, soziale Ressourcen und gesellschaftliche Integration

im Alter. Expertisen zum Dritten Altenbericht der Bundesregierung – Band III. Opladen: Leske + Budrich, S. 117-234.
Kohli, Martin/Künemund, Harald (Hg.) (2005): Die zweite Lebenshälfte. Gesellschaftliche Lage und Partizipation im Spiegel des Alters-Survey. 2. Aufl. Wiesbaden: VS Verlag.
Kohli, Martin/Gather, Claudia/Künemund, Harald/Mücke, Beate/Schürkmann, Martina/Voges, Wolfgang/Wolf, Jürgen (1989): Je früher – desto besser? Die Verkürzung des Erwerbslebens am Beispiel des Vorruhestands in der chemischen Industrie. Berlin: Edition Sigma.
Kohli, Martin/Freter, Hans-Jürgen/Langehennig, Manfred/Roth, Silke/Simoneit, Gerhard/Tregel, Stephan (1993): Engagement im Ruhestand. Rentner zwischen Erwerb, Ehrenamt und Hobby. Opladen: Leske + Budrich.
Kohli, Martin/Neckel, Sighard/Wolf, Jürgen (1999): Krieg der Generationen? Die politische Macht der Älteren. In: Niederfranke u. a. (Hg.) (1999b), S. 479-514.
Kohli, Martin/Künemund, Harald/Motel, Andreas/Szydlik, Marc (2005): Generationenbeziehungen. In: Kohli/Künemund (Hg.), S. 176-211.
Kohli, Martin/Künemund, Harald/Vogel, Claudia/Schupp, Jürgen/Schäfer, Andrea (2005a): Zusammenhänge und Wechselwirkungen zwischen Erbschaften und Vermögensverteilung, Gutachten. Berlin: DIW/FALL.
Kohls, Martin (2012): Das demographische Verhalten von Migrantinnen und Migranten in Deutschland unter Berücksichtigung von Selektionsprozessen. Diss. Universität Bielefeld.
Kolland, Franz (1996): Kulturstile älterer Menschen. Jenseits von Pflicht und Alltag. Wien: Böhlau.
Kolland, Franz/Kahri, Silvia (2004): Kultur und Kreativität im späten Leben: Zur Pluralisierung der Alterskulturen. In: Backes, G.M./Clemens, W./Künemund, H. (Hg.): Lebensformen und Lebensführung im Alter. Wiesbaden: VS Verlag, S. 151-172.
Kolland, Franz/Rosenmayr, Leopold (2007): Altern und zielorientiertes Handeln: Zur Erweiterung der Aktivitätstheorie. In: Wahl, H.-W./Mollenkopf, H. (Hg.): Alternsforschung am Beginn des 21. Jahrhunderts. Alterns- und Lebenslaufkonzeptionen im deutschsprachigen Raum. Berlin: Akademische Verlagsgesellschaft, S. 203-221.
Kondratowitz, Hans-Joachim von (Hg.) (1994): Die gesellschaftliche Gestaltbarkeit von Altersverläufen. Berlin: Deutsches Zentrum für Altersfragen.
Kondratowitz, Hans-Joachim von (1998): Vom gesellschaftlich „regulierten“ über das „unbestimmte“ zum „disponiblen“ Alter. In: Clemens/Backes (Hg.), S. 61-81.
Kreuzer, Arthur/Hürlimann, Michael (Hg.) (1992): Alte Menschen als Täter und Opfer. Alterskriminologie und humane Kriminalpolitik gegenüber alten Menschen. Freiburg i. Br.: Lambertus.
Krohn, Marlies (1978): Theorien des Alterns. In: Hohmeier/Pohl (Hg.), S. 54-75.
Kruse, Andreas (1992): Altersfreundliche Umwelten: Der Beitrag der Technik. In: Baltes/Mittelstraß (Hg.), S. 668-694.
Kruse, Andreas (1998): Psychosoziale Gerontologie. Jahrbuch der medizinischen Psychologie. Göttingen: Hogrefe.
Kruse, Andreas (2006): Psychologische Alternstheorien. In: Oswald u. a. (Hg.), S. 31-36.
Kruse, Andreas (2006a): Politik. In: Oswald u. a. (Hg.), S. 280-284.
Kruse, Andreas (2007): Das letzte Lebensjahr. Zur körperlichen, psychischen und sozialen Situation des alten Menschen am Ende seines Lebens. Stuttgart: Kohlhammer.
Kruse, Andreas/Lehr, Ursula (1999): Reife Leistung. Psychologische Aspekte des Alterns. In: Niederfranke u. a. (Hg.) (1999a), S. 187-238.
Kruse, Andreas/Martin, Mike (Hg.) (2004): Enzyklopädie der Gerontologie. Alternsprozesse in multidisziplinärer Sicht. Bern u. a.: Verlag Hans Huber.

Kruse, Andreas/Schmitt, Eric (2005): Zur Veränderung des Altersbildes in Deutschland. In: Aus Politik und Zeitgeschichte, H. 49/50, S. 9-17.
Kruse, Andreas/Kröhn, R./Langerhans, G./Schneider, Ch. (1992): Konflikt- und Belastungssituationen in stationären Einrichtungen der Altenhilfe und Möglichkeiten ihrer Bewältigung. Stuttgart/Berlin/Köln: Kohlhammer.
Kübler-Ross, Elisabeth (1988): Reif werden zum Tode (Original: Death: The Final Stage of Growth). Stuttgart/Berlin: Kreuz.
Kühnert, Sabine/Niederfranke, Annette (1993): Sind gerontologische Theorien nützlich zur Erklärung sozialstruktureller Altersveränderungen? In: Naegele/Tews (Hg.), S. 82-99.
Kunde, Steffen/Ortmann, Karl Michael (2011): Vergleichende Analyse der Bevölkerungsentwicklung in Ost- und Westdeutschland. Berlin: Beuth Hochschule für Technik.
Künemund, Harald (2001): Gesellschaftliche Partizipation und Engagement in der zweiten Lebenshälfte. Empirische Befunde zu Tätigkeitsformen im Alter und Prognosen ihrer zukünftigen Entwicklung. Berlin: Weißensee Verlag.
Künemund, Harald (2002): Sozialstaatliche Leistungen und Familienbeziehungen im Alter – Verdrängung oder Ergänzung? In: Backes/Clemens (Hg.), S. 167-181.
Künemund, Harald (2006): Tätigkeiten und Engagement im Ruhestand. In: Tesch-Römer u. a. (Hg.), S. 289-327.
Künemund, Harald (2007): Freizeit und Lebensstile älterer Frauen und Männer – Überlegungen zur Gegenwart und Zukunft gesellschaftlicher Partizipation im Ruhestand. In: Pasero, U./Backes, G.M./Schroeter, K.R. (Hg.): Altern in Gesellschaft. Ageing – Diversity – Inclusion. Wiesbaden: VS Verlag, S. 231-240.
Kytir, Josef/Münz, Rainer (1991): Wer pflegt uns im Alter? In: Zeitschrift für Sozialisationsforschung und Erziehungssoziologie, 11, S. 332-354.
Lafontaine, Céline (2010): Die postmortale Gesellschaft. Wiesbaden: VS Verlag.
Lampert, Thomas (2009): Soziale Ungleichheit und Gesundheit im höheren Lebensalter. In: Böhm u. a. (Hg.), S. 121-133.
Lampert, Thomas/Ziese, Thomas (2005): Armut, soziale Ungleichheit und Gesundheit. Berlin: Robert Koch-Institut.
Lampert, Thomas/Wagner, Michael (1998): Zur Bedeutung der Gesundheit für die soziale Integration und die subjektive Befindlichkeit im Alter. In: Clemens/Backes (Hg.), S. 187-215.
Lang, Erich (1994): Altern – Alterskrankheiten – Geroprophylaxe. In: Reimann/Reimann (Hg.), S. 282-318.
Langehennig, Manfred (1987): Die Seniorenphase im Lebenslauf: zur sozialen Konstruktion eines neuen Lebensalters. Augsburg: Maro.
Laslett, Peter (1995): Das Dritte Alter. Historische Soziologie des Alterns. Weinheim/München: Juventa.
Lehr, Ursula M. (1994): Psychologische Aspekte des Alterns. In: Reimann/Reimann (Hg.), S. 202-229.
Lehr, Ursula (2007): Psychologie des Alterns. 11. Aufl. Wiesbaden: Quelle & Meier.
Lehr, Ursula/Thomae, Hans (Hg.) (1987): Formen seelischen Alterns. Ergebnisse der Bonner Gerontologischen Längsschnittstudie (BOLSA). Stuttgart: Enke.
Leisering, Lutz (1996): Alternde Bevölkerung – veraltender Sozialstaat? Demographischer Wandel als Politik. In: Aus Politik und Zeitgeschichte, H. 35/96, S. 13-22.
Leisering, Lutz/Buhr, Petra/Traiser-Diop, Ute (2006): Soziale Sicherung in der Weltgesellschaft. Bielefeld: Transcript Verlag.
Levy, René (1996): Zur Institutionalisierung von Lebensläufen. In: Behrens, J./Voges, W. (Hg.): Kritische Übergänge. Statuspassagen und sozialstaatliche Institutionalisierung. Frankfurt/New York: Campus, S. 73-113.

Linden, Michael/Gilberg, Reiner/Horgas, Ann L./Steinhagen-Thiessen, Elisabeth (1996): Die Inanspruchnahme medizinischer und pflegerischer Hilfe im hohen Alter. In: Mayer/Baltes (Hg.), S. 475-495.
List, Sabine Maria/Ryl, Livia/Schelhase, Torsten (2009): Angebote der ambulanten und stationären Versorgung. In: Böhm u. a. (Hg.), S. 167-193.
Lohmann, Sigrid (1991): Altenhilfe. In: Oswald, W.D./Herrmann, W./Kanowski, S./Lehr, U. M./Thomae, H. (Hg.): Gerontologie. Medizinische, psychologische und sozialwissenschaftliche Grundbegriffe. 2. Aufl. Stuttgart: Kohlhammer, S. 15-22.
Lüscher, Kurt/Schultheis, Franz (Hg.) (1993): Generationenbeziehungen in „postmodernen“ Gesellschaften. Analysen zum Verhältnis von Individuum, Familie, Staat und Gesellschaft. Konstanz: Universitätsverlag.
Maas, Ineke/Staudinger, Ursula M. (1996): Lebensverlauf und Altern: Kontinuität und Diskontinuität der gesellschaftlichen Beteiligung, des Lebensinvestments und ökonomischer Ressourcen. In: Mayer/Baltes (Hg.), S. 543-572.
Mader, Wilhelm (Hg.) (1995): Altwerden in einer alternden Gesellschaft. Kontinuität und Krisen in biographischen Verläufen. Opladen: Leske + Budrich.
Mahne, Katharina/Motel-Klingebiel, Andreas (2010): Familiale Generationenbeziehungen. In: Motel-Klingebiel u. a. (Hg.), S. 188-214.
Mahne, Katharina/Naumann, Dörte/Block, Jenny (2010): Das Wohnumfeld Älterer. In: Motel-Klingebiel u. a. (Hg.), S. 142-162.
Mai, Ralf (2003): Die Alten der Zukunft. Eine bevölkerungsstatistische Analyse. Opladen: Leske + Budrich.
Mai, Ralf/Roloff, Juliane/Micheel, Frank (2007): Regionale Alterung in Deutschland unter besonderer Berücksichtigung der Binnenwanderungen. Teil A und B. Wiesbaden: Bundesinstitut für Bevölkerungsforschung.
Mannheim, Karl (1928): Das Problem der Generationen. In: Kölner Vierteljahreshefte für Soziologie, 7, S. 157-185, 309-330.
Martin Matthews, Anne/Brown, Kathleen H. (1987): Retirement as a critical life event. In: Research on Aging, 9, S. 548-571.
Mathwig, Gasala/Mollenkopf, Heidrun (1996): Ältere Menschen: Problem- und Wohlfahrtslagen. In: Zapf, W./Habich, R. (Hg.): Wohlfahrtsentwicklung im vereinten Deutschland: Sozialstruktur, sozialer Wandel und Lebensqualität. Berlin: Edition Sigma, S. 121-140.
Mayer, Karl Ulrich (1987): Lebenslaufforschung. In: Voges, W. (Hg.): Methoden der Biographie- und Lebenslaufforschung. Opladen: Leske + Budrich, S. 51-73.
Mayer, Karl Ulrich (Hg.) (1990): Lebensverläufe und sozialer Wandel. Opladen: Westdeutscher Verlag.
Mayer, Karl Ulrich (1996): Lebensverläufe und gesellschaftlicher Wandel. In: Behrens, J./Voges, W. (Hg.): Kritische Übergänge. Statuspassagen und sozialstaatliche Institutionalisierung. Frankfurt/New York: Campus, S. 43-72.
Mayer, Karl Ulrich/Baltes, Paul B. (Hg.) (1996): Die Berliner Altersstudie. Berlin: Akademie Verlag.
Mayer, Karl Ulrich/Wagner, Michael (1996): Lebenslagen und soziale Ungleichheit im hohen Alter. In: Mayer/Baltes (Hg.), S. 251-276.
Mayer, Karl Ulrich/Blossfeld, Hans-Peter (1990): Die gesellschaftliche Konstruktion sozialer Ungleichheit im Lebensverlauf. In: Berger/Hradil (Hg.), S. 197-218.
Mayer, Karl Ulrich u. a. (1996): Wissen über das Alter(n): Eine Zwischenbilanz der Berliner Altersstudie. In: Mayer/Baltes (Hg.), S. 599-634.
Mehlmann, Sabine/Ruby, Sigrid (Hg.) (2010): „Für Dein Alter siehst Du gut aus!“ Von der Un/Sichtbarkeit des alternden Körpers im Horizont des demographischen Wandels. Multidisziplinäre Perspektiven. Bielefeld: Transkript.

Menning, Sonja/Hoffmann, Elke (2009): Funktionale Gesundheit und Pflegebedürftigkeit. In: Böhm u. a. (Hg.), S. 62-78.
Mollenkopf, Heidrun (1998): Altern in technisierten Gesellschaften. In: Clemens/Backes (Hg.), S. 217-236.
Mollenkopf, Heidrun (2001): Technik – ein „knappes Gut"? Neue soziale Ungleichheit durch unterschiedliche Zugangs- und Nutzungschancen im Alter. In: Backes/Clemens (Hg.), S. 223-238.
Mollenkopf, Heidrun/Oswald, Frank/Wahl, Hans-Werner/Zimber, Andreas (2004): Räumlich-soziale Umwelten älterer Menschen: Die ökogerontologische Perspektive. In: Kruse/Martin (Hg.), S. 343-361.
Mollenkopf, Heidrun/Oswald, Frank/Wahl, Hans-Werner (2006): Wohnen und Wohnumwelt. In: Oswald u. a. (Hg.), S. 398-402.
Motel-Klingebiel, Andreas (2000): Alter und Generationenvertrag im Wandel des Sozialstaats. Alterssicherung und private Generationenbeziehungen in der zweiten Lebenshälfte. Berlin: Weißensee Verlag.
Motel-Klingebiel, Andreas (2006): Materielle Lagen älterer Menschen: Verteilung und Dynamiken in der zweiten Lebenshälfte. In: Tesch-Römer u. a. (Hg.), S. 155-230.
Motel-Klingebiel, Andreas/Künemund, Harald/Bode, Christina (2005): Wohnen und Wohnumfeld. In: Kohli/Künemund (Hg.), S. 125-175.
Motel-Klingebiel, Andreas/Wurm, Susanne/Tesch-Römer, Clemens (Hg.) (2010): Altern im Wandel. Befunde des Deutschen Alterssurveys (DEAS) . Stuttgart: Kohlhammer.
Müller, Hans-Peter (1992): Sozialstruktur und Lebensstile. Der neue theoretische Diskurs über soziale Ungleichheit. Frankfurt a.M.: Suhrkamp.
Münnich, Margot (2001): Zur wirtschaftlichen Lage von Rentner- und Pensionärshaushalten. In: Wirtschaft und Statistik, H. 7, S. 546-564.
Münnich, Margot (2007a): Einnahmen und Ausgaben von Rentner- und Pensionärshaushalten. In: Wirtschaft und Statistik, H. 6, S. 593-628.
Münnich, Margot (2007b): Geld- und Immobilienvermögen sowie Wohnverhältnisse von Rentner- und Pensionärshaushalten in Deutschland. In: Wirtschaft und Statistik, H. 10, S. 986-1016.
Naegele, Gerhard (1978): Soziale Ungleichheit im Alter. Köln: Hanstein.
Naegele, Gerhard (1991): Anmerkungen zur These vom „Strukturwandel des Alters" aus sozialpolitikwissenschaftlicher Sicht. In: Sozialer Fortschritt, 40, S. 162-172.
Naegele, Gerhard (1992): Zwischen Arbeit und Rente. Gesellschaftliche Chancen und Risiken älterer Arbeitnehmer. Augsburg: Maro.
Naegele, Gerhard (1999): Neue Märkte und Berufe. Altern schafft Bedarf. In: Niederfranke u. a. (Hg.) (1999b), S. 435-478.
Naegele, Gerhard (2004): Soziale Dienste für ältere Menschen. In: Kruse/Martin (Hg.), S. 449-461.
Naegele, Gerhard (2010): Soziale Lebenslaufpolitik. Wiesbaden: VS Verlag.
Naegele, Gerhard/Tews, Hans Peter (Hg.) (1993): Lebenslagen im Strukturwandel des Alters. Opladen: Westdeutscher Verlag.
Naegele, Gerhard/Reichert, Monika (Hg.) (1998): Vereinbarkeit von Erwerbstätigkeit und Pflege in nationaler und internationaler Perspektive. 2 Bände. Hannover: Vincentz.
Naegele, Gerhard/Gerling, Vera (2007): Sozialpolitik für ältere Menschen in Deutschland – Grundlagen, Strukturen, Entwicklungstrends und neue fachliche Herausforderungen. In: Igl, G./Klie, Th. (Hg.): Das Recht der älteren Menschen. Baden-Baden: Nomos, S. 49-74.
Naumann, Dörte/Romeu Gordo, Laura (2010): Gesellschaftliche Partizipation: Erwerbstätigkeit, Ehrenamt und Bildung. In: Motel-Klingebiel u. a. (Hg.), S. 118-141.

Neckel, Sighard (1993): Altenpolitischer Aktivismus. Entstehung und Varianz eines Politikmusters. In: Leviathan, 21, S. 540-563.
Neimeyer, Robert A./Moser, Richard P./Wittkowski, Joachim (2003): Psychologische Forschung zu Einstellungen gegenüber Sterben und Tod. In: Wittkowski (Hg.), S. 108-131.
Neugarten, Bernice L./Datan, Nancy (1978): Lebensablauf und Familienzyklus – Grundbegriffe und neue Forschungen. In: Rosenmayr, L. (Hg.): Die menschlichen Lebensalter. Kontinuität und Krisen. München/Zürich: Piper, S. 165-188.
Neumann, Eva-Maria (1993): Angehörigenarbeit in der Gerontopsychiatrie. In: Steinberg, R. (Hg.): Gerontopsychiatrie. Klingenmünster: Tilia, S. 119-128.
Neumann, Eva-Maria (1998): Gesundheitsförderung in der ambulanten Pflege. In: Dahme/Wohlfahrt (Hg.), S. 158-174.
Neurath, Otto (1937): Inventory of the standard of living. In: Zeitschrift für Sozialforschung, 6, S. 140-151.
Niederfranke, Annette (1992): Ältere Frauen in der Auseinandersetzung mit Berufsaufgabe und Partnerverlust. Stuttgart/Berlin/Köln: Kohlhammer.
Niederfranke, Annette (1999): Das Alter ist weiblich. Frauen und Männer altern unterschiedlich. In: Niederfranke u. a. (Hg.) (1999b), S. 7-52.
Niederfranke, Annette/Naegele, Gerhard/Frahm, Eckart (Hg.) (1999a): Funkkolleg Altern 1. Die vielen Gesichter des Alterns. Opladen/Wiesbaden: Westdeutscher Verlag.
Niederfranke, Annette/Naegele, Gerhard/Frahm, Eckart (Hg.) (1999b): Funkkolleg Altern 2. Lebenslagen und Lebenswelten, soziale Sicherung und Altenpolitik. Opladen/Wiesbaden: Westdeutscher Verlag.
Niederfranke, Annette/Schmitz-Scherzer, Reinhard/Filipp, Sigrun-Heide (1999): Die Farben des Herbstes. Die vielen Gesichter des Alters heute. In: Niederfranke u. a. (Hg.) (1999a), S. 11-50.
Niklewski, Günter (2006): Depression. In: Oswald u. a. (Hg.), S. 48-55.
Nullmeier, Frank/Rüb, Friedbert W. (1993): Die Transformation der Sozialpolitik. Vom Sozialstaat zum Sicherungsstaat. Frankfurt/New York: Campus.
Nullmeier, Frank/Rüb, Friedbert W. (1994): Erschöpfung des Sozialversicherungsprinzips? Gesetzliche Rentenversicherung und sozialstaatlicher Republikanismus. In: Riedmüller/Olk (Hg.), S. 59-80.
OECD (2012): Health Data 2012. In: www.oecd-ilibrary.org (Stand 03.9.2012).
Olbermann, Elke (1994): Ältere Ausländer in Nordrhein-Westfalen. Beitrag für den 2. Landesaltenplan Nordrhein-Westfalen. Dortmund: Forschungsgesellschaft für Gerontologie.
Olbermann, Elke/Dietzel-Papakyriakou, Maria (1996): Entwicklung von Konzepten und Handlungsstrategien für die Versorgung älter werdender und älterer Ausländer. Forschungsbericht. Bonn: Bundesministerium für Arbeit und Sozialordnung.
Oppolzer, Alfred (1994): Die Arbeitswelt als Ursache gesundheitlicher Ungleichheit. In: Mielck, A. (Hg.): Krankheit und soziale Ungleichheit. Opladen: Leske + Budrich, S. 125-166.
Oswald, Wolf D./Lehr, Ursula/Sieber, Cornel/Kornhuber, Johannes (Hg.) (2006): Gerontologie. Medizinische, psychologische und sozialwissenschaftliche Grundbegriffe. 3. Aufl. Stuttgart: Kohlhammer.
Otto, Ulrich/Schweppe, Cornelia (1996): Individualisierung ermöglichen – Individualisierung begrenzen. Soziale Altenarbeit als sozialpädagogischer Beitrag und allgemeine Arbeitsorientierung. In: Schweppe (Hg.), S. 53-72.
Pabst, Stefan (2002): Systemwechsel Pflegeversicherung: Pflegepolitische Akteure und Konfliktlinien im Wandel. In: Motel-Klingebiel, A./Kondratowitz, H.-J.v./Tesch-Römer, C. (Hg.): Lebensqualität im Alter. Opladen: Leske + Budrich, S. 129-158.

Parsons, Talcott/Bales, Robert F. (eds.) (1955): Family Sozialisation and Interaction Process. Glencoe, Ill.: Free Press.
Pelikan, Jürgen M./Demmer, Hildegard/Hurrelmann, Klaus (1993): Gesundheitsförderung durch Organisationsentwicklung. Weinheim/München: Juventa.
Perrig-Chiello, Pasqualina (1997): Wohlbefinden im Alter. Körperliche, psychische und soziale Determinanten und Ressourcen. Weinheim/München: Juventa.
Phillipson, Chris (1982): Capitalismen and the construction of old age. London: Macmillan.
Phillipson, Chris (2005): The political economy of old age. In: Johnson, M.L. (Hg.): The Cambridge Handbook of Age and Ageing. Cambridge: Cambridge University Press, S. 502-509.
Phillipson, Chris/Walker, Alan (eds.) (1986): Ageing and social policy. London: Gower.
Pifer, Alan/Bronte, Lydia (eds.) (1986): Our aging society: Paradox and promise. New York: W. W. Norton.
Pohlmann, Stefan (2001): Das Altern der Gesellschaft als globale Herausforderung – Deutsche Impulse. Stuttgart: Kohlhammer.
Pollock, Friedrich (1966): Altwerden als soziologisches Problem. In: Der alte Mensch in unserer Zeit: eine Vortragsreihe. Stuttgart: Kröner, S. 110-127.
Prahl, Hans-Werner/Schroeter, Klaus R. (1996): Soziologie des Alterns. Eine Einführung. Paderborn: Schöningh.
Rabold, Susann/Görgen, Thomas (2007): Misshandlung und Vernachlässigung älterer Menschen durch ambulante Pflegekräfte. In: Zeitschrift für Gerontologie und Geriatrie, 40, S. 366-374.
Radebold, Hartmut (1994): Psychische Erkrankungen und ihre Behandlungsmöglichkeiten. In: Reimann/Reimann (Hg.), S. 255-281.
Rehfeld, Udo (1994): Zur quantitativen Entwicklung des Frühberentungsgeschehens in der Bundesrepublik Deutschland. In: Behrend (Hg.), S. 19-48.
Reimann, Helga (1994): Wohnverhältnisse und Wohnbedürfnisse älterer Menschen. In: Reimann/Reimann (Hg.), S. 140-166.
Reimann, Horst (1994): Interaktion und Kommunikation im Alter. In: Reimann/Reimann (Hg.), S. 109-139.
Reimann, Helga/Reimann, Horst (Hg.) (1994): Das Alter. Einführung in die Gerontologie. 3. Aufl. Stuttgart: Enke.
Rest, Franco (1994): Sterbebeistand, Sterbebegleitung, Sterbegeleit. 3. Aufl. Stuttgart/Berlin/Köln: Kohlhammer.
Richardson, Virginia/Kilty, Keith M. (1991): Adjustment to retirement: Continuity vs. discontinuity. In: International Journal of Aging and Human Development, 33, S. 151-169.
Riedmüller, Barbara/Olk, Thomas (1994): Grenzen des Sozialversicherungsstaates. Opladen: Westdeutscher Verlag.
Riley, Matilda W. (1986): The dynamics of life stages: Roles, people, and age. In: Human Development, 29, S. 150-156.
Riley, Matilda W./Riley, John W. Jr. (1992): Individuelles und gesellschaftliches Potential des Alterns. In: Baltes/Mittelstraß (Hg.), S. 437-459.
Riley, Matilda W./Johnson, Marilyn E./Foner, Anne (1972): Aging and society (Vol. 3). New York: Russell Sage.
Riley, Matilda W./Foner, Anne/Waring, Jane (1988): Sociology of age. In: Smelser, N.J. (Hg.): Handbook of sociology. Newbury Park: Sage, S. 243-290.
RKI (Robert Koch-Institut) (2006): Gesundheit in Deutschland. Gesundheitsberichterstattung des Bundes. Berlin: RKI.
RKI (Robert Koch-Institut) (2012): Gesundheit in Deutschland. Gesundheitsberichterstattung des Bundes. Berlin: RKI.

Rolf, Gabriele/Wagner, Gert (1996): Alterssicherung in der Bundesrepublik Deutschland. Stand und Perspektiven. In: Aus Politik und Zeitgeschichte, H. 35/96, S. 23-32.
Roloff, Juliane (1994): Die Alten der Zukunft – Bevölkerungsstatistische Datenanalyse. Stuttgart/Berlin/Köln: Kohlhammer.
Roloff, Juliane (1996): Alternde Gesellschaft in Deutschland – Eine bevölkerungsstatistische Analyse. In: Aus Politik und Zeitgeschichte, H. 35/96, S. 3-11.
Roloff, Juliane (1997): Die ausländische und deutsche Bevölkerung in der Bundesrepublik Deutschland – ein bevölkerungsstatistischer Vergleich –. In: Zeitschrift für Bevölkerungswissenschaft, 22, S. 73-98.
Roloff, Juliane (2006): Geschlechteraspekte der demographischen Alterung in Deutschland. In: BiB-Mitteilungen, 27, H. 4, S. 7-10.
Roloff, Juliane (2007): Die demographische Alterung in den Bundesländern – ein Zeitvergleich. In: BiB-Mitteilungen, 28, H. 1, S. 27-32.
Rose, Arnold M. (1964): A current theoretical issue in social gerontology. In: The Gerontologist, 4, S. 46-50.
Rose, Arnold M. (1965): Group consciousness among the aged. In: Rose, A.M./Peterson, W.A. (eds.): Older people in their social world. Philadelphia, S. 19-36.
Rosendahl, Bernhard (1997): Wohnbegleitende Dienstleistungen. In: FFG Impulse, Nr. 1.
Rosenmayr, Leopold (1976): Schwerpunkte der Soziologie des Alters (Gerosoziologie). In: König, R. (Hg.): Handbuch der empirischen Sozialforschung, Bd. 7. Stuttgart: Enke, S. 218-406.
Rosenmayr, Leopold (1983): Die späte Freiheit. Das Alter – ein Stück bewußt gelebten Lebens. Berlin: Severin und Siedler.
Rosenmayr, Leopold (1991): Sozialgerontologie. In: Oswald, W.D./Herrmann, W./Kanowski, S./Lehr, U. M./ Thomae, H. (Hg.): Gerontologie. Medizinische, psychologische und sozialwissenschaftliche Grundbegriffe. 2. Aufl. Stuttgart: Kohlhammer, S. 530-538.
Rosenmayr, Leopold (1992): Sexualität, Partnerschaft und Familie älterer Menschen. In: Baltes/Mittelstraß (Hg.), S. 461-491.
Rosenmayr, Leopold (1996): Altern im Lebenslauf. Soziale Position, Konflikt und Liebe in den späten Jahren. Göttingen: Vandenhoeck & Ruprecht.
Rosenmayr, Leopold (2003): Soziologische Theorien des Alterns und der Entwicklung im späten Leben. In: Karl, F. (Hg.): Sozial- und verhaltenswissenschaftliche Gerontologie. Weinheim/München, S. 19-43.
Rosenmayr, Leopold/Rosenmayr, Hilde (1978): Der alte Mensch in der Gesellschaft. Reinbek: Rowohlt.
Rosenow, Joachim/Naschold, Frieder (1994): Die Regulierung von Altersgrenzen. Strategien von Unternehmen und die Politik des Staates. Berlin: Edition Sigma.
Rosow, Irving (1963): The aged, family and friends. New York: Free Press.
Rosow, Irving (1967): Social integration of the ages. New York: Free Press.
Rothermund, Klaus/Mayer, Anne-Kathrin (2009): Altersdiskriminierung. Erscheinungsformen, Erklärungen und Interventionsansätze. Stuttgart: Kohlhammer.
Rothgang, Heinz/Iwansky, Stephanie/Müller, Rolf/Sauer, Sebastian/Unger, Rainer (2011): Barmer GEK Pflegereport 2011. St. Augustin: Asgard.
Rübenach, Stefan (2007): Todesursache Suizid. In: Wirtschaft und Statistik, H. 10, S. 960-971.
Rückert, Willi (1999): Von Mensch zu Mensch. Hilfe und Pflege im Alter. In: Niederfranke u. a. (Hg.) (1999b), S. 399-433.
Rürup, Bert (1999): Hält der Generationenvertrag? Soziale Sicherung im Alter. In: Niederfranke u. a. (Hg.) (1999b), S. 287-339.

Rürup, Bert/Sesselmeier, Werner (1993): Die demographische Entwicklung Deutschlands: Risiken, Chancen, politische Optionen. In: Aus Politik und Zeitgeschichte, H. 44/93, S. 3-15.
Rupprecht, Roland (2006): Lebensqualität. In: Oswald u. a. (Hg.), S. 242-247.
Russell, Charles H. (1989): Good news about aging. New York: Wiley.
Saake, Irmhild (2006): Die Konstruktion des Alters. Eine gesellschaftstheoretische Einführung in die Alternsforschung. Wiesbaden: VS Verlag.
Sachße, Christoph/Tennstedt, Florian (1986): Soziale Sicherheit und soziale Disziplinierung. Frankfurt a.M.: Suhrkamp.
Sachße, Christoph/Engelhardt, Tristram H. (Hg.) (1990): Sicherheit und Freiheit. Zur Ethik des Wohlfahrtsstaates. Frankfurt a.M.: Suhrkamp.
Samarel, Nelda (2003): Der Sterbeprozess. In: Wittkowski (Hg.), S. 132-151.
Saup, Winfried (1990): Übersiedlung und Aufenthalt im Alten- und Pflegeheim. In: Mayring, Ph./Saup, W. (Hg.): Entwicklungsprozesse im Alter. Stuttgart/Berlin/Köln: Kohlhammer, S. 75-104.
Saup, Winfried (1993): Alter und Umwelt. Eine Einführung in die Ökologische Gerontologie. Stuttgart: Kohlhammer.
Saup, Winfried (2001): Ältere Menschen im Betreuten Wohnen. Augsburg: Verlag für Gerontologie.
Saup, Winfried/Reichert, Monika (1999): Die Kreise werden enger. Wohnen und Alltag im Alter. In: Niederfranke u. a. (Hg.) (1999b), S. 245-286.
Schäuble, Gerhard (1989): Die schönsten Jahre des Lebens? Lebenslagen und Alltagsrhythmen von jungen Alten. Stuttgart: Enke.
Schachtner, Chr. (1990): Neue Wohn- und Lebensformen im Alter. Alt werden in einer Wohngemeinschaft. In: Zeitschrift für Gerontologie, 23, S. 34-38.
Schachtschnabel, Dietrich Otto (2004): Humanbiologie des Alterns. In: Kruse/Martin (Hg.), S. 167-181.
Schachtschnabel, Dietrich O./Maksiuk, Tatiana (2006): Biologisch-genetische Alternstheorien. In: Oswald u. a. (Hg.), S. 20-26.
Scheewe, Peter (1997): Wohnverhältnisse von Einpersonenhaushalten. Ergebnis der 1%-Gebäude- und Wohnungsstichprobe 1993. In: Wirtschaft und Statistik, H. 8, S. 542-547.
Schelhase, Torsten/Rübenach, Stefan P. (2006): Die Todesursachenstatistik – Methoden und Ergebnisse. In: Wirtschaft und Statistik, H. 6, S. 614-629.
Schimany, Peter/Baykara-Krumme, Helen (2012): Zur Geschichte und demografischen Bedeutung älterer Migrantinnen und Migranten in Deutschland. In: Baykara-Krumme u. a. (Hg.), S. 43-73.
Schmähl, Winfried (1997): Einkommen im Alter – Woher kommt es, wohin geht es? In: Forschungsinstitut der Friedrich-Ebert-Stiftung (Hg.): Wachstumsmotor Alter(n): Lebensstile – Kaufkraft – Konsum. Bonn: FES, S. 29-48.
Schmähl, Winfried/Fachinger, Uwe (1999): Armut und Reichtum. Einkommen und Konsumverhalten älterer Menschen. In: Niederfranke u. a. (Hg.) (1999b), S. 159-208.
Schmidt, Roland (1996): Kontinuität und Entwicklung. Das Werkhaus Anti-Rost als Beispiel für gestaltende Umweltaneignung. In: Schweppe (Hg.), S. 107-130.
Schmidt, Roland (1999): Die Modernisierung Sozialer Arbeit mit alten Menschen. In: Jansen, B. u. a. (Hg.): Soziale Gerontologie. Ein Handbuch für Lehre und Praxis. Weinheim und Basel: Beltz, S. 659-682.
Schmidtke, Armin/Sell, Roxane/Löhr, Cordula (2008): Epidemiologie von Suizidalität im Alter. In: Zeitschrift für Gerontologie und Geriatrie, 41, S. 3-14.
Schmitt, Eric (2004): Altersbild – Begriff, Befunde und politische Implikationen. In: Kruse/Martin (Hg.), S. 135-147.
Schmitt, Eric (2006): Altersbilder. In: Oswald u. a. (Hg.), S. 43-46.

Schmitz-Scherzer, Reinhard (1990): Sterben – Ein Versuch aus sozialgerontologischer Perspektive. In: Schmitz-Scherzer, R./Kruse, A./Olbrich, E. (Hg.): Altern – Ein lebenslanger Prozeß der sozialen Interaktion. Darmstadt: Steinkopff, S. 43-52.
Schmitz-Scherzer, Reinhard (1992): Sterben und Tod im Alter. In: Baltes/ Mittelstraß (Hg.), S. 544-562.
Schmitz-Scherzer, Reinhard (1996): Grenzsituationen. Auseinandersetzung mit Sterben und Tod. In: DIFF (Hg.), Funkkolleg Altern, Studienbrief 3. Tübingen: Deutsches Institut für Fernstudienforschung, S. 9/1-9/48.
Schmitz-Scherzer, Reinhard/Wittrahm, Andreas (1999): Grenzsituationen. Auseinandersetzung mit Sterben und Tod. In: Niederfranke u. a. (Hg.) (1999a), S. 377-422.
Schneekloth, Ulrich (2006): Entwicklungstrends und Perspektiven in der häuslichen Pflege. In: Zeitschrift für Gerontologie und Geriatrie, 39, S. 405-412.
Schneekloth, Ulrich/Müller, Udo (2000): Wirkungen der Pflegeversicherung. Baden-Baden: Nomos.
Schneekloth, Ulrich/Potthoff, Peter (1993): Hilfe- und Pflegebedürftige in privaten Haushalten. Stuttgart/Berlin/Köln: Kohlhammer.
Schneekloth, Ulrich/Wahl, Hans-Werner (2008): Selbständigkeit und Hilfebedarf bei älteren Menschen in Privathaushalten. Pflegearrangements, Demenz, Versorgungsangebote. 2. Aufl. Stuttgart: Kohlhammer.
Schneekloth, Ulrich/Törne, Ingolf v. (2009): Entwicklungstrends in der stationären Versorgung – Ergebnisse der Infratest-Repräsentativerhebung. In: Schneekloth/Wahl (Hg.), S. 43-158.
Schneekloth, Ulrich/Wahl, Hans-Werner (Hg.) (2009): Pflegebedarf und Versorgungssituation bei älteren Menschen in Heimen. Stuttgart: Kohlhammer.
Schneider, Hans-Dieter (1974): Aspekte des Alterns. Ergebnisse sozialpsychologischer Forschung. Frankfurt: Fischer Athenäum.
Schneider, Hans-Dieter (1990): Bewohner und Personal als Quellen und Ziele von Gewalttätigkeit. In: Zeitschrift für Gerontologie, 23, S. 186-196.
Schröder, Johannes/Pantel, Johannes/Förstl, Hans (2004): Demenzielle Erkrankungen – Ein Überblick. In: Kruse/Martin (Hg.), S. 224-239.
Schroeter, Klaus R. (2000): Altersstrukturwandel als „ungeplanter Prozeß". In: Backes, G.M. (Hrsg.): Soziologie und Alter(n). Neue Konzepte für Forschung und Theorieentwicklung. Opladen: Leske + Budrich, S. 79–108.
Schütz, Rudolf-Maria/Tews, Hans Peter (1991): Ältere Menschen in Schleswig-Holstein. Ergebnisse einer Befragung. Kiel: Der Minister für Soziales, Gesundheit und Energie des Landes Schleswig-Holstein.
Schütze, Yvonne/Wagner, Michael (1991): Sozialstrukturelle, normative und emotionale Determinanten der Beziehungen zwischen erwachsenen Kindern und ihren alten Eltern. In: Zeitschrift für Sozialisationsforschung und Erziehungssoziologie, 11, S. 295-313.
Schultz-Zehden, Beate (2004): Wie wandelt sich Sexualität im Alter? Das Sexualleben älterer Frauen – ein tabuisiertes Thema. Berlin: Freie Universität.
Schulz-Nieswandt, Frank (1998): Veränderte Versorgungslandschaften durch das SGB XI und die Strukturreform im Gesundheitswesen. In: DZA (Hg.), S. 5-24.
Schulz-Nieswandt, Frank (2006): Sozialpolitik und Alter. Stuttgart: Kohlhammer Verlag.
Schulz-Niewandt, Frank/Köstler, Ursula (2011): Bürgerschaftliches Engagement im Alter. Hintergründe, Formen, Umfang und Funktionen. Stuttgart: Kohlhammer.
Schulz-Nieswandt, Frank/Köstler, Ursula/Langenhorst, Francis/Marks, Heike (2012): Neue Wohnformen im Alter. Wohngemeinschaften und Mehrgenerationenhäuser. Stuttgart: Kohlhammer.

Schwarz, Karl (1997): Bestimmungsgründe der Alterung einer Bevölkerung – Das deutsche Beispiel. In: Zeitschrift für Bevölkerungswissenschaft, 22, S. 347-359.
Schweppe, Cornelia (Hg.) (1996a): Soziale Altenarbeit. Pädagogische Arbeitsansätze und die Gestaltung von Lebensentwürfen im Alter. Weinheim/München: Juventa.
Schweppe, Cornelia (1996b): Alter(n) im Strukturwandel der Moderne. In: Schweppe (Hg.), S. 11-32.
Schweppe, Cornelia (2000): Biographie und Alter(n) auf dem Land. Lebenssituation und Lebensentwürfe. Opladen: Leske + Budrich.
Schweppe, Cornelia (2005): Alter und Soziale Arbeit. Theoretische Zusammenhänge, Aufgaben- und Arbeitsfelder. Hohengehren: Schneider Verlag.
Seidel, Laura (2008): Gewalt an alten Menschen – Entstehungsfaktoren für Gewalt an pflegebedürftigen alten Menschen und Lösungsansätze. Frankfurt a.M.: Mabuse Verlag.
Seidl, Ulrich/Pantel, Johannes/Re, Susanna/Schröder, Johannes (2004): Depressive Störung und Spätdepression. In: Kruse/Martin (Hg.), S. 240-254.
Settersten, Richard A. Jr./Angel, Jacqueline L. (2011): Trends in the Sociology od Aging: Thirty Year Observations. In: Settersten, R.A. Jr./Angel, J.L. (Hg.): Handbook of Sociology of Aging. New York: Springer, S. 3-14.
Simmel, Georg (1989, zuerst 1900): Philosophie des Geldes. Frankfurt a.M.: Suhrkamp.
Slesina, Wolfgang/Beuels, Franz-R./Sochert, Reinhold (1998): Betriebliche Gesundheitsförderung. Entwicklung und Evaluation von Gesundheitszirkeln zur Prävention arbeitsbedingter Erkrankungen. Weinheim/München: Juventa.
Smith, Jacqui/Baltes, Paul B. (1996): Altern aus psychologischer Perspektive: Trends und Profile im hohen Alter. In: Mayer/Baltes (Hg.), S. 221-250.
Smith, Jacqui/Zank, Susanne (2002): Forschungsaktivitäten im Themenfeld Hochaltrigkeit. In: Deutsches Zentrum für Altersfragen (Hg.): Expertisen zum Vierten Altenbericht der Bundesregierung, Band 1. Hannover: Vincentz, S. 97-227.
Smith, Jacqui/Fleeson, William/Geiselmann, Bernhard/Settersten, Richard/ Kunzmann, Ute (1996): Wohlbefinden im hohen Alter: Vorhersagen aufgrund objektiver Lebensbedingungen und subjektiver Bewertung. In: Mayer/ Baltes (Hg.), S. 497-523.
Stappen, Birgit/Fooken, Insa (2006): Kritische Lebensereignisse. In: Oswald u. a. (Hg.), S. 231-237.
Statistisches Bundesamt (Hg.) (1992): Im Blickpunkt: Ältere Menschen. Stuttgart: Metzler-Poeschel.
Statistisches Bundesamt (Hg.) (1998): Gesundheitsbericht für Deutschland. Stuttgart: Metzler-Poeschel.
Statistisches Bundesamt (Hg.) (2002): Statistisches Jahrbuch 2002 für die Bundesrepublik Deutschland. Stuttgart: Metzler-Poeschel.
Statistisches Bundesamt (Hg.) (2003): Statistisches Jahrbuch 2003 für die Bundesrepublik Deutschland. Stuttgart: Metzler-Poeschel.
Statistisches Bundesamt (Hg.) (2006): 11. koordinierte Bevölkerungsvorausberechnung. Annahmen und Ergebnisse. Wiesbaden.
Statistisches Bundesamt (Hg.) (2007): Statistisches Jahrbuch 2007 für die Bundesrepublik Deutschland. Wiesbaden.
Statistisches Bundesamt (Hg.) (2007a): Sterbetafel 2004/06. Wiesbaden.
Statistisches Bundesamt (Hg.) (2008): Bevölkerung und Erwerbstätigkeit. Bevölkerung mit Migrationshintergrund – Ergebnisse des Mikrozensus 2006 – . Wiesbaden.
Statistisches Bundesamt (Hg.) (2008a): Demographischer Wandel in Deutschland, Heft 2: Auswirkungen auf Krankenhausbehandlungen und Pflegebedürftige im Bund und in den Ländern. Wiesbaden.
Statistisches Bundesamt (Hg.) (2009): Bevölkerung Deutschlands bis 2060. 12. koordinierte Bevölkerungsvorausberechnung. Wiesbaden.

Statistisches Bundesamt (Hg.) (2009a): Mikrozensus 2008 – Neue Daten zur Kinderlosigkeit in Deutschland. Wiesbaden.
Statistisches Bundesamt (Hg.) (2010): Verkehrsunfälle. Unfälle von Senioren im Straßenverkehr. Wiesbaden.
Statistisches Bundesamt (Hg.) (2011): Statistisches Jahrbuch 2011 für die Bundesrepublik Deutschland. Wiesbaden.
Statistisches Bundesamt (Hg.) (2011a): Sterbetafel 2008/10. Wiesbaden.
Statistisches Bundesamt (Hg.) (2011b): Mikrozensus 2010. Bevölkerung und Erwerbstätigkeit. Fachserie 1, Reihe 4.1.2. Wiesbaden.
Statistisches Bundesamt (Hg.) (2011c): Fachserie 1, Reihe 4.1.1 „Stand und Entwicklung der Erwerbstätigkeit in Deutschland 2010". Wiesbaden.
Statistisches Bundesamt (Hg.) (2011d): Ältere Menschen in Deutschland und der EU. Wiesbaden.
Statistisches Bundesamt (Hg.) (2011e): Bevölkerung und Erwerbstätigkeit. Entwicklung der Privathaushalte bis 2030. Ergebnisse der Haushaltsvorausberechnung 2010. Wiesbaden.
Statistisches Bundesamt (Hg.) (2011f): Pflegestatistik 2009. Wiesbaden.
Statistisches Bundesamt (Hg.) (2011g): Fachserie 12, Reihe 6.4 „Gesundheit". Wiesbaden.
Statistisches Bundesamt (Hg.) (2012): Geburten in Deutschland. Ausgabe 2012. Wiesbaden.
Statistisches Bundesamt (Hg.) (2012a): Fachserie 13, Reihe 2.2 „Sozialleistungen 2009". Wiesbaden.
Statistisches Bundesamt (Hg.): (2012b): Fachserie 1 Reihe 1.1 „Natürliche Bevölkerungsbewegung 2010". Wiesbaden.
Statistisches Bundesamt/Wissenschaftszentrum Berlin (WZB) (Hg.) (2011): Datenreport 2011. Ein Sozialbericht für die Bundesrepublik Deutschland. Wiesbaden/Berlin.
Steinhagen-Thiessen, Elisabeth/Borchelt, Markus (1996): Morbidität, Medikation und Funktionalität im Alter. In: Mayer/Baltes (Hg.), S. 151-183.
Steinhagen-Thiessen, Elisabeth/Wrobel, Norbert/Borchelt, Markus (1999): Der Zahn der Zeit. Körperliche Veränderungen im Alter. In: Niederfranke u. a. (Hg.) (1999a), S. 277-317.
Steinmann, Bernhard (1976): Aktive Rehabilitation in der Geriatrie. In: Aktuelle Gerontologie, 5, S. 223-230.
Stosberg, Manfred (1998): Alternde Gesellschaft und die Entwicklung von Familien- und Netzwerkbeziehungen. In: Clemens/Backes (Hg.), S. 171-185.
Stosberg, Manfred/Blüher, Stefan (2006): Soziale Netzwerke. In: Oswald u. a. (Hg.), S. 339-344.
Strüder, Inge (1999): Altsein in Deutschland. Ein Beitrag zur raumbezogenen Handlungssteuerung. Opladen: Leske + Budrich.
Szydlik, Marc (2000): Lebenslange Solidarität? Generationenbeziehungen zwischen erwachsenen Kindern und Eltern. Opladen: Leske + Budrich.
Tartler, Rudolf (1961): Das Alter in der modernen Gesellschaft. Stuttgart: Enke.
Tesch-Römer, Clemens (2010): Soziale Beziehungen alter Menschen. Stuttgart: Kohlhammer.
Tesch-Römer, Clemens/Engstler, Heribert/Wurm, Susanne (Hg.) (2006): Altwerden in Deutschland. Sozialer Wandel und individuelle Entwicklung in der zweiten Lebenshälfte. Wiesbaden: VS Verlag.
Tesch-Römer, Clemens/Wiest, Maja/Wurm, Susanne (2010): Subjektives Wohlbefinden. In: Motel-Klingebiel u. a. (Hg.), S. 263-283.
Tews, Hans Peter (1979): Soziologie des Alterns. 3. Aufl. Heidelberg: Quelle & Meyer.

Tews, Hans Peter (1987): Gerontologie: Soziologische Aspekte. In: Kruse, A./Lehr, U./Rott, Ch. (Hg.): Gerontologie, eine interdisziplinäre Wissenschaft. München: Bayerischer Monatsspiegel, S. 113-134.
Tews, Hans Peter (1989): Vorbereitung auf den Ruhestand als soziologisches Problem. In: Lang, E./Arnold, K. (Hg.): Wege in den Ruhestand. Stuttgart: Enke, S. 18-29.
Tews, Hans Peter (1991): Altersbilder. Über Wandel und Beeinflussung von Vorstellungen vom und Einstellungen zum Alter. KDA-Forum 16. Köln: Kuratorium Deutsche Altershilfe.
Tews, Hans Peter (1993): Neue und alte Aspekte des Strukturwandels des Alters. In: Naegele/Tews (Hg.), S. 15-42.
Tews, Hans Peter (1999): Von der Pyramide zum Pilz. Demographische Veränderungen in der Gesellschaft. In: Niederfranke u. a. (Hg.) (1999a), S. 137-185.
Thieding, Franz (1965): Der alte Mensch und die Gesellschaft. Stuttgart: Thieme.
Thimm, Caja (2009): Altersbilder in den Medien – Zwischen medialem Zerrbild und Zukunftsprojektionen. In: Ehmer u. a. (Hg.), S. 153-165.
Thomae, Hans (1971): Die Bedeutung der kognitiven Persönlichkeitstheorie für die Theorie des Alterns. In: Zeitschrift für Gerontologie, 4, S. 8-18.
Thomae, Hans (1983): Alternsstile und Altersschicksale – Ein Beitrag zur Differentiellen Gerontologie. Bern/Stuttgart/Wien: Huber.
Thomae, Hans (1987): Alternsformen – Wege zu ihrer methodischen und begrifflichen Erfassung. In: Lehr/Thomae (Hg.), S. 173-195.
Thomae, Hans (1989): Veränderung der Zeitperspektive im höheren Alter. In: Zeitschrift für Gerontologie, 22, S. 58-66.
Timm, Ulrike (2008): Wohnsituation in Deutschland 2006. Ergebnisse der Mikrozensus-Zusatzerhebung. In: Wirtschaft und Statistik, H. 4, S. 113-122.
Tobin, Sheldon S./Neugarten, Bernice L. (1968): Zufriedenheit und soziale Interaktion im Alter. In: Thomae, H./Lehr, U. (Hg.): Altern. Probleme und Tatsachen. Frankfurt: Akademische Verlagsanstalt, S. 572-578.
Tokarski, Walter (1989): Freizeit- und Lebensstile älterer Menschen. Kasseler Gerontologische Schriften 10. Kassel: Gesamthochschulbibliothek.
Tornstam, Lars (2005): Gerotranscendence. A developmental theory of positive aging. New York, NY: Springer.
Townsend, Peter (1981): The structured dependency of the elderly: A creation of social policy in the twentieth century. In: Ageing and Society, 1, S. 5-28.
Treibel, Annette (2006): Einführung in soziologische Theorien der Gegenwart. 7. Aufl. Wiesbaden: VS Verlag.
Trojan, Alf (1996a): Gesundheitsförderung. In: Bauer, R. (Hg.): Lexikon des Sozial- und Gesundheitswesens. München: Oldenbourg, S. 809-810.
Trojan, Alf (1996b): Prävention. In: Bauer, R. (Hg.): Lexikon des Sozial- und Gesundheitswesens. München: Oldenbourg, S. 1547-1548.
Twigg, Julia (1989): Models of carers: How do social agencies conceptualize their relationship with informal carers? In: Journal of Social Policy, 18, S. 53-66.
Veil, Mechthild/Prinz, Karin/Gerhard, Ute (Hg.) (1992): Am modernen Leben vorbei. Verliererinnen und Gewinnerinnen der Rentenreform 1992. Berlin: Edition Sigma.
Voges, Wolfgang (Hg.) (1983): Soziologie der Lebensalter. Alter und Lebenslauf. München: Sozialforschungsinstitut.
Voges, Wolfgang (1983a): Alter und Lebenslauf. Ein systematisierender Überblick über Grundpositionen und Perspektiven. In: Voges (Hg.), S. 7-33.
Voges, Wolfgang (1994): Mißbrauch des Rentensystems? Invalidität als Mittel der Frühverrentung. Frankfurt/New York: Campus.
Voges, Wolfgang (2007): Soziologie des höheren Lebensalters: Ein Studienbuch zur Gerontologie. Augsburg: Maro.

Voges, Wolfgang/Jürgens, Olaf/Mauer, Andreas/Meyer, Eike (2003): Methoden und Grundlagen des Lebenslagenansatzes. Forschungsbericht. Bremen: Zentrum für Sozialpolitik.
Wachtler, Günther/Wagner, Petra Sabine (1997): Arbeit im Ruhestand. Betriebliche Strategien und persönliche Motive zur Erwerbsarbeit im Alter. Opladen: Leske + Budrich.
Wächtler, Claus (2007): 30 Jahre Gerontopsychiatrisches Tageskliniken in Deutschland – Entwicklung und altersspezifische Modifikation. Vortrag anlässlich des 3. Symposiums der Bayrischen Tageskliniken, 2. März 2007, Würzburg.
Wagner, Gerd/Motel, Andreas/Spieß, Katharina/Wagner, Michael (1996): Wirtschaftliche Lage und wirtschaftliches Handeln alter Menschen. In: Mayer/Baltes (Hg.), S. 277-299.
Wagner, Michael/Schütze, Yvonne/Lang, Frieder R. (1996): Soziale Beziehungen alter Menschen. In: Mayer/Baltes (Hg.), S. 301-319.
Wahl, Hans-Werner (2001): Das Lebensumfeld als Ressource des Alters. In: Pohlmann, S. 172-211.
Wahl, Hans-Werner; Rott, Christoph (2002): Konzepte und Definitionen der Hochaltrigkeit. In: Deutsches Zentrum für Altersfragen (Hg.): Expertisen zum Vierten Altenbericht der Bundesregierung, Band 1. Hannover: Vincentz, S.5-95.
Wahl, Hans-Werner/Mollenkopf, Heidrun/Oswald, Frank (Hg.) (1999): Alte Menschen in ihrer Umwelt. Beiträge zur ökologischen Gerontologie. Opladen/Wiesbaden: Westdeutscher Verlag.
Wahl, Hans-Werner/Tesch-Römer, Clemens/Ziegelmann, Jochen Philipp (Hg.) (2012): Angewandte Gerontologie. Interventionen für ein gutes Altern in 100 Schlüsselbegriffen. 2. Aufl. Stuttgart: Kohlhammer.
Walker, Alan (1993): Einstellungen zum Alter. Hauptergebnisse einer Eurobarometer-Umfrage. Luxemburg: Kommission der Europäischen Gemeinschaften.
Walter, Ulla/Schwartz, Friedrich-Wilhelm/Seidler, Andreas (1997): Krankheitstypologie des Alters – Konsequenzen für Präventionskonzepte. In: Zeitschrift für Gerontologie und Geriatrie, 30, S. 10-17.
Walter, Ulla/Flick, Uwe/Neuber, Anke/Fischer, Claudia/Schwartz, Friedrich-Wilhelm (2006): Alt und gesund? Altersbilder und Präventionskonzepte in der ärztlichen und Pflegerischen Praxis. Wiesbaden: VS Verlag.
Wand, Elisabeth (1986): Ältere Töchter alter Eltern. Zur Situation von Töchtern im 6. und 7. Lebensjahrzehnt. Stuttgart/Berlin/Köln: Kohlhammer.
Weber, Hans J. (1994): Der soziale Tod. Zur Soziogenese von Todesbildern. Frankfurt a.M.: Lang.
Weih, Markus/Wiltfang, Jens (2006): Demenz: Grundlagen. In: Oswald u. a. (Hg.), S. 132-138.
Weisser, Gerhard (1966): Bemerkungen zur anthropologischen Grundlegung der für die Sozialpolitiklehre erforderlichen Lebenslage-Analysen. Vervielf. Manuskript. Köln.
Werner, Burkhard (1997): Demenz. Epidemiologie, Ursachen und Folgen einer psychischen Erkrankung im Alter. Weinheim/München: Juventa.
Wetzels, P./Greve, W. (1996): Alte Menschen als Opfer innerfamiliärer Gewalt – Ergebnisse einer kriminologischen Dunkelfeldstudie. In: Zeitschrift für Gerontologie und Geriatrie, 29, S. 191-200.
Weymann, Ansgar (1994): Altersgruppensoziologie. In: Kerber, H./Schmieder, A. (Hg.): Spezielle Soziologien. Problemfelder, Forschungsbereiche, Anwendungsorientierungen. Reinbek: Rowohlt, S. 344-362.
Wiese, Leopold von (1954): Über das Alter. In: Wiese, L. v.: Spätlese. Köln/Opladen: Westdeutscher Verlag, S. 29-38.

Williamson, Robert C./Rinehart, Alice Duffy/Blank, Thomas O. (1992): Early retirement. Promises and pitfalls. New York: Plenum Press.
Wilz, Gabriele/Adler, Corinne/Gunzelmann, Thomas (2001): Gruppenarbeit mit Angehörigen von Demenzkranken. Ein therapeutischer Leitfaden. Göttingen: Hogrefe-Verlag.
Wittkowski, Joachim (Hg.) (2003): Sterben, Tod und Trauer. Stuttgart: Kohlhammer.
Wohlrab-Sahr, Monika (1992): Institutionalisierung oder Individualisierung des Lebenslaufs? Anmerkungen zu einer festgefahrenen Debatte. In: Zeitschrift für Biographieforschung und Oral History, 2, S. 1-19.
Wolf, Jürgen (2008): Alterspolitik und gewerschaftliche Seniorenarbeit. In: Wolf, J. (Hg.): Forschungsbericht Neue Ehrenamtlichkeit. Magdeburg, S. 151-156.
Wolf, Jürgen/Kohli, Martin (1998): Die politische Macht der Älteren und der Generationenkonflikt. In: Clemens/Backes (Hg.), S. 147-169.
Wurm, Susanne/Tesch-Römer, Clemens (2006): Gesundheit, Hilfebedarf und Versorgung. In: Tesch-Römer u. a. (Hg.), S. 329-383.
www.demotrans.de (Stand 28.8.2012).
www.faz.net/aktuell/wirtschaft/reform-der-pflegeversicherung-700-millionen-euro-extra-fuer-demenzkranke-11613013.html (Stand 05.09.2012): 700 Millionen extra für Demenzkranke.
www.fr-online.de/politik/armutsbericht-arme-fruehrentner,1472596,9339418.html (Stand 05.09.2012): Arme Frührentner.
www.sueddeutsche.de/karriere/senioren-mit-minijob-immer-mehr-rentner-arbeiten-1.1451641 (Stand 28.08.2012): Immer mehr Rentner arbeiten.
www.zwar.org/index.php?pageid=38&textsize=0 (Stand 15.09.2012).
Zeman, Peter (1994): Informelle und formelle Helfer in der häuslichen Versorgung alter Menschen – Sozialpolitische Verknüpfungskonzepte und Alltagsinteraktionen. In: v. Kondratowitz (Hg.), S. 171-185.
Zeman, Peter (1996a): Altersbilder, soziale Arbeit und die Reflexivität des Alters. In: Schweppe (Hg.), S. 33-51.
Zeman, Peter (1996b): Häusliche Pflegearrangements. Zum Aushandlungsgeschehen zwischen lebensweltlichen und professionellen Helfersystemen. Berlin: Deutsches Zentrum für Altersfragen.
Zeman, Peter (1998): Leitbilder und Modernisierungsziele aktueller Altenarbeit. In: DZA (Hg.), S. 219-246.
Zeman, Peter (2000): Alter(n) im Sozialstaat und die Mikropolitik der Pflege. Regensburg: Transfer-Verlag.
Zeman, Peter (2002): Ältere Migrantinnen und Migranten in Berlin. Regensburg: Transfer-Verlag.
Zeman, Peter (2005): Ältere Migranten in Deutschland. Expertise für das Bundesamt für Flüchtlinge und Migration. Berlin: DZA.
Zeman, Peter (2005a): Pflege in familialer Lebenswelt. In: Schroeter, K.R./Rosenthal, Th. (Hg.): Soziologie der Pflege. Weinheim/München: Juventa, S. 247-262.
Zeman, Peter (2012): Ältere Migrantinnen und Migranten in der Altenhilfe und kommunalen Alternspolitik. In: Baykara-Krumme u. a. (Hg.), S. 449-465.
Zeman, Peter/Schmidt, Roland (2001): Soziale Altenarbeit – Strukturen und Entwicklungslinien. In: Deutsches Zentrum für Altersfragen (Hg.): Lebenslagen, soziale Ressourcen und gesellschaftliche Integration im Alter. Expertisen zum Dritten Altenbericht der Bundesregierung – Band III. Opladen: Leske + Budrich, S. 235-282.
Zippel, Christian/Kraus, Sibylle (Hg.) (2003): Soziale Arbeit mit alten Menschen. Sozialarbeit in der Altenhilfe, Geriatrie, Gerontopsychiatrie. Berlin: Weißensee Verlag.